전하길
2025

2025 한국사능력검정시험

한능검
기출한컷

메가 공무원

한국사 능력 검정 시험의 특징과 대비

한국사 능력 검정 시험의 목적

01 우리 역사에 대한 관심을 확산·심화시키는 계기를 마련함

02 균형 잡힌 역사의식을 갖도록 함

시험의 목적

03 역사 교육의 올바른 방향을 제시함

04 고차원적 사고력과 문제해결 능력을 육성함

한국사 능력 검정 시험의 종류 및 인증 등급과 평가 내용

시험 종류	등급	합격 점수	문항 유형
심화	1급	80점 이상	50문항 (객관식, 5지선답)
	2급	70~79점	
	3급	60~69점	
기본	4급	80점 이상	50문항 (객관식, 4지선답)
	5급	70~79점	
	6급	60~69점	

※ 심화는 연6회 짝수달에 시행 ※ 기본은 연4회 시행

- 한국사에 대한 체계적인 이해를 바탕으로 한국사의 주요 사건과 개념을 종합적으로 이해하고, 역사 자료를 분석하고 해석하는 능력, 한국사의 흐름 속에서 시대적 상황 및 쟁점을 파악하는 능력 평가
- 기초적인 역사 상식을 바탕으로 한국사의 필수 지식과 기본적인 흐름을 이해하는 능력 평가

'심화'라고 해도 아주 전문적인 것이 아니라 일반적인 상식 수준에서 조금 나아간 것이니, 필수 개념을 위주로 흐름을 체계화하면 충분히 합격할 수 있습니다.

따라서 여타 한국사 시험(수능, 공무원)과 비교할 때 한국사 시험의 특징은 다음과 같습니다.

01 삽화, 뉴스, 가상 신문 기사 및 가상 인물 대화 등 좀더 친근한 형태로 가공된 자료가 제시된다. → 제시되는 형태만 다양할 뿐, 중요한 개념 위주로 출제되므로 키워드만 찾는다면 충분히 해결할 수 있도록 출제됩니다.

02 새롭고 흥미로운 소재와 유물, 문화유산이 적극적으로 소개된다. → 사진 자료를 꼼꼼히 확인합니다. 새로운 자료를 소개하지만 정답으로 제시되는 주요 유물은 모든 시대에 걸쳐 20개 내외에 불과합니다.

03 흔히 소개되지 않았던 역사 인물(특히 근현대)이 적극적으로 소개된다. → 인물 설명 과정에서 문제 풀이에 충분한 키워드를 제공하므로 주요 개념만 숙지하고 있다면 오히려 쉬운 문제로 자주 출제됩니다.

04 사고력과 문제 해결 능력을 통해 논리적으로 해결할 수 있는 문제가 출제된다. → 문제 자체의 논리적 방향성에 따라 답을 도출해낼 수 있으므로, 최소한의 배경 지식만으로도 해결 가능하도록 출제됩니다.

구성과 특징

빈출 테마
한능검 시험은 그 취지에 밝히고 있듯, 주요 개념을 위주로 흐름과 상황을 파악·분석하는 능력을 평가합니다. 최근 5개년 시험을 철저히 분석하여 시험에 반드시 나오는 '주요 개념'을 132개의 테마로 정리하였습니다.

출제 의도와 대책
한능검 시험에서 빈출되는 테마가 어떤 면에서 역사적 의미를 가지고 있는지, 또는 어떤 흐름 속에서 파악해야 하는지 등을 분석하여 제시하였습니다. 시험 특성에 맞는 문제 접근 방식을 통해 보다 쉽게 합격할 수 있습니다.

확인 문제
한능검 시험은 비슷한 주제를 반복적으로 출제하면서, 제공하는 자료를 다양하게 변형해 출제하는 경우가 대부분입니다. 해당 테마의 자료 제시 방식이나 유형이 다른 문제를 수록하여 시험 준비에 만전을 기할 수 있도록 하였습니다.

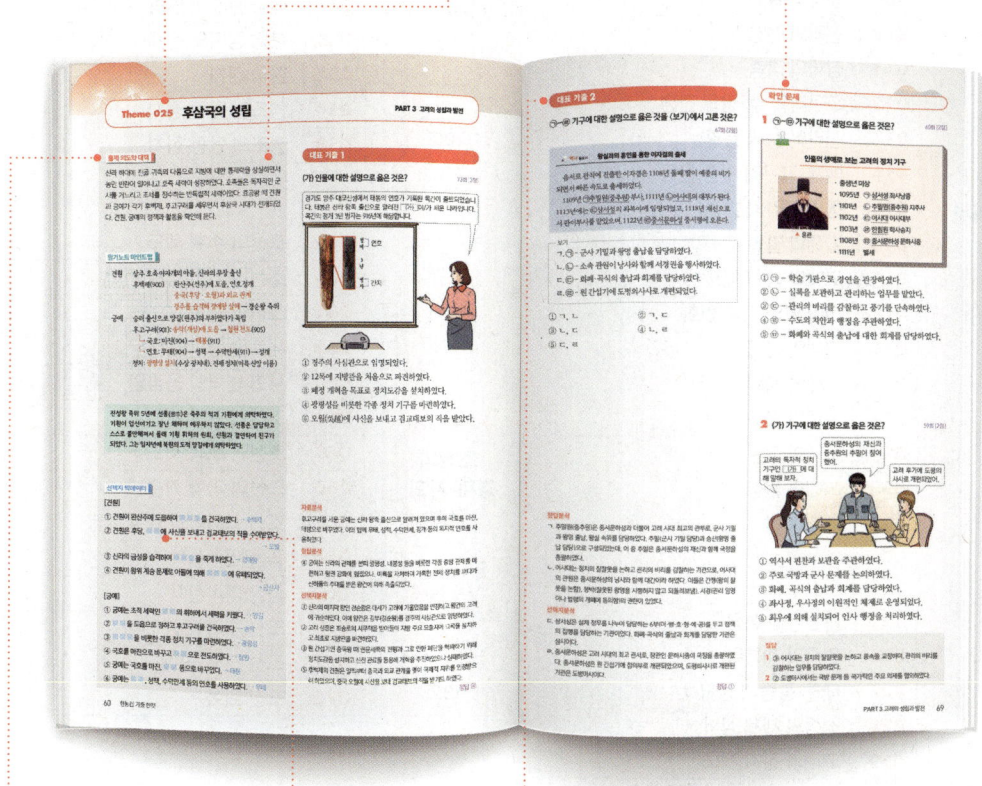

필기노트 마인드맵
한능검 시험 합격을 위해 필수적인 역사적 개념을 선별하여 필기노트 형식으로 정리하였습니다. 초스피드로 출제 개념을 확인하고 대비할 수 있는 것은 물론, 개념을 구조적으로 파악하고 체계화하여 기억하는 데 도움이 될 것입니다.

선택지 빅데이터
기출 문제의 선택지를 모두 분석하여 해당 테마에서 빈출되는 선택지만을 분류하였습니다. 한능검에서는 주요 개념의 선택지가 반복적으로 출제되므로, 빈칸 채우기 형식을 통해 자연스럽게 확인 학습이 가능하도록 하였습니다.

대표 기출 문제
해당 테마에서 가장 빈출되는 유형의 대표 문제를 선정하여 한능검 시험을 미리 맛볼 수 있도록 하였습니다. 정답은 물론, 제시되는 주제와 오답 선택지에 대해서도 상세한 해설을 제공하여 부족한 개념을 보충할 수 있도록 하였습니다.

차례

PART 01 선사 시대의 전개 008
- 001 구석기·신석기 시대
- 002 청동기·철기 시대
- 003 고조선
- 004 부여·고구려
- 005 옥저·동예·삼한

PART 02 고대 사회의 발전 020
- 006 가야 연맹
- 007 고구려의 발전
- 008 백제의 발전
- 009 신라의 발전
- 010 신라의 전성기
- 011 삼국의 각축
- 012 고구려와 수·당의 전쟁
- 013 신라의 삼국 통일
- 014 백제·고구려 부흥 운동
- 015 통일 신라의 발전
- 016 발해의 발전
- 017 고대의 통치 체제
- 018 신라 말의 정치 변화
- 019 고대의 경제
- 020 고대의 사회
- 021 고대의 불교 사상
- 022 고대의 고분
- 023 고대의 불상
- 024 고대의 탑

PART 03 고려의 성립과 발전 060
- 025 후삼국의 성립
- 026 민족의 재통일
- 027 태조·광종의 정치
- 028 성종의 체제 정비
- 029 고려의 정치 제도
- 030 거란과의 전쟁
- 031 여진과의 관계 변화
- 032 문벌 귀족 사회의 동요
- 033 무신 정권
- 034 대몽 항쟁
- 035 원 간섭기
- 036 고려 말의 정치 변동
- 037 고려의 경제
- 038 고려의 사회
- 039 고려의 유학
- 040 고려의 역사서
- 041 고려의 불교 사상
- 042 고려의 탑과 불상
- 043 고려의 건축·공예

PART 04 조선의 정치 변화 100
- 044 조선 건국
- 045 태조·태종의 정치
- 046 세종 대의 문화 발전
- 047 세조·성종의 체제 정비
- 048 사림의 대두
- 049 중앙 통치 기구
- 050 지방 통치와 군사 제도
- 051 임진왜란
- 052 대일 관계의 변화
- 053 두 차례의 호란
- 054 대중 관계의 변화
- 055 붕당 정치의 전개
- 056 환국 정치
- 057 영조의 탕평 정치
- 058 정조의 탕평 정치

PART 05 조선의 경제·사회·문화 132
- 059 조선의 수취 제도
- 060 조선 후기의 경제 변화
- 061 조선의 사회
- 062 새로운 종교의 대두
- 063 사회 변혁의 움직임
- 064 조선의 편찬 사업
- 065 조선의 교육 제도
- 066 조선의 과학 기술
- 067 조선 성리학의 발달
- 068 중농학파 실학
- 069 중상학파 실학
- 070 조선 후기 사상 변화
- 071 조선 건축·공예
- 072 조선 회화

PART 06 근대 사회의 전개 — 162

073	흥선 대원군의 개혁 정치
074	외세의 접근과 양요
075	개항과 강화도 조약
076	개항 초기 개화 정책
077	임오군란
078	갑신정변
079	동학 농민 운동
080	제1차·제2차 갑오개혁
081	을미개혁과 아관파천
082	독립 협회
083	대한 제국
084	국권 피탈 과정
085	애국 계몽 운동
086	항일 의병 운동
087	개항 이후의 이권 침탈
088	경제적 구국 운동
089	근대의 교육·언론
090	근대 문물의 도입

PART 07 민족 독립 운동의 전개 — 200

091	1910년대 식민 통치
092	1920년대 식민 통치
093	1930년대 이후의 식민 통치
094	1910년대 국내와 간도의 민족 운동
095	1910년대 국외 민족 운동
096	3·1 운동
097	대한민국 임시 정부(상하이)
098	1920년대 무장 독립 투쟁
099	의열 투쟁
100	한·중 연합 작전
101	중국 관내의 무장 투쟁
102	충칭 임시 정부
103	실력 양성 운동
104	1920년대 국내 민족 운동
105	사회적 민족 운동
106	신간회
107	민족 문화 수호 운동
108	종교계의 동향
109	일제 강점기 문화 예술
110	독립운동가 1
111	독립운동가 2

PART 08 현대 사회의 발전 — 244

112	광복과 좌우 대립
113	대한민국 정부 수립
114	6·25 전쟁
115	이승만 정부
116	4·19 혁명
117	박정희 정부
118	유신 체제
119	5·18 민주화 운동
120	6월 민주 항쟁
121	현대 경제의 발전 1
122	현대 경제의 발전 2
123	통일 정책의 추진 1
124	통일 정책의 추진 2
125	현대 사회의 발전

PART 09 특집 — 274

126	간도와 독도
127	지역사 – 북부 지역
128	지역사 – 중부 지역
129	지역사 – 남부 지역
130	지역사 – 도서 지역
131	세시 풍속
132	조선의 궁궐

전한길 한국사능력검정 기출문제집

PART 1
선사 시대의 전개

테마	최근 4년 출제	주요 인물·지역	키워드
001 구석기·신석기 시대	최근 71, 69, 66, 64, 63 총 19회	경기 연천 전곡리, 공주 석장리, 단양 수양개, 서울 암사동, 제주 한경 고산리	주먹도끼, 찍개, 슴베찌르개, 동굴, 막집, 빗살무늬 토기, 움집, 가락바퀴, 농경·목축
002 청동기·철기 시대	최근 73, 72, 70, 68, 67 총 12회	부여 송국리, 여주 흔암리	고인돌, 반달 돌칼, 청동 방울, 비파형 동검, 세형 동검, 거푸집, 쟁기·쇠스랑, 명도전·반량전
003 고조선	최근 72, 68, 65, 59, 58 총 10회	단군왕검, 준왕, 위만, 우거왕, 한 무제	제정일치(단군왕검), 왕위 세습, 상·대부·장군, 중계 무역, 진번·임둔, 왕검성, 범금 8조

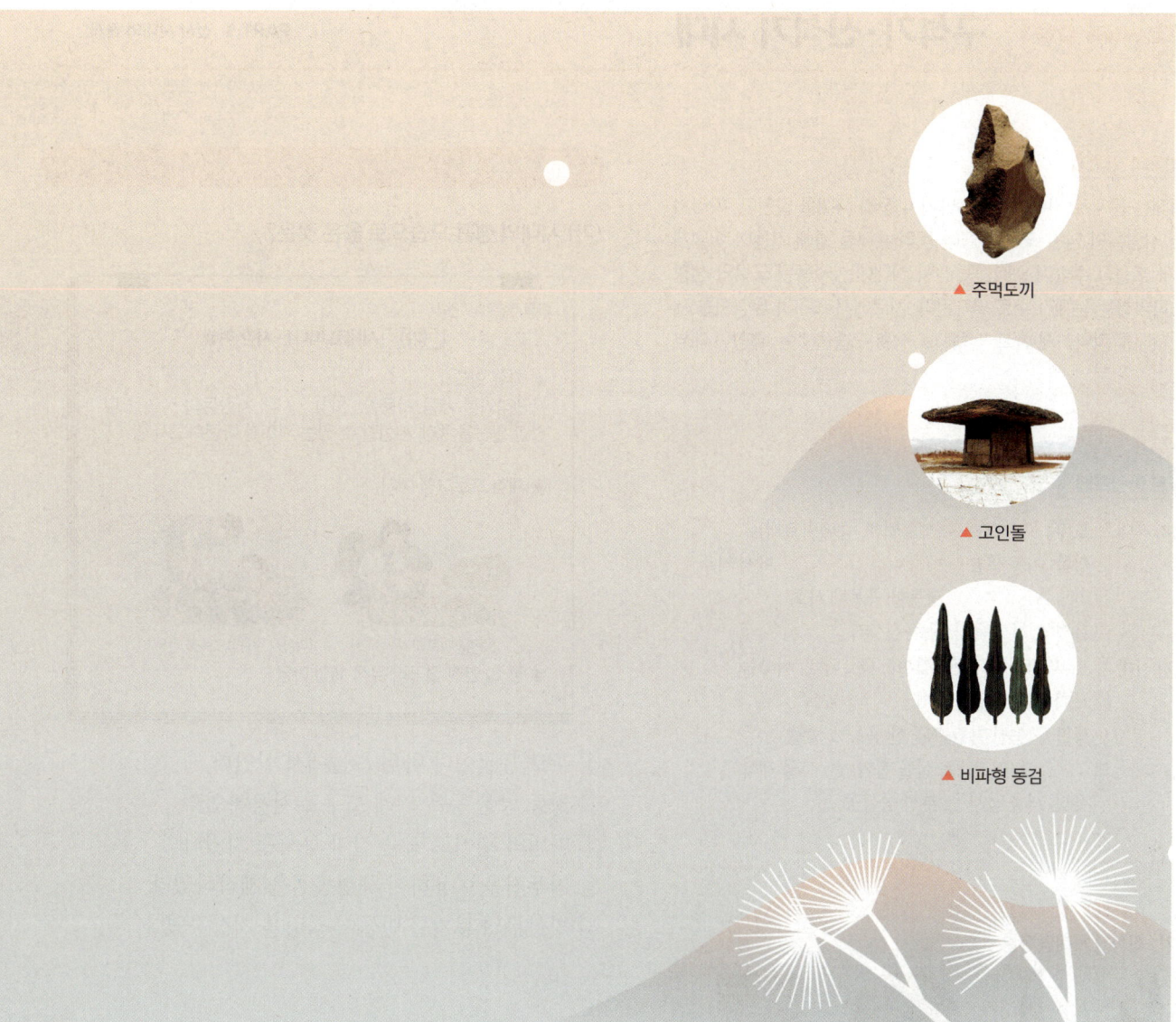

▲ 주먹도끼

▲ 고인돌

▲ 비파형 동검

테마	최근 4년 출제	주요 인물·지역	키워드
004 부여·고구려	최근 71, 68, 64, 62, 60 총 12회	송화강(쑹화강), 동명왕, 졸본, 압록강	영고, 사출도, 마가·우가·구가·저가, 1책 12법, 동맹, 제가 회의, 부경, 서옥제
005 옥저·동예·삼한	최근 73, 70, 69, 66, 63 총 14회	함경도 동해안, 강원도 동해안, 한반도 남부	읍군·삼로, 민며느리제, 가족 공동묘, 단궁·과하마·반어피, 무천, 책화, 신지·읍차, 천군·소도, 덩이쇠, 계절제

Theme 001 구석기·신석기 시대

PART 1 선사 시대의 전개

출제 의도와 대책

선사 시대는 문자로 기록(역사)을 남기기 전의 시대를 말한다. 따라서 그 시대 사람들이 남긴 도구나 집터 등의 흔적을 통해 그들이 어떻게 살았는지 추정할 수밖에 없다. 즉, 선사 시대에는 사용된 도구와 생활 모습을 파악하는 문제가 주로 출제된다. 자료에서 도구와 유적지를 제시하여 시대를 파악하게 하고, 선택지로 생활 모습을 찾는 유형이 대부분이다.

필기노트 마인드맵

구석기 시대 — 도구: 뗀석기(주먹도끼, 찍개, 슴베찌르개)
　　　　　　 생활: 이동 생활　동굴이나 강가의 막집에서 거주
　　　　　　 　　 평등한 공동체 사회
　　　　　　 유적: 연천 전곡리, 공주 석장리

신석기 시대 — 도구: 간석기(갈돌·갈판), 가락바퀴, 뼈바늘
　　　　　　 토기: 이른민무늬 토기, 빗살무늬 토기
　　　　　　 생활　움집 거주, 평등한 공동체 생활
　　　　　　 　　　가락바퀴로 실을 뽑아 옷·그물 제작
　　　　　　 유적: 서울 암사동, 부산 동삼동

구석기·신석기 시대의 유물

　주먹도끼　슴베찌르개　　가락바퀴　　빗살무늬 토기
　└─ 구석기 시대 ─┘　　└─ 신석기 시대 ─┘

선택지 빅데이터

[구석기 시대]
① 대표적인 도구로 ■■■■, 찍개 등을 제작하였다. → 주먹도끼
② 사냥을 위해 ■■찌르개를 처음 제작하였다. → 슴베
③ 주로 동굴에 살면서 ■■과 채집을 하였다. → 사냥
④ 구석기 시대에 주로 동굴이나 ■■에 거주하였다. → 막집
⑤ ■■이 없는 평등한 공동체 생활을 하였다. → 계급

[신석기 시대]
① ■■■■ 토기를 만들어 식량을 저장하였다. → 빗살무늬
② ■■가 처음으로 등장하였다. → 토기
③ ■■■■를 이용하여 실을 뽑았다. → 가락바퀴
④ 정착 생활이 시작되면서 ■■이 등장하였다. → 움집

대표 기출 1

(가) 시대의 생활 모습으로 옳은 것은? 71회 [1점]

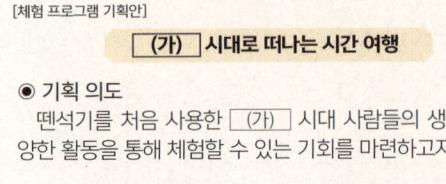

[체험 프로그램 기획안]

(가) 시대로 떠나는 시간 여행

◉ 기획 의도
　뗀석기를 처음 사용한 (가) 시대 사람들의 생활을 다양한 활동을 통해 체험할 수 있는 기회를 마련하고자 함.

◉ 체험 프로그램 예시

[주먹도끼로 고기 자르기]　[마찰식 점화법으로 불 피우기]

◉ 장소: 연천 전곡리 유적 체험 마당

① 주로 동굴이나 바위 그늘에서 살았다.
② 청동 방울 등을 의례 도구로 사용하였다.
③ 따비와 괭이로 땅을 갈아 농사를 지었다.
④ 거푸집을 이용하여 세형동검을 제작하였다.
⑤ 빗살무늬 토기를 만들어 식량을 저장하였다.

자료분석

자료의 '뗀석기', '주먹도끼' 등을 통해 (가) 시대가 구석기 시대임을 알 수 있다. 구석기인들은 주먹도끼 등 뗀석기를 사용하여 사냥이나 물고기잡이를 하였다. 또한 연천 전곡리 유적은 대표적인 구석기 시대 유적으로, 이 유적지에서 동아시아 최초로 아슐리안형 석기가 발견되었다.

정답분석

① 구석기인들은 이동 생활을 하였기 때문에 고정된 거주지를 짓지 않고 동굴이나 바위그늘을 이용하거나 강가에 막집을 짓고 거주하였다.

선택지분석

② 청동기 시대의 모습이다. 청동기 시대 유적에서 청동검, 청동 방울, 청동 거울 등이 출토되었는데, 당시 제사장들이 주술적 의미로 사용했던 것으로 보인다.
③ 철기 시대의 모습이다. 철기 시대에는 철제 농기구의 사용으로 농업 생산력이 향상되었다.
④ 세형동검은 청동기 시대 후기에서 초기 철기 시대까지 제작된 동검으로, 한반도 전역에서 출토되고 있어 한국식 동검이라고도 부른다. 세형동검을 제작할 때 사용된 거푸집이 영암, 용인 등 전국의 여러 유적에서 발견되었는데, 이를 통해 당시 한반도에서 청동기 생산이 확대되었고, 점차 독자적으로 청동기를 생산했음을 알 수 있다.
⑤ 신석기 시대의 모습이다. 신석기 시대에는 진흙으로 토기를 제작하여 음식물을 조리하거나 저장하였다. 빗살무늬 토기는 신석기 시대의 대표적인 토기이다.

정답 ①

대표 기출 2

(가) 시대의 생활 모습으로 가장 적절한 것은? 69회 [1점]

> **초대합니다.**
> **수장고에서 찾아낸 유물 이야기**
> 우리 박물관은 수장고의 유물을 선정하여 분기별로 특별 전시회를 개최하고 있습니다. 이번 전시회에서는 (가) 시대를 주제로 한 유물들이 전시될 예정입니다.
>
> ■ 대표 전시 유물
>
>
> 동삼동 패총 유적에서 출토된 빗살무늬 토기로 짧은 사선 무늬, 생선뼈무늬 등이 잘 드러납니다. 농경과 목축이 시작된 (가) 시대에 식량의 저장과 조리를 위해 이와 같은 토기가 제작되었습니다.
>
> ■ 기간: 2024. ○○. ○○.~○○. ○○.
> ■ 장소: △△ 박물관 특별 전시실

① 반달 돌칼을 이용하여 벼를 수확하였다.
② 주로 동굴이나 강가의 막집에 거주하였다.
③ 가락바퀴와 뼈바늘로 옷을 만들어 입었다.
④ 많은 인력을 동원하여 고인돌을 축조하였다.
⑤ 주먹도끼, 찍개 등의 뗀석기를 처음 제작하였다.

자료분석
제시된 자료에서 '동삼동 패총 유적', '빗살무늬 토기' 등을 통해 (가)가 신석기 시대임을 알 수 있다. 신석기 시대에는 농경이 시작되어 사람들이 점차 정착 생활을 하게 되었으며, 진흙으로 토기를 만들어 음식물을 조리하거나 저장하였다.

정답분석
③ 가락바퀴 중심부에 구멍이 있는데, 이 구멍에 둥근 막대(가락)를 끼워 넣고 동식물로부터 얻은 섬유를 회전시키면 실이 만들어진다. 신석기 시대에는 이 실과 뼈바늘을 이용해서 옷이나 그물을 제작하였는데, 이를 통해 신석기 시대부터 원시적인 수공업 생산이 이루어졌음을 알 수 있다.

선택지분석
① 청동기 시대의 모습이다. 청동기 시대에는 조·보리·콩·수수 외에도 일부 저습지에서 벼농사를 짓기도 했으며, 반달 돌칼을 사용하여 곡식을 수확하였다.
② 구석기 시대의 모습이다. 구석기인들은 이동 생활을 하였기 때문에 고정된 거주지를 짓지 않았고, 동굴이나 바위그늘을 이용하거나 강가에 막집을 짓고 거주하였다.
④ 청동기 시대의 모습이다. 청동기 시대부터 계급이 발생하여 군장이 지배권을 행사하였다. 고인돌은 군장의 무덤으로, 고인돌을 제작할 때 무게가 수십 톤 이상인 덮개돌을 채석하여 운반하기까지 많은 인력이 필요했을 것으로 보인다. 이를 통해 당시 지배층이 가진 정치권력과 경제력을 엿볼 수 있다.
⑤ 구석기 시대의 모습이다. 구석기 시대에는 동물의 뼈나 뿔로 만든 뼈 도구와 뗀석기를 가지고 사냥과 채집을 하면서 생활하였으며, 주먹도끼는 이 시기의 대표적인 사냥 도구였다.

정답 ③

확인 문제

1 밑줄 그은 '이 시대'의 생활 모습으로 옳은 것은? 59회 [1점]

> 충청북도 청주시 오송읍에서 주먹도끼, 찍개 등 이 시대의 대표적 유물인 뗀석기가 다수 발굴되었습니다. 이번 발굴로 청주시 일대에 이 시대의 유적이 다수 분포되어 있음을 알 수 있습니다.
>
> **청주시 오송읍에서 뗀석기 다수 발굴**

① 철제 무기로 정복 활동을 벌였다.
② 주로 동굴이나 막집에서 거주하였다.
③ 명도전을 이용하여 중국과 교역하였다.
④ 반달 돌칼을 사용하여 벼를 수확하였다.
⑤ 빗살무늬 토기를 제작하여 식량을 저장하였다.

2 (가) 시대의 생활 모습으로 옳은 것은? 58회 [1점]

> 부산 동삼동 유적에서 출토된 빗살무늬 토기는 농경과 정착 생활이 시작된 (가) 시대의 대표적 유물 중 하나입니다. 이 유적에서는 곡물 등을 가공하는 데 사용한 갈돌과 갈판도 출토되었습니다.

① 가락바퀴를 이용하여 실을 뽑았다.
② 주로 동굴이나 막집에서 거주하였다.
③ 명도전, 반량전 등의 화폐가 유통되었다.
④ 거푸집을 이용하여 세형동검을 만들었다.
⑤ 쟁기, 쇠스랑 등의 철제 농기구를 사용하였다.

정답
1 ② 구석기 시대 사람들은 동굴이나 바위 그늘에서 살거나 강가에 막집을 짓고 살았으며, 뼈 도구와 뗀석기를 가지고 사냥과 채집을 하면서 생활하였다.
2 ① 신석기 시대에는 가락바퀴나 뼈바늘을 이용하여 옷이나 그물을 만들었다.

Theme 002 청동기·철기 시대

PART 1 선사 시대의 전개

출제 의도와 대책

청동기 시대는 농경이 더욱 발달하여 처음으로 사회적 분업과 계급이 나타난 시기이다. 따라서 청동기 시대의 유물은 농경 기술의 발달을 보여 주는 도구와 군장의 정치적·종교적 권력을 보여 주는 유물로 구분하여 이해할 수 있다. 또한 구석기·신석기 시대와 청동기·철기 시대 문제의 선택지는 서로 섞어 출제되므로, 한쪽만 확실히 알아 두어도 거의 해결할 수 있다.

필기노트 마인드맵

- 청동기 시대
  - 도구: **비파형 동검**, 거친무늬 거울, 청동 방울
    반달 돌칼(곡식을 수확하는 도구)
  - 토기: **민무늬 토기**(송국리식, 미송리식)
  - 생활: 잉여 생산물 → 계급 발생
    지배자(군장)의 무덤으로 **고인돌** 축조
  - 유적: 부여 **송국리**, 여주 흔암리
- 철기 시대
  - 도구: 철제 농기구(쟁기, 쇠스랑), 철제 무기
    세형 동검, 잔무늬 거울
  - 생활: 중국과 교역(**명도전, 반량전**, 오수전, 화천)

청동기·철기 시대의 유물

청동기 시대: 고인돌, 반달 돌칼, 비파형 동검, 송국리형 토기
철기 시대: 세형 동검, 거푸집, 명도전

선택지 빅데이터

[청동기 시대]
① 거푸집을 이용하여 ■■ 동검을 제작하였다. → 비파형
② ■■ 도구로 청동 거울과 청동 방울 등을 제작하였다. → 의례
③ ■■■을 사용하여 곡식을 수확하였다. → 반달 돌칼
④ 지배층의 무덤으로 ■■■을 축조하였다. → 고인돌

[철기 시대]
① 쟁기, 쇠스랑 등의 ■■ 농기구를 사용하였다. → 철제
② 거푸집을 이용하여 ■■ 동검을 제작하였다. → 세형
③ ■■■, 반량전, 오수전 등을 이용하여 중국과 교역하였다. → 명도전

대표 기출 1

(가) 시대의 생활 모습으로 옳은 것은? 73회 [3점]

〈집에서 만나는 박물관〉 2월호

부여 송국리 출토 유물

이번 호에서는 부여 송국리에서 출토된 대표적인 유물을 소개합니다. 사유 재산과 계급이 발생한 [(가)] 시대의 유물을 통해 당시 사람들의 생활 모습을 상상해 보세요.

유물 소개

◆ **비파형 동검**
검몸[劍身] 아랫부분의 폭이 넓고 둥근 비파 모양을 이루며, 중앙보다 약간 위에 뚜렷한 좌우 돌기가 있는 것이 특징임. 또한 검몸과 자루를 따로 만들어 결합하는 방식으로 제작됨.

◆ **민무늬 토기**
무늬가 없는 토기를 일컬음. 지역과 시기에 따라 다양한 형태를 보이는데 송국리형 토기는 평평한 바닥의 작은 굽, 계란 모양의 몸체와 바깥으로 벌어진 입구 부분이 특징임.

---

① 소를 이용한 깊이갈이가 일반화되었다.
② 반달 돌칼을 사용하여 벼를 수확하였다.
③ 주로 동굴이나 강가의 막집에서 살았다.
④ 주먹도끼, 찍개 등의 뗀석기를 처음 제작하였다.
⑤ 가락바퀴와 뼈바늘을 이용하여 옷을 만들기 시작하였다.

자료분석
청동기 시대에는 농업 생산력이 발전하면서 사유 재산이 형성되었고, 전쟁이 빈번해지면서 지배자인 군장이 등장하는 등 계급이 발생하였다. 청동기 시대에 비파형 동검과 거친무늬 거울이 사용되었으며 송국리형 토기, 미송리식 토기 등 지역별로 다양한 민무늬 토기가 만들어졌다. 부여 송국리 유적은 청동기 시대의 대표적인 유적지이다.

정답분석
② 청동기 시대에 벼농사가 시작되었으며 곡식의 이삭을 수확하는 도구로 반달 돌칼이 사용되었다.

선택지분석
① 철기 시대에 철제 농기구와 소를 이용한 깊이갈이가 시작되었다.
③ 구석기 시대 사람들은 사냥감을 찾아 이동 생활을 하면서 주로 동굴이나 강가의 막집에서 살았다.
④ 주먹도끼, 찍개 등은 돌을 깨뜨려 만든 뗀석기로, 구석기 시대에 사용된 도구이다.
⑤ 신석기 시대에는 가락바퀴를 이용해 실을 뽑고, 뼈바늘을 이용해 의복이나 그물을 만드는 등 원시적 수공업이 시작되었다.

정답 ②

대표 기출 2

(가) 시대의 생활 모습으로 옳은 것은? 72회 [1점]

① 주로 동굴이나 강가의 막집에서 살았다.
② 지배층의 무덤으로 고인돌을 축조하였다.
③ 농경과 목축을 시작하여 식량을 생산하였다.
④ 호미, 쇠스랑 등의 철제 농기구를 제작하였다.
⑤ 주먹도끼, 찍개 등의 뗀석기를 처음 제작하였다.

자료분석
자료의 '사유 재산과 계급 발생', '벼농사', '반달 돌칼' 등을 통해 (가)가 청동기 시대임을 알 수 있다. 청동기 시대에는 사유 재산과 계급이 등장하였으며, 밭농사가 중심이었지만 일부 저습지에서는 벼농사를 짓기도 하였다. 여주 흔암리 유적은 대표적인 청동기 시대 유적지이다.

정답분석
② 고인돌은 청동기 시대 군장의 무덤으로, 당시 군장이 거대한 돌을 움직일 만큼 많은 노동력을 동원할 수 있는 정치적 권력을 가졌음을 보여 준다.

선택지분석
① 구석기 시대의 모습이다. 구석기인들은 이동 생활을 하였기 때문에 고정된 거주지를 짓지 않고 동굴이나 바위그늘을 이용하거나 강가에 막집을 짓고 거주하였다.
③ 신석기 시대에는 조·피·수수 등을 재배하는 농경과 가축을 키우는 목축이 시작되었으며, 이에 따라 신석기인들은 정착 생활을 하게 되었다.
④ 철기 시대의 모습이다. 철기 시대에는 철제 농기구의 사용으로 농업 생산력이 향상되었다.
⑤ 구석기 시대의 모습이다. 구석기 시대에는 뗀석기를 제작하여 사냥과 채집을 하면서 생활하였다. 주먹도끼와 찍개는 이 시기의 대표적인 사냥 도구였다.

정답 ②

확인 문제

1 (가) 시대의 생활 모습에 대한 설명으로 옳은 것은? 68회 [1점]

① 반달 돌칼로 벼를 수확하였다.
② 소를 이용하여 깊이갈이를 하였다.
③ 주로 동굴이나 강가의 막집에서 살았다.
④ 오수전, 화천 등의 중국 화폐로 교역하였다.
⑤ 옷을 만들 때 가락바퀴와 뼈바늘을 이용하기 시작하였다.

2 (가) 시대의 생활 모습으로 가장 적절한 것은? 70회 [1점]

① 철제 무기로 정복 활동을 벌였다.
② 오수전, 화천 등의 중국 화폐로 교역하였다.
③ 많은 인력을 동원하여 고인돌을 축조하였다.
④ 주로 동굴이나 강가에 막집을 짓고 거주하였다.
⑤ 가락바퀴와 뼈바늘을 사용하여 옷을 만들기 시작하였다.

정답
1 ① 고인돌은 청동기 시대 군장의 무덤이며, 청동기 시대에 벼농사가 시작되고 수확 도구로 반달 돌칼을 사용하였다.
2 ③ 고인돌은 청동기 시대 군장의 무덤으로, 당시 군장이 거대한 돌을 움직일 만큼 많은 노동력을 동원할 수 있는 정치적 권력을 가졌음을 보여 준다.

Theme 003 고조선

PART 1 선사 시대의 전개

출제 의도와 대책

고조선은 우리나라 최초의 국가라는 점에서 의미가 깊다. 그러나 기록된 사료가 많지 않으므로 사료를 바탕으로 다양한 가공의 자료를 만들어 출제하는 편이다. 따라서 자료의 형태에 구애받지 않고 고조선을 파악할 수 있는 핵심적인 키워드를 중심으로 학습해 두어야 한다. 연대기 문제는 위만 조선의 성립과 멸망 과정을 다루는 형태로 출제되는데, 단순히 '한의 침략으로 멸망'했다기보다 한과 1년여 간의 전쟁을 치렀음을 부각시키는 경향이 있다.

필기노트 마인드맵

- 건국 이야기: 단군왕검(제정일치), 환웅(홍익인간, 선민사상, 천손사상), 풍백·우사·운사(농경 바탕, 통치 체제), 웅녀·호랑이(토테미즘)
- 단군 조선 — 전국 시대 연과 대립 → 진개의 침입으로 영토 상실
  부왕·준왕 왕위 세습
- 위만 조선 — 철기 본격 수용, 진번·임둔 복속
  중국과 한반도 사이 중계 무역
  우거왕 때 한 무제에 의해 멸망 → 한 군현 설치
- 정치: 상, 대부, 장군 등의 관직 설치
- 사회: 범금8조(노동력 중시, 화폐 사용)

단군의 건국 이야기

옛날에 환인의 아들 환웅이 있었는데, …… (환인은) 천부인 세 개를 (환웅에게) 주고, 가서 인간의 세계를 다스리게 하였다. 환웅이 신단수 아래 내려와 신시(神市)라 하였다. 그는 풍백·우사·운사를 거느리고 곡식·수명·질병·형벌 등 인간의 360여 가지 일을 주관하며 세상을 다스리고 교화하였다. …… 환웅이 사람으로 변하여 웅녀와 혼인해 아들을 낳으니 단군왕검이라 하였다.

8조 금법

백성들에게 금하는 법 8조가 있었다. 사람을 죽인 자는 즉시 죽이고, 남에게 상처를 입힌 자는 곡식으로 갚는다. 남의 물건을 훔친 자가 남자면 그 집의 노(奴)로 삼으며 여자면 비(婢)로 삼는다. 자신의 죄를 용서받고자 하는 자는 한 사람마다 50만 전을 내야 한다.

선택지 빅데이터

① 전국 7웅 중 하나인 ■과 대적할 만큼 성장하였다. → 연
② ■의 장수 진개의 공격을 받아 땅을 빼앗겼다. → 연
③ 부왕(否王) 등 강력한 왕이 등장하여 왕위를 ■■하였다. → 세습
④ 왕 아래 상, ■■, 장군 등의 관직을 두었다. → 대부
⑤ 위만이 ■■을 몰아내고 왕이 되었다. → 준왕
⑥ ■■과 ■■을 복속시켜 세력을 확장하였다. → 진번, 임둔
⑦ 한과 진국 사이에서 ■■ ■■을 하였다. → 중계 무역
⑧ 한 ■■가 파견한 군대의 공격으로 멸망하였다. → 무제
⑨ 살인, 절도 등의 죄를 다스리는 ■■ ■■가 있었다. → 범금 8조

대표 기출 1

밑줄 그은 '이 나라'에 대한 탐구 활동으로 가장 적절한 것은?

72회 [2점]

함께 성장하는 한국사 수업
한 문제의 침략에 맞서 싸운 이 나라에 대해 조사한 내용을 올려주세요.

정치	경제	사회
왕 아래에 상, 대부, 장군 등의 관직을 두었어요.	중국과 한반도 남부의 진국 사이에서 중계 무역을 하였어요.	사회 질서를 유지하기 위한 범금 8조가 있었어요.

① 임신서기석의 내용을 분석한다.
② 칠지도에 새겨진 명문을 해석한다.
③ 수도 왕검성의 위치에 대한 자료를 검색한다.
④ 10월에 지냈던 제천 행사인 동맹을 살펴본다.
⑤ 국가의 중대사를 논의한 화백 회의에 대해 조사한다.

자료분석

밑줄 친 '이 나라'는 고조선이다. 고조선은 왕 아래에 상, 대부, 장군 등의 관직을 두었으며, 위만 집권 이후 지리적인 이점을 이용하여 중국의 한과 한반도의 예·진 사이에서 중계 무역의 이득을 독점하였다. 이에 불안을 느낀 한 무제는 고조선을 침략하여 왕검성을 함락시켰다. 고조선에는 사회 질서를 유지하기 위한 범금 8조가 있었는데, 현재 3조목의 내용만 전해지고 있다.

정답분석

③ 왕검성은 고조선의 수도로, 대동강 유역의 평양으로 추정된다.

선택지분석

① 임신서기석은 임신년에 신라의 두 화랑이 유교 경전을 습득할 것을 맹세한 내용을 담고 있는 비석으로, 신라 화랑들이 유교 경전을 공부하고 충효 사상을 익혔음을 보여 준다.
② 칠지도는 백제와 관련된 유물로, 금으로 새겨진 명문을 통해 백제의 왕세자가 왜왕에게 선물로 보낸 것임을 알 수 있다.
④ 고구려에 대한 설명이다. 고구려에서는 매년 10월에 동맹이라는 제천 행사를 치렀다.
⑤ 화백 회의는 신라의 귀족 합의 기구이다.

정답 ③

대표 기출 2

(가)에 들어갈 내용으로 가장 적절한 것은? 68회 [2점]

#3. 궁궐 안
손자와 대화하며 과거를 회상하는 장면
손자: 할아버지, 어떻게 왕이 되셨나요?
왕: 이 땅에 들어와서 처음에는 국경 수비를 맡았다가 준왕을 몰아내고 왕이 되었다.
손자: 또 무슨 일을 하셨어요?
왕: 왕검성을 중심으로 기반을 정비하고 백성을 받아들여 나라의 내실을 다졌단다. 그리고 ___(가)___

① 율령을 반포하여 체제를 정비하였단다.
② 화랑도를 국가적인 조직으로 개편하였단다.
③ 내신 좌평 등 여섯 명의 좌평을 거느렸단다.
④ 진번과 임둔을 복속하여 영토를 확대하였단다.
⑤ 지방의 여러 성에 욕살, 처려근지 등을 두었단다.

자료분석
제시문의 '왕'은 위만이다. 중국 진·한 교체기에 위만이 1,000여 명의 무리를 이끌고 고조선으로 들어왔다. 위만은 고조선 준왕의 신임을 받아 서쪽 변경을 수비하는 임무를 맡게 되었는데, 그곳에 거주하는 이주민 세력을 통솔하면서 자신의 세력을 확대하였다. 그 후 위만은 왕을 보호한다는 구실로 왕검성으로 들어가 준왕을 몰아내고 스스로 왕이 되었다(B.C. 194).

정답분석
④ 위만 조선은 철기 문화를 본격적으로 수용하여 진번과 임둔 등 주변 지역을 복속하는 등 활발한 정복 사업을 전개하고, 중앙 정치 조직을 정비하여 강력한 국가로 성장하였다.

선택지분석
① 고구려, 백제, 신라에 대한 설명이다. 율령(律令)은 법과 제도를 뜻하는 말로, 율령이 반포되었다는 것은 형벌과 행정에 관한 체제가 정비되었다는 것을 의미한다. 백제는 3세기 고이왕 때, 고구려는 4세기 소수림왕 때, 신라는 6세기 법흥왕 때 율령을 반포하여 왕권 중심의 중앙 집권적 국가 체제를 수립하기 위한 제도를 정비하였다.
② 신라에 대한 설명이다. 신라 진흥왕은 국가 발전을 위한 인재를 양성하기 위하여 화랑도를 국가적인 조직으로 개편하였다.
③ 백제에 대한 설명이다. 백제는 고이왕 때 중앙 관부 조직으로 6좌평을 설치하였으며, 중앙 관직을 16품의 관등으로 정비하고 관등의 고하에 따라 관리의 복색을 정하였다.
⑤ 고구려에 대한 설명이다. 고구려는 지방에 5부를 두고 그 중심지인 대성(大城)에 장관으로 욕살을 파견하였으며, 욕살 아래에 처려근지를 두었다.

정답 ④

확인 문제

1 (가) 나라에 대한 설명으로 옳은 것은? 59회 [2점]

모시는 글

우리 역사상 최초의 국가인 ___(가)___ 을/를 건국한 단군왕검의 이야기가 뮤지컬로 탄생하였습니다.

- 순서 -
1막 환웅이 신단수에 내려오다
2막 웅녀, 환웅과 혼인하다
3막 단군왕검이 나라를 세우다

· 일시: 2022년 01월 ○○일 오후 3시 / 오후 7시
· 장소: △△아트홀

① 무천이라는 제천 행사를 열었다.
② 신성 지역인 소도가 존재하였다.
③ 남의 물건을 훔쳤을 때는 12배로 갚게 하였다.
④ 왕 아래 상가, 대로, 패자 등의 관직이 있었다.
⑤ 전국 7웅 중 하나인 연과 대립할 만큼 강성하였다.

2 (가) 국가에 대한 설명으로 옳은 것은? 65회 [2점]

니계상 참이 사람을 시켜 ___(가)___ 의 왕 우거를 죽이고 와서 항복하였다. 그러나 왕검성은 끝내 함락되지 않았기에 우거왕의 대신(大臣) 성기가 한(漢)에 반기를 들고 공격하였다. 좌장군은 우거왕의 아들 장과 항복한 상 노인의 아들 최로 하여금 그 백성을 달래고 성기를 주살하도록 하였다. 드디어 ___(가)___ 을/를 평정하고 진번·임둔·낙랑·현도군을 설치하였다.
— 『한서』 —

① 동맹이라는 제천 행사를 열었다.
② 신성 지역인 소도가 존재하였다.
③ 읍락 간의 경계를 중시하는 책화가 있었다.
④ 여러 가(加)들이 별도로 사출도를 다스렸다.
⑤ 사회 질서를 유지하기 위해 범금 8조를 두었다.

정답
1 ⑤ (가)는 고조선이다. 기원전 4세기 후반~기원전 3세기 전반에 고조선과 연나라가 대립하였는데, 당시 연나라는 중국 전국 시대의 7웅(七雄) 중 하나로 불릴 정도로 국력이 강성하였다. 이를 통해 이 시기 고조선이 연나라에 맞설 만한 군사력을 보유하였고, 상당한 정도의 영역을 확보하고 있었음을 알 수 있다.
2 ⑤ 고조선의 법률로는 범금 8조가 있었는데, 한서 지리지에 살인죄, 상해죄, 절도죄 등에 대한 3개 조항이 남아 있다.

Theme 004 부여·고구려

PART 1 선사 시대의 전개

출제 의도와 대책

철기 문화를 바탕으로 한반도와 만주 일대에 세워진 여러 초기 국가들은 각축을 거치며 삼국으로 통합되었다. 이 시기는 국가 발전의 초기 단계로서의 보편적인 특징과 이후 민족사에 영향을 준 풍속과 생활 모습의 두 측면에서 주로 출제되고 있다. 5부족 연맹 왕국, 1책 12법, 형사취수제 등 부여와 고구려의 공통점을 비롯하여 두 국가의 차이점도 구분해서 알아 두어야 한다.

필기노트 마인드맵

- 부여
  - 정치: 5부족 연맹 → 사출도(마가, 우가, 구가, 저가)
  - 왕권 미약(연맹 왕국)
  - 제천행사: 12월에 치르는 영고(수렵 의미)
  - 법률·풍속: 1책 12법, 형사취수제, 우제점법, 순장 풍습
- 고구려
  - 정치: 5부족 연맹(계루부·소노부 등) → 제가 회의
  - 왕권 미약(연맹 왕국)
  - 제천 행사: 10월에 치르는 동맹
  - 법률·풍속
    - 1책 12법, 서옥제, 형사취수제
    - 집집마다 부경이라는 창고(약탈 경제)

> **고구려**
> 산과 골짜기를 따라 거주하며, 계곡물을 마신다. 좋은 밭이 없어, 비록 힘써서 밭을 경작하지만, 수확이 충분하지 않아 배가 고프다. 나라에 큰 창고가 없고 집집마다 작은 창고가 있어 부경이라고 부른다.

선택지 빅데이터

[부여]
① 여러 가(加)들이 별도로 ■■■를 주관하였다. → 사출도
② 12월에 ■■라는 제천 행사를 열었다. → 영고
③ 남의 물건을 훔쳤을 때에는 ■■ 배로 갚게 하였다. → 12
④ ■를 잡아 그 발굽으로 길흉을 점쳤다. → 소
⑤ 왕이 죽었을 때 ■■을 하는 풍습이 있었다. → 순장

[고구려]
① ■■들이 사자, 조의, 선인을 거느렸다. → 대가
② 집집마다 ■■이라는 창고가 있었다. → 부경
③ ■■■에서 나라의 중요한 일을 결정하였다. → 제가 회의
④ 10월에 ■■이라는 제천 행사를 열었다. → 동맹
⑤ 왕 아래 상가, ■■■ 등의 대가들이 있었다. → 고추가
⑥ 혼인 풍습으로 ■■■가 있었다. → 서옥제
⑦ 계루부 등 ■부 출신 귀족이 지배층을 형성하였다. → 5

대표 기출 1

(가), (나) 나라에 대한 설명으로 옳은 것은? 73회 [2점]

> **여러 나라의 성장**
> 1. (가)
>   ○ 정치: 삼로라고 불리는 군장이 다스림.
>   ○ 경제: 소금, 해산물이 풍부함
>   ○ 사회: 사람이 죽으면 시체를 가매장하였다가 나중에 뼈만 추려 가족 공동 목곽에 안치함.
> 2. (나)
>   ○ 정치: 신지, 읍차 등의 지배자가 있었음
>   ○ 경제: 철을 생산하고 벼농사가 발달함.
>   ○ 사회: 씨뿌리기가 끝난 5월과 농사를 마친 10월에 제사를 지냄.

① (가) - 영고라는 제천 행사를 열었다.
② (가) - 사회 질서를 유지하기 위해 범금 8조를 만들었다.
③ (나) - 신성 지역인 소도가 존재하였다.
④ (나) - 제가 회의에서 나라의 중대사를 결정하였다.
⑤ (가), (나) - 도둑질한 자에게 12배로 배상하게 하였다.

자료분석
(가) 옥저에는 사람이 죽으면 시체를 가매장했다가 뼈를 추려 다시 묻는 골장제가 있었으며, 이 뼈를 가족 공동 묘인 목곽에 안치하였다. 옥저는 일찍부터 고구려의 압력을 받아 큰 세력을 형성하지 못하고 읍군이나 삼로라 불린 군장이 읍락을 다스렸으며, 소금과 해산물이 풍부하여 고구려에 이를 공납하였다.
(나) 삼한에는 세력의 크기에 따라 신지, 읍차 등으로 불리는 군장이 있었다. 삼한은 풍토가 농사에 적합하여 일찍부터 벼농사가 발달했으며 씨를 뿌리는 5월과 수확한 후인 10월에 계절제를 치렀다. 특히 변한에서는 질 좋은 철이 생산되어 낙랑·왜 등과 교역하였다.

정답분석
③ 삼한에는 정치적 지배자인 군장과 별도로 제천행사를 담당하는 천군이 있었다. 천군은 신성 지역인 소도를 다스렸는데, 이곳에는 군장의 세력이 미치지 못하여 범죄자라도 이곳에 도망하면 잡아가지 못했다.

선택지분석
① 부여에서는 사냥철이 시작되는 은력 정월(12월)에 영고라는 제천 행사를 지냈다. 옥저의 제천 행사는 알려져 있지 않다.
② 범금 8조는 고조선의 법률로, 『한서』에 3개 조항이 전하고 있다.
④ 고구려는 5부족 연맹체 국가로서 상가, 고추가 등의 대가들이 제가 회의에서 나라의 중대사를 결정하였다.
⑤ 부여와 고구려에는 도둑한 자에게 12배로 배상하게 하는 1책 12법이 있었다.

정답 ③

대표 기출 2

다음 검색창에 들어갈 나라에 대한 설명으로 옳은 것은? 71회 [2점]

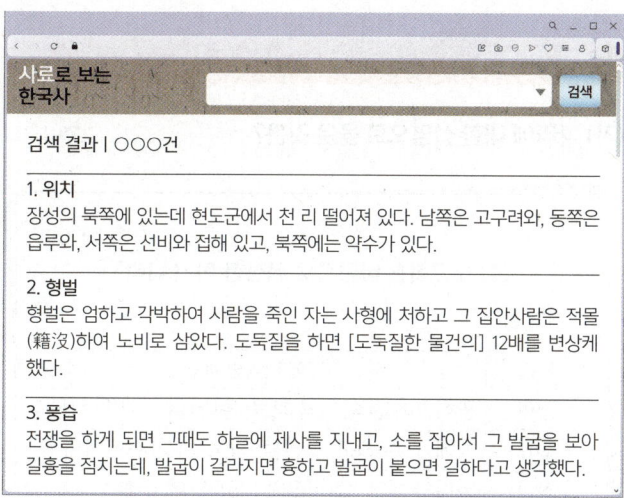

① 신성 지역인 소도가 있었다.
② 혼인 풍습으로 민며느리제가 있었다.
③ 읍락 간의 경계를 중시하는 책화가 있었다.
④ 여러 가(加)들이 각각 사출도를 주관하였다.
⑤ 사회 질서를 유지하기 위해 범금 8조를 만들었다.

자료분석
자료는 부여에 대한 설명이다. 부여는 만주 길림시 일대 송화강(쑹화강) 유역의 평야 지대를 중심으로 성장하였다. 부여에는 4조목의 법률이 있었으며, 전쟁이 일어났을 때 소의 굽으로 길흉을 점치는 우제점복 풍습이 있었다.

정답분석
④ 부여에는 왕 아래에 가축의 이름을 딴 마가·우가·저가·구가가 있었으며, 이 가(加)들은 저마다 따로 행정 구획인 사출도를 다스렸다.

선택지분석
① 삼한에 대한 설명이다. 삼한에는 정치적 지배자인 군장과 별도로 제사장인 천군이 존재하였다. 천군은 신성 지역인 소도에서 농경과 종교에 대한 의례를 주관하였는데, 이를 통해 삼한이 제정 분리 사회였음을 알 수 있다.
② 옥저에 대한 설명이다. 옥저에서는 혼인을 전제로 어린 여자아이를 남자 집으로 데려와 키우다가 그 아이가 성장하면 남자가 여자 집에 재물을 주고 신부로 맞는 민며느리제 풍습이 있었다.
③ 동예에 대한 설명이다. 동예에는 씨족 사회의 풍습이 남아 있어, 각 씨족의 영역을 함부로 침범하지 못하게 하였으며, 다른 씨족의 생활권을 침범하였을 경우 책화라 하여 노비나 소, 말로 변상하게 하였다.
⑤ 고조선에 대한 설명이다. 『한서』 지리지에 의하면 고조선에는 사회 질서를 유지하기 위한 8조법이 있었는데, 현재 3조목의 내용만 전해지고 있다.

정답 ④

확인 문제

1 (가), (나) 나라에 대한 설명으로 옳은 것은? 57회 [2점]

(가) 그 나라에는 왕이 있고, 벼슬로는 상가·대로·패자·고추가·주부·우태·승·사자·조의·선인이 있으며, 신분의 높고 낮음에 따라 각각 등급을 두었다. …… 10월에 지내는 제천 행사는 국중대회로 이름하여 동맹이라 한다.
- 『삼국지』 동이전 -

(나) 그 나라의 풍속은 산천을 중요시하여 산과 내마다 각기 구분이 있어 함부로 들어가지 않는다. …… 해마다 10월이면 하늘에 제사를 지내는데, 주야로 술을 마시고 노래를 부르며 춤추니 이를 무천이라 한다. 또 호랑이를 신으로 여겨 제사를 지낸다.
- 『삼국지』 동이전 -

① (가) - 낙랑과 왜에 철을 수출하였다.
② (가) - 서옥제라는 혼인 풍습이 있었다.
③ (나) - 연의 장수 진개의 공격을 받았다.
④ (나) - 가(加)들이 별도로 사출도를 다스렸다.
⑤ (가), (나) - 골품에 따라 관등 승진에 제한이 있었다.

2 다음 자료에 해당하는 나라에 대한 설명으로 옳은 것은? 68회 [2점]

○ 산릉과 넓은 못[澤]이 많아서 동이 지역에서는 가장 넓고 평탄한 곳이다. …… 사람들은 체격이 크고 성품은 굳세고 용감하며, 근엄·후덕하여 다른 나라를 쳐들어가거나 노략질하지 않는다.

○ 은력(殷曆) 정월에 지내는 제천 행사는 국중 대회로 날마다 마시고 먹고 노래하고 춤추는데, 그 이름을 영고라 했다.
- 『삼국지』 위서 동이전 -

① 신성 지역인 소도가 존재하였다.
② 혼인 풍습으로 민며느리제가 있었다.
③ 여러 가(加)들이 각각 사출도를 주관하였다.
④ 특산물로 단궁, 과하마, 반어피가 유명하였다.
⑤ 왕 아래 상가, 대로, 패자 등의 관직이 있었다.

정답
1 ② 고구려에는 서옥제라는 혼인 풍속이 있었다. 서옥제는 혼인을 정한 뒤 신부 집 뒤꼍에 조그만 집을 짓고, 거기서 자식을 낳아 장성하면 아내를 데리고 신랑 집으로 돌아가는 제도이다.
2 ③ 부여에는 왕 아래에 가축의 이름을 딴 마가·우가·저가·구가 등의 관리가 있었으며, 이들 가(加)들은 행정 구획인 사출도를 다스렸다.

Theme 005 옥저·동예·삼한

PART 1 선사 시대의 전개

출제 의도와 대책

옥저와 동예는 고구려의 압력을 받아 연맹 왕국으로 발전하지 못하였으므로, 초기의 여러 풍습이 남아 있었다. 삼한은 마한·진한·변한으로 구성되었으며 훗날 백제·신라·가야로 발전하는 모체가 되었다. 각 초기 국가들의 정치 상황을 보여 주는 군장의 명칭 및 제천 행사 등의 풍습을 중심으로 출제되고 있다.

필기노트 마인드맵

- 옥저
  - 정치: 후, 읍군, 삼로 등이 각기 읍락을 다스림
  - 경제: 해산물 풍부(함경도 동해안), 고구려에 공납 바침
  - 풍습: 민며느리제, 골장제 · 가족 공동 무덤
- 동예
  - 정치: 후, 읍군, 삼로 등이 각기 읍락을 다스림
  - 제천 행사: 10월에 치르는 무천
  - 특산물: 단궁(활), 과하마(작은 말), 반어피(바다표범 가죽)
  - 풍습: 족외혼, 책화
- 삼한
  - 정치 ─ 목지국의 진왕, 신지·읍차 등 군장
  - 제정 분리: 천군과 소도
  - 경제: 변한의 철 생산 → 낙랑·왜에 수출, 화폐처럼 사용
  - 풍속: 계절제(5월 파종, 10월 추수 후), 두레(농촌 공동체)

옥저의 민며느리제

여자의 나이가 열 살이 되기 전에 혼인을 약속하고, 신랑 집에서 맞이하여 장성할 때까지 기른다. 여자가 장성하면 여자 집으로 돌아가게 한다. 여자 집에서는 돈을 요구하는데, 신랑 집에서 돈을 지불한 후 다시 데리고 와서 아내로 삼는다.

선택지 빅데이터

[옥저]
① ■■이나 삼로라는 지배자가 있었다. → 읍군
② 혼인 풍습으로 ■■■■■가 있었다. → 민며느리제
③ 가족의 유골을 한 ■■에 안치하는 풍습이 있었다. → 목곽

[동예]
① 읍락 간의 경계를 중시하는 ■■가 있었다. → 책화
② 단궁, ■■■, 반어피 등이 특산물로 유명하였다. → 과하마
③ 10월에 ■■이라는 제천 행사를 열었다. → 무천

[삼한]
① 제사장인 ■■과 신성 지역인 ■■가 있었다. → 천군, 소도
② ■이 많이 생산되어 낙랑과 왜에 수출하였다. → 철
③ ■■, 읍차 등의 지배자가 있었다. → 신지
④ 해마다 ■월과 ■■월에 제사 지내고 노래와 춤을 즐겼다. → 5, 10
⑤ 마한의 ■■■을 비롯한 많은 소국으로 이루어졌다. → 목지국

대표 기출 1

(가) 나라에 대한 설명으로 옳은 것은? 70회 [2점]

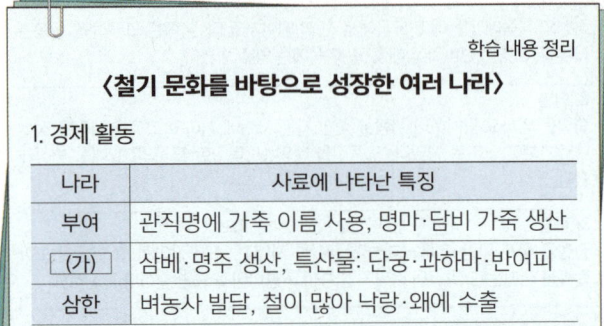

① 신지, 읍차 등의 지배자가 있었다.
② 혼인 풍습으로 민며느리제가 있었다.
③ 10월에 무천이라는 제천 행사를 열었다.
④ 여러 가(加)들이 각각 사출도를 주관하였다.
⑤ 제가 회의에서 나라의 중대사를 결정하였다.

자료분석
단궁, 과하마, 반어피는 동예의 특산물이다.

정답분석
③ 동예는 매년 10월에 무천이라는 제천 행사를 열었으며, 수렵과 농경의 수호신으로 호랑이를 숭배하였다.

선택지분석
① 삼한에 대한 설명이다. 삼한에서는 지배자 중 세력이 큰 군장을 신지·견지 등으로 불렀으며, 세력이 작은 군장은 부례·읍차 등으로 불렀다.
② 옥저에 대한 설명이다. 옥저에서는 혼인을 전제로 어린 여자아이를 남자 집으로 데려와 키우다가 그 아이가 성장하면 남자가 여자 집에 재물을 주고 신부로 맞는 민며느리제 풍습이 있었다.
④ 부여에 대한 설명이다. 부여에는 왕 아래에 가축의 이름을 딴 마가·우가·저가·구가가 있었으며, 이들 가(加)들은 저마다 따로 행정 구획인 사출도를 다스렸다.
⑤ 고구려에 대한 설명이다. 고구려는 제가 회의에서 국가의 중대사를 논의하였다.

정답 ③

대표 기출 2

(가), (나) 나라에 대한 설명으로 옳은 것을 〈보기〉에서 고른 것은?　　　　　　　　　　　　　　　69회 [3점]

> (가) 대군장이 없고, 그 관직으로는 후(侯)와 읍군과 삼로가 있다. …… 해마다 10월이면 하늘에 제사를 지내는데, 밤낮으로 술 마시며 노래 부르고 춤추니, 이를 무천이라 한다. 또 호랑이를 신으로 여겨 제사 지낸다.
> — 『후한서』 동이열전 —
>
> (나) 해마다 5월이면 씨뿌리기를 마치고 귀신에게 제사를 지낸다. 떼를 지어 모여서 노래와 춤을 즐기며 술 마시고 노는데 밤낮으로 쉬지 않는다. …… 국읍에 각각 한 사람씩을 세워서 천신의 제사를 주관하게 하는데, 이를 천군이라 부른다.
> — 『삼국지』 위서 동이전 —

─ 보기 ─
ㄱ. (가) - 혼인 풍습으로 민며느리제가 있었다.
ㄴ. (가) - 읍락 간의 경계를 중시하는 책화가 있었다.
ㄷ. (나) - 신지, 읍차 등의 지배자가 있었다.
ㄹ. (나) - 여러 가(加)들이 별도로 사출도를 주관하였다.

① ㄱ, ㄴ　② ㄱ, ㄷ
③ ㄴ, ㄷ　④ ㄴ, ㄹ
⑤ ㄷ, ㄹ

자료분석
(가)는 동예에 대한 내용이다. 동예는 매년 10월에 무천이라는 제천 행사를 열었으며, 수렵과 농경의 수호신으로 호랑이를 숭배하였다.
(나)는 삼한에 대한 내용이다. 삼한은 5월과 10월에 계절제를 지냈으며, 군장과 별도로 제사장인 천군이 존재하였다. 천군은 신성 지역인 소도에서 농경과 종교에 대한 의례를 주관하였다.

정답분석
ㄴ. 동예에는 씨족 사회의 풍습이 남아 있어, 각 씨족의 영역을 함부로 침범하지 못하게 하였으며, 다른 씨족의 생활권을 침범하였을 경우 책화라 하여 노비나 소, 말로 변상하게 하였다.
ㄷ. 삼한에서는 지배자 중 세력이 큰 군장을 신지·견지 등으로 불렀으며, 세력이 작은 군장은 부례·읍차 등으로 불렀다.

선택지분석
ㄱ. 민며느리제는 옥저의 혼인 풍습이다.
ㄹ. 부여에 대한 설명이다. 부여에는 왕 아래에 가축의 이름을 딴 마가·우가·저가·구가 등의 관리가 있었으며, 이들 가(加)들은 행정 구획인 사출도를 다스렸다.

정답 ③

확인 문제

1 (가)~(라)에 들어갈 내용으로 옳은 것을 〈보기〉에서 고른 것은?　　　　　　　　　　　　　67회 [2점]

〈여러 나라의 제천 행사〉

나라	내용
부여	(가)
고구려	(나)
동예	(다)
삼한	(라)

─ 보기 ─
ㄱ. (가) - 무천이라는 제천 행사에서 밤낮으로 음주가무를 즐겼다.
ㄴ. (나) - 10월에 지내는 제천 행사를 국중대회로 동맹이라 하였다.
ㄷ. (다) - 영고라는 제천 행사를 열고 죄수를 풀어주기도 하였다.
ㄹ. (라) - 씨뿌리기가 끝난 5월과 농사를 마친 10월에 제사를 지냈다.

① ㄱ, ㄴ　② ㄱ, ㄷ　③ ㄴ, ㄷ　④ ㄴ, ㄹ　⑤ ㄷ, ㄹ

2 밑줄 그은 '이 나라'에 대한 설명으로 옳은 것은?　53회 [2점]

"이 나라에는 제사장인 천군과 신성 지역인 소도가 존재했어."
"5월과 10월에 하늘에 제사 지내는 풍습도 있었어."

① 신지, 읍차 등의 지배자가 있었다.
② 혼인 풍습으로 서옥제가 존재하였다.
③ 여러 가(加)들이 별도로 사출도를 주관하였다.
④ 남의 물건을 훔쳤을 때에는 12배로 갚게 하였다.
⑤ 부족 간의 경계를 중시하는 책화라는 풍속이 있었다.

정답
1 ④ ㄴ. 고구려는 10월에 제천 행사인 동맹을 치렀다.
ㄹ. 삼한은 씨를 뿌리고 난 뒤인 5월과 곡식을 거두어들이는 10월에 계절제를 지냈다.
2 ① 삼한의 지배자 중에서 세력이 큰 것은 신지, 작은 것은 읍차 등으로 불렸다.

전한길 한국사능력검정 기출문제집

PART 2
고대 사회의 발전

테마	최근 4년 출제	주요 인물·지역	키워드
006 가야 연맹	최근 73, 71, 68, 62, 60 / 총 13회	김수로왕, 이진아시왕	덩이쇠, 낙랑·왜, 전기 가야 연맹, 후기 가야 연맹, 김해 대성동, 고령 지산동
007 고구려의 발전	최근 73, 70, 68, 66, 65 / 총 12회	고국원왕, 소수림왕, 광개토 대왕, 장수왕	진대법, 태학, 불교 수용, 신라 구원, 평양 천도
008 백제의 발전	최근 73, 71, 70, 69, 67 / 총 14회	근초고왕, 침류왕, 무령왕, 성왕, 의자왕	6좌평, 서기, 무령왕릉, 22담로, 사비 천도, 미륵사, 대야성, 칠지도
009 신라의 발전	최근 71, 54, 51, 49, 46 / 총 6회	지증왕, 이사부, 법흥왕, 이차돈	마립간, 우산국 정복, 동시전, 병부, 건원, 불교 공인, 화백회의
010 신라의 전성기	최근 69, 63, 52, 47, 44 / 총 5회	진흥왕, 자장	화랑도, 국사, 순수비
011 삼국의 각축	최근 72, 66, 61, 58, 48 / 총 8회	장수왕, 개로왕, 온달, 아단성	한성 공격, 나·제 동맹, 관산성 전투
012 고구려와 수·당의 전쟁	최근 69, 59, 58, 50, 49 / 총 5회	을지문덕, 연개소문, 당 태종	살수 대첩, 천리장성, 안시성 전투
013 신라의 삼국 통일	최근 73, 71, 69, 68, 67 / 총 14회	김춘추, 김유신, 계백	나·당 군사 동맹, 안동 도호부, 매소성 전투, 기벌포 전투
014 백제·고구려 부흥 운동	최근 65, 62, 60, 58, 56 / 총 9회	복신, 도침, 부여풍, 흑치상지, 검모잠, 안승	백강 전투, 보덕국왕 책봉
015 통일 신라의 발전	최근 67, 62, 60, 59, 57 / 총 8회	문무왕, 신문왕, 김흠돌	외사정, 관료전, 녹읍 폐지, 국학, 감은사, 독서삼품과, 일본에 국서

▲ 무령왕릉 내부

▲ 미륵사지 석탑

▲ 금동 미륵보살 반가사유상

테마	최근 4년 출제	주요 인물·지역	키워드
016 발해의 발전	최근 73, 72, 71, 70, 69 총 25회	무왕, 장문휴, 문왕, 선왕	인안·대흥, 5경 15부 62주, 해동성국, 발해 5도
017 고대의 통치 체제	최근 73, 72, 68, 63, 61 총 10회		9주 5소경, 9서당 10정, 상수리, 부여씨 8성 귀족
018 신라 말의 정치 변화	최근 73, 72, 70, 68, 67 총 19회	혜공왕, 김헌창, 진성 여왕, 최치원	사정부, 정당성, 중정대, 삼대목, 원종과 애노의 난, 적고적, 시무 10여 조, 선종
019 고대의 경제	최근 72, 69, 66, 64, 63 총 10회	울산항, 당항성, 장보고	청해진, 법화원, 민정 문서(촌락 문서), 솔빈부
020 고대의 사회	최근 70, 65, 64, 63, 57 총 9회	최치원, 설총, 강수	계원필경, 이두, 골품제, 6두품, 빈공과
021 고대의 불교 사상	최근 71, 70, 67, 61, 60 총 10회	원효, 의상, 혜초, 원광	금강삼매경론, 무애가, 화엄일승법계도, 부석사, 왕오천축국전, 세속 5계, 선종
022 고대의 고분	최근 66, 65, 55, 54, 51 총 7회	집안(지안), 평양, 공주	굴식 돌방무덤, 돌무지 덧널무덤, 무령왕릉, 벽돌무덤
023 고대의 불상	최근 69, 68, 64, 59, 57 총 7회	경주, 충남 서산, 동경 용원부	석굴암 본존불, 금동 미륵보살 반가사유상, 서산 용현리 마애여래삼존상, 금동 연가 7년명 여래 입상, 이불병좌상
024 고대의 탑	최근 72, 71, 67, 63, 62 총 10회	전북 익산, 신문왕, 선덕 여왕	미륵사지 석탑, 감은사지 3층 석탑, 분황사 모전 석탑

Theme 006 가야 연맹

PART 2 고대 사회의 발전

출제 의도와 대책

가야는 삼국에 밀려 주목받지 못하였지만, 근래에는 삼국 못지않은 문화를 이루었던 나라로 재조명되고 있다. 최근까지도 꾸준하게 발굴이 이루어져 여러 새로운 유물이 출토되고 있으며, 가야 고분군은 유네스코 세계 문화유산으로 등재되었다. 크게 금관가야와 대가야로 나누어 각각 시조, 고분군, 유물을 구분하는 문제와 전기·후기 가야 연맹과 삼국 간의 역사적 사실을 묻는 문제가 출제된다.

필기노트 마인드맵

- 금관가야 **김수로왕** 건국, 전기 가야 연맹 주도
  - 우수한 철기 문화, **낙랑·왜**에 **덩이쇠 수출**
  - **광개토 대왕의 공격으로 타격** → 전기 가야 연맹 해체
  - 6세기 신라 법흥왕 때 신라에 병합
- 대가야 이진아시왕 건국, 후기 가야 연맹 주도
  - 6세기 신라 **진흥왕 때 신라에 병합**
- 유물 **김해 대성동 고분군**(금관가야), **고령 지산동 고분군**(대가야)
  - 철제 판갑과 마갑(말갑옷), 금동관, 가야 토기(일본 스에키 토기에 영향)

가야의 유물

철제 판갑옷 | 청동 솥 | 가야 토기 | 금동관

선택지 빅데이터

① 금관가야의 시조 ■■■왕의 설화가 삼국유사에 전해진다.
→ 김수로

② 금관가야에서 ■이 많이 생산되어 낙랑과 왜 등에 수출하였다. → 철

③ 광개토 대왕의 신라 구원으로 ■■■■가 타격을 받아 가야 연맹의 중심지가 이동하였다. → 금관가야

④ 가야 연맹은 5세기 후반에 ■■■를 중심으로 재편되었다.
→ 대가야

⑤ ■■■가 후기 가야 연맹을 주도하였다. → 대가야

⑥ ■■■는 법흥왕 때 신라에 복속되었다. → 금관가야

⑦ ■■■는 진흥왕 때 신라에 복속되었다. → 대가야

대표 기출 1

(가) 나라에 대한 설명으로 옳은 것은? 73회 [2점]

이 그림은 (가) 의 시조인 이진아시왕의 표준 영정입니다. 신증동국여지승람의 기록에 따르면 수로왕과 형제인 그는 고령 일대를 중심으로 나라를 세웠다고 합니다.

① 진흥왕 때 신라에 복속되었다.
② 집사부를 비롯한 14부를 설치하였다.
③ 지방 장관으로 욕살, 처려근지 등을 두었다.
④ 여러 가(加)들이 별도로 사출도를 주관하였다.
⑤ 왕족인 부여씨와 8성의 귀족이 지배층을 이루었다.

자료분석

이진아시왕은 대가야의 시조이다. 수로왕을 시조로 하는 금관가야가 전기 가야 연맹을 주도하였으나, 광개토 대왕의 신라 구원 때 금관가야가 타격을 입고 전기 가야 연맹이 해체되었다. 이때 고령 일대의 내륙 지역에 위치한 대가야는 세력을 보존하여 5세기 중반에 후기 가야 연맹을 주도하였다.

정답분석

① 금관가야는 법흥왕 때 신라에 항복하였고, 대가야는 진흥왕 때 신라에 복속되었다.

선택지분석

② 신라는 법흥왕 때 병부를 설치한 것을 시작으로, 신문왕 때 공장부 등을 설치하여 집사부를 비롯한 14부의 중앙 관청을 갖추었다.

③ 고구려는 지방을 5부로 나누었으며, 5부의 중심지인 대성(大城)에 장관으로 욕살을 파견하고, 그 아래에는 처려근지를 두어 작은 성들을 다스리게 하였다.

④ 부여에는 마가, 우가, 구가, 저가 등 가축의 이름을 딴 대가들이 있어, 이들이 사출도를 주관하였다.

⑤ 백제에서는 왕족인 부여씨와 8성의 귀족(대성팔족)이 지배층을 이루었다.

정답 ①

대표 기출 2

(가) 나라에 대한 설명으로 옳은 것은? 71회 [1점]

> **특별 기획** 큐레이터와의 대화
>
> **유물을 통해 본 (가) 의 대외 교류**
>
> 우리 박물관에서는 수로왕이 건국했다고 전해지는 (가) 의 유물을 큐레이터가 직접 설명하는 행사를 마련하였습니다. 이번 행사를 통해 (가) 의 활발했던 대외 교류에 대해서 알아보는 뜻깊은 시간을 가져 보시기 바랍니다.
>
> | 중국과 교류를 보여 주는 금동허리띠 | 왜와 교류를 보여 주는 바람개비모양 동기 | 북방과 교류를 보여 주는 청동솥 |
> |---|---|---|
> |  |  | |

① 법흥왕 때 신라에 복속되었다.
② 서옥제라는 혼인 풍습이 있었다.
③ 6좌평이 중요한 국사를 논의하였다.
④ 만장일치제로 운영된 화백 회의가 있었다.
⑤ 지방에 22담로를 두어 왕족을 파견하였다.

자료분석
제시된 자료 중 '김해', '김수로왕' 등을 통해 (가)가 금관가야임을 알 수 있다. 금관가야는 김수로왕이 42년에 건국한 나라로, 낙동강 하류의 변한 지역을 중심으로 성장하였다.

정답분석

선택지분석
① 신라에 대한 설명이다. 집사부는 진흥왕 때 설치된 품주를 진덕여왕 때 개편하여 설치한 기관으로, 왕명 출납과 국가 기밀 사무를 관장하였다. 통일 후 신문왕 때 집사부를 비롯해 중앙의 14부 체제를 완성하였다.
② 고구려에 대한 설명이다. 고구려는 농토가 부족하여 주변 지역을 정복하여 공물을 받았는데, 이 활동을 통해 얻은 곡식과 소금 등을 저장하기 위해 집집마다 부경이라는 창고를 두었다.
③ 고구려에 대한 설명이다. 고구려에는 왕 아래에 상가, 고추가 등의 대가들이 있었으며, 대가들은 각기 사자, 조의, 선인 등의 관리를 거느리고 있었다.
⑤ 백제에 대한 설명이다. 백제의 지배층은 왕족인 부여씨와 사씨, 연씨, 협씨, 해씨, 진씨, 국씨, 목씨, 백씨 등 8성의 귀족으로 이루어졌다.

정답 ④

확인 문제

1 (가) 나라에 대한 탐구 활동으로 가장 적절한 것은? 54회 [2점]

> **(가) 체험 축제**
>
> 이진아시왕이 고령 일대에 세운 나라의 문화를 체험하는 축제에 여러분을 초대합니다.
>
> ◆ 주요 프로그램 ◆
> - 금동관 모형 제작하기
> - 투구와 갑옷 착용하기
> - 지산동 고분군 야간 트레킹
>
> ◎ 기간: 2021년 ○○월 ○○일~○○일
> ◎ 장소: 경상북도 고령군 일대

① 범금 8조의 의미를 살펴본다.
② 임신서기석의 내용을 분석한다.
③ 안동도호부가 설치된 경위를 찾아본다.
④ 22담로에 왕족이 파견된 목적을 알아본다.
⑤ 가야 연맹의 중심지가 이동한 과정을 조사한다.

2 (가) 나라에 대한 설명으로 옳은 것은? 68회 [2점]

> (가) 의 대표적 생활 유적지인 봉황대가 회현리 패총과 합쳐져 김해 봉황동 유적으로 확대 지정되었습니다. 이 유적은 김수로왕에 의해 건국되었다고 전해진 (가) 의 초기 모습을 추정해 볼 수 있는 귀중한 문화유산입니다.

김해 봉황동 유적, 사적으로 확대 지정

① 집사부를 비롯한 14부를 두었다.
② 집집마다 부경이라는 창고가 있었다.
③ 대가들이 사자, 조의, 선인을 거느렸다.
④ 철이 많이 생산되어 낙랑, 왜 등에 수출하였다.
⑤ 왕족인 부여씨와 8성의 귀족이 지배층을 이루었다.

정답
1 ⑤ 4세기 말~5세기 초 고구려 광개토 대왕의 공격으로 전기 가야 연맹이 와해되고, 고령 지역의 대가야를 새로운 맹주로 한 후기 가야 연맹이 성립되었다.
2 ④ 금관가야는 철이 많이 생산되어, 이를 바탕으로 해상 교통을 이용하여 낙랑군과 대방군, 왜의 규슈 지방을 연결하는 중계 무역을 전개하였다.

Theme 007 고구려의 발전

PART 2 고대 사회의 발전

출제 의도와 대책

고구려는 만주·요동을 차지하고 가장 넓은 영토를 가졌으며, 중국 세력과 국경을 맞대고 대립하거나 외교적으로 견제하면서 한반도의 방파제 역할을 하였다. 현재는 중국 동북공정 때문에 중요시되는 국가이기도 하다. 고구려의 발전 과정은 크게 주몽의 건국에서 4세기까지 만주와 요동으로 진출하면서 일어난 중국 세력과의 관계, 5세기 이후 남진 정책을 추진하며 벌어진 백제·신라와의 각축으로 파악할 수 있다.

필기노트 마인드맵

- 태조왕: 옥저 정복
- 고국천왕: 을파소 등용 · **진대법** 실시, 행정적 5부
- 동천왕: 위장 관구검의 침입
- 미천왕: **낙랑 · 대방 축출** → 요동 진출 → 전연과 대립
- 고국원왕: 전연의 침입, 백제 **근초고왕 침입**(고국원왕 사망)
- 소수림왕: **불교 공인**, **태학 설립**, **율령 반포**
- 광개토 대왕: **'영락' 연호 사용**, 백제 공격(한수 이북 차지)
  후연 공격, 숙신 · 비려 등 정벌(만주 차지)
  신라에 침입한 왜 격퇴(전기 가야 연맹 해체)
  광개토대왕릉비(장수왕 건립)
- 장수왕 **평양 천도**(427), **한성 함락**(→ 개로왕 사망, 백제 웅진 천도)
  충주 고구려비

광개토 대왕의 신라 구원
왕이 보병과 기병 5만 명을 보내 신라를 구원하게 하였다. (고구려군이) 남거성을 통해 신라성에 이르렀는데, 그곳에 왜적이 가득하였다. 고구려군이 도착하자 왜적이 퇴각하였다.

선택지 빅데이터

① 태조왕 때 ■■를 정복하고 동해안으로 진출하였다. → 옥저
② 고구려는 빈민을 구제하기 위해 ■■■을 시행하였다. → 진대법
③ 동천왕 때 ■■■이 이끄는 위의 군대가 고구려를 침략하였다. → 관구검
④ 고구려는 ■■군, 대방군을 축출하고 영토를 확장하였다. → 낙랑
⑤ ■■■왕 때 전진의 순도를 통해 불교를 수용하였다. → 소수림
⑥ 소수림왕 때 ■■을 설립하고 ■■을 반포하였다. → 태학, 율령
⑦ 광개토 대왕이 군대를 보내 ■■에 침입한 왜를 격퇴하였다. → 신라
⑧ ■■■■이 후연을 공격하고 요동 땅을 차지하였다. → 광개토 대왕
⑨ 광개토 대왕 때 ■■이라는 독자적 연호를 사용하였다. → 영락
⑩ 장수왕 때 ■■으로 천도하고 남진 정책을 본격화하였다. → 평양
⑪ 장수왕 때 백제를 공격하여 ■■을 함락시켰다. → 한성
⑫ 장수왕 때 ■■■■■를 건립하였다. → 충주 고구려비

대표 기출 1

(가) 왕의 재위 시기에 있었던 사실로 옳은 것은? 70회 [2점]

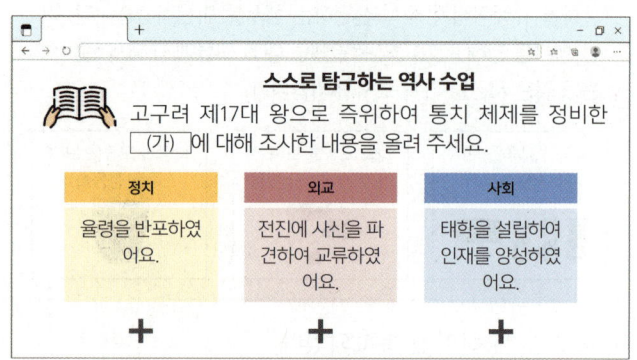

스스로 탐구하는 역사 수업
고구려 제17대 왕으로 즉위하여 통치 체제를 정비한 (가) 에 대해 조사한 내용을 올려 주세요.

- 정치: 율령을 반포하였어요.
- 외교: 전진에 사신을 파견하여 교류하였어요.
- 사회: 태학을 설립하여 인재를 양성하였어요.

① 승려 순도를 통해 불교를 수용하였다.
② 낙랑군을 축출하여 영토를 확장하였다.
③ 영락이라는 독자적인 연호를 사용하였다.
④ 을지문덕이 살수에서 수의 군대를 물리쳤다.
⑤ 이문진이 『유기』를 간추린 『신집』 5권을 편찬하였다.

자료분석
(가)는 고구려 소수림왕이다. 고국원왕에 이어 즉위한 소수림왕은 왕실의 권위를 회복하고 국가 체제를 정비하기 위해 유학 교육 기관인 태학을 설립하고, 국가 운영의 기본이 되는 율령을 반포하였다. 또한 소수림왕은 중국의 동진과 밀접한 관계였던 백제를 견제하기 위해 전진과 수교를 맺었다.

정답분석
① 소수림왕은 전진의 승려인 순도로부터 들여온 불교를 공인하여, 기존 부족별로 가지고 있던 다양한 부족 신앙을 대신할 국가적 신앙으로 받아들였다.

선택지분석
② 고구려 미천왕 때 서안평을 점령하고 낙랑군을 축출하여 영토를 확장하였다.
③ 고구려 광개토 대왕 때 '영락(永樂)'이라는 연호를 사용하여 왕권의 강력함과 고구려 중심의 독자적인 세계관을 과시하였다.
④ 고구려 영양왕 때 수 양제가 우중문과 30만 별동 부대를 보내 고구려의 평양성을 직접 공격하게 하자, 을지문덕이 살수에서 수의 군대를 물리쳤다(살수 대첩, 612).
⑤ 고구려 영양왕 때 수나라의 침입을 물리쳐 국가의 위기를 극복한 뒤, 이문진이 『유기』를 간추린 『신집』 5권을 편찬하였다.

정답 ①

대표 기출 2

다음 상황 이후에 있었던 사실로 옳은 것은? 65회 [2점]

> 10월에 백제왕이 병력 3만 명을 거느리고 평양성을 공격해 왔다. 왕이 군대를 출정시켜 백제군을 막다가 날아온 화살에 맞아 이달 23일에 세상을 떠났다.

① 유리왕이 졸본에서 국내성으로 천도하였다.
② 미천왕이 낙랑군을 축출하여 영토를 확장하였다.
③ 소수림왕이 불교를 공인하고 율령을 반포하였다.
④ 고국천왕이 을파소를 등용하고 진대법을 실시하였다.
⑤ 유주자사 관구검이 이끄는 군대가 환도성을 함락하였다.

자료분석
제시된 자료는 4세기 백제 근초고왕이 고구려의 평양성을 공격하여 고국원왕을 전사시켰다는 내용이다(371). 국왕의 사망으로 고구려는 효과적으로 국력을 통합하지 못한 채 혼란을 겪었다.

정답분석
③ 고국원왕에 이어 즉위한 소수림왕은 왕실의 권위를 회복하고 국가 체제를 정비하기 위해 불교를 수용하고 유학 교육 기관인 태학을 설립하였으며, 국가 운영의 기본이 되는 율령을 반포하였다. 불교는 기존 부족별로 가지고 있던 다양한 부족 신앙을 대신할 국가적 신앙으로 받아들인 것이고, 태학은 새로운 통치에 필요한 관료를 양성하기 위한 것이었다. 율령은 형벌과 국가 제도 등에 관한 법을 말하며, 율령 반포는 부족의 독자성이 약화되고 왕을 중심으로 하는 새로운 통치 질서가 확립되었음을 의미한다.

선택지분석
① 동명왕(주몽)에 이어 즉위한 유리왕은 기원후 3년에 졸본에서 국내성으로 천도하였다.
② 4세기 초 미천왕은 서안평을 점령하고 낙랑군을 축출하여 영토를 확장하였다(313).
④ 2세기 고국천왕은 을파소를 발탁해 국상으로 삼고 구휼 제도인 진대법을 실시하였다(194).
⑤ 3세기 동천왕 때 위나라의 장수 관구검의 공격으로 환도성이 함락되었다(244).

정답 ③

확인 문제

1 밑줄 그은 '왕'에 대한 설명으로 옳은 것은? 66회 [2점]

> ○ 기해년에 백제가 맹세를 어기고 왜와 화통하였다. 왕이 순행하여 평양으로 내려갔는데, 신라에서 사신을 보내어 아뢰기를, "왜인이 국경에 가득 차 성지(城池)를 파괴하고 있습니다. …… 귀부하여 명을 받고자 합니다."라고 하였다.
>
> ○ 경자년에 왕이 보병과 기병 5만 명을 보내서 신라를 구원하게 하였다. 군대가 남거성을 거쳐 신라성에 이르니 왜적이 많았다. 군대가 도착하자 왜적이 퇴각하였다.

① 대가야를 병합하였다.
② 평양으로 도읍을 옮겼다.
③ 22담로에 왕족을 파견하였다.
④ 영락이라는 연호를 사용하였다.
⑤ 낙랑군을 몰아내고 영토를 확장하였다.

2 다음 검색창에 들어갈 왕에 대한 설명으로 옳은 것은? 60회 [2점]

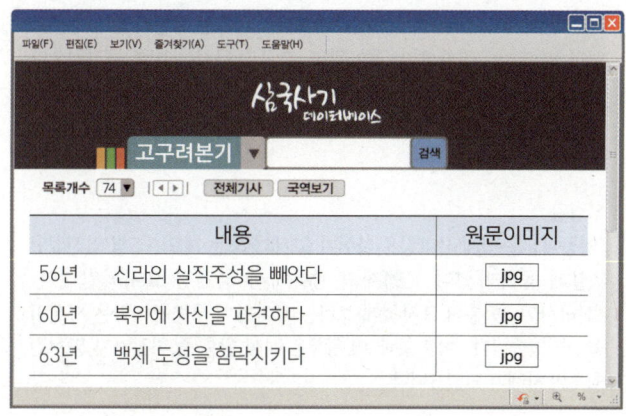

① 도읍을 국내성에서 평양으로 옮겼다.
② 낙랑군을 몰아내고 영토를 확장하였다.
③ 을파소의 건의로 진대법을 실시하였다.
④ 영락이라는 독자적 연호를 사용하였다.
⑤ 전진의 순도를 통해 불교를 수용하였다.

정답
1 ④ 광개토 대왕은 '영락(永樂)'이라는 연호를 사용하여 왕권의 강력함과 고구려 중심의 독자적인 세계관을 과시하였다.
2 ① 장수왕은 427년 평양으로 천도하고 적극적인 남진 정책을 펼쳤다. 이에 백제와 신라는 나·제 동맹을 체결하여 고구려의 남하에 대비하였다.

Theme 008 백제의 발전

PART 2 고대 사회의 발전

출제 의도와 대책
백제는 삼국 중 가장 먼저 전성기를 맞이했으며, 금관가야가 쇠퇴한 후 해상을 통한 대외 교역을 주도하며 국제적 문화를 꽃피웠다. 한성, 웅진(공주), 사비(부여)로 천도했던 세 시기의 정치적 활동, 문화유산이 각각 특색이 있으므로 이를 잘 구분해서 접근하도록 한다.

필기노트 마인드맵
- 한성
  - 온조 건국, 고이왕(6좌평제, 16관등제, 공복제 제정)
  - 근초고왕 — 마한 완전 정복, **고구려 공격**(고국원왕 사망)
    - 고흥이 『서기』 편찬, 왜왕에 칠지도 하사
  - 침류왕: 동진으로부터 **불교** 수용
  - 비유왕: 신라 눌지왕과 **나·제 동맹** 체결
  - 개로왕: 북위에 국서 보냄, **장수왕의 한성 함락으로 사망**
- 웅진
  - 동성왕: 신라 소지왕과 **나·제 결혼 동맹**
  - 무령왕 — 중국 남조(양)와 교류, **무령왕릉**(벽돌무덤)
    - **지방 22담로에 왕족 파견** → 지방 통제
- 사비: 성왕 — **사비 천도**, 국호 '남부여' 개칭, 중앙 관청 22부
  - 신라와 함께 한강 유역 일시 회복 → 신라의 배신
  - → **관산성** 전투로 사망

한성 함락과 웅진 천도
고구려가 침입해 와 한성을 포위하였다. 개로왕이 성문을 굳게 닫고 직접 방어하며, 태자 문주를 신라에 보내어 구원을 요청하였다. 문주가 신라 병력 1만 명을 얻어 돌아왔다. 고구려 군사는 비록 물러갔으나 한성이 파괴되고 개로왕이 사망하여, 마침내 문주왕이 즉위하였다. …… 10월에 웅진으로 도읍을 옮겼다.

무령왕
'영동대장군 백제 사마왕은 나이가 62세가 되는 계묘년 5월 임진일인 7일에 돌아가셨다.' 백제의 왕릉에서 발견된 묘지석입니다. 『삼국사기』를 통해 묘지석에 보이는 사마왕이 무령왕이라는 사실이 확인되었습니다. 이를 통해 이 왕릉은 백제 왕릉 중 피장자가 밝혀진 최초의 사례가 되었습니다.

선택지 빅데이터
① 고이왕 때 6▢▢과 관등제의 기본 골격을 마련하였다. → 좌평
② 근초고왕 때 ▢▢▢을 공격하여 고국원왕을 전사시켰다. → 평양성
③ 근초고왕이 고흥에게 ▢▢를 편찬하게 하였다. → 서기
④ 백제는 동진으로부터 ▢▢를 수용하였다. → 불교
⑤ ▢▢▢은 중국 ▢▢의 양과 교류하였다. → 무령왕, 남조
⑥ 무령왕 때 지방에 22▢▢를 두어 왕족을 파견하였다. → 담로
⑦ 성왕 때 ▢▢로 천도하고 국호를 ▢▢▢로 고쳤다. → 사비, 남부여
⑧ ▢▢ 때 행정 조직을 재정비하여 중앙 관청을 22부로 확대하였다. → 성왕

대표 기출 1

밑줄 그은 '왕'에 대한 설명으로 옳은 것은? 73회 [2점]

- 고구려가 군사를 일으켜 쳐들어왔다. 왕이 듣고 군사를 패하(浿河)가에 매복시켜 그들이 이르기를 기다렸다가 급히 치니 고구려 군사가 패배하였다.
- 옛 기록에 이르기를, "백제는 나라를 연 이래 문자로 일을 기록한 적이 없는데 이 왕 때에 이르러 박사 고흥을 얻어 처음으로 『서기』가 있게 되었다."라고 하였다.

① 금마저에 미륵사를 창건하였다.
② 윤충을 보내 대야성을 함락하였다.
③ 사비로 천도하고 국호를 남부여로 고쳤다.
④ 평양성을 공격하여 고국원왕을 전사시켰다.
⑤ 동진에서 온 마라난타를 통해 불교를 수용하였다.

자료분석
패하(浿河)는 백제의 북쪽 경계를 이루었던 강으로, 예성강 또는 대동강으로 추정된다. 백제는 4세기 근초고왕 때 전성기를 이루어 남으로 마한을 완전히 정복하고 북으로 황해도 일대를 두고 고구려와 경쟁하였다. 근초고왕 때 박사 고흥이 역사서인 『서기』를 편찬하였다.

정답분석
④ 근초고왕은 371년 고구려 평양성을 공격하였는데, 이때 고구려 고국원왕이 평양성에서 싸우다가 화살에 맞아 전사하였다.

선택지분석
① 금마저는 현재의 전북 익산 지역이다. 백제 무왕 때 익산으로의 천도를 시도하면서 익산에 왕궁리 유적과 미륵사 등을 창건하였다.
② 의자왕은 즉위 초부터 신라를 거세게 공격하여 40여 성을 탈취하였다. 특히 윤충을 보내 신라의 소백산맥 일대 방어 거점인 대야성을 함락하였으며, 이는 위기감을 느낀 신라가 당과의 군사 동맹을 추진하는 계기가 되었다.
③ 백제 성왕은 대외 확장에 유리한 사비(부여)로 천도하고 국호를 남부여로 고쳤다.
⑤ 백제 침류왕은 동진에서 온 인도 승려 마라난타를 통해 불교를 공인하였다.

정답 ④

대표 기출 2

다음 자료에 나타난 사건의 영향으로 가장 적절한 것은? 70회 [3점]

> 왕이 문주에게 일러 말하기를, "내가 어리석고 밝지 못하여 간사한 사람[도림]의 말을 믿어 이 지경이 되었다. …… 나는 마땅히 사직에서 죽겠지만, 네가 이곳에서 함께 죽는 것은 이로울 게 없다. 어찌 난을 피하여 나라의 계통을 잇지 않겠는가?"라고 하였다. …… 고구려의 대로 제우·재증걸루·고이만년 등이 북성을 공격하여 7일 만에 빼앗았다. 이동하여 남성을 공격하니 성안 사람들이 두려워하였다. 왕이 성을 나와 도망하자, 고구려 장수 재증걸루 등이 왕을 보고 말에서 내려 절한 다음에 그 얼굴을 향해 세 번 침을 뱉고는 죄를 나열한 다음 포박하여 아차성 아래로 보내 죽였다.

① 고구려가 평양으로 천도하였다.
② 동성왕이 나·제 동맹을 강화하였다.
③ 고국원왕이 근초고왕의 공격을 받아 전사하였다.
④ 백제가 고구려를 견제하고자 북위에 국서를 보냈다.
⑤ 신라가 왜를 격퇴하기 위해 고구려에 군사를 청하였다.

자료분석
자료의 '문주', '도림', '아차성' 등을 통해 고구려 장수왕이 백제를 공격해 한성을 함락시키고 개로왕을 죽인 내용임을 알 수 있다. 개로왕 사망 후 즉위한 문주왕은 수도를 웅진(공주)으로 옮겼다(475).

정답분석
② 웅진 시기의 동성왕은 신라 이벌찬 비지의 딸과 혼인하여 나·제 동맹을 강화하고 고구려에 대항하였다.

선택지분석
① 고구려 장수왕은 수도를 물산이 풍부하고 바다로 진출하기에 유리한 평양으로 옮기고(427) 본격적으로 남진 정책을 추진하였다. 이에 백제와 신라는 나·제 동맹을 체결하였으나, 장수왕은 백제 한성을 공격해 개로왕을 죽이고 한강 유역을 차지하였다.
③ 4세기 중반 백제 근초고왕은 고구려의 평양성을 공격하여 고국원왕을 죽이고 황해도 일부 지역을 차지하였다.
④ 고구려 장수왕의 남진 정책으로 위기감을 느낀 백제 개로왕은 북위에 고구려를 공격해 달라는 내용의 국서를 보냈으나, 북위는 고구려와의 전통적인 우호 관계를 내세워 응하지 않았으며, 오히려 고구려 장수왕을 자극하는 결과를 가져왔다.
⑤ 4세기 말 신라 내물왕은 가야·백제·왜가 연합하여 신라를 쳐들어오자 고구려 광개토 대왕에게 도움을 요청하였다. 이에 광개토 대왕은 군대를 보내 신라에 침입한 왜를 격퇴하였고, 고구려 군대를 신라 영토 내에 머물게 하여 정치적으로 간섭을 하였다.

정답 ②

확인 문제

1 (가)~(다) 학생이 발표한 내용을 일어난 순서대로 옳게 나열한 것은? 71회 [2점]

① (가) - (나) - (다)   ② (가) - (다) - (나)
③ (나) - (가) - (다)   ④ (나) - (다) - (가)
⑤ (다) - (나) - (가)

2 (가)에 들어갈 내용으로 적절한 것은? 69회 [2점]

> **😊 한국사 교양 강좌 😊**
>
> 우리 학회는 백제 웅진기의 역사를 주제로 교양 강좌를 운영하고 있습니다. 이번 달에는 백제 중흥의 기틀을 마련한 왕에 대한 강좌를 준비하였습니다.
>
> 제1강 - 동성왕을 시해한 백가를 처단하다
> 제2강 - 지방의 22담로에 왕족을 파견하다
> 제3강 - 　　　　　(가)
> 제4강 - 공주 왕릉원에 안장되다
>
> - 주최: □□학회
> - 일시: 2024년 2월 매주 수요일 19:00~21:00
> - 장소: ○○대학교 인문대학 대강의실

① 금마저에 미륵사를 창건하다
② 윤충을 보내 대야성을 함락하다
③ 평양성을 공격하여 고국원왕을 전사시키다
④ 진흥왕과 연합하여 한강 하류 지역을 수복하다
⑤ 사신을 보내 중국 남조의 양과 외교 관계를 강화하다

정답
1 ⑤ (다) 4세기 중반 백제 근초고왕은 고구려의 평양성을 공격하여 고국원왕을 죽이고 황해도 일부 지역을 차지하였다.
(나) 4세기 말 침류왕 때 동진에서 온 마라난타를 통해 불교를 공인하였다.
(가) 6세기 성왕 때 수도를 웅진(공주)에서 대외 진출이 쉬운 사비(부여)로 옮기고, 국호를 남부여로 고쳐 중흥을 꾀하였다.
2 ⑤ 무령왕은 중국 남조의 양나라와 교류하였으며, '사지절도독백제제군사영동대장군'으로 책봉을 받기도 하였다.

Theme 009 신라의 발전

PART 2 고대 사회의 발전

출제 의도와 대책

신라는 진한의 사로국에서 출발하여 삼국 중 가장 발전이 늦었지만, 결국 삼국 통일의 주역이 되었다. 남은 기록도 삼국 중 가장 풍부하기 때문에 신라 왕들은 6세기 이전의 성장 과정, 6세기 대외 확장과 전성기로 구분하여 각각 업적을 정리해 두어야 한다.

필기노트 마인드맵

- 초기: 박혁거세 건국, 박·석·김 교대로 왕 선출
- 내물왕 ┌ 김씨 왕위 계승 확립, **마립간** 사용
          └ 가야·왜 침입 → **광개토 대왕의 도움**
- 눌지왕: 백제 비유왕과 **나·제 동맹**
- 소지왕: 백제 동성왕과 나·제 결혼 동맹
- 지증왕 ┌ **국호 '신라', 왕호 '왕', 우산국 정벌**
          └ 순장 금지, 우경 장려, 동시전 설치
- 법흥왕 ┌ **병부 설치, 상대등 설치**
          ├ '건원' 연호 사용(최초), 율령 반포, 관등제 정비
          └ 이차돈의 순교를 계기로 **불교 공인, 금관가야 병합**

지증왕의 우산국 정복

우산국은 명주의 정동쪽 바다에 있는 섬인데, 울릉도라고도 한다. 그 섬은 사방 일백 리인데, 그들은 지세가 험한 것을 믿고 항복하지 않았다. 이찬 이사부가 …… 우산국의 해안에 도착하였다. 그는 거짓말로 "너희들이 만약 항복하지 않는다면 이 맹수를 풀어 너희들을 밟아 죽이도록 하겠다."라고 하였다. 우산국의 백성들이 두려워하여 곧 항복하였다.

법흥왕의 불교 공인

법흥왕이 불교를 일으키고자 하였으나 여러 신하들이 믿지 않고 불평을 늘어놓았으므로 난감하였다. 이차돈이 아뢰기를 "바라건대 소신(小臣)의 목을 베어 여러 사람들의 논의를 진정시키십시오."라고 하였다. …… 이차돈의 목을 베자, 피가 솟구쳤는데 그 색깔이 우윳빛처럼 희었다. 여러 사람들이 괴이하게 여겨 다시는 불교를 행하는 일에 대해 헐뜯지 않았다.

선택지 빅데이터

① 초기에 ■·■·■ 의 3성이 교대로 왕위를 계승하였다. → 박·석·김
② 내물왕 때부터 최고 지배자의 칭호를 ■■ 으로 하였다. → 마립간
③ 내물왕 때 신라가 ■■ 의 도움으로 왜를 격퇴하였다. → 고구려
④ ■■ 때 국호를 신라로 정하고 왕이라는 칭호를 사용하였다. → 지증왕
⑤ 지증왕 때 이사부를 보내 ■■■ 을 복속하였다. → 우산국
⑥ 지증왕 때 ■■ 이 시작되어 깊이갈이가 가능해졌다. → 우경
⑦ ■■ 때 신라가 금관가야를 병합하였다. → 법흥왕
⑧ 법흥왕 때 병부와 ■■ 을 설치하고 관등을 정비하였다. → 상대등
⑨ 법흥왕 때 ■■ 의 순교를 계기로 불교를 공인하였다. → 이차돈
⑩ 신라에 시장을 감독하는 관청인 ■■ 이 설치되었다. → 동시전

대표 기출 1

밑줄 그은 '왕'에 대한 설명으로 옳은 것은? 71회 [2점]

① 병부와 상대등을 설치하였다.
② 백제 비유왕과 동맹을 체결하였다.
③ 이사부를 보내 우산국을 복속시켰다.
④ 매소성 전투에서 당의 군대를 격파하였다.
⑤ 김흠돌의 난을 진압하고 귀족들을 숙청하였다.

자료분석

자료의 밑줄 친 '왕'은 신라 지증왕이다. 지증왕은 국호를 신라로 바꾸고 왕의 칭호도 마립간에서 왕으로 고쳤으며, 순장을 금지하고 우경을 장려하였다.

정답분석

③ 우산국(울릉도)은 당시 고구려와 왜가 교역하던 해상 교통로의 중간 경유지로, 지증왕은 경제적 목적뿐만 아니라 동해의 제해권을 장악하려는 정치·군사적인 목적으로 이사부를 보내 우산국을 정복하였다.

선택지분석

① 법흥왕에 대한 설명이다. 법흥왕은 중앙 관청인 병부를 설치하고, 재상에 해당하는 상대등을 설치하였다.
② 눌지왕에 대한 설명이다. 고구려 장수왕이 남진 정책을 추진하자, 눌지왕은 백제의 비유왕과 나·제 동맹을 체결하였다.
④ 문무왕에 대한 설명이다. 문무왕은 남침해 오던 당의 20만 대군을 매소성에서 격파하여 나·당 전쟁의 주도권을 장악하였다.
⑤ 신문왕에 대한 설명이다. 신문왕은 즉위 초 자신의 장인이자 유력한 진골 귀족인 김흠돌이 반란을 모의하자, 이를 진압하고 많은 진골 귀족을 숙청하여 전제 왕권을 확립하였다.

정답 ③

대표 기출 2

밑줄 그은 '이 왕'에 대한 설명으로 옳은 것은? 54회 [2점]

이것은 국보 제242호인 울진 봉평리 신라비로 병부를 설치하고 율령을 반포한 이 왕 때 건립되었습니다. 이 비석에는 신라 6부의 성격과 관등 체계, 지방 통치 조직과 촌락 구조 등 당시 사회상을 알려주는 내용이 담겨 있습니다.

① 이사부를 보내 우산국을 복속하였다.
② 관료전을 지급하고 녹읍을 폐지하였다.
③ 이차돈의 순교를 계기로 불교를 공인하였다.
④ 인재 등용을 위해 독서삼품과를 시행하였다.
⑤ 거칠부에게 명하여 『국사』를 편찬하게 하였다.

자료분석
제시된 자료 중 병부를 설치하고 율령을 반포했다는 내용을 통해 밑줄 친 '이 왕'이 신라 법흥왕임을 알 수 있다. 울진 봉평리 신라비는 신라 법흥왕 때 울진 지역에서 발생한 사건을 해결하고 다시는 이러한 일이 발생하지 않도록 죄인을 처벌하는 등 사건의 종결 처리 내용이 담긴 비이다. 비문에는 신라 6부와 성문법의 시행 문제 등 다양한 내용이 담겨 있어 신라 연구의 중요한 자료로 평가받는다.

정답분석
③ 법흥왕이 불교를 공인하려고 하자 귀족들이 반발하였다. 이를 무마하기 위해 왕의 측근인 이차돈이 순교를 자처하였고, 이차돈의 죽음 이후 신라에서도 불교가 공인되었다.

선택지분석
① 지증왕은 하슬라주(현 강원도 강릉시)의 군주로 파견된 이사부를 보내 우산국(울릉도)을 정벌하여 신라 영토로 편제하였다.
② 신문왕에 대한 설명이다. 신문왕은 왕권 강화를 위해 문무 관리에게 관료전을 지급하고, 귀족의 경제 기반이었던 녹읍을 폐지하였다.
④ 원성왕에 대한 설명이다. 독서삼품과는 학문의 성취도를 상품·중품·하품의 3등급으로 나누고 그에 따라 관리를 선발하는 제도로, 원성왕은 독서삼품과를 시행하여 인재 양성과 등용방법을 개선하고자 하였으나 진골 귀족들의 반발로 성공하지는 못하였다.
⑤ 진흥왕에 대한 설명이다. 진흥왕은 대아찬 거칠부 등에게 명하여 『국사(國史)』를 편찬하게 하였다.

정답 ③

확인 문제

1 밑줄 그은 '왕'의 업적으로 옳은 것은? 49회 [3점]

금관국의 김구해가 세 아들과 함께 나라의 보물을 가지고 와서 항복하였다고 하네.

나도 들었네. 우리 왕께서 그들을 예로써 대접하여 높은 벼슬을 주고, 그가 다스리던 금관국을 식읍으로 삼게 하였다는군.

① 관료전을 지급하고 녹읍을 폐지하였다.
② 건원이라는 독자적인 연호를 제정하였다.
③ 지방에 22담로를 두어 왕족을 파견하였다.
④ 독서삼품과를 시행하여 인재를 등용하였다.
⑤ 자장의 건의로 황룡사 구층 목탑을 건립하였다.

2 밑줄 그은 '왕'의 업적으로 옳은 것은? 51회 [2점]

여러 신하들이 아뢰기를 "…… 신(新)은 '덕업이 날로 새로워진다'는 뜻이고, 라(羅)는 '사방(四方)을 망라한다'는 뜻이므로 이를 나라 이름으로 삼는 것이 마땅하다고 여겨집니다. 또 살펴보건대 옛날부터 국가를 가진 이는 모두 제(帝)나 왕(王)을 칭하였는데, 우리 시조께서 나라를 세운 지 지금 22대에 이르기까지 방언으로만 부르고 높이는 호칭을 정하지 못하였으니, 이제 여러 신하들이 한마음으로 삼가 신라국왕(新羅國王)이라는 칭호를 올립니다."라고 하였다. 왕이 이를 따랐다.
- 『삼국사기』-

① 병부를 설치하고 율령을 반포하였다.
② 이사부를 보내 우산국을 복속시켰다.
③ 대가야를 병합하여 영토를 확장하였다.
④ 국학을 설립하여 유학 교육을 진흥시켰다.
⑤ 자장의 건의로 황룡사 구층 목탑을 건립하였다.

정답
1 ② 밑줄 친 '왕'은 법흥왕이다. 법흥왕은 '건원(建元)'이라는 독자적인 연호를 제정하였는데, 이는 강력한 왕권이 확립되고 신라가 중국과 대등한 국가가 되었음을 과시한 것으로 볼 수 있다.
2 ② 지증왕은 하슬라주(현 강원도 강릉시)의 군주로 파견된 이사부를 보내 우산국(울릉도)을 정벌하여 신라 영토로 편제하였다.

Theme 010 신라의 전성기

PART 2 고대 사회의 발전

출제 의도와 대책

신라는 6세기 진흥왕 때 전성기를 이루어 활발한 대외 확장을 펼쳤다. 삼국의 전성기는 한강 유역을 차지한 시기와 겹치는데, 이는 한강 유역의 넓은 평야와 함께 중국과의 교통로를 확보함으로써 선진 문물을 받아들이고 체제를 정비할 수 있었기 때문이다. 진흥왕의 정복 활동은 백제 성왕의 활동 시기와 겹치며, 진흥왕 순수비는 조선 후기 김정희가 고증하는 등 다른 국가나 시대와 연관되어 출제될 가능성도 높다.

필기노트 마인드맵

국내 정비	연호 '개국', '태창', '홍제'
	화랑도를 국가 조직으로 개편, 황룡사 건립
	거칠부로 하여금 『**국사**』를 편찬케 함
영토 확장	**단양 적성비** 건립(한강 가는 길)
	↓ ← 백제 성왕과 함께 한강 유역 장악
	한강 유역 완전 장악(나·제 동맹 결렬) → 당항성 확보
	↓ ← 관산성 전투 승리(성왕 사망) 중국과 교통로
	북한산 순수비 건립
	↓ ← 창녕비 건립(비화가야 정복 후)
	↓ ← 이사부·사다함이 **대가야** 정복
	함경도 지역까지 진출(**마운령비·황초령비** 건립)

신라의 전성기(6세기)

국사 편찬
이찬 이사부가 왕에게 건의하였다. "국사라는 것은 임금과 신하들의 선악을 기록하여, 좋고 나쁜 것을 만대 후손들에게 보여 주는 것입니다. 이를 책으로 편찬해 놓지 않는다면 후손들이 무엇을 보고 알겠습니까?" 왕이 깊이 동감하고 대아찬 거칠부 등에게 명하여 선비들을 널리 모아 그들로 하여금 역사를 편찬하게 하였다.

선택지 빅데이터

① ▨▨▨ 전투에서 성왕을 전사시켰다. → 관산성
② ▨▨▨를 병합하여 낙동강 서쪽을 장악하였다. → 대가야
③ ▨▨▨ 지역까지 진출하여 황초령비·마운령비를 세웠다. → 함경도
④ 국가적인 조직으로 ▨▨▨를 개편하였다. → 화랑도
⑤ 북한산, 마운령, 황초령 등에 ▨▨▨를 세웠다. → 순수비
⑥ 거칠부가 왕명을 받들어 ▨▨를 편찬하였다. → 국사
⑦ 백제 성왕과 힘을 합쳐 ▨▨ 하류 지역을 차지하였다. → 한강

대표 기출 1

밑줄 그은 '이 왕'의 업적으로 옳은 것은?   69회 [2점]

이 비석은 원래 도선국사비, 무학대사비 등으로 알려져 있었지.

맞아. 그런데 조선 후기에 김정희가 『금석과안록』에서 이 왕이 건립한 순수비임을 고증하였어.

① 관료전을 지급하고 녹읍을 폐지하였다.
② 인재 등용을 위해 독서삼품과를 실시하였다.
③ 이차돈의 순교를 계기로 불교를 공인하였다.
④ 지방관을 감찰하기 위해 외사정을 파견하였다.
⑤ 대아찬 거칠부에게 명하여 『국사』를 편찬하였다.

자료분석
조선 후기에 김정희는 『금석과안록』에서 북한산비가 진흥왕 순수비임을 밝혔다. 따라서 밑줄 그은 '이 왕'은 신라 진흥왕이다.

정답분석
⑤ 진흥왕은 내부의 결속을 강화하고 활발한 정복 활동을 전개하여 국력을 강화시켰으며, 이를 과시하기 위해 거칠부로 하여금 『국사』를 편찬하도록 하였다 (545).

선택지분석
① 신라 중대 신문왕에 대한 설명이다. 신문왕은 문무 관리에게 차등을 두어 관료전을 지급하였으며, 귀족의 경제 기반인 녹읍을 폐지하고 매년 조를 차등 있게 지급하여 귀족의 경제 기반을 약화시키고자 하였다.
② 신라 하대 원성왕에 대한 설명이다. 원성왕은 유교 경전의 이해 수준을 시험하여 관리를 채용하는 독서삼품과를 시행하였다.
③ 신라 법흥왕에 대한 설명이다. 법흥왕은 이차돈의 순교를 계기로 불교를 공인하여 새로운 이념에 입각해 통치 질서를 확립하였다.
④ 신라 중대 문무왕에 대한 설명이다. 문무왕은 지방관을 감찰하기 위해 외사정을 처음으로 파견하였다.

정답 ⑤

대표 기출 2

밑줄 그은 '왕'의 업적으로 옳은 것은? 63회 [2점]

> ○ 담당 관청에 명하여 월성의 동쪽에 새 궁궐을 짓게 하였는데, 그곳에서 황룡이 나타났다. 왕이 이것을 기이하게 여기고는 [계획을] 바꾸어 사찰을 짓고, '황룡'이라는 이름을 내려 주었다.
> ○ [거칠부가] 왕의 명령을 받들어 여러 문사(文士)를 모아 국사를 편찬하였다.
>
> – 『삼국사기』 –

① 이사부를 보내 우산국을 복속시켰다.
② 예성강 이북에 패강진을 설치하였다.
③ 관료전을 지급하고 녹읍을 폐지하였다.
④ 국가적인 조직으로 화랑도를 개편하였다.
⑤ 이차돈의 순교를 계기로 불교를 공인하였다.

자료분석
제시된 자료의 밑줄 그은 '왕'은 신라 진흥왕이다. 진흥왕은 내부의 결속을 강화하고 활발한 정복 활동을 전개하여 국력을 강화시켰으며, 이를 과시하기 위해 거칠부로 하여금 『국사』를 편찬하도록 하였다. 또한 호국 사찰인 황룡사를 창건하였다.

정답분석
④ 진흥왕은 국가 발전을 위한 인재를 양성하기 위해 화랑도를 국가적인 조직으로 개편하였다. 청소년 조직은 이전부터 있었는데, 화랑도는 이 조직을 일정한 목적을 위해 국가 차원에서 정식화한 것으로 볼 수 있다.

선택지분석
① 신라 지증왕에 대한 설명이다. 우산국(울릉도)은 당시 고구려와 왜가 교역하던 해상 교통로의 중간 경유지로, 지증왕은 경제적 목적뿐만 동해의 제해권을 장악하려는 정치·군사적인 목적으로 이사부를 보내 우산국을 정복하였다.
② 통일 신라 선덕왕에 대한 설명이다. 선덕왕은 현재의 황해도 평산에 패강진(浿江鎭)을 설치하여 예성강 이북의 땅을 군정(軍政) 방식으로 통치하도록 하였다.
③ 통일 신라 신문왕에 대한 설명이다. 신문왕은 문무 관리에게 차등을 두어 관료전을 지급하였으며, 귀족의 경제 기반인 녹읍을 폐지하였다.
⑤ 신라 법흥왕에 대한 설명이다. 법흥왕은 이차돈의 순교를 계기로 불교를 공인하여 새로운 이념에 입각해 통치 질서를 확립해 나가고자 하였다.

정답 ④

확인 문제

1 다음 검색창에 들어갈 왕에 대한 설명으로 옳은 것은? 52회 [2점]

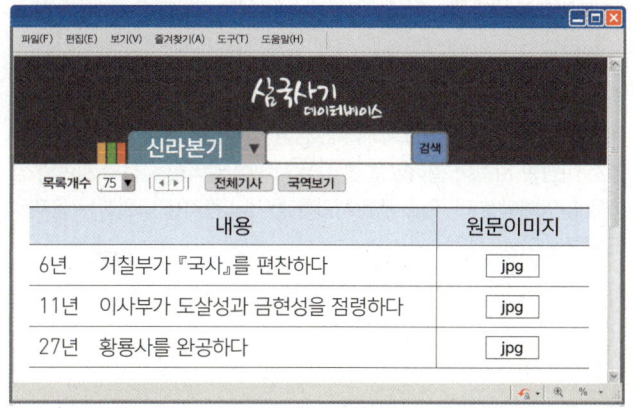

① 불국사 삼층 석탑을 건립하였다.
② 첨성대를 세워 천체를 관측하였다.
③ 마운령, 황초령 등에 순수비를 세웠다.
④ 금관가야를 복속하여 영토를 확대하였다.
⑤ 시장을 감독하는 관청인 동시전을 설치하였다.

2 밑줄 그은 '왕'의 재위 시기에 있었던 사실로 옳은 것은? 47회 [2점]

> • 왕이 다시 명령을 내려 좋은 가문 출신의 남자로서 덕행이 있는 자를 뽑아 명칭을 고쳐서 화랑이라고 하였다. 처음으로 설원랑을 받들어 국선(國仙)으로 삼으니, 이것이 화랑 국선의 시초이다.
> – 『삼국유사』 –
> • 왕이 이찬 이사부에게 명령하여 가라국(伽羅國)을 습격하게 하였다. 이때 사다함은 나이가 15~16세였는데 종군하기를 청하였다. …… 그 나라 사람들은 뜻하지 않은 병사들의 습격에 놀라 막아내지 못하였다. 대군이 승세를 타서 마침내 그 나라를 멸망시켰다.
> – 『삼국사기』 –

① 거칠부가 『국사』를 편찬하였다.
② 김헌창이 웅천주에서 반란을 일으켰다.
③ 이차돈의 순교를 계기로 불교가 공인되었다.
④ 최고 지배자의 호칭이 마립간으로 바뀌었다.
⑤ 자장의 건의로 황룡사 9층 목탑이 건립되었다.

정답
1 ③ 진흥왕은 개척한 영토를 직접 돌아다니면서 살펴보고 이를 기념하기 위해 순수비를 세웠는데, 경상남도 창녕의 창녕비, 북한산의 북한산비, 함경남도 함주의 황초령비, 함경남도 이원의 마운령비 등이 현재까지 발견된 순수비이다.
2 ① 이찬 이사부가 신라의 역사를 정리한 『국사(國史)』 편찬을 건의하자, 진흥왕은 대아찬 거칠부에게 편찬하도록 하였다.

Theme 011 삼국의 각축

PART 2 고대 사회의 발전

출제 의도와 대책

고구려·백제·신라 삼국은 각각 독자적인 내적 발전 과정을 겪었지만, 국경을 맞대고 경쟁하였으므로, 필연적으로 서로에게 영향을 줄 수밖에 없었다. 때로는 대립하고 때로는 공동의 목표를 위해 연합하기도 하면서 다양한 사건이 일어났으며, 삼국 사이에 벌어진 사건의 시기와 영향을 파악해야 한다. 연표에서 시기를 묻거나 순서를 나열하는 문제로도 출제된다.

필기노트 마인드맵

- 4세기 백제 전성기, 근초고왕이 고구려 공격
  → 평양성 전투로 고구려 **고국원왕 사망**
- 5세기 광개토 대왕의 한수 이북 점령
  → 백제가 가야·왜를 끌어들여 신라 공격
  → **광개토 대왕의 신라 구원** → 전기 가야 연맹 쇠퇴
  장수왕의 **평양 천도**(427), 남진 정책 → **나·제 동맹**(433)
  → **한성 함락**(475), **웅진 천도** → 나·제 결혼 동맹(493)
- 6세기 백제·신라가 한강 유역 점령(상류는 신라, 하류는 백제)
  → 신라가 모두 차지 → **관산성 전투**(554, 성왕 사망)
  고구려의 온달이 신라 아단성 공격·사망
- 7세기 고구려: **수·당과 전쟁**
  백제 무왕: 익산 천도 시도(왕궁리 유적), **미륵사 건립**
       의자왕: **대야성 함락**
  신라 진평왕: 원광이 걸사표 지음
       선덕여왕: **황룡사 9층 목탑**, 분황사 모전석탑 건립
       진덕여왕: **나·당 연합 결성 – 김춘추**

선택지 빅데이터

① 고구려 고국원왕이 ■■의 평양성 공격으로 전사하였다. → 백제
② 고구려 광개토 대왕이 신라에 침입한 ■를 물리쳤다. → 왜
③ 고구려 장수왕이 국내성에서 ■■으로 천도하였다. → 평양
④ 동성왕이 결혼을 통해 ■·■을 강화하였다. → 나·제 동맹
⑤ 백제 성왕이 신라 ■■과 연합하여 한강 하류 지역을 되찾았다. → 진흥왕
⑥ 백제 성왕이 ■■■ 전투에서 패배하여 전사하였다. → 관산성
⑦ 고구려 영양왕이 ■■을 보내 신라의 아단성을 공격하였다. → 온달
⑧ 백제 ■■■이 신라를 공격하여 대야성을 함락시켰다. → 의자왕

대표 기출 1

(가), (나) 사이의 시기에 있었던 사실로 옳은 것은? 72회 [2점]

> (가) 겨울에 백제왕이 태자와 함께 정병 3만 명을 거느리고 고구려를 침입하여 평양성을 공격하였다. 고구려왕 사유가 힘껏 싸우며 막다가 날아오는 화살을 맞고 죽었다.
>
> (나) 정월에 백제는 고구려의 도살성을 쳐서 빼앗았다. 3월에는 고구려가 백제의 금현성을 함락시켰다. 신라왕이 양국의 병사가 지친 틈을 타 이찬 이사부에게 명하여 병사를 내어 쳐서 두 성을 빼앗아 증축하고 갑사 1천 명을 두어 지키게 하였다.

① 신라가 기벌포에서 당군을 격파하였다.
② 고구려가 국내성에서 평양으로 천도하였다.
③ 계백이 이끈 결사대가 황산벌에서 패배하였다.
④ 연개소문이 정변을 일으켜 권력을 장악하였다.
⑤ 김춘추가 당으로 건너가 군사 동맹을 체결하였다.

자료분석
(가) 4세기 백제 근초고왕이 고구려의 평양성을 공격하여 고국원왕을 죽였다는 내용이다(371).
(나) 6세기 신라 진흥왕 때 고구려가 백제의 금현성을 함락시키자, 이를 틈타 신라가 도살성과 금현성을 빼앗았다는 내용이다(550).

정답분석
② 5세기 고구려 장수왕은 평양으로 천도하고 적극적인 남진 정책을 펼쳤다.

선택지분석
① 백제와 고구려 멸망 이후인 7세기에 신라는 기벌포에서 당군을 물리치고 삼국 통일을 이룩하였다(676).
③ 7세기 백제 의자왕 때 계백이 결사대를 이끌고 황산벌에서 신라군에 항전하였으나 대패하였다. 이후 사비성까지 함락되면서 백제는 멸망하였다(660).
④ 7세기 고구려 영류왕 때 연개소문이 정변을 일으켜 영류왕을 폐하고 보장왕을 세운 뒤 스스로 대막리지에 올랐다(642).
⑤ 7세기에 신라가 백제의 공격을 받아 위기에 처하자, 신라는 김춘추를 당에 보내 동맹을 요청하였다. 당 태종은 신라의 요청을 받아들여 나·당 군사 동맹을 체결하였다(648).

정답 ②

대표 기출 2

(가), (나) 사이의 시기에 있었던 사실로 옳은 것은? 68회 [3점]

> (가) 겨울에 왕이 장차 백제를 쳐서 대야성에서의 싸움을 되갚으려고 이찬 김춘추를 고구려에 보내서 군사를 청하였다. 대야성 전투에서 패하였을 때 도독인 품석의 아내도 죽었는데, 바로 춘추의 딸이었다.
>
> (나) 춘추가 무릎을 꿇고 아뢰기를, "…… 만약 폐하께서 천조(天朝)의 군사를 빌려주시어 흉악한 무리를 없애주지 않으신다면 저희 백성은 모두 포로가 될 것이니, 그렇다면 산 넘고 바다 건너 행하는 술직(述職)*도 다시는 바랄 수 없을 것입니다."라고 하였다. 당 태종이 매우 옳다고 여겨서 군사의 출정을 허락하였다.
>
> *술직: 제후가 입조하여 천자에게 맡은 직무를 아뢰는 것
>
> — 『삼국사기』 —

① 문무왕이 안승을 보덕국왕으로 봉하였다.
② 안시성의 군사와 백성들이 당군을 물리쳤다.
③ 복신과 도침이 부여풍을 왕으로 추대하였다.
④ 계백이 이끄는 군대가 황산벌에서 항전하였다.
⑤ 진흥왕이 대가야를 정복하여 영토를 확장하였다.

자료분석
(가) 백제 의자왕이 신라의 요충지인 대야성을 함락시켰는데, 이때 대야성주인 김품석과 그의 아내이자 김춘추의 딸이 사망하였다. 이에 신라는 김춘추를 고구려에 보내 도움을 요청하였으나, 고구려가 죽령 이북의 영토 반환을 요구하여 실패하였다(642).
(나) 고구려가 신라의 군사 지원 요청을 거절하자, 신라는 김춘추를 당에 보내 동맹을 요청하였다. 당시 당 태종 역시 고구려를 침공했다가 안시성 전투에서 패하는 등 고구려에 대한 새로운 계획이 필요했기에, 신라의 요청을 받아들여 나·당 동맹을 체결하였다(648).

정답분석
② 수나라 이후 당나라가 중국을 통일한 후 고구려를 공격하였으나, 고구려군이 안시성에서 당군을 물리쳤다(안시성 전투, 645).

선택지분석
① 고구려 부흥 운동의 실패 후 신라 문무왕은 고구려 유민들을 옛 백제 땅인 금마저(전북 익산)에 자리 잡게 하고 안승을 고구려 국왕에 임명(670)하였으며, 이후 보덕국왕으로 책봉(674)하였다. (나) 이후의 일이다.
③ 백제 멸망 이후 왕족 복신과 승려 도침이 왜에 가 있던 왕자 부여풍을 왕으로 추대하고 주류성을 거점으로 군사를 일으켰다(660). (나) 이후의 일이다.
④ 백제 계백이 결사대를 이끌고 황산벌에서 신라군에 항전하였으나 대패하였다. 이후 사비성까지 함락되면서 백제는 멸망하고 말았다(660). (나) 이후의 일이다.
⑤ 신라 진흥왕은 고령의 대가야를 정복하여 낙동강 서쪽을 장악하였다(562). (가) 이전의 일이다.

정답 ②

확인 문제

1 (가) 왕의 재위 시기 삼국의 상황으로 옳은 것은? 66회 [3점]

> 이 사진은 익산 미륵사지 서탑 출토 사리장엄구의 발견 당시 모습입니다. 삼국유사에는 ⟨(가)⟩이/가 왕후인 신라 선화 공주의 발원으로 미륵사를 창건했다고 되어 있지만, 금제 사리봉영기에는 왕후가 백제 귀족 사택적덕의 딸로 기록되어 있습니다. 이로 인해 미륵사 창건 배경과 ⟨(가)⟩의 아들인 의자왕의 친모가 누구인지에 대한 논란이 벌어지기도 하였습니다.

① 고구려 – 을지문덕이 살수에서 수의 대군을 격파하였다.
② 백제 – 고흥이 『서기』를 편찬하였다.
③ 백제 – 계백이 황산벌에서 군대를 이끌고 결사 항전하였다.
④ 신라 – 이사부가 우산국을 정복하였다.
⑤ 신라 – 사찬 시득이 기벌포에서 당군에 승리하였다.

2 다음 상황이 전개된 배경으로 옳은 것은? 58회 [2점]

① 법흥왕이 금관가야를 병합하였다.
② 장수왕이 한성을 공격하여 함락시켰다.
③ 김유신이 비담과 염종의 반란을 진압하였다.
④ 영양왕이 온달을 보내 아단성을 공격하였다.
⑤ 김춘추가 당으로 건너가 군사 동맹을 성사시켰다.

정답
1 ① (가)는 7세기에 재위한 백제 무왕이다. 7세기 초 고구려는 수 양제의 침입을 받았으나 을지문덕이 살수에서 수의 군대를 격파하였다(612).
2 ② 장수왕이 평양으로 천도하고 남진 정책을 강화하자, 신라와 백제는 나·제 동맹을 체결하였다(433). 고구려 장수왕의 한성 함락과 백제 웅진 천도 이후에는 백제 동성왕과 신라의 왕녀가 결혼하는 혼인 동맹을 맺었다(493).

Theme 012 고구려와 수·당의 전쟁

PART 2 고대 사회의 발전

출제 의도와 대책

6세기 말 중국 남북조가 통일되어 수나라가 성립하면서 국제 정세가 급변하였다. 통일을 이룬 수나라는 고구려에 복속을 요구하며 100만 대군으로 침략하였다. 고구려가 이를 살수대첩에서 격파하여 결국 수나라는 멸망했지만, 뒤이어 당이 재통일을 이루고 긴장 관계가 높아지자 고구려에서 대당 강경파인 연개소문이 정변을 일으켜 집권하였다.

필기노트 마인드맵

- 여·수 전쟁
  - 1차: 고구려가 요서 선제공격 → 수 문제 침입 → 실패
  - 2차: **수 양제**의 113만 대군침공 → 요동성에서 방어
    → 수나라가 평양성으로 별동대 파견
    → **을지문덕의 살수 대첩** → 수 멸망
- 여·당 전쟁
  - 과정: 고구려의 천리장성 축조(당 침략 대비)
    연개소문의 정변(천리장성 축조 감독),
    보장왕 옹립, 스스로 대막리지가 됨
  - 전개: 당 태종 침입 → 고구려 요동성 함락 → **안시성 전투** → 당 퇴각
- 의의: 중국 세력으로부터 한민족을 지켜내는 방파제 역할

여·수 전쟁

을지문덕이 우문술의 군사가 굶주린 기색이 있음을 보고 이들을 피곤하게 만들려고 매번 싸울 때마다 달아났다. 우문술이 하루에 일곱 번 싸워 모두 이기니, …… 드디어 동쪽으로 나아가 살수(薩水)를 건너 평양성에서 30리 떨어진 산에 진을 쳤다.

연개소문의 정변

여러 대인(大人)과 왕은 몰래 [연개소문을] 죽이고자 논의하였는데 일이 새어 나갔다. 연개소문은 부병(部兵)을 모두 모아놓고 마치 군대를 사열할 것처럼 꾸몄다. …… 손님이 이르자 모두 살해하니, 1백여 명이었다. 그리고 말을 달려 궁궐에 들어가 왕을 시해하였다. …… 왕의 조카인 장(臧)을 세워 왕으로 삼고 스스로 막리지가 되었다.

선택지 빅데이터

① 수 ■■가 대군을 보내 고구려의 요동성을 침공하였다. → 양제
② ■■■이 이끄는 고구려군이 살수에서 수의 군대를 크게 물리쳤다. → 을지문덕
③ 고구려 정벌 실패는 ■를 멸망하게 한 원인 중 하나가 되었다. → 수
④ 고구려는 부여성에서 비사성에 이르는 ■■■■을 축조하였다. → 천리장성
⑤ 천리장성 축조를 감독하던 ■■■■이 정변을 일으켜 권력을 장악하였다. → 연개소문
⑥ ■■■의 군사와 백성들이 이세민의 대군을 격파하였다. → 안시성

대표 기출 1

(가) 인물에 대한 설명으로 옳은 것은? 59회 [2점]

이 그림은 명 대 간행된 소설에 실린 「막리지비도대전」입니다. 그림에서 당 태종을 향해 위협적으로 칼을 날리고 있는 모습으로 묘사된 인물이 (가) 입니다.

(가) 은/는 영류왕을 시해하고 대막리지가 되어 권력을 장악한 뒤, 당의 침략을 격퇴하였습니다. 이 그림을 통해 당시 중국인들이 그를 어떤 존재로 인식하고 있는지 엿볼 수 있습니다.

① 천리장성 축조를 감독하였다.
② 살수에서 수의 군대를 막아냈다.
③ 등주를 선제공격하여 당군을 격파하였다.
④ 황산벌에서 계백이 이끄는 군대를 물리쳤다.
⑤ 안승을 왕으로 추대하고 부흥 운동을 전개하였다.

자료분석

제시된 자료 중 '영류왕 시해', '대막리지' 등을 통해 (가)가 연개소문임을 알 수 있다. 연개소문은 642년에 정변을 일으켜 영류왕을 시해한 후 보장왕을 옹립하고, 스스로 국정을 총괄하는 대막리지에 올랐다.

정답분석

① 고구려는 당의 침략에 대비하여 북쪽의 부여성(농안)에서 남쪽의 비사성(대련)에 이르는 천리장성을 쌓았는데, 이때 연개소문이 이 성곽 축조를 감독하면서 요동 지방의 군사력을 장악하였다.

선택지분석

② 을지문덕에 대한 설명이다. 고구려 영양왕 때 을지문덕이 살수(청천강)에서 수나라의 30만 별동대를 상대로 대승을 거두었다(살수 대첩, 612).
③ 발해 무왕에 대한 설명이다. 발해가 세력을 확대하자 당은 흑수부 말갈과 손을 잡고 발해를 압박하였다. 이에 발해 무왕은 장문휴를 파견하여 당의 산동 반도의 등주를 선제공격하는 한편, 요서 지역에서 당군과 격돌하였다.
④ 김유신에 대한 설명이다. 김유신의 신라군은 백제의 계백이 이끄는 결사대를 황산벌에서 격파하였다(황산벌 전투, 660).
⑤ 검모잠에 대한 설명이다. 고구려 멸망 이후 검모잠은 왕족인 안승을 왕으로 추대하고 한성(황해도 재령)에서 고구려 부흥 운동을 전개하였다.

정답 ①

대표 기출 2

(가), (나) 사이의 시기에 있었던 사실로 옳은 것은? 69회 [2점]

> (가) 을지문덕이 우중문에게 시를 보내 이르기를, "신묘한 계책은 천문을 다 헤아렸고 기묘한 계획은 지리를 모두 통달하였도다. 싸움에 이겨 이미 공로가 드높으니 만족할 줄 알고 그치기를 바라노라."라고 하였다.
>
> (나) 안시성 사람들이 황제의 깃발과 일산을 멀리서 바라보고, 곧장 성에 올라가 북을 치고 소리를 질렀다. 황제가 화를 내자, 이세적은 성을 함락하는 날에 남자를 모두 구덩이에 묻어 죽이자고 청하였다. 안시성 사람들이 이를 듣고 더욱 굳게 지키니, 오래도록 공격하여도 함락되지 않았다.

① 관구검이 환도성을 공격하여 함락하였다.
② 계백이 이끄는 군대가 황산벌에서 항전하였다.
③ 연개소문이 정변을 일으켜 권력을 장악하였다.
④ 광개토 대왕이 신라에 침입한 왜를 격퇴하였다.
⑤ 미천왕이 낙랑군을 축출하여 영토를 확장하였다.

자료분석
(가) 수 문제의 고구려 공격이 실패로 끝난 후 수 양제가 100만이 넘는 대군을 이끌고 고구려 요동성을 공격하였으나 성공하지 못하였다. 이에 수 양제는 우중문과 30만 별동 부대를 보내 고구려의 평양성을 직접 공격하게 하였는데, 을지문덕이 살수(청천강)에서 이들을 크게 격파하였다(살수 대첩, 612). 이 때 을지문덕은 계속 패하는 척하며 수의 군대를 살수로 유인한 다음, 최후로 공격하기 직전에 우중문을 조롱하기 위해 시('여수장우중문시')를 보내기도 하였다.
(나) 수나라에 이어 당나라가 건립된 후 당 태종은 연개소문의 정변을 구실로 고구려를 침략하였다. 이에 고구려 국경에 있던 여러 성이 함락되었으나, 안시성에서는 군민이 협력하여 당군을 물리쳤다(안시성 전투, 645).

정답분석
③ 수와의 전쟁 이후 고구려는 당을 견제하기 위해 천리장성을 축조하였는데, 이 때 영류왕과 중앙 귀족들은 연개소문을 축조 책임자로 임명한 후 제거하고자 하였다. 그러나 이 계획이 사전에 발각되어 연개소문은 정변을 일으켜 영류왕을 폐하고 보장왕을 세운 뒤 스스로 대막리지에 올랐다(642).

선택지분석
① 3세기 동천왕 때 위나라의 장수 관구검의 공격으로 환도성이 함락되었다(244). (가) 이전의 일이다.
② 7세기 의자왕 때 계백이 결사대를 이끌고 황산벌에서 신라군에 항전하였으나 대패하였다. 이후 사비성까지 함락되면서 백제는 멸망하고 말았다(660). (나) 이후의 일이다.
④ 백제·가야와 동맹을 맺은 왜가 신라를 침공하자, 신라 내물왕은 고구려 광개토 대왕에게 도움을 요청하였다. 이에 광개토 대왕은 군사를 보내 왜를 격퇴하였다(400).
⑤ 4세기 초 미천왕은 서안평을 점령하고 낙랑군을 축출하여 영토를 확장하였다(313).

정답 ③

확인 문제

1 밑줄 그은 '전투'가 벌어진 시기를 연표에서 옳게 고른 것은? 58회 [2점]

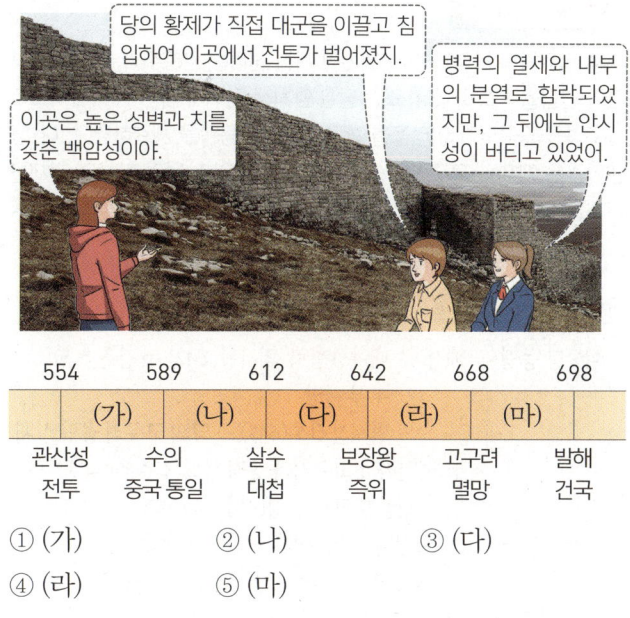

554	589	612	642	668	698
	(가)	(나)	(다)	(라)	(마)
관산성 전투	수의 중국 통일	살수 대첩	보장왕 즉위	고구려 멸망	발해 건국

① (가) ② (나) ③ (다)
④ (라) ⑤ (마)

2 (가), (나) 사이의 시기에 있었던 사실로 옳은 것은? 49회 [3점]

> (가) 살수에 이르러 [수의] 군대가 반쯤 건너자 을지문덕이 군사를 보내 그 후군을 공격하였다. 우둔위 장군 신세웅을 죽이니, [수의] 군대가 걷잡을 수 없이 모두 무너져 9군의 장수와 병졸이 도망쳐 돌아갔다. - 『삼국사기』 -
>
> (나) [신라군이] 당군과 함께 평양을 포위하였다. 고구려 왕은 먼저 연남산 등을 보내 영공(英公)에게 항복을 요청하였다. 이에 영공은 보장왕과 왕자 복남·덕남, 대신 등 20여만 명을 이끌고 당으로 돌아갔다. - 『삼국사기』 -

① 안승이 신라에 의해 보덕국왕에 책봉되었다.
② 미천왕이 서안평을 공격하여 영토를 넓혔다.
③ 광개토 대왕이 신라에 침입한 왜를 물리쳤다.
④ 연개소문이 정변을 일으켜 권력을 장악하였다.
⑤ 장수왕이 백제를 공격하여 한성을 함락시켰다.

정답
1 ④ 당이 중국을 통일한 이후 당 태종은 645년에 대규모 군사를 이끌고 고구려를 공격하였다. 당 태종은 개모성, 요동성, 백암성 등 요동 지역에 자리한 고구려의 군사적 거점을 함락시킨 후, 안시성을 공격하였으나 실패하였다.
2 ④ 살수 대첩에 대패한 수나라는 멸망하였으며, 이후 당나라가 중국을 다시 통일하였다. 고구려 영류왕이 당과 화친 정책을 펼치자 연개소문이 정변을 일으켜 정권을 장악하고 대당 강경책을 추진하였다.

Theme 013 신라의 삼국 통일

PART 2 고대 사회의 발전

출제 의도와 대책

백제 의자왕의 공격을 받아 위기에 빠진 신라는 김춘추의 주도로 당나라와 연합을 시도하였다. 또한 당은 안시성 전투에 패한 뒤 독자적으로 고구려를 공략하기 어려움을 깨닫고 나·당 동맹을 체결하였다. 나·당 연합군은 백제와 고구려를 차례로 멸망시켰으나, 당이 한반도 전체를 지배할 야욕을 드러내자 신라는 나·당 전쟁을 통해 이를 물리치고 삼국 통일을 이루었다.

필기노트 마인드맵

- 나·당 동맹
  - 배경
    - **대야성 함락**(의자왕, 642) → 김춘추 딸 부부 사망
    - 안시성 전투(645) → 당의 고구려 공략 실패
  - 전개: 신라가 고구려와 동맹 시도(김춘추, 실패) → **신라가 당과 동맹**(김춘추, 648)
- 백제 멸망(660)
  - 황산벌 전투(계백) → 사비성 함락
  - **백제 부흥 운동**(복신·도침, 왕자 풍)
- 고구려 멸망(668)
  - 연개소문 사망, 고구려 내분 → **평양성 함락**
  - 고구려 부흥 운동(검모잠, 안승)
- 나·당 전쟁: 매소성 전투(675), 기벌포 해전(676)

나·당 동맹

김춘추가 무릎을 꿇고 아뢰기를 "…… 만약 폐하께서 당의 군사를 빌려주어 흉악한 무리를 잘라 없애지 않는다면 저희 백성은 모두 포로가 될 것이며, 산 넘고 바다 건너 행하는 조회도 다시는 바랄 수 없을 것입니다."라고 하였다. 태종이 매우 옳다고 여겨서 군사의 출동을 허락하였다.

황산벌 전투

김유신 등이 황산 벌판으로 진군하자 백제의 장군 계백이 군사를 거느리고 먼저 험한 곳을 차지하여 세 군데에 진영을 설치하고 기다렸다. 김유신 등은 군사를 세 길로 나누어 네 번을 싸웠으나 전세는 불리하고 병사들은 힘이 다하였다.

선택지 빅데이터

① 신라가 ■과 군사 동맹을 체결하였다. → 당
② 나·당 연합군의 침공 때 백제와 신라 사이에 ■■ 전투가 벌어졌다. → 황산벌
③ 백제와 고구려는 ■·■ 연합군에 의해 멸망하였다. → 나·당
④ 고구려는 ■■■에서 나·당 연합군에 항전하였다. → 평양성
⑤ 고구려 멸망 후 평양에 ■■■■■가 설치된 경위를 찾아본다. → 안동도호부
⑥ 신라 지상군이 당의 군대에 맞서 ■■■에서 승리하였다. → 매소성
⑦ 신라군이 ■■■ 해전에서 적군을 격파하였다. → 기벌포
⑧ ■·■ 이후 당이 안동도호부를 요동 지역으로 옮겼다. → 나·당 전쟁

대표 기출 1

다음 상황 이후에 전개된 사실로 옳은 것은? 71회 [3점]

> 12월에 황제가 함원전에서 포로를 받아들였다. [황제가] 왕은 정사를 자기가 한 것이 아니라 하였기에 용서하여 사평태상백 원외동정으로 삼았다. 천남산은 사재소경으로, 승려 신성은 은청광록대부로, 천남생은 우위대장군으로 삼았다. …… 천남건은 검주(黔州)로 유배를 보냈다. 5부, 176성, 69만여 호를 나누어 9도독부, 42주, 100현으로 만들고, 평양에 안동도호부를 두어 이를 통치하게 하였다.
> - 『삼국사기』 -

① 안승이 보덕국왕으로 임명되었다.
② 을지문덕이 살수에서 대승을 거두었다.
③ 김춘추가 당과의 군사 동맹을 성사시켰다.
④ 의자왕이 윤충을 보내 대야성을 함락하였다.
⑤ 연개소문이 정변을 일으켜 영류왕을 시해하였다.

자료분석

자료의 '평양에 안동도호부'를 통해 고구려 멸망(668)과 관련된 내용임을 알 수 있다. 천남생(연남생), 천남건(연남건), 천남산(연남산)은 연개소문의 아들들로, 장남인 남생이 연개소문에 이어 국정 책임자가 되었으나, 남건과 남산에 의해 쫓겨나 결국 당나라에 항복하였다. 이후 남생은 고구려를 정벌하는 데 앞장섰으며, 당은 고구려를 멸망시킨 후 평양에 안동도호부를 설치하여 한반도를 지배하고자 하였다.

정답분석

① 고구려 멸망 이후 신라 문무왕은 안승을 금마저(익산)에 머물게 하고 보덕국왕으로 임명하였다(674).

선택지분석

② 고구려 영양왕 때 수나라 양제가 우중문과 30만 별동 부대를 보내 고구려의 평양성을 직접 공격하게 하였는데, 이를 을지문덕이 살수에서 크게 격파하였다(살수 대첩, 612).
③ 7세기에 신라가 백제의 공격을 받아 위기에 처하자, 신라는 김춘추를 당에 보내 동맹을 요청하였다. 이에 당 태종은 신라의 요청을 받아들여 나·당 군사 동맹을 체결하였다(648).
④ 백제 의자왕은 윤충을 보내 신라를 공격하여 대야성 등 40여 성을 차지하였다(642).
⑤ 고구려 영류왕 때 연개소문이 정변을 일으켜 영류왕을 폐하고 보장왕을 세운 뒤 스스로 대막리지에 올랐다(642).

정답 ①

대표 기출 2

(가)에 들어갈 내용으로 가장 적절한 것은? 67회 [3점]

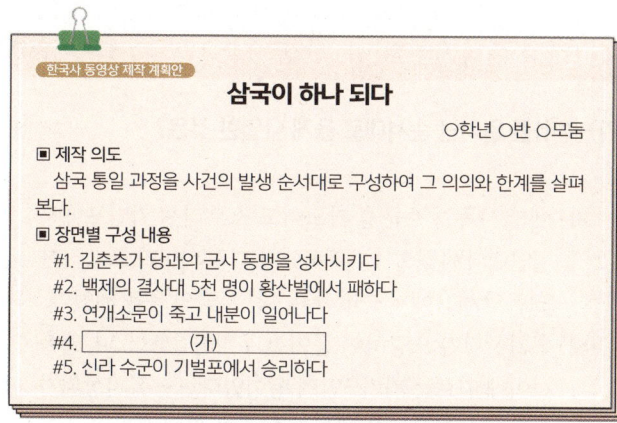

① 흑치상지가 당의 유인궤에게 항복하다
② 문무왕이 안승을 보덕국왕으로 책봉하다
③ 을지문덕이 살수에서 수의 군대를 물리치다
④ 부여풍이 백강에서 왜군과 함께 당군에 맞서 싸우다
⑤ 개로왕이 북위에 사신을 보내 고구려 공격을 요청하다

자료분석
665년에 연개소문이 죽은 후 그의 세 아들인 연남생, 연남건, 연남산 간에 권력 투쟁이 일어났다. 장남인 연남생은 자신이 평양성을 떠난 사이에 동생인 연남건과 연남산이 정권을 장악하자, 당에 투항하였고, 연개소문의 동생인 연정토도 신라에 투항하였다. 이에 나·당 연합군은 평양성을 공격하여 고구려를 멸망시켰다(668). 백제와 고구려 멸망 이후 당이 한반도 전체를 장악하려는 야심을 드러내자, 신라는 이근행이 이끈 당의 20만 대군을 매소성에서 격파(675)하고, 기벌포에서 설인귀가 이끈 당의 수군을 물리친 후 당군을 몰아내고 삼국 통일을 이룩하였다(676).

정답분석
② 검모잠과 고연무 등이 이끈 고구려 부흥 운동의 실패 후 문무왕은 고구려 유민들을 옛 백제 땅인 금마저(전북 익산)에 자리 잡게 하고 안승을 고구려 국왕에 임명(670)하였으며, 이후 보덕국왕으로 책봉(674)하였다.

선택지분석
① 흑치상지는 백제의 장군으로, 백제 멸망 후 임존성에서 군사를 일으켜 백제 부흥 운동을 전개하였다. 그러나 663년에 나·당 연합군이 백제 부흥군의 본거지인 주류성을 함락시키자, 흑치상지는 당나라의 장수 유인궤에게 항복한 후 당군의 선봉에 서서 임존성을 함락하는 데 도움을 주었다.
③ 수 양제가 우중문과 30만 별동 부대를 보내 고구려의 평양성을 직접 공격하게 하였는데, 을지문덕이 살수에서 수의 군대를 크게 격파하였다(살수 대첩, 612).
④ 백제 멸망 이후 왕족 복신과 승려 도침은 왜에 있던 왕자 부여풍을 왕으로 추대하고 주류성에서 백제 부흥 운동을 일으켰다. 이때 백제의 오랜 동맹국이었던 왜에서도 부흥군을 돕기 위해 군사를 보냈다. 나·당 연합군이 백제 부흥군의 본거지인 주류성으로 진군하자, 부흥군과 왜군은 백강에서 전투를 벌였으나 크게 패하였고, 나·당 연합군이 주류성까지 함락하면서 백제 부흥 운동은 실패로 끝났다(663).
⑤ 백제 개로왕은 472년에 북위에 고구려 정벌을 요청하는 국서를 보냈으나, 북위는 고구려와의 전통적인 우호 관계를 내세워 응하지 않았다.

정답 ②

확인 문제

1 (가), (나) 사이의 시기에 있었던 사실로 옳은 것은? 59회 [2점]

(가) 대야성에서 패하였을 때 도독인 품석의 아내도 죽었는데, 바로 춘추의 딸이었다. [김춘추가] 말하기를, "신이 고구려에 사신으로 가서 군사를 청하여 백제에 원수를 갚고자 합니다."라고 하자 왕이 허락하였다.

(나) 복신은 일찍이 군사를 거느렸는데, 이때 승려 도침과 함께 주류성에 근거하여 반란을 일으키고, 왜국에 있던 왕자 부여풍을 맞이하여 왕으로 세웠다.

① 당이 안동도호부를 설치하였다.
② 나·당 연합군이 사비성을 함락하였다.
③ 신라가 매소성 전투에서 승리하였다.
④ 고구려가 신라에 침입한 왜를 격퇴하였다.
⑤ 백제와 왜의 연합군이 백강 전투에서 패배하였다.

2 다음 상황이 나타난 시기를 연표에서 옳게 고른 것은? 63회 [2점]

[당의] 고종이 소정방을 신구도대총관(神丘道大摠管)으로 삼아 군사를 이끌고 바다를 건너 신라와 함께 백제를 정벌하도록 하였다. 계백은 장군이 되어 죽음을 각오한 군사 5천 명을 뽑아 이들을 막고자 하였다. …… 황산의 벌판에 이르러 세 개의 군영을 설치하였다. 신라군을 만나 전투를 시작하려고 하자, [계백은] 여러 사람 앞에서 맹세하며 "지난날 구천(句踐)은 5천 명으로 오(吳)의 70만 무리를 격파하였다. 오늘 마땅히 힘써 싸워 승리함으로써 나라의 은혜에 보답하자."라고 하였다. 드디어 격렬히 싸우니, 일당천(一當千)이 아닌 자가 없었다.
- 『삼국사기』 -

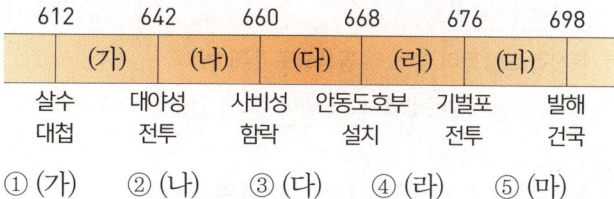

① (가) ② (나) ③ (다) ④ (라) ⑤ (마)

정답
1 ② (가)는 백제 의자왕의 신라 대야성 함락, (나)는 백제 멸망 이후의 백제 부흥 운동이다. 두 사건 사이에 사비성 함락으로 인한 백제 멸망이 있었다.
2 ② 나·당 연합군이 백제를 공격하자 계백이 5천 결사대를 이끌고 황산벌에서 항전하였으나, 결국 김유신이 이끄는 신라군에 패하였고 백제 사비성이 함락되었다(660).

Theme 014 백제·고구려 부흥 운동

PART 2 고대 사회의 발전

출제 의도와 대책

백제는 사비성 함락(660), 고구려 평양성 함락(668)으로 각기 멸망하고 의자왕과 보장왕이 당나라로 끌려갔지만, 유민들은 부흥 운동을 전개하였다. 특히 백제 부흥 운동은 왜에서 돌아온 왕자 풍이 왕으로 추대되고 왜의 지원군이 파견되는 등 국제적 성격을 띠었으며, 고구려 부흥 운동은 나·당 전쟁과 맞물려 신라의 지원을 받았다는 특징이 있다. 또한 비교적 짧은 시간에 많은 사건들이 다루어지기 때문에 순서 문제로도 종종 출제된다.

필기노트 마인드맵

백제　주도 인물　　**복신·도침**: 주류성을 근거로 부흥 운동
　　　　　　　　　흑치상지: 임존성을 근거로 저항
　　　전개　　**왕자 풍 추대** → 내분으로 복신·도침 처형
　　　　　　　왜의 지원군 도착 → **백강 입구 전투**에서 궤멸
고구려　주도 인물　**검모잠**: 한성(재령) 중심 → 안승 추대
　　　　　　　　　고연무: 오골성에서 부흥 운동
　　　전개: 문무왕이 당을 견제하기 위해 **안승을 금마저에 안치시키고 보덕국왕에 임명**

백제 부흥 운동
승려 도침과 옛 장수 복신이 무리를 거느리고 주류성을 거점으로 반란을 일으켰다. 그리고 왜국에 사신을 보내 옛 왕자 풍을 맞이하여 왕으로 세우니, 서부와 북부가 모두 성을 들어 호응하였다. 흑치상지는 임존성에 의거하여 굳게 지켰다.

백강 전투
유인원과 신라왕 김법민은 육군을 거느리고 나아가고, 유인궤와 부여융은 수군과 군량 실은 배를 거느리고 백강으로 가서 육군과 합세하여 주류성으로 갔다. 백강 어귀에서 왜국 군사를 만나 네 번 싸워서 모두 이기고, 그들의 배 4백 척을 불사르니, 연기와 불꽃이 하늘을 덮고 바닷물도 붉은 빛을 띠웠다. 이때 왕 부여풍은 탈출하여 도주하였으므로 거처를 알지 못하였는데 고구려로 달아났다고도 한다.

선택지 빅데이터
① 복신과 도침 등이 ▨▨▨을 왕으로 추대하였다. → 부여풍
② ▨▨▨가 임존성에서 소정방이 이끄는 당군을 격퇴하였다. → 흑치상지
③ 부여풍이 ▨▨에서 왜군과 함께 당군에 맞서 싸웠다. → 백강
④ 신라와 ▨의 연합군이 백강에서 왜군을 물리쳤다. → 당
⑤ 백제와 ▨의 연합군이 백강 전투에서 패하였다. → 왜
⑥ 검모잠이 ▨▨▨의 남은 백성들을 모아 부흥 운동을 전개하였다. → 고구려
⑦ 고구려의 안승이 신라에 의해 ▨▨▨으로 책봉되었다. → 보덕국왕
⑧ 신라는 ▨▨▨ 부흥 운동을 후원하면서 당에 맞서 싸웠다. → 고구려

대표 기출 1

(가)~(다)를 일어난 순서대로 옳게 나열한 것은?　69회 [3점]

(가) 사찬 시득이 수군을 거느리고 소부리주 기벌포에서 설인귀와 싸웠으나 패배하였다. 다시 나아가 크고 작은 22번의 싸움에서 승리하고, 4천여 명의 목을 베었다.

(나) 흑치상지가 도망하여 흩어진 무리들을 모으니, 열흘 사이에 따르는 자가 3만여 명이었다. …… 흑치상지가 별부장 사타상여를 데리고 험준한 곳에 웅거하여 복신과 호응하였다.

(다) 검모잠이 국가를 다시 일으키기 위하여 당을 배반하고 보장왕의 외손 안승을 세워 임금으로 삼았다. 당 고종이 대장군 고간을 보내 행군총관으로 삼고 병력을 내어 그들을 토벌하니, 안승이 검모잠을 죽이고 신라로 달아났다.

① (가) - (나) - (다)
② (가) - (다) - (나)
③ (나) - (가) - (다)
④ (나) - (다) - (가)
⑤ (다) - (나) - (가)

정답분석

④ (나) 660년 백제 멸망 후 흑치상지는 임존성에서, 복신과 도침은 왕자 부여풍을 왕으로 추대하고 주류성에서 군사를 일으켜 백제 부흥 운동을 전개하였다. 그러나 663년에 백제 부흥군을 지원하기 위해 파견된 왜의 군대가 백강에서 나·당 연합군에게 크게 패하고, 백제 부흥군의 내분과 군사력의 열세 등으로 주류성과 임존성이 함락되어 부흥 운동은 실패로 끝났다.

(다) 668년 고구려 멸망 이후 검모잠은 보장왕의 서자인 안승을 왕으로 추대한 후 한성(황해도 재령)에서 부흥 운동을 일으켰다. 그러나 670년에 안승이 검모잠을 죽이고 신라에 투항하는 등 지배층의 분열로 약화되어 부흥 운동은 실패로 끝이 났다.

(가) 백제와 고구려 멸망 이후 당이 한반도 전체를 장악하려는 야심을 드러내자, 신라는 이근행이 이끈 당의 20만 대군을 매소성에서 격파(675)하고, 기벌포에서 설인귀가 이끈 당의 수군을 물리친 후 삼국 통일을 이룩하였다(676).

정답 ④

대표 기출 2

(가), (나) 사이의 시기에 있었던 사실로 옳은 것은? 65회 [2점]

> (가) 당의 손인사, 유인원과 신라왕 김법민은 육군을 거느려 나아가고, 유인궤 등은 수군과 군량을 실은 배를 거느리고 백강으로 가서 육군과 합세하여 주류성으로 갔다. 백강 어귀에서 왜의 군사를 만나 …… 그들의 배 4백 척을 불살랐다.
>
> (나) 이근행이 군사 20만 명을 이끌고 매소성에 머물렀다. 신라군이 공격하여 달아나게 하고 말 3만여 필을 얻었는데, 노획한 병장기의 수도 그 정도 되었다.

① 장문휴가 당의 등주를 공격하였다.
② 원광이 왕명으로 걸사표를 작성하였다.
③ 을지문덕이 살수에서 대승을 거두었다.
④ 김춘추가 당과의 군사 동맹을 성사시켰다.
⑤ 검모잠이 안승을 왕으로 세워 부흥 운동을 벌였다.

자료분석
(가) 백제 멸망 이후 왕족 복신과 승려 도침이 왜에 가 있던 왕자 부여풍을 왕으로 추대하고 주류성을 거점으로 군사를 일으켰다. 이때 백제의 오랜 동맹국이었던 왜에서도 백제 부흥군을 돕기 위해 군사를 보냈다. 그러나 백제 부흥군과 왜군이 백강(금강 하구 지역)에서 나·당 연합군에 크게 패한 후 주류성까지 함락되면서 백제 부흥 운동은 실패로 끝났다(663).
(나) 백제와 고구려 멸망 이후 당이 한반도 전체를 장악하려는 야심을 드러내자, 신라는 이근행이 이끈 당의 20만 대군을 매소성에서 격파하고(675), 기벌포에서 설인귀가 이끈 당의 수군을 물리친 후 당군을 몰아내고 삼국 통일을 이룩하였다(676).

정답분석
⑤ 668년 고구려 멸망 이후 검모잠은 보장왕의 서자인 안승을 왕으로 세운 후 한성(황해도 재령)에서 부흥 운동을 일으켰다.

선택지분석
① 당나라가 본래 발해의 영향 아래에 있었던 흑수말갈에 흑수주를 설치하고 관리를 파견하자, 발해 무왕은 다른 말갈 세력의 이탈을 막기 위해 흑수말갈을 치는 한편 장문휴를 보내 당의 등주를 선제 공격하여 등주 자사 위준을 죽였다(732). (나) 이후의 일이다.
② 신라 진평왕 때 승려 원광이 왕명에 따라 고구려를 치기 위해 수나라에 군사를 청하는 '걸사표'를 작성하였다(608). (가) 이전의 일이다.
③ 수 양제가 우중문과 30만 별동 부대를 보내 고구려의 평양성을 직접 공격하게 하였는데, 을지문덕이 살수에서 수의 군대를 크게 격파하였다(살수 대첩, 612). (가) 이전의 일이다.
④ 백제의 공격을 받아 수십여 성을 빼앗기는 등 위기에 처한 신라는 김춘추를 당에 보내 동맹을 요청하였다. 당시 당 태종 역시 고구려를 침공했다가 안시성 전투에서 패하는 등 고구려에 대한 새로운 계획이 필요했기에, 신라의 요청을 받아들여 나·당 동맹을 체결하였다(648). (가) 이전의 일이다.

정답 ⑤

확인 문제

1 다음 자료의 상황이 나타난 시기를 연표에서 옳게 고른 것은? 55회 [2점]

> 검모잠이 남은 백성들을 거두어 신라로 향하였다. 안승을 맞아들여 임금으로 삼았다. 다식(多式) 등을 신라로 보내어 고하기를, "지금 신 등이 나라의 귀족 안승을 받들어 임금으로 삼았습니다. 원컨대 변방을 지키는 울타리가 되어 영원토록 충성을 다하고자 합니다."라고 하였다. 신라왕은 그들을 금마저에 정착하게 하였다.

612	618	645	660	676	698
	(가)	(나)	(다)	(라)	(마)
살수 대첩	당 건국	안시성 전투	사비성 함락	기벌포 전투	발해 건국

① (가)   ② (나)   ③ (다)
④ (라)   ⑤ (마)

2 (가), (나) 사이의 시기에 있었던 사실로 옳은 것은? 56회 [3점]

> (가) 왕은 당과 신라 군사들이 이미 백강과 탄현을 지났다는 소식을 듣고 장군 계백에게 결사대 5천 명을 거느리고 황산으로 가서 신라 군사와 싸우게 하였다. 계백은 4번 싸워서 모두 이겼으나 군사가 적고 힘이 모자라서 마침내 패하였다.
>
> (나) 사찬 시득이 수군을 거느리고 소부리주 기벌포에서 설인귀와 싸웠는데 연이어 패배하였다. 그러나 이후 크고 작은 22번의 싸움에서 승리하여 4천여 명을 죽였다.

① 김흠돌이 반란을 꾀하다 처형되었다.
② 의자왕이 신라를 공격하여 대야성을 함락시켰다.
③ 을지문덕이 살수에서 수의 군대를 크게 물리쳤다.
④ 대조영이 고구려 유민을 이끌고 동모산에서 건국하였다.
⑤ 검모잠이 안승을 왕으로 추대하고 부흥 운동을 전개하였다.

정답
1 ④ 668년 고구려 멸망 이후 검모잠은 고구려 유민들을 규합하고 왕족인 안승을 왕으로 추대한 후 안정적으로 부흥 운동을 추진하기 위해 신라에 고구려의 부흥을 위한 도움을 요청하였다. 이에 신라 문무왕은 안승을 금마저(익산)에 정착하게 하였다(670).
2 ⑤ (가)는 황산벌 전투(660), (나)는 기벌포 해전(676)이다. 668년 고구려 멸망 이후 검모잠은 왕족인 안승을 왕으로 추대하고 한성(황해도 재령)에서 고구려 부흥 운동을 전개하였다.

Theme 015 통일 신라의 발전

PART 2 고대 사회의 발전

출제 의도와 대책

통일 전쟁을 주도하며 왕권이 강화되었고, 신문왕 때는 김흠돌의 모역 사건을 계기로 여러 진골을 숙청하고 왕권을 강화하였다. 이를 바탕으로 신라는 통일 후 늘어난 인구와 영토를 통치하기 위해 통치 체제를 정비하고 국가적 통합을 추진하였다. 주로 신문왕의 업적을 중심으로 강화된 왕권과 체제 정비 과정을 파악한다.

필기노트 마인드맵

무열왕	최초의 진골 출신 왕, 백제 멸망 무열왕 직계 후손이 신라 중대 왕위 독점
문무왕	고구려 멸망, 나·당 전쟁 승리 외사정 파견(지방관 감찰), 동궁·월지 건립
신문왕	김흠돌의 난 진압 → 진골 귀족 숙청 → 전제 왕권 확립 집사부 시중 중심 운영 → 상대등 권한 약화 9주 5소경제 정비, 9서당·10정 조직 문무 관리에게 관료전 지급, 녹읍 폐지 국학 설립: 유교적 인재 양성 감은사 건립, 만파식적 설화
기타	성덕왕: 백성에게 정전 지급 경덕왕: 왕권 약화, 녹읍 부활 혜공왕: 96각간의 난, 김지정의 난 → 사망, 중대 끝

화왕계

왕이 한여름날 설총에게 이야기를 청하였다. 설총이 아첨하는 미인 장미와 충언하는 백두옹(할미꽃)을 두고 누구를 택할까 망설이는 화왕에게 백두옹이 간언한 이야기를 해주었다. 이에 왕이 정색하고 낯빛을 바꾸며 "그대의 우화 속에는 실로 깊은 뜻이 있구나, 이를 기록하여 임금된 자의 교훈으로 삼도록 하라."고 하고, 드디어 설총을 높은 벼슬에 발탁하였다.

선택지 빅데이터

① ■■■이 진골 출신 최초로 왕위에 올랐다. → 무열왕
② ■■■이 매소성 전투에서 당의 군대를 격파하였다. → 문무왕
③ 신문왕 때 왕의 장인인 ■■■이 반란을 일으켰다. → 김흠돌
④ 신문왕은 김흠돌을 비롯한 ■■ 귀족 세력을 숙청하였다. → 진골
⑤ 신문왕 때 관리들에게 ■■■이 지급되고 ■■이 폐지되었다. → 관료전, 녹읍
⑥ 신문왕 때 유학 교육을 위하여 ■■을 설립하였다. → 국학
⑦ 통일 신라는 군사 조직을 ■서당 ■정으로 편성하였다. → 9, 10
⑧ 성덕왕 때 백성에게 ■■을 지급하였다. → 정전
⑨ ■■■ 때 여러 관리들에게 매달 주던 녹봉을 없애고 다시 녹읍을 주었다. → 경덕왕
⑩ 경덕왕 때 ■■을 태학감으로 변경하여 유교 교육을 강화하였다. → 국학

대표 기출 1

(가) 왕의 업적으로 옳은 것은? 67회 [2점]

대왕암이 내려다 보이는 이곳은 경주 이견대입니다. 선왕을 기리며 감은사를 완공한 (가) 은/는 이곳에서 용을 만나는 신묘한 일을 겪었고, 이를 통해 검은 옥대와 만파식적의 재료가 된 대나무를 얻었다고 합니다.

① 향가 모음집인 『삼대목』을 편찬하였다.
② 관료전을 지급하고 녹읍을 폐지하였다.
③ 인사를 담당하는 위화부를 창설하였다.
④ 건원이라는 독자적인 연호를 사용하였다.
⑤ 시장을 감독하기 위해 동시전을 설치하였다.

자료분석
제시된 자료의 '감은사', '만파식적' 등을 통해 (가)가 통일 신라의 신문왕임을 알 수 있다. 신문왕은 아버지인 문무왕을 기리기 위해 감은사를 건립하였다. 또한 용으로부터 영험한 대나무를 얻어 만파식적(萬波息笛)이라는 피리를 만들었는데, 이 피리를 불면 천하가 태평해졌다는 이야기가 전해진다.

정답분석
② 신문왕은 문무 관리에게 차등을 두어 관료전을 지급하였으며, 귀족의 경제 기반인 녹읍을 폐지하고 매년 조를 차등 있게 지급하여 귀족의 경제 기반을 약화시키고자 하였다.

선택지분석
① 신라 하대 진성여왕에 대한 설명이다. 진성여왕은 각간 위홍과 대구 화상에게 향가집인 『삼대목』을 편찬하게 하였다.
③ 신라 진평왕에 대한 설명이다. 진평왕 때 관리 선발과 인사 고과 등을 담당하는 기관으로 위화부를 설치하였다.
④ 신라 법흥왕에 대한 설명이다. 법흥왕은 '건원(建元)'이라는 독자적인 연호를 처음으로 사용하였다.
⑤ 신라 지증왕에 대한 설명이다. 지증왕은 수도인 경주에 시장인 동시를 설치하고 이를 감독하는 동시전을 설치하였다. 동시전은 시장을 열고 닫는 시간, 도량형의 사용, 상인 간의 분쟁 해결 등을 담당하였으며, 왕궁에서 필요한 물품을 조달하거나 생산물을 판매하는 일도 맡았다.

정답 ②

대표 기출 2

(가) 왕의 업적으로 옳은 것은? 59회 [3점]

답사 계획서

- 주제: (가) 의 자취를 따라서
- 개관: 삼국 통일의 위업을 달성한 (가) 의 발자취를 찾아가는 일정입니다.
- 일시: 2022년 6월 ○○일 09:00~17:00
- 주요 답사지 소개

월성(반월성)	동궁과 월지
왕이 거처한 궁성	왕이 건설한 별궁
감은사지	대왕암
왕을 기리기 위해 아들 신문왕이 완성한 사찰의 터	왕의 수중릉으로 알려진 곳

① 국가적인 조직으로 화랑도를 개편하였다.
② 지방관을 감찰하고자 외사정을 파견하였다.
③ 이차돈의 순교를 계기로 불교를 공인하였다.
④ 인재 등용을 위해 독서삼품과를 실시하였다.
⑤ 자장의 건의로 황룡사 구층 목탑을 건립하였다.

자료분석
제시된 자료의 (가)는 문무왕이다. 태종 무열왕에 이어 즉위한 문무왕은 고구려를 멸망시키고, 나·당 전쟁에서 승리하여 삼국 통일을 완성하였다.

정답분석
② 문무왕은 삼국 통일 후 지방관을 관리·감독하기 위해 각지방 행정 단위별로 외사정을 파견하여 지방관을 감찰하도록 하였다.

선택지분석
① 진흥왕에 대한 설명이다. 진흥왕은 국가 발전을 위한 인재를 양성하기 위하여 화랑도를 국가적인 조직으로 개편하였다.
③ 법흥왕에 대한 설명이다. 법흥왕은 이차돈의 순교를 계기로 불교를 공인하였다.
④ 원성왕에 대한 설명이다. 원성왕은 유교 경전의 이해 정도에 따라 관리를 선발하는 독서삼품과를 설치하였으나, 골품제 때문에 제대로 시행되지는 못하였다.
⑤ 선덕 여왕에 대한 설명이다. 선덕 여왕은 탑을 건립하면 이웃 나라의 침략을 막고 신라가 평안할 것이라는 자장의 건의에 따라 황룡사 9층 목탑을 건립하였다. 탑의 9층은 일본, 중국 등 각각 주변 나라를 상징한다.

정답 ②

확인 문제

1 밑줄 그은 '왕'에 대한 설명으로 옳은 것은? 50회 [2점]

> 용이 검은 옥대를 바쳤다. …… 왕이 놀라고 기뻐하여 오색 비단·금·옥으로 보답하고, 사람을 시켜 대나무를 베어서 바다로 나오자, 산과 용은 홀연히 사라져 보이지 않았다. 왕이 감은사에서 유숙하고 …… 행차에서 돌아와 그 대나무로 피리를 만들어 월성의 천존고에 보관하였다. 이 피리를 불면 적병이 물러가고 병이 나으며, 가물 때 비가 오고 비올 때 개며, 바람이 잦아들고 파도가 평온해졌다. 이를 만파식적(萬波息笛)이라 부르고 국보로 삼았다.

① 병부와 상대등을 설치하였다.
② 이사부를 보내 우산국을 복속하였다.
③ 마립간이라는 칭호를 처음 사용하였다.
④ 매소성 전투에서 당의 군대를 격파하였다.
⑤ 김흠돌을 비롯한 진골 귀족 세력을 숙청하였다.

2 (가)에 들어갈 내용으로 옳은 것은? 62회 [2점]

한국사 웹툰 기획안

다큐멘터리 공모 신청서

제목	○○왕, 왕권을 강화하다.
구성 내용	1화 진골 귀족 김흠돌의 반란을 진압하다.
	2화 국학을 설치하여 인재를 양성하다.
	3화 9주를 정비하여 지방 통치 체제를 갖추다.
	4화 (가)
주의 사항	사료에 기반하여 제작한다.

① 관료전을 지급하고 녹읍을 폐지하다.
② 마립간이라는 칭호를 처음 사용하다.
③ 이사부를 보내 우산국을 복속시키다.
④ 화랑도를 국가적 조직으로 개편하다.
⑤ 이차돈의 순교를 계기로 불교를 공인하다.

정답
1 ⑤ 신문왕 즉위 후 김흠돌을 비롯한 진골 귀족 세력이 반란을 일으키자, 신문왕은 난을 진압하고 김흠돌 등 관련 세력을 숙청하였다(681).
2 ① 녹읍은 지급받은 토지의 조세(수조권)뿐 아니라 해당 지역의 특산물(공납)과 주민의 노동력(역)까지 징수할 수 있는 토지로, 귀족 세력의 경제 기반이 되었다. 이에 신문왕은 수조권만 행사할 수 있는 관료전을 지급하고 녹읍을 폐지하였다.

Theme 016 발해의 발전

PART 2 고대 사회의 발전

출제 의도와 대책
고구려 유민 출신의 대조영이 세운 발해는 고구려의 뒤를 이어 통일 신라와 공존하였으며, 이 시기를 남북국 시대로 인식하기도 한다. 발해의 외교 관계에서 드러나는 고구려 계승 의식, 발해 문화에서 찾을 수 있는 독자성과 고구려 문화의 영향 등을 중심으로 문제가 출제되고 있다.

필기노트 마인드맵

건국		대조영이 고구려 유민과 말갈인을 이끌고 **동모산**에서 진 건국
발전	무왕	**'인안'** 연호, 돌궐·일본과 교류 → 당·신라 견제 흑수말갈 정벌 시도, 당과 대립 **장문휴의 수군으로 산둥 지방 등주 선제공격**
	문왕	**'대흥'** 연호, 당과 친선, 3성 6부제 도입 중경에서 상경, 상경에서 동경으로 천도 신라도를 통해 신라와 교류(발해 5도 정비)
	선왕	**'건흥'** 연호, 9세기 전성기 → **해동성국** 칭호 5경 15부 62주의 지방 통치 체제 완비
고구려 계승		**일본**에 보낸 국서에 **'고려국왕'**, '천손' 자처 발해 궁성의 **온돌** 유적, **정혜공주** 묘의 모줄임 천장구조

『제왕운기』의 발해 기록
옛 고구려의 장수 대조영은 / 태백산의 남쪽 성에 자리를 잡을 수 있어서
측천무후 원년에 / 나라를 열어 발해라고 하였네.
우리 태조 8년에 / 그 나라 사람들이 서로 이끌어 개경에 와서 뵈니,
누가 변란을 미리 알고 먼저 귀부하였나? / 예부경과 사정경이었다네.

발해와 당의 대립(무왕)
당 현종은 (대)문예를 파견하여 유주에 가서 군사를 징발하여 이를 토벌케 하는 동시에, 태복원외경 김사란을 시켜 신라에 가서 군사를 일으켜 발해의 남쪽 국경을 치게 하였다. 마침 산이 험하고 날씨가 추운 데다 눈이 한 길이나 내려서 병사들이 태반이나 죽으니, 전공을 거두지 못한 채 돌아왔다.

선택지 빅데이터

① ■■■이 고구려 유민을 이끌고 동모산에서 나라를 세웠다. → 대조영

② 무왕은 ■■이라는 독자적인 연호를 사용하였다. → 인안

③ ■■은 대문예로 하여금 흑수말갈을 정벌하게 하였다. → 무왕

④ 무왕은 ■■■를 보내 당의 등주를 공격하였다. → 장문휴

⑤ ■■은 대흥이라는 독자적인 연호를 사용하였다. → 문왕

⑥ 문왕은 수도를 중경 현덕부에서 ■■■■로 옮겼다. → 상경 용천부

⑦ 발해는 ■■에 국서를 보내 고구려와 부여 계승을 표방하였다. → 일본

⑧ 발해는 전성기에 ■■■■이라고도 불렸다. → 해동성국

대표 기출 1

다음 사건이 일어난 시기를 연표에서 옳게 고른 것은? 71회 [2점]

> 개원(開元) 20년에 발해가 천자의 조정을 원망하여 군사를 거느리고 등주(登州)를 습격하여 자사 위준을 살해하였습니다. 이에 황제께서 크게 노하여 하행성 등에게 군사를 징발하여 바다를 건너 공격해 토벌하도록 명하였습니다. 아울러 당에 숙위하고 있던 신라인 김사란을 귀국시켜 신라로 하여금 발해를 공격하도록 하였습니다. …… 겨울은 깊어 가고 눈이 많이 내려 신라와 당의 군대가 추위에 고생하므로 회군을 명령하였습니다.

(가)	(나)	(다)	(라)	(마)
발해 건국	무왕 즉위	문왕 상경 천도	선왕 즉위	고려 건국	발해 멸망

① (가) ② (나) ③ (다)
④ (라) ⑤ (마)

정답분석
② 자료의 '등주를 습격하여 자사 위준을 살해'하였다는 내용을 통해 발해 무왕 대의 일임을 알 수 있다. 당이 발해를 견제하기 위해 발해 배후의 흑수부 말갈에 관리를 파견하자, 발해 무왕은 이를 자국에 대한 위협으로 보고 장문휴를 보내 당의 등주를 공격하여 등주자사 위준을 살해하였다. 이에 당이 반격하자 발해는 거란·돌궐을 끌어들여 요동에서 당을 공격하였다. 한편 신라는 당의 요청으로 발해의 남쪽 변경을 공격하였는데, 이때 큰 눈이 내려 길이 막히고 많은 군사가 얼어 죽어 회군하였다. 그러나 이를 계기로 신라는 대동강 이남의 영유권을 공식적으로 인정받았다.

정답 ②

대표 기출 2

(가)에 들어갈 내용으로 가장 적절한 것은? 66회 [1점]

① 백제 문화의 국제성
② 신라와 서역의 교류
③ 가야 문화의 일본 전파
④ 고려에서 유행한 몽골풍
⑤ 발해와 고구려의 문화적 연관성

정답분석

⑤ 크라스키노와 콕샤로프카는 러시아 연해주에 위치한 곳으로 발해 성곽 터가 발굴되었다. 이곳에서 토기와 기와 등의 유물과 대규모 온돌 시설이 발견되었는데, 고구려의 영향을 받은 것으로 보인다. 발해는 고구려 문화의 기반 위에서 당의 문화를 받아들여 독자적인 문화를 이룩하였다. 특히 온돌 장치, 연꽃무늬 기와, 불상 등의 미술 양식이나 굴식 돌방무덤의 모줄임천장 구조 등에서 고구려적 색채가 뚜렷하게 나타나 있다.

정답 ⑤

확인 문제

1. 다음 시나리오에 등장하는 왕의 업적으로 옳은 것은? 61회 [2점]

#36 궁궐 안
왕이 분노에 찬 표정으로 대문예에게 말하고 있다.

왕: 흑수 말갈이 몰래 당에 조공하였으니, 이는 당과 공모하여 앞뒤로 우리를 치려는 것이다. 군대를 이끌고 가서 흑수 말갈을 정벌하라.

대문예: 당에 조공하였다 하여 그들을 바로 공격한다면 이는 당에 맞서는 것입니다. 하루아침에 당과 원수를 지면 멸망을 자초할 수 있습니다.

① 장문휴를 보내 등주를 공격하였다.
② 9서당 10정의 군사 조직을 갖추었다.
③ 사비로 천도하고 국호를 남부여로 고쳤다.
④ 지방관을 감찰하고자 외사정을 파견하였다.
⑤ 고구려 유민을 모아 동모산에서 나라를 세웠다.

2. (가) 왕에 대한 설명으로 옳은 것은? 63회 [3점]

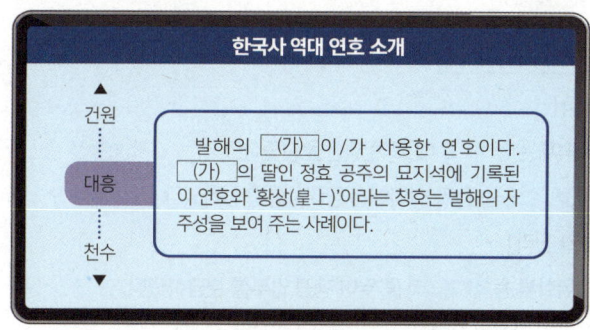

① 북연의 왕을 신하로 봉하였다.
② 지린성 동모산에서 나라를 세웠다.
③ 신라에 군대를 파견하여 왜를 격퇴하였다.
④ 수도를 상경 용천부로 옮겨 체제를 정비하였다.
⑤ 5경 15부 62주의 지방 행정 조직을 확립하였다.

정답

1. ① 당이 발해를 견제하기 위해 발해 배후의 흑수부 말갈에 관리를 파견하자, 발해 무왕은 장문휴를 보내 당의 등주를 습격하였으며 요서 지역을 공격하였다.
2. ④ 발해 문왕은 수도를 중경 현덕부에서 상경 용천부로 옮겨 중앙 집권적 통치 체제로 정비하였다. 이후 다시 동경 용원부로 천도하였다.

Theme 017 고대의 통치 체제

PART 2 고대 사회의 발전

출제 의도와 대책

삼국 시대에는 귀족 합의로 국가 중대사를 처리하였다. 통일 신라는 왕권이 강화되면서 상대등의 역할이 축소되고 집사부 시중을 중심으로 정치가 운영되었다. 또한 지방은 고구려·백제의 옛 영토를 포함하여 9주를 설치하고 수도가 한쪽에 치우친 단점을 보완하기 위해 5소경을 설치하였다. 발해는 당의 3성 6부를 받아들이면서도 독자적으로 운영하였으며, 선왕 때 고구려의 영토를 거의 되찾아 지방을 5경 15부 62주로 완비하였다.

필기노트 마인드맵

- 삼국: 제가 회의(고구려), 정사암 회의(백제), 화백 회의(신라)
- 통일 신라
  - 중앙: 집사부와 시중의 기능 강화
    - 위화부를 비롯한 13부 완비, 사정부(관리 감찰)
  - 지방: 9주 5소경, 상수리 제도 실시(지방 통제), 외사정
  - 군사: 9서당(중앙군), 10정(지방군)
  - 교육: 국학(신문왕) → 태학감(경덕왕) → 국학
    - 독서삼품과(원성왕, 경전을 시험해 관리 등용)
- 발해: 3성(정당성·중대성·선조성), 정당성 장관 대내상이 국정 총괄
  - 6부 — 충·인·의·지·예·신부 등 유교적 명칭
    - 좌사정·우사정이 3부씩 이원적 통솔
  - 지방: 5경 15부 62주
  - 기타: 주자감(교육), 중정대(관리 감찰), 문적원(서적 관리)

선택지 빅데이터

[삼국]
① 백제는 ■■■에 모여 재상을 선출하였다. → 정사암(천정대)
② ■■■는 제가 회의에서 중대사를 결정하였다. → 고구려

[통일 신라]
① 위화부 등 ■■■를 두어 행정 업무를 분담하였다. → 13
② 관리 감찰을 위해 ■■■를 두었다. → 사정부
③ 지방관을 감찰하기 위해 ■■■을 파견하였다. → 외사정
④ ■■■ 제도를 시행하여 지방 세력을 견제하였다. → 상수리
⑤ 인재를 등용하기 위해 ■■■■■를 실시하였다. → 독서삼품과

[발해]
① 중앙 관제를 ■성 ■부로 정비하였다. → 3, 6
② 중앙 6부의 명칭을 ■■식으로 정하였다. → 유교
③ 정당성의 ■■■이 국정을 총괄하였다. → 대내상
④ ■■■를 두어 관리를 감찰하였다. → 중정대
⑤ 유학 교육 기관으로 ■■■을 설치하였다. → 주자감
⑥ 발해는 ■경 ■■부 ■■주의 지방 행정 제도를 마련하였다.
  → 5, 15, 62

대표 기출 1

밑줄 그은 '이 국가'에 대한 설명으로 옳은 것은? 72회 [2점]

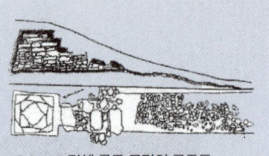 
▲ 정혜 공주 무덤의 구조도   ▲ 정혜 공주 묘지석

지린성 둔화에서 발견된 이 국가의 정혜 공주 무덤은 모줄임 천장 구조의 굴식 돌방무덤으로 고구려 양식을 계승하고 있다. 또한 내부에서 출토된 묘지석에 '황상'이라는 칭호가 사용된 점을 통해 이 국가의 자주성을 확인할 수 있다.

① 서경을 북진 정책의 기지로 삼았다.
② 정당성의 대내상이 국정을 총괄하였다.
③ 영락이라는 독자적인 연호를 사용하였다.
④ 군사 조직으로 9서당 10정을 편성하였다.
⑤ 관리 선발을 위해 독서삼품과를 시행하였다.

자료분석
자료의 '정혜 공주' 등을 통해 밑줄 친 '이 국가'가 발해임을 알 수 있다. 정혜 공주는 발해 문왕의 둘째 딸로, 정혜 공주 묘는 고구려의 영향을 받아 굴식 돌방무덤 양식으로 제작되었으며, 묘에서 돌사자상과 묘지석이 출토되었다.

정답분석
② 발해는 3성 중 하나인 정당성의 장관인 대내상이 국정을 총괄하였다.

선택지분석
① 고려 태조는 평양을 서경으로 삼고 북진 정책의 전진 기지로 삼았다.
③ 고구려 광개토 대왕은 '영락'이라는 독자적인 연호를 사용하였다.
④ 9서당 10정은 통일 신라의 군사 제도로, 신문왕 때 정비되었다.
⑤ 신라 하대 원성왕 때 관리 임용 제도로 독서삼품과를 시행하였다.

정답 ②

대표 기출 2

(가) 국가에 대한 설명으로 옳은 것은? 72회 [2점]

이것은 (가) 의 쌍영총 벽화의 개마 무사 부분 모사도입니다. 안악 3호분 등 (가) 의 다른 고분 벽화에서도 개마 무사가 그려져 있어 이 국가의 군사, 무기 등의 모습을 알 수 있습니다.

① 태학과 경당을 두어 인재를 양성하였다.
② 골품에 따라 관등 승진에 제한이 있었다.
③ 국경 지역인 양계에 병마사를 파견하였다.
④ 정사암에서 국가의 중대한 일을 결정하였다.
⑤ 여러 가(加)들이 별도로 사출도를 주관하였다.

자료분석
쌍영총과 안악 3호분은 고구려의 무덤이다. 쌍영총에는 풍속도와 사신도 등의 벽화가 남아 있으며, 안악 3호분에는 대행렬도 등의 벽화가 남아 있다. 따라서 (가)는 고구려이다.

정답분석
① 고구려는 수도에 태학을 설립하여 유교 경전과 역사서를 교육하였으며, 지방에 경당을 두어 한학과 무술을 교육하였다.

선택지분석
② 신라에 대한 설명이다. 골품제는 관등제와 연관되어 운영되었으며, 최고 신분인 진골은 승진에 한계가 없었으나, 그 이하는 골품에 따라 관등 승진에 제한을 두었다.
③ 고려에 대한 설명이다. 고려는 외적 침입이 잦은 북방 국경 지대인 양계에 지방관인 병마사를 파견하였다.
④ 백제에 대한 설명이다. 정사암 회의는 백제의 귀족 합의 기구로, 이 회의에서 국가의 중대사를 결정하였다.
⑤ 부여에 대한 설명이다. 부여에는 왕 아래에 가축의 이름을 딴 마가·우가·저가·구가가 있었으며, 이들 가(加)들은 저마다 따로 행정 구획인 사출도를 다스렸다.

정답 ①

확인 문제

1 (가) 국가에 대한 설명으로 옳은 것은? 70회 [1점]

『신라고기(新羅古記)』에 이르기를 "고(구)려의 옛 장수 조영의 성은 대씨(大氏)니 남은 군사를 모아 태백산 남쪽에서 나라를 세우고 나라 이름을 (가) (이)라고 하였다." ……『지장도(指掌圖)』에 보면 " (가) 은/는 만리장성 동북쪽 모서리 밖에 있다."라고 하였다.

① 군사 조직으로 9서당 10정을 편성하였다.
② 정사암에 모여 국가 중대사를 논의하였다.
③ 광평성을 비롯한 각종 정치 기구를 갖추었다.
④ 5경 15부 62주의 지방 행정 제도를 마련하였다.
⑤ 상수리 제도를 시행하여 지방 세력을 견제하였다.

2 지도와 같이 행정 구역을 정비한 국가에 대한 설명으로 옳은 것을 〈보기〉에서 고른 것은? 56회 [3점]

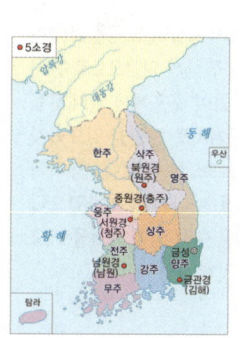

보기
ㄱ. 9서당 10정의 군사 조직을 운영하였다.
ㄴ. 욕살, 처려근지 등을 지방관으로 파견하였다.
ㄷ. 상수리 제도를 실시하여 지방 세력을 견제하였다.
ㄹ. 북계에 병마사를 파견하여 적의 침입에 대비하였다.

① ㄱ, ㄴ   ② ㄱ, ㄷ   ③ ㄴ, ㄷ
④ ㄴ, ㄹ   ⑤ ㄷ, ㄹ

정답
1 ④ 발해 선왕 때 주변 말갈 세력을 복속시키고 요동 지역으로 진출하는 등 발해의 영토를 확장하였다. 또한 이를 효율적으로 통치하기 위해 전국을 5경 15부 62주로 정비하였다.
2 ② ㄱ. 통일 신라 신문왕 때 군사 조직으로 중앙군인 9서당과 지방군인 10정을 편성하였다.
ㄷ. 상수리 제도는 각 지방의 토착 세력가나 그 자제를 수도인 경주에 머물게 한 제도로, 신라의 중앙 정부가 지방 세력을 통제하기 위해 실시하였다.

Theme 018 신라 말의 정치 변화

PART 2 고대 사회의 발전

출제 의도와 대책

혜공왕이 죽은 후 무열왕 직계 후손의 왕위 계승이 중단되고 내물왕 방계 후손들이 왕위를 이었는데, 이 시기를 『삼국사기』에서는 신라 하대라고 하였다. 왕위 계승의 정통성이 약화되면서 진골 귀족의 왕권 다툼이 심해지고, 이에 따라 지방 통제력이 약화되어 농민 반란이 일어나고 호족 세력이 성장하였다. 김헌창의 난 등 왕위 다툼과 관련된 사건, 농민 반란, 6두품 지식인 및 종교계의 변화 등이 주로 출제되고 있다.

필기노트 마인드맵

- 원성왕: **독서삼품과** 실시(진골 귀족의 반대로 성과 없음)
- 헌덕왕: **김헌창**의 난 ─ 무열왕 직계 후손으로 왕위 계승 불만
  - **웅천주(공주)** 에서 국호를 장안으로 하고 건국
  - 김범문의 난: 김헌창 아들이 다시 봉기
- 장보고: 흥덕왕 때 **청해진** 설치 → 해상 무역 장악
  - 신무왕 즉위에 관여 → 문성왕 때 암살됨(장보고의 난)
- 진성여왕: 삼대목 편찬(대구화상과 각간 위홍)
  - **원종·애노의 난**, 적고적의 난
  - **최치원의 시무책 10여조 건의**(개혁 시도, 실패)
- 효공왕: 후백제 건국(900, 견훤)
  - 후고구려 건국(901, 궁예)

원종과 애노의 난

[진성왕] 3년 나라 안의 여러 주(州)·군(郡)에서 공물과 조세를 보내지 않아 나라의 창고가 텅 비어 나라의 씀씀이가 궁핍하게 되었으므로 왕이 사자를 보내 독촉하였다. 이로 말미암아 도적들이 곳곳에서 벌떼처럼 일어났다. 이에 원종과 애노 등이 사벌주를 근거지로 반란을 일으키자 왕이 나마 영기에게 명하여 (이들을) 붙잡아 오도록 하였다. 영기가 적의 보루를 멀리서 바라보고는 두려워 앞으로 나아가지 못하였으나 촌주 우련은 힘껏 싸우다가 죽었다. 왕이 칙명을 내려 영기의 목을 베고 나이 10여 세 된 우련의 아들에게 촌주의 직을 잇게 하였다.

선택지 빅데이터

① 원성왕이 인재 등용 제도로 ■■■■■를 제정하였다. → 독서삼품과
② 웅천주 도독 ■■■이 반란을 일으켰다. → 김헌창
③ 장보고가 ■■■을 거점으로 반란을 도모하였다. → 청해진
④ 진성여왕 때 위홍과 대구화상에게 ■■■을 편찬하도록 하였다. → 삼대목
⑤ 신라 말기에 몰락한 농민들이 유랑하거나 ■■이 되었다. → 초적
⑥ ■■■ 이 왕에게 시무 10여 조를 건의하였다. → 최치원
⑦ 신라 말에 ■■■ 세력이 골품제를 비판하면서 새로운 정치 이념을 제시하였다. → 6두품

대표 기출 1

다음 상황이 나타난 시기를 연표에서 옳게 고른 것은? 70회 [3점]

각간 김경신이 해몽을 청하자 아찬 여삼은 "복두를 벗은 것은 위에 다른 사람이 없다는 뜻이요, 소립을 쓴 것은 면류관을 쓸 징조이며, 12현금(絃琴)을 든 것은 12대손까지 왕위를 전한다는 조짐이며, 천관사 우물로 들어간 것은 궁궐로 들어갈 상서로운 조짐입니다."라고 하였다. "위에 주원이 있는데 어찌 내가 왕위에 오를 수 있겠소?"라고 경신이 묻자, 아찬이 대답하기를 "청컨대 은밀히 북천신에게 제사 지내면 될 것입니다."라고 하여 이에 따랐다. 얼마 지나지 않아 선덕왕이 죽자, 나라 사람들이 김주원을 왕으로 받들어 궁중으로 맞아들이려 했다. 주원의 집은 북천 북쪽에 있었는데 홀연히 냇물이 불어나 건널 수가 없었다. 이에 경신이 먼저 궁궐로 들어가 왕위에 올랐다.

654		681		722		780		828		889	
	(가)		(나)		(다)		(라)		(마)		
무열왕 즉위		김흠돌의 난		정전 지급		혜공왕 피살		청해진 설치		원종과 애노의 난	

① (가) ② (나) ③ (다) ④ (라) ⑤ (마)

정답분석

④ 자료의 '선덕왕'을 통해 신라 하대의 상황임을 알 수 있다. 혜공왕 사망 이후 선덕왕이 즉위하면서 무열왕계의 왕위 세습이 끝나고 신라 하대가 시작되었다. 선덕왕이 후손을 남기지 않고 죽자 김주원이 추대되었는데, 폭우가 내려 알천의 물이 불어나 김주원이 왕궁에 이를 수 없게 되자 상대등 김경신(후에 원성왕)이 왕으로 추대되었다(785).

정답 ④

대표 기출 2

교사의 질문에 대한 학생의 답변으로 옳은 것은? 72회 [2점]

화면에 표시된 부분은 진성여왕 때 유포된 글로 당시 정치 상황을 비판하는 내용입니다. 『삼국유사』에 따르면 '찰니나제'는 여왕을, '소판니'와 '삼아간'은 위홍 등 간신들을 의미하는 것으로, 그들 때문에 나라가 망한다는 뜻입니다. 이 여왕의 재위 시기에 있었던 사실을 말해볼까요?

① 김흠돌이 반란을 도모하였어요.
② 김사미와 효심이 난을 일으켰어요.
③ 원종과 애노가 사벌주에서 봉기하였어요.
④ 김유신이 비담과 염종의 난을 진압하였어요.
⑤ 복신과 도침이 주류성에서 군사를 일으켰어요.

자료분석
자료의 진성여왕은 신라 하대에 재위한 왕으로, 이 시기의 신라는 정치 문란이 극에 달하였으며 국가 재정은 고갈된 상태였다.

정답분석
③ 진성여왕 때 지방의 주·군에서 세금을 바치지 않아 국고가 부족해지자 중앙에서 관리를 파견하여 조세를 독촉하였는데, 이에 반발하여 사벌주에서 원종과 애노가 난을 일으켰다.

선택지분석
① 신라 중대 신문왕 때 왕의 장인인 김흠돌을 비롯한 진골 귀족 세력이 반란을 일으켰다. 이에 신문왕은 난을 진압하고 김흠돌 등 관련 세력을 숙청하였다.
② 고려 무신 집권기에 운문(경북 청도)의 김사미와 초전(울산)의 효심이 신라 부흥 운동을 표방하며 난을 일으켰다.
④ 신라 상대 선덕여왕 때 비담과 염종이 난을 일으키자, 김유신과 김춘추가 난을 진압하였다.
⑤ 백제 멸망 후 복신과 도침이 부여풍을 왕으로 추대하고 주류성에서 백제 부흥 운동을 일으켰다.

정답 ③

확인 문제

1 밑줄 그은 '이 시기'에 있었던 사실로 옳은 것은? 55회 [3점]

이곳은 명주군왕(溟州郡王) 김주원의 묘야. 그의 아들 김헌창은 아버지가 왕위에 오르지 못한 것에 불만을 품고 반란을 일으켰어.

김주원과 김헌창의 삶을 통해 혜공왕 피살 이후 왕위 쟁탈전이 거듭된 이 시기의 상황을 잘 알 수 있어.

① 왕의 장인인 김흠돌이 난을 일으켰다.
② 거칠부가 왕명에 의해 『국사』를 편찬하였다.
③ 김춘추가 진골 출신 최초로 왕위에 올랐다.
④ 자장의 건의로 황룡사 9층 목탑이 건립되었다.
⑤ 체징이 9산 선문 중 하나인 가지산문을 개창하였다.

2 (가), (나) 사이 시기에 볼 수 있는 모습으로 옳은 것은? 66회 [3점]

(가) 선덕왕이 죽었는데 아들이 없자, 여러 신하들이 회의를 한 후에 왕의 조카인 김주원을 옹립하고자 하였다. 주원의 집은 왕경에서 북쪽으로 20리 떨어진 곳에 있었는데, 마침 큰비가 와서 알천의 물이 넘쳐 주원이 건너 오지 못하였다. …… 여러 사람들의 뜻이 모아져 김경신이 왕위를 계승하도록 하였다. - 『삼국사기』 -

(나) 나라 안의 모든 주군에서 공물과 부세를 보내지 않아, 창고가 텅텅 비어 나라 재정이 궁핍해졌다. 왕이 사신을 보내 독촉하니 곳곳에서 도적이 벌떼처럼 일어났다. 이때 원종과 애노 등이 사벌주에 근거하여 반란을 일으켰다. - 『삼국사기』 -

① 『계백료서』를 읽는 관리
② 녹읍 폐지를 명하는 국왕
③ 성균관에서 공부하는 학생
④ 초조대장경을 조판하는 장인
⑤ 김헌창의 난을 진압하는 군인

정답
1 ⑤ 혜공왕이 피살되고 왕위 쟁탈전이 벌어진 시기는 신라 하대로, 이 시기에 선종이 유행하면서 지방 호족 세력의 사상적 기반이 되었다.
2 ⑤ 혜공왕 사망하고 선덕왕, 원성왕이 즉위하면서 무열왕 직계 후손의 왕위 계승이 단절되고 신라 하대가 시작되었다. 이에 무열왕 직계 후손인 김헌창(김주원의 아들)이 웅천주에서 난을 일으키기도 하였다.

Theme 019 고대의 경제

PART 2 고대 사회의 발전

출제 의도와 대책

일본 동대사 정창원에서 발견된 민정 문서(촌락 문서)를 통해 통일 신라의 조세 행정과 촌락의 경제 상황을 알 수 있다. 한편 통일 이후 신라는 전쟁의 종료와 늘어난 인구로 경제가 성장하여 울산항과 당항성을 중심으로 활발한 무역 활동을 전개하였다. 발해는 발해 5도를 통해 주변 국과 교류하였으며, 목축업이 발달하여 말을 주요 수출품으로 삼았다.

필기노트 마인드맵

통일 신라	토지 제도	신문왕: 관료전 지급, 녹읍 폐지
		성덕왕: 정전 지급
		경덕왕: 녹읍 부활
	촌락문서:	촌주가 3년마다 작성
		→ 조세·공물·부역 징수에 활용
	상업·무역	(통일 전 동시) + 서시·남시 설치
		울산항 번성 → 이슬람 상인 왕래
	장보고:	청해진 설치 → 서남해의 해상 무역권 장악
	중국 진출: 신라방, 신라소, 신라관, 신라원 설치
발해	밭농사 중심, 목축업 발달, 솔빈부의 말 수출
	신라도 설치(신라), 발해관 설치(당), 일본과 사신 왕래

> (신문왕) 교서를 내려 문무 관료전을 지급하되 차등을 두었다.
> 내외 관료의 녹읍을 폐지하고 해마다 조(租)를 차등 있게 하사하고 이를 항식(恒式)으로 삼았다.
> (성덕왕) 처음으로 백성에게 정전을 나누어 주었다.
> (경덕왕) 내외(內外) 관료에게 매달 지급하던 녹봉을 없애고 다시 녹읍을 주었다.

선택지 빅데이터

[통일 신라]
① 조세 수취를 위해 ■■ ■■를 3년마다 작성하였다. → 촌락 문서
② 관리들에게 관료전이 지급되고 ■■이 폐지되었다. → 녹읍
③ 성덕왕 때 백성에게 ■■을 지급하였다. → 정전
④ ■■■, 당항성이 무역항으로 번성하였다. → 울산항
⑤ ■■■가 청해진을 중심으로 해상 무역을 전개하였다. → 장보고
⑥ 당에 집단 거주지인 ■■■, 사찰인 신라원 등을 지어 활발히 교류하였다. → 신라방

[발해]
① 특산품으로 솔빈부의 ■이 유명하였다. → 말
② 말, 모피, 인삼 등이 주요 ■■품이었다. → 수출
③ 당의 등주에 발해 사신이 숙박하는 ■■■이 설치되었다. → 발해관
④ 신라도, 거란도, 영주도 등 발해 ■도를 통해 주변 국가와 교류하였다. → 5

대표 기출 1

(가)에 들어갈 내용으로 가장 적절한 것은? 72회 [1점]

> **한국사 교양강좌**
> **통일 신라의 경제**
>
> ◈ 강좌 주제 ◈
> 제1강: 촌락 문서에 나타난 수취 체제의 특징
> 제2강: 서시와 남시 설치를 통해 본 상업 발달
> 제3강: (가)
>
> ■ 일시: 2024년 10월 △△일 △△시~△△시
> ■ 장소: ○○대학교 대강당

① 상평창과 물가 조절
② 은병이 화폐 유통에 미친 영향
③ 진대법으로 알아보는 빈민 구제
④ 덩이쇠 수출을 통해 본 낙랑과의 교역
⑤ 울산항을 통한 아라비아 상인들과의 교류

정답분석
⑤ 통일 신라 시대에는 경주에서 가까운 울산항이 국제 무역항으로 번성하였으며, 이곳에서 당과 일본 상인뿐만 아니라 이슬람 상인과도 교류하였다.

선택지분석
① 고려 때 물가 조절 기구로 상평창을 설치하였다.
② 은병은 고려 숙종 때 주조한 고액 화폐이다.
③ 진대법은 고구려 고국천왕 때 실시한 구휼 제도로, 춘궁기에 곡식을 빌려주었다가 추수 후에 갚게 하였다.
④ 가야에서는 철이 많이 생산되어 낙랑군과 대방군에 철을 수출하였으며, 덩이쇠를 화폐로 사용하기도 하였다.

정답 ⑤

대표 기출 2

(가) 국가의 경제 상황으로 옳은 것은? 64회 [2점]

이 지도는 (가) 의 전성기 영역을 나타낸 것입니다. 이 국가에서는 각 지에서 말이 사육되었는데, 그중에서도 솔빈부의 말은 당에 수출될 정도로 유명하였습니다. 특히, 고구려 유민 출신으로 산둥 반도 지역을 장악하였던 이정기 세력에게 많은 말을 수출하였습니다.

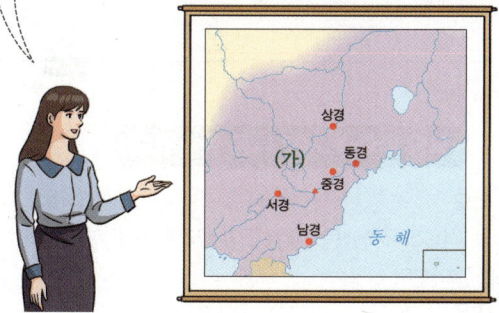

① 벽란도를 통해 아라비아 상인과 무역하였다.
② 구황 작물로 감자, 고구마를 널리 재배하였다.
③ 해동통보를 발행하여 화폐 유통을 추진하였다.
④ 시장을 관리하는 관청인 동시전을 설치하였다.
⑤ 거란도, 영주도 등을 통해 주변국과 교역하였다.

자료분석
제시된 자료 중 '솔빈부의 말'을 통해 (가) 국가가 발해임을 알 수 있다. 발해는 목축과 수렵이 발달하였으며, 특히 말 사육이 가장 중요시되어 전국적으로 행해졌다. 그중 솔빈부(러시아 연해주 우수리스크 일대)의 말이 유명하여 주요 수출품 중 하나였다.

정답분석
⑤ 발해는 넓은 영토를 효율적으로 관리하고 주변 국가와 활발하게 교류하기 위해 거란도·영주도·압록도·신라도·일본도의 발해 5도를 만들어 당·신라·거란·일본 등과 무역을 하였다.

선택지분석
① 고려에 대한 설명이다. 고려 시대에는 송·요·금·일본뿐만 아니라 아라비아 상인과도 교역할 만큼 무역이 활발하였는데, 특히 예성강 입구의 벽란도가 국제 무역항으로 번성하였다.
② 조선 후기의 모습이다. 18세기 후반에 일본에서 고구마가 전래되고, 19세기 초에 청에서 감자가 들어왔으며, 기근에 대비한 구황 작물의 필요성이 높아져 고구마·감자 등 새로운 작물이 널리 재배되었다.
③ 고려에 대한 설명이다. 고려 숙종 때 해동통보, 삼한통보 등 화폐를 만들었으나 널리 유통되지는 못하였다.
④ 신라에 대한 설명이다. 신라 지증왕 때 수도인 경주에 시장인 동시를 설치하고 이를 감독하는 동시전을 설치하였다.

정답 ⑤

확인 문제

1 밑줄 그은 '이 인물'에 대한 설명으로 옳은 것은? 62회 [2점]

적산 법화원은 산둥 반도에 있었던 신라인 집단 거주지에 세워진 절이다. 이 절을 창건한 이 인물은 당에 건너가 무령군 소장이 되었다가 흥덕왕 때 귀국하여 활발히 활동하였다. 그러나 왕위 쟁탈전에 휘말려 암살당했다.

① 구법 순례기인 왕오천축국전을 지었다.
② 진성 여왕에게 시무책 10여 조를 올렸다.
③ 청해진을 중심으로 해상 무역을 전개하였다.
④ 9산 선문 중의 하나인 가지산문을 개창하였다.
⑤ 한자의 음과 훈을 차용한 이두를 체계적으로 정리하였다.

2 교사의 질문에 대한 학생의 답변으로 가장 적절한 것은?
66회 [2점]

지도는 이 국가의 교역로를 표시한 것입니다. 청해진을 설치하여 해상 교역을 활발하게 전개하였던 이 국가의 경제 상황에 대해 말해 볼까요?

① 삼한통보와 해동통보를 발행하였어요.
② 특산품으로 솔빈부의 말이 유명하였어요.
③ 고구마, 감자 등의 구황 작물을 재배하였어요.
④ 특수 행정 구역인 소에서 여러 물품을 생산하였어요.
⑤ 조세 수취를 위해 3년마다 촌락 문서를 작성하였어요.

정답
1 ③ 장보고는 당에서 장교 생활을 하다가 신라인들이 해적에 의해 노비로 팔리는 것을 보고 귀국하여 흥덕왕에게 건의해 청해진을 설치하였다. 장보고는 청해진을 근거로 해적을 소탕하여 일본, 당 등을 연결하는 서남해의 무역권을 장악하였다.
2 ⑤ 신라에서는 촌주가 토지 크기, 인구 수, 가축의 수 및 과일 나무의 수 등을 조사해 3년마다 촌락 문서를 작성하도록 하여 조세 수취의 근거 자료로 삼았다.

Theme 020 고대의 사회

PART 2 고대 사회의 발전

출제 의도와 대책

신라의 골품제는 관등제와 긴밀히 연결되어 골품에 따라 관등 승진의 상한이 정해졌을 뿐 아니라 의복, 장신구, 가옥, 수레 등 일상생활까지 규정하였다. 6두품은 진골 다음가는 귀족이지만 중앙 관서의 장이나 지방 장관이 될 수 없었다. 중대에는 학식을 바탕으로 왕권을 보조하며 정치적 이상을 폈지만, 신라 하대에 진골 귀족들의 왕권 다툼으로 사회가 어지러워지자, 다양한 방식으로 사회 개혁을 모색하였다.

필기노트 마인드맵

- 신분제 ─ 고구려: 계루부 고씨 등 5부 귀족
  - 백제: 부여씨 등 대성8족, 관리 횡령 3배 배상
  - 신라 ─ 골품제: 관등 승진의 한계 규정
    - 의복, 수레 등 일상생활까지 규제
- 화랑도 ─ 진흥왕 때 국가 조직으로 정비 → 인재 양성
  - 화랑(진골) + 낭도(모든 신분) → 계층 갈등 완화
- 신라 하대 ─ 진골: 왕권 다툼
  - 6두품: 정치에서 소외 · 불만, 빈공과 응시
  - 농민: 원종·애노의 난, 적고적의 난 등 농민 봉기
  - 지방에서 반독립적 호족 성장, 선종 유행
- 발해 ─ 왕족 대씨와 고씨 등 고구려계 귀족 다수 ─┐ 이원적 구성
  - 주민 중에는 말갈인 다수 ─────────────────┘

골품제의 한계

설계두는 신라 귀족 가문의 자손이다. 일찍이 가까운 친구 4명과 함께 모여 술을 마시면서 각자 자신의 뜻을 말하였다. 설계두가 이르기를, "신라에서는 사람을 등용하는 데 골품을 따져서 진실로 그 족속이 아니면 비록 큰 재주와 뛰어난 공이 있더라도 [그 한도를] 넘을 수가 없다. 나는 원컨대, 중국으로 가서 세상에서 보기 드문 지략을 떨쳐서 특별한 공을 세우고 싶다. 그리고 영광스러운 관직에 올라 고관대작의 옷을 갖추어 입고 천자의 곁에 출입하면 만족하겠다."라고 하였다.

선택지 빅데이터

① ■■■는 집과 수레 크기 등 일상생활까지 규제하였다. → 골품제
② 신라 말에 6두품 세력이 ■■■를 비판하며 새로운 정치 이념을 제시하였다. → 골품제
③ 신라 말에 ■■■를 준비하는 6두품 당 유학생을 볼 수 있다. → 빈공과
④ 지방에서 ■■들이 반독립적인 세력으로 성장하였다. → 호족
⑤ 진성여왕 때 ■■과 애노의 난 등 농민 봉기가 일어났다. → 원종
⑥ ■■■은 신라 말기 호족과 연계하여 사회 개혁을 추구하기도 하였다. → 6두품

대표 기출 1

(가) 인물에 대한 설명으로 옳은 것은? 70회 [2점]

[역사 다큐멘터리 기획안]

도당 유학생, 서로 다른 길을 걷다

- 기획 의도
  당에 건너가 유학했던 6두품들이 신라로 돌아온 이후의 행보를 알아본다.
- 구성 내용
  1. , 진성여왕에게 시무책 10여 조를 올리다
  2. 최승우, 견훤의 신하로 왕건에게 보내는 격문을 짓다
  3. 최언위, 고려에 투항하여 문한관으로 문명을 떨치다

① 향가 모음집인 『삼대목』을 편찬하였다.
② 외교 문서인 『청방인문표』를 작성하였다.
③ 격황소서를 지어 문장가로서 이름을 떨쳤다.
④ 유식의 교의를 담은 『해심밀경소』를 저술하였다.
⑤ 국왕에게 조언하는 내용의 '화왕계'를 저술하였다.

자료분석

(가)는 최치원이다. 최치원은 당에서 귀국한 후 진성여왕에게 시무책 10여 조를 건의하는 등 시정 개혁을 위해 노력하였지만, 신분적 한계에 부딪혀 개혁안을 실현시키지 못하였다.

정답분석

③ 최치원은 당에 있을 때 황소의 난이 발생하자, 황소에게 항복을 권유하기 위해 격황소서(토황소격문)를 지어 보냈는데, 당시 뛰어난 문장으로 평가되어 문장가로서 이름을 떨쳤다.

선택지분석

① 진성여왕 때 각간 위홍과 대구 화상이 향가집인 『삼대목』을 편찬하였다.
② 강수에 대한 설명이다. 강수는 6두품 출신으로 '답설인귀서', '청방인문표' 등 외교 문서를 잘 작성하여 무열왕과 문무왕의 통일 사업을 보조하였다.
④ 원측에 대한 설명이다. 원측은 당에 유학하여 유식 불교를 공부한 후 당의 수도에 있는 서명사에서 유식 불교를 가르쳤으며, 유식 불교의 근본 경전인 『해심밀경』을 간결하게 논술한 『해심밀경소』를 저술하였다.
⑤ 설총에 대한 설명이다. 설총은 신문왕에게 '화왕계'라는 글을 바쳐 임금도 향락을 멀리하고 도덕을 엄격히 지킬 것을 강조하였다.

정답 ③

대표 기출 2

(가)에 들어갈 내용으로 가장 적절한 것은? 64회 [2점]

지금 보시는 자료는 안악 3호분 벽화 중 일부로, 무덤 주인공과 호위 군사 등의 행렬 모습을 자세히 보여줍니다. 이 벽화를 남긴 나라에 대하여 알고 있는 내용을 대화창에 올려 주세요.

① 연의 장수 진개의 공격을 받았어요.
② 골품에 따른 신분 차별이 엄격하였어요.
③ 빈민을 구제하기 위해 진대법을 실시하였어요.
④ 사회 질서를 유지하기 위한 범금 8조가 있었어요.
⑤ 왕족인 부여씨와 8성의 귀족이 지배층을 이루었어요.

자료분석
안악 3호분, 경당, 제가 회의는 고구려와 관련된 내용이다. 안악 3호분은 4세기에 제작된 고구려의 고분으로, 무덤 주인의 생활 모습을 담은 벽화와 대행렬도, 수박도 등의 벽화가 그려져 있다.
경당은 고구려의 지방 사립 교육 기관으로, 유교 경전과 함께 활쏘기 같은 무예도 가르쳐 인재를 양성하였다.
제가 회의는 고구려의 귀족 회의체로, 여기에서 국가의 중대사를 결정하였다.

정답분석
③ 진대법은 먹을거리가 모자란 봄에 국가에서 곡식을 빌려주었다가 가을에 추수하여 갚게 한 제도로, 고구려 고국천왕 때 을파소의 건의로 진대법을 실시하였다.

선택지분석
① 고조선에 대한 설명이다. 고조선은 기원전 300년경에 연나라의 장수 진개의 공격을 받아 서쪽 2천여 리의 영토를 상실하였다.
② 신라에 대한 설명이다. 신라는 성골과 진골이라는 두 개의 골과 6개의 두품을 포함하여 모두 8개의 신분 계급으로 나누어진 골품제를 마련하여 개인의 사회 활동과 정치 활동의 범위까지 엄격히 제한하였다.
④ 고조선에 대한 설명이다. 고조선에는 사회 기본 질서를 유지하기 위해 범금 8조를 두었는데, 이를 통해 당시에 사유 재산제가 확립되고 계급이 분화되었으며, 가부장적 성향이 강화되고 있었음을 알 수 있다.
⑤ 백제에 대한 설명이다. 백제는 왕족인 부여씨와 사씨, 연씨, 협씨, 해씨, 진씨, 국씨, 목씨, 백씨 등 8성의 귀족이 지배층을 이루었다.

정답 ③

확인 문제

1 다음 자료에 해당하는 국가에 대한 설명으로 옳은 것은? 61회 [2점]

• 벼슬은 16품계가 있다. 좌평은 5명으로 1품, 달솔은 30명으로 2품, 은솔은 3품, 덕솔은 4품, 한솔은 5품, 나솔은 6품이다. 6품 이상은 관(冠)을 은으로 만든 꽃으로 장식하였다.
• 그 나라의 지방에는 5방이 있다. 중방은 고사성, 동방은 득안성, 남방은 구지하성, 서방은 도선성, 북방은 웅진성이라 한다.
 — 『주서』 —

① 골품에 따라 관등 승진에 제한을 두었다.
② 제가 회의에서 국가 중대사를 결정하였다.
③ 지방 장관으로 욕살, 처려근지 등이 있었다.
④ 위화부, 영객부 등의 중앙 관서를 설치하였다.
⑤ 왕족인 부여씨와 8성 귀족이 지배층을 이루었다.

2 밑줄 그은 '이 인물'에 대한 설명으로 옳은 것은? 65회 [3점]

이곳은 이 인물을 제사하는 경주의 서악서원. 그는 한자의 음과 훈을 빌려 우리말을 표기하는 이두를 체계적으로 정리함. 우리말로 유학 경전을 풀이하여 후학들을 가르침. 원효의 아들임.

① 향가 모음집인 『삼대목』을 편찬하였다.
② 진성 여왕에게 시무책 10여 조를 올렸다.
③ 화랑도의 규범으로 세속 5계를 제시하였다.
④ 외교 문서 작성에 능하여 '청방인문표'를 지었다.
⑤ 국왕에게 조언하는 내용인 '화왕계'를 집필하였다.

정답
1 ⑤ 백제는 왕족인 부여씨와 진, 해, 사(택), 목(협) 등 8성 귀족이 지배층을 이루었다. 왕족이 부여씨인 것은 성왕 때 국호를 남부여로 한 것 등과 함께 백제에 부여 계승 의식이 있었음을 보여 준다.
2 ⑤ 설총은 이두를 정리하였으며, 신문왕에게 '화왕계'라는 글을 바쳐 임금도 향락을 멀리하고 도덕을 엄격하게 지킬 것을 강조하였다.

Theme 021 고대의 불교 사상

PART 2 고대 사회의 발전

출제 의도와 대책

삼국은 부족 체제를 벗어나 국가적 체제를 완비하는 과정에서 부족 신앙을 대체할 국가적 신앙으로 불교를 적극 수용하였다. 삼국 통일 후에는 전란의 후유증을 치유하고 국민을 통합하는 사상으로 불교가 대중에게까지 보급되었다. 신라 하대에는 선종 불교가 도입되어 호족의 사상적 기반이 되었다.

필기노트 마인드맵

- 삼국
  - 자장: 황룡사 9층 목탑 건립 건의
  - 원광: 화랑도의 규범으로 세속오계 제시, 걸사표 작성
- 신라 중대
  - 원효
    - 불교 대중화(무애가를 지어 민간을 돌아다님)
    - 일심사상·화쟁사상(모든 것은 결국 한마음)
    - → 분파의식 극복
    - 『금강삼매경론』, 『십문화쟁론』, 『대승기신론소』
  - 의상
    - 화엄 사상 정립, 영주 부석사 창건
    - 관음신앙(현세의 고난에서 구제받음)
    - 일즉다 다즉일(모든 만물은 상호의존, 조화)
    - 『화엄일승법계도』
  - 혜초: 『왕오천축국전』, 인도·중앙아시아 순례
- 신라 하대
  - 선종 유행(참선과 수행을 통한 깨달음)
  - 도의 → 체징: 가지산문 개창 cf 9산 선문
  - 도선: 풍수지리설 도입, 『송악명당기』

의상의 부석사 창건 설화

당에 유학했던 대사가 공부를 마치고 귀국길에 오르자 그를 사모했던 선묘라는 여인이 용으로 변하여 귀국길을 도왔다. 신라에 돌아온 대사는 불법을 전파하던 중 자신이 원하는 절을 찾았다. 그런데 그곳은 이미 다른 종파의 무리들이 있었다. 이때 선묘룡이 나타나 공중에서 커다란 바위로 변신하여 절의 지붕 위에서 떨어질 듯 말 듯 하자 많은 무리들이 혼비백산하여 달아났다. 이러한 연유로 이 절을 '돌이 공중에 떴다'는 의미의 부석사(浮石寺)로 불렀다.

선택지 빅데이터

① ▢▢이 황룡사 9층 목탑의 건립을 건의하였다. → 자장
② 원광이 화랑에게 규율인 ▢▢▢를 지어 주었다. → 세속오계
③ ▢▢가 금강삼매경론을 저술하였다. → 원효
④ ▢▢가 대승기신론소, 십문화쟁론을 저술하였다. → 원효
⑤ 원효가 무애가를 지어 불교 ▢▢에 노력하였다. → 대중화
⑥ 의상이 영주에 ▢▢▢를 창건하였다. → 부석사
⑦ 의상이 현세의 고난에서 구제받고자 하는 ▢▢ 신앙을 강조하였다. → 관음
⑧ 혜초가 인도와 중앙아시아를 여행하고 ▢▢▢▢▢을 남겼다. → 왕오천축국전
⑨ 신라 말 ▢▢은 참선과 수행을 통해 깨달음을 얻고자 하였다. → 선종

대표 기출 1

(가) 승려에 대한 설명으로 옳은 것은?   70회 [2점]

**일체유심조
모든 것은 마음먹기에 달려 있다!**

우리 역사상 불교 발전에 가장 크게 이바지한 승려를 가리키는 이번 투표에서 여러분들의 현명한 선택을 기다립니다.

■ 주요 활동
· 『금강삼매경론』, 『대승기신론소』 등 저술
· 일심 사상과 화쟁 사상 주장

기호 ○번 (가)

① 구법 순례기인 『왕오천축국전』을 남겼다.
② 황룡사 구층 목탑의 건립을 건의하였다.
③ 무애가를 지어 불교 대중화에 기여하였다.
④ 화랑도의 규범으로 세속 5계를 제시하였다.
⑤ 『화엄일승법계도』를 지어 화엄 사상을 정리하였다.

자료분석

(가)는 통일 신라의 승려인 원효이다. 원효는 당시에 유행하던 법상종, 삼론종, 율종 등 종파 간의 대립을 극복하기 위해 일심 사상과 화쟁 사상을 내세웠다. 일심 사상은 열반이나 불성 등이 모두 일심의 다른 표현이라는 사상이며, 화쟁 사상은 종파 간의 대립을 한 차원 높은 단계에서 회통(융합)시키려는 사상이다. 이러한 그의 통합적 교리는 이후 의천·지눌 등에게도 영향을 주어 한국 불교계의 주류 사상이 되었다.

정답분석

③ 원효는 모든 일에 걸림이 없는 사람은 단숨에 생사를 초월한다는 무애(無碍)를 강조하였으며, 이를 노래로 만든 '무애가'를 부르고 다니며 백성을 교화하였다.

선택지분석

① 혜초에 대한 설명이다. 혜초는 중앙아시아를 거쳐 천축(인도)에 순례한 후 『왕오천축국전』을 저술하였다. 이 책은 1908년 프랑스 탐험가가 둔황 석굴에서 발견하여 현재 프랑스 국립도서관에 소장되어 있으며, 8세기 중앙아시아의 정세를 알 수 있는 몇 안 되는 자료로서 가치가 높다.
② 자장에 대한 설명이다. 자장은 당에서 귀국한 후 선덕 여왕에게 황룡사 9층 목탑을 건립하면 주변 9개국이 복속해오고 국가가 평온해진다고 하며 탑의 건립을 건의하였다.
④ 원광에 대한 설명이다. 원광은 화랑도의 규율인 세속 5계를 지어 사회 질서 확립에 기여하였다.
⑤ 의상에 대한 설명이다. 의상은 화엄 사상 중 수행에 필요한 것을 압축해서 7언 30구 210자의 시로 정리한 『화엄일승법계도』를 저술하여 화엄 사상을 정립하였다.

정답 ③

대표 기출 2

(가) 인물에 대한 설명으로 옳은 것은? 71회 [3점]

> 왕이 고구려가 자주 국경을 침략하는 것을 걱정하여 수에 군사를 요청해 고구려를 치고자 하였다. 이에 (가) 에게 명하여 걸사표를 짓도록 하였다. (가) 이/가 말하기를, "자기가 살고자 남을 멸하는 것은 출가한 승려로서 적합한 행동은 아니지만, 제가 대왕의 땅에서 살고 대왕의 물과 풀을 먹고 있으니 어찌 감히 명을 따르지 않겠습니까." 라고 하면서 글을 써서 올렸다.

① 구법 순례기인 『왕오천축국전』을 남겼다.
② 황룡사 구층 목탑의 건립을 건의하였다.
③ 무애가를 지어 불교 대중화에 기여하였다.
④ 사군이충 등을 포함한 세속 5계를 제시하였다.
⑤ 풍수지리 사상이 반영된 『송악명당기』를 저술하였다.

자료분석
(가)는 신라의 승려인 원광이다. 원광은 진평왕의 명으로 고구려를 치기 위해 수나라에 군사를 청하는 '걸사표'를 지었다.

정답분석
④ 원광은 사군이충, 임전무퇴 등 유교적 충(忠) 사상과 불교 사상이 융합된 세속 5계를 지어 화랑도의 규율을 제시하였다.

선택지분석
① 혜초에 대한 설명이다. 혜초는 인도와 중앙아시아 여러 나라를 다녀온 후 그 나라의 풍물을 생생하게 담은 『왕오천축국전』을 저술하였다.
② 자장에 대한 설명이다. 자장은 당에서 귀국한 후 선덕여왕에게 황룡사에 9층 목탑을 세우면 부처의 힘으로 주변 9개 민족의 침략을 막을 수 있다고 건의하였다.
③ 원효에 대한 설명이다. 원효는 모든 일에 걸림이 없는 사람은 단숨에 생사를 초월한다는 무애(無礙)를 강조하였으며, 이를 노래로 만든 '무애가'를 부르며 백성들에게 전파하였다.
⑤ 도선에 대한 설명이다. 신라 말에 활동한 도선은 중국에서 풍수지리설을 도입한 승려로, 『도선비기』, 『송악명당기』 등을 저술하였다. 풍수지리설은 산세와 수세를 살펴 도읍, 주택, 묘지 등을 선정하는 인문 지리적 학설이다.

정답 ④

확인 문제

1 (가) 인물에 대한 설명으로 옳은 것은? 55회 [1점]

다큐멘터리 공모 신청서	
공모 분야	역사 – 인물 탐사 다큐멘터리
작품명	(가) 의 저서, 위대한 역사 기록이 되다
기획 의도	8세기 인도와 중앙아시아의 실상을 전해주는 중요한 기록을 남긴 신라 승려가 있다. 글로벌 시대를 맞아 (가) 의 기록이 우리에게 남긴 의미를 재조명한다.
차별화 전략	기존에 간과해 왔던 이슬람 세계와 비잔틴 제국에 대한 기록까지도 현지 답사를 통해 고증하고자 한다.
주요 촬영국	중국, 인도, 이란, 아프가니스탄, 우즈베키스탄 등

① 향가 모음집인 『삼대목』을 편찬하였다.
② 화랑도의 규범인 세속 5계를 제시하였다.
③ '무애가'를 지어 불교 대중화에 기여하였다.
④ 구법 순례기인 『왕오천축국전』을 저술하였다.
⑤ 『화엄일승법계도』를 지어 화엄 사상을 정리하였다.

2 밑줄 그은 '이 승려'에 대한 설명으로 옳은 것은? 67회 [2점]

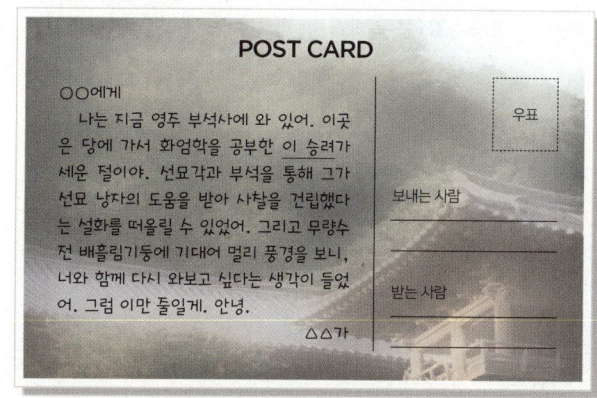

① 황룡사 구층 목탑의 건립을 건의하였다.
② '무애가'를 지어 불교 대중화에 노력하였다.
③ 유식의 교의를 담은 『해심밀경소』를 저술하였다.
④ 승려들의 전기를 정리한 『해동고승전』을 편찬하였다.
⑤ 현세의 고난에서 구제받고자 하는 관음 신앙을 강조하였다.

정답
1 ④ 혜초는 인도와 중앙아시아 여러 나라를 다녀온 후 그 나라의 풍물을 생생하게 담은 『왕오천축국전』을 저술하였다.
2 ⑤ 관음 신앙은 중생이 관세음보살의 이름을 외우고 공경하면 고통에서 벗어날 수 있다는 신앙으로, 의상은 관음 신앙과 아미타 신앙을 화엄 교단의 중심 신앙으로 전개하였다.

Theme 022 고대의 고분

PART 2 고대 사회의 발전

출제 의도와 대책

고분은 축조 양식이나 출토되는 껴묻거리 등을 통해 당시의 생활과 문화적 교류 양상을 보여주는 중요한 유물이다. 특히 벽화를 통해 당시의 생활모습을 생생하게 볼 수 있다는 점에서 고구려 고분 벽화들이 주목되고 있다. 도굴되지 않은 상태로 발견되어 백제의 화려하고 국제적인 문화를 보여 주는 무령왕릉 또한 자주 출제되는 주제이다.

필기노트 마인드맵

- 고구려
  - 초기: 돌무지무덤(장군총)
  - 후기: 굴식 돌방무덤: 돌방을 만들어 시신 안치
    - 모줄임 천장 구조(발해에 계승), 벽화 존재
    - 각저총(씨름도), 무용총(수렵도), 강서대묘(사신도)
- 백제
  - 한성: 계단식 돌무지무덤(석촌동 고분, 고구려 계통)
  - 웅진 ─ 송산리 고분군(굴식 돌방무덤, 벽돌무덤)
    - 무령왕릉 ─ 중국 남조 양나라 영향
      - '영동대장군 백제사마왕' 지석 발견
  - 사비: 능산리 고분군(굴식 돌방무덤)
- 신라: 돌무지덧널무덤 ─ 나무로 곽을 짜고 그 위에 돌을 쌓음
  - 천마총(천마도), 금관총(금관)
- 통일 신라: 굴식 돌방무덤(둘레돌에 12지신상 조각)
- 발해
  - 정혜공주묘(문왕 둘째 딸, 굴식 돌방무덤, 모줄임 천정)
  - 정효공주묘(문왕 넷째 딸, 벽돌무덤, 당 영향, 인물 벽화)

무덤 양식

▲ 돌무지 덧널무덤

▲ 굴식 돌방무덤

선택지 빅데이터

① ■■■■■은 나무로 곽을 짜고 그 위에 돌을 쌓았다.
→ 돌무지덧널무덤

② 굴식 ■■■은 내부의 천장과 벽에 그림을 그렸다. → 돌방무덤

③ 굴식 돌방무덤은 ■■■ 천장 구조로 되어 있다. → 모줄임

④ 무령왕릉은 ■■ 무덤으로 중국 양나라와의 문화적 교류를 보여 준다. → 벽돌

⑤ 통일 신라는 굴식 돌방무덤의 둘레돌에 ■■ 지신상을 새겼다. → 12

 ⑥ ■■■ → 사신도
 ⑦ ■■■ → 천마도
 ⑧ ■■■■
→ 무령왕릉

대표 기출 1

(가)~(마) 문화유산에 대한 설명으로 적절하지 않은 것은?

68회 [2점]

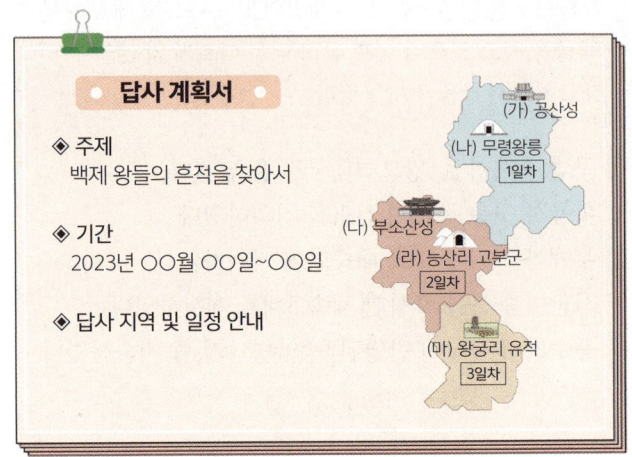

답사 계획서

◆ 주제
백제 왕들의 흔적을 찾아서

◆ 기간
2023년 ○○월 ○○일~○○일

◆ 답사 지역 및 일정 안내

(가) 공산성
(나) 무령왕릉 1일차
(다) 부소산성
(라) 능산리 고분군 2일차
(마) 왕궁리 유적 3일차

① (가) – 웅진성이라 불리기도 하였다.
② (나) – 중국 남조의 영향을 받았다.
③ (다) – 성왕이 전사한 곳이다.
④ (라) – 사신도 벽화가 남아 있는 무덤이 발견되었다.
⑤ (마) – 수부(首府)라는 글자가 새겨진 기와가 출토되었다.

자료분석

1일차 지역은 공주, 2일차 지역은 부여, 3일차 지역은 익산이다.

정답분석

③ 백제 성왕은 신라 진흥왕과 연합하여 일시적으로 한강 유역을 수복하였으나, 다시 신라에 한강 유역을 빼앗겼다. 이에 성왕은 신라를 공격하다가 관산성 전투에서 전사하였다. 관산성은 현재 충북 옥천이다.

선택지분석

① 공산성은 백제의 수도가 공주였을 때 공주를 지키던 백제의 산성으로, 백제 멸망 직후에 의자왕이 잠시 머물기도 하였으며, 백제 부흥 운동의 거점지이기도 하였다. 백제 때에는 웅진성으로, 고려 시대에는 공주산성·공산성으로, 조선 인조 이후에는 쌍수산성으로 불렸다.

② 공주 무령왕릉은 중국 남조의 영향을 받아 벽돌무덤으로 축조되었다.

④ 부여 능산리 고분군(부여 왕릉원) 중 1호분(동하총)의 벽면에 사신도와 연꽃무늬, 구름무늬 벽화가 그려져 있다.

⑤ 익산 왕궁리 유적에서 '수부(首府)'라고 적힌 기와 파편이 발견되었는데, '수부(首府)'는 수도라는 의미로, 왕이 거주하는 곳에 사용됐던 것으로 추정된다.

정답 ③

대표 기출 2

(가) 국가의 문화유산으로 옳은 것은? 66회 [2점]

천마총 발굴 50주년 특별전이 개최됩니다. 천마총은 (가) 의 대표적인 돌무지덧널무덤 중 하나로 발굴 당시 많은 유물이 출토되어 주목을 받았습니다. 그중에서도 가장 유명한 천마도의 실물이 9년 만에 세상에 공개됩니다.

①  ②  ③

④ ⑤

자료분석
제시된 자료의 (가)는 신라이다. 천마총은 신라의 대표적인 돌무지덧널무덤으로 금관과 금제 허리띠 등이 발굴되었으며, 자작나무 껍질로 만든 천마도(장니)가 출토되어 천마총으로 불리게 되었다.

정답분석
③ 천마총에서 출토된 금관이다. 신라의 금관은 기본적으로 머리둘레를 감싸는 관테(帶輪) 위쪽으로 '山' 모양 가지(나뭇가지 모양) 또는 사슴뿔 모양의 가지를 덧붙인 형태이며 표면에는 달개장식과 곱은옥을 매달아 화려하게 꾸몄다. 신라의 금관은 황남대총, 금관총, 서봉총, 금령총, 천마총에서 출토되었다.

선택지분석
① 12세기 고려 시대에 제작된 청동 은입사 포류수금문 정병이다. 둥근 몸체의 어깨와 굽 위에 꽃무늬를 두르고, 그 사이에 우거진 갈대와 수양버들이 늘어진 언덕이 있으며, 주위로 오리를 비롯하여 물새들이 헤엄치거나 날아오르는 서정적인 풍경을 묘사하였다. 청동 바탕에 문양 부분을 파낸 뒤 은을 박아 장식한 은입사(銀入絲) 기법으로 제작하였다.
② 6세기 고구려 유물인 금동 연가 7년명 여래 입상이다. 연가 7년(539)에 평양 동사(東寺)의 승려 등 40여 명이 만든 천불 중 29번째 불상으로, 고구려의 불상임에도 경남 의령에서 발견되어 당시 고구려의 국력을 알려주는 유물이기도 하다.
④ 발해의 이불병좌상이다. 발해의 수도 중 하나였던 동경 용원부 지역인 중국 훈춘에서 발견된 불상으로, 두 부처님이 나란히 앉아 있는 모습을 하고 있다. 부처님을 표현한 방식이나 머리 뒤의 후광, 옷 모양 등에서 고구려의 특색이 나타나 있어 고구려 불상을 계승했음을 알 수 있다.
⑤ 백제 금동 대향로이다. 백제 나성과 능산리 무덤들 사이 절터 서쪽의 한 구덩이에서 발견된 백제의 향로로, 산들이 입체적이며 세부의 동물과 인물상이 사실적으로 표현되었다. 창의성과 뛰어난 조형성을 바탕으로 당시 도교와 불교가 혼합된 종교와 사상, 공예기술 및 미술 문화를 종합적으로 파악하게 해주는 백제 금속공예 최고의 걸작품이다.

정답 ③

확인 문제

1 (가) 문화유산에 대한 설명으로 옳은 것은? 51회 [3점]

> **학술 대회 안내**
> 올해는 백제의 고분 중 피장자와 축조 연대가 확인되는 유일한 무덤인 (가) 발굴 50주년이 되는 해입니다. 우리 학회는 이를 기념하여 '(가) 출토 유물로 본 동아시아 문화 교류'를 주제로 학술 대회를 개최합니다.
>
> ◆ 발표 주제 ◆
> · 진묘수를 통해 본 도교 사상
> · 금동제 신발의 제작 기법 분석
> · 금송으로 만든 관을 통해 본 일본과의 교류
>
> ■ 일시: 2021년 ○○월 ○○일 13:00~17:00
> ■ 장소: □□박물관 강당
> ■ 주최: △△학회

① 서울 석촌동 고분군에 위치하고 있다.
② 나무로 곽을 짜고 그 위에 돌을 쌓았다.
③ 국보로 지정된 금동 대향로가 출토되었다.
④ 무덤의 둘레돌에 12지 신상을 조각하였다.
⑤ 중국 남조의 영향을 받아 벽돌로 축조하였다.

2 (가)~(마) 문화유산에 대한 설명으로 옳은 것은? 55회 [3점]

> **답사 계획서**
> ◈ 주제: 고구려의 문화유산을 찾아서
> ◈ 기간: 2021년 9월 ○○일~○○일
> ◈ 경로: 환도산성 → 국내성 → 오회분 5호묘 → 광개토 대왕릉비 → 장군총

(가) 환도산성, (나) 국내성, (다) 오회분 5호묘, (라) 광개토 대왕릉비, (마) 장군총

① (가) – 관구검이 이끄는 군대의 공격을 받았다.
② (나) – 고구려가 첫 번째 도읍으로 삼은 곳이다.
③ (다) – 매지권(買地券)이 새겨진 지석과 석수가 출토되었다.
④ (라) – 대가야를 정복하고 순수한 후 세운 것이다.
⑤ (마) – 돌무지덧널무덤으로 축조되었다.

정답
1 ⑤ 무령왕릉은 중국 남조의 영향을 받아 벽돌로 축조되었다.
2 ① 3세기 동천왕 때 관구검이 이끄는 위나라의 공격을 받아 환도성이 함락되었다. 또한 4세기 고국원왕 때 전연의 침입으로 환도성이 함락되기도 하였다.

Theme 023 고대의 불상

PART 2 고대 사회의 발전

출제 의도와 대책

고대 사회에 불교 문화가 융성하면서 불상과 사찰, 탑 등이 많이 건립되었다. 특히 불상은 삼국과 통일 신라, 발해의 것이 모두 발견되었으므로 어느 나라의 것인지 구분해서 정리해 두어야 한다. 또한 고려 시대의 불상과도 자주 섞여서 출제되니 대표적인 불상들은 사진을 통해 확인해 두어야 한다.

필기노트 마인드맵

- 삼국
  - 신라: 경주 배리 석불입상(경주 역사 유적지구 중 남산 지구)
  - 백제: 서산 용현리 마애여래 삼존상
    - 무령왕릉 출토 진묘수(무덤 지키는 짐승)
  - 고구려: 연가 7년명 금동여래입상(천불상의 하나로 제작)
- 남북국
  - 통일 신라: 석굴암 본존불, 사천왕상
    - 경주 구황동(황복사) 금제 여래 입상
  - 발해: 이불병좌상   석가불과 다보불이 나란히앉음
    - 발해 동경 용원부에서 발견

선택지 빅데이터

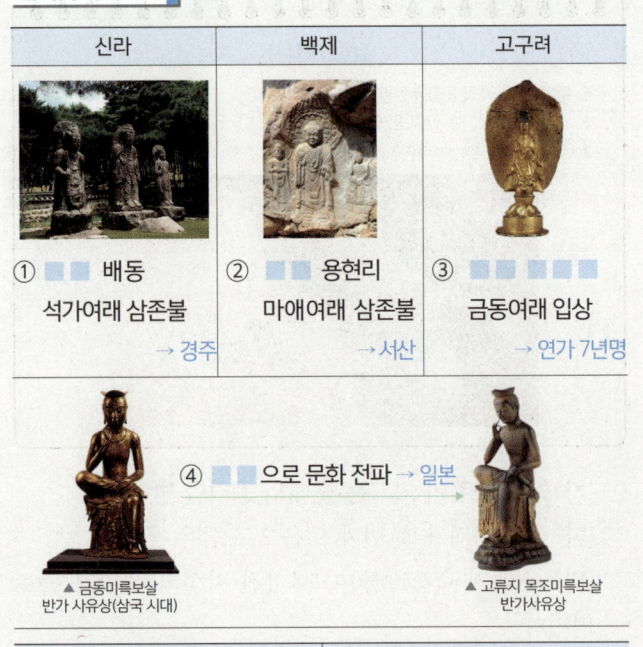

신라	백제	고구려
① ■■ 배동 석가여래 삼존불 → 경주	② ■■ 용현리 마애여래 삼존불 → 서산	③ ■■■■ 금동여래 입상 → 연가 7년명

④ ■■ 으로 문화 전파 → 일본
▲ 금동미륵보살 반가 사유상(삼국 시대)
▲ 고류지 목조미륵보살 반가사유상

통일 신라	발해
⑤ ■■■ 본존불 → 석굴암	⑥ 발해 ■■■■ → 이불병좌상

대표 기출 1

다음 설명에 해당하는 문화유산으로 옳은 것은? 69회 [2점]

문화유산 발표 대회
- 경상남도 의령군에서 출토되어 1964년에 국보로 지정되었어.
- 고구려 승려들이 만든 천불(千佛) 중 하나야.
- 광배 뒷면에 고구려의 연호로 추정되는 연가(延嘉)라는 글자가 새겨져 있어.

정답분석

② 금동 연가 7년명 여래 입상은 옛 신라 지역인 경남 의령에서 발견된 고구려 불상으로, 광배 뒷면에 남아 있는 글에 따르면 연가 7년(539)에 평양 동사(東寺)의 승려 등 40여 명이 만든 천불(千佛) 중 29번째 불상이라고 한다. 고구려의 불상임에도 경남 의령에서 발견되어 당시 고구려의 국력을 알려주는 유물이기도 하다.

선택지분석

① 고려 시대에 제작된 영주 부석사 소조여래좌상이다. 영주 부석사 무량수전에 있는 아미타불로, 얼굴은 풍만한 편이며, 두꺼운 입술과 날카로운 코 등에서 근엄한 인상을 풍기고 있다. 부처의 몸에서 나오는 빛을 상징하는 광배(光背)는 불상의 뒤편에 나무로 따로 만들어 놓았는데, 가장자리에 불꽃이 타오르는 모양을 표현하였다. 통일 신라 시대의 전통 양식을 계승한 것으로 유명하다.
③ 경주 황복사지 3층 석탑 해체 수리 당시 사리함에서 발견된 경주 구황동 금제 여래좌상이다.
④ 익산 왕궁리 5층 석탑 해체 수리 과정에서 발견된 왕궁리 5층석탑 금동제 불입상이다.
⑤ 발해의 이불병좌상이다. 발해의 수도 중 하나였던 동경 용원부 지역인 중국 훈춘에서 발견된 불상으로, 두 부처님이 나란히 앉아 있는 모습을 하고 있다. 부처님을 표현한 방식이나 머리 뒤의 후광, 옷 모양 등에서 고구려의 특색이 나타나 있어 고구려 불상을 계승했음을 알 수 있다.

정답 ②

대표 기출 2

(가) 국가의 문화유산으로 옳은 것은? 68회 [2점]

○○ 신문
제△△호   ○○○○년 ○○월 ○○일

[특집] 우리 역사를 찾아서 - 영광탑

영광탑은 중국 지린성 창바이조선족자치현에 있으며, 벽돌을 쌓아 만든 누각 형태의 전탑이다. 지하에는 무덤으로 보이는 공간이 있는 것이 특징이다. 1980년대 중국 측의 조사에서 (가) 의 탑으로 확정하였다.

①
②
③
④
⑤

자료분석
제시된 자료의 (가)는 발해이다. 영광탑은 누각식으로 쌓은 5층 전탑(벽돌탑)으로 당의 영향을 받았으며, 탑 아래에 무덤 칸을 만들어 그곳에 시신을 안치하였다. 현재 남아 있는 유일한 발해의 탑이다.

정답분석
① 발해의 이불병좌상이다. 발해의 수도 중 하나였던 동경 용원부 지역인 중국 훈춘에서 발견된 불상으로, 두 부처님이 나란히 앉아 있는 모습을 하고 있다. 부처님을 표현한 방식이나 머리 뒤의 후광, 옷 모양 등에서 고구려의 특색이 나타나 있어 고구려 불상을 계승했음을 알 수 있다.

선택지분석
② 고려 시대에 제작된 영주 부석사 소조여래좌상이다. 영주 부석사 무량수전에 있는 아미타불로, 소조불상이란 나무로 골격을 만들고 진흙을 붙여가면서 만드는 것인데, 영주 부석사 소조여래좌상은 우리나라 소조불상 가운데 가장 크고 오래된 불상이다 통일 신라 시대의 불상 양식에서 크게 벗어나지 않은 점으로 보아 고려 초기에 만들어진 것으로 추정된다.
③ 6세기 고구려 유물인 금동 연가 7년명 여래 입상이다. 연가 7년(539)에 평양 동사(東寺)의 승려 등 40여 명이 만든 천불 중 29번째 불상이다.
④ 신라의 석굴암 본존불이다. 8세기 중엽 김대성이 전생의 부모를 위해 석굴암을 창건했다고 알려져 있다. 석굴암은 현존하는 통일 신라 시대의 유일한 인공 석굴이다.
⑤ 15세기 조선 전기에 제작된 금동 관음보살 좌상이다. 화려한 보관과 장신구를 걸쳤으며, 오른쪽 무릎을 세우고 그 위에 오른팔을 자연스럽게 올려놓은 채, 왼손은 왼쪽 다리 뒤로 바닥을 짚고 있는 관음보살상으로, 전륜성왕의 자세라는 의미로 윤왕좌(輪王坐)라고도 한다.

정답 ①

확인 문제

1 밑줄 그은 '이 불상'으로 옳은 것은? 57회 [3점]

삼산관을 쓰고 깊은 생각에 빠져 있는 모습의 이 불상을 가상 박물관에서 볼 수 있다니 너무 신기하다.

나도 그래. 다음 전시실에는 이 불상과 재료만 다를 뿐 모습이 매우 닮은 일본 교토 고류사의 불상이 있다고 해. 그것도 보러 가자.

①
②
③
④
⑤

2 (가)에 해당하는 문화유산으로 옳은 것은? 53회 [2점]

국보로 지정된 이 마애불은 둥근 얼굴 윤곽에 자비로운 인상을 지녀 '백제의 미소'라고 불립니다. 6세기 말에서 7세기 초, 중국을 오가던 사람들의 안녕을 기원하고자 교통로에 만들어진 것으로 보입니다.

한국의 마애불
(가)

①
②
③
④
⑤

정답
1 ② 금동 미륵보살 반가사유상이다. 삼국 시대에 제작되었으며, 머리에 3면이 둥근 산 모양의 관(冠)을 쓰고 있어서 삼산관 반가사유상으로도 불린다. 국보로 지정되었으며 국립 중앙 박물관에서 소장 중이다.
2 ④ 제시된 자료는 백제의 문화재인 서산 용현리 마애여래삼존상에 대한 설명이다. 거대한 여래입상을 중심으로 오른쪽에는 보살입상, 왼쪽에는 반가사유상이 조각되어 있으며, '백제의 미소'로 널리 알려져 있다.

Theme 024 고대의 탑

PART 2 고대 사회의 발전

출제 의도와 대책

불교 도입 초기에는 주로 목탑이 건립되었지만 현재 남아 있는 것은 없다. 백제의 미륵사지 석탑과 정림사지 5층 석탑은 목탑에서 석탑 양식으로 발전하는 모습을 보여 준다. 통일 신라 시대에 2중 기단의 3층 석탑이 석탑 양식의 자리잡았다. 불상과 마찬가지로 고려 시대의 석탑들과 섞여서 출제되며, 사진을 통해 석탑을 구분할 수 있어야 한다.

필기노트 마인드맵

삼국	신라	황룡사 9층 목탑: 몽골 침입 때 소실
		분황사 모전석탑: 돌을 벽돌처럼 잘라 쌓은 석탑
	백제	익산 미륵사지 석탑: 가장 오래된 석탑, 목탑 양식
		부여 정림사지 5층 석탑: 석탑 양식으로 발전하는 모습
	고구려	남아있는 탑 없음
남북국	통일 신라	감은사지 3층 석탑: 2중 기단의 3층 석탑 정립
		불국사 3층 석탑 · 통일 신라 석탑 양식 완성 / 무구정광대다라니경 출토
		다보탑: 이형 석탑
		진전사지 3층 석탑: 후기, 기단에 불상 조각
	발해	영광탑: 벽돌탑(당나라 양식), 석등

대표 기출 1

(가)~(다)에 대한 설명으로 옳은 것은? 72회 [3점]

사진으로 보는 신라의 탑

(가) 경주 분황사 모전석탑

(나) 경주 감은사지 동 삼층 석탑

(다) 화순 쌍봉사 철감선사탑

① (가) – 내부에서 무구정광대다라니경이 발견되었다.
② (가) – 1층 탑신에 당의 장수 소정방의 명으로 새긴 글이 있다.
③ (나) – 자장의 건의로 건립되었다.
④ (나) – 돌을 벽돌 모양으로 다듬어 쌓았다.
⑤ (다) – 선종의 영향을 받아 만들어졌다.

선택지 빅데이터

신라	백제	
① 분황사 ■■■ 석탑 → 모전	② ■■■■ 석탑 → 미륵사지	③ ■■■■ 5층 석탑 → 정림사지

통일 신라		발해
④ ■■■ 3층 석탑 → 감은사	⑤ ■■■ → 다보탑	⑥ 발해 ■■■ → 영광탑

정답분석

⑤ 화순 쌍봉사 철감선사탑은 신라 하대에 건립된 대표적인 팔각 원당형 승탑으로, 신라 하대에는 선종이 유행하면서 고승의 사리를 봉안한 승탑이 유행하였다.

선택지분석

① 무구정광대다라니경은 경주 불국사 삼층 석탑(석가탑)에서 발견되었다.
② 부여 정림사지 오층 석탑에 대한 설명이다. 부여 정림사지 오층 석탑은 익산 미륵사지 석탑과 함께 두 기만 남아 있는 백제의 석탑으로, 미륵사지 석탑의 목탑 양식을 계승하여 균형미가 뛰어나다. 당나라 장군 소정방이 백제를 평정한 후 탑신에 새긴 글 때문에 한때 '평제탑'이라고 잘못 불리기도 하였다.
③ 황룡사 구층 목탑에 대한 설명이다. 신라 선덕여왕은 자장의 건의에 따라 황룡사 구층 목탑을 건립하였다.
④ (가) 경주 분황사 모전 석탑에 대한 설명이다. 신라 선덕여왕 때 건립된 탑으로, 돌을 벽돌처럼 다듬어 제작하였다. 현존하는 신라 석탑 중 가장 오래된 것으로, 원래 9층이었던 것으로 추정되나 현재는 3층까지만 남아 있다.

정답 ⑤

대표 기출 2

(가)에 해당하는 국가유산으로 옳은 것은? 71회 [2점]

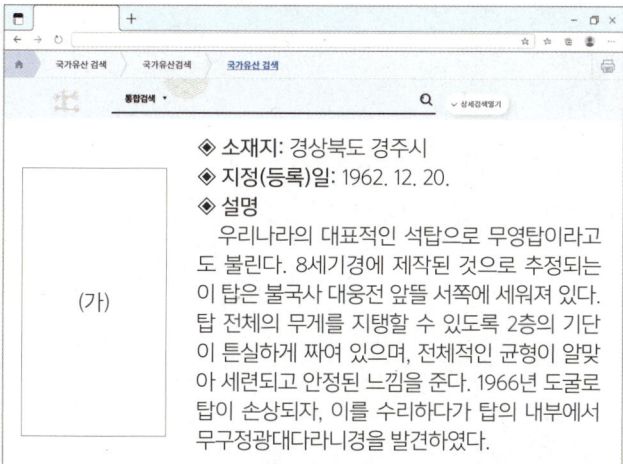

◆ 소재지: 경상북도 경주시
◆ 지정(등록)일: 1962. 12. 20.
◆ 설명
우리나라의 대표적인 석탑으로 무영탑이라고도 불린다. 8세기경에 제작된 것으로 추정되는 이 탑은 불국사 대웅전 앞뜰 서쪽에 세워져 있다. 탑 전체의 무게를 지탱할 수 있도록 2층의 기단이 튼실하게 짜여 있으며, 전체적인 균형이 알맞아 세련되고 안정된 느낌을 준다. 1966년 도굴로 탑이 손상되자, 이를 수리하다가 탑의 내부에서 무구정광대다라니경을 발견하였다.

①  ②  ③

④  ⑤

정답분석
⑤ 자료는 불국사 삼층 석탑(석가탑, 무영탑)에 대한 설명이다. 신라의 전형적인 석탑 양식을 대표하는 탑으로, 각 부분의 비율이 조화로워 불교적인 조화와 이상을 구현하였다. 탑 내부에서 발견된 무구정광대다라니경은 현존하는 가장 오래된 목판 인쇄물이다.

선택지분석
① 구례 화엄사 사사자 삼층 석탑이다. 이 탑은 신라 중대에 건립된 석탑으로, 상층 기단에 돌사자 4마리를 각 모서리에 배치하여 사자탑이라고도 한다. 사자는 연화와 함께 불교의 상징적인 존재로 많이 사용되었다.
② 부여 정림사지 오층 석탑이다. 이 탑은 익산 미륵사지 석탑과 함께 두 기만 남아 있는 백제의 석탑으로, 미륵사지 석탑의 목탑 양식을 계승하여 균형미가 뛰어나다. 당나라 장군 소정방이 백제를 평정한 후 탑신에 새긴 글 때문에 한때 '평제탑'이라고 잘못 불리기도 하였다.
③ 경주 분황사 모전 석탑이다. 신라 선덕여왕 때 건립된 탑으로, 돌을 벽돌처럼 다듬어 제작하였다. 현존하는 신라 석탑 중 가장 오래된 것으로, 원래 9층이었던 것으로 추정되나 현재는 3층까지만 남아 있다. 기단의 네 모퉁이에 화강암으로 조각한 사자를 배치하였으며, 탑신의 4면에는 입구가 뚫려 있는 감실을 개설하고, 입구 좌우에 인왕상을 배치하였다.
④ 발해 영광탑이다. 누각식으로 쌓은 5층 전탑(벽돌탑)으로, 탑 아래에 무덤 칸을 만들어 그곳에 시신을 안치하였다. 당의 영향을 받았으며, 현재 남아 있는 유일한 발해의 탑이다.

정답 ⑤

확인 문제

1 밑줄 그은 '이 탑'으로 옳은 것은? 62회 [3점]

◆ 유물 이야기 ◆

 2009년 이 탑의 해체 수리 중에 사리장엄구와 금제 사리봉영기가 발견되었다. 사리봉영기에는 "우리 백제 왕후께서는 좌평 사택적덕의 따님으로 …… 가람을 세우시고 기해년 정월 29일에 사리를 받들어 맞이하셨다."라는 명문이 있어 큰 주목을 받았다. 이 탑을 세운 주체가 삼국유사에 나오는 선화 공주가 아니라 백제 귀족의 딸로 밝혀져 서동 왕자와 선화 공주 설화의 진위 여부에 대한 논란이 일어나기도 하였다.

①  ②  ③

④  ⑤

2 (가)에 해당하는 문화유산으로 옳은 것은? 67회 [3점]

국보로 지정된 (가) 은 현존하는 신라 탑 중에 가장 오래된 것으로 평가받습니다. 이 탑은 돌을 벽돌 모양으로 다듬어 쌓았다는 특징이 있으며, 선덕여왕 3년에 건립된 것으로 추정됩니다.

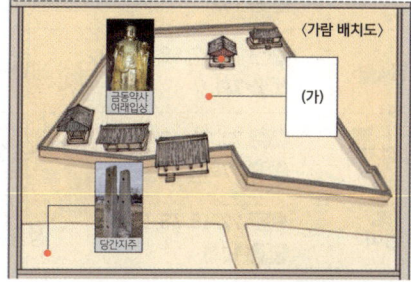

①  ②  ③

④  ⑤

정답
1 ③ 백제 무왕 때 미륵사와 미륵사지 석탑이 건립되었다.
2 ④ 자료의 (가)는 분황사 모전석탑이다.

전한길 한국사능력검정 기출문제집

PART 3
고려의 성립과 발전

테마	최근 4년 출제	주요 인물·지역	키워드
025 후삼국의 성립	최근 73, 72, 71, 66, 64 / 총 18회	견훤, 경애왕, 궁예	후백제, 후당·오월, 후고구려, 광평성, 마진, 태봉, 무태
026 민족의 재통일	최근 70, 67, 58, 51, 48 / 총 7회	왕건, 견훤, 경순왕(김부),	공산 전투, 일리천 전투, 사심관
027 태조·광종의 정치	최근 73, 71, 69, 68, 67 / 총 17회	태조 왕건, 광종, 쌍기	정계, 계백료서, 훈요 10조, 흑창, 역분전, 공복제, 과거제, 광덕·준풍, 노비안검법
028 성종의 체제 정비	최근 72, 68, 65, 59, 58 / 총 10회	성종, 최승로	시무 28조, 12목, 지방관 파견, 의창, 향리제 정비
029 고려의 정치 제도	최근 68, 67, 66, 60, 59 / 총 9회		상서성, 중추원, 어사대, 한림원, 중서문하성, 도병마사, 서경권
030 거란과의 전쟁	최근 72, 67, 66, 65, 63 / 총 14회	서희, 강조, 현종, 강감찬	광군, 강동 6주, 귀주 대첩, 나성 축조, 초조대장경
031 여진과의 관계 변화	최근 70, 69, 62, 57, 54 / 총 7회	윤관	별무반(신기군·신보군·항마군), 동북 9성
032 문벌 귀족 사회의 동요	최근 73, 72, 68, 67, 65 / 총 13회	인종, 이자겸, 묘청, 김부식	이자겸의 난, 서경 천도 운동, 연호 천개·대위국
033 무신 정권	최근 72, 71, 70, 69, 67 / 총 14회	정중부, 최충헌, 최우, 망이·망소이, 만적	봉사 10조, 도방, 교정도감, 교정별감, 정방, 삼별초
034 대몽 항쟁	최근 73, 71, 70, 69, 68 / 총 13회	박서, 김윤후, 배중손, 김통정, 김방경	강화 천도, 대장도감, 팔만대장경(재조대장경), 삼별초

▲ 상감청자 운학문 매병

▲ 팔만대장경판

▲ 봉정사 극락전

테마	최근 4년 출제	주요 인물·지역	키워드
035 원 간섭기	최근 72, 70, 68, 67, 64 총 13회	충렬왕, 충선왕, 이제현	정동행성, 일본 원정, 첨의부, 사림원, 정치도감, 변발, 호복, 만권당, 권문세족, 도평의사사
036 고려 말의 정치 변동	최근 73(2), 69, 67, 65, 63 총 18회	공민왕, 기철, 신돈, 최무선, 이성계	정동행성 이문소, 쌍성총관부, 전민변정도감, 화통도감
037 고려의 경제	최근 73, 72, 71, 70, 69 총 29회	벽란도	전시과, 건원중보, 주전도감, 삼한통보, 해동통보, 활구(은병), 경시서, 농상집요
038 고려의 사회	최근 73, 58, 56, 53, 52 총 8회		구제도감, 제위보, 동·서 대비원, 상평창, 혜민국, 향·부곡·소
039 고려의 유학	최근 71(2), 67, 63, 62, 60 총 11회	최승로, 최충, 안향, 이제현	시무 28조, 9재 학당, 사학 12도, 양현고, 7재, 성리학, 만권당, 사략
040 고려의 역사서	최근 73, 66, 61, 59, 58 총 12회	김부식, 이규보, 일연, 이승휴	삼국사기, 기전체, 동명왕편, 삼국유사, 제왕운기
041 고려의 불교 사상	최근 70, 66, 65, 63, 61 총 12회	의천, 지눌, 요세	해동 천태종, 교장도감, 교장, 교관겸수, 정혜 결사, 수선사, 돈오점수·정혜쌍수
042 고려의 탑과 불상	최근 72, 69, 67, 66, 64 총 11회	경기도 하남시 하사창동, 충남 논산 관촉사	하남 하사창동 철조석가여래좌상, 경천사지 10층 석탑, 논산 관촉사 석조 미륵보살 입상
043 고려의 건축·공예	최근 71, 68, 65, 63, 60 총 9회		상감 청자, 직지심체요절, 안동 봉정사 극락전, 영주 부석사 무량수전

Theme 025 후삼국의 성립

PART 3 고려의 성립과 발전

출제 의도와 대책

신라 하대에 진골 귀족의 다툼으로 지방에 대한 통제력을 상실하면서 농민 반란이 일어나고 호족 세력이 성장하였다. 호족들은 독자적인 군사를 거느리고 조세를 징수하는 반독립적 세력이었다. 효공왕 때 견훤과 궁예가 각기 후백제, 후고구려를 세우면서 후삼국 시대가 전개되었다. 견훤, 궁예의 정책과 활동을 확인해 둔다.

필기노트 마인드맵

- 견훤 ─ 상주 호족 아자개의 아들, 신라의 무장 출신
  - 후백제(900) ─ 완산주(전주)에 도읍, 연호 정개
    - 중국(후당·오월)과 외교 관계
    - 경주를 습격해 경애왕 살해 → 경순왕 즉위
- 궁예 ─ 승려 출신으로 양길(원주)의 부하였다가 독립
  - 후고구려(901): 송악(개성)에 도읍 → 철원 천도(905)
    - 국호: 마진(904) → 태봉(911)
    - 연호: 무태(904) → 성책 → 수덕만세(911) → 정개
    - 정치: 광평성 설치(수상 광치내), 전제 정치(미륵 신앙 이용)

진성왕 즉위 5년에 선종(善宗)은 죽주의 적괴 기훤에게 의탁하였다. 기훤이 업신여기고 잘난 체하며 예우하지 않았다. 선종은 답답하고 스스로 불안해져서 몰래 기훤 휘하의 원회, 신훤과 결연하여 친구가 되었다. 그는 임자년에 북원의 도적 양길에게 의탁하였다.

선택지 빅데이터

[견훤]
① 견훤이 완산주에 도읍하여 ■■■를 건국하였다. → 후백제
② 견훤은 후당, ■■에 사신을 보내고 검교태보의 직을 수여받았다. → 오월
③ 신라의 금성을 습격하여 ■■■을 죽게 하였다. → 경애왕
④ 견훤이 왕위 계승 문제로 아들에 의해 ■■■에 유폐되었다. → 금산사

[궁예]
① 궁예는 초적 세력인 ■■의 휘하에서 세력을 키웠다. → 양길
② ■■을 도읍으로 정하고 후고구려를 건국하였다. → 송악
③ ■■■을 비롯한 각종 정치 기구를 마련하였다. → 광평성
④ 국호를 마진으로 바꾸고 ■■으로 천도하였다. → 철원
⑤ 궁예는 국호를 마진, ■■ 등으로 바꾸었다. → 태봉
⑥ 궁예는 ■■, 성책, 수덕만세 등의 연호를 사용하였다. → 무태

대표 기출 1

(가) 인물에 대한 설명으로 옳은 것은? 73회 [3점]

경기도 양주 대모산성에서 태봉의 연호가 기록된 목간이 출토되었습니다. 태봉은 신라 왕족 출신으로 알려진 (가) 이/가 세운 나라입니다. 목간의 정개 3년 병자는 916년에 해당합니다.

① 경주의 사심관으로 임명되었다.
② 12목에 지방관을 처음으로 파견하였다.
③ 폐정 개혁을 목표로 정치도감을 설치하였다.
④ 광평성을 비롯한 각종 정치 기구를 마련하였다.
⑤ 오월(吳越)에 사신을 보내고 검교태보의 직을 받았다.

자료분석
후고구려를 세운 궁예는 신라 왕족 출신으로 알려져 있으며 후에 국호를 마진, 태봉으로 바꾸었다. 이와 함께 무태, 성책, 수덕만세, 정개 등의 독자적 연호를 사용하였다.

정답분석
④ 궁예는 신라의 관제를 본떠 광평성, 내봉성 등을 비롯한 각종 중앙 관제를 마련하고 왕권 강화에 힘썼으나, 미륵을 자처하며 가혹한 전제 정치를 펴다가 신하들의 추대를 받은 왕건에 의해 축출되었다.

선택지분석
① 신라의 마지막 왕인 경순왕은 대세가 고려에 기울었음을 인정하고 왕건의 고려에 귀순하였다. 이에 왕건은 김부(경순왕)를 경주의 사심관으로 임명하였다.
② 고려 성종은 최승로의 시무책을 받아들여 지방 주요 요충지에 12목을 설치하고 최초로 지방관을 파견하였다.
③ 원 간섭기인 충목왕 때 권문세족의 전횡과 그로 인한 폐단을 혁파하기 위해 정치도감을 설치하고 신진 관료를 등용해 개혁을 추진하였으나 실패하였다.
⑤ 후백제의 견훤은 일찍부터 중국과 외교 관계를 맺어 국제적 지위를 인정받으려 하였으며, 중국 오월에 사신을 보내 검교태보의 직을 받기도 하였다.

정답 ④

대표 기출 2

(가) 인물에 대한 설명으로 옳은 것은? 72회 [2점]

① 훈요 10조를 남겼다.
② 경주의 사심관으로 임명되었다.
③ 금마저에 미륵사를 창건하였다.
④ 완산주를 도읍으로 삼아 나라를 세웠다.
⑤ 광평성을 비롯한 정치 기구를 마련하였다.

자료분석
(가)는 견훤이다. 견훤은 경주를 습격하여 신라의 경애왕을 죽이고 경순왕을 옹립하였다. 이때 신라의 구원 요청을 받은 고려의 왕건이 군사를 이끌고 내려오다 견훤의 후백제 군과 공산(대구)에서 전투를 벌였는데, 이 전투에서 견훤이 대승을 거두었다.

정답분석
④ 견훤은 신라 말 혼란한 상황을 틈타 백제의 부흥을 내세우며 완산주(전주)에 도읍을 정하고 후백제를 세웠다.

선택지분석
① 고려 태조 왕건은 후대 왕들이 지켜야 할 정책 방향을 담은 훈요 10조를 남겼다.
② 태조 왕건은 고려에 항복한 신라의 마지막 왕인 경순왕(김부)을 경주의 사심관으로 임명하였다.
③ 백제 무왕 때 금마저(익산)에 미륵사를 창건하였는데, 미륵사지 석탑 해체 복원 과정에서 발견된 금제 사리 봉안기를 통해 사택 왕후의 발원에 의해 미륵사가 건립되었다는 사실이 밝혀졌다.
⑤ 궁예는 국호를 후고구려에서 마진으로 바꾼 후 광평성을 비롯한 여러 관부를 설치하는 등 중앙 정치 조직을 정비하였다.

정답 ④

확인 문제

1 다음 검색창에 들어갈 인물에 대한 설명으로 옳은 것은? 64회 [2점]

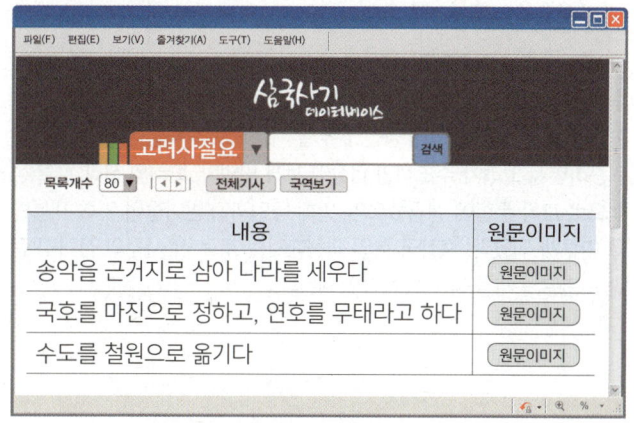

① 후당, 오월에 사신을 파견하였다.
② 이사부를 보내 우산국을 복속하였다.
③ 폐정 개혁을 목표로 정치도감을 설치하였다.
④ 광평성을 비롯한 각종 정치 기구를 마련하였다.
⑤ 『정계』와 『계백료서』를 지어 관리가 지켜야 할 규범을 제시하였다.

2 밑줄 그은 '인물'에 대한 설명으로 옳은 것은? 66회 [2점]

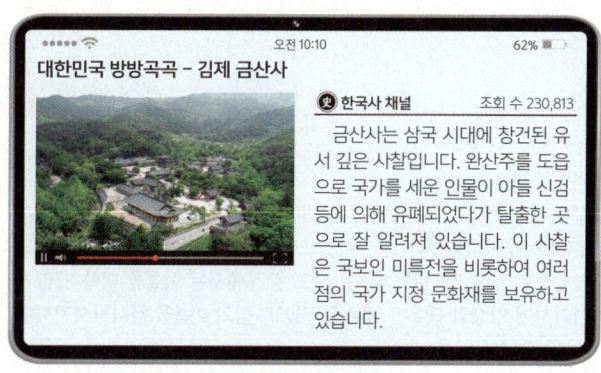

① 독서삼품과를 실시하였다.
② 동진으로부터 불교를 수용하였다.
③ 후당과 오월에 사신을 파견하였다.
④ 광평성 등의 정치 기구를 마련하였다.
⑤ 화랑도를 국가적인 조직으로 개편하였다.

정답
1 ④ 궁예는 국호를 마진으로 고친 후 광평성과 병부를 비롯한 여러 관부를 설치하는 등 중앙 정치 조직을 정비하였다.
2 ③ 견훤은 후당과 오월에 사신을 파견하는 등 중국과의 외교도 적극적으로 추진하여 국제적 지위를 높이고자 하였다.

Theme 026 민족의 재통일

PART 3 고려의 성립과 발전

출제 의도와 대책

궁예가 미륵을 자처하며 폭정을 일삼다가 축출되고 고려가 건국되어 후백제와 고려의 각축이 전개되었다. 초기에는 남부 평야 지대를 차지한 후백제가 유리했으나, 공산 전투를 기점으로 호족들이 대거 고려에 귀순하면서 고려가 주도적인 입장에 서게 되었다. 고려의 신라 우호 정책으로 호족 통합에 성공했으며, 발해 유민까지 받아들여 민족 재통합을 이루게 되었다. 후삼국 통일 과정에서는 주로 각 사건의 전개 과정과 관련된 순서를 묻는 유형이 출제된다.

필기노트 마인드맵

후백제(900) 건국, 후고구려 건국(901)
　├ ← 후고구려의 왕건이 금성(나주) 점령
　↓ ← 마진(904), 철원 천도(905), 태봉(911)
고려 건국(918)
　├ ← 발해 멸망(926)
　├ ← 견훤 경주 습격 → **공산(대구) 전투**(927, 후백제 승리)
　├ ← **고창(안동) 전투**(930, 고려 승리)
　├ ← 발해 세자 **대광현 귀순**(934)
　↓ ← 견훤, **금산사 유폐** 후 고려에 귀순(935)
신라 항복(935, 경순왕을 **경주 사심관으로 임명**)
　↓ ← 선산 일리천 전투(후백제 신검 vs 왕건)
후삼국 통일(936)

대광현 귀순
발해가 거란의 군사에게 격파되자 그 나라 세자인 대광현 등이 우리나라가 의(義)로써 흥기하였으므로 남은 무리 수만 호를 거느리고 밤낮으로 길을 달려왔습니다. 태조 왕건께서는 이들을 더욱 가엾게 여기시어 영접과 대우가 매우 두터웠고, 성과 이름을 하사하시기까지 이르렀습니다.

선택지 빅데이터

① 후백제가 ■■ 전투에서 고려군에 대승을 거두었다. → 공산
② 신숭겸이 ■■ 전투에서 전사하였다. → 공산
③ 고려가 ■■ 전투에서 후백제군을 상대로 승리하였다. → 고창
④ ■■ 가 정변으로 왕위에서 축출되고 왕건이 즉위하였다. → 궁예
⑤ 경순왕 김부가 경주의 ■■ 으로 임명되었다. → 사심관
⑥ 견훤이 금산사에 유폐되었다가 ■■ 에 귀부하였다. → 고려
⑦ ■■ 이 일리천 전투에서 고려군에 패배하였다. → 신검

대표 기출 1

(가)에 들어갈 내용으로 적절한 것은? 70회 [2점]

> 한국사 동영상 제작 계획안
> **다시 하나로, 민족의 재통일을 이루다**
> ○학년 ○반 ○모둠
> ■ 제작 의도
> 고려의 후삼국 통일 과정과 역사적 의의를 주요 인물과 관련된 사건의 발생 순서에 따라 살펴본다.
> ■ 장면별 구성 내용
> #1. 신숭겸, 공산 전투에서 전사하다
> #2. 왕건, 고창 전투에서 후백제군을 물리치다
> #3. 견훤, 금산사에서 탈출하여 고려에 귀순하다
> #4. _____(가)_____
> #5. 왕건, 일리천에서 신검의 군대에 승리하다

① 안승, 보덕국왕으로 책봉되다
② 궁예, 국호를 태봉으로 바꾸다
③ 경순왕 김부, 경주의 사심관이 되다
④ 윤충, 대야성을 공격하여 함락시키다
⑤ 흑치상지, 임존성에서 부흥군을 이끌다

자료분석
공산 전투(927) → 고창 전투(930) → 견훤의 고려 귀순(935) → 일리천 전투(936) 순으로 발생하였다.

정답분석
③ 견훤의 고려 귀순(935. 6.) 이후 신라 경순왕이 고려에 항복하였다(935. 11.). 고려 왕건은 신라를 없애고 경주로 삼은 후 경순왕 김부에게 경주를 식읍으로 내려주고 경주의 사심관으로 삼아 부호장 이하의 관직 등에 관한 일을 맡게 하였다.

선택지분석
① 삼국 통일 과정에서 신라 문무왕은 안승을 금마저(익산)에 머물게 하고 보덕국왕으로 임명하였다(674).
② 궁예는 후고구려 건국(901) 이후 국가 이름을 마진으로 고쳤다가(904), 다시 태봉으로 바꾸고(911) 통치 제도를 정비하여 나라의 기틀을 다졌다.
④ 백제 의자왕은 윤충을 보내 신라를 공격하여 대야성 등 40여 성을 차지하였다(642).
⑤ 660년 백제 멸망 이후 흑치상지는 임존성에서 군사를 일으켜 백제 부흥 운동을 전개하였다.

정답 ③

대표 기출 2

다음 상황 이후에 있었던 사실로 옳은 것은? 67회 [3점]

> 파진찬 신덕, 영순 등이 신검에게 견훤을 금산사에 유폐하고 사람을 보내 금강을 죽이도록 권하였다. 신검이 대왕을 자칭하고 국내에 대사면령을 내렸다. 교서에서 이르기를, "…… 왕위를 어리석은 아이에게 줄 뻔하였다. 다행스러운 것은 상제께서 진정한 마음을 내리시니 군자들이 허물을 고쳤고 맏아들인 나에게 명하여 이 한 나라를 다스리게 하셨다는 점이다. ……"라고 하였다.

① 궁예가 광평성을 설치하였다.
② 장문휴가 당의 등주를 공격하였다.
③ 신숭겸이 공산 전투에서 전사하였다.
④ 왕건이 일리천 전투에서 승리하였다.
⑤ 김헌창이 웅천주에서 반란을 일으켰다.

자료분석
자료는 후백제의 견훤이 자신의 넷째 아들인 금강에게 왕위를 물려주려 하자, 장자인 신검이 불만을 품고 정변을 일으켜 금강을 죽이고 견훤을 금산사에 유폐시킨 후 왕위에 올랐다는 내용이다.

정답분석
④ 금산사에 유폐된 견훤은 탈출하여 고려 왕건에게 투항하였다. 고려 왕건은 견훤의 도움을 얻어 신검의 후백제군과 일리천에서 결전을 벌여 승리한 후 후삼국 통일을 이루었다.

선택지분석
① 궁예는 904년에 국호를 후고구려에서 마진으로 고친 후 광평성과 병부를 비롯한 여러 관부를 설치하였다.
② 당나라가 본래 발해의 영향 아래에 있었던 흑수말갈에 흑수주를 설치하고 관리를 파견하자, 발해 무왕은 다른 말갈 세력의 이탈을 막기 위해 흑수말갈을 치는 한편 장문휴를 보내 당의 등주를 선제 공격하여 등주 자사 위준을 죽였다(732). 후백제 건국 이전의 일이다.
③ 신숭겸은 고려의 장수로, 927년 공산 전투에서 견훤의 후백제군에 의해 죽임을 당하였다.
⑤ 9세기 헌덕왕 때 웅천주(충남 공주) 도독이었던 김헌창이 무열왕계인 자신의 아버지 김주원이 원성왕(내물왕계)에 밀려 왕이 되지 못한 데 불만을 품고 난을 일으켜 국호를 장안, 연호를 경운이라 하였다(822). 후백제 건국 이전의 일이다.

정답 ④

확인 문제

1 (가), (나) 사이의 시기에 있었던 사실로 옳은 것은? 51회 [2점]

> (가) 날이 밝아오자 (여러 장수들이) 태조를 곡식더미 위에 앉히고는 군신의 예를 행하였다. 사람을 시켜 말을 달리며 "왕공(王公)께서 이미 의로운 깃발을 들어 올리셨다."라고 외치게 하였다. …… 궁예가 이 소식을 듣고는 어찌할 바를 몰라 미복(微服) 차림으로 북문을 빠져나갔다.
> - 『고려사절요』 -
>
> (나) 여름 6월 견훤이 막내아들 능예와 딸 애복, 애첩 고비 등과 더불어 나주로 달아나 입조를 요청하였다. …… 도착하자 그를 상보(尙父)라 일컫고 남궁(南宮)을 객관(客館)으로 주었다. 지위를 백관의 위에 두고 양주를 식읍으로 주었다.
> - 『고려사』 -

① 견훤이 후백제를 건국하였다.
② 김흠돌이 반란을 도모하였다.
③ 장보고가 청해진을 설치하였다.
④ 신숭겸이 공산 전투에서 전사하였다.
⑤ 신검이 일리천에서 고려군에게 패배하였다.

2 다음 상황 이후에 전개된 사실로 옳은 것은? 58회 [2점]

> 왕이 구원을 요청하자, 태조는 장수에게 명하여 정예 병사 1만 명을 보내 구원하게 하였다. 견훤은 구원병이 아직 도착하지 않은 것을 알고, 겨울 11월에 갑자기 왕경(王京)에 침입하였다. 왕은 비빈, 종실 친척들과 포석정에 가서 연희를 즐기느라 적병이 이르는 것도 깨닫지 못하였다.
> - 『삼국사기』 -

① 김흠돌이 반란을 도모하였다.
② 장문휴가 당의 등주를 공격하였다.
③ 궁예가 국호를 태봉으로 바꾸었다.
④ 원종과 애노가 사벌주에서 반란을 일으켰다.
⑤ 경순왕 김부가 경주의 사심관으로 임명되었다.

정답
1 ④ 927년에 견훤은 신라의 금성을 침입하여 경애왕을 죽이고 경순왕을 새로운 왕으로 세웠다. 신라의 구원 요청을 받은 왕건은 군사를 이끌고 급히 내려왔으나 이미 늦은 것을 알고 공산 아래에서 기다렸다가 돌아가던 후백제군을 맞아 크게 싸움을 벌였다. 이 전투에서 고려는 김락과 신숭겸이 전사하고 왕건도 간신히 목숨을 건져 도주하는 등 대패하였다.

2 ⑤ 신라의 마지막 왕인 경순왕(김부)이 935년에 고려에 항복해 오자, 태조 왕건은 김부를 경주의 사심관으로 임명하였다.

Theme 027 태조·광종의 정치

PART 3 고려의 성립과 발전

출제 의도와 대책

태조 왕건은 다양한 우대 정책을 통해 호족을 포섭할 수 있었다. 그러나 통치 체제를 강화하기 위해서는 지방 세력에 대한 일정한 견제도 이루어졌다. 또한 결혼 정책을 통해 많은 외척 세력이 등장하였으며, 왕건 사망 후 정치 혼란이 전개되었다. 이에 광종 대에 이르러 호족·공신 세력을 억누르고 왕권을 강화할 필요성이 대두되었다.

필기노트 마인드맵

- **태조**
  - 고려 건국(918), 송악(개성) 천도, '천수' 연호
  - 민생 안정: 취민유도 → 조세 감면(수확량의 1/10), 흑창 설치
  - 호족 회유: 사심관 제도, 결혼 정책, 사성 정책(왕씨 성 부여)
  - 지방 견제: 기인 제도(신라의 상수리 제도 계승)
  - 통치 규범: 『정계』, 『계백료서』, 훈요 10조 남김
  - 대외 정책: 서경(평양) 중시, 만부교 사건(거란 적대)
  - 기타: 역분전 지급(후삼국 통일 후 공신 대상, 공로 기준)
- **혜종**: 왕규의 난 발생(정략 결혼의 폐단)
- **정종**: 광군사 설치
- **광종**
  - 노비안검법: 불법 노비 해방(호족 약화, 재정 확충)
  - 과거제: 후주에서 귀화한 쌍기 건의, 신·구 세력 교체 도모
  - 공복 제정: 자·단·비·녹, 왕 중심의 위계질서 확립
  - 칭제 건원: 황제 칭함, '광덕'·'준풍' 연호, 개경을 황도로 칭함
  - 기타: 호족 숙청, 제위보 설치, 귀법사 창건

고려의 외왕내제

이것은 개성 만월대 유적에서 출토된 용머리 조각으로, 하늘로 오르는 듯 머리를 치켜 든 용의 모습을 통해 고려의 강건한 기상을 엿볼 수 있다. 용은 본래 황제의 권위를 상징하는 존재로 궁궐에 용머리상을 만든 것은 고려가 황제의 나라로 자부하였음을 보여 준다. 이러한 인식은 광종이 개경을 황도로 칭하고 광덕, 준풍 등의 연호를 사용한 것을 통해 파악할 수 있다.

선택지 빅데이터

① 공신에게 공로와 인품에 따라 ■■■을 지급하였다. → 역분전
② ■■라는 독자적 연호를 사용하였다. → 천수
③ ■■을 설치하여 빈민을 구제하였다. → 흑창
④ 정계와 ■■■를 지어 관리의 규범을 제시하였다. → 계백료서
⑤ ■■을 북진 정책의 전진 기지로 삼아 중시하였다. → 서경
⑥ 후대 왕의 정책으로 ■■를 남겨 불교 숭상을 강조하였다. → 훈요 십조

[광종]
① ■■■■을 시행하여 재정을 확충하였다. → 노비안검법
② 쌍기의 건의를 받아들여 ■■■를 실시하였다. → 과거제
③ 백관의 ■■을 제정하여 복색을 4등급으로 나누었다. → 공복
④ ■■, ■■ 등의 독자적 연호를 사용하였다. → 광덕, 준풍

대표 기출 1

(가) 왕에 대한 설명으로 옳은 것은? 73회 [2점]

교외 체험 학습 보고서
△학년 △반 △△번 이름 □□□

◎ 날짜: 2025년 ○○월 ○○일
◎ 장소: 경상북도 안동 태사묘

◎ 학습 내용
안동 태사묘는 고창 전투에서 [(가)]을/를 도와 견훤을 물리치는 데 공을 세워 향직을 수여 받은 권행, 김선평, 장길(장정필)의 위패를 봉안하고 있는 사당이다. 이번 체험을 통해 안동이라는 지명이 고창 전투에서 승리한 [(가)]이/가 고창군을 안동부로 승격시킨 데서 유래하였다는 것을 알 수 있었다.

① 한양을 남경으로 승격시켰다.
② 주전도감을 설치하여 해동통보를 발행하였다.
③ 쌍기의 건의를 받아들여 과거제를 실시하였다.
④ 청연각과 보문각을 두어 학문 연구를 장려하였다.
⑤ 정계와 계백료서를 지어 관리의 규범을 제시하였다.

자료분석
고려의 왕건은 공산 전투에서 후백제의 견훤에 패해 신숭겸이 전사하는 등 피해를 입었으나, 안동 지역 호족들의 지원을 받아 고창 전투에서 승리하면서 후삼국의 판도를 주도할 수 있게 되었다.

정답분석
⑤ 왕건은 정계 1권과 계백료서 8편을 지어 정치의 계획과 관리가 지켜야 할 규범을 제시하였으나, 현재 전하지는 않는다.

선택지분석
① 고려 문종 때 양주(현재의 서울)를 남경으로 승격시켰다. 이에 따라 개경, 서경(평양), 동경(경주)의 3경에서 동경이 빠지고 남경이 추가되었다.
② 고려 숙종 때 의천의 건의를 받아들여 주전도감을 설치하고 해동통보, 삼한통보 등의 동전과 고액 화폐인 은병(활구)를 주조하였다.
③ 고려 광종은 후주에서 귀화한 쌍기의 건의를 받아 과거제를 실시하였다. 이로써 유학적 소양을 가진 신진 관료를 등용함으로써 호족·공신 세력을 견제하고 신·구 세력의 교체를 이루고자 하였다.
④ 문종 때 최충이 9재 학당을 세운 이후 사학이 성행하자, 고려 예종 때 국자감에 전문 강좌인 7재를 개설하고, 장학 재단인 양현고를 두었으며, 궁중에 도서관 겸 학문 연구소인 청연각과 보문각을 설치하였다.

정답 ⑤

대표 기출 2

(가), (나) 사이의 시기에 있었던 사실로 옳은 것은? 71회 [3점]

> (가) 처음으로 역분전을 정하였다. 통일할 때 조정의 관리들과 군사들에게 관계(官階)는 논하지 않고, 그 사람의 성품과 행동이 착하고 악함과 공로가 크고 작음을 참작하여 차등 있게 주었다.
>
> (나) 12월에 문무 양반 및 군인들의 전시과를 개정하였다. 제1과는 전지 100결, 시지 70결을 지급한다. …… 제18과는 전지 20결을 지급한다. 이 한(限)에 들지 못한 자에게는 모두 전지 17결을 주기로 하고 이것을 통상의 법식으로 한다.

① 경기에 한하여 과전법이 실시되었다.
② 쌍기의 건의로 과거제가 시행되었다.
③ 신돈이 전민변정도감의 책임자가 되었다.
④ 만적이 개경에서 노비를 모아 반란을 모의하였다.
⑤ 최충헌이 봉사 10조를 올려 시정 개혁을 건의하였다.

자료분석
(가) 고려 태조 때 후삼국 통일 과정에서 공을 세운 공신들에게 논공행상적 성격의 역분전을 지급하였다(940).
(나) 고려 목종 때 인품을 배제하고 관품만을 기준으로 한 개정 전시과를 시행하였으며, 이때 군인전을 지급하기 시작하였다(998).

정답분석
② 고려 광종 때 후주에서 귀화한 쌍기의 건의로 과거 제도를 시행하여 유학을 익힌 신진 인사를 등용하고 신구 세력의 교체를 도모하였다(958).

선택지분석
① 고려 말 신흥 무인 세력과 신진 사대부는 위화도 회군으로 정치권력을 장악한 후 권문세족의 농장을 혁파하고 신진 사대부의 경제적 기반을 마련하기 위해 과전법을 시행하였다(1391). (나) 이후의 일이다.
③ 고려 말 공민왕 때 전민변정도감을 설치하고 승려 신돈을 등용하여 권문세족의 경제 기반을 약화시키고 국가 재정 수입 기반을 확대하였다. (나) 이후의 일이다.
④ 최충헌 집권 시기에 최충헌의 사노비였던 만적이 개경의 노비들을 모아서 난을 일으키려 하였으나, 사전에 발각되어 실패하였다(1198). (나) 이후의 일이다.
⑤ 무신 집권기에 최충헌은 이의민을 제거하고 정권을 장악한 다음 명종에게 봉사 10조를 올려 향후 정책 방향을 밝히고 개혁을 촉구하였다(1196). 최충헌은 봉사 10조에서 빼앗은 토지 환수, 불법적인 조세 징수 금지, 사치 풍조 억제 등을 주장하였으나 자신이 대토지를 소유하고 많은 사병과 노비를 거느리고 있어 실효를 거둘 수는 없었다. (나) 이후의 일이다.

정답 ②

확인 문제

1 (가) 왕의 재위 시기에 있었던 사실로 옳은 것은? 65회 [2점]

> 〈탐구 활동 보고서〉
> ○학년 ○반 이름: △△△
> 1. 주제: [(가)], 안정과 통합을 꾀하다
> 2. 방법: 『고려사』 사료 검색 및 분석
> 3. 사료 내용과 분석
>
> | 사료 내용 | 분석 |
> |---|---|
> | 명주의 순식이 투항하자 왕씨 성을 내리다. | 지방 호족 포섭 |
> | 『정계』와 『계백료서』를 지어 반포하다. | 관리의 규범 제시 |
> | 흑창을 두어 가난한 백성에게 곡식을 빌려주다. | 민생 안정 |

① 개국 공신에게 역분전을 지급하였다.
② 외침에 대비하여 광군을 조직하였다.
③ 광덕, 준풍 등의 독자적 연호를 사용하였다.
④ 관학 진흥을 목적으로 양현고를 운영하였다.
⑤ 주전도감을 설치하여 해동통보를 발행하였다.

2 (가) 왕의 재위 시기에 있었던 사실로 옳은 것은? 68회 [1점]

공은 대송(大宋) 강남 천주 출신이다. …… 예빈성 낭중에 임명하고 집 한 채를 내려주었다.

이것은 고려에 귀화한 채인범의 묘지명으로 현존하는 고려 시대 묘지명 중 가장 오래된 것입니다. 노비안검법을 실시한 [(가)]은/는 채인범, 쌍기 등의 귀화인들을 적극 등용하였습

① 최승로가 시무 28조를 건의하였다.
② 경기에 한하여 과전법이 실시되었다.
③ 신돈이 전민변정도감의 판사가 되었다.
④ 빈민 구제 기관인 흑창이 처음 설치되었다.
⑤ 광덕, 준풍 등의 독자적 연호가 사용되었다.

정답
1 ① 고려 태조 왕건은 후삼국 통일 과정에서 공을 세운 사람에게 논공행상 성격의 역분전을 지급하였다.
2 ⑤ 광종은 노비안검법을 제정해 호족 세력을 약화시켰으며, 후주에서 귀화한 쌍기의 건의를 받아 과거제를 시행하였다. 또한 광덕, 준풍이라는 독자적인 연호를 사용하고 스스로 황제를 칭하였다.

Theme 028 성종의 체제 정비

PART 3 고려의 성립과 발전

출제 의도와 대책

광종 대의 왕권 강화와 호족 숙청, 과거제 실시 등 체제 정비를 통해 6두품 출신의 유학자 등이 대거 등용되었다. 이들의 건의를 바탕으로 유교적 정치 제도가 도입되고 지방 제도가 정비되기 시작하였다. 한편 이 시기부터 대대로 과거를 통해 고위 관리를 배출하는 집안들이 생기면서 문벌 귀족 사회가 형성되기 시작하였다. 최승로의 시무 28조와 성종의 정책을 연결하여 알아 두어야 한다.

필기노트 마인드맵

- 경종: 시정전시과 실시: 전·현직 관리 대상, 공복(관등)+인품 기준
- 성종 **시무 28조** 최승로 건의, 성종 수용
  - 유교 정치 실현(유·불 융합)
  - 지방관 파견 주장 → **12목 설치, 지방관 파견**
  - 통치 체제 2성 6부제 도입, 도병마사·식목도감 설치
  - 지방에 경학박사·의학박사 파견
  - 유학 장려: 국자감 설립, 비서성·수서원 설치
  - 향리제 정비(지방 세력 견제, 호장 등 직제 마련)
  - 연등회·팔관회 폐지(→ 현종 때 부활)
  - 민생·경제: **의창 설치, 건원중보 발행**

성종의 정책

- 최승로가 상서하기를, "…… 지금 살펴보면 지방의 세력가들은 매번 공무를 핑계 삼아 백성을 침탈하므로 백성이 그 명을 감당하지 못합니다. 청컨대 외관(外官)을 두소서."라고 하였다.
- 왕이 교서를 내려 말하기를 " …… 이제 경서에 통달하고 책을 두루 읽은 선비의 온고지신하는 무리를 가려서, 12목에 각각 경학박사 1명과 의학박사 1명을 뽑아서 보낼 것이다."라고 하였다.
- 우리 태조께서 흑창을 두어 가난한 백성에게 진대(賑貸)하게 하셨다. 지금 백성들이 점차 늘어나고 있는데 저축한 바는 늘어나지 않으니, 미(米) 1만 석을 더하고 이름을 의창(義倉)으로 고친다. 또한 모든 주와 부에도 각각 의창을 설치하도록 하라.

선택지 빅데이터

[경종]
① ■■■ 제도를 마련하여 관리에게 토지를 지급하였다. → 전시과
② 관리의 ■■과 공복을 기준으로 하여 토지를 지급하였다. → 인품

[성종]
③ ■■■의 시무 28조를 받아들여 통치 체제를 정비하였다. → 최승로
④ 전국에 12목을 처음으로 설치하고 ■■■을 파견하였다. → 지방관
⑤ 지방 세력 통제를 위해 ■■■를 정비하였다. → 향리제
⑥ ■■■을 설립하여 유학 교육 진흥에 힘썼다. → 국자감
⑦ ■성 ■부제를 토대로 중앙 통치 조직을 정비하였다. → 2, 6

대표 기출 1

다음 검색창에 들어갈 왕의 재위 기간에 있었던 사실로 옳은 것은?

72회 [2점]

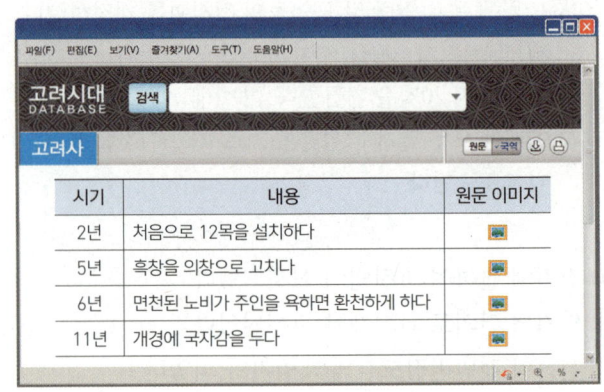

시기	내용	원문 이미지
2년	처음으로 12목을 설치하다	
5년	흑창을 의창으로 고치다	
6년	면천된 노비가 주인을 욕하면 환천하게 하다	
11년	개경에 국자감을 두다	

① 관학을 진흥하고자 양현고를 설치하였다.
② 광덕, 준풍 등의 독자적 연호를 사용하였다.
③ 주전도감을 설치하여 해동통보를 발행하였다.
④ 『정계』와 『계백료서』를 지어 관리의 규범을 제시하였다.
⑤ 최승로의 시무 28조를 받아들여 통치 체제를 정비하였다.

자료분석

자료는 고려 성종의 업적에 대한 내용이다. 성종은 최승로의 건의로 전국의 주요 지역에 12목을 설치하고 지방관(목사)을 파견하였으며, 태조 때 설치한 빈민 구휼 기구인 흑창을 의창으로 개편하였다.

정답분석

⑤ 성종은 즉위 후 국가의 오랜 폐단을 없애고 국정을 쇄신하기 위하여 중앙의 5품 이상의 관리들로 하여금 그동안의 정치에 대한 비판과 정책을 건의하는 글을 올리게 하였다. 이에 최승로가 시무 28조를 올렸는데, 성종은 이를 바탕으로 정책을 펼쳤다.

선택지분석

① 고려 예종에 대한 설명이다. 예종은 사학이 성행하자 관학 진흥책의 일환으로 국자감에 전문 강좌인 7재를 설치하고, 장학 재단인 양현고를 두어 국학의 경제 기반을 강화하였다.
② 고려 광종에 대한 설명이다. 광종은 광덕, 준풍 등의 독자적 연호를 사용하여 강화된 왕권을 과시하였다.
③ 고려 숙종에 대한 설명이다. 숙종은 의천의 건의를 받아들여 주전도감을 설치하고 삼한통보, 해동통보 등의 동전과 은병인 활구를 발행하였으나 널리 유통되지는 못하였다.
④ 고려 태조에 대한 설명이다. 태조 왕건은 『정계』 1권과 『계백료서』 8편을 지어 관리가 지켜야 할 규범을 제시하였는데, 현재 전하지는 않는다.

정답 ⑤

대표 기출 2

(가)~(라)를 일어난 순서대로 옳게 나열한 것은? 59회 [3점]

(가) 처음으로 직관(職官)과 산관(散官) 각 품의 전시과를 제정하였다. …… 과등(科等)에 미치지 못한 자는 모두 전지 15결을 지급하였다.

(나) 역분전을 제정하였는데, 통일할 때의 조신(朝臣)이나 군사들은 관계(官階)를 따지지 않고 그 사람의 성품과 행동의 선악과 공로의 크고 작음을 보고 차등 있게 지급하였다.

(다) 쌍기가 의견을 올리니 처음으로 과거를 시행하였다. 시(詩)·부(賦)·송(頌) 및 시무책으로 시험하여 진사를 뽑았으며, 겸하여 명경업·의업·복업 등도 뽑았다.

(라) 왕이 말하기를, "비록 내 몸은 궁궐에 있지만 마음은 언제나 백성에게 치우쳐 있다. …… 이에 지방 수령들의 공(功)에 의지해 백성들의 소망에 부합하고자 12목 제도를 시행한다."라고 하였다.

① (가) – (나) – (다) – (라)
② (가) – (나) – (라) – (다)
③ (나) – (가) – (라) – (다)
④ (나) – (다) – (가) – (라)
⑤ (다) – (라) – (나) – (가)

확인 문제

1 밑줄 그은 '교서'를 내린 왕의 재위 기간에 볼 수 있는 모습으로 가장 적절한 것은? 68회 [3점]

> 상평창을 양경(兩京)과 12목에 설치하고 교서를 내렸다. "『한서』 식화지에 '그해가 풍년인지 흉년인지에 따라 곡식에 풀거나 거두어들이는 것을 행한다.'라고 하였다. …… 경시서에 맡겨 곡식을 풀거나 거두어들이도록 하라."

① 서적포에서 책을 인쇄하는 관리
② 국자감 학생들을 가르치는 박사
③ 양현고의 재정을 관리하는 관원
④ 9재 학당에서 유교 경전을 읽는 학생
⑤ 청연각의 소장 도서를 분류하는 학사

2 다음 상황이 나타난 시기를 연표에서 옳게 고른 것은? 65회 [3점]

> 처음으로 12목을 설치하고 조서를 내려 말하기를, "부지런히 정사를 돌보면서 매번 신하들의 충고를 구하고 있다. 낮은 곳의 이야기를 듣고 멀리 보고자 어질고 현명한 이들의 힘을 빌리려고 한다. 이에 수령들의 공로에 의지해 백성들의 바람에 부합하고자 한다. 「우서(虞書)」의 12목 제도를 본받아 시행하니, 주나라가 8백 년간 지속하였듯이 우리의 국운도 길이 이어질 것이다."라고 하였다.

918	945	1009	1196	1270	1351
(가)	(나)	(다)	(라)	(마)	
고려 건국	왕규의 난	강조의 정변	최충헌 집권	개경 환도	공민왕 즉위

① (가) ② (나) ③ (다) ④ (라) ⑤ (마)

정답분석

④ (나) 고려 태조 때 역분전을 제정하여 관료와 군사들에게 나누어 주었다(940). 역분전은 후삼국 통일에 공로가 컸던 사람들에 대한 논공행상(論功行賞)과 호족 세력의 힘을 현실적으로 반영한 제도였다.
(다) 광종은 후주에서 귀화한 쌍기의 건의로 과거 제도를 시행하여 유학을 익힌 신진 인사를 등용하고 신구 세력의 교체를 도모하였다(958).
(가) 경종 때 처음 전시과(시정 전시과)를 제정하여 4색 공복(관품)과 인품을 기준으로 토지의 수조권을 나누어 주었다(976).
(라) 성종 때 최승로의 건의로 전국의 주요 지역에 12목을 설치하고 지방관(목사)을 파견하였다(983).

정답 ④

정답

1 ② 성종 때 물가 조절 기관인 상평창을 설치하였다. 성종은 국립 교육 기관인 국자감을 정비하여 관리를 양성하고 유학 교육을 진흥하였다.
2 ② 고려 성종은 최승로의 건의에 따라 양주, 광주 등 12개 주에 목(牧)을 설치하고 지방관(목사)을 파견(983)하여, 중앙 정부가 지방 세력을 체계적으로 통제할 수 있도록 하였다.

Theme 029 고려의 정치 제도

PART 3 고려의 성립과 발전

출제 의도와 대책

고려 건국 후 왕건은 태봉의 관제를 이어받아 운영하였으나, 통일 후 점차 중국 제도를 수용하였고, 성종 때 3성 6부제를 받아들이면서 정치 제도를 정비하였다. 그러나 고려는 당·송의 제도를 참작하면서도 고려의 실정에 맞게 2성 6부제로 운영하였으며, 고려만의 독자적 기구인 도병마사와 식목도감 등도 설치하였다. 당의 3성 6부제와의 차이, 고려와 조선 및 역대 정치 기구의 차이와 공통점을 중심으로 정리해 둔다.

필기노트 마인드맵

- **2성**
  - **중서문하성**: 수상 문하시중, 재신 + 낭사(정치의 잘못 비판)
  - **상서성**: 6부를 통해 행정 실무 담당, 이·병·호·형·예·공부
- **중추원**: 추밀(군사 기밀, 국정 총괄), 승선(왕명 출납, 숙위)
- **삼사**: 회계 기관, 화폐와 곡식 출납
- **어사대**: 관리의 비리 감찰, 낭사와 합쳐 대간으로 불림
  - 대간: 어사대+낭사, 서경·간쟁·봉박
- **도병마사**: 국방·군사 문제 담당 → 도평의사사로 개편(충렬왕)
- **식목도감**: 법제와 격식 담당 재신과 추밀의 합좌 기구
- **지방 제도**: 5도(일반 행정 구역, 안찰사 파견), 양계(군사 지역)
  - 지방관이 파견되지 않은 속군·속현 多
- **군사**: 2군 6위(중앙군, 군인전 지급), 주현군·주진군
- **관리 등용**: 과거: 제술업(제일 중시)·명경업, 잡업
  - 음서: 5품 이상 고위 관료
  - 아들·사위·외손자 가능

도병마사
판사(判事)는 시중·평장사·참지정사·정당문학·지문하성사로 임명하였으며, 사(使)는 6추밀 및 직사 3품 이상으로 임명하였다. …… 무릇 국가에 큰 일이 있으면 사(使) 이상의 관료가 모여서 의논하였으므로 합좌라는 이름이 있었다.

선택지 빅데이터

① ■■■■은 국정을 총괄하는 최고 중앙 관서였다. → 중서문하성
② ■■■은 6부를 통해 행정 실무를 맡아보았다. → 상서성
③ 도병마사는 ■■■■의 재신과 ■■■의 추밀로 구성되었다. → 중서문하성, 중추원
④ ■■■는 원 간섭기에 도평의사사로 개편되었다. → 도병마사
⑤ ■■■■은 재신과 추밀 등으로 구성되어 법제를 논의하였다. → 식목도감
⑥ ■■는 화폐, 곡식의 출납과 회계를 맡았다. → 삼사
⑦ ■■■의 관원과 중서문하성의 ■■는 대간으로 불렸다. → 어사대, 낭사
⑧ 대간은 관리 임명에 대한 ■■■을 행사하였다. → 서경권
⑨ 향리의 자제가 ■■를 통해 중앙 관직으로 진출할 수 있었다. → 과거
⑩ ■■는 사위, 조카, 외손자에게 적용되기도 하였다. → 음서

대표 기출 1

(가) 시대의 지방 통치 체제에 대한 설명으로 옳은 것은? 68회 [2점]

> 개경으로 가는 주요 길목인 혜음령에 세워졌던 혜음원에는 행인의 안전한 통행을 위한 숙소와 사원이 있었습니다. 혜음원지를 통해 개경 외에 남경, 동경 등이 설치되었던 [(가)] 시대 원(院)의 모습을 유추할 수 있습니다.

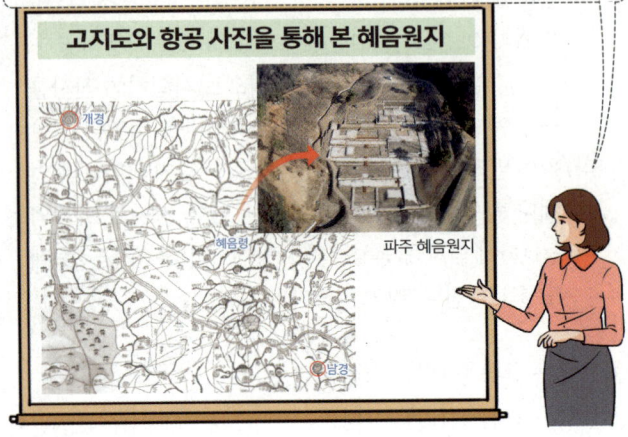

고지도와 항공 사진을 통해 본 혜음원지

① 22담로에 왕족을 파견하였다.
② 전국에 9주 5소경을 설치하였다.
③ 특수 행정 구역으로 향, 부곡, 소가 있었다.
④ 지방관을 감찰하기 위하여 외사정을 두었다.
⑤ 지방 행정 구역을 8도에서 23부로 개편하였다.

자료분석
자료 중 '개경', '남경', '동경' 등을 통해 (가) 시대가 고려 시대임을 알 수 있다. 고려 시대에는 풍수지리 사상의 영향을 받아 개경·서경(평양)·동경(경주)을 중시하여 3경이라 불렀는데, 문종 때 동경 대신 남경(서울)이 포함되었다. 3경에는 지방관인 유수가 파견되었으며, 서경에는 중앙 부서의 분소(分所)를 두었다.

정답분석
③ 고려 시대에는 특수 행정 구역인 향·부곡·소를 두었는데, 향·부곡은 신라 때부터 설치되었으며 주로 농업에 종사하였고, 소는 수공업과 광업 등에 종사하였다. 이곳 주민들은 양민이지만 군현민에 비해 차별을 받아 거주 이전의 자유가 없었으며, 국학에 입학하거나 승려가 되는 것도 금지되었다.

선택지분석
① 백제에 대한 설명이다. 백제 무령왕 때 22담로에 왕족을 파견하여 지방에 대한 통제를 강화하였다.
② 통일 신라에 대한 설명이다. 신라 중대 신문왕 때 신라 본토에 3주, 옛 백제 영토에 3주, 옛 고구려 남쪽 지역에 3주를 두어 전국을 9주로 나누고, 지방의 균형적 발전을 위해 군사와 행정상 중요한 다섯 지역에 소경을 설치하였다.
④ 통일 신라에 대한 설명이다. 신라 중대 문무왕 때 지방관의 비행을 감찰하기 위해 외사정을 설치하였다.
⑤ 제2차 갑오개혁 때 8도의 행정 구역을 23부로 개편하고, 부·목·군·현의 행정 구역을 군으로 통일하였다.

정답 ③

대표 기출 2

㉠~㉣ 기구에 대한 설명으로 옳은 것을 <보기>에서 고른 것은?

67회 [2점]

> **역사 돋보기 왕실과의 혼인을 통한 이자겸의 출세**
>
> 음서로 관직에 진출한 이자겸은 1108년 둘째 딸이 예종의 비가 되면서 빠른 속도로 출세하였다.
> 1109년 ㉠추밀원(중추원) 부사, 1111년 ㉡어사대의 대부가 된다. 1113년에는 ㉢상서성의 좌복야에 임명되었고, 1118년 재신으로서 판이부사를 맡았으며, 1122년 ㉣중서문하성 중서령에 오른다.

보기
ㄱ. ㉠ – 군사 기밀과 왕명 출납을 담당하였다.
ㄴ. ㉡ – 소속 관원이 낭사와 함께 서경권을 행사하였다.
ㄷ. ㉢ – 화폐·곡식의 출납과 회계를 담당하였다.
ㄹ. ㉣ – 원 간섭기에 도평의사사로 개편되었다.

① ㄱ, ㄴ ② ㄱ, ㄷ
③ ㄴ, ㄷ ④ ㄴ, ㄹ
⑤ ㄷ, ㄹ

정답분석

ㄱ. 추밀원(중추원)은 중서문하성과 더불어 고려 시대 최고의 관부로, 군사 기밀과 왕명 출납, 왕실 숙위를 담당하였다. 추밀(군사 기밀 담당)과 승선(왕명 출납 담당)으로 구성되었는데, 이 중 추밀은 중서문하성의 재신과 함께 국정을 총괄하였다.
ㄴ. 어사대는 정치의 잘잘못을 논하고 관리의 비리를 감찰하는 기관으로, 어사대의 관원은 중서문하성의 낭사와 함께 대간이라 하였다. 이들은 간쟁(왕의 잘못을 논함), 봉박(잘못된 왕명을 시행하지 않고 되돌려보냄), 서경(관리 임명이나 법령의 개폐에 동의함)의 권한이 있었다.

선택지분석

ㄷ. 상서성은 실제 정무를 나누어 담당하는 6부(이·병·호·형·예·공)를 두고 정책의 집행을 담당하는 기관이었다. 화폐·곡식의 출납과 회계를 담당한 기관은 삼사이다.
ㄹ. 중서문하성은 고려 시대의 최고 관서로, 장관인 문하시중이 국정을 총괄하였다. 중서문하성은 원 간섭기에 첨의부로 개편되었으며, 도평의사사로 개편된 기관은 도병마사이다.

정답 ①

확인 문제

1 ㉠~㉤ 기구에 대한 설명으로 옳은 것은?

60회 [2점]

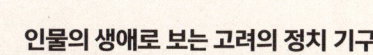

인물의 생애로 보는 고려의 정치 기구

▲ 윤관

- 출생년 미상
- 1095년 ㉠ 상서성 좌사낭중
- 1101년 ㉡ 추밀원(중추원) 지주사
- 1102년 ㉢ 어사대 어사대부
- 1103년 ㉣ 한림원 학사승지
- 1108년 ㉤ 중서문하성 문하시중
- 1111년 별세

① ㉠ – 학술 기관으로 경연을 관장하였다.
② ㉡ – 실록을 보관하고 관리하는 업무를 맡았다.
③ ㉢ – 관리의 비리를 감찰하고 풍기를 단속하였다.
④ ㉣ – 수도의 치안과 행정을 주관하였다.
⑤ ㉤ – 화폐와 곡식의 출납에 대한 회계를 담당하였다.

2 (가) 기구에 대한 설명으로 옳은 것은?

59회 [2점]

① 역사서 편찬과 보관을 주관하였다.
② 주로 국방과 군사 문제를 논의하였다.
③ 화폐, 곡식의 출납과 회계를 담당하였다.
④ 좌사정, 우사정의 이원적인 체제로 운영되었다.
⑤ 최우에 의해 설치되어 인사 행정을 처리하였다.

정답

1 ③ 어사대는 정치의 잘잘못을 논하고 풍속을 교정하며, 관리의 비리를 감찰하는 업무를 담당하였다.
2 ② 도병마사에서는 국방 문제 등 국가적인 주요 의제를 협의하였다.

Theme 030 거란과의 전쟁

PART 3 고려의 성립과 발전

출제 의도와 대책

고려는 국호에서 알 수 있듯이 고구려 계승을 표방하며 북진 정책을 추진하였다. 이에 따라 국초부터 거란을 적대시하였으며, 거란이 성장함에 따라 충돌이 불가피하였다. 그 결과 거란과의 세 차례 전쟁이 벌어지게 되었다. 거란은 당시 중국(송)을 침략하기 위해 배후의 고려를 공격한 것인데, 고려와의 전쟁에 패하면서 중국 진출을 단념하였다. 이에 아시아는 이후 100여 년간 세력 균형을 이루어 평화를 누리게 되었다.

필기노트 마인드맵

태조	훈요 10조에 거란 적대
	만부교 사건: 거란이 선물한 낙타를 만부교에서 굶겨 죽임
정종	거란에 대비해 광군 조직, 광군사 설치
성종	거란 1차 침입 → 서희의 담판, 강동 6주 획득
목종	개정 전시과 실시: 전·현직 관리 대상, 관등 기준(인품 배제)
	강조의 정변(1009)으로 폐위
현종	거란 2차 침입 강조의 정변 구실로 요 성종 침입
	개경 함락, 현종 나주 피난, 양규의 활약
	『7대실록』편찬 시작, 초조대장경 간행
	3차 침입: 강감찬의 귀주대첩
	제도 정비: 5도 양계 정비, 현화사 건립, 연등회·팔관회 부활
종전 이후: 개경에 나성, 국경에 천리장성을 쌓아 외침에 대비

거란의 2차 침입

거란 임금(요 성종)이 강조를 토벌한다는 구실로 친히 군사를 거느리고 와서 흥화진을 포위하였다. 양규는 도순검사가 되어 성문을 닫고 굳게 지켰다. …… 거란이 강조의 편지를 위조하여 흥화진에 보내어 항복하라고 설득하였다. 양규가 말하기를, "나는 왕명을 받고 온 것이지 강조의 명령을 받은 것이 아니다."라고 하면서 항복하지 않았다.

선택지 빅데이터

① ■■에 의해 발해가 멸망하였다. → 거란
② 태조 왕건 때 거란을 배척하여 ■■■ 사건이 일어났다. → 만부교
③ 정종 때 ■■을 조직하여 침입에 대비하였다. → 광군
④ 거란의 1차 침입 때 서희가 외교 담판을 벌여 ■■■■를 획득하였다. → 강동 6주
⑤ ■■가 정변을 일으켜 김치양을 제거하고 목종을 폐위하였다. → 강조
⑥ ■■ 때 강동 6주의 반환 등을 요구하며 거란이 침략하였다. → 현종
⑦ 거란의 2차 침입 때 침략을 피해 왕이 ■■로 피란하였다. → 나주
⑧ 거란에 대비하여 개경에 ■■을 쌓아 침입에 대비하였다. → 나성
⑨ 거란에 대비하여 압록강에서 도련포까지 ■■■■을 축조하였다. → 천리장성
⑩ 거란의 침입 때 국난을 극복하고자 ■■■■■을 간행하였다. → 초조대장경

대표 기출 1

(가)에 대한 고려의 대응으로 옳은 것은? 72회 [2점]

> 이 자료는 초조대장경의 일부입니다. (가) 의 침입으로 현종이 피란을 가고 개경이 함락되자 부처의 힘으로 나라를 지키려는 마음을 담아 조판하기 시작하였습니다.

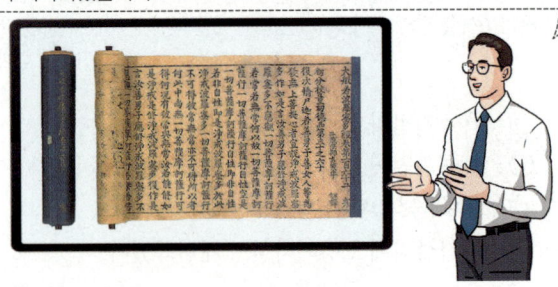

① 윤관을 보내 동북 9성을 개척하였다.
② 화통도감을 두어 화포를 제작하였다.
③ 광군을 조직하여 침입에 대비하였다.
④ 박위를 파견하여 근거지를 토벌하였다.
⑤ 철령위 설치에 반발해 요동 정벌을 추진하였다.

자료분석

(가)는 거란이다. 고려 현종 때 거란이 고려를 침략하자, 부처의 힘을 빌려 이를 극복하기 위해 초조대장경을 제작하였다. 초조대장경은 우리나라 최초의 대장경으로, 몽골의 2차 침입 때 소실되었다.

정답분석

③ 고려 정종 때 거란의 침입에 대비하여 광군사를 설치하고 광군을 조직하였다. 광군은 지방 호족의 군대를 국가 체제로 재편한 것으로 보인다.

선택지분석

① 예종 때 윤관은 별무반을 이끌고 여진을 정벌한 후 동북 9성을 쌓았다.
② 고려 말 우왕 때 왜구를 격퇴하기 위해 최무선의 건의에 따라 화통도감을 설치하여 화약과 화포를 제작하였다.
④ 고려 말 창왕 때 박위를 파견하여 왜구의 소굴이었던 대마도(쓰시마섬)를 정벌하게 하였다.
⑤ 고려 말 우왕 때 명이 원의 직할 통치 지역이었던 철령 이북의 쌍성총관부 지역이 원을 몰아낸 명의 영토라고 주장하며 철령위 설치를 통보하였다. 이에 우왕과 최영은 요동 정벌을 추진하였다.

정답 ③

대표 기출 2

(가) 왕의 재위 기간에 있었던 사실로 옳은 것은? 67회 [3점]

〈역사 연극 시나리오 구상〉
제목: (가) 의 험난한 피란길
○학년 ○반 ○모둠

장면1: 강조의 정변을 구실로 침입한 거란군이 서경까지 이르자 강감찬이 왕에게 남쪽으로 피란할 것을 권유한다.
장면2: 왕이 개경을 떠나 전라도 삼례에 이르는 동안 호위군이 도망가는 등의 어려움을 겪는다.
장면3: 나주에 도착한 왕은 강화가 성립되어 거란군이 물러간다는 소식을 듣고 안도한다.

① 만부교 사건이 일어났다.
② 초조대장경 조판이 시작되었다.
③ 사신 저고여가 귀국 길에 피살되었다.
④ 공주 명학소에서 망이·망소이가 봉기하였다.
⑤ 신돈을 중심으로 전민변정 사업이 추진되었다.

자료분석
자료 중 '강조의 정변', '거란군', '나주' 등을 통해 (가)가 고려 현종임을 알 수 있다. 거란(요)의 성종이 강조의 정변을 구실로 고려를 침략하자(2차 침략), 현종은 강감찬의 건의에 따라 나주로 피신하였다. 현종은 친조(임금이 직접 찾아가서 배알함)를 조건으로 강화를 청하였고, 거란 성종은 이를 받아들여 군대를 철수시켰다(1010).

정답분석
② 현종은 거란이 고려를 침략하자 부처의 힘을 빌려 이를 극복하기 위해 초조대장경을 제작하였다. 초조대장경은 우리나라 최초의 대장경으로, 몽골의 2차 침입 때 소실되었다.

선택지분석
① 고려 태조 때의 일이다. 태조 왕건 때 거란이 고려에 사신을 파견하여 낙타 50필을 보내왔으나, 고려는 거란을 발해를 멸망시킨 무도한 나라로 인식하여 사신을 섬으로 귀양 보내고 낙타를 개경의 만부교 아래에 묶어 놓아 굶어 죽게 하였다(만부교 사건, 942). 이를 계기로 고려와 거란의 국교가 단절되었다.
③ 고려 고종 때(최우 집권기)의 일이다. 몽골의 사신 저고여가 귀국 도중 압록강 가에서 피살당하였다(1225). 고려는 이를 여진의 소행이라고 통보하였으나, 몽골은 고려의 주장을 묵살하고 외교 관계를 단절하였다. 이 사건은 이후 몽골이 고려를 침입하는 직접적인 구실이 되었다.
④ 고려 명종 때(정중부 집권기)의 일이다. 명학소는 특수 행정 구역으로, 당시 특수 행정 구역민들은 일반 군현민에 비해 무거운 조세 부담을 졌다. 이에 망이·망소이는 봉기를 일으켜 자신들의 거주 지역을 일반 현으로 승격해 줄 것을 요구하였고, 당시 집권 세력은 명학소를 충순현으로 승격시켜주었으나, 이후 군을 파견하여 봉기를 진압하였다.
⑤ 고려 공민왕 때의 모습이다. 공민왕은 개혁 추진을 위해 전민변정도감을 설치하고 승려 신돈을 책임자로 임명하여 권문세족이 부당하게 빼앗은 토지를 원래의 소유자에게 돌려주고, 불법으로 노비가 된 자들을 해방시켜 국가 재정 기반을 확충하고 왕권을 강화하고자 하였다.

정답 ②

확인 문제

1 (가)~(다) 학생이 발표한 내용을 일어난 순서대로 옳게 나열한 것은? 66회 [2점]

① (가) - (나) - (다)
② (가) - (다) - (나)
③ (나) - (가) - (다)
④ (나) - (다) - (가)
⑤ (다) - (나) - (가)

2 (가)~(라)를 일어난 순서대로 옳게 나열한 것은? 56회 [3점]

(가) 양규가 무로대에서 거란군을 습격하여 2천여 명을 죽이고, 포로가 되었던 남녀 3천여 명을 되찾았다.
(나) 거란이 장차 침입하려 하므로 군사 30만 명을 선발하여 광군이라 부르고 광군사를 설치하였다.
(다) 왕이 소손녕의 봉산군 공격 소식을 듣고 서희를 보내 화의를 요청하니 소손녕이 침공을 중지하였다.
(라) 강감찬 등이 귀주에서 거란군을 맞아 싸웠다. 고려군이 맹렬하게 공격하니 거란군이 북으로 도망쳤다.

① (가) - (나) - (다) - (라)
② (가) - (나) - (라) - (다)
③ (나) - (가) - (라) - (다)
④ (나) - (다) - (가) - (라)
⑤ (다) - (라) - (나) - (가)

정답
1 ② (가) 광군 설치는 정종 때, (다) 서희의 담판은 성종 때(거란의 1차 침입), (나) 귀주 대첩은 현종 때(거란의 3차 침입)의 사실이다.
2 ④ (나) 정종 때 광군 설치, (다) 거란 1차 침입 때 서희의 담판, (가) 거란 2차 침입 때 양규의 활약, (라) 거란 3차 침입 때 강감찬의 귀주대첩이다.

Theme 031 여진과의 관계 변화

PART 3 고려의 성립과 발전

출제 의도와 대책

고려 초기에 여진은 부족별로 흩어져 살면서 고려의 관리를 받던 부족이었으나, 점차 부족을 통합하고 세력을 키워 고려와 충돌하게 되었다. 고려는 숙종, 예종 때 여진을 한차례 정벌하였으나, 여진의 통합을 계속되어 결국 거란을 멸망시키고 화북 지역까지 점령하였다. 이에 남송이 수립되었으며, 금은 인종 때 고려에 사대 관계를 요구하였다. 여진에 대한 고려의 대응 내용을 정리해 두어야 한다.

필기노트 마인드맵

- 숙종 윤관의 건의로 **별무반 조직, 신기군·신보군·항마군**
  화폐 발행 의천의 건의로 **주전도감** 설치
  해동통보·삼한통보·동국통보, **활구**(은병)
- 예종 윤관의 **동북 9성 축조**(척경입비도) → 1년 후 돌려줌
  감무 파견 시작, 관학에 7재 설치, 양현고 설치
- 인종: 이자겸 집권, **금의 사대 요구 수용**

척경입비도

윤관이 여진족을 정벌한 뒤 그 지역에 9성을 쌓고 '고려지경(高麗之境)'이라고 새겨진 비를 세우는 장면을 담은 기록화이다. 현재 남아 있는 척경입비도는 조선 후기에 제작된 〈북관유적도첩〉에 수록되어 있다.

별무반

적(敵)에게 패한 까닭이 그들은 기병인데 우리는 보병이라 대적할 수 없었다.'라는 상소에 따라 비로소 별무반이 설립되었다. …… 무릇 말을 가진 자를 신기군으로 삼았다. 말이 없는 자는 신보·도탕·경궁·정노·발화 등의 군으로 삼았고, 20살 이상 남자들로 거자(擧子)가 아니면 모두 신보군에 속하게 하였다. …… 승려를 뽑아서 항마군으로 삼아 다시 군사를 일으키고자 하였다.

선택지 빅데이터

① 여진을 정벌하기 위해 ■■■ 을 조직하였다. → 별무반
② 별무반은 ■■■, ■■■, 항마군으로 구성되었다. → 신기군, 신보군
③ 윤관은 별무반을 편성하고 ■■■ 을 축조하였다. → 동북 9성
④ 숙종 때 ■■■ 을 설치하여 해동통보를 발행하였다. → 주전도감
⑤ 예종 때 ■■ 을 정벌하여 동북 9성을 축조하였다. → 여진
⑥ 예종 때 ■■ 을 진흥하고자 양현고를 설치하였다. → 관학
⑦ 인종 때 ■■■ 이 금의 사대 요구 수용을 주장하였다. → 이자겸

대표 기출 1

(가) 왕에 대한 설명으로 옳은 것은? 70회 [2점]

이것은 조카 헌종을 몰아내고 즉위한 (가) 의 넷째 딸인 복령 궁주 왕씨 묘지명입니다. 여기에서는 복령 궁주를 '천자의 딸'이라고 표현하여 국왕의 권위를 드러내고자 하였습니다. (가) 은/는 개경 세력을 견제하고자 남경에 궁궐을 짓고, 재정을 확보하기 위해 주전도감을 설치하여 해동통보를 발행하는 등 왕권 강화를 꾀하였습니다.

① 여진 정벌을 위해 별무반을 창설하였다.
② 전국에 12목을 설치하고 관리를 파견하였다.
③ 광덕, 준풍 등의 독자적인 연호를 사용하였다.
④ 거란의 침입에 대비하여 개경에 나성을 축조하였다.
⑤ 『정계』와 『계백료서』를 지어 관리의 규범을 제시하였다.

자료분석

자료의 '주전도감', '해동통보' 등을 통해 (가)가 고려 숙종임을 알 수 있다. 숙종은 김위제의 주장에 따라 남경(서울)으로 수도를 옮기기 위해 남경개창도감을 설치하고 남경에 궁궐을 창설하였다. 동생인 의천의 건의로 주전도감을 설치하고 해동통보, 삼한통보 등의 화폐를 발행하였다.

정답분석

① 12세기 초에 여진족이 부족을 통일하고 두만강 유역까지 진출하자, 고려와의 충돌이 잦아졌다. 이에 숙종은 윤관의 건의에 따라 신기군(기병), 신보군(보병), 항마군(승병)으로 구성된 별무반을 조직하고 군사 훈련을 하였다.

선택지분석

② 고려 성종에 대한 설명이다. 성종은 최승로의 건의에 따라 주요 지역에 12목을 설치하고 지방관을 파견하였다.
③ 고려 광종에 대한 설명이다. 광종은 광덕, 준풍 등의 독자적인 연호를 사용하여 강화된 왕권을 과시하였다.
④ 고려 현종에 대한 설명이다. 거란의 세 차례 침략을 물리친 후 현종은 강감찬의 건의로 개경 주변에 나성을 쌓았다.
⑤ 고려 태조에 대한 설명이다. 태조 왕건은 『정계』와 『계백료서』를 지어 관리가 지켜야 할 규범을 제시하였는데, 현재 전하지는 않는다.

정답 ①

대표 기출 2

(가)~(다)를 일어난 순서대로 옳게 나열한 것은? 68회 [3점]

(가) 금의 군주 아구다가 국서를 보내 이르기를, "형인 금 황제가 아우인 고려 국왕에게 문서를 보낸다. …… 이제는 거란을 섬멸하였으니, 고려는 우리와 형제의 관계를 맺어 대대로 무궁한 우호 관계를 이루기 바란다."라고 하였다.

(나) 윤관이 여진인 포로 346명과 말, 소 등을 조정에 바치고 영주·복주·웅주·길주·함주 및 공험진에 성을 쌓았다. 공험진에 비(碑)를 세워 경계로 삼고 변경 남쪽의 백성을 옮겨 와 살게 하였다.

(다) 정지상 등이 왕에게 아뢰기를, "대동강에 상서로운 기운이 있으니 신령스러운 용이 침을 토하는 형국으로, 천 년에 한 번 만나기 어려운 일입니다. 천심에 응답하고 백성들의 뜻에 따르시어 금을 제압하소서."라고 하였다.

① (가) – (나) – (다)
② (가) – (다) – (나)
③ (나) – (가) – (다)
④ (나) – (다) – (가)
⑤ (다) – (나) – (가)

정답분석

③ (나) 고려 예종 때 윤관이 별무반을 이끌고 여진족을 북방으로 밀어낸 후 동북 지방 일대에 9개 성을 쌓았다(1107).
(가) 고려 예종 때 여진족의 아구다(아골타)가 만주 일대를 장악하고 금나라를 세운 후 사신을 보내 형제 관계를 맺을 것을 제안하였다(1117). 그러나 당시 고려는 여진을 동등한 관계로 인정하지 않아 화친은 이루어지지 않았다.
(다) 고려 인종은 이자겸의 난(1126) 이후 실추된 왕권을 회복하기 위해 정치 개혁을 추진하였다. 이 과정에서 묘청, 정지상 등 서경 세력은 풍수지리설을 내세워 고려가 어려움을 겪게 된 것은 개경의 지덕(地德)이 쇠약하기 때문이며, 나라를 중흥하고 국운을 융성하게 하려면 지덕이 왕성한 서경(평양)으로 천도해야 한다고 주장하였다.

정답 ③

확인 문제

1 (가)에 대한 고려의 대응으로 옳은 것은? 69회 [2점]

변방의 장수가 보고하기를, "□(가)□이/가 매우 사나워 변방의 성을 침입하고 있습니다."라고 하였다. …… 드디어 출병하기로 의논을 정하여 윤관을 원수로 삼고 지추밀원사 오연총을 부원수로 삼았다. 윤관이 아뢰기를, "신이 일찍이 선왕의 밀지를 받들었고 지금 또 엄명을 받았으니, 어찌 감히 삼군을 통솔하여 □(가)□의 보루를 깨뜨리고 우리의 강토를 개척하여 나라의 수치를 씻지 않겠습니까."라고 하였다.

① 광군을 창설하여 침입에 대비하였다.
② 박위를 파견하여 근거지를 토벌하였다.
③ 강화도로 도읍을 옮겨 장기 항전을 준비하였다.
④ 선물 받은 낙타를 만부교에서 굶어 죽게 하였다.
⑤ 동북 9성을 설치하고 경계를 알리는 비석을 세웠다.

2 다음 상황이 나타난 시기를 연표에서 옳게 고른 것은? 57회 [2점]

행영병마별감 승선 최홍정과 병마사 이부상서 문관이 여진 추장 거위이 등에게 타일러 말하기를, "너희가 9성의 반환을 요청했으니 마땅히 이전에 했던 약속처럼 하늘에 대해 맹세하라."라고 하였다. 추장 등은 함주 성문의 밖에 단을 설치하고 하늘에 맹세하기를, "지금 이후 대대손손 악한 마음을 품지 않고 해마다 조공을 바칠 것입니다. 이 맹세에 변함이 있으면 우리나라[蕃土]는 멸망할 것입니다."라고 하였다. 맹세를 마치고 물러갔다. 최홍정 등은 길주부터 시작하여 차례로 9성의 전투 장비와 군량을 내지(內地)로 들여왔다.

– 『고려사』 –

947	1019	1044	1104	1126	1174
	(가)	(나)	(다)	(라)	(마)
광군사 설치	귀주 대첩	천리장성 완공	별무반 편성	이자겸의 난	조위총의 난

① (가) ② (나) ③ (다) ④ (라) ⑤ (마)

정답

1 ⑤ 윤관은 별무반을 이끌고 여진을 정벌한 후 동북 지방 일대에 9개의 성(동북 9성)을 쌓고 고려지경(高麗之境)이라 새겨진 비를 세웠다.

2 ④ 예종 때 윤관이 별무반을 이끌고 여진을 정벌하여 동북 9성을 축조하였다(1107). 그러나 여진의 간청과 수비의 어려움 등으로 인해 1년 만에 반환하였다.

Theme 032 문벌 귀족 사회의 동요

PART 3 고려의 성립과 발전

출제 의도와 대책

성종 이후 대대로 고위 관직자를 배출하는 문벌 귀족이 형성되었다. 이들은 과거와 음서, 공음전 등을 바탕으로 지위를 세습하면서 왕실 및 문벌 귀족끼리 폐쇄적 통혼 관계를 통해 영향력을 유지하였다. 이후 경원 이씨 가문이 거듭해서 왕비를 배출하면서 권력이 강해져 문벌 귀족 사회의 모순이 드러나기 시작하였다. 한편 이 시기에 금이 세력을 키워 거란을 멸망시키고 고려에 사대 관계를 요구하였으며, 이자겸 집권기에 이를 수용하였다.

필기노트 마인드맵

[이자겸의 난]
- 배경: 이자겸이 예종과 인종의 장인으로 왕보다 강한 권력 행사
- 전개
  - 이자겸이 한안인 등 인종의 측근 세력과 대립
  - 인종이 이자겸 제거 시도 → 이자겸이 척준경과 함께 반란
  - 궁궐이 불타고 인종 유폐됨
- 진압: 인종이 척준경 회유 → 척준경을 이용해 이자겸 제거
  - 척준경이 탄핵을 받아 유배됨
- 결과: 왕실 권위 추락 → 정치 개혁 추진(서경파 대두)

[묘청의 서경 천도 운동]
- 발단: 묘청 등 서경 세력이 서경 천도와 금국 정벌, 칭제건원 주장
  - → 서경에 대화궁을 짓고 서경 천도 준비
  - → 김부식 등 개경파 문벌 귀족의 반대로 실패
- 전개: 묘청 세력이 서경에서 반란 → 국호 대위, 연호 천개
  - 김부식의 관군이 1년여 만에 진압
- 평가: 1천년래 제일 대사건(신채호)

신채호의 평가

이 싸움은 낭가 및 불교 대 유교의 싸움이며, 국풍파 대 한학파의 싸움이다. 또 독립당 대 사대당의 싸움이고, 진취 사상 대 보수 사상의 싸움이다. 묘청은 전자의 대표요, 김부식은 후자의 대표였다. 이 싸움에서 묘청이 패하고 김부식이 승리하였으므로, 조선의 역사가 사대적이고 보수적인 유교에 정복되고 말았다.

선택지 빅데이터

① 경원 이씨 가문이 왕실의 ■■이 되어 권력을 독점하였다. → 외척
② ■■■과 척준경이 반란을 일으켜 궁궐을 불태웠다. → 이자겸
③ 이자겸이 금의 ■■ 요구를 수용하자고 주장하였다. → 사대
④ 묘청이 수도를 ■■으로 옮길 것을 주장하였다. → 서경
⑤ 묘청 등이 서경에서 난을 일으키고 국호를 ■■로 하였다. → 대위
⑥ 묘청 일파는 칭제건원과 ■■ 정벌을 주장하였다. → 금국
⑦ 묘청 일파가 ■■■이 이끄는 관군에 의해 토벌되었다. → 김부식
⑧ ■■■는 서경 천도 운동을 조선 역사상 일천년래 제일 대사건으로 평가하였다. → 신채호

대표 기출 1

다음 검색창에 들어갈 왕의 재위 시기에 있었던 사실로 옳은 것은?

73회 [2점]

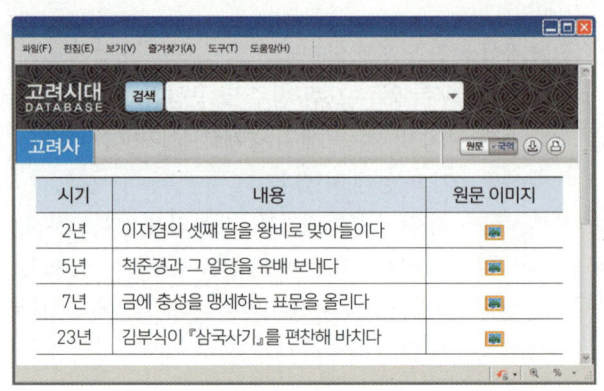

① 최충헌이 봉사 10조를 올렸다.
② 동북 9성이 여진에 반환되었다.
③ 국자감이 성균관으로 개칭되었다.
④ 묘청 등이 서경에서 난을 일으켰다.
⑤ 광덕, 준풍 등의 독자적 연호가 사용되었다.

자료분석

이자겸은 자신의 딸들을 예종과 인종에게 거듭 왕비로 들이면서 인종 때는 왕의 외할아버지이자 장인으로서 정권을 독차지하였다. 인종이 이를 견제하려 하자 척준경과 함께 궁궐을 불태우고 인종을 자신의 집에 유폐시키는 이자겸의 난을 일으켰다. 이후 인종이 척준경을 회유하여 이자겸을 축출하고, 척준경 또한 실각시켜 유배 보냈다.

정답분석

④ 이자겸의 난을 진압한 후 인종은 정치 혁신을 추진하였는데, 이때 묘청·정지상 등 서경 세력이 서경길지설을 바탕으로 서경 천도를 주장하였다. 그러나 김부식 등 개경파 문벌 귀족의 반대로 서경 천도가 무산되자 묘청 등이 서경에서 난을 일으켰다. 김부식이 관군을 이끌고 이를 진압하였으며, 이후 김부식 등이 왕명을 받아 『삼국사기』를 편찬하였다.

선택지분석

① 명종 때 최충헌은 이의민을 제거하고 집권한 뒤 봉사 10조라는 개혁안을 올려 집권의 정당성을 확보하려 하였다.
② 예종 때 윤관이 별무반을 이끌고 여진을 몰아내고 동북 9성을 개척하였으나, 수비의 어려움으로 인해 1년 만에 반환하였다.
③ 고려 시대 최고 교육 기관인 국자감은 국학, 성균감 등으로 명칭이 바뀌다가 충선왕 때 성균관으로 개칭되었다.
⑤ 광종은 광덕, 준풍 등의 독자적 연호를 사용하고 개경을 황도, 서경을 서도라 부르는 등 황제를 칭하였다.

정답 ④

대표 기출 2

(가)~(다)를 일어난 순서대로 옳게 나열한 것은? 65회 [3점]

(가) 왕이 보현원 문에 들어서자 …… 이고 등이 왕을 모시던 문관 및 대소 신료, 환관들을 모두 살해하였다. …… 정중부 등이 왕을 모시고 환궁하였다.

(나) 이자겸과 척준경이 왕을 위협하여 남궁(南宮)으로 거처를 옮기게 하고 안보린, 최탁 등 17인을 죽였다. 이 외에도 죽인 군사가 헤아릴 수 없을 정도였다.

(다) 묘청이 서경을 근거지로 삼고 반란을 일으켰다. …… 국호를 대위, 연호를 천개, 그 군대를 천견충의군이라 불렀다.

① (가) - (나) - (다)
② (가) - (다) - (나)
③ (나) - (가) - (다)
④ (나) - (다) - (가)
⑤ (다) - (가) - (나)

정답분석

④ (나) 고려 인종 때 왕의 외조부이자 장인인 이자겸이 권력을 독점하자, 인종은 측근 세력과 함께 이자겸을 제거하고자 하였다. 그러나 이 계획이 사전에 발각되자, 이자겸은 자신의 측근인 척준경과 함께 난을 일으켜 인종을 가두고 정권을 장악하였다(이자겸의 난, 1126).

(다) 이자겸의 난 이후 인종은 실추된 왕권을 회복하기 위해 묘청, 정지상 등 서경 세력과 함께 서경 천도를 준비하였으나, 개경 세력의 반대로 천도 계획이 무산되었다. 이에 묘청 세력은 서경에서 난을 일으켜 국호를 대위, 연호를 천개라 하였다(묘청의 난, 1135). 이들은 김부식이 이끄는 관군에 의해 1년여 만에 진압되었다.

(가) 고려 의종 때 무신 차별에 불만을 품은 정중부, 이의방, 이고 등이 왕의 보현원 행차 때 정변을 일으켜 김돈중 등 문신들을 제거하고 권력을 장악하였다(무신 정변, 1170).

정답 ④

확인 문제

1 밑줄 친 '이 사건'이 일어난 시기를 연표에서 고른 것은? 61회 [2점]

> **문학으로 만나는 한국사**
> 비 개인 긴 언덕에는 풀빛이 푸른데
> 남포에서 님 보내며 슬픈 노래 부르네
> 대동강 물은 그 언제 다할 것인가
> 이별의 눈물 해마다 푸른 물결에 더하는 것을
>
> 이 시의 제목은 '송인(送人)'으로, 고려 시대의 문인 정지상이 서경을 배경으로 지은 작품이다. 서경 출신인 그는 묘청 등과 함께 수도를 서경으로 옮길 것을 주장하였다. 이로 인해 개경 세력과 정치적으로 대립하던 중 <u>이 사건</u>이 일어나자 김부식에 의해 죽임을 당하였다.

918	1019	1126	1270	1351	1392
	(가)	(나)	(다)	(라)	(마)
고려 건국	귀주 대첩	이자겸의 난	개경 환도	공민왕 즉위	고려 멸망

① (가) ② (나) ③ (다) ④ (라) ⑤ (마)

2 (가), (나) 사이의 시기에 있었던 사실로 옳은 것은? 67회 [2점]

(가) 윤관이 포로 346구와 말 96필, 소 300여 마리를 바쳤다. 의주와 통태진·평융진에 성을 쌓고, 함주·영주·웅주·길주·복주, 공험진과 함께 북계 9성이라 하였다.

(나) 그해 12월 16일에 처인부곡의 작은 성에서 적과 싸우던 중 화살로 적의 괴수인 살리타를 쏘아 죽였습니다. 사로잡은 자들이 많았으며 나머지 무리는 무너져 흩어졌습니다.

① 외침에 대비하여 광군을 조직하였다.
② 서희의 활약으로 강동 6주를 획득하였다.
③ 이제현이 만권당에서 유학자들과 교유하였다.
④ 묘청 등이 칭제 건원과 금 정벌을 주장하였다.
⑤ 압록강에서 도련포까지 천리장성을 축조하였다.

정답

1 ③ 이자겸의 난 이후 왕권이 실추되자 인종이 개혁 정치를 추진하는 과정에서 묘청 등 서경 세력이 서경길지설을 바탕으로 서경 천도와 칭제 건원, 금국 정벌 등을 주장하였다.

2 ④ 예종 때 동북 9성을 개척했다가 여진에게 돌려주었다. 인종 때 이자겸의 난과 묘청의 난으로 문벌 귀족 사회가 동요되었다. 의종 때 무신 정변이 일어났으며 최우 집권기에 몽골이 침입하였다.

Theme 033 무신 정권

PART 3 고려의 성립과 발전

출제 의도와 대책

고려는 숭문천무 정책으로 무신들을 천대하는 경향이 있었다. 젊은 문신들이 장군인 정중부의 수염을 불태우거나, 공공연히 대장군의 뺨을 때리는 등의 사건이 일어나 무신의 불만이 더욱 커졌다. 또한 공음전 등으로 세습되는 토지가 많아지면서 군인전이 제대로 지급되지 않는 등 하급 군인들의 불만도 팽배해졌다. 이에 무신들은 정변을 일으켜 정권을 장악하게 되었다. 무신정권기는 집권자의 변동, 최씨 무신 정권의 성립이 주로 출제되며, 최우 집권 이후는 대몽 항쟁기와도 겹치므로 시기를 구분해서 파악해 두어야 한다.

필기노트 마인드맵

- 정중부: 중방(무신 회의 기구) 중심 정치
- 경대승: 도방(사병 집단) 설치
- 이의민: 천민 출신, 의종 살해
- 최충헌 ─ 봉사 10조 건의 → 사회개혁안 제시
  └ 교정도감 설치(수장 교정별감) → 최고 정치 기구
- 최우 ─ 정방 설치(인사권 장악), 서방 설치(문신 숙위 기구)
  ├ 강화 천도 → 대몽 항쟁 전개
  └ 삼별초 설치 → 사병 집단, 좌별초·우별초·신의군
- 반무신난: 서경 유수 조위총의 난, 동북면 병마사 김보당의 난
- 하층민 봉기: 망이·망소이의 난(공주 명학소), 만적의 난(노비 해방),
  김사미·효심의 난(운문·초전), 백제·신라 부흥 운동

선택지 빅데이터

① ■■■ 등이 보현원에서 정변을 일으켜 권력을 장악하였다.
→ 정중부
② 무신정변으로 ■■이 왕위에서 쫓겨나 거제도로 추방되었다. → 의종
③ ■■은 경대승이 신변 보호를 위해 만든 사병 조직이다. → 도방
④ 서경 유수 ■■■이 군사를 일으켜 정중부 등의 제거를 도모하였다.
→ 조위총
⑤ 최씨 무신 집권기에 ■■■■이 국정을 총괄하는 기구로 부상하였다. → 교정도감
⑥ 최충헌은 ■■■■이 되어 국정 전반을 장악하였다. → 교정별감
⑦ ■■■은 봉사 10조를 올려 시정 개혁을 건의하였다. → 최충헌
⑧ 최우가 인사 행정 담당 기구로 ■■을 설치하였다. → 정방
⑨ 최우가 설치한 ■■은 국정 자문을 위한 문신들의 숙위 기구이다.
→ 서방
⑩ 최우는 좌·우■■와 ■■■으로 구성된 삼별초를 조직하였다.
→ 별초, 신의군
⑪ ■■■는 최씨 무신 정권의 군사적 기반이었다. → 삼별초

대표 기출 1

(가)~(다)를 일어난 순서대로 옳게 나열한 것은? 72회 [3점]

(가) 왕이 먼저 나라 안의 신하들을 권유하여 개경으로 환도하게 하였다. 여러 신하들이 말하기를 "임금의 명령인데, 감히 따르지 않을 수 있겠는가?"라고 하였으므로, 임유무가 화가 나서 어떻게 해야 할지를 알지 못하였다.

(나) 조위총이 군사를 일으키자, 이의방이 이의민을 정동대장군 지병마사로 임명하였다. 이의민이 군사를 거느리고 전투에 나섰다가 날아오는 화살에 눈을 맞았으나, 철령으로 진군하여 사방에서 북을 치고 고함을 지르면서 급습하여 크게 격파하였다.

(다) 백관이 최우의 집에 나아가 정년도목(政年都目)을 올렸다. 최우가 청사에 앉아 그것을 받았다. 6품 이하는 당하(堂下)에서 두 번 절하고 땅에 엎드려 감히 고개를 들고 보지 못하였다. 이때부터 최우는 정방을 그의 집에 두고 백관의 인사 행정을 처리하였다.

① (가) - (나) - (다) ② (가) - (다) - (나)
③ (나) - (가) - (다) ④ (나) - (다) - (가)
⑤ (다) - (나) - (가)

정답분석

④ (나) 1174년에 서경 유수 조위총이 정중부와 이의방의 타도를 명분으로 서경에서 군사를 일으켜 개경 근처까지 진격하였다. 이후 서경을 중심으로 농성하였으나 1176년에 진압되었다.
(다) 최충헌에 이어 집권한 최우는 당시 최고 권력 기구인 교정도감을 통해 권력을 행사하는 한편, 1225년에 자신의 집에 정방을 설치하여 관리의 인사권을 장악하였다.
(가) 임유무는 고려의 마지막 무신 집권자로, 1270년에 원종이 개경으로의 환도를 명하자, 이를 거부하고 원종에 맞서다가 처형되었다.

정답 ④

대표 기출 2

(가) 사건에 대한 탐구 활동으로 가장 적절한 것은? 70회 [2점]

거제의 둔덕기성은 신라 시대에 축조되었고, 고려 시대에 성벽이 개축되어 축성법의 변화를 연구하는 데 학술적 가치가 큰 사적입니다.

정중부 등이 일으킨 (가) (으)로 폐위된 의종이 이 곳에서 머물렀다고 전해지고 있습니다. 이후 김보당은 의종을 경주로 피신시켜 복위를 시도하였습니다.

① 정동행성이 설치되는 배경을 살펴본다.
② 철령위 설치에 대한 최영의 대응을 검색한다.
③ 칭제 건원과 금국 정벌을 주장한 인물을 찾아본다.
④ 서경유수 조위총이 반란을 일으킨 이유를 알아본다.
⑤ 이성계 등 신흥 무인 세력이 성장하는 과정을 조사한다.

자료분석
자료의 '정중부', '폐위된 의종' 등을 통해 (가)가 무신 정변임을 알 수 있다. 당시 무신에 대한 차별에 불만을 가진 정중부, 이의방 등이 정변을 일으켜 의종을 폐위하고 문신들을 몰아낸 후 권력을 장악하였다. 이에 동북면 병마사 김보당이 정중부 토벌과 의종 복위를 내걸고 난을 일으켰으나 진압되었다.

정답분석
④ 김보당의 난 이후 서경유수 조위총도 정중부 등을 타도하기 위해 지방군과 농민을 모아 서경에서 난을 일으켰으나 진압되었다.

선택지분석
① 정동행성은 원나라(몽골)와 관련된 기구이다. 개경 환도 후 고려는 원의 강요로 일본 원정에 동원되었다. 첫 원정에 실패한 후 원은 2차 원정 준비를 위해 정동행성을 설치하고 장관인 승상에 고려 왕을 임명하였다. 정동행성은 2차 원정 실패 이후에도 존속되어 고려의 내정을 간섭하였다.
② 고려 말 우왕 때 명나라가 과거에 원나라가 지배한 철령 이북의 땅을 직속령으로 삼기 위해 철령위를 설치하겠다고 통보하자, 우왕과 최영은 요동을 정벌하고자 하였다. 이에 이성계는 4불가론을 내세워 반대하여 최영과 대립하였다.
③ 고려 인종 때 묘청 등 서경 세력은 풍수지리설을 내세워 서경 천도 및 칭제 건원과 금국 정벌을 주장하였다.
⑤ 고려 말 왜구와 홍건적을 격퇴하는 과정에서 이성계 등 신흥 무인 세력이 성장하였다.

정답 ④

확인 문제

1 (가) 인물의 활동으로 옳은 것은? 67회 [2점]

이것은 이의민을 제거하고 정권을 장악한 (가) 의 묘지명 탁본입니다. 여기에는 그가 명종의 퇴위와 신종의 즉위에 관여한 사실 등이 기록되어 있습니다.

① 인사 행정을 담당하던 정방을 폐지하였다.
② 교정도감을 두어 국가의 중요한 사무를 처리하였다.
③ 삼별초를 이끌고 진도로 이동하여 대몽 항쟁을 펼쳤다.
④ 화약과 화포 제작을 위한 화통도감 설치를 건의하였다.
⑤ 후세의 정책 방향을 제시하기 위해 훈요 10조를 남겼다.

2 (가) 인물의 활동으로 옳은 것은? 64회 [2점]

고려 고종의 능인 홍릉이 강화도에 조성된 이유는 무엇일까?

몽골 침략 당시 실권자였던 (가) 이/가 항전을 위해 강화 천도를 강행한 후에 고종이 이곳에서 승하했기 때문이야.

① 인사 행정 담당 기구로 정방을 설치하였다.
② 봉사 10조를 올려 시정 개혁을 건의하였다.
③ 삼별초를 이끌고 진도 용장성에서 항전하였다.
④ 군사를 일으켜 정중부 등의 제거를 도모하였다.
⑤ 전민변정도감의 책임자로 임명되어 권문세족을 견제하였다.

정답
1 ② 이의민을 죽이고 정권을 장악한 최충헌은 집권 후 교정도감을 설치하여 최고 정무 기구로 삼았으며, 스스로 그 수장인 교정별감이 되어 국정을 총괄하였다.
2 ① 최씨 무신 정권의 2대 집권자인 최우는 자신의 집에 정방을 설치하여 인사권을 장악하였다. 최우 집권기에 몽골의 침략이 일어나자 최우가 강화 천도를 주도하였다.

Theme 034 대몽 항쟁

PART 3 고려의 성립과 발전

출제 의도와 대책

13세기에 칭기즈 칸이 몽골을 통합하여 금을 멸망시키고 대외 확장에 나섰다. 고려는 몽골과 강동성에서 처음 접촉하여 형제 관계를 맺었으나, 저고여 피살 사건을 계기로 몽골은 30여년에 걸쳐 여러 차례 고려를 침략하였다. 이 과정에서 황룡사 9층 목탑 등 많은 문화재가 소실되었다. 고려는 강화로 수도를 옮겨 장기 항전을 준비하였으며, 특히 천대받던 노비나 소의 주민 등까지 적극적으로 항전에 나섰다. 결국 고려는 몽골과 강화를 맺고 개경으로 환도하였으며, 이에 반발한 삼별초의 항쟁이 전개되었다.

필기노트 마인드맵

- 접촉: 강동성 전투(고려에 들어온 거란의 잔당을 몽골·고려가 진압)
- 계기: 몽골 사신 저고여가 고려 국경 부근에서 피살됨
- 과정 1차: **귀주성에서 박서**의 항전, 충주 노군·잡류별초 항전
  - 강화 천도 → 2차 침입
  - 2차 침입: 충주 다인철소 항쟁
  - 5차 침입: 김윤후가 처인성에서 살리타 사살
  - **팔만대장경판** 조성(부처의 힘으로 몽골을 물리치기 위해)
- 강화: 고종 때 태자(원종)가 쿠빌라이와 강화
- 삼별초의 항쟁 개경 환도 → **삼별초 봉기**
  - 진도: **배중손** 주도, **용장성**을 쌓고 항전
  - 제주도: **김통정** 주도, **항파두리성**을 쌓고 항전
  - 여몽 연합군에 의해 진압

개경 환도, 삼별초의 항쟁

지원(至元) 7년, 원종이 강화에서 송경(松京)으로 환도할 적에 장군 홍문계 등이 나라를 그르친 권신 임유무를 죽이고 왕이 정권을 되찾을 수 있도록 하였다. 권신의 가병, 신의군 등의 부대가 승화후(承化侯)를 옹립하고 반역을 도모하면서, 미처 강화를 떠나지 못한 신료와 군사들을 강제로 이끌고 남쪽으로 항해하여 가니 배의 행렬이 길게 이어졌다.

선택지 빅데이터

① 고려는 ■■■로 도읍을 옮겨 몽골의 침략에 대비하였다. → 강화도
② 김윤후가 ■■■에서 살리타를 사살하였다. → 처인성
③ 고려는 대장도감을 설치하여 ■■■■■을 만들었다. → 팔만대장경판
④ 몽골의 침입을 받아 ■■■ 구층 목탑이 소실되었다. → 황룡사
⑤ 몽골의 침입 때 충주 지역에서 다인■■ 주민들이 항전하였다. → 철소
⑥ 배중손은 삼별초를 이끌고 ■■로 이동하여 대몽 항쟁을 펼쳤다. → 진도
⑦ 삼별초는 진도와 ■■■로 근거지를 옮겨 항쟁하였다. → 제주도
⑧ 삼별초는 제주도에서 항전하다가 ■·■■■에 의해 진압되었다. → 여·몽 연합군

대표 기출 1

(가)에 대한 고려의 대응으로 옳은 것은?   71회 [2점]

> ○ 박서는 김중온의 군사로 성의 동서쪽을, 김경손의 군사로는 성의 남쪽을, 별초 250여 인은 나누어 3면을 지키게 하였다. (가) 의 군사들이 성을 여러 겹으로 포위하고 공격하자 성안의 군사들이 갑자기 나가 싸워 그들을 패주시켰다.
> ○ 송문주는 귀주에서 종군하였던 사람인데 그 공으로 낭장(郎將)으로 초수(超授)되었다. 이후 죽주 방호별감이 되었을 때, (가) 이/가 죽주성에 이르러 보름 동안이나 다방면으로 공격하였으나 성을 빼앗지 못하고 물러갔다.

① 강화도로 도읍을 옮겨 항전하였다.
② 광군을 창설하여 침입에 대비하였다.
③ 화통도감을 설치하여 군사력을 증강하였다.
④ 철령위 설치에 반발하여 요동 정벌을 추진하였다.
⑤ 신기군, 신보군, 항마군으로 구성된 별무반을 창설하였다.

자료분석
자료의 '박서', '송문주'는 고려 때 몽골과의 항전과 관련된 인물들이다. 박서는 몽골의 1차 침입 당시 귀주성(평안북도 구성)에서 몽골군을 맞아 끝까지 항쟁해 성을 지켜낸 인물이며, 송문주는 귀주성 전투 때 박서의 휘하에 있었으며, 몽골의 3차 침입 때는 죽주성(경기도 안성)에서 몽골군을 대파하였다. 따라서 (가)는 몽골이다.

정답분석
① 몽골의 1차 침입 이후 당시 집권자였던 최우는 수도를 강화도로 옮기고 주민들을 산성과 섬으로 피난시킨 뒤 몽골과의 장기 항전을 준비하였다.

선택지분석
② 고려 정종 때 거란의 침입에 대비하여 광군사를 설치하고 광군을 조직하였다. 광군은 지방 호족의 군대를 국가 체제로 재편한 것으로 보인다.
③ 고려 말 우왕 때 왜구를 격퇴하기 위해 최무선의 건의에 따라 화통도감을 설치하여 화약과 화포를 제작하였다.
④ 고려 말 우왕 때 명이 원의 직할 통치 지역이었던 철령 이북의 쌍성총관부 지역이 원을 몰아낸 명의 영토라고 주장하며 철령위 설치를 통보하였다. 이에 우왕과 최영은 요동 정벌을 추진하였다.
⑤ 고려 숙종 때 여진을 정벌하기 위해 윤관의 건의로 별무반을 창설하였다.

정답 ①

대표 기출 2

(가), (나) 사이의 시기에 있었던 사실로 옳은 것은? 70회 [2점]

> (가) 최우가 녹전거(祿轉車) 100여 대를 빼앗아 집안의 재물을 강화도로 옮기니, 수도가 흉흉하였다. …… 또 사자(使者)를 여러 도에 나누어 보내어, 백성을 산성과 섬으로 옮겼다.
>
> (나) 김방경과 흔도(忻都), 홍차구, 왕희, 왕옹 등이 3군을 거느리고 진도를 토벌하여 크게 격파하고, 승화후 왕온을 죽였다. 김통정이 남은 무리를 이끌고 탐라로 도망하여 들어갔다.

① 양규가 곽주성을 급습하여 탈환하였다.
② 최무선이 진포에서 왜구를 격퇴하였다.
③ 강조가 정변을 일으켜 국왕을 폐위하였다.
④ 김윤후가 처인성에서 살리타를 사살하였다.
⑤ 이자겸과 척준경이 반란을 일으켜 궁궐을 불태웠다.

자료분석
(가) 몽골의 1차 침입 이후 최우는 몽골과의 장기 항전과 정권 유지를 위해 수도를 강화도로 옮겼다(1232).
(나) 배중손 등 삼별초가 원종의 개경 환도에 반대하며 왕족인 승화후 왕온을 새 왕으로 받들고 본거지를 진도로 옮긴 후 항몽 투쟁을 하였다. 그러나 여·몽 연합군의 공격으로 대패하였으며, 이때 배중손과 승화후 왕온이 사망하였다(1271).

정답분석
④ 몽골의 2차 침입(1232) 때 처인성(경기도 용인)에서 승려 김윤후가 몽골의 지휘관인 살리타를 사살하였다.

선택지분석
① 거란의 2차 침입(1010) 때 양규가 거란에게 빼앗긴 곽주성을 급습하여 탈환하고 성안의 고려 백성 7,000여 명을 구출하였다.
② 우왕 때 최무선의 건의로 화통도감을 설치하여 화포 등 많은 화약 무기를 생산하였으며, 진포 해전에서 처음으로 화약 무기를 활용해 왜구를 격퇴하였다.
③ 목종 때 왕의 모후인 천추태후와 김치양이 전횡을 저지르자, 서북면 도순검사 강조가 군사를 이끌고 정변을 일으켜 목종을 폐위하고 대량원군(현종)을 즉위시켰다(강조의 정변, 1009).
⑤ 인종 때 왕의 외조부이자 장인인 이자겸이 권력을 독점하자, 인종은 이자겸을 제거하고자 하였다. 그러나 이 계획이 사전에 발각되어 이자겸은 자신의 측근인 척준경과 함께 난을 일으켜 인종을 가두고 정권을 장악하였다(이자겸의 난, 1126).

정답 ④

확인 문제

1 (가) 군사 조직에 대한 설명으로 옳은 것은? 68회 [2점]

> 이것은 태안 마도 3호선에서 발굴된 죽찰입니다. 적외선 촬영 기법을 통해 상어를 담은 상자를 우□□별초도령시랑 집에 보낸다는 문장이 확인되었습니다. 우□□별초는 우별초로 해석되는데, 우별초는 최씨 무신 정권이 조직한 (가) 의 하나로 시랑은 장군 격인 정 4품이었습니다.

① 후금의 침입에 대비하고자 창설되었다.
② 원의 요청으로 일본 원정에 참여하였다.
③ 신기군, 신보군, 항마군으로 편성되었다.
④ 진도에서 용장성을 쌓고 몽골에 대항하였다.
⑤ 응양군과 용호군으로 구성된 국왕의 친위 부대였다.

2 (가), (나) 사이의 시기에 있었던 사실로 옳은 것은? 69회 [3점]

> (가) 살리타가 이첩(移牒)하기를, "황제께서 고려가 사신 저고여를 죽인 이유 등 몇 가지 일을 묻게 하셨다."라고 하면서 말 2만 필, 어린 남녀 수천 명, 자주색 비단 1만 필, 수달피 1만 장과 군사의 의복을 요구하였다.
>
> (나) 첨의부에서 아뢰기를, "제국 대장 공주의 겁령구*와 내료(內僚)들이 좋은 땅을 많이 차지하여 산천으로 경계를 정하고 사패(賜牌)**를 받아 조세를 납입하지 않으니, 청컨대 사패를 도로 거두소서."라고 하였다.
>
> *겁령구: 시종인 / **사패: 토지 등에 대한 권리를 인정해 주는 증서

① 신숭겸이 공산 전투에서 전사하였다.
② 최승로가 왕에게 시무 28조를 올렸다.
③ 김방경의 군대가 탐라에서 삼별초를 진압하였다.
④ 강감찬이 개경에 나성을 축조할 것을 건의하였다.
⑤ 경대승이 정중부 등을 제거하고 권력을 장악하였다.

정답
1 ④ 삼별초는 개경 환도에 반발하여 독자 정부를 세우고 진도로 근거지를 옮긴 후 용장성을 쌓고 대몽 항쟁을 전개하였다.
2 ③ 삼별초는 진도가 함락된 후 김통정의 지휘 아래 본거지를 제주도(탐라)로 옮겨 항전을 계속하였으나, 이 역시 김방경과 흔도가 이끈 여·몽 연합군에 의해 진압되었다.

Theme 035 원 간섭기

PART 3 고려의 성립과 발전

출제 의도와 대책

오랜 항쟁 끝에 강화를 맺은 고려는 비록 원의 제후국이 되었지만 왕조의 유지를 보장받았다. 고려는 충렬왕을 시작으로 원의 왕족과 결혼하여 부마국이 되고, 왕실 칭호와 관제 등도 제후국에 맞추어 격하되었다. 일본 원정에 동원되어 많은 인력과 물자를 소모해야 했으며, 이 과정에서 세워진 정동행성은 내정 간섭 기구로 남았다. 이 시기에 원과의 관계를 바탕으로 권문세족이 새로운 지배층으로 등장하였다.

필기노트 마인드맵

- 정치
  - 충렬왕: 일본 원정 → **정동행성** 설치, 응방 설치
    - 섬학전 설치, 도병마사를 **도평의사사로 개편**
  - 충선왕: 정방 폐지 → **사림원** 설치
    - 의염창 설치 → **소금전매제** 시행
    - 충숙왕에게 양위 후 대도(북경)에 **만권당 설치**
  - 충목왕: 정치도감 설치, 경천사지 10층 석탑 건립
  - 공민왕: **반원 자주 개혁**
- 사회 변화
  - 호칭·관제: 2성 → 첨의부, 중추원 → 밀직사
    - 충○왕으로 묘호 개편
  - 사회: **지배층 사이에 변발과 호복 유행**(몽골풍)
    - 조혼 풍습(공녀 징발을 피하기 위해)

왕실 호칭과 관제 격하
다루가치가 왕을 비난하면서 말하기를, "선지(宣旨)라 칭하고, 짐(朕)이라 칭하고, 사(赦)라 칭하니 어찌 이렇게 참람합니까?"라고 하였다. …… 이에 선지를 왕지(王旨)로, 짐을 고(孤)로, 사를 유(宥)로, 주(奏)를 정(呈)으로 고쳤다.

원 간섭기의 경제 상황
제국 대장 공주가 일찍이 잣과 인삼을 [원의] 강남 지역으로 보내 많은 이익을 얻었다. 나중에는 환관을 각지에 파견하여 잣과 인삼을 구하게 하였다. 비록 나오지 않는 땅이라 하더라도 강제로 거두니 백성들이 매우 괴로워하였다.

선택지 빅데이터

① 도병마사가 ▨▨▨▨▨로 개편되었다. → 도평의사사
② 중서문하성과 상서성이 ▨▨로 개편되었다. → 첨의부
③ 고려는 원의 요청으로 ▨▨ 원정에 참여하고, ▨▨▨▨이 설치되었다. → 일본, 정동행성
④ 지배층인 ▨▨▨이 도평의사사를 장악하였다. → 권문세족
⑤ 원 간섭기에 ▨▨▨을 통해 공녀가 징발되었다. → 결혼도감
⑥ ▨▨▨은 사림원을 설치하여 개혁을 실시하였다. → 충선왕
⑦ 충선왕은 원과 학문 교류를 위해 ▨▨▨을 설립하였다. → 만권당
⑧ 원 간섭기에 지배층을 중심으로 ▨▨과 호복이 확산되었다. → 변발

대표 기출 1

밑줄 그은 '시기'의 사실로 옳은 것은? 72회 [2점]

이 그림은 공민왕과 그의 왕비인 노국 대장 공주의 초상화야. 고려에는 노국 대장 공주 외에도 제국 대장 공주, 계국 대장 공주 등 원 출신의 왕비들이 여럿 있었어.

맞아. 충렬왕부터 공민왕에 이르는 시기의 왕들은 원의 공주들과 결혼했어.

① 권문세족이 도평의사사를 장악하였다.
② 왕조 교체를 예언하는 『정감록』이 유포되었다.
③ 강조가 정변을 일으켜 김치양을 제거하였다.
④ 김보당이 의종 복위를 주장하며 난을 일으켰다.
⑤ 국정을 총괄하는 기구로 교정도감이 설치되었다.

자료분석
자료의 밑줄 그은 '시기는 원 간섭기이다. 고려는 몽골과의 오랜 전쟁 끝에 항복한 후 약 100여 년간의 원 간섭기를 거쳤다. 원 간섭기 동안 고려의 왕은 원의 공주와 결혼하여 원 황제의 부마가 되었고, 왕실의 호칭과 격도 부마국에 걸맞은 것으로 바뀌었다.

정답분석
① 원 간섭기에는 친원적인 성향의 권문세족이 새로운 지배세력으로 등장하였다. 이들은 주로 음서를 통해 관직에 진출하여 최고 합의 기구인 도평의사사나 정방을 통해 정치적 실권을 장악하였다.

선택지분석
② 조선 후기의 모습이다. 조선 후기에는 사회·경제적 변동 속에서 사회 불안이 심화되었다. 이에 이씨 조선이 망하고 정씨 왕조가 계룡산에 도읍을 정하여 새로운 세계가 도래한다는 예언서인 『정감록』이 유행하였다.
③ 고려 목종 때 목종의 모후인 천추태후가 김치양과 함께 전횡을 저지르며 왕위까지 넘보자, 서북면 도순검사 강조가 군사를 이끌고 정변을 일으켜 김치양 세력을 제거하고 대량원군(현종)을 즉위시켰다(강조의 정변, 1009).
④ 무신 정변 이후 무신들이 정권을 독점하게 되자 문신이었던 동북면 병마사 김보당은 정중부의 집권에 반발하고 의종의 복위를 꾀하며 난을 일으켰다 (1173). 김보당의 난은 최초의 반(反)무신 난이다.
⑤ 교정도감은 원래 최충헌이 자신의 살해 모의 사건을 해결하기 위해 임시로 설치한 기구로, 사건이 끝난 후에는 국정 총괄 기구로 운영하였다. 최충헌은 교정도감의 우두머리인 교정별감이 되어 국가의 중요 사무를 담당하였으며, 최충헌 사후에도 최씨 가문에서 교정별감을 세습하였다.

정답 ①

대표 기출 2

다음 자료에 나타난 시기의 사회 모습으로 적절한 것은?

70회 [1점]

> ○ 당시 응방·겁령구 및 내수(內豎) 등의 천한 자들이 모두 사전(賜田)을 받았는데, 많은 경우는 수백 결에 이르렀다. 일반 백성을 유인하여 전호로 삼고, 가까운 곳에 있는 민전에서는 모두 수조하였으므로 주와 현에서는 부세가 들어올 바가 없게 되었다.
> ○ 공주가 장차 입조(入朝)할 예정이었으므로, 인후와 염승익에게 명하여 양가의 자녀로서 나이가 14~15세인 자들을 선발하였고, 순군(巡軍)과 홀적(忽赤) 등으로 하여금 인가를 수색하게 하였다. 혹 밤중에 침실에 돌입하거나 노비를 포박하여 심문하기도 하였으니, 비록 자녀가 없는 자라 할지라도 깜짝 놀라 동요하게 되었다. 원망하며 우는 소리가 온 거리에 가득하였다.

① 최충이 9재 학당을 설립하였다.
② 만적이 개경에서 반란을 모의하였다.
③ 지배층을 중심으로 변발과 호복이 유행하였다.
④ 국난 극복을 기원하며 초조대장경이 조판되었다.
⑤ 기근에 대비하기 위하여 『구황촬요』가 간행되었다.

자료분석
자료의 '응방', '겁령구' 등을 통해 원 간섭기의 모습임을 알 수 있다. 응방은 원 간섭기에 원 황실에 바칠 매의 사냥과 사육을 담당한 기관이며, 겁령구는 원나라 공주를 따라 고려로 온 시종들을 말한다. 두 번째 사료는 충렬왕 때 제국대장공주가 원으로 갈 때 양가(良家)의 딸을 공녀로 선발하게 했다는 내용이다.

정답분석
③ 원 간섭기에는 원과의 교류가 확대되면서 문화와 풍속의 교류가 활발해졌다. 이에 고려의 지배층에서는 몽골어, 몽골식 복장(호복), 변발 등이 유행하였다.

선택지분석
① 9재 학당은 문종 때 최고 유학자였던 최충이 은퇴 후 세운 사립 교육 기관이다. 악성·대중·성명·경업·조도·솔성·진덕·대화·대빙의 9재로 나누어 교육하였으며, 주로 유교 경전과 역사서 학습 및 제술(글짓기)을 가르쳤다고 한다.
② 최충헌 집권기에 최충헌의 사노(私奴) 만적이 개경의 뒷산에서 공·사노비를 모아 신분 해방을 목표로 반란을 일으킬 것을 모의하였으나, 당시 모임에 참가하였던 노비의 고변으로 발각되어 실패하였다.
④ 고려 현종 때 거란이 재침입하자, 고려는 부처의 힘을 빌려 국난을 극복하기 위해 초조대장경을 제작하기 시작하였다.
⑤ 조선 명종 때 기근에 대비하기 위해 『구황촬요』를 간행하였다.

정답 ③

확인 문제

1 다음 자료를 활용한 탐구 활동으로 가장 적절한 것은?

67회 [2점]

> 시중 김방경과 대장군 인공수를 [상국(上國)에] 파견하여 표문을 올렸다. "우리나라는 근래 역적을 소탕하는 대군에 군량을 공급하는 일로 이미 해마다 백성에게서 양식을 거두어들였습니다. 게다가 일본 정벌에 필요한 전함을 건조하는 데 장정들이 모두 징발되었고 노약자들만 겨우 밭 갈고 씨 뿌리는 일을 하고 있습니다."

① 삼전도비가 건립된 계기를 찾아본다.
② 정동행성이 설치되는 배경을 살펴본다.
③ 사심관 제도가 시행된 원인을 조사한다.
④ 조위총의 난이 전개되는 과정을 알아본다.
⑤ 『권수정혜결사문』이 작성된 목적을 파악한다.

2 다음 서술형 평가의 답안에 들어갈 내용으로 가장 적절한 것은?

68회 [2점]

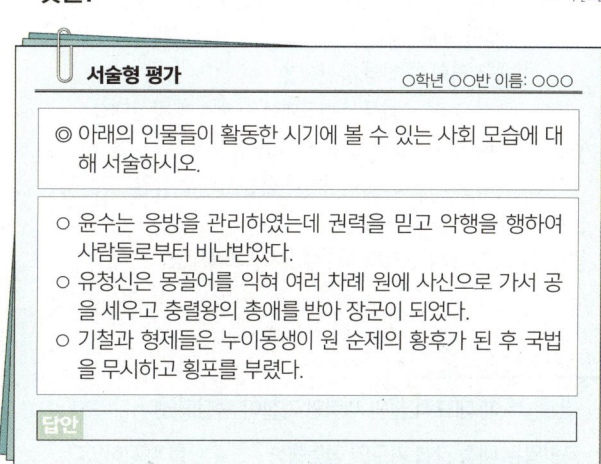

① 왕조 교체를 예언하는 『정감록』이 유포되었습니다.
② 대각국사 의천이 해동 천태종을 개창하였습니다.
③ 지배층을 중심으로 변발과 호복이 유행하였습니다.
④ 가혹한 수탈에 저항하여 망이·망소이가 봉기하였습니다.
⑤ 상민층이 납속과 공명첩을 활용하여 신분 상승을 꾀하였습니다.

정답
1 ② 충렬왕 때 원이 일본 원정을 위해 고려에 정동행성을 설치하였다. 정동행성은 일본 원정 실패 이후에도 존속되어 고려의 내정을 간섭하였다.
2 ③ 원 간섭기에는 원과의 교류가 확대되면서 문화와 풍속의 교류가 활발해졌다. 이에 고려의 상류 사회에서는 몽골어, 몽골식 복장(호복), 변발 등이 유행하였다.

Theme 036 고려 말의 정치 변동

PART 3 고려의 성립과 발전

출제 의도와 대책

14세기 말 중국에서 한족 반란군이 등장하고 원의 지배력이 쇠퇴하였다. 이러한 정세를 간파한 공민왕은 국내의 친원파를 숙청하고 영토를 수복하는 등 적극적인 반원 정책을 펼쳤다. 아울러 유학 교육을 강화하고 권문세족의 토지와 노비를 몰수하는 등 왕권 강화를 위해 노력하였다. 공민왕은 개혁을 뒷받침할 세력으로 신진사대부를 대거 등용하였으나, 아직 세력이 미약하여 공민왕의 사망으로 개혁은 중단되었다. 공민왕은 가장 많이 출제되는 왕 중 한 명으로 업적을 자세히 정리해 두어야 한다.

필기노트 마인드맵

- 공민왕
  - 반원 정책: 정동행성 이문소 폐지, 관제 복구, 몽골풍 폐지
    - 정방 폐지, 기철(친원파) 숙청, 쌍성총관부 수복
  - 홍건적 침입 → 공민왕이 복주(안동)로 피난
    - 개혁 일시 후퇴
  - 왕권 강화 유학 교육 강화(국자감 → 성균관)
    - 신돈 등용 → 전민변정도감 설치
  - 개혁 실패: 권문세족의 반발, 공민왕 시해
  - 왜구 격퇴 최영 홍산대첩
    - 최무선 진포대첩 → 이성계 황산대첩
- 우왕 명의 철령위 설치 요구 → 요동 정벌 추진
  - 위화도 회군으로 이성계와 신진 사대부 집권
- 창왕: 쓰시마 섬 정벌(박위)
- 공양왕: 조준 등의 건의로 과전법 실시, 고려 멸망

선택지 빅데이터

① ■■■ 때 대표적 친원 세력인 기철이 숙청되었다. → 공민왕
② 공민왕은 내정 간섭 기구인 정동행성 ■■■ 를 폐지하였다. → 이문소
③ 공민왕은 중서문하성과 ■■■ 의 2성 6부제를 복구하였다. → 상서성
④ 공민왕은 ■■■■ 를 공격하여 철령 이북을 수복하였다. → 쌍성총관부
⑤ 공민왕은 국자감을 ■■■ 으로 개칭하고 유학 교육을 강화하였다. → 성균관
⑥ 공민왕 때 인사 행정을 담당하던 ■■ 이 폐지되었다. → 정방
⑦ 신돈은 ■■■■■ 의 책임자로 임명되어 권문세족을 견제하였다. → 전민변정도감
⑧ 명의 ■■ 설치 요구에 반발하여 요동 정벌을 추진하였다. → 철령위
⑨ 우왕 때 최무선의 건의로 ■■■ 이 설치되었다. → 화통도감
⑩ 공양왕 때 조준 등의 건의로 ■■■ 을 제정하여 토지 제도를 개혁하였다. → 과전법

대표 기출 1

(가) 왕의 재위 시기에 있었던 사실로 옳은 것은?   73회 [2점]

(가) 께서 돌아가신 뒤 어린 왕을 새로 옹립한 이인임이 원과의 관계 회복에 나섰다는군.

나도 들었네. 기철 세력을 숙청하고 쌍성총관부를 수복했던 (가) 의 정책이 중단될까 염려되네.

① 대각국사 의천이 천태종을 개창하였다.
② 신돈을 중심으로 전민변정 사업이 추진되었다.
③ 만적이 개경에서 노비를 모아 반란을 모의하였다.
④ 최충이 문헌공도를 설립하여 유학 교육에 힘썼다.
⑤ 이규보가 고구려 계승 의식을 강조한 동명왕편을 지었다.

자료분석
기철 등 친원파를 숙청하고 쌍성총관부를 수복한 (가) 왕은 공민왕이다. 공민왕은 원·명 교체기의 국제 정세를 파악하고 몽골풍을 일소하고 정동행성 이문소를 폐지하는 등 반원 개혁에 나섰다.

정답분석
② 공민왕은 전민변정도감을 설치하고 신돈을 책임자로 임명하여 권문세족들이 부당하게 빼앗은 토지를 원래의 소유자에게 환원시키는 한편, 불법으로 노비가 된 사람을 해방시켜 권문세족의 경제적 기반을 약화시키고 국가 재정 기반을 확충하고자 하였다.

선택지분석
① 고려 숙종 때 대각국사 의천은 국청사의 주지로 있으면서 해동 천태종을 개창하여 교종을 중심으로 선종을 통합하려 하였다.
③ 최씨 무신 정권 시기 최충헌의 집안 노비인 만적은 노비들을 모아 주인을 죽이고 노비 문서를 불태우면 자신들도 왕후장상이 될 수 있다며 노비 해방 운동을 모의하였으나 사전에 발각되어 실패하였다.
④ 고려 문종 때 문하시중을 지내고 은퇴한 최충이 9재 학당을 설립하여 후진을 양성하였다. 최충이 사망한 후 문헌공으로 추증되자, 9재 학당도 문헌공도라고 불리게 되었다.
⑤ 이규보는 무신 집권기에 활동했던 유학자로서, 혼란한 정치적 상황에서 고구려 계승 의식을 강조한 동명왕편을 지었다.

정답 ②

대표 기출 2

(가)에 대한 고려의 대응으로 옳은 것은? 73회 [2점]

> **특별 기획** 최무선과 화포 이야기
>
> 우리 박물관은 화약과 화기를 제조한 최무선 탄생 700년 기념 특별전을 개최합니다. 특히 진포 대첩에서 나세, 심덕부 등과 함께 화포를 이용해 [(가)]을/를 율리친 장면을 실감 영상으로 만나실 수 있습니다. 많은 관람 바랍니다.
>
> · 기간: 2025년 ○○월 ○○일~○○월 ○○일
> · 장소: △△박물관 특별 전시실

① 광군을 조직하여 침입에 대비하였다.
② 경성과 경원에 무역소를 설치하였다.
③ 박위를 파견하여 근거지를 토벌하였다.
④ 어영청을 중심으로 북벌을 추진하였다.
⑤ 대장도감을 설치하여 팔만대장경을 간행하였다.

자료분석
고려 말 왜구가 대규모로 침입하자, 고려는 최무선의 건의로 화포를 제조하였으며, 진포 해전에서 화포를 이용해 왜구를 물리쳤다. 이외에도 최영의 홍산 대첩, 이성계의 황산 대첩 등에서 침입해 온 왜구를 크게 격파하였다.

[정답분석]
③ 고려 창왕 때 박위를 파견하여 왜구의 근거지인 쓰시마 섬을 정벌하였다. 이로써 왜구의 준동이 어느 정도 진정되었으나 완전히 근절되지 않다가 조선 세종 때 이종무가 주도한 쓰시마 섬 정벌 이후 왜구가 거의 사라졌으며, 조선은 삼포개항 등 강온 양면책을 통해 왜구를 통제하려 하였다.

선택지분석
① 고려 정종 때 호족의 군대를 관군에 편입해 광군을 조직하여 거란에 대비하였다.
② 조선 초기에 경성과 경원에 무역소를 설치하여 여진에게 제한된 무역을 허용하면서 여진 세력을 관리하였다.
④ 조선 효종 때 어영청을 중심으로 조총병을 양성하고 군기를 확립하여 북벌을 추진하였다.
⑤ 고려는 강화 천도 이후 대장도감을 설치하여 팔만대장경을 간행함으로써 부처의 힘에 의지해 국난을 극복하려 하였다.

정답 ③

확인 문제

1. 밑줄 그은 '왕'의 재위 기간에 볼 수 있는 모습으로 가장 적절한 것은? 66회 [1점]

> 이자춘이 쌍성 등지의 천호들을 거느리고 내조하니 왕이 맞이하며 말하기를, "어리석은 민(民)을 보살펴 편안하게 하느라 얼마나 노고가 많았는가?"라고 하였다. 그때 어떤 사람이 '기철이 쌍성의 반민(叛民)들과 몰래 내통하여 한패로 삼아 역모를 도모하려 한다.'고 밀고하였다. 왕이 이자춘에게 이르기를, "경은 마땅히 돌아가서 우리 민을 진정시키고, 만일 변란이 일어나면 마땅히 내 명령대로 하라."라고 하였다. …… 이자춘이 명령을 듣고 곧 행군하여 유인우와 합세한 후 쌍성총관부를 공격하여 격파하였다.

① 초량 왜관에서 교역하는 상인
② 내의원에서 『동의보감』을 읽는 의원
③ 주자감에서 유학을 공부하는 학생
④ 전민변정도감에 억울함을 호소하는 농민
⑤ 황룡사 구층 목탑의 건립에 참여하는 장인

2. (가) 인물의 활동으로 옳은 것은? 69회 [2점]

이것은 명의 철령위 설치에 반발하여 팔도도통사로서 요동 정벌을 추진하였던 [(가)]의 초상입니다. 그는 요동 정벌에 반대한 이성계가 위화도 회군으로 정권을 장악하면서 죽임을 당하였습니다.

① 홍산 전투에서 왜구를 물리쳤다.
② 화통도감의 설치를 건의하였다.
③ 정변을 일으켜 목종을 폐위하였다.
④ 의종 복위를 도모하여 군사를 일으켰다.
⑤ 교정별감이 되어 국정 전반을 장악하였다.

정답
1. ④ 공민왕은 신돈을 등용하여 권문세족이 불법적으로 빼앗은 토지를 돌려주고 노비를 해방시키는 전민변정 사업을 추진하였다.
2. ① 고려 말에는 왜구의 침입이 극심했는데, 우왕 때 최영은 홍산(부여)에서 왜구를 크게 물리쳤다(홍산 전투).

Theme 037 고려의 경제

PART 3 고려의 성립과 발전

출제 의도와 대책

경제 분야에서는 어느 시대든 토지 제도가 많이 출제된다. 특히 고려는 역분전에서 세 차례 전시과, 과전법까지 여러번 제도가 바뀌었으므로 각 제도의 차이점을 구분하여 알아 두어야 한다. 고려 시대에는 최초로 금속 화폐(철전·동전)를 주조하였다. 특히 주전도감은 의천의 건의로 설치되어 불교와도 연계되어 출제될 수 있다. 그 외에 신라의 울산항에 대비하여 고려의 벽란도가 국제 무역항으로 융성하였음을 알아 둔다.

필기노트 마인드맵

- **전시과**
  - 의미: 관리에게 전지(경작지) + 시지(임야, 땔감) 지급
  - 역분전: 태조가 공신에게 지급, 공로 기준(관등 X)
  - 시정 전시과: 경종, 관등(4색 공복) + 인품 기준, 전·현직
  - 개정: 목종, 관등(인품 X) 기준, 군인전 지급, 전·현직
  - 경정: 문종, 현직 관리만 지급, 공음전 신설
  - 녹과전: 개경 환도 후 토지 부족으로 녹봉 대신 지급
  - 과전법: 공양왕, 신진 사대부의 경제 기반 마련
- **농업**
  - 기술: 소를 이용한 깊이갈이 일반화, 『농상집요』 도입
  - 작물: 목화 도입, 2년 3작의 윤작법 보급, 시비법 도입
- **상업**
  - 시전 설치 → 경시서 설치하여 시전 감독
  - 주요 도시에 서적점, 다점 등 관영 상점 운영
  - 예성강 하구의 벽란도가 국제 무역항으로 번성
- **화폐**
  - 성종 때 건원중보 발행(최초)
  - 숙종 때 주전도감 설치: 해동통보, 활구 등 발행

선택지 빅데이터

① 태조 때 개국 공신에게 인품, 공로를 기준으로 ■■■을 지급하였다. → 역분전
② ■■■는 전지와 시지를 지급하여 수취의 권리를 행사하게 하였다. → 전시과
③ 경종 때 처음으로 직관·■■ 각 품의 전시과가 제정되었다. → 산관
④ 문종 때 ■■ 관리에게만 전지와 시지를 지급하였다. → 현직
⑤ 개경 환도 직후 ■■■을 지급 받는 관리를 볼 수 있다. → 녹과전
⑥ 고려 시대에 소를 이용한 ■■■가 일반화되었다. → 깊이갈이
⑧ 고려 말에 중국 화북 지방의 농법을 정리한 ■■■가 소개되었다. → 농상집요
⑨ 성종 때 ■■■가 발행되어 금속 화폐의 통용이 추진되었다. → 건원중보
⑩ 숙종 때 ■■■을 설치하여 해동통보를 발행하였다. → 주전도감
⑪ 고려 시대에 예성강 하구의 ■■■가 국제 무역항으로 번성하였다. → 벽란도

대표 기출 1

다음 상황이 나타난 국가의 경제 모습으로 옳은 것은? 73회 [2점]

> 무릇 장마·가뭄·병충해·서리 피해로 작황이 부실한 경작지를 촌전(村典)*이 수령에게 보고하면 수령이 직접 검사하여 호부에 신고하고, 호부에서는 다시 삼사에 보낸다. 삼사에서는 넘겨받은 문서를 조사한 뒤에 다시 그 지역 안찰사로 하여금 따로 사람을 보내 자세히 살펴 조사하게 하여 재해로 피해를 입었다면 조세를 감면한다.
>
> *촌전: 촌의 대표

① 벽란도가 국제 무역항으로 번성하였다.
② 고추, 담배 등이 상품 작물로 재배되었다.
③ 시장을 감독하는 관청인 동시전이 설치되었다.
④ 광산을 전문적으로 경영하는 덕대가 활동하였다.
⑤ 삼남 지방의 농법을 소개한 농사직설이 보급되었다.

자료분석

호부는 고려 시대 상서6부 중 재정을 담당한 기관이며, 삼사는 곡식의 출납 등을 담당한 회계 기관이었다. 안찰사는 일반 행정 구역인 5도 지역에 파견되어 수령을 감독하도록 한 고려 시대의 관직이다. 따라서 자료에 나타난 국가는 고려이다.

정답분석

① 고려 시대에는 예성강 어귀의 벽란도가 국제 무역항으로 번성하여 중국 상인 및 아라비아 상인들이 왕래하였다.

선택지분석

② 조선 후기에 상품 화폐 경제가 발달하면서 농민들은 시장에 판매하기 위한 상품 작물을 재배하여 소득을 올리기도 하였다. 대표적인 상품 작물로는 고추, 상추 등의 채소와 담배, 인삼, 모시 등의 특용 작물 등이 있었다.
③ 신라 지증왕 때 동시전을 설치하여 시장의 업무를 관장하게 하였다.
④ 조선 후기에 민간에서 광산을 채굴하고 세금을 납부하게 하는 설점수세제가 시행되는 등 광산 채굴이 활발해지면서, 물주에게 자본을 받아 광산을 전문적으로 경영하는 덕대가 등장하였다.
⑤ 농사직설은 조선 세종 때 삼남 지방 농민들의 실제 농사 경험을 수집하여 우리 풍토에 맞는 농법을 정리하여 편찬한 농서이다.

정답 ①

대표 기출 2

(가) 국가의 경제 상황으로 옳은 것은? 72회 [2점]

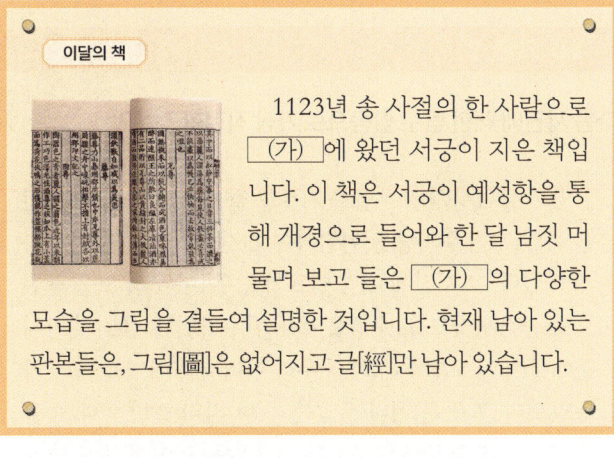

이달의 책

1123년 송 사절의 한 사람으로 (가) 에 왔던 서긍이 지은 책입니다. 이 책은 서긍이 예성항을 통해 개경으로 들어와 한 달 남짓 머물며 보고 들은 (가) 의 다양한 모습을 그림을 곁들여 설명한 것입니다. 현재 남아 있는 판본들은, 그림[圖]은 없어지고 글[經]만 남아 있습니다.

① 솔빈부의 말이 특산품으로 유명하였다.
② 송상이 전국 각지에 송방을 설치하였다.
③ 서적점, 다점 등의 관영 상점을 운영하였다.
④ 집집마다 부경이라고 불리는 창고가 있었다.
⑤ 광산을 전문적으로 경영하는 덕대가 나타났다.

자료분석
자료의 '예성항', '개경' 등을 통해 (가)가 고려임을 알 수 있다. 고려 인종 때 송나라 사신 서긍이 예종의 장례에 조문하기 위해 고려에 방문하였다가 그때 보고 들은 바를 모아 『고려도경』을 편찬하였다.

정답분석
③ 고려 시대에는 개경·서경·동경 등의 대도시에 서적점, 주점, 다점 등의 관영 상점을 설치하여 관청 수공업에서 생산한 서적, 술, 차 등을 판매하였다.

선택지분석
① 발해에 대한 설명이다. 발해는 목축과 수렵이 발달하였으며, 특히 말 사육이 가장 중요시되어 전국적으로 행해졌다. 그중 솔빈부(러시아 연해주 우스리스크 일대)의 말이 유명하여 주요 수출품 중 하나였다.
② 조선 후기의 모습이다. 송상은 조선 후기에 개성을 중심으로 활동한 사상이다. 이들은 전국의 주요 지역에 송방이라는 조직을 설치하여 전국적인 상품 유통을 담당하였다.
④ 고구려에 대한 설명이다. 고구려는 농토가 부족하여 주변 지역을 정복하여 공물을 받았는데, 이 활동을 통해 얻은 곡식과 소금 등을 저장하기 위해 집집마다 부경이라는 창고를 두었다.
⑤ 조선 후기의 모습이다. 조선 후기에 민간의 광산 채굴이 활성화되면서, 전문 광산 경영인인 덕대가 물주의 자본을 받아 광산을 운영하는 덕대제가 유행하였다.

정답 ③

확인 문제

1 (가) 국가의 경제 상황으로 옳은 것은? 70회 [1점]

이것은 (가) 시대에 다인철소에서 생산된 유물들입니다. 특수 행정 구역이었던 소에 대해 검색한 것을 말해 볼까요?

(가) 시대에는 가혹한 수탈에 맞서 공주 명학소에서 봉기가 일어나기도 하였어요.

국가가 지정한 특정 물품을 생산하여 공급하였던 소의 주민들은 일반 군현민에 비해 차별을 받았어요.

① 특산품으로 솔빈부의 말이 유명하였다.
② 풍흉에 따라 9등급으로 전세를 거두었다.
③ 감자, 고구마 등의 작물이 널리 재배되었다.
④ 경시서의 관리들이 시전의 상행위를 감독하였다.
⑤ 설점수세제를 시행하여 민간의 광산 개발을 허용하였다.

2 다음 자료에 나타난 시기의 경제 상황으로 옳은 것은? 71회 [1점]

> 왕이 제서(制書)를 내리기를, "백성을 부유하게 하고 국가를 이롭게 하는 것으로 전화(錢貨)만큼 중요한 것이 없다. 서북의 양조(兩朝)에서는 이를 행한 지 이미 오래되었으나 우리나라는 홀로 아직 행하지 않고 있다. 이제 처음으로 화폐를 주조하는 법을 제정하고, 이에 따라 주조한 동전 15,000관(貫)을 재추(宰樞)와 문무 양반 및 군인에게 나누어 하사하여 화폐 사용의 시작점으로 삼고자 한다. 전문(錢文)은 해동통보라고 한다."라고 하였다.

① 송상이 전국 각지에 송방을 두었다.
② 감자, 고구마 등의 구황 작물이 재배되었다.
③ 시장을 감독하는 관청인 동시전이 설치되었다.
④ 예성강 하구의 벽란도가 국제 무역항으로 번성하였다.
⑤ 설점수세제의 시행으로 민간의 광산 개발이 허용되었다.

정답
1 ④ 고려 시대에는 개경·서경·동경 등 대도시에 시전을 설치하였으며, 개경의 시전을 관할하기 위해 경시서를 설치하였다.
2 ④ 고려 시대에는 예성강 어귀의 벽란도가 국제 무역항으로 번성하였다.

Theme 038 고려의 사회

PART 3 고려의 성립과 발전

출제 의도와 대책

사회 부분의 주요 출제 주제는 크게 신분제, 사회 제도, 생활 모습으로 구분할 수 있다. 신분제에서는 법적인 지위와 관습적인 지위의 차이가 있는 계층의 경우 이를 구분하는 문제가 자주 출제되며 고려의 향·부곡·소, 조선의 양반 및 신량역천 등이 이에 해당된다. 고려 시대만의 특징적인 요소로 제위보가 있으며, 여성의 지위가 비교적 높았음을 강조하는 문제도 출제된다.

필기노트 마인드맵

- 신분제
  - 지배층: 귀족, 중류층(향리·서리·남반)
  - 피지배층: 양민(백정, 향·부곡·소민), 천민(노비)
- 사회 제도
  - 흑창(태조) → 의창(성종), 춘궁기에 곡식 빌려줌
  - 상평창: 물가 조절
  - 경시서: 시전 감독
  - 동·서 대비원(환자 진료), 혜민국(의약 담당)
  - only 고려: 구제도감·구급도감(재해 발생시 임시 설치)
  - 제위보: 기금 마련 후 그 이자로 빈민 구제
- 여성
  - 일부일처제 일반적, 태어난 순서대로 호적 기재
  - 사위가 처가에 살기도 함. 사위·외손자에게 음서 혜택
- 향도: 불교 신앙 조직 → 마을 공동체 조직
- 하층민 반란 — 무신 집권기 빈번
  - 만적의 난: 노비 해방 운동
  - 망이·망소이의 난: 소 주민에 대한 차별에 반발

선택지 빅데이터

① 귀족들은 ■■■을 경제적 기반으로 삼았다. → 공음전
② ■·■■·■의 주민은 다른 지역으로 이주하는 것이 원칙적으로 금지되었다. → 향·부곡·소
③ 외거노비는 주인에게 해마다 ■■을 바쳤다. → 신공
④ 태조는 ■■을 설치하여 빈민을 구제하였다. → 흑창
⑤ 성종 때 빈민 구제를 위해 ■■이 설치되었다. → 의창
⑥ 물가 조절을 위해 ■■■을 설치하였다. → 상평창
⑦ 환자 치료와 빈민 구제를 위해 동·서 ■■■을 두었다. → 대비원
⑧ 병자에게 의약품을 제공하는 ■■■이 있었다. → 혜민국
⑨ 감염병 등이 유행하면 ■■■■을 설립하여 백성을 구호하였다. → 구제도감
⑩ 기금을 모아 그 이자로 빈민을 구제하는 ■■■를 운영하였다. → 제위보
⑪ 망이·망소이는 공주 ■■■에서 차별에 반대하여 난을 일으켰다. → 명학소

대표 기출 1

다음 사건에 대한 탐구 활동으로 가장 적절한 것은? 73회 [1점]

> 망이 등이 홍경원에 불을 지르고 절에 있던 승려 10여 인을 죽였으며, 주지승을 위협하여 개경으로 서신을 가져가게 하였다. 그 서신에 대략 이르기를, "이미 우리 고을을 현으로 승격시키고 또 수령을 두어 안무하더니, 돌이켜 다시 군대를 내어 토벌하러 와서 우리 어머니와 아내를 옥에 가두었으니 그 뜻은 어디에 있는가? 차라리 칼날 아래 죽을지언정 끝내 항복하여 포로가 되지 않을 것이며, 반드시 개경까지 가고야 말겠다."라고 하였다.

① 안동도호부가 설치된 경위를 알아본다.
② 특수 행정 구역인 소에 대한 차별을 조사한다.
③ 신라 말 호족 세력이 성장하게 된 계기를 살펴본다.
④ 통청 운동을 통해 청요직으로 진출한 인물을 검색한다.
⑤ 경기에 한하여 설치된 과전이 농민에게 미친 영향을 파악한다.

자료분석

고려 시대에는 5도 양계의 지방 제도를 시행하였으며, 그 아래에는 주·군·현을 설치하였다. 그 외에 향·부곡·소 등의 특수 행정 구역이 있었는데 향·부곡의 주민은 주로 농업에 종사하고, 소의 주민은 수공업이나 광업 등의 특산물을 공납으로 납부하였다.

정답분석

② 특수 행정 구역인 향·부곡·소의 주민은 조세의 부담이 과중하고 국자감에 입학하거나 과거에 응시할 수 없는 등 일반 군현민에 비해 차별 대우를 받았다. 자료에서 "우리 고을을 현으로 승격시키고 또 수령을 두어 안무"했다는 데에서 일반 군현에 비해 차별을 받고 있음을 알 수 있다.

선택지분석

① 고려 태조 왕건은 안동 지역 호족들의 지지를 받아 고창 전투에서 승리한 뒤 고창군을 안동부로 승격시켰다. 안동부는 이후 현종 때 안동도호부로 승격되었으며, 복주로 고쳤다가 공민왕 때 홍건적의 침입을 피해 복주(안동)로 피난 한 왕을 보호한 공로로 안동대도호부로 승격되었다.
③ 신라 말 진골 귀족의 왕위 다툼과 사치 등으로 지방에 중앙 통제력이 약화되고, 원종·애노의 난 등 농민 반란이 일어나면서 각 지역 유력자가 세력을 모아 자기 지역을 반독립적으로 다스리는 호족으로 성장하였다.
④ 고려 시대에는 서얼에 대한 특별한 차별이 없었으나 조선 시대 서얼들은 문과에 응시하지 못하는 등 차별을 받았다. 이에 꾸준히 소청 운동을 전개해 정조 때 박제가, 유득공, 서이수 등이 규장각 검서관에 등용되기도 하였다.
⑤ 경기에 한정하여 과전을 지급한 제도는 고려 말 공양왕 때 시행된 과전법이다.

정답 ②

대표 기출 2

(가) 시대의 정책으로 옳은 것을 〈보기〉에서 고른 것은? 52회 [2점]

역사 용어 해설

구제도감

1. 기능

   [(가)] 시대에 재해가 발생했을 때 설치한 임시 기구로서 전염병 퇴치, 병자 치료 등의 임무를 수행하며 백성을 구호하였다.

2. 관련 사료

   왕이 명하기를, "도성 내의 백성들이 역질에 걸렸으니 구제도감을 설치하여 이들을 치료하고, 시신과 유골은 거두어 비바람에 드러나지 않게 매장하라."라고 하였다.

〈보기〉
ㄱ. 기근에 대비하기 위하여 『구황촬요』를 간행하였다.
ㄴ. 개경에 국립 의료기관인 동서 대비원을 설치하였다.
ㄷ. 호조에서 정한 사창절목에 따라 사창제를 시행하였다.
ㄹ. 기금을 모아 그 이자로 빈민을 구휼하는 제위보를 운영하였다.

① ㄱ, ㄴ   ② ㄱ, ㄷ   ③ ㄴ, ㄷ
④ ㄴ, ㄹ   ⑤ ㄷ, ㄹ

자료분석
고려 시대에는 각종 재해가 발생하였을 때 구제도감이나 구급도감을 임시 기관으로 설치하여 백성의 구제에 힘썼다. 따라서 (가)는 고려 시대이다.

정답분석
ㄴ. 고려 시대에는 가난한 백성이 의료 혜택을 받도록 개경에 동·서 대비원을 설치하여 환자 진료 및 빈민 구휼을 담당하게 하였다.
ㄹ. 고려 시대에는 기금을 마련한 뒤 이자로 빈민을 구제하고 질병을 치료하는 제위보를 설치·운영하였다.

선택지분석
ㄱ. 조선 명종 때 기근에 대비하기 위하여 『구황촬요』를 간행하였다.
ㄷ. 사창은 조선 시대에 향촌에서 봄이나 흉년이 든 해에 곡식을 대여해 주던 기관으로, 조선 전기에 전국적으로 확대·시행되다가 고리대 문제로 성종 때 혁파되었다. 이후 흥선 대원군 집권기에 호조에서 왕명에 따라 사창절목을 제정하고, 이 절목에 따라 사창제를 시행하였다.

정답 ④

확인 문제

1 다음 자료를 활용한 탐구 활동으로 가장 적절한 것은? 69회 [1점]

○ 남쪽에서 도적들이 봉기하였다. 가장 심한 자들은 운문을 거점으로 한 김사미와 초전을 거점으로 한 효심이었다. 이들은 유랑민을 불러 모아 주현을 습격하여 노략질하였다.
○ 원율 사람인 이연년이 백적도원수라 자칭하며 많은 사람을 불러 모아 여러 주군을 공격하여 노략질하니 최린이 지휘사 김경손과 함께 그들을 격파하였다.

① 노비안검법이 실시된 목적을 알아본다.
② 삼정이정청이 설치된 과정을 살펴본다.
③ 사심관 제도가 시행된 사례를 조사한다.
④ 집강소에서 추진한 개혁의 내용을 분석한다.
⑤ 무신 집권기 하층민의 반란이 발생한 배경을 파악한다.

2 다음 상황이 나타난 시기의 사회 시책으로 옳은 것은? 58회 [2점]

· 왕이 명하였다. "도성 안의 백성들이 역질에 걸렸으니 구제도감을 설치하여 치료하고, 시신과 유골은 거두어 비바람에 드러나지 않게 매장하라."
· 중서성에서 아뢰었다. "지난해 관내 서도의 주현에 흉년이 들어 백성이 굶주리고 있습니다. 사창과 공해(公廨)의 곡식을 내어 경작을 원조하고, 가난하여 스스로 살아갈 수 없는 자는 의창을 열어 진휼하십시오."

① 유랑민을 구휼하는 활인서를 두었다.
② 백성들에게 곡식을 빌려주는 진대법을 실시하였다.
③ 국산 약재와 치료법을 소개한 향약집성방을 편찬하였다.
④ 기근에 대비하기 위해 구황촬요를 간행하여 보급하였다.
⑤ 기금을 모아 그 이자로 빈민을 구제하는 제위보를 운영하였다.

정답
1 ⑤ 무신 집권기에 집권자들의 대농장 확대와 신분 의식의 동요로 만적의 난, 망이·망소이의 난, 김사미·효심의 난, 이연년 형제의 난 등 하층민의 반란이 빈번히 일어났다.
2 ⑤ 고려 시대에는 기금을 마련한 뒤 이자로 빈민을 구제하고 질병을 치료하는 제위보를 설치하였다. 이외에도 학술을 돕기 위한 학보, 승려의 연구를 장려하기 위한 광학보, 팔관회의 경비를 충당하기 위한 팔관보 등 다양한 보가 운영되었다.

Theme 039 고려의 유학

PART 3 고려의 성립과 발전

출제 의도와 대책

고려 시대는 불교를 주요 신앙으로 인정하면서도 성종 때 최승로의 건의로 유교 정치 체제를 도입하고, 국자감과 향교 등 교육 기관을 세워 유학을 장려하였다. 문종 이후 최충의 문헌공도 등 사학 12도가 발전하자 다양한 관학 진흥책을 전개하였다. 고려 말에는 성리학이 전래되어 신진 사대부가 사회 개혁사상으로 수용하여 조선 건국의 기본 이념으로 자리 잡았다.

필기노트 마인드맵

- 유학
  - 초기: 자주적, 최승로의 시무28조, 국자감 설치
  - 중기: 보수적   최충(해동공자), 9재 학당(문헌공도 설립)
    - 김부식: 보수적·현실적 성격
  - 후기: 안향(성리학 소개) → 이제현(만권당에서 교류) → 이색(성균관에서 성리학 교육) → 정도전·정몽주·권근 등 신진 사대부 성장
- 교육
  - 관학: 국자감(국립 대학): 유학부, 기술학부(율학, 서학, 산학)
  - 사학: 최충의 9재 학당 설치 이후 사학 12도 융성
  - 관학 진흥책: 숙종: 서적포 설치(서적 간행)
    - 예종   국자감에 7재(전문 강좌) 설치
            양현고(장학 재단) 설치, 청연각 설치
    - 충렬왕: 섬학전 설치(양현고 보충)
    - 공민왕: 성균관을 순수 유교 교육 기관으로 개편

사학 12도

무릇 사학으로는 문종 때 태사중서령이 후진들을 불러 모아 부지런히 가르치자 선비와 평민의 자제들이 모여들어 그 집 앞의 문과 거리를 가득 채웠다. …… 그 후부터는 과거에 응시하는 사람들이면 모두 9재(九齋)의 명부에 이름을 올리게 되었으니, 이들을 최문헌 공도라고 불렀다. 또 유신(儒臣)으로서 공도(公徒)를 세운 자가 11명 있었다. …… 세상에서 12도라 불렸는데, 그 중 문헌공도가 가장 흥성하였다.

선택지 빅데이터

① 국자감에서 유학을 비롯하여 ■학, ■학, ■학을 교육하였다.
→ 율, 서, 산

② 고려 중기에 ■■이 9재 학당을 세워 유학 교육을 실시하였다.
→ 최충

③ 예종 때 관학 진흥을 위해 전문 강좌인 ■■가 개설되었다. → 7재

④ 예종 때 관학을 진흥하고자 장학 재단인 ■■■를 설치하였다.
→ 양현고

⑤ 원 간섭기에 이제현이 ■■■에서 유학자들과 교류하였다.
→ 만권당

⑥ 안향이 원으로부터 ■■■을 들여와 최초로 고려에 소개하였다.
→ 성리학

⑦ 공민왕은 ■■■을 순수 유교 교육 기관으로 개편하였다. → 성균관

대표 기출 1

(가)에 들어갈 내용으로 가장 적절한 것은? 71회 [2점]

① 국자감에 전문 강좌인 7재를 개설하였어.
② 사액 서원에 서적과 노비 등을 지급하였어.
③ 독서삼품과를 실시하여 인재를 등용하였어.
④ 초계문신제를 시행하여 문신을 재교육하였어.
⑤ 흥왕사에 교장도감을 두고 속장경을 편찬하였어.

자료분석

고려 문종 때 문신 최충이 벼슬에서 물러난 후 자신의 집에 9재 학당을 열어 후진을 양성하였는데, 이를 시작으로 고위 관직을 역임한 학자들이 사립 학교를 세워 제자들을 가르쳤다. 이를 사학 12도(12개의 사립 학교)라고 하는데, 고려 중기에는 이 사학 12도에서 과거 합격자를 많이 배출하여 관학 교육이 위축되었다.

정답분석

① 고려 예종 때 관학을 진흥하기 위해 최충의 9재 학당을 모방하여 국자감 내에 7재를 설치하였으며, 국자감의 학사를 신축하여 많은 학생을 수용할 수 있도록 하였다. 또한 재정난으로 운영이 부실해진 국자감을 정상화하기 위해 장학 재단인 양현고를 설치하여 경제 기반을 강화하였다.

선택지분석

② 사액 서원은 왕으로부터 서원의 이름이 적힌 현판 액자를 하사받고 국가로부터 노비, 서적 등 서원 운영에 필요한 것들을 지원받는 서원을 말한다. 명종 때 퇴계 이황의 요청으로 지원을 받은 소수 서원(백운동 서원)이 최초의 사액 서원으로, 사림이 성장하면서 많은 수의 사액 서원이 생겨났다.

③ 신라 하대 원성왕 때 유교 경전의 이해 수준을 시험하여 관리를 채용하는 독서삼품과를 시행하였다. 이는 혈연을 중시한 진골 귀족 세력을 견제하고 왕권을 강화하려는 목적이었으며, 국학 졸업 시험의 성격을 띠었다.

④ 초계문신제는 조선 후기 정조 때 37세 이하의 젊고 재능 있는 문신들을 의정부에서 뽑아 규장각에서 위탁 교육을 시키고, 40세가 되면 졸업시키는 인재 육성 제도로, 정조는 이 제도를 통해 자신의 지지 세력을 양성하고자 하였다.

⑤ 고려 중기 때 승려인 의천은 국내는 물론 송, 요, 일본의 대장경에 대한 주석서를 모아 그 목록인 『신편제종교장총록』을 만들었다. 이후 흥왕사에 교장도감을 설치하고 이 목록에 따라 대장경 주석서인 교장(속장경)을 간행하였다.

정답 ①

대표 기출 2

다음 가상 인터뷰의 주인공에 대한 설명으로 옳은 것은?

71회 [3점]

최근에 『역옹패설』을 저술하셨는데 독자들이 관심 가질 만한 내용을 소개해 주세요.

고위 관리 유청신이 원의 사신과 몽골 말로 직접 대화하자 홍자번이 역관을 심하게 꾸짖었고, 이에 유청신이 부끄러워 한 일화가 실려 있습니다.

① 『불씨잡변』을 지어 불교를 비판하였다.
② 정혜 결사를 통해 불교 개혁에 앞장섰다.
③ 청방인문표를 지어 인질의 석방을 요구하였다.
④ 고구려 계승 의식을 강조한 『동명왕편』을 지었다.
⑤ 만권당에서 조맹부, 요수 등의 문인들과 교유하였다.

자료분석
자료의 '『역옹패설』'을 통해 인터뷰의 주인공이 고려 후기의 유학자인 역옹 이제현임을 알 수 있다. 이제현은 충혜왕 때 관직에서 물러난 후 은거하며 왕실의 세계(世系)에서부터 세간의 기이한 이야기에 이르기까지 방대한 주제를 담은 『역옹패설』을 저술하였다.

정답분석
⑤ 이제현은 충선왕이 원에 세운 만권당에서 조맹부, 요수 등 원나라의 학자들과 교류하면서 성리학에 대한 이해를 넓혔다.

선택지분석
① 정도전에 대한 설명이다. 정도전은 『불씨잡변』을 저술하여 성리학의 입장에서 불교의 존재론과 도덕론을 논리적으로 비판하였다.
② 지눌에 대한 설명이다. 무신 집권기에 활동한 지눌은 의천 사후에 명리에 집착하는 당시 불교계의 타락상을 비판하면서 승려 본연의 자세로 돌아가 독경과 선 수행, 노동에 고루 힘쓰자는 개혁 운동인 정혜 결사(수선사결사)를 조직하였다.
③ 신라의 문인인 강수에 대한 설명이다. 나·당 전쟁 과정에서 태종 무열왕(김춘추)의 차남인 김인문이 당나라에 갇히자, 강수는 김인문을 석방시켜 줄 것을 청한 '청방인문표'를 지어 보냈다. 이 글에 감동한 당 고조는 김인문을 풀어주고 돌려보냈다고 한다.
④ 이규보에 대한 설명이다. 이규보는 고구려의 건국 시조인 동명왕의 일대기를 서사시로 표현한 『동명왕편』을 저술하여 우리 민족의 우월성과 고려가 고구려를 계승했다는 자부심을 알리고자 하였다.

정답 ⑤

확인 문제

1 (가) 교육 기관에 대한 설명으로 옳은 것은?

67회 [2점]

(가) 입학 자격 공고

1. 국자학생은 문·무관 3품 이상인 자의 아들과 손자 …… 경관 4품으로 3품 이상의 훈봉을 지닌 자의 아들로 한다.
2. 태학생은 문·무관 5품 이상인 자의 아들과 손자 …… 훈관 3품 이상의 봉작이 있는 자의 아들로 한다.
3. 사문학생은 훈관 3품 이상으로서 봉작이 없는 자의 아들 …… 문·무관 7품 이상인 자의 아들로 한다.

① 문헌공도로 불리기도 하였다.
② 중앙에서 교수나 훈도가 파견되었다.
③ 전국의 부·목·군·현에 하나씩 설치되었다.
④ 장학 기금 마련을 위해 양현고가 설립되었다.
⑤ 사가독서제를 시행하여 학문에 전념하게 하였다.

2 밑줄 그은 '그'에 대한 설명으로 옳은 것은?

62회 [3점]

초상화로 보는 한국사

이 그림은 고려 말 삼은(三隱) 중 한 사람인 목은(牧隱)의 초상화이다. 이곡(李穀)의 아들인 그는 고려와 원의 과거에 합격했으며, 문하시중 등의 관직을 역임하였다. 고려 후기 성리학의 보급에 노력한 대표적 인물로 평가된다. 이 초상화는 당시의 관복을 충실하게 표현하여 보물로 지정되었다.

① 역옹패설과 사략을 저술하였다.
② 왕명에 의해 삼국사기를 편찬하였다.
③ 문헌공도를 설립하여 유학 교육에 힘썼다.
④ 불교 개혁을 주장하며 수선사 결사를 제창하였다.
⑤ 성균관의 대사성이 되어 정몽주 등을 학관으로 천거하였다.

정답
1 ④ 고려 예종 때 관학 진흥의 일환으로 전문 강좌인 7재를 국자감에 개설하고 장학 재단인 양현고를 두어 관학의 경제 기반을 강화하였다.
2 ⑤ 목은 이색은 공민왕 때 성균관의 대사성으로 발탁되어 정몽주·권근·정도전 등을 가르쳐 성리학을 더욱 확산시켰다.

Theme 040 고려의 역사서

PART 3 고려의 성립과 발전

출제 의도와 대책

삼국 시대에 『서기』, 『국사』, 『신집』 등이 편찬되었다는 기록은 있으나 모두 소실되었다. 우리나라의 현존하는 가장 오래된 역사서는 고려 인종 때 김부식이 저술한 『삼국사기』이다. 또한 고려 후기에는 정치 혼란과 외침 속에서 민족 의식을 표현한 역사서가 많이 간행되었으며, 그중 『삼국유사』에는 단군의 건국 이야기가 최초로 수록되었다. 고려 시대 역사서의 특징과 내용, 서술 체제에 대해 정리해 두어야 한다.

필기노트 마인드맵

- 전기: 고려 왕조 실록, 7대실록 → 현존하지 않음
- 중기: 『삼국사기』 — 인종 때 김부식이 저술, 현존 최고(最古) 역사서
  기전체, 유교적 합리주의 사관, 신라 계승 의식
- 후기: 『해동고승전』: 각훈, 삼국 시대와 고려 시대의 승려 전기
  『동명왕편』: 이규보, 동명왕의 영웅 서사시, 고구려 계승 의식
  『삼국유사』 일연, 불교사 중심의 설화·야사 수록
  단군의 건국 이야기 최초 수록
  『제왕운기』 이승휴, 한국사를 중국사와 대등하게 서술
  단군의 건국 이야기 수록
- 말기: 『사략』: 이제현, 성리학적 유교 사관

선택지 빅데이터

① 김부식은 왕명으로 합리주의적 유교사관에 입각한 ■■■■를 저술하였다. → 삼국사기
② 삼국사기는 본기, 열전 등으로 구성된 ■■■ 형식으로 서술되었다. → 기전체
③ 각훈은 ■■■■을 저술하여 승려들의 전기를 기록하였다. → 해동고승전
④ 이규보는 ■■■■에서 고구려 건국 시조의 일대기를 서사시로 서술하였다. → 동명왕편
⑤ 삼국유사에는 ■■■의 건국 이야기가 기록되어 있다. → 단군왕검
⑥ ■■은 삼국유사를 집필하여 ■■ 중심의 설화, 야사 등을 정리하였다. → 일연, 불교
⑦ 이승휴가 쓴 ■■■■에는 중국과 우리나라의 역대 왕의 계보가 수록되었다. → 제왕운기
⑧ 고려 말 이제현은 성리학적 사관에 입각해 ■■을 저술하였다. → 사략

대표 기출 1

다음 검색창에 들어갈 역사서에 대한 설명으로 옳은 것은?

73회 [3점]

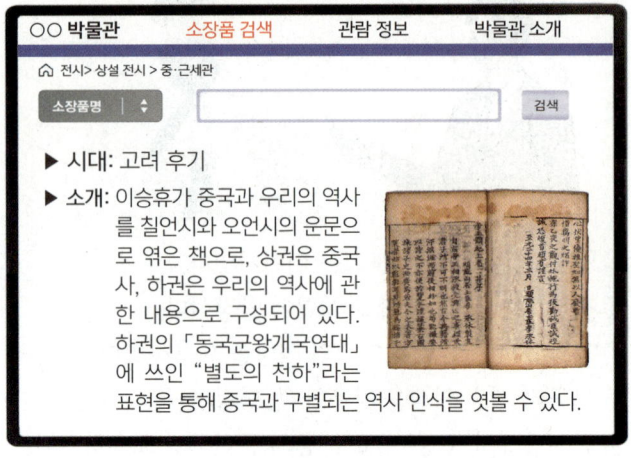

▶ 시대: 고려 후기
▶ 소개: 이승휴가 중국과 우리의 역사를 칠언시와 오언시의 운문으로 엮은 책으로, 상권은 중국사, 하권은 우리의 역사에 관한 내용으로 구성되어 있다. 하권의 「동국군왕개국연대」에 쓰인 "별도의 천하"라는 표현을 통해 중국과 구별되는 역사 인식을 엿볼 수 있다.

① 남북국이라는 용어가 처음 사용되었다.
② 불교사를 중심으로 민간 설화를 담았다.
③ 단군의 고조선 건국 이야기가 수록되었다.
④ 왕명에 의해 고승들의 전기가 기록되었다.
⑤ 본기, 열전 등으로 구성된 기전체 형식으로 서술되었다.

자료분석

이승휴가 충렬왕 때 중국사와 우리나라 역사를 정리하여 저술한 역사서는 『제왕운기』이다. 이승휴는 요동에서 한반도에 이르는 지역을 "별천지(별도의 천하)"라고 표현하여 중국과는 구별되는 우리 민족의 활동 무대로 인식하였으며 이에 따라 부여, 발해, 예맥 등 이 지역에 있었던 옛 나라들을 모두 우리 민족의 역사로 보았다.

정답분석

③ 『제왕운기』의 하권은 단군의 고조선 건국부터 후삼국의 통일과 발해 유민의 포용까지 다룬 「동국군왕개국연대」와 왕건의 선조 설화 및 충렬왕 때까지를 다룬 「본조군왕세계연대」로 구성되어 있다.

선택지분석

① 조선 후기에 유득공은 발해의 역사를 정리한 『발해고』를 지었는데, 여기에서 남북국이라는 용어를 처음 사용하였다.
② 일연이 저술한 『삼국유사』에는 『삼국사기』에서 배제되었던 불교사 및 민간 설화와 구전 등이 풍부하게 담겨있다.
④ 승려 각훈이 왕명을 받아 저술한 『해동고승전』에 대한 설명이다.
⑤ 기전체로 서술된 대표적 사서로는 김부식 등이 인종의 명을 받아 편찬한 『삼국사기』가 있다.

정답 ③

대표 기출 2

밑줄 그은 '책'에 해당하는 역사서에 대한 설명으로 옳은 것은?
66회 [2점]

> 고대 여러 나라들도 역시 각각 사관(史官)을 두어 일을 기록하였습니다. 그러므로 맹자께서 이르시기를, "진(晉)의 승(乘)과 초(楚)의 도올(檮杌)과 노(魯)의 춘추(春秋)는 모두 한가지다."라고 하셨습니다. 생각건대 우리 해동(海東) 삼국도 역사가 길고 오래되어 마땅히 그 사실이 책으로 기록되어야 하므로 폐하께서 이 늙은 신하에게 명하시어 편집하도록 하셨습니다. …… 신의 학술이 이처럼 부족하고 얕으며, 옛 말과 지나간 일은 그처럼 아득하고 희미합니다. 그러므로 온 정신과 힘을 다 쏟아 부어 겨우 책을 만들었습니다. 그러나 보잘것없기에 스스로 부끄러울 따름입니다.

① 불교사를 중심으로 고대의 민간 설화를 수록하였다.
② 본기, 연표, 잡지, 열전 등으로 구성된 기전체 사서이다.
③ 사초와 시정기 등을 바탕으로 편찬하였다.
④ 고구려 건국 시조의 일대기를 서사시로 표현하였다.
⑤ 우리 역사의 시작을 단군 조선으로 삼았다.

자료분석
자료는 고려 인종 때 김부식이 『삼국사기』를 왕에게 마치면서 올린 '진삼국사기표'이며, 따라서 '책'은 『삼국사기』이다. 김부식은 묘청의 난을 진압한 후 왕명에 따라 『삼국사기』를 편찬하였으며, 이 책을 통해 고대사를 복원하고 정치적 교훈을 주고자 하였다.

정답분석
② 『삼국사기』는 현재 남아 있는 우리나라에서 가장 오래된 역사서로 본기, 연표, 잡지, 열전 등으로 구성된 기전체 사서이다. 기전체는 역사를 서술할 때 제왕의 정치와 행적을 중심으로 서술하는 본기, 문물과 제도 등의 연혁을 항목별로 서술하는 지, 인물들의 행적을 담은 열전 등으로 나누어 기록한 것을 말한다.

선택지분석
① 『삼국유사』에 대한 설명이다. 고려 충렬왕 때 일연이 편찬한 사서로, 불교를 중심으로 고대의 민간 설화나 전래 기록을 수록하여 고유문화와 전통을 중시하였으며, 단군을 민족의 시조로 여겨 단군의 건국 이야기를 수록하였다.
③ 조선왕조실록에 대한 설명이다. 조선왕조실록은 조선 시대 각 왕대의 사실을 편년체로 서술한 역사서로, 왕이 죽으면 춘추관에 실록청을 설치하고 사초(사관의 기록), 시정기(각 관청의 업무 일지인 등록을 모아 춘추관에서 작성한 기록), 승정원일기(승정원의 업무 일지) 등을 바탕으로 편찬하였다.
④ 고려 후기에 이규보가 저술한 『동명왕편』에 대한 설명이다. 이규보는 고구려 건국 시조인 동명왕의 일대기를 서사시로 표현한 『동명왕편』을 저술하여 우리의 민족적 우월성과 고려가 고구려를 계승했다는 자부심을 알리고자 하였다.
⑤ 『삼국유사』에 대한 설명이다. 김부식은 유교적 합리주의 사관에 기초하여 『삼국사기』를 편찬하였다. 이에 따라 불교 및 비합리적인 신이(神異)사를 일부러 삭제하거나 수정하여 수록하였으며, 단군에 대한 기록은 남아 있지 않다.

정답 ②

확인 문제

1 다음 검색창에 들어갈 역사 자료에 대한 설명으로 옳은 것은?
58회 [2점]

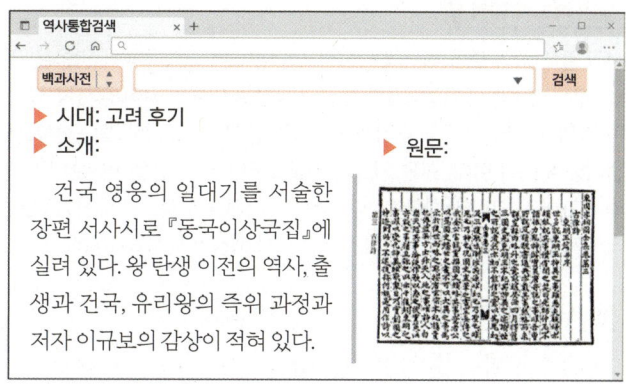

건국 영웅의 일대기를 서술한 장편 서사시로 『동국이상국집』에 실려 있다. 왕 탄생 이전의 역사, 출생과 건국, 유리왕의 즉위 과정과 저자 이규보의 감상이 적혀 있다.

① 고구려 계승 의식이 반영되었다.
② 남북국이라는 용어가 처음 사용되었다.
③ 사초, 시정기 등을 바탕으로 편찬하였다.
④ 단군의 고조선 건국 이야기를 수록하였다.
⑤ 현존하는 우리나라 최고(最古)의 역사서이다.

2 밑줄 그은 '역사서'에 대한 설명으로 옳은 것은?
59회 [1점]

이곳은 경상북도 군위군에 위치한 인각사로 승려 일연이 마지막 여생을 보낸 곳입니다. 그는 불교사를 중심으로 민간 설화 등을 수록한 역사서를 저술하였습니다.

① 편년체 형식으로 기술되었다.
② 고조선의 건국 이야기가 서술되었다.
③ 남북국이라는 용어가 처음 사용되었다.
④ 왕명에 의해 고승들의 전기가 기록되었다.
⑤ 고구려 시조의 일대기가 서사시로 표현되었다.

정답
1 ① 이규보는 『동명왕편』에서 고구려의 신이한 건국 사적을 서술하여 고구려의 계승 의식을 반영하고 고구려의 전통을 노래하였다.
2 ② 일연은 단군을 우리 민족의 시조로 여겨 『삼국유사』에 단군의 건국 이야기를 수록하였다.

Theme 041 고려의 불교 사상

PART 3 고려의 성립과 발전

출제 의도와 대책

신라 말 선종이 호족 세력의 사상적 기반이 되어 고려 건국에 영향을 주었지만, 고려의 재통일 이후에는 선교 통합을 이루는 것이 정치적·교리적 과제가 되었다. 주요 승려들의 사상과 행적을 선교 통합의 관점에서 정리해 두어야 한다. 한편 원효가 불교 교리 이해의 틀을 제시한 뒤 고려 시대에는 교리에 대한 이해가 더욱 깊어져 자체적으로 대장경을 제작하기에 이르렀다. 두 차례 대장경의 제작 배경과 특징을 파악해 둔다.

필기노트 마인드맵

승려		
	균여	『보현십원가』 저술
		광종 때 귀법사 주지 임명(화엄종 통합 노력)
	의천	대각국사, 문종의 아들, 해동 천태종 창시
		교장도감 → 신편제종교장총록(교장) 간행
		교관겸수 → 교종 중심 선종 통합
	지눌	보조국사, 불교 개혁 운동 → 수선사 결사
		정혜쌍수·돈오점수 → 선종 중심 교종 통합
	혜심: 지눌의 제자, 유불 일치설 주장 → 성리학 수용 토대
	요세: 참회 중심의 법화 신앙을 바탕으로 백련 결사 제창
대장경	초조대장경	거란의 침입을 물리치기 위해 제작
		대구 부인사에 보관 → 몽골 침입 때 소실
	재조대장경	몽골의 침입을 물리치기 위해 제작
		합천 해인사(조선 초기) 보관

의천
가만히 생각해 보면 성인의 가르침을 이야기함은 이를 실천하는 데 있으므로, 다만 입으로만 말할 것이 아니라 실은 몸으로 행동하려는 것이다. …… 교리를 배우는 사람은 마음을 버리고 외적인 것을 구하는 일이 많고, 참선하는 사람은 밖의 인연을 잊고 내적으로 밝히기를 좋아한다. 이는 다 편벽된 집착이고 양극단에 치우친 것이다.

선택지 빅데이터

① 균여는 ■■■■■를 지어 불교 교리를 전파하였다. → 보현십원가
② 의천은 송·요·일본 등의 경전을 수집해 ■■■■■■■을 편찬하였다. → 신편제종교장총록
③ 의천은 불교 통합을 위해 ■■■■■을 개창하였다. → 해동 천태종
④ 의천은 이론 연마와 수행을 함께 강조하는 ■■■■를 제시하였다. → 교관겸수
⑤ ■■은 정혜사를 결성하고 불교 개혁 운동을 전개하였다. → 지눌
⑥ 지눌은 정혜쌍수와 ■■■■를 내세웠다. → 돈오점수
⑦ 지눌은 불교 개혁을 주장하며 ■■■ 결사를 조직하였다. → 수선사
⑧ 혜심은 선문염송집을 편찬하고 ■■ ■■■을 주장하였다. → 유불 일치설
⑨ 요세는 법화 신앙을 바탕으로 ■■ 결사를 이끌었다. → 백련

대표 기출 1

(가)~(마)에 들어갈 내용으로 적절한 것은? 70회 [3점]

〈한국사 학술 강좌〉

인물로 보는 고려 불교사

우리 학회는 고려 승려들의 활동을 통해 불교사의 흐름을 파악하는 자리를 마련하였습니다. 관심 있는 분들의 많은 참여를 바랍니다.

■ 강좌 주제 ■

제1강 균여,	(가)
제2강 의천,	(나)
제3강 지눌,	(다)
제4강 요세,	(라)
제5강 혜심,	(마)

- 일시: 2024년 ○○월 ○○일 09:00~17:00
- 장소: □□박물관 대강당
- 주최: △△학회

① (가) - 법화 신앙에 중점을 둔 백련 결사를 제창하다
② (나) - 심성의 도야를 강조한 유불 일치설을 주장하다
③ (다) - 권수정혜결사문을 작성하여 정혜쌍수를 강조하다
④ (라) - 이론과 수행을 함께 강조하는 교관겸수를 제시하다
⑤ (마) - 보현십원가를 지어 불교 교리를 대중에게 전파하다

정답분석
③ 고려 무신 집권기에 활동한 지눌은 당시 불교계의 타락상을 비판하면서 승려 본연의 자세로 돌아가 독경과 선 수행, 노동에 고루 힘쓰자는 개혁 운동인 수선사 결사를 제창하고 『권수정혜결사문』을 지어 정혜쌍수(참선 수행과 교리 공부를 함께 수행해야 함)를 주장하였다.

선택지분석
① (라) 요세에 대한 설명이다. 요세는 강진 만덕사(백련사)에서 『법화경』에 의거하여 죄를 참회하는 법화 사상을 근간으로 하는 백련 결사를 제창하였다.
② (마) 혜심에 대한 설명이다. 혜심은 지눌의 제자로, 유교와 불교 사상이 근본적으로 다르지 않다는 유불 일치설을 주장하였다. 이는 이후 고려 사회에 성리학을 수용할 수 있는 사상적 토대가 되기도 하였다.
④ (나) 의천에 대한 설명이다. 의천은 교종과 선종의 통합 논리로 불교의 교리 체계[敎]와 실천 수행[觀]을 아울러[兼] 닦아야[修] 한다는 내용의 교관겸수를 주장하였다.
⑤ (가) 균여에 대한 설명이다. 균여는 향가인 '보현십원가'를 지어 일반 백성도 보현보살의 서원(誓願)을 알고 공덕을 닦게 하였다.

정답 ③

대표 기출 2

(가) 인물에 대한 설명으로 옳은 것은? 66회 [3점]

이것은 전라남도 강진군 월남사지에 있는 (가) 의 비입니다. 비문에는 지눌의 제자인 그가 수선사의 제2대 사주가 된 일, 당시 집권자인 최우가 그에게 두 아들을 출가(出家)시킨 일 등이 기록되어 있습니다.

① 『화엄일승법계도』를 지어 화엄 사상을 정리하였다.
② 해동 천태종을 개창하여 불교 교단 통합에 힘썼다.
③ 『선문염송집』을 편찬하고 유·불 일치설을 주장하였다.
④ 『권수정혜결사문』을 지어 정혜쌍수를 강조하였다.
⑤ '보현십원가'를 지어 불교 교리를 대중에게 전파하였다.

자료분석
자료의 (가)는 혜심이다. 혜심은 지눌의 제자로, 수선사 2대 사주가 되어 왕실과 최우를 비롯한 무신 세력 등 중앙의 정치 세력의 후원으로 교단을 크게 확장시켰다. 특히 최우는 혜심을 신뢰하여 자신의 아들들을 그의 문하에 출가시켰으며, 혜심에게 승과를 거치지 않고 대선사라는 최고위의 승계를 내리기도 하였다.

정답분석
③ 혜심은 원래 국자감에서 유학을 공부하다가 출가하였으며, 이를 바탕으로 유교와 불교는 겉으로는 전혀 다른 것 같지만 실상 근본은 차이가 없다는 유·불 일치설을 주장하였다. 또한 혜심은 지눌이 주창한 간화선의 선풍을 더욱 진작시키기 위해 제자들과 함께 『선문염송집』을 편찬하였다.

선택지분석
① 『화엄일승법계도』는 신라 중대에 활동했던 의상의 저서이다.
② 고려 중기의 의천에 대한 설명이다. 의천은 흥왕사를 근거지로 삼아 화엄종을 중심으로 교종을 통합하려 하였으며, 국청사를 창건하고 해동 천태종을 창시하여 교종과 선종의 대립을 무마하고 양 종파의 통합을 달성하고자 하였다.
④ 지눌에 대한 설명이다. 고려 무신 집권기에 지눌은 당시 불교계의 타락상을 비판하면서 승려 본연의 자세로 돌아가 독경과 선 수행, 노동에 고루 힘쓰자는 개혁 운동인 수선사 결사를 제창하고 『권수정혜결사문』을 지어 정혜쌍수(참선 수행과 교리 공부를 함께 수행해야 함)를 주장하였다.
⑤ 고려 전기의 균여에 대한 설명이다. 균여는 향가인 '보현십원가'를 지어 일반 백성도 보현보살의 서원을 알고 공덕을 닦게 하였다.

정답 ③

확인 문제

1 (가)에 들어갈 내용으로 옳은 것은? 65회 [2점]

왕후(王煦), 왕자로 태어나 승려가 되다

문종의 아들로 불법(佛法)을 구하러 송에 유학하였다. 귀국 후 흥왕사에서 「신편제종교장총록」을 간행하였다. 이 책은 송·거란·일본 등 동아시아 각지의 불교 서적을 수집하여 정리한 것이다. 이후 (가)

① 국청사의 주지가 되어 해동 천태종을 개창하였다.
② 불교 개혁을 주장하며 수선사 결사를 조직하였다.
③ 『선문염송집』을 편찬하고 유·불 일치설을 주장하였다.
④ 불교 관련 자료를 중심으로 『삼국유사』를 집필하였다.
⑤ 인도와 중앙아시아를 순례하고 『왕오천축국전』을 남겼다.

2 (가) 인물에 대한 설명으로 옳은 것은? 54회 [2점]

이곳은 (가) 이/가 불교계 개혁 운동을 전개한 순천 송광사입니다. 그는 수행 방법으로 돈오점수를 주장하였습니다.

① 승려들의 전기를 담은 『해동고승전』을 집필하였다.
② 『화엄일승법계도』를 지어 화엄 사상을 정리하였다.
③ 『권수정혜결사문』을 작성하여 정혜쌍수를 강조하였다.
④ 불교 경전에 대한 주석서를 모아 교장을 편찬하였다.
⑤ '보현십원가'를 지어 불교 교리를 대중에게 전파하였다.

정답
1 ① 의천은 고려·송·요·일본의 불경 주석서를 모아 교장을 편찬하였으며, 국청사를 창건하고 해동 천태종을 창시하여 교종과 선종을 통합하고자 하였다.
2 ③ 지눌은 『권수정혜결사문』을 지어 선종에서는 선정에, 교종에서는 지혜에 치우쳐 있음을 비판하고, 이 두 가지를 치우침 없이 함께 닦아야 한다는 정혜쌍수의 사상을 주장하였다.

Theme 042 고려의 탑과 불상

PART 3 고려의 성립과 발전

출제 의도와 대책

통일 신라의 전형이었던 2중 기단의 3층 석탑은 균형잡힌 비례에서 나오는 조화와 안정성을 특징으로 하였다. 고려 시대에는 안정성은 다소 떨어지지만 보다 화려한 다각다층탑이 지어졌다. 또한 불상에서도 지역적 특색을 보여주는 대형 철불이나 석불, 마애불이 제작되었는데 이는 지방 세력의 성장과 관련이 있다. 불교가 신라와 고려에서 주류 사상이었으므로, 두 시대의 불교 문화유산을 구분하는 문제가 자주 출제된다.

필기노트 마인드맵

[불상]
- 신라 계승
  - 하남 하사창동 철불: 석굴암 본존불 양식 계승
  - 영주 부석사 소조아미타 여래 좌상: 신라 균형미 계승
- 지역 특색
  - 관촉사 석조 미륵보살 입상: 대형 석불
  - 안동 이천동 마애여래 입상
  - 파주 용미리 마애이불 입상: 조선 세조와 정희왕후의 기원문 발견

[석탑]
- 오대산 월정사 8각 9층 석탑: 고려 전기, 송의 영향
- 개성 현화사 7층 석탑: 현종이 부모를 기려 건립
- 경천사지 10층 석탑 — 원의 영향, 대리석탑
  - 조선 원각사지 10층 석탑에 영향
- 기타: 익산 왕궁리 5층 석탑(백제 양식 계승)

선택지 빅데이터

① ■■■ 팔각 구층 석탑
→ 월정사

② ■■■지 10층 석탑
→ 경천사

③ 하남 ■■■ 철불
→ 하사창동

④ ■■ 이천동 마애여래입상
→ 안동

⑤ 논산 ■■■ 석조 미륵보살 입상
→ 관촉사

대표 기출 1

(가) 국가의 탑으로 옳은 것은?   72회 [1점]

이 탑은 원래 개성에 있었는데 지금은 국립 중앙 박물관에 옮겨져 새로운 영상 기법으로 전시되고 있습니다. (가) 시대에 만들어진 이 탑은 이후 원각사지 십층 석탑에 영향을 주기도 하였습니다.

①  ②  ③

④  ⑤

자료분석

자료는 고려 후기에 제작된 경천사지 10층 석탑에 대한 설명이다. 이 탑은 원의 석탑 양식을 계승한 것으로, 이러한 양식은 조선 세조 때 제작된 원각사지 10층 석탑으로 이어졌다. 현재 국립 중앙 박물관에 보존되고 있다. 따라서 (가)는 고려이다.

정답분석

③ 평창 월정사 8각 9층 석탑이다. 고려 시대에는 4각형 평면에서 벗어난 다각형의 다층(多層) 석탑이 유행하였는데, 월정사 8각 9층 석탑은 대표적인 고려의 다각다층 석탑이다. 당시 불교문화 특유의 화려하고 귀족적인 면모를 잘 보여주고 있으며, 전체적인 비례와 조각수법이 착실하다. 또한 청동으로 만들어진 풍경과 금동으로 만들어진 머리장식을 통해 금속공예의 수법을 살필 수 있어 중요한 자료가 되고 있다.

선택지분석

① 통일 신라 때 제작된 경주 불국사 3층 석탑(석가탑)이다. 이 탑은 신라의 전형적인 석탑 양식을 대표하는 가장 우수한 예로, 각 부분의 비율이 조화로워 불교적인 조화와 이상을 구현하였다.

② 백제의 석탑인 부여 정림사지 5층 석탑으로, 미륵사지 석탑의 목탑 양식을 계승하여 균형미가 뛰어나다. 당나라 장군 소정방이 백제를 평정한 후 탑신에 새긴 글 때문에 한때 '평제탑'이라고 잘못 불리기도 하였다.

④ 신라 중대 때 제작된 구례 화엄사 4사자 3층 석탑이다. 상층 기단에 돌사자 4마리를 각 모서리에 배치하였기 때문에 사자탑이라는 이름이 붙여졌다. 사자는 불교적인 조형에서 많이 사용되는데, 연화와 함께 불교의 상징적인 존재였다.

⑤ 백제의 석탑인 익산 미륵사지 석탑이다. 목탑 양식으로 쌓은 석탑으로, 현존하는 가장 오래된 석탑이다. 2009년 해체 복원 과정에서 금제사리봉안기가 발견되었는데, 여기서 무왕의 왕비가 백제 좌평 사택적덕의 딸이며, 이 왕후가 재물을 희사(喜捨, 돈이나 물건을 기부함)해 미륵사를 창건했음이 밝혀졌다.

정답 ③

대표 기출 2

밑줄 그은 '불상'에 해당하는 문화유산으로 옳은 것은? 67회 [2점]

이것은 이색의 『목은집』에 실린 시의 일부입니다. 그는 관촉사에서 열린 법회에 참여하고 그곳에서 보았던 불상을 떠올리며 이 시를 지었습니다.

> 한산의 동쪽으로 백여 리쯤 되는 곳에
> 은진현이라 그 안에 관족사*가 있다네
> 여기엔 크나큰 석상 미륵존이 있으니
> 내 나간다 나간다며 땅 속에서 솟았다네
> ⋮
> *관족사: 현재의 관촉사

①  ②  ③

④  ⑤

정답분석
③ 자료의 밑줄 친 '불상'은 논산 관촉사 석조 미륵보살입상이다. 논산 관촉사 석조미륵보살입상은 고려 광종 때 제작된 우리나라 최대 규모의 석불로, 보살상은 높은 원통형 보관(寶冠)을 썼고 청동제 꽃을 들고 있다. 우아한 이상미(理想美)를 추구한 통일 신라와는 달리 고려 시대에는 지역의 특색이 잘 드러나는 거대한 불상들이 건립되기도 하였는데, 논산 관촉사 석조미륵보살입상이 대표적인 예이다.

선택지분석
① 고려 시대에 제작된 파주 용미리 마애이불입상이다. 자연석 벽면을 그대로 이용하여 조각한 석불입상으로, 왼쪽 둥근 갓을 쓴 불상은 미륵불로 추정된다. 후사가 없었던 고려 선종(1083~1094)이 후비 원신궁주의 꿈에서 본 두 승려를 돌에 새기고 절을 짓자 왕자 한산후가 태어났다는 설화가 전해진다.
② 9세기 통일 신라 시대에 제작된 경산 팔공산 관봉 석조여래좌상이다. 불상의 머리에 갓을 쓴 듯한 넓적한 돌이 올려져 있어 '갓바위'라고 부르기도 한다. 불상의 뒷면에 병풍처럼 둘러쳐진 암벽이 광배의 구실을 하고 있다.
④ 백제의 서산 용현리 마애여래삼존상이다. 중앙에 석가모니가 있으며, 석가모니 좌측에 미륵보살 반가 사유상, 우측에 보살상이 조각되어 있다. 부드러운 자태와 온화한 미소로 자비와 포용의 태도를 나타내 보이고 있어, '백제의 미소'라고도 한다.
⑤ 고려 전기에 제작된 안동 이천동 마애여래입상이다. 자연석 벽면에 불상의 몸을 조각하고, 그 위로 머리를 따로 올려 제작한 석불 입상이다.

정답 ③

확인 문제

1 (가)에 들어갈 불상으로 옳은 것은? 60회 [2점]

- 국립 중앙 박물관에 소장되어 있으며, 보물로 지정되었다.
- 경기도 하남시 하사창동에서 발견된 철불이다. 고려 초기 호족의 후원을 받아 제작되었으며, 석굴암 본존불의 양식을 이어받았다.

①  ②  ③

④  ⑤

2 (가)에 해당하는 문화유산으로 옳은 것은? 66회 [3점]

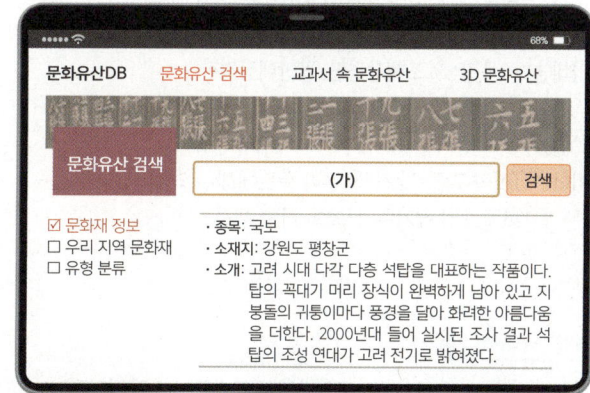

- 종목: 국보
- 소재지: 강원도 평창군
- 소개: 고려 시대 다각 다층 석탑을 대표하는 작품이다. 탑의 꼭대기 머리 장식이 완벽하게 남아 있고 지붕돌의 귀퉁이마다 풍경을 달아 화려한 아름다움을 더한다. 2000년대 들어 실시된 조사 결과 석탑의 조성 연대가 고려 전기로 밝혀졌다.

①  ②  ③

④  ⑤

정답
1 ② 하남 하사창동 철조석가여래좌상이다. 당당한 어깨와 두드러진 가슴은 석굴암 본존불의 양식을 이어 받은 것이며, 날카로운 얼굴 인상과 간결한 옷 주름의 표현은 고려 초기 불상의 전형적인 기법이다.
2 ① 자료는 월정사 8각 9층 석탑에 대한 설명으로, 고려 전기의 대표적인 다각다층 석탑이다.

Theme 043 고려의 건축·공예

PART 3 고려의 성립과 발전

출제 의도와 대책

현재 우리나라에 남아있는 가장 오래된 목조 건축물들은 안동 봉정사 극락전으로, 고려 시대의 것이다. 건축 양식과 함께 주요 건물의 형태를 사진으로 확인해 두어야 한다. 한편 고려 시대에는 귀족 사회가 번성하면서 고려청자 등 화려한 공예품이 제작되었다. 순청자로부터 상감 청자, 분청사기 등 도자기 양식의 변천은 조선 시대 백자와도 연결하여 파악해두는 것이 좋다. 고려 시대의 회화는 거의 남아있지 않으므로 천산대렵도 등 몇 가지 그림을 보고 고려 시대임을 파악할 수 있어야 한다.

필기노트 마인드맵

- 건축
  - 주심포 양식: 안동 봉정사 극락전(가장 오래됨), 영주 부석사 무량수전, 예산 수덕사 대웅전
  - 다포 양식: 황해도 사리원의 성불사 응진전
- 공예
  - 자기: 순청자 → 상감 청자(표면을 파내고 다른 흙을 채움) 분청사기
  - 금속: 청동 은입사 포류수금무늬 정병
  - 나전칠기: 조개껍질 및 은·동 등 금속 선을 입힌 화려한 칠기
- 인쇄술
  - 목판: 초조대장경판, 팔만대장경판
  - 금속 활자 『직지심체요절』: 현존 세계 최고(最古) 청주 흥덕사에서 간행
- 기타
  - 『향약구급방』 간행: 우리 풍토에 맞는 약재
  - 화통도감 설치 → 화약과 화포 생산

선택지 빅데이터

① ■■■■■이 청주 흥덕사에서 금속활자로 간행되었다. → 직지심체요절
② 우리의 약재를 소개한 ■■■■■을 편찬하였다. → 향약구급방
③ ■■■■을 설치하여 화약과 화포를 제작하였다. → 화통도감
④ ■■를 이용하여 진포에서 대승을 거두었다. → 화포

⑤ 안동 ■■■ 극락전 → 봉정사   ⑥ 영주 ■■■ 무량수전 → 부석사

⑦ ■청자 → 순   ⑧ ■■청자 → 상감

대표 기출 1

(가) 국가의 국가유산으로 옳지 않은 것은? 71회 [1점]

□□신문 제△△호 2024년 ○○월 ○○일

'국보 순회전: 모두의 곁으로', 강진군에서 열려

▲ 청자 상감 모란무늬 항아리

국립중앙박물관이 지역 간의 문화 격차를 해소하기 위해 기획한 국보 순회전이 전남 강진군에서 '도자기에 핀 꽃, 상감 청자'를 주제로 개최된다. 이번 전시에서는 청자 상감 모란무늬 항아리, 청자 상감 물가풍경무늬 매병 등 (가) 의 대표적인 국가유산인 상감 청자가 공개된다. 특히 국보 '청자 상감 모란무늬 항아리'는 왕실 자기의 전형을 보여 주는 유물로 모란을 정교하고 화려하면서도 사실적으로 묘사하였다는 평가를 받는다. 전시회 관계자는 "상감 청자의 생산지였던 강진군에서 개최되어 더 큰 의미가 있다."라고 밝혔다.

①  ②  ③

④  ⑤

자료분석

자료의 '상감 청자'를 통해 (가)가 고려임을 알 수 있다. 12세기 중엽에 고려의 독창적 기법인 상감법이 개발되었다. 상감법은 나전 칠기나 은입사 공예를 응용한 것으로, 그릇 표면을 파낸 자리에 백토·흑토를 메워 무늬를 내는 기법이었다. 상감 청자는 무늬를 훨씬 다양하고 화려하게 넣을 수 있었기 때문에 청자의 새로운 경지를 열었다. 상감 청자는 13세기까지 발전하였으나, 원 간섭기 이후에는 퇴조하였다.

정답분석

⑤ 조선 후기에 제작된 긍재 김득신의 '파적도(야묘도추)'이다.

선택지분석

① 고려 광종 때 제작된 논산 관촉사 석조 미륵보살 입상이다.
② 12세기에 제작된 나전 칠기인 나전 국화넝쿨무늬 합이다.
③ 고려 말(14세기)에 제작된 수월관음도이다.
④ 고려 후기에 제작된 경천사지 10층 석탑이다.

정답 ⑤

대표 기출 2

(가)에 들어갈 문화유산으로 옳은 것은? 63회 [1점]

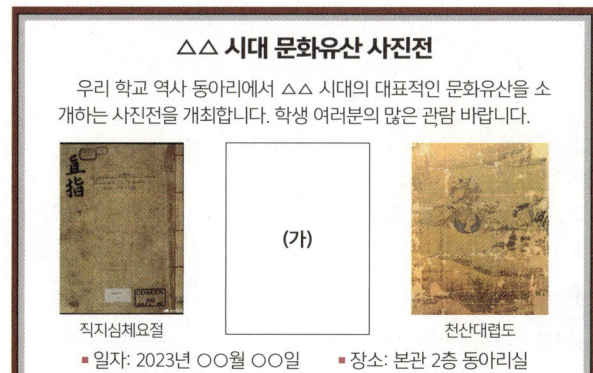

△△ 시대 문화유산 사진전

우리 학교 역사 동아리에서 △△ 시대의 대표적인 문화유산을 소개하는 사진전을 개최합니다. 학생 여러분의 많은 관람 바랍니다.

직지심체요절 / (가) / 천산대렵도
■ 일자: 2023년 ○○월 ○○일 ■ 장소: 본관 2층 동아리실

① 금동 대향로
② 호우총 청동 그릇
③ 청자 상감 모란문 표주박모양 주전자
④ 이불병좌상
⑤ 인왕제색도

자료분석
『직지심체요절』은 고려 말 우왕 때 청주 흥덕사에서 간행된 것으로, 현존하는 세계에서 가장 오래된 금속활자본이다. 천산대렵도는 고려 말 공민왕이 그린 것으로 알려진 산수화로, 고려 시대에는 고구려의 전통과 몽골의 영향 등으로 수렵도가 많이 그려졌다. 따라서 (가)에는 고려 시대의 문화유산이 들어가야 한다.

정답분석
③ 고려 시대에는 도자기 기술이 한층 발달하여 11세기에는 중국에서도 명품으로 극찬하는 비색 청자가 제작되었으며, 12세기에는 독창적 기법인 상감청자가 만들어졌다.

선택지분석
① 백제 금동 대향로이다. 백제 금동 대향로는 1933년 부여 능산리 절터에서 발견된 유물로, 신선들이 사는 세계와 봉황 등이 묘사된 백제의 걸작품이다.
② 경주 호우총에서 발견된 호우명 그릇이다. 그릇 밑면에 광개토대왕의 시호가 적혀있어 당시 신라가 고구려의 정치적 영향력을 받고 있었음을 보여 준다.
④ 발해의 이불병좌상이다. 두 부처가 나란히 앉아있는 모습으로, 부처의 표현 방식과 의상 처리 등에서 고구려의 특색이 나타나 있다.
⑤ 조선 후기에 정선이 그린 인왕제색도이다. 정선은 우리 자연을 사실적으로 그리는 진경산수화를 개척하여 회화의 토착화를 이룩하였다. 인왕제색도에서는 바위산은 선으로, 흙산은 묵으로 묘사하는 기법을 사용하여 산수화의 새로운 경지를 보여 주었다.

정답 ③

확인 문제

1 다음 대화에 해당하는 문화유산으로 옳은 것은? 57회 [3점]

- 우리나라에 현존하는 가장 오래된 목조 건축물에 대해 이야기해 보자.
- 공민왕 때 지붕을 크게 수리했다는 상량문의 기록을 통해 건축 연대를 추정할 수 있지.
- 공포가 기둥 위에만 있는 주심포 양식의 건물로, 지붕의 형태는 맞배지붕이야.

① 안동 봉정사 극락전
② 보은 법주사 팔상전
③ 구례 화엄사 각황전
④ 예산 수덕사 대웅전
⑤ 영주 부석사 무량수전

2 (가) 국가의 문화유산으로 옳은 것을 〈보기〉에서 고르면? 62회 [2점]

우리 박물관에서는 국내에 들여와 보존 처리를 마친 벨기에 왕립 예술역사박물관 소장 (가) 의 공예품 8점을 공개하는 특별전을 개최합니다.
이번 전시에서는 (가) 의 대표적 문화유산인 상감청자 6점을 비롯하여 청동 정병, 금동 침통 등을 자세히 감상할 수 있도록 전시 공간을 연출하였으니 많은 관심 바랍니다.

〈보기〉

ㄱ. / ㄴ. / ㄷ. / ㄹ.

① ㄱ, ㄴ ② ㄱ, ㄷ ③ ㄴ, ㄷ ④ ㄴ, ㄹ ⑤ ㄷ, ㄹ

정답
1 ① 안동 봉정사 극락전은 현존하는 가장 오래된 목조 건축물로, 공민왕 때 지붕을 수리하였다는 기록이 남아 있어 적어도 13세기 초에 축조된 것으로 판단된다.
2 ③ ㄱ. 일본에 있다가 국내로 귀환된 고려 나전국화넝쿨무늬합이다.
ㄷ. 고려 시대의 수월관음도이다. 고려 시대에는 불화가 유행하였는데, 대표적으로 일본에 있는 혜허의 수월관음도(일본명 양류관음도)가 있다.

전한길 한국사능력검정 기출문제집

PART 4
조선의 정치 변화

테마	최근 4년 출제	주요 인물·지역	키워드
044 조선 건국	최근 68, 66, 58, 56, 52 총 8회	이성계, 조준, 정도전	위화도 회군, 과전법, 경복궁, 조선경국전, 불씨잡변
045 태조·태종의 정치	최근 73, 72, 71, 70, 62 총 10회	태조, 태종	왕자의 난, 사간원 독립, 6조 직계제, 계미자, 주자소
046 세종 대의 문화 발전	최근 73, 70, 68, 67, 66 총 12회	세종, 장영실, 최윤덕, 김종서	삼강행실도, 농사직설, 공법, 집현전, 칠정산, 갑인자, 4군 6진, 계해약조
047 세조·성종의 체제 정비	최근 72, 70, 69, 68, 65 총 20회	세조(수양대군), 성삼문, 성종	계유정난, 직전법, 6조 직계제, 이시애의 난, 국조오례의, 경국대전, 악학궤범, 동국여지승람, 관수관급제
048 사림의 대두	최근 73, 72, 71, 70, 69 총 22회	연산군, 김종직, 중종, 조광조, 명종	조의제문, 무오사화, 갑자사화, 기묘사화, 현량과, 위훈 삭제, 양재역 벽서, 을사사화, 대윤·소윤
049 중앙 통치 기구	최근 72, 71, 69, 68, 63 총 15회		사헌부, 서경권, 사간원, 홍문관, 3사, 승정원, 의금부
050 지방 통치와 군사 제도	최근 73, 67, 59, 58, 57 총 10회		관찰사, 향리, 유향소, 좌수·별감, 경재소, 훈련도감 (포수·사수·살수), 비변사
051 임진왜란	최근 70, 68, 67, 66, 65 총 14회	송상현, 신립, 이순신, 김시민	옥포 해전, 한산도 대첩, 명량 해전, 진주성 전투, 평양성 탈환

▲ 경국대전

▲ 난중일기

▲ 수원 화성

테마	최근 4년 출제	주요 인물·지역	키워드
052 대일 관계의 변화	최근 72, 62, 58, 56, 55 총 7회		3포(부산포·제포·염포) 개항, 기유약조, 초량 왜관, 통신사, 동평관
053 두 차례의 호란	최근 72, 71, 69, 66, 65 총 18회	인조, 이괄, 김상용, 정봉수, 최명길, 김준룡	중립 외교, 사르후 전투, 인조반정, 정묘호란, 병자호란, 삼전도비
054 대중 관계의 변화	최근 73, 66, 63, 59, 58 총 8회	효종, 송시열	북벌론, 기축봉사, 어영청, 나선 정벌, 백두산정계비, 연행사
055 붕당 정치의 전개	최근 68, 63, 58, 55, 51 총 7회	정여립, 효종, 현종	기축옥사, 동인, 서인, 남인, 북인, 예송
056 환국 정치	최근 71, 69, 61, 57, 49 총 7회	숙종, 허적, 송시열, 인현왕후, 장희빈	경신환국, 기사환국, 갑술환국
057 영조의 탕평 정치	최근 68, 66, 63, 60, 58 총 9회	영조, 이인좌	균역법, 속대전, 탕평비, 청계천 준설, 동국문헌비고
058 정조의 탕평 정치	최근 72, 70, 67, 65, 64 총 14회	정조, 수원	초계문신제, 장용영, 규장각, 수원 화성, 신해통공(금난전권 폐지)

Theme 044 조선 건국

PART 4 조선의 정치 변화

출제 의도와 대책

고려 말 이성계는 원, 홍건적, 왜구 등의 침입을 모두 물리치면서 신흥 무인 세력으로 성장하였고, 정도전 등 신진 사대부와 손잡고 조선을 건국하였다. 조선 초기의 토지 제도인 과전법은 고려 공양왕 때 제정되었고, 조선 건국 후 한양 천도 등 순서와 관련해서 주의를 기울여야 한다. 또한 한양 건설을 비롯해 개국 초기 문물 정비에 정도전이 크게 관여했음을 알아 둔다.

필기노트 마인드맵

- 신진 사대부 분화
  - 급진파: 정도전, 조준 중심, **역성혁명** 주장
  - 온건파: 이색, 정몽주 중심, 고려 왕조 유지 주장
- 이성계
  - 고려
    - 쌍성총관부 공략, **황산 대첩**(왜구 격퇴)
    - 철령위 설치 요구 → 요동 정벌 → **위화도 회군**
    - 창왕 옹립 → 공양왕 옹립 → **과전법 실시**
  - 조선
    - 조선 건국 → 한양 천도 → 경복궁 건립
    - 천상열차분야지도각석 제작(고구려 천문도 바탕)
    - 요동 정벌 추진(정도전 중심)
    - **제1차 왕자의 난** 이후 정종에게 양위
- 정도전
  - **한양 조성 주도** → 경복궁 및 각종 전각의 이름 지음
  - 『조선경국전』: 재상 중심의 정치 주장
  - 『불씨잡변』: 불교 교리 비판
  - 『고려국사』: 조선 개창의 정당성 밝힘
  - 제1차 왕자의 난 때 사망

선택지 빅데이터

① 이성계가 ■■■에서 회군하여 최영을 제거하였다. → 위화도
② 이방원이 선죽교에서 온건 개혁파 사대부인 ■■■를 제거하였다. → 정몽주
③ 조준 등의 건의로 ■■■을 제정하여 신진 사대부의 경제 기반을 마련하였다. → 과전법
④ 태조 때 고구려 천문도를 바탕으로 ■■■■ 분야지도를 돌에 새겼다. → 천상열차
⑤ 정도전은 ■궁의 이름을 짓는 등 조선 초기 문물 정비에 기여하였다. → 경복
⑥ 정도전 등이 태조 때 ■■ 정벌 계획을 추진하였다. → 요동
⑦ 정도전은 재상 중심의 정치를 강조한 ■■■■■을 편찬하였다. → 조선경국전
⑧ 정도전은 ■■■■을 지어 불교를 비판하였다. → 불씨잡변
⑨ 정도전은 조선 개창의 정당성을 밝히기 위해 ■■■■를 저술하였다. → 고려국사

대표 기출 1

밑줄 그은 '인물'에 대한 설명으로 옳은 것은? 68회 [2점]

- 불씨잡변을 지어 불교를 비판하였던 인물에 대해 말해 보자.
- 도성의 축조 계획을 세우고 새 궁궐의 이름을 경복궁이라고 지었어.
- 제1차 왕자의 난 때 이방원에게 죽임을 당하였지.

① 최초의 서원인 백운동 서원을 건립하였다.
② 일본에 다녀와서 『해동제국기』를 편찬하였다.
③ 『성학십도』를 지어 군주의 도를 도식으로 설명하였다.
④ 『조선경국전』을 저술하여 통치 제도 정비에 기여하였다.
⑤ 『경세유표』를 집필하여 국가 제도의 개혁 방향을 제시하였다.

자료분석
자료 중 '『불씨잡변』', '제1차 왕자의 난' 등을 통해 밑줄 그은 '인물'이 정도전임을 알 수 있다. 정도전은 조선 건국 후 초창기 문물제도를 갖추는 데 크게 공헌하였다. 한양 천도 결정 이후 종묘·사직·궁궐·시장·도로의 터를 정하고, 경복궁의 이름과 여러 전각을 이름을 지었다. 또한 『불씨잡변』을 통하여 불교를 비판하고 성리학을 통치 이념으로 확립시켰다.

정답분석
④ 정도전은 조정의 국정 운영을 위해 사찬 법전인 『조선경국전』을 저술하여 태조 이성계에게 바쳤다. 『조선경국전』은 『주례』의 6전 체제를 참고하여 관직 체제를 비롯해 국가를 통치하는 데 필요한 내용들을 정리해 놓은 법전으로, 조선 건국 직후 국가 체제를 정비하는 과정에서 절대적인 영향력을 미쳤다.

선택지분석
① 주세붕에 대한 설명이다. 조선 중종 때 풍기군수 주세붕은 고려의 성리학자인 안향을 기리기 위해 사당을 세우고, 그 앞에 서원을 지었는데, 이 서원이 우리 나라 최초의 서원인 백운동 서원이다.
② 신숙주에 대한 설명이다. 『해동제국기』는 세종 때 서장관으로 일본에 다녀온 신숙주가 성종 때 왕명에 따라 편찬한 책으로, 자신이 직접 관찰한 일본의 정치·외교·사회·풍속·지리 등을 종합적으로 정리하였다.
③ 이황에 대한 설명이다. 이황은 선조가 어린 나이에 즉위하자, 군왕의 도에 대해 10개의 도식으로 설명한 『성학십도』를 지어 바쳤다.
⑤ 정약용에 대한 설명이다. 정약용은 『경세유표』를 지어 정치·경제·사회 전반에 걸친 개혁의 기본 방향을 제시하였다. 군주 중심의 정치 체제를 수립하고 언관의 역할을 제한하며 6조의 기능을 재조정할 것을 제안하였다. 또한 지방 행정의 효율을 높이기 위해 전국을 8도에서 12개의 성으로 고쳐야 한다고 하였으며, 교육과 선거 제도를 연계하고 고과 제도를 개혁하자고 하였다.

정답 ④

대표 기출 2

밑줄 그은 '이 성곽'에 대한 설명으로 옳지 않은 것은? 62회 [2점]

> 이 성곽은 한성부 도심의 경계를 표시하고 외부의 침입을 방어하기 위해 축조되었습니다. 총 둘레는 약 18km로 4대문과 4소문 및 암문, 수문, 여장, 옹성 등의 시설을 갖추고 있습니다.

① 개국 초기 정도전 등이 설계하였다.
② 도성조축도감이 축조를 관장하였다.
③ 후금의 침입에 맞서 정봉수가 항전한 곳이다.
④ 조선 시대 축성 기술의 변화 과정이 잘 나타나 있다.
⑤ 일제 강점기 도시 정비 계획을 구실로 크게 훼손되었다.

자료분석
한성부를 방어하기 위해 축조되었으며, 4대문과 4소문을 갖춘 이 '성곽'은 한양도성이다. 이성계가 한양으로 천도한 뒤 수도를 방어하기 위해 쌓았다.

정답분석
③ 후금의 침입, 즉 정묘호란 때 정봉수가 항전한 곳은 철산의 용골산성이다. 정묘호란 때 정봉수, 이립 등은 의병을 일으켜 후금의 배후를 위협하고 포로로 끌려가던 백성을 구출하였다.

선택지분석
① 정도전은 조선의 설계자라고 불릴 만큼 조선 건국 초 건국 사업 전반을 관장하였다. 도성조축도감을 맡아 한양과 도성 설계를 담당했으며, 경복궁 및 전각의 이름과 인의예지가 들어간 4대문의 이름도 정도전이 지었다.
② 도성조축도감은 태조 때 한양도성의 축조를 위해 설치한 관청이다.
④ 한양은 조선 왕조 내내 수도였으므로 도성 역시 500년에 걸쳐 수리, 보강되었다. 이에 따라 조선 시대 전반에 걸친 축성 기술의 변화를 살펴볼 수 있는 유물이다. 이에 세계 문화유산 등재를 추진하고 있다.
⑤ 일제는 창경궁을 창경원으로 격하시키고, 경복궁의 전각과 경운궁을 헐어버리는 등 조선을 상징하는 유물을 대거 훼손하였다. 서울이 독립국의 수도임을 상징하는 한양도성 또한 도시 정비를 구실로 훼손하였다.

정답 ③

확인 문제

1 (가) 인물의 활동으로 옳은 것은? 56회 [2점]

① 북방에 4군과 6진을 설치하였다.
② 의종 복위를 도모하여 군사를 일으켰다.
③ 위화도에서 회군하여 정권을 장악하였다.
④ 여진을 정벌한 후 동북 9성을 축조하였다.
⑤ 좌·우별초와 신의군으로 삼별초를 조직하였다.

2 (가)~(다)를 일어난 순서대로 옳게 나열한 것은? 47회 [2점]

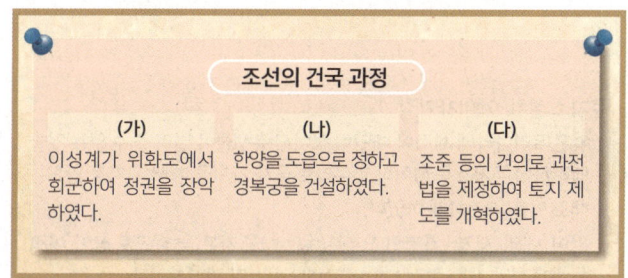

① (가) - (나) - (다)   ② (가) - (다) - (나)
③ (나) - (가) - (다)   ④ (나) - (다) - (가)
⑤ (다) - (나) - (가)

정답
1 ③ 우왕 때 명나라가 철령 이북의 땅을 차지하려 하자, 최영은 이성계를 시켜 요동 정벌을 단행하였다. 그러나 요동 정벌을 반대하던 이성계는 위화도에서 회군(1388)한 후 최영을 제거하고 고려의 정치적 실권을 장악하였다.
2 ② (가) 우왕 때 명나라가 철령 이북의 땅을 차지하려 하자, 최영은 이성계를 보내 요동 정벌을 단행하였다. 그러나 요동 정벌을 반대하던 이성계는 위화도에서 회군(1388)한 후 최영과 우왕을 제거하고 고려의 정치적 실권을 장악하였다.
(다) 위화도 회군으로 정권을 잡은 이성계와 조준 등 급진 개혁파 사대부 세력은 우왕과 창왕을 차례로 폐위하고 공양왕을 세운 후 국가 재정을 확충하기 위해 과전법을 실시하였다(1391).
(나) 1392년에 이성계가 새 왕조를 개창한 후 1394년에 한양으로 도읍을 옮겼으며, 1395년에 경복궁을 완공하였다.

Theme 045 태조·태종의 정치

PART 4 조선의 정치 변화

출제 의도와 대책

두 차례 왕자의 난을 거쳐 왕위에 오른 태종은 왕권 중심의 정치 질서를 추구하였다. 6조 직계제를 시행하고 사간원을 설치해 대신을 견제할 제도를 마련하였으며, 왕권에 걸림돌이 될 수 있는 외척 세력을 대거 제거하였다. 또한 호패법 시행, 양전 사업 등을 통해 국가 재정을 확충하고 학문을 장려하는 등 조선 초기 문물 정비의 시초를 다졌다.

필기노트 마인드맵

- 제1차 왕자의 난: 이방원(태종)이 세자 이방석과 **정도전 제거**
- 정종: 개경 천도
- 제2차 왕자의 난 ┬ 이방원(태종)이 왕위를 노리던 이방간 제거
　　　　　　　　└ 이방원이 **세자에 책봉됨**
- 태종 ┬ 왕권 강화 ┬ 한양 재천도 → **창덕궁 건립**
　　　　│　　　　　├ 대신 견제: 문하부 낭사를 **사간원**으로 독립
　　　　│　　　　　├ **6조 직계제** 실시, 의금부·승정원 설치
　　　　│　　　　　└ 사병 혁파 → 군권 장악
　　　　├ 재정 확보: 양전 사업 실시, 호구 파악, **호패법** 실시
　　　　├ 학문 장려: **주자소 설치(계미자 주조)** → 서적 편찬·보급
　　　　└ 기타 ┬ **혼일강리역대국도지도** 제작(이회)
　　　　　　　 └ **신문고** 설치, 저화 발행(사섬서), 서얼 차별

주자소 설치·계미자 제작
- 왕은 우리나라에 서적이 대단히 적어서 유생들이 널리 볼 수 없는 것을 염려하여 주자소를 설치하고 구리로 글자 자형을 떠서 활자를 만드는 대로 인출(印出)하게 하였다.
- 왕이 시경·서경·좌전의 고주본(古註本)을 자본(字本)으로 삼아 이직 등에게 십만 자를 주조하게 하였는데, 이것이 계미자이다.

선택지 빅데이터

① 조선 초기에 왕위 계승을 둘러싸고 두 차례 ■■의 난이 일어났다. → 왕자
② 태종은 왕권 강화를 위해 6조 ■■■를 실시하였다. → 직계제
③ 태종은 문하부 낭사를 분리하여 ■■■으로 독립시켰다. → 사간원
④ 태종은 호구의 파악과 백성의 유망 방지를 위해 ■■■을 실시하였다. → 호패법
⑤ 태종은 ■■■를 설치하여 백성의 억울함을 풀어주고자 하였다. → 신문고
⑥ 태종은 ■■■를 설치하고 ■■■를 주조하여 유학 경전을 보급하였다. → 주자소, 계미자
⑦ 태종 때 세계 지도인 ■■■ 역대국도지도가 만들어졌다. → 혼일강리

대표 기출 1

(가) 인물에 대한 설명으로 옳은 것은? 73회 [2점]

사료로 보는 한국사

> 임금의 자질에는 어리석은 자질도 있고 현명한 자질도 있으며 강한 자질도 있고 유약한 자질도 있어서 한결같지 않으니, 재상은 임금의 아름다운 점은 순종하고 나쁜 점은 바로잡으며, 옳은 일은 받들고 옳지 않은 것은 막아서, 임금으로 하여금 가장 올바른 경지에 들게 해야 한다.

[해설] 이 글은 이성계를 도와 조선 건국을 주도한 (가) 이/가 저술한 『조선경국전』의 일부입니다. 그는 국가 운영을 위한 종합적인 통치 규범을 제시하고 재상의 역할을 강조하였습니다.

① 불씨잡변을 지어 불교를 비판하였다.
② 계유정난을 계기로 정계에서 축출되었다.
③ 최초의 서원인 백운동 서원을 건립하였다.
④ 일본에 다녀와서 해동제국기를 편찬하였다.
⑤ 성리학의 개념을 도식으로 설명한 성학십도를 지었다.

자료분석
『조선경국전』은 이성계를 도와 조선 건국을 주도한 정도전이 지은 사찬 법전으로, 조선 최초의 법전으로서 통치 규범을 밝힌 책이다. 정도전은 여기에서 재상 중심의 정치를 지향하였다.

정답분석
① 고려 말 신진 사대부는 권문세족과 결탁해 타락한 불교를 비판하면서 성리학을 조선 건국의 기본 이념으로 삼았다. 정도전은 조선 건국 후 이를 체계화하여 불교 교리를 비판하는 불씨잡변을 저술하였다.

선택지분석
② 계유정난은 단종 때 수양대군이 김종서, 황보인 등 대신들을 숙청하고 권력을 장악한 사건이다. 이후 수양대군(세조)은 단종에게 양위를 받아 즉위하였다.
③ 중종 때 풍기군수로 있던 주세붕은 안향을 배향하고 후진에게 유학을 교육하는 백운동 서원을 건립하였는데, 이것이 조선 최초의 서원이다.
④ 신숙주는 세종 때 일본에 다녀온 후 성종 때 자신이 살핀 일본의 정세 등을 종합하여 해동제국기를 편찬하였다.
⑤ 선조 때 이황은 군주가 알아야 할 성리학의 요체를 열 장의 도식으로 설명한 성학십도를 지었다.

정답 ①

대표 기출 2

(가) 왕에 대한 설명으로 옳은 것은? 70회 [2점]

> 이 문서에는 두 차례에 걸친 왕자의 난으로 즉위한 [(가)] 이/가 삼공신들과 함께 종묘사직 및 산천에 제를 올려 충의와 신의를 맹세한 내용이 기록되어 있습니다. 삼공신은 개국공신, 제1차 왕자의 난에서 공을 세운 정사공신, 제2차 왕자의 난을 평정하는 데 도움을 준 좌명공신을 말합니다.

① 『경국대전』을 완성하여 통치 체제를 정비하였다.
② 초계문신제를 시행하여 문신들을 재교육하였다.
③ 길주를 근거지로 일어난 이시애의 난을 진압하였다.
④ 문하부를 폐지하고 낭사를 사간원으로 독립시켰다.
⑤ 붕당의 폐해를 경계하기 위한 탕평비를 건립하였다.

자료분석
자료의 '두 차례에 걸친 왕자의 난으로 즉위'했다는 내용을 통해 (가)가 태종 이방원임을 알 수 있다. 태조 때 이방원은 세자 책봉에 불만을 품고 세자 방석과 정도전, 남은 등을 살해하였다(제1차 왕자의 난). 이후 정종 때 공신 책정 문제로 이방원에게 불만을 품고 있던 박포가 이방간(태조의 넷째 아들)을 충동질하여 방원과 방간 사이에 무력 충돌이 발생하였는데(제2차 왕자의 난), 이때 승리한 이방원이 왕으로 즉위하였다.

정답분석
④ 태종은 문하부(중서문하성)를 폐지할 때 언론을 담당한 낭사를 사간원으로 독립시켜 대신들을 견제하도록 하였다.

선택지분석
① 성종에 대한 설명이다. 성종은 조선의 기본 법전인 『경국대전』을 완성하여 통치 체제를 정비하였다.
② 정조에 대한 설명이다. 정조는 37세 이하의 젊고 재능 있는 문신들을 뽑아 재교육시키는 초계문신제를 시행하여 자신의 지지 세력을 양성하고자 하였다.
③ 세조에 대한 설명이다. 세조 때 회령부사 이시애가 서울에서 직접 수령을 파견하는 것에 반대하며 난을 일으켰으나 곧 진압되었다. 세조는 반란을 진압한 후 반란의 주도 세력이었던 유향소를 폐지하였다.
⑤ 영조에 대한 설명이다. 영조는 붕당 정치의 폐단을 극복하기 위해 탕평파를 적극적으로 육성하여 이들을 중심으로 정국을 이끌어 나갔으며, 탕평의 의지를 알리기 위해 성균관 앞에 탕평비를 세웠다.

정답 ④

확인 문제

1 밑줄 그은 '임금'의 재위 시기에 있었던 사실로 옳은 것은? 71회 [2점]

> 임금이 무악에 이르러서 도읍을 정할 땅을 물색하였다. 좌시중 조준, 우시중 김사형에게 말하였다. "고려 말에 서운관에서 송도의 지덕이 이미 쇠했다는 이유로 여러 번 글을 올려 한양으로 도읍을 옮기자고 하였다. 근래에는 계룡이 도읍할 만한 곳이라 하기에 백성을 공사에 동원하여 힘들게 하였다. 이제 또 여기가 도읍할 만한 곳이라 하여 와서 보니, 유한우 등이 도리어 무악보다는 송도가 더 명당이라고 고집한다. 그대들은 도읍할 만한 곳을 서운관 관리에게 다시 보고받도록 하라."

① 독창적 문자인 훈민정음이 반포되었다.
② 수도 방어를 위하여 금위영이 창설되었다.
③ 조선의 기본 법전인 『경국대전』이 완성되었다.
④ 왕위 계승을 둘러싸고 왕자의 난이 발생하였다.
⑤ 성삼문 등이 상왕의 복위를 꾀하다가 처형되었다.

2 밑줄 그은 '임금'에 대한 설명으로 옳은 것은? 72회 [2점]

 자네 들었는가? 임금께서 민무구, 민무질에게 자결을 명하셨다더군. 몇 해 전 어린 세자를 이용해 권세를 잡으려 했다는 죄로 귀양을 보내셨었지.

 나도 들었네. 중전마마의 동생으로 임금께서 정도전을 숙청할 때 공을 세웠던 사람들이었지.

① 공신들에게 역분전을 지급하였다.
② 주자소를 두어 계미자를 주조하였다.
③ 정치도감을 설치하여 개혁을 추진하였다.
④ 『구황촬요』를 간행하여 기근에 대비하였다.
⑤ 유자광의 고변을 계기로 남이를 처형하였다.

정답
1 ④ 태조 재위기에 세자 책봉 과정의 갈등으로 이방원(후에 태종)이 난을 일으켜 세자 이방석과 정도전을 제거하고, 자신의 형인 이방과(후에 정종)를 왕위에 오르게 하였다(1차 왕자의 난).
2 ② 태종은 활자 주조 담당 기관인 주자소를 설치하고 동활자인 계미자를 주조하였다.

Theme 046 세종 대의 문화 발전

PART 4 조선의 정치 변화

출제 의도와 대책

세종은 태종의 강력한 왕권 강화를 바탕으로 신권과 왕권의 균형을 도모하면서 조선 유교 정치의 기틀을 마련하고, 훈민정음을 창제하여 민족 문화 발달의 토대를 닦았다. 대외 관계에서도 4군 6진 개척으로 현재의 국경선과 유사한 국경을 확정했으며, 대마도를 정벌하고 3포를 개항하는 강온 양면책으로 왜구 문제를 일단락하였다. 세종의 업적은 정치·대외 정책·과학 기술·문화 등 다방면에 걸쳐 있으므로 자세히 구분해서 정리해 두어야 한다. 장영실, 이순지 등 각 업적에 관련된 인물이 자료로 소개되는 경우도 많다.

필기노트 마인드맵

- 유교 정치
  - **의정부 서사제** 시행 → 왕권과 신권의 조화
  - **집현전** 확대: 경연 주관(학술 정치), 정책 연구
  - 국가 행사를 유교식으로 거행
- 대외 정책
  - 여진: **4군 6진** 개척
  - 일본: **쓰시마 섬 정벌**(이종무) → **삼포 개항** → **계해약조**
- 경제: 공법
  - **전분 6등법**: 비옥도에 따라 토지를 6등급으로 구분
  - **연분 9등법**: 풍흉에 따라 수확량(조세)을 9등급으로 구분
- 과학
  - 『칠정산』 내외편 — **한양을 중심으로 한 역법**
    - 원의 수시력과 아라비아 역법 참고
  - 관측·측정: 혼천의·간의(천문관측), 자격루(물시계, 장영실), 앙부일구(해시계), 측우기(세계 최초)
- 문화
  - 훈민정음: 용비어천가 편찬(조선 건국의 정당성)
  - 편찬 **갑인자** 제작
    - 『농사직설』: 우리 풍토에 맞는 농법
    - 『삼강행실도』: 충신·효자·열녀 → 유교 의식 장려
    - 『총통등록』: 화약 무기 제작법, 사용법
- 기타: 억불 정책(선교 양종으로 통합), 관노비 처우 개선
- * 문종: 『고려사』, 『고려사절요』, 『동국병감』 편찬

선택지 빅데이터

① 세종 때 한양을 기준으로 한 역법서인 ▨▨▨ 이 편찬되었다. → 칠정산
② 세종 때 이종무가 적의 근거지인 ▨▨▨ 를 정벌하였다. → 쓰시마(대마도)
③ 세종 때 ▨▨▨▨ 가 체결되어 세견선의 입항이 허가되었다. → 계해약조
④ 세종은 ▨군 ▨진을 설치하여 북방 영토를 개척하였다. → 4, 6
⑤ 세종 때 학문 연구 기관인 ▨▨▨ 이 설치되었다. → 집현전
⑥ 세종 때 개량된 금속 활자인 ▨▨▨ 가 주조되었다. → 갑인자

대표 기출 1

(가) 왕의 업적으로 옳은 것은? 73회 [2점]

훈민정음이 창제되고 3년 후에 왕비가 세상을 떠나자, (가) 은/는 명복을 빌기 위해 아들 수양대군에게 부처의 일대기와 설법을 담은 석보상절을 편찬하도록 명했습니다. 그 내용을 (가) 이/가 한글 노랫말로 옮긴 것이 월인천강지곡입니다.

월인천강지곡이라는 제목에는 하나의 달이 천 개의 강물에 비친다는 뜻이 담겨있는데요. 이 책의 편찬 경위를 말씀해주세요.

① 수도 방어를 위해 금위영을 설치하였다.
② 음악 이론을 집대성한 악학궤범을 완성하였다.
③ 한양을 기준으로 한 역법서인 칠정산을 간행하였다.
④ 역대 문물제도를 정리한 동국문헌비고를 편찬하였다.
⑤ 현직 관리에게만 수조지를 지급하는 직전법을 실시하였다.

자료분석
훈민정음이 창제되었고, 아들이 수양대군이라는 점에서 (가) 왕이 조선 세종임을 알 수 있다.

정답분석
③ 세종 때 김담, 이순지 등이 아라비아 회회력과 원의 수시력 등을 참고하여 한양을 기준으로 천체의 운행을 계산한 칠정산을 간행하였다.

선택지분석
① 임진왜란 때 포수, 사수, 살수의 삼수병으로 구성된 훈련도감을 설치하였으며, 인조 때 후금과의 항쟁 과정에서 어영청, 총융청, 수어청을 설치하였다. 이어 숙종 때 도성 방어를 위해 금위영을 설치하면서 조선 후기의 중앙군인 5군영이 완비되었다.
② 성종 때 성현이 음악 이론과 악기의 편성, 연회 무용 등을 집대성한 악학궤범을 편찬하였다.
④ 영조 때 홍봉한이 우리나라의 역대 문물제도를 정리한 동국문헌비고를 편찬하였다.
⑤ 세조 때 세습되는 과전으로 인해 관리들에게 지급할 수조지가 부족해지자, 수신전과 휼양전을 폐지하고 현직 관리에게만 수조지를 지급하는 직전법을 실시하였다.

정답 ③

대표 기출 2

(가) 인물에 대한 설명으로 옳은 것은? 70회 [2점]

> 이것은 (가) 이/가 함길도에 있을 때 화살이 날아왔는데도 놀라지 않고 태연히 연회를 계속 즐겼다는 고사를 담은 야연사준도입니다. 세종 대 함길도 병마도절제사로 활약했던 그는 문종 대 고려사절요 편찬을 총괄하였고, 단종 대 좌의정의 자리에 올랐으나 계유정난 때 살해되었습니다.

① 두만강 일대에 6진을 개척하였다.
② 탄금대에서 배수의 진을 치고 싸웠다.
③ 조총 부대를 이끌고 나선 정벌에 나섰다.
④ 왜구의 근거지인 쓰시마섬을 정벌하였다.
⑤ 외교 담판을 통해 강동 6주를 획득하였다.

자료분석
(가)는 김종서이다. 김종서는 문종 때 편년체 사서인 『고려사절요』를 저술하였으며, 단종 때 수양대군에 의해 죽임을 당하였다.

정답분석
① 김종서는 세종 때 함길도 도절제사로 재임하면서 두만강 일대에 6진을 개척하여 조선의 국경을 두만강 유역으로 확정하는 데 큰 공을 세웠다.

선택지분석
② 신립에 대한 설명이다. 임진왜란 당시 일본군이 부산진과 동래성에서 조선군을 대파한 후 한양으로 북상하자, 신립이 관군을 이끌고 충주에서 배수진을 치고 일본군의 북상을 막으려 하였으나 크게 패하였다(탄금대 전투).
③ 효종 때 남하하는 러시아군을 막기 위해 청나라가 조선에 조총군을 요청하자, 효종은 변급(1차), 신류(2차)에게 조총 부대를 이끌고 출정하도록 하였다.
④ 이종무에 대한 설명이다. 세종 때 이종무는 왜구의 근거지인 쓰시마섬(대마도)을 정벌하였다.
⑤ 서희에 대한 설명이다. 고려 성종 때 거란이 침입하자, 서희는 거란의 장수인 소손녕과의 외교 담판을 통해 거란과 교류할 것을 약속하는 대신 고려가 고구려의 후계자임을 인정받고 강동 6주를 확보하였다.

정답 ①

확인 문제

1 밑줄 그은 '전하'의 재위 기간에 있었던 사실로 옳은 것은? 58회 [3점]

> 우리 주상 전하께서는 오방의 풍토가 같지 아니하여 곡식을 심고 가꾸는 데 각기 적당한 방법이 있다고 하셨다. 이에 여러 도의 감사에게 명하기를, 주현의 나이든 농부들을 방문하여 농사지은 경험을 아뢰게 하시고 또 신(臣) 정초에게 그 까닭을 덧붙이게 하셨다. 중복된 것을 버리고, 요약한 것만 뽑아 한 편의 책으로 만들고 제목을 농사직설이라고 하였다.

① 예학을 정리한 『가례집람』이 저술되었다.
② 국가의 의례를 정비한 『국조오례의』가 완성되었다.
③ 아동용 윤리·역사 교재인 『동몽선습』이 간행되었다.
④ 효자, 충신 등의 사례를 제시한 『삼강행실도』가 편찬되었다.
⑤ 군주가 수양해야 할 덕목을 제시한 『성학집요』가 집필되었다.

2 밑줄 그은 '왕'의 업적으로 옳은 것은? 66회 [2점]

> 이전에 주조한 활자가 크고 고르지 않았다. 이에 왕께서 경자년에 다시 주조하셨다. 그리하여 그 모양이 작고 바르게 되었으니, 이것으로 인쇄하지 않은 책이 없었다. 이를 경자자라고 하였다. 갑인년에 다시 『위선음즐(爲善陰騭)』의 글자 모양을 본떠 갑인자를 주조하니, 경자자에 비하여 조금 크고 활자 모양이 매우 좋았다.

① 조선의 기본 법전인 『경국대전』을 반포하였다.
② 역대 문물을 정리한 『동국문헌비고』를 간행하였다.
③ 삼남 지방의 농법을 소개한 『농사직설』을 편찬하였다.
④ 전세를 1결당 4~6두로 고정하는 영정법을 제정하였다.
⑤ 삼정의 문란을 시정하기 위해 삼정이정청을 설치하였다.

정답
1 ④ 세종 때 우리나라와 중국에서 모범이 되는 군신·부자·부부 등의 사례를 뽑아 각각 정리하고, 충신·효자·열녀 등 100여 명을 선정하여 이들의 행적을 그림과 함께 기록한 『삼강행실도』를 편찬하였다.
2 ③ 세종 때 삼남 지방 농민들의 실제 농사 경험을 조사하여 우리 풍토에 맞는 농법을 정리한 『농사직설』을 편찬하였다.

Theme 047 세조·성종의 체제 정비

PART 4 조선의 정치 변화

출제 의도와 대책

세조는 계유정난으로 정권을 잡은 후 단종에게 양위받아 왕위에 올랐다. 세조 때부터 조선의 기본 법전인 경국대전을 편찬하기 시작하여 성종 때 완성됨으로써 조선 초기 체제 정비가 일단락되었다. 태종부터 성종까지의 왕들은 대부분 중요한 업적을 여러 개 가지고 있으므로 각 왕의 업적을 구분하여 파악해 두어야 한다.

필기노트 마인드맵

- 단종 12세에 즉위 → 왕권 약화, 재상 중심 정치(김종서·황보인)
   계유정난: 수양대군이 김종서·황보인 등 숙청
- 세조 6조 직계제 실시 → 왕권 강화, 『경국대전』 편찬 시작
   단종 복위 운동(사육신) → 집현전 폐지, 경연 폐지
   직전법 실시: 현직 관리만 지급, 수신전·휼양전 폐지
   이시애의 난: 함길도 호족 이시애의 난 진압 → 유향소 폐지
   군사 조직: 중앙군을 5위로 편성, 지방에 진관 체제 실시
   불교 진흥: 간경도감 설치, 원각사지 10층 석탑 건립
- 성종 훈구파 견제 위해 사림파 등용 시작
   『경국대전』 완성 → 통치 체제 완비
   홍문관 설치(집현전 계승) → 경연 부활, 학문 연구
   관수관급제 실시 → 국가가 조세를 대신 걷어 관리에게 지급
   편찬: 『동국여지승람』(지리서, 통치에 활용),
   『동문선』(서거정, 자주적), 『동국통감』(최초 통사),
   『악학궤범』(성현, 음악 백과사전)

단종 복위 운동
성삼문이 아버지 성승 및 박팽년 등과 함께 상왕의 복위를 모의하여 중국 사신에게 잔치를 베푸는 날에 거사하기로 기약하였다. …… 일이 발각되어 체포되자, 왕이 친히 국문하면서 꾸짖기를 "그대들은 어찌하여 나를 배반하였는가?" 하니 성삼문이 소리치며 말하기를 "상왕을 복위시키려 했을 뿐이오. …… 하늘에 두 개의 해가 없듯이 백성에게도 두 임금이 있을 수 없기 때문이오."라고 하였다.

선택지 빅데이터

[세조]
① 직전법을 실시하여 ■■ 관리에게만 수조지를 지급하였다. → 현직
② ■■■, 휼양전 등의 명목으로 세습되는 토지를 폐지하였다. → 수신전
③ 이시애의 난을 진압하고 ■■■를 폐지하였다. → 유향소
④ 왕에게 ■■ 하는 이조 판서를 볼 수 있다. → 직계
⑤ 성삼문 등이 ■■의 복위를 꾀하다 처형되었다. → 상왕(단종)

[성종]
① ■■■을 완성하여 국가의 통치 규범을 마련하였다. → 경국대전
② 음악 이론 등을 집대성한 ■■■이 간행되었다. → 악학궤범
③ 국가의 의례를 정비한 ■■■가 완성되었다. → 국조오례의

대표 기출 1

밑줄 그은 '전하'의 재위 기간에 있었던 사실로 옳은 것은?

72회 [2점]

> 전하께서 성군을 이으셨으니, 예악(禮樂)으로 태평 시절을 일으키실 때가 바로 지금이다. 장악원 소장의 의궤와 악보가 오랜 세월이 지나서 끊어지고 문드러졌다. 다행히 보존된 것 역시 모두 엉성하고 오류가 있으며 빠진 것이 많다. 이에 성현 등에게 명하여 다시 교정하게 하였다. 책이 완성되자 악학궤범이라고 이름 지었다.

① 예악을 정리한 『가례집람』이 저술되었다.
② 국가의 기본 법전인 『경국대전』이 완성되었다.
③ 외교 문서를 집대성한 『동문휘고』가 편찬되었다.
④ 붕당의 폐해를 경계하기 위한 탕평비가 건립되었다.
⑤ 이조 전랑 임명을 둘러싸고 김효원과 심의겸이 대립하였다.

자료분석
자료의 '악학궤범'을 통해 밑줄 그은 '전하'가 성종임을 알 수 있다. 『악학궤범』은 성종 때 성현과 유자광 등이 왕명을 받아 장악원의 의궤와 악보를 비교·교정하여 새롭게 편찬한 악서(樂書)로, 한글로 가사가 적혀 있으며 궁중음악, 향악, 당악에 관한 이론 및 제도, 법식, 악기, 무용, 의상 및 소도구 등을 그림과 함께 설명하고 있어 전통 음악을 유지·발전시키는 데 큰 도움이 되었다.

정답분석
② 『경국대전』은 조선 건국 후 나온 왕명과 조례 등을 종합하여 편찬한 조선의 기본 법전으로, 세조 때부터 편찬하기 시작하여 수차의 개정 끝에 성종 때 완성·반포되었다.

선택지분석
① 선조 때 김장생이 주자의 『가례』를 미완의 책자로 간주하고 여러 학설을 모아 조목별로 해석·보충한 『가례집람』을 저술하였다.
③ 정조 때 외교 문서를 집대성한 『동문휘고』를 편찬하였다.
④ 영조 때 붕당 정치의 폐단을 극복하기 위해 탕평파를 적극적으로 육성하였으며, 탕평의 의지를 알리기 위해 성균관 앞에 탕평비를 세웠다.
⑤ 선조 때 정국을 주도하게 된 사림 세력은 척신 정치의 잔재 청산 문제로 갈등을 빚었다. 이 과정에서 이조 전랑을 둘러싸고 심의겸과 김효원이 갈등을 빚었는데, 심의겸을 지지하는 기성 사림이 서인, 김효원을 지지하는 신진 사림이 동인을 형성하였다.

정답 ②

대표 기출 2

(가) 왕에 대한 설명으로 옳은 것은? 68회 [3점]

> 작품명: 출기파적도(出奇破賊圖)
>
>
>
> 이 그림은 이시애가 일으킨 반란을 좌대장 어유소가 진압하는 상황을 표현한 것이다. 이시애는 (가) 의 호패법 재실시 등 중앙의 통제 강화에 반발하여 함길도에서 반란을 일으켰다.

① 주자소를 설치하여 계미자를 주조하였다.
② 현직 관리를 대상으로 직전법을 실시하였다.
③ 조선의 기본 법전인 『경국대전』을 완성하였다.
④ 기유약조를 체결하여 일본과의 무역을 재개하였다.
⑤ 폐비 윤씨 사사 사건을 빌미로 갑자사화를 일으켰다.

자료분석
자료의 '이시애'를 통해 (가)가 조선 세조임을 알 수 있다. 세조 때 중앙 집권 체제를 강화하며 서울에서 직접 수령을 파견하자, 회령부사 이시애가 함길도 사람으로 함길도 수령을 삼을 것을 요구하며 반란을 일으켰다(이시애의 난, 1467). 세조는 당시 유향소가 반란의 주도 세력을 이루었기 때문에 반란 진압 이후 유향소를 폐지하였다.

정답분석
② 세조는 과전의 세습으로 새로운 관리에게 지급할 수조지가 부족해지자, 현직 관리에게만 수조권을 지급하고 수신전과 휼양전을 폐지하는 직전법을 시행하였다.

선택지분석
① 조선 태종은 활자 주조 담당 기관인 주자소를 설치하고 동활자인 계미자를 주조하였다.
③ 조선 성종에 대한 설명이다. 『경국대전』은 조선 건국 후 나온 왕명과 조례 등을 종합하여 편찬한 조선의 기본 법전으로, 조선 세조 때부터 『경국대전』을 편찬하기 시작하여 수차의 개정 끝에 성종 때 완성·반포되었다.
④ 광해군에 대한 설명이다. 임진왜란 이후 조선은 일본의 재침에 대한 경계심으로 국교 재개를 주저하였지만, 전후 일본과의 외교 문제와 누르하치 세력 확장으로 인한 위협을 감안하지 않을 수 없었다. 이에 광해군은 대마도주와 기유약조를 체결(1609)하여 대마도를 통한 일본과의 외교를 간접적으로 재개하였다.
⑤ 연산군에 대한 설명이다. 연산군과 연산군 측근 세력은 연산군의 생모인 폐비 윤씨 사건에 일부 훈구 세력이 관련되어 있음을 들춰내 많은 훈구 대신과 사림을 제거하였다(갑자사화, 1504).

정답 ②

확인 문제

1 밑줄 그은 '이 사건' 이후의 사실로 옳은 것은? 59회 [2점]

> 이 작품은 두만강 유역의 여진을 정벌하고 6진을 개척한 김종서가 지은 시조로, 장수로서의 호방한 기개를 보여주고 있습니다. 그는 수양대군, 한명회 등이 주도한 <u>이 사건</u>으로 죽임을 당하였습니다.
>
> 삭풍은 나모 긋틱 불고 명월은 눈 속에 촌틱
> 만리변성에 일장검 집고 서서
> 긴 ᄑᆞ람 큰 ᄒᆞᆫ 소릐에 거칠 거시 업세라

① 최영에 의해 이인임 일파가 축출되었다.
② 최무선의 건의로 화통도감이 설치되었다.
③ 정도전 등이 요동 정벌 계획을 추진하였다.
④ 성삼문 등이 상왕의 복위를 꾀하다가 처형되었다.
⑤ 이종무가 왜구의 근거지인 쓰시마섬을 정벌하였다.

2 밑줄 그은 '이 왕'의 재위 시기에 있었던 사실로 옳은 것은? 65회 [2점]

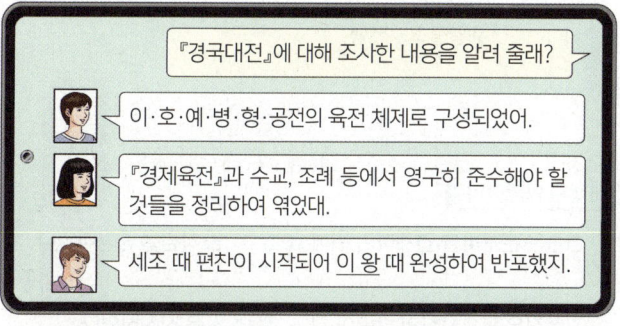

> 『경국대전』에 대해 조사한 내용을 알려 줄래?
> - 이·호·예·병·형·공전의 육전 체제로 구성되었어.
> - 『경제육전』과 수교, 조례 등에서 영구히 준수해야 할 것들을 정리하여 엮었대.
> - 세조 때 편찬이 시작되어 <u>이 왕</u> 때 완성하여 반포했지.

① 독립된 간쟁 기관으로 사간원이 설치되었다.
② 함길도 토착 세력인 이시애가 난을 일으켰다.
③ 직제가 개편된 홍문관에서 경연을 주관하였다.
④ 집현전 관리를 대상으로 사가독서제가 시행되었다.
⑤ 붕당의 폐해를 경계하기 위한 탕평비가 건립되었다.

정답
1 ④ 계유정난으로 정권을 장악한 수양대군은 양위의 형식을 취하여 즉위하였다. 이에 성삼문, 박팽년 등 집현전 출신 관인들은 세조를 제거하고 단종을 복위할 것을 모의하였으나 사전에 발각되어 처형되었다 (사육신 사건, 1456).
2 ③ 성종은 세조 때 폐지된 집현전을 계승하여 홍문관을 설치하고, 홍문관 관원 모두에게 경연관을 겸하게 하였다.

Theme 048 사림의 대두

PART 4 조선의 정치 변화

출제 의도와 대책

세조의 집권에 가담한 측들이 여러 차례 공신에 책봉되면서 훈구파를 형성하였다. 훈구파의 세력이 지나치게 강해지자 성종 때부터 사림 세력을 3사의 언관직에 등용하여 훈구 세력을 견제하였다. 이에 따라 사림과 훈구의 갈등이 깊어졌으며, 이는 4차례의 사화로 나타났다. 4차례 사화의 중심인물과 발단이 된 사건, 전개 과정 등을 구분하여 정리해 두어야 한다.

필기노트 마인드맵

- 무오사화: 연산군, 김종직의 '조의제문'을 사초에 실으려다 발생
- 갑자사화: 연산군, 연산군의 생모인 윤씨 사사 사건의 관련자 숙청
  → 사림과 훈구 모두 피해, 극도의 언론 탄압, 폭정
  ← 중종반정: 초기 훈구파 집권 → 조광조를 등용해 훈구 견제
    - 조광조 ─ 소격서 폐지(유학 중심), 현량과 실시 → 사림 등용
             수미법 주장(공납 폐단 개선), 『소학』 강조
             훈구파의 위훈(거짓 공훈) 삭제 주장
- 기묘사화: 조광조의 위훈 삭제 주장에 훈구 세력 반발 → 사림 숙청
- 을사사화 ─ 명종, 인종의 외척 윤임과 명종의 외척 윤원형 갈등
            사림에 우호적이었던 윤임 패배 → 윤임과 사림 숙청
            양재역 벽서 사건: 문정왕후 비판 벽서 → 추가 숙청
- ※ 명종 ─ 을묘왜변(비변사 상설기구화)
          임꺽정의 난
          『구황촬요』 간행

선택지 빅데이터

① 성종은 훈구파를 견제하기 위해 ■■■ 등 사림을 중용하였다. → 김종직
② 김종직은 무오사화의 발단이 된 ■■■■을 작성하였다. → 조의제문
③ 폐비 윤씨 사사 사건을 빌미로 ■■ 사화가 발생하였다. → 갑자
④ ■■ 반정으로 연산군이 폐위되었다. → 중종
⑤ 조광조를 비롯한 사림의 건의로 도교 관청인 ■■■가 혁파되었다. → 소격서
⑥ 조광조는 ■■의 보급과 공납의 개선을 주장하였다. → 소학
⑦ 조광조는 ■■■를 실시하여 신진 사림을 등용하고자 하였다. → 현량과
⑧ ■■ 사화는 위훈 삭제에 대한 훈구 세력의 반발이 원인이었다. → 기묘
⑨ 명종 때 ■■ 간의 대립으로 사화가 발생하였다. → 외척
⑩ ■■ 사화의 결과 윤임 세력이 제거되었다. → 을사

대표 기출 1

(가)에 들어갈 내용으로 가장 적절한 것은?  73회 [2점]

> [역사 다큐멘터리 기획안]
>
> **폭정으로 흔들리는 조선**
>
> ■ 기획 의도
> 국왕이 대신, 삼사 등과 함께 국정을 운영한 선왕 대의 정치 구조를 깨고 폭정을 일삼다가 폐위된 ○○○. 그의 재위 시기에 일어난 정치적 혼란을 살펴본다.
>
> ■ 구성 내용
> 1부. 선왕 대에 성장한 삼사와 대립하다
> 2부. 조의제문을 구실로 사림을 탄압하다
> 3부. ┌─── (가) ───┐
> 4부. 반복된 폭정으로 반정이 일어나 폐위되다

① 이괄의 난이 일어나 공주로 피란하다
② 단종의 복위를 꾀한 성삼문 등을 처형하다
③ 영창 대군을 죽이고 인목 대비를 유폐하다
④ 위훈 삭제를 주장한 조광조 일파를 제거하다
⑤ 폐비 윤씨 사사 사건을 빌미로 신하들을 숙청하다

자료분석
성종 대에 훈구 세력을 견제하기 위해 사림을 언론 기관인 삼사에 등용하면서 사림의 정치적 진출이 활발해졌다. 연산군은 왕에게 간언하는 삼사를 탄압하면서, 조의제문을 구실로 무오사화를 일으키는 등 폭정을 펼치다가 중종반정으로 폐위되었다.

정답분석
⑤ 성종의 왕비이자 연산군의 생모인 윤씨는 성종과 대립하다가 폐위되고 사약을 받았다. 연산군은 이를 빌미로 갑자사화를 일으켜 훈구와 사림을 가리지 않고 숙청하면서 언론을 극도로 탄압하였다.

선택지분석
① 인조 때 인조반정의 공신인 이괄이 변경 지방으로 임명되자, 논공행상에 불만을 품고 난을 일으켰다. 이때 한양이 함락되고 인조가 공주로 피란하기도 하였다.
② 세조 때 성삼문 등 집현전 학사들이 단종 복위 운동을 전개하였으나 사전에 발각되었다. 이에 세조는 사육신 등을 처형하고 집현전을 폐지하였다.
③ 광해군은 자신의 왕권에 위협이 되는 이복동생인 영창 대군을 사사하고, 계모인 인목 대비를 유폐하였다. 그러나 이는 윤리에 어긋나는 일이라 하여 인조반정의 명분이 되었다.
④ 중종 때 조광조는 중종반정의 공신 중에 공훈이 없이 거짓으로 공신록을 받은 자들이 있다고 하여 위훈 삭제를 추진하였으나 훈구 세력의 반발로 숙청되었다(기묘사화).

정답 ⑤

대표 기출 2

밑줄 그은 '이 사건'이 일어난 시기를 연표에서 옳게 고른 것은?

72회 [2점]

> 이곳은 최근에 개방된 효릉입니다. 조선 국왕 인종과 그의 왕비 인성왕후가 모셔져 있습니다. 인종은 즉위한 지 1년도 되지 않아 사망하였습니다. 인종의 죽음은 윤원형, 윤임 등 외척 간의 권력 다툼으로 사림이 피해를 입은 <u>이 사건</u>의 계기가 되었습니다.

(가)	(나)	(다)	(라)	(마)
이시애의 난	연산군 즉위	중종 반정	기묘 사화	선조 즉위	이괄의 난

① (가)　　② (나)　　③ (다)
④ (라)　　⑤ (마)

자료분석
이시애의 난은 세조 때(1467), 연산군 즉위는 1494년, 중종반정은 1506년, 기묘사화는 중종 때(1519), 선조 즉위는 1567년, 이괄의 난은 인조 때(1624)의 일이다.

정답분석
④ 자료의 '인종', '윤원형', '윤임' 등을 통해 밑줄 그은 '이 사건'이 을사사화(1545)임을 알 수 있다. 중종에 이어 즉위한 인종이 일찍 죽자, 어린 나이에 즉위한 명종을 대신하여 문정왕후(명종의 모후)가 수렴청정을 하였다. 이때 인종의 외척인 윤임 일파(대윤)와 명종의 외척인 윤원형 일파(소윤)가 대립하게 되었다. 대립의 결과 윤원형 일파(소윤)가 윤임 일파(대윤)를 몰아내고 정국을 주도하였는데, 이 과정에서 많은 사림들이 피해를 입었다(을사사화).

정답 ④

확인 문제

1 다음 자료에 대한 탐구 활동으로 가장 적절한 것은? 70회 [2점]

> ○ 조광조 등이 아뢰기를, "소격서가 요사하고 허탄함은 이미 경연에서 다 아뢰었고 전하께서도 그것이 허탄함을 환히 아시니 지금 다시 말할 것이 없습니다. ……"라고 하였다.
>
> ○ 신광한이 아뢰기를, "지난번에 조광조가 아뢰었던 천거로 인재를 뽑는 일은 여럿이 의논한 일입니다. 각별히 천거하는 것은 한(漢)에서 시행한 현량과와 효렴과를 따르는 것이 가합니다. 이것은 자주 할 수는 없으나 지금은 이를 시행할 만한 기회입니다. ……"라고 하였다.

① 호포제를 실시한 배경을 조사한다.
② 기해예송의 전개 과정과 결과를 파악한다.
③ 중종 때 사림파 언관들이 제기한 주장을 검색한다.
④ 정여립 모반 사건을 계기로 동인이 입은 피해를 찾아본다.
⑤ 인현 왕후가 폐위되고 남인이 권력을 차지한 사건을 알아본다.

2 밑줄 그은 '이 사건'에 대한 설명으로 옳은 것은? 71회 [2점]

> 이곳은 이언적의 위패를 모신 경주 옥산서원입니다. 이언적은 이른바 대윤과 소윤이라는 정치 세력 간의 갈등으로 윤임 등 대윤 세력이 탄압받은 <u>이 사건</u> 당시 관련자들의 처리를 두고 갈등이 생기자 스스로 관직에서 물러났습니다. 이후 양재역 벽서 사건에 연루되어 유배되었습니다.

① 김종직의 조의제문이 발단이 되었다.
② 폐비 윤씨 사사 사건이 원인이 되었다.
③ 왕실 외척 간의 권력 다툼으로 일어났다.
④ 진성 대군이 왕으로 즉위하는 결과를 가져왔다.
⑤ 조광조 등이 반정 공신의 위훈 삭제를 주장하였다.

정답
1 ③ 중종 때 등용된 조광조 등 사림 세력은 소격서 혁파와 현량과 실시를 추진하였다. 또한 공신들의 위훈 삭제를 주장하였는데, 이는 기묘사화의 직접적인 원인이 되었다.

2 ③ 명종 때 인종의 외척인 윤임 일파(대윤)와 명종의 외척인 윤원형 일파(소윤)가 대립하여 을사사화가 일어났다.

Theme 049 중앙 통치 기구

PART 4 조선의 정치 변화

출제 의도와 대책

조선 통치 체제의 특징은 왕권과 신권, 대신과 하급 관리의 견제와 균형을 바탕으로 하였다는 것으로, 언론 기관인 3사가 가장 자주 출제되는 이유이다. 또한 조선은 전근대 국가 중 가장 마지막 국가이므로, 이전 왕조들의 통치 기구와 비슷한 역할을 하는 기구를 통시대적으로 묻는 문제도 종종 출제된다. 이러한 점에 유의하여 각 통치 기구의 직능과 구조를 파악해 둔다.

필기노트 마인드맵

- 의정부: 재상 합의로 국정 총괄
- 6조: 왕명을 집행하는 행정 기관, 이·호·예·병·형·공조
  - 수장은 종2품 판서, 실무는 전랑(5품 정랑, 6품 좌랑)
  - 이조전랑이 실제 인사권 행사 → 통청권, 자대권 보장
- 승정원: 왕명 출납(비서 기관), 은대(별칭), 도승지 이하 6승지
- 의금부: 반역죄·강상죄 처결, 국왕 직속 사법 기관
- 사간원: 간쟁, 수장 대사간(정3품) ← 어사대(고려)
- 사헌부: 백관의 비리 감찰 ← 사정부(신라), 중정대(발해), 낭사(고려)
- 홍문관: 경연·서연 담당, 국왕 학술 자문, 옥당(별칭) ← 집현전 계승
- 춘추관: 실록 편찬·보관 → 실록청에 춘추관 관원 참여
- 기타: 한성부(수도의 치안과 행정 담당), 성균관(최고 교육 기관),
  - 예문관(교서 작성), 장례원(노비 소송 담당)
- 비변사: 설치(삼포왜란, 중종) → 상설화(을묘왜변, 명종)
  - → 최고 정무 기구(임진왜란, 선조)
  - → 세도 정치의 핵심 기구(→ 의정부 유명무실화)
  - → 고종 때 흥선 대원군이 혁파

선택지 빅데이터

① ■■■는 6조 직계제의 실시로 권한이 약화되었다. → 의정부
② 호조는 고려의 ■■와 같은 역할을 하였다. → 삼사
③ ■■■은 왕명 출납을 맡은 왕의 비서 기관으로, 은대라고도 불렸다. → 승정원
④ ■■■는 국왕 직속의 특별 사법 기구로 반역죄, 강상죄 등을 처결하였다. → 의금부
⑤ ■■■은 집현전의 학문 연구 기능을 계승하였다. → 홍문관
⑥ ■■■는 관리의 비리를 감찰하는 기구로 3사의 하나였다. → 사헌부
⑦ ■■■은 옥당이라고 불리며 경연을 담당하였다. → 홍문관
⑧ ■■■은 간쟁을 담당하면서 사헌부, 홍문관과 함께 3사라 불렸다. → 사간원
⑨ ■■■은 실록을 보관하고 관리하는 업무를 관장하였다. → 춘추관
⑩ ■■■는 수도의 치안과 행정을 담당하였다. → 한성부

대표 기출 1

(가) 기구에 대한 설명으로 옳은 것은? 72회 [3점]

> **도로명으로 보는 역사: 만리재로**
>
> 만리재로 Manrijae-ro
>
> 이 도로명은 만리재에서 유래한 것이다. 만리재는 조선의 문신 최만리가 살았다고 하여 붙여진 지명이다. 세자의 스승이기도 하였던 최만리는 세종이 학문 연구, 편찬 사업 등을 수행하도록 설치한 (가) 의 부제학으로 활약하였다. 그러나 훈민정음 창제를 반대하는 상소를 올려 세종과 갈등을 빚기도 하였다.

① 은대(銀臺)라고도 불렸다.
② 전문 강좌인 7재를 운영하였다.
③ 고려의 삼사와 같은 기능을 수행하였다.
④ 단종 복위 운동을 계기로 세조에 의해 폐지되었다.
⑤ 대사성을 수장으로 좨주, 직강 등의 관직을 두었다.

자료분석
자료의 '최만리', '세종', '학문 연구', '부제학' 등을 통해 (가)가 집현전임을 알 수 있다. 세종은 궁궐 안에 집현전을 설치하고 왕립 학술 연구 기관으로 고전 연구, 서적 편찬 등을 담당하게 하였다.

정답분석
④ 계유정난으로 단종을 물러나게 하고 왕위에 오른 세조는 성삼문 등 집현전 학사들이 단종 복위 운동을 벌이자, 이를 진압하고 집현전을 폐지하였다.

선택지분석
① 승정원에 대한 설명이다. 승정원은 왕명의 출납을 관장하면서, 도승지를 비롯한 6승지가 6조의 사무에 대응하여 각 업무에 관한 국왕의 자문 역할도 하는 일종의 비서 기관이었다. 정원, 은대, 후원, 대언사 등의 별칭이 있었다.
② 고려의 교육 기관인 국자감에 대한 설명이다. 고려 예종 때 관학 진흥책의 일환으로 국자감에 기존의 유학부 외에 전문 강좌인 7재를 새로 설치하였다.
③ 고려의 삼사는 화폐·곡식의 출납과 회계를 담당하였다.
⑤ 성균관에 대한 설명이다. 성균관은 조선 시대 최고 교육 기관으로, 고려 시대부터 조선 초까지는 정3품 당상관인 대사성을 수장으로 두고 좨주·직강 등의 관직을 두었으나, 세조의 관제 개혁으로 대사성 위에 정2품 지사(겸직)와 종2품의 동지사를 두는 것으로 법제화되었다.

정답 ④

대표 기출 2

(가) 기구에 대한 설명으로 옳은 것은? 71회 [2점]

이것은 비국 또는 주사라고 불린 (가) 관원들의 모임을 그린 계회도입니다. 이 그림은 (가) 이/가 상설 기관으로 자리잡기 이전, 변방의 국방 문제에 대해 논의하고 대비하기 위한 임시 기구이던 시기에 그려졌습니다. 그림의 오른쪽에는 관원들의 결의와 충절이 담긴 시가 쓰여 있습니다.

① 수도의 행정과 치안을 담당하였다.
② 흥선 대원군이 집권한 시기에 혁파되었다.
③ 국왕 직속 사법 기구로 반역죄 등을 다루었다.
④ 5품 이하의 관리 임명에 대한 서경권을 행사하였다.
⑤ 도승지를 수장으로 좌승지, 우승지 등의 관직을 두었다.

자료분석
자료의 '변방의 국방 문제에 대해 논의' 등을 통해 (가)가 비변사임을 알 수 있다. 비변사는 중종 때 삼포왜란 이후 임시 기구로 설치되었다가 명종 때 을묘왜변을 계기로 상설 기구화되었다. 비변사는 임진왜란을 거치면서 모든 국정을 담당하는 최고 정무 기관이 되었다.

정답분석
② 고종 때 흥선 대원군은 비변사를 축소·폐지하여 의결 및 행정 기능을 의정부에 이관하였고, 삼군부를 부활시켜 군무와 궁궐 숙위를 맡도록 하였다.

선택지분석
① 한성부에 대한 설명이다.
③ 의금부에 대한 설명이다. 의금부는 조선 시대 국왕 직속 사법 기구로, 반역죄·강상죄 등 중대 범죄자를 처리하였다.
④ 사헌부와 사간원은 대간으로 불렸으며, 이들은 5품 이하의 관리 임명 때 인품 등을 심사하여 이를 승인하는 권한(서경권)을 행사하였다.
⑤ 승정원에 대한 설명이다. 승정원의 직제는 도승지 이하 정3품의 승지 6명과 정7품의 주서 2인으로 이루어졌다. 6명의 승지가 6조의 일을 분담하여 왕의 자문을 겸하였으며, 주서는 왕과 신하 간에 오고 간 문서와 국왕의 일과를 매일 기록하여 『승정원일기』를 작성하였다.

정답 ②

확인 문제

1 (가) 관서에 대한 설명으로 옳은 것은? 68회 [2점]

체험 활동 소감문
2023년 12월 2일 ○○○

지난 토요일에 '승경도' 놀이를 체험했다. 승경도는 조선 시대 관직 이름을 적은 놀이판이다. 윷을 던져 말을 옮기는데, 승진을 할 수도 있지만 자칫하면 파직이 되거나 사약까지 받을 수 있어 흥미진진했다. 놀이 규칙에 은대법이 있는데, (가) 을/를 총괄하는 도승지 자리에 도착한 사람은 당하관 자리에 있는 사람들이 던진 윷의 곁괏값을 이용할 수 있는 규칙이다. 은대가 무엇인지 몰랐는데, (가) 을/를 뜻함을 알게 되었다.

① 수도의 행정과 치안을 맡아보았다.
② 재상들이 합의하여 국정을 총괄하였다.
③ 반역죄, 강상죄를 범한 중죄인을 다스렸다.
④ 왕의 비서 기관으로 왕명의 출납을 담당하였다.
⑤ 외적의 침입에 대비하기 위한 임시 기구로 설치되었다.

2 (가) 기구에 대한 설명으로 옳은 것은? 56회 [2점]

이 그림은 중종 때 그려진 미원계회도(薇垣契會圖)입니다. '미원'은 (가) 의 별칭으로 간쟁과 논박을 담당한 관청이었습니다. 소나무 아래에는 계회를 하고 있는 모습이 보이고, 하단에는 참석자들의 관직, 성명, 본관 등이 기록되어 있습니다.

① 왕명의 출납을 관장하였다.
② 수도의 행정과 치안을 담당하였다.
③ 사헌부, 홍문관과 함께 3사로 불렸다.
④ 실록을 보관하고 관리하는 업무를 맡았다.
⑤ 반역죄, 강상죄 등을 범한 중죄인을 다스렸다.

정답
1 ④ 은대는 승정원의 별칭이다. 승정원은 왕의 비서 기관으로서 도승지 이하 6승지가 6조와 관련된 서무를 분장하여 신하의 상소와 왕명의 출납을 담당하였다.
2 ③ 간쟁과 논박을 담당한 (가)는 사간원이다. 조선 시대에 사헌부, 사간원, 홍문관은 3사라 불리며 언론 기능을 담당한 대표적 청요직이었다.

Theme 050 지방 통치와 군사 제도

PART 4 조선의 정치 변화

출제 의도와 대책

조선은 고려에 비해 중앙 집권이 강화되어 향·부곡·소 등 특수 행정 구역이 사라지고, 전국을 군현으로 편제하여 수령을 파견하였다. 지방관의 횡포를 막기 위해 상피제를 엄격히 적용하고, 관찰사로 하여금 업무 성적을 평가하도록 하였다. 고려 시대에 지방을 실질적으로 지배하던 향리는 세습적 아전으로 격하되고, 향촌 자치 기능은 지방 사림들의 유향소로 넘어갔다. 조선 전기에 양인개병제를 바탕으로 성립된 5위제, 진관 체제는 임진왜란을 거치며 5군영과 속오군으로 변화하였다.

필기노트 마인드맵

- 지방 통치: 8도 – 관찰사(감사, 도백) 파견
  ↓ ← 관찰사가 관내 수령 감독, 근무 성적 평가
  수령: 부(부사) – 목(목사) – 군(군수) – 현(현령)
- 수령 행정·사법·군사권 행사
  임무: 수령칠사(인구 증가, 학교 융성, 부역 균등 등)
  향리 중앙 6조를 본뜬 6방 소속(호장·기관·장교·통인 등)
     수령의 실무를 보좌하는 세습적 아전으로 격하
     단안(壇案): 향리 명부
- 경재소 구성: 지방 출신의 중앙 고관
     역할: 유향소와 정부 간 연락 → 유향소 감시·통제
- 유향소 구성: 향촌의 덕망 있는 인사 → 좌수·별감
     역할 향촌 자치 기능
        수령 보좌·감시, 향리 규찰, 풍속 교정
        이시애의 난(세조)으로 폐지 → 성종 때 부활
- 군사 전기: 5위(중앙군), 진관 체제(지방 방어) → 제승방략 체제
     후기: 5군영(훈련도감 등), 속오군(지방군)

선택지 빅데이터

① 전국을 8도로 나누고 각 도에 ■■■를 파견하였다. → 관찰사
② ■■■는 관내 군현의 수령을 감독하고 근무 성적을 평가하였다. → 관찰사
③ 부·목·군·현에 파견된 ■■은 지방의 행정·사법·군사권을 행사하였다. → 수령
④ 조선 시대 수령의 주요 임무로 수령 ■■가 있었다. → 7사
⑤ 조선 시대 ■■는 수령을 보좌하는 세습적 아전으로 격하되었다. → 향리
⑥ ■■는 단안(壇案)이라는 명부에 등재되었다. → 향리
⑦ 향리는 중앙의 6조를 본뜬 이방, 호방 등 ■■에 소속되었다. → 6방
⑧ ■■■는 좌수와 별감을 선발하여 운영되었다. → 유향소
⑨ 한양에 ■■■를 두어 유향소를 통제하였다. → 경재소
⑩ 임진왜란 이후 지방군은 ■■■ 체제로 편성되었다. → 속오군

대표 기출 1

(가) 기구에 대한 설명으로 옳은 것은? 73회 [3점]

> ○ 지방 고을에는 그곳의 유력한 집안이 있습니다. 그 가운데 서울에 살면서 벼슬하는 자들의 모임을 <u>(가)</u> (이)라고 합니다. …… 간사한 향리의 범법 행위를 살펴서 지방의 풍속을 유지했는데, 그 유래가 오래되었습니다.
> - 『성종실록』 -
>
> ○ 평소에 각 고을을 담당하는 <u>(가)</u> (이)라고 부르는 곳도 원래는 지방의 풍속이 법에 어긋나는지 살피기 위하여 설치한 것입니다. 그런데 지금은 향리를 침학하여 사람들이 대부분 괴롭게 여기고 있습니다.
> - 『선조실록』 -

① 사헌부, 사간원과 함께 3사로 불렸다.
② 소속 관원을 은대 학사라고도 칭하였다.
③ 서얼 출신 학자들이 검서관에 등용되었다.
④ 관할 유향소 임원의 임명권을 행사하였다.
⑤ 대사성 이하 좨주, 직강 등의 관직을 두었다.

자료분석

지방 고을의 유력한 집안 중 서울에 사는 관리들로 구성한 (가)는 경재소이다. 경재소는 각 지방의 향촌 자치 기구인 유향소와 중앙을 연결하는 역할을 하였는데, 성종 이후에는 경재소가 유향소를 장악하면서 중앙 고관이 지방의 농장을 모으거나 영향력을 행사하는 통로가 되어 폐단을 빚기도 하였다. 이에 선조 때 경재소를 혁파하였다.

정답분석

④ 유향소는 지방 양반들이 구성한 향촌 자치 기구로, 향촌에서 덕망있는 인사를 선발해 보고하면 경재소에서 좌수와 별감 등 유향소의 임원을 임명하였다.

선택지분석

① 사헌부는 백관 감찰, 사간원은 간쟁을 담당한 기관이며, 궁중의 경적과 왕의 학술 자문을 맡은 홍문관과 함께 삼사로 불렸다.
② 왕명 출납을 담당하는 승정원은 은대는 별칭이 있었으며, 승정원의 승지 6인을 은대학사라고 부르기도 하였다.
③ 정조 때 유득공, 서이수, 박제가, 이덕무 등 서얼을 규장각 검서관에 등용하였다.
⑤ 대사성을 필두로 하여 좨주, 직강 등의 관원을 둔 것은 성균관이다.

정답 ④

대표 기출 2

(가)~(다)를 일어난 순서대로 옳게 나열한 것은? 67회 [2점]

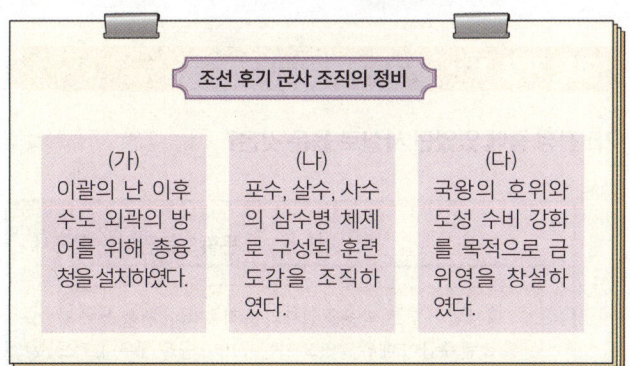

조선 후기 군사 조직의 정비

(가)	(나)	(다)
이괄의 난 이후 수도 외곽의 방어를 위해 총융청을 설치하였다.	포수, 살수, 사수의 삼수병 체제로 구성된 훈련도감을 조직하였다.	국왕의 호위와 도성 수비 강화를 목적으로 금위영을 창설하였다.

① (가) – (나) – (다)
② (가) – (다) – (나)
③ (나) – (가) – (다)
④ (나) – (다) – (가)
⑤ (다) – (나) – (가)

정답분석
③ (나) 임진왜란 중인 1593년에 유성룡의 건의로 훈련도감이 설치되었다. 훈련도감은 포수(총), 사수(활), 살수(창)의 삼수병으로 편성되었으며, 일정한 급료를 받는 장번급료병으로 직업군의 성격을 띠었다. 훈련도감은 국왕을 숙위하고 서울 방어 및 궁궐 수비를 담당하였다.
(가) 인조 때 이괄의 난 직후에 총융청을 설치하여 북한산성 및 경기 북부 일대의 수비를 담당하도록 하였다(1624).
(다) 숙종 때 병조 소속의 기병과 보병 가운데 선발한 정초군과 훈련도감 소속의 번상병인 훈련별대를 합하여 금위영을 설치하고 궁궐 수비를 담당하도록 하였다(1682). 금위영의 설치로 5군영 체제가 완성되었다.

정답 ③

확인 문제

1 (가)에 들어갈 내용으로 옳은 것은? 58회 [2점]

조선 시대 직역(職役)을 맞히는 문제, 이제 마지막 힌트가 공개됩니다.

한국사 퀴즈
- 1단계 힌트: 단안(壇案)이라는 명부에 등록되었다.
- 2단계 힌트: 『연조귀감』에 연혁이 수록되었다.
- 3단계 힌트: 지방 행정 실무를 담당하였다.
- 4단계 힌트: (가)

① 상피제의 적용을 받았다.
② 잡과를 통해 선발되었다.
③ 감사 또는 방백이라 불렸다.
④ 이방, 호방 등 6방에 소속되었다.
⑤ 공음전을 경제적 기반으로 삼았다.

2 밑줄 그은 '이 부대'에 대한 설명으로 옳은 것은? 58회 [2점]

전시된 그림은 이 부대의 분영인 북일영과 활터의 풍경을 묘사한 김홍도의 작품입니다. 임진왜란 중 류성룡의 건의로 편성된 이 부대는 직업 군인의 성격을 띤 상비군이었습니다.

북일영도

① 용호군과 함께 2군으로 불렸다.
② 진도에서 용장성을 쌓고 항전하였다.
③ 국경 지역인 북계와 동계에 배치되었다.
④ 포수, 살수, 사수의 삼수병으로 편제되었다.
⑤ 국왕의 친위 부대로 수원 화성에 외영을 두었다.

정답
1 ④ 조선 시대 향리는 중앙의 6조(六曹)를 모방한 이방, 호방, 예방, 병방, 형방, 공방 등 6방에 소속되어 업무를 분담하였다.
2 ④ 조선은 왜군의 조총에 대항하기 위하여 기존의 활과 창으로 무장한 부대 외에 조총 부대를 설치하였다. 그 결과 훈련도감은 포수, 사수, 살수의 삼수병으로 편제되었다.

Theme 051 임진왜란

PART 4 조선의 정치 변화

출제 의도와 대책

일본은 도요토미 히데요시가 수십 년간 지속된 전국 시대를 통일한 후 정명가도(중국을 치는 데 길을 빌려달라)를 명분으로 조선에 침략하였다. 개전 초기 관군의 잇따른 패배로 선조가 의주까지 피란하였으나, 수군과 의병이 지리의 이점을 살려 항전을 이어갔다. 명이 참전하면서 동아시아 국제 전쟁으로 확대된 임진왜란은 결국 일본의 패배로 끝났으나, 전란으로 명과 조선이 국력을 소모하면서 여진이 성장하는 새로운 국제 질서의 변화를 가져왔다.

필기노트 마인드맵

- 임진왜란
  - 발발: 부산진(정발)·동래성(송상현), 탄금대(신립) 패배
  - 전개: 한산도 대첩 승리 → 서·남해 제해권 장악
    - 김시민의 진주 대첩(전라도 보호)
    - 의병의 활약: 곽재우, 고경명, 정문부 등
  - 반전: 명 참전 → 평양성 탈환 → 행주대첩 → 한양 탈환
  - 재정비: 훈련도감 설치, 속오군(지방군) 설치
- 정유재란: 강화 회담 결렬 → 칠천량 해전 패배(원균) → 정유재란
  - 명량 해전 승리 → 일본군 철수 → 노량해전 승리
- 영향
  - 조선: 경복궁 소실, 국토 황폐화, 양안·호적 소실
    - 공명첩 발급 등으로 신분질서 동요
  - 일본: 에도 막부 수립 → 통신사 파견 요청
    - 도자기 기술과 성리학 도입
  - 중국: 여진이 성장하여 후금 건국
  - 귀화인: 일본 장수 사야가 → 김충선(녹동서원)

선택지 빅데이터

① 임진왜란 개전 직후 정발이 ■■■ 전투에서 전사하였다. → 부산진
② ■■이 충주 탄금대에서 배수의 진을 치고 왜군에 항전하였다. → 신립
③ 정문부, 곽재우, 고경명 등이 ■■장으로 활약하였다. → 의병
④ 김시민이 ■■ 성에서 적군을 크게 물리쳤다. → 진주
⑤ ■·■ 연합군이 평양성을 탈환하였다. → 조·명
⑥ 임진왜란 때 포수, 사수, 살수의 삼수병으로 편제된 ■■■■이 창설되었다. → 훈련도감
⑦ 명과 일본 사이의 휴전 회담의 결렬로 ■■ 재란이 시작되었다. → 정유
⑧ 이순신이 정유재란 발발 직후 ■■에서 왜의 수군을 대파하였다. → 명량

대표 기출 1

(가) 전쟁 중에 있었던 사실로 옳은 것은? 70회 [2점]

> **문학으로 만나는 한국사**
>
> 홍계남이 당초 의병을 일으켜 흉적을 쳐서 활을 쏘아 맞히고 벤 수급이 매우 많았고 가는 곳마다 공을 세우니, 적들이 홍장군이라고 부르며 감히 침범하지 못했다. 호서(충청도) 내지가 편안할 수 있었던 것은 모두 홍계남의 공이라고 한다. 가상한 일이다. 의병이 곳곳에서 봉기하였지만, …… 고경명과 조헌은 모두 나랏일에 몸을 바쳐 죽을 자리에서 죽었으니 가히 그 명성에 걸맞다고 말할 수 있다. - 『쇄미록』 -

[해설] 이 작품은 오희문이 [(가)] 중에 있었던 일을 적은 일기이다. 적군의 침입과 약탈, 의병장의 활동, 피란민의 참혹한 생활 등이 생생하게 담겨 있다.

① 삼수병으로 구성된 훈련도감이 설치되었다.
② 왕이 도성을 떠나 남한산성으로 피란하였다.
③ 송시열, 이완 등을 중심으로 북벌이 추진되었다.
④ 국방 문제를 논의하기 위해 비변사가 신설되었다.
⑤ 제한된 범위의 무역을 허용한 계해약조가 체결되었다.

자료분석

자료의 '고경명과 조헌' 등을 통해 (가)가 임진왜란임을 알 수 있다. 임진왜란 당시 홍계남과 고경명, 조헌은 의병장으로 활동하였다. 의병은 향토 지리에 밝은 이점을 활용한 전술을 구사하여 적은 병력으로도 일본군에게 큰 타격을 주었다.

정답분석

① 임진왜란 당시 한양 수복 이후 유성룡의 건의로 급료를 받는 일종의 직업 군인인 훈련도감을 창설하였다. 훈련도감은 명나라 척계광의 병법을 참고하여 포수, 사수, 살수로 편성되었다.

선택지분석

② 병자호란이 발생하자 인조는 남한산성으로 피신하여 2개월간 항전하였으나, 결국 삼전도에 나아가 항복하였다.
③ 병자호란 이후 조선은 청과 군사 관계를 맺는 등 표면적으로는 사대하는 형식의 외교를 추진하였으나, 한편으로는 청에 대한 적개심과 문화적인 우월감을 바탕으로 북벌론이 제기되었다. 특히 효종은 송시열, 송준길, 이완 등을 중용하여 무기를 개량하고 군비를 확충하는 등 북벌 정책을 추진하였다.
④ 비변사는 중종 때 3포왜란을 계기로 임시 설치되었으며, 명종 때 을묘왜변을 계기로 상설 기구화되었다.
⑤ 세종 때 남해안의 부산포, 제포(창원), 염포(울산) 등 3포를 개방하여 무역을 허용하고, 계해약조를 체결하여 제한된 범위 내에서 교역을 허락하였다.

정답 ①

대표 기출 2

다음 기사에 보도된 전투 이후의 사실로 옳은 것은? 67회 [2점]

역사 신문

제△△호　　　　　　　　　　○○○○년 ○○월 ○○일

조·명 연합군, 평양성 탈환

평안도 도체찰사 류성룡, 도원수 김명원이 이끄는 관군이 명 제독 이여송 부대에 합세하여 평양성을 되찾았다. 이번 전투에서 아군의 불랑기포를 비롯한 화포가 위력을 발휘하여 일본군은 크게 패하고 남쪽으로 내려갔다. 이 전투의 승리는 향후 전쟁의 판도를 바꿀 것으로 기대된다.

① 송상현이 동래성에서 항전하였다.
② 권율이 행주산성에서 적군을 격퇴하였다.
③ 이순신이 한산도 앞바다에서 대승을 거두었다.
④ 신립이 탄금대 앞에서 배수의 진을 치고 싸웠다.
⑤ 최윤덕이 올라산성에서 이만주 부대를 정벌하였다.

자료분석
자료는 임진왜란 때 벌어진 평양성 전투(1593. 1.)에 대한 내용이다. 임진왜란 발발 후 조선은 명나라에 원군을 요청하였고, 명은 조선이 일본에 정복될 경우 베이징까지 위협받을 수 있다는 판단으로 조선의 요청에 응하였다. 명은 1차로 조승훈을 파병하였으나 평양성 전투에서 일본군에 패하였고, 2차로 파병된 이여송의 명군은 유성룡의 조선군과 함께 평양성을 탈환하였다.

정답분석
② 평양성 전투에서 승리한 명군은 벽제관 전투에서 일본군에 패하자 다시 후퇴하였다. 이에 명군과 합세하여 한양을 탈환하려던 권율의 군대는 행주산성에서 일본군에 포위되었으나, 관군과 백성들이 합심하여 일본군에 승리하였다 (행주 대첩, 1593. 2.). 행주 대첩의 승리 이후 조선은 한양을 수복하였다.

선택지분석
① 임진왜란 초기에 동래성에서 송상현이 분전하였으나 패하였다(1592. 4.).
③ 이순신이 이끄는 조선 수군은 옥포, 사천, 당포, 당항포 해전에서 연이어 승리를 거두었다. 이어 거제와 통영 사이의 해협인 견내량에 주둔하던 일본 수군의 주력을 한산도 앞바다로 유인해 학익진을 펼쳐 대파하였다. 이로 인해 일본은 남해의 제해권을 잃고 수륙 병진 전략이 불가능해졌다.
④ 조선을 침략한 일본군이 부산진과 동래성에서 조선군을 대파한 후 한양으로 북상하였다. 이에 신립이 관군을 이끌고 충주에서 배수진을 치고 일본군의 북상을 막으려고 하였으나 크게 패하였다(탄금대 전투, 1592. 4.).
⑤ 세종 때 파저강의 여진족 이만주가 함길도 여연에 침입했을 때 최윤덕을 평안도 도절제사로 삼아 이만주를 대파하고 압록강 유역을 개척하여 4군을 설치하였다.

정답 ②

확인 문제

1 (가) 전쟁에 대한 탐구 활동으로 가장 적절한 것은? 68회 [1점]

① 나선 정벌의 전적지를 검색한다.
② 북학론이 끼친 영향을 파악한다.
③ 명량 해전의 승리 요인을 분석한다.
④ 삼정이정청의 활동 내용을 찾아본다.
⑤ 4군과 6진을 개척한 과정을 알아본다.

2 다음 기사에 보도된 전투 이후의 사실로 옳지 않은 것은?
55회 [3점]

역사신문

제△△호　　　　　　　　　　○○○○년 ○○월 ○○일

신립, 탄금대에서 패배

삼도 순변사 신립이 이끄는 관군이 탄금대에서 적군에게 패배, 충주 방어에 실패하였다. 신립은 탄금대에 배수진을 쳤으나, 고니시 유키나가가 이끄는 적군에게 둘러싸여 위태로운 상황에 놓였다. 신립은 종사관 김여물과 최후의 돌격을 감행하였으나 실패하자 전장에서 순절하였다.

① 김시민이 진주성에서 항쟁하였다.
② 조·명 연합군이 평양성을 탈환하였다.
③ 이순신이 한산도에서 대승을 거두었다.
④ 송상현이 동래성 전투에서 항전하였다.
⑤ 권율이 행주산성에서 적군을 격퇴하였다.

정답
1 ③ 정유재란 발발 후 칠천량 해전에서 조선 수군이 전력을 크게 상실하였으나, 이순신이 명량 해전에서 승리하면서 조선이 제해권을 유지할 수 있게 되었다.
2 ④ 일본군은 1592년 4월에 부산진에 대규모 병력을 전격적으로 상륙시켰다. 부산진의 정발과 동래성의 송상현은 관민과 함께 끝까지 저항하다가 순절하였다. 이는 임진왜란의 발발과 동시에 벌어진 전투들이다.

Theme 052 대일 관계의 변화

PART 4 조선의 정치 변화

출제 의도와 대책

고려 말부터 이어져 온 왜구의 준동은 세종 때의 대마도 정벌과 제한적 무역 허용(삼포 개항, 계해약조)으로 크게 약화되었지만 교역을 둘러싼 마찰은 계속되어, 중종 때 3포 왜란을 계기로 국방 문제를 담당할 비변사를 설치하였다. 임진왜란 이후 일본에서 도요토미 세력이 몰락하고 에도 막부가 수립되었으며, 에도 막부의 요청으로 국교를 재개하고 통신사를 파견하였다.

필기노트 마인드맵

- 태종: 한성에 **동평관** 설치(일본 사신 숙박)
- 세종   강경책: 이종무가 **쓰시마 섬** 정벌
        온건책   **3포**(부산포, 제포, 염포) 개항
                왜관 설치, 제한적 무역 허용
- 중종: 3포 왜란(무역 제한에 불만) → **비변사 설치**(임시 기구)
- 명종: 을묘왜변(왜구가 대대적으로 습격) → **비변사 상설 기구화**
- 선조   임진왜란, 정유재란
        유정을 회답 겸 쇄환사로 파견 → 정세 파악과 포로 송환
- 광해군: 기유약조 체결 → **두모포 왜관** 설치, 제한적 무역 허용
- **통신사**: **에도 막부의 요청**으로 파견 → 선진 문물 전파
- 숙종: **안용복의 활약** → 독도가 우리 영토임을 확인받음
- *왜관: 부산포(전기) → 두모포(임진왜란 후) → 초량(숙종)

선택지 빅데이터

① 한성에 일본 사신의 숙소인 ■■■을 두었다. → 동평관
② 세종 때 ■■■, 제포, 염포의 삼포를 개항하였다. → 부산포
③ 세종 때 ■■ 약조를 맺어 제한된 무역을 허용하였다. → 계해
④ 신숙주가 일본에 다녀와 성종 때 ■■■■를 저술하였다. → 해동제국기
⑤ 중종 때 일본인들이 조선의 무역 제한에 불만을 품고 ■■ 왜란을 일으켰다. → 삼포
⑥ 임진왜란 이후 ■■ 송환을 위하여 유정을 회답겸쇄환사로 파견하였다. → 포로
⑦ 임진왜란 이후 ■■ 약조를 체결하여 일본과의 무역을 재개하였다. → 기유
⑧ 임진왜란 이후 일본과의 무역을 위한 초량 ■■이 설치되었다. → 왜관
⑨ 임진왜란 이후 에도 막부의 요청에 따라 ■■■가 파견되었다. → 통신사

대표 기출 1

(가) 사절단에 대한 설명으로 옳은 것은? 72회 [2점]

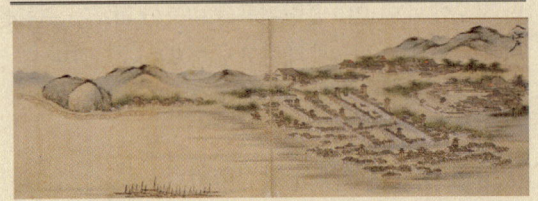

그림으로 보는 조선 사절단의 여정

『사로승구도』는 1748년 에도 막부의 요청으로 조선이 일본에 파견한 (가) 이/가 부산에서 에도에 이르는 여정을 담은 작품입니다. 일본의 명승지나 사행 중 겪은 인상적인 광경을 30장면으로 표현하였는데, 위 그림은 사절단이 에도로 들어갈 때 보았던 모습을 그린 것입니다.

① 연행사라는 이름으로 보내졌다.
② 암행어사의 형태로 비밀리에 파견되었다.
③ 민영익, 홍영식, 서광범 등이 참여하였다.
④ 사행을 다녀온 여정을 조천록으로 남겼다.
⑤ 관련 기록물이 세계 기록 유산에 등재되었다.

자료분석
자료의 (가)는 조선 통신사이다. 임진왜란 이후 일본은 조선의 선진 문화를 받아들이고, 에도 막부의 쇼군이 바뀔 때마다 그 권위를 국제적으로 인정받기 위하여 조선에 사절 파견을 요청하였다. 이에 조선에서는 1607년부터 1811년까지 12회에 걸쳐 통신사라는 이름으로 사절을 파견하였다.

정답분석
⑤ 조선 통신사 기록물(외교 기록, 여정 기록, 문화 교류 기록)은 임진왜란 이후 단절된 국교를 회복하고, 양국의 평화적인 관계 유지 구축·유지에 크게 공헌했음은 물론, 동아시아 지역의 정치적 안정에도 기여하였음을 인정받아 2017년에 유네스코 세계 기록 유산에 등재되었다(한·일 공동 등재).

선택지분석
① 연행사는 조선 후기에 조선이 청나라에 정기적으로 파견했던 사행단이다.
② 고종 때 일본에 파견된 조사 시찰단에 대한 설명이다.
③ 고종 때 미국에 파견된 보빙사에 대한 설명이다.
④ 조선 시대에 명나라에 파견한 사행단을 조천사라 하였으며, 이때 사행을 다녀온 사람들이 자신들의 경험을 조천록으로 남겼다.

정답 ⑤

대표 기출 2

(가) 국가에 대한 조선의 정책으로 옳은 것을 〈보기〉에서 고른 것은?   55회 [2점]

> 그림으로 보는 조선사   외교
>
>
> 이것은 기유약조로 교역이 재개된 (가) 와/과의 무역 중심지인 초량 일대를 그린 그림이다. 그림 아래 부분의 동관 지역은 (가) 상인들과 관리들의 집단 거주지였으며, 거류민 관리와 조선과의 교섭 등을 담당하던 관수의 관사(官舍)도 위치해 있었다.

― 보기 ―
ㄱ. 막부의 요청에 따라 통신사를 파견하였다.
ㄴ. 한성에 동평관을 두어 무역을 허용하였다.
ㄷ. 하정사, 성절사, 동지사 등 사절단을 보내었다.
ㄹ. 어윤중을 서북 경략사로 임명하여 사무를 관장하였다.

① ㄱ, ㄴ   ② ㄱ, ㄷ   ③ ㄴ, ㄷ
④ ㄴ, ㄹ   ⑤ ㄷ, ㄹ

자료분석
제시된 자료 중 '기유약조', '초량' 등을 통해 (가)가 일본임을 알 수 있다. 광해군 때 임진왜란 이후 단절된 조·일 관계를 회복하기 위해 대마도주와 기유약조를 맺어 제한된 범위 내에서 교섭을 허용하였다(1609).

정답분석
ㄱ. 일본은 조선의 선진 문화를 받아들이고, 에도 막부의 쇼군이 바뀔 때마다 그 권위를 국제적으로 인정받기 위하여 조선에 사절의 파견을 요청해 왔다. 이에 조선에서는 1607년부터 1811년까지 12회에 걸쳐 통신사라는 이름으로 사절을 파견하였다.
ㄴ. 조선은 일본의 사신을 접대하기 위해 한성에 객관인 동평관(왜관)을 개설하였다.

선택지분석
ㄷ. 하정사, 성절사, 동지사는 중국에 파견된 사절단이다. 하정사는 정월 초하룻날, 성절사는 황제나 황후의 생일 때, 동지사는 동짓날에 파견되었다.
ㄹ. 청나라에 대한 설명이다. 서북 경략사란 서도와 북도, 즉 평안도와 함경도 일대를 관장하는 직책으로, 국방과 함께 외교도 직무의 범위에 포함되어 있었다. 고종 때 어윤중이 서북 경략사로 임명되어 백두산정계비를 기준으로 한반도와 만주의 경계를 재조사하는 등 청과의 외교 교섭도 담당하였다.

정답 ①

확인 문제

1 밑줄 그은 '이 전란' 이후에 있었던 사실로 옳은 것은?   56회 [2점]

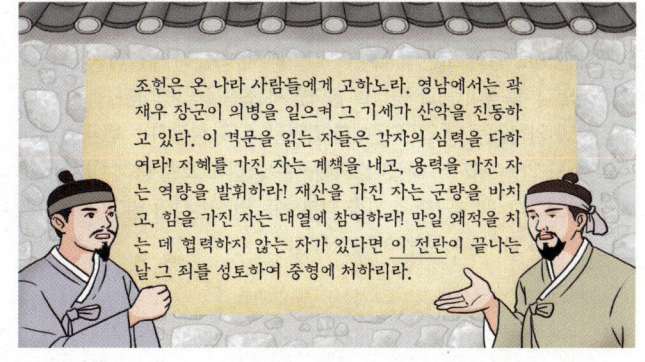

조헌은 온 나라 사람들에게 고하노라. 영남에서는 곽재우 장군이 의병을 일으켜 그 기세가 산악을 진동하고 있다. 이 격문을 읽는 자들은 각자의 심력을 다하여라! 지혜를 가진 자는 계책을 내고, 용력을 가진 자는 역량을 발휘하라! 재산을 가진 자는 군량을 바치고, 힘을 가진 자는 대열에 참여하라! 만일 왜적을 치는 데 협력하지 않는 자가 있다면 이 전란이 끝나는 날 그 죄를 성토하여 중형에 처하리라.

① 유정이 회답 겸 쇄환사로 일본에 파견되었다.
② 나세, 심덕부 등이 진포에서 왜구를 격퇴하였다.
③ 신숙주가 일본에 다녀와 『해동제국기』를 저술하였다.
④ 조선 정부의 통제에 반발하여 삼포왜란이 일어났다.
⑤ 외침에 대비하기 위해 임시 기구로 비변사가 설치되었다.

2 (가)에 대한 조선의 정책으로 옳은 것은?   58회 [2점]

> **이달의 인물**
>
> **우리 외교를 빛낸 인물, 이예**
>
>
> ■ 생몰: 1373년~1445년
> ■ 경력: 통신부사, 첨지중추원사, 동지중추원사
>
> 울산의 아전 출신으로 호는 학파(鶴坡), 시호는 충숙(忠肅)이다. 수십 차례 (가) 에 파견되어 외교 문제를 해결하려고 노력하였다. 특히 조선과 (가) 사이에 세견선의 입항 규모를 정한 계해약조 체결에 기여하였다.

① 하정사, 성절사 등을 파견하였다.
② 경성, 경원에 무역소를 설치하였다.
③ 광군을 조직하여 침입에 대비하였다.
④ 부산포, 제포, 염포의 삼포를 개항하였다.
⑤ 사절 왕래를 위하여 북평관을 개설하였다.

정답
1 ① 임진왜란 이후 에도 막부의 요청과 조선인 포로 송환을 위해 사명당 유정을 대표로 한 사절단인 회답 겸 쇄환사를 일본에 파견하였다.
2 ④ 세종 때 대마도주 요청에 따라 부산포, 제포, 염포 등 3포를 개항하여 무역을 허용하고, 제한된 범위 내에서 교역을 허락하였다.

Theme 053 두 차례의 호란

PART 4 조선의 정치 변화

출제 의도와 대책

임진왜란으로 명과 조선의 국력이 약화되자, 여진이 성장하여 후금을 건국하였다. 후금이 명과 전쟁을 벌이면서 조선을 압박하자, 조선은 대의명분과 임진왜란 때 입은 은혜를 외면할 수도, 성장하는 후금을 적대시할 수도 없는 처지에 빠졌다. 광해군은 중립 외교를 통해 이를 타개하려 하였으나, 광해군의 실정을 명분으로 인조반정이 일어나고 친명배금 정책을 펼치면서 호란이 발발하였다.

필기노트 마인드맵

- **광해군**: 북인 집권, 후금 건국, 명의 지원군 요청 → 중립 외교
  - 전후 복구: 대동법 실시, 『동의보감』 완성
  - 강홍립을 명의 지원군으로 파병 → 사르후 전투 패배
- **인조반정**: 서인 집권 → 친명배금 정책
- **이괄의 난**: 인조반정의 논공행상에 불만 → 인조 공주 피난
  - 이괄의 잔당이 후금으로 도망쳐 국내 정세를 알림
- **정묘호란**: 인조 강화도로 피난, 정묘약조(형제 관계 체결)
- ← 청 건국, 황제를 칭하며 군신 관계 요구
  - → 주전론(윤집)·주화론(최명길) 대립
- **병자호란**: 인조 남한산성 항전, 왕실 강화도 피난
  - → 정봉수·이립(용골산성) 항전, 김준룡의 광교산 전투
  - → 강화도 함락(김상용 순절) → 삼전도의 굴욕
  - **결과**: 청과 군신 관계 수립
  - 소현세자·왕자(봉림대군) 포로로 끌려감

선택지 빅데이터

① 광해군 때 경기도에 한해서 ■■■이 실시되었다. → 대동법
② 광해군 때 전통 한의학을 정리한 ■■■■이 완성되었다. → 동의보감
③ 광해군 때 명의 요청에 따라 ■■■이 이끄는 부대가 파병되었다. → 강홍립
④ ■■이 반정을 일으켜 광해군을 폐위하였다. → 서인
⑤ 인조 때 ■■의 침입에 대비해 이괄이 평안도에 주둔하였다. → 후금
⑥ ■■의 난으로 왕이 도성을 떠나 공산성으로 피란하였다. → 이괄
⑦ ■■호란 때 용골산성에서 정봉수와 이립이 의병을 이끌고 항전하였다. → 정묘
⑧ 병자호란 때 김상용이 ■■■에서 순절하였다. → 강화도
⑨ 병자호란 때 인조가 ■■■■에 피신하여 청군에 항전하였다. → 남한산성
⑩ 병자호란 때 김준룡이 근왕병을 이끌고 ■■■에서 항전하였다. → 광교산

대표 기출 1

밑줄 그은 '전란' 중에 있었던 사실로 옳은 것은? 72회 [2점]

> **초대합니다**
>
> **창작 뮤지컬**
>
> **비운의 의순 공주, 애숙**
>
> 삼전도에서의 굴욕적인 항복으로 전란은 끝났습니다. 이후 조선의 공주를 부인으로 삼겠다는 청 섭정왕의 요구로 조선 국왕의 양녀가 되어 원치 않은 결혼을 해야 했던 의순 공주 이애숙. 그녀의 굴곡진 삶을 한 편의 뮤지컬로 선보입니다.
>
> · 일시: 2024년 ○○월 ○○일 ○○시
> · 장소: 의정부 △△ 문화회관 대극장

① 이종무가 대마도를 정벌하였다.
② 강홍립이 사르후 전투에 참전하였다.
③ 김준룡이 광교산 전투에서 승리하였다.
④ 조헌이 금산에서 의병을 이끌고 활약하였다.
⑤ 신립이 탄금대에서 배수의 진을 치고 전투를 벌였다.

자료분석
자료의 '삼전도에서의 굴욕', '청 섭정왕' 등을 통해 밑줄 그은 '전란'이 병자호란임을 알 수 있다.

정답분석
③ 병자호란 당시 전라도 병마사 김준룡은 남한산성에 고립되어 있던 인조를 구하기 위해 전라도 근왕군을 이끌고 상경하여 용인의 광교산에서 청나라 군대를 물리쳤다(광교산 전투).

선택지분석
① 조선 세종 때 이종무가 왜구의 근거지인 대마도(쓰시마섬)를 정벌하였다.
② 임진왜란 이후 명이 후금을 치기 위해 조선에 원병을 요청하자, 광해군은 여러 구실로 출병을 미루다가 강홍립과 13,000명의 군사를 보냈다. 강홍립 부대와 명군은 누르하치의 본거지가 있는 허투알라로 진격하던 도중 사르후에서 후금군을 만나 전투를 벌였으나 대패하였다(사르후 전투, 1619).
④ 임진왜란 당시 조헌은 의병을 일으켜 승장 영규와 함께 청주성을 탈환하였으며, 700명의 의병을 이끌고 금산으로 진격하였으나 모두 전사하였다. 이후 조헌의 제자 박정량 등이 시체를 거두어 하나의 무덤을 만들었는데, 이를 칠백의총이라 한다.
⑤ 임진왜란 초기에 조선을 침략한 일본군이 부산진과 동래성에서 조선군을 대파한 후 한양으로 북상하였다. 이에 신립이 관군을 이끌고 충주에서 배수진을 치고 일본군의 북상을 막으려 하였으나 크게 패하였다(탄금대 전투, 1592).

정답 ③

대표 기출 2

(가), (나) 사이의 시기에 있었던 사실로 옳은 것은? 71회 [2점]

> (가) 임금이 여러 도(道)에 명을 내렸다. "나라의 운세가 매우 좋지 않아 역적 이괄이 군사를 일으켰는데, 여러 장수들이 좌시하여 수도가 함락되고 말았다. …… 예로부터 반역은 어느 시대에나 있었지만, 이처럼 극도로 흉악한 역적은 없었다. 종사와 자전*을 염려하여 남쪽으로 피란하기로 결정하였다."
>
> (나) 정명수가 심양에 있는 소현세자의 관소에 와서 용골대의 뜻을 전하기를, "세자가 이곳에 들어온 지가 이미 5년이 되었으니, 어찌 스스로 먹고살 길을 마련하지 않는가. 세자와 인질들에게 어찌 먹고살 식량을 늘 지급해 줄 수가 있겠는가. 경작할 땅을 주어 내년부터 각자 농사를 지어먹도록 함이 마땅하다."라고 하였다.
>
> *자전(慈殿): 임금의 어머니

① 정문부가 길주에서 의병을 이끌었다.
② 삼수병으로 구성된 훈련도감이 설치되었다.
③ 영창 대군이 사사되고 인목 대비가 유폐되었다.
④ 이덕형이 구원병 요청을 위해 명에 청원사로 파견되었다.
⑤ 김상헌 등이 남한산성에서 화의에 반대하여 항전을 주장하였다.

자료분석
(가) 인조 때 반정공신인 이괄은 평안도로 발령되자, 논공행상에 불만을 품고 난을 일으켰다(1624). 이괄의 난으로 한양이 함락되자 인조는 공주 공산성으로 피란하였다.
(나) 병자호란(1636) 이후 조선은 청과 군신 관계를 체결하였으며, 이때 소현세자는 청나라에 볼모로 끌려가 9년 동안 심양관소 생활하면서 청과 조선의 관계를 정상화하는 데 노력하였다. 자료는 청이 소현세자에게 심양관소에서 지내는 비용을 스스로 마련하라고 요구하는 내용이다.

정답분석
⑤ 병자호란이 일어나자 남한산성으로 피난한 조정은 청의 사대 관계 요구에 대해 화의를 주장하는 주화파(최명길 등)와 정면 대결을 주장하는 척화파(김상헌 등)로 나뉘었다. 결국 조선은 주화론 쪽으로 기울어 항복하였고, 김상헌 등 척화론자들은 소현세자, 봉림대군과 함께 청에 포로로 끌려갔다.

선택지분석
① 임진왜란 당시 정문부는 의병을 일으켜 길주에서 일본군을 대파하고 함경도 지역을 수복하였다. (가) 이전의 일이다.
② 임진왜란 중에 왜군의 조총에 대항하기 위하여 포수, 사수, 살수 등 삼수병으로 편제된 훈련도감을 창설하였다(1593). (가) 이전의 일이다.
③ 광해군은 후궁의 둘째 아들로 왕위에 올랐기 때문에 정통성에 문제가 있었다. 이에 자신의 이복동생인 영창대군을 살해하고 계모인 인목대비를 유폐하여 불안정한 왕위를 지키려 했는데, 이는 인조반정의 명분이 되었다. (가) 이전의 일이다.
④ 임진왜란이 발생하자 조선은 명나라에 도움을 요청하기 위해 이덕형을 청원사(請援使)로 파견하였다. (가) 이전의 일이다.

정답 ⑤

확인 문제

1 (가), (나) 사이의 시기에 있었던 사실로 옳은 것은? 58회 [3점]

> (가) 왕에게 이괄 부자가 역적의 우두머리라고 고해바친 자가 있었다. 하지만 왕은 "반역은 아닐 것이다."라고 하면서도, 이괄의 아들인 이전을 잡아오라고 명하였다. 이에 이괄은 군영에 있던 장수들을 위협하여 난을 일으켰다.
>
> (나) 최명길을 보내 오랑캐에게 강화를 청하면서 그들의 진격을 늦추도록 하였다. 왕이 수구문(水溝門)을 통해 남한산성으로 향했다. 변란이 창졸 간에 일어났기에 도보로 따르는 신하도 있었고 성안 백성의 통곡 소리가 하늘을 뒤흔들었다. 초경을 지나 왕의 가마가 남한산성에 도착하였다.

① 정봉수가 용골산성에서 항전하였다.
② 이순신이 명량에서 대승을 거두었다.
③ 권율이 행주산성에서 적군을 격퇴하였다.
④ 서인 세력이 폐모살제를 이유로 반정을 일으켰다.
⑤ 정여립 모반 사건을 계기로 기축옥사가 발생하였다.

2 밑줄 그은 '이 전쟁' 중에 있었던 사실로 옳은 것은? 65회 [2점]

> **이달의 책**
> 이 책은 조선 후기 문인 김창협이 편찬한 『충렬록』이다. 이 전쟁에서 충의를 지키고자 죽은 김상용 등에 관한 기록과 그들을 기리기 위한 충렬사의 건립 경위를 담고 있다. 김상용은 세자빈과 봉림대군 등 왕실 사람들을 호종하여 강화도로 피난하였다가 이듬해 강화성이 함락되자 순절하였다.

① 조·명 연합군이 평양성을 탈환하였다.
② 강홍립이 사르후 전투에 참전하였다.
③ 김준룡이 광교산 전투에서 승리하였다.
④ 김종서가 두만강 일대에 6진을 개척하였다.
⑤ 곽재우, 김천일 등이 의병장으로 활약하였다.

정답
1 ① 정묘호란(1627) 때 정봉수가 의병을 이끌고 용골산성에서 항쟁하였다.
2 ③ 병자호란 당시 전라도 병마사 김준룡은 근왕군을 이끌고 남한산성으로 북상하여 용인의 광교산에서 청나라 군대를 물리쳤다(광교산 전투).

Theme 054 대중 관계의 변화

PART 4 조선의 정치 변화

출제 의도와 대책

병자호란 이후 조선에서는 오랑캐에 당한 수치를 씻고 명에 대한 의리를 지키자는 북벌론이 전개되었다. 효종은 송시열을 중용하여 산림의 지지를 얻고 어영청을 중심으로 북벌 운동을 전개하였다. 청의 국력이 강해지면서 효종 사망 후 북벌 운동은 사실상 중단되었다. 대청 관계는 종전 명과의 관계에 준하여 연경에 정기 사절을 보내는 사대 외교가 정착되었고, 청의 선진 문물을 접하면서 18세기 후반에는 청을 배우자는 북학론이 전개되기도 하였다.

필기노트 마인드맵

- **명**
  - 태조 때 요동 정벌 운동(갈등, 정도전 주도)
  - 태종 이후 친선 관계 수립
  - 정기·비정기 사절 파견 → 동지사, 성절사, 천추사, 하정사 등
  - 실리적 조공 외교
- **청**
  - 호란 직후: 소현세자·봉림대군·주전파 청에 끌려감
  - 군신 관계 체결 → **연행사** 파견
  - 효종: **북벌 운동 추진** — **송시열 중용**, 서인의 정권 유지 명분
    - 어영청 중심의 군비 확충
    - 현실적으로 청의 국력이 강해 추진 어려움
  - **나선 정벌**: 청과 러시아의 분쟁 발생 → 청의 원군 요청
    - 변급, 신유 등 **조총 부대 2차례 파견**
  - 숙종: 청과 국경 문제 발생 → 백두산정계비 건립
    - → **압록강**과 **토문강**을 경계로 국경 확정
  - *19세기에 토문강의 해석 문제로 영토 분쟁 발생(간도 문제)
- **경제**: 의주 만상이 책문후시를 통해 대청 무역 전개

선택지 빅데이터

① 중국에 파견되는 ■■ 사절에 하정사, 성절사, 천추사 등이 있었다. → 정기
② 조선은 청나라에 정기적으로 ■■■를 보내 교류하였다. → 연행사
③ 병자호란 이후 ■■ 세자와 ■■ 대군 등이 청에 인질로 끌려갔다. → 소현, 봉림
④ 병자호란 이후 청에 당한 치욕을 갚자는 ■■■이 전개되었다. → 북벌론
⑤ ■■■은 효종에게 기축봉사를 올려 명에 대한 의리를 강조하였다. → 송시열
⑥ 효종은 ■■■을 중심으로 북벌을 추진하였다. → 어영청
⑦ 효종 때 ■■ 정벌에 두 차례 조총 부대를 파견하였다. → 나선
⑧ 숙종 때 윤휴는 청의 정세 변화를 계기로 ■■을 주장하였다. → 북벌
⑨ 숙종 때 청과의 국경을 정한 ■■■■■를 건립하였다. → 백두산정계비

대표 기출 1

밑줄 그은 '이 전쟁'의 영향으로 가장 적절한 것은? 69회 [2점]

> **시(詩)로 만나는 실학자**
>
> 신풍부원군 장유가 예조에 단자를 올리기를 "외아들이 있는데 강도(江都)의 변 때 그의 처가 잡혀갔다가 속환되어 지금은 친정 부모집에 가 있습니다. 그대로 배필로 삼아 함께 조상의 제사를 받들 수 없으니, 새로 장가들도록 허락해 주십시오."라고 하였다.
>
> [해설] 위 사료는 이 전쟁 중 강화도가 함락되면서 적국으로 끌려갔다 돌아온 며느리를 아들과 이혼하게 해달라는 내용의 글이다. 국왕이 삼전도에서 항복하며 종결된 이 전쟁으로 많은 사람들이 포로로 끌려갔다. 여성들은 살아 돌아오더라도 절개를 잃었다는 이유로 억울하게 이혼을 당하기도 하였다.

① 이완 등을 중심으로 북벌이 추진되었다.
② 김종서가 두만강 일대에 6진을 개척하였다.
③ 이종무가 적의 근거지인 쓰시마섬을 정벌하였다.
④ 강홍립이 이끄는 부대가 사르후 전투에 참전하였다.
⑤ 국방 문제를 논의하기 위해 비변사가 처음으로 설치되었다.

자료분석

'강화도가 함락', '삼전도에서 항복' 등을 통해 '이 전쟁'이 병자호란임을 알 수 있다. 병자호란 때 청은 백성에서 사대부까지 많은 사람들을 포로로 잡아갔다. 삼전도의 항복으로 군신 관계를 맺고 포로의 속환(되돌려줌)을 허용하면서 속가(몸값)를 요구하였는데, 몸값이 과도하였기 때문에 이를 마련하다가 파산하는 경우도 많았다. 한편 사대부층에서는 속환된 부녀자가 순절하지 못하고 살아 돌아온 것을 문제 삼아 이혼하거나 사회적 비난을 가하기도 하였다.

정답분석

① 병자호란 이후 조선은 청과 군신 관계를 맺는 등 표면적으로는 사대하는 형식의 외교를 추진하였으나, 한편으로는 청에 대한 적개심과 문화적인 우월감을 바탕으로 북벌론이 제기되기도 하였다. 특히 효종은 송시열, 송준길, 이완 등을 중용하여 무기를 개량하고 군비를 확충하는 등 북벌 정책을 추진하였다.

선택지분석

② 김종서는 세종 때 함길도 도절제사로 재임하면서 6진을 개척하여 조선의 국경을 두만강 유역으로 확정하는 데 큰 공을 세웠다.
③ 조선 세종 때 이종무는 왜구의 근거지인 쓰시마섬(대마도)을 정벌하였다.
④ 임진왜란 이후 명이 후금을 정벌하면서 조선에 원병을 요청하자, 광해군은 명분론에 밀려 강홍립이 이끄는 부대를 파병하였다. 조·명군은 사르후에서 후금군과 전투를 벌였으나 대패하였다(1619).
⑤ 비변사는 국경 문제와 외적의 침입 등을 해결하기 위한 기관으로, 중종 때 삼포왜란을 계기로 임시 기구로 설치되었다.

정답 ①

대표 기출 2

(가) 국가에 대한 조선의 정책으로 옳은 것은? 63회 [2점]

<답사 보고서>

◆ 주제: 남한산성에서 삼학사의 충절을 만나다
◆ 날짜: 2023년 ○○월 ○○일
◆ 내용: 현절사(顯節祠)는 삼학사(홍익한, 윤집, 오달제)의 충절을 기려 남한산성에 세운 사당이다. 그들은 [(가)] 의 침입으로 발생한 전쟁에서 화의를 반대하여 결사 항전을 주장하였다. 항복 이후 그들은 [(가)] (으)로 압송되어 처형되었다. 그들과 함께 척화를 주장하였던 김상헌, 정온도 추가로 이곳에 모셔졌다.
◆ 사진

① 만권당을 세워 학문 교류를 장려하였다.
② 어영청을 강화하는 등 북벌을 추진하였다.
③ 화통도감을 설치하여 군사력을 증강하였다.
④ 사신 접대를 위해 한성에 동평관을 설치하였다.
⑤ 포로 송환을 목적으로 유정을 회답 겸 쇄환사로 파견하였다.

자료분석
자료의 (가)는 병자호란이다. 병자호란 당시 인조는 남한산성으로 피신하여 2개월간 항전하였으나, 결국 삼전도에 나아가 항복하였다. 이로써 청과 군신 관계를 체결하였으며, 소현세자와 봉림대군, 그리고 강경한 척화론자인 삼학사와 김상헌 등이 청에 인질로 끌려갔다. 이 중 삼학사는 청의 회유에도 굴하지 않고 계속 척화를 주장하다가 죽임을 당하였다.

정답분석
② 조선은 표면적으로는 청에 사대하였지만, 청에 대한 적개심과 문화적인 우월감을 바탕으로 북벌을 추진하였다. 특히 효종 때 친청 세력을 몰아내고 송시열·송준길·이완 등을 중용하여 군대를 양성하였다. 또한 성곽 등을 수리하고 어영청을 주무 관청으로 하여 병력 확보와 신무기 개발에 나서는 등 적극적으로 북벌을 추진하였다.

선택지분석
① 만권당은 고려 충선왕이 아들인 충숙왕에게 왕위를 물려주고 원나라의 수도인 베이징에 지은 서재이자 학문 연구소이다. 충선왕은 이곳에서 조맹부, 염복 등 중국의 유명한 학자들과 학문을 나누었으며, 이제현 등 자신을 시종하던 고려의 신하들도 함께 교유하도록 하였다.
③ 화통도감은 고려 말 우왕 때 최무선의 건의로 설치한 화약 및 화기 제조 담당 기관이다. 이때 만든 화포는 왜구를 격퇴하는 데 사용되었다.
④ 동평관은 조선 태종 때 설치한 왜관으로, 일본의 사신을 접대하였다. 임진왜란 때 소실·폐지되었다.
⑤ 임진왜란 이후에 포로 쇄환을 위해 사명당 유정 등을 사절단으로 파견하여 조선 포로 1,390명을 데리고 돌아왔다.

정답 ②

확인 문제

1 다음 왕에 대한 설명으로 옳은 것은? 52회 [1점]

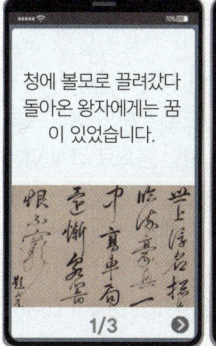  

청에 볼모로 끌려갔다 돌아온 왕자에게는 꿈이 있었습니다. 1/3

왕이 된 그는 성곽과 무기를 정비하고 군대를 양성했습니다. 2/3

하지만 냉혹한 국내외의 현실로 북벌은 미완의 꿈으로 남았습니다. 3/3

① 나선 정벌에 조총 부대를 파견하였다.
② 왕의 친위 부대인 장용영을 설치하였다.
③ 청과의 국경을 정하는 백두산정계비를 세웠다.
④ 역대 문물을 정리한 『동국문헌비고』를 편찬하였다.
⑤ 수조권이 세습되던 수신전과 휼양전을 폐지하였다.

2 (가) 국가에 대한 조선의 대외 정책으로 옳은 것은? 58회 [2점]

오늘 알아볼 지도에 대해 말씀해 주세요.

이 지도는 의주에서 연경에 이르는 경로를 표시한 것입니다. 조선 사신들은 이 경로를 따라 [(가)]을/를 왕래하였는데, 이 사행에 참여한 만상은 국제 무역으로 많은 돈을 벌기도 하였습니다.

입연정도도(入燕程途圖)

① 박위를 파견하여 근거지를 토벌하였다.
② 백두산정계비를 세워 국경을 정하였다.
③ 한성에 동평관을 두어 무역을 허용하였다.
④ 쌍성총관부를 공격하여 철령 이북의 영토를 되찾았다.
⑤ 포로 송환을 위해 유정을 회답겸쇄환사로 파견하였다.

정답

1 ① 나선(羅禪)은 러시아인(Russian)을 한자어로 음역한 것으로, 효종 때 남하하는 러시아군을 막기 위해 청나라가 조선에 조총군을 요청하자, 효종은 변급에게 조총 부대를 거느리고 출정하도록 하였다(제1차 나선 정벌, 1654). 이후 청의 재요청으로 효종은 신류와 조총 부대를 파견하였다(제2차 나선 정벌, 1658).

2 ② 만주 지방을 중심으로 청과 조선 간에 국경 분쟁이 일어나자, 숙종 때 조선과 청의 두 나라 대표가 백두산 일대를 답사하고 국경을 확정하여 정계비를 세웠다(1712). 정계비에서 양국 간의 국경은 서쪽으로는 압록강, 동쪽으로는 토문강을 경계로 한다고 하였다.

Theme 055 붕당 정치의 전개

PART 4 조선의 정치 변화

출제 의도와 대책

선조 대에 사림이 집권하자, 사림 내부에서 척신 정치의 청산과 이조 전랑의 자리를 두고 갈등이 벌어져 동인과 서인으로 분당되었다. 초기에는 동인이 정국을 주도하였으나, 정여립 모반 사건 등으로 크게 피해를 입고 동인이 북인과 남인으로 분화되었다. 실천성을 강조하는 북인 계열은 임진왜란 때 의병 활동을 활발히 전개해 광해군 때 집권하였다. 인조반정으로 북인이 몰락하고 서인과 남인의 공존 체제가 형성되었으나, 예송 등을 거치며 대립이 격화되어 붕당 정치가 변질되어 갔다.

필기노트 마인드맵

- 동서 분당: 이조 전랑을 두고 김효원(동인), 심의겸(서인) 갈등
  - 동인: 이황·조식 계통, 신진 사림, 척신 청산에 강경
  - 서인: 이이·성혼 계통, 기성 사림, 척신 청산에 온건
- 기축옥사: 정여립 모반 사건 → 정철(서인)이 동인(조식 계열) 숙청
  - 이후 정철이 세자 책봉 문제로 실각하자 동인 분열
    - 남인: 이황 계열, 서인 처벌에 온건
    - 북인: 조식 계열, 서인 처벌에 강경
- 광해군: 북인 집권(임진왜란 때 의병 활동) → 인조반정으로 몰락
- 인조·효종: 서인 집권 남인 공존
- 현종: 예송 논쟁 발생(서인 ↔ 남인), 자의대비의 장례 복식 문제
  - 기해예송: 효종 사망 → 서인 1년(승리), 남인 3년 주장
  - 갑인예송: 효종비 사망 → 서인 9개월, 남인 1년 주장(승리)

동인·서인 분당

김효원이 과거에 장원으로 급제하여 (이조) 전랑의 물망에 올랐으나, 심의겸은 그가 윤원형의 문객이었다 하여 반대하였다. 그 후에 심충겸(심의겸의 동생)이 장원 급제하여 전랑으로 천거되었으나, 외척이라 하여 김효원이 반대하였다. 이로 인해 양쪽으로 편이 갈라져 서로 배척하였는데, 김효원을 지지하는 사람들을 동인, 심의겸을 지지하는 사람들을 서인으로 부르기 시작하였다.

선택지 빅데이터

① ■■■■ 임명을 둘러싸고 사림이 동인과 서인으로 나뉘었다. → 이조 전랑
② ■■■ 모반 사건을 계기로 기축옥사가 발생하였다. → 정여립
③ ■■은 이언적과 이황의 제자가 주류를 이루었다. → 동인
④ 광해군 때 ■■이 다른 붕당을 배제하고 권력을 장악하였다. → 북인
⑤ ■■은 광해군을 축출한 인조반정으로 집권하였다. → 서인
⑥ 현종 때 자의대비의 복상 문제를 둘러싸고 ■■이 전개되었다. → 예송
⑦ 1차 예송에서 서인은 ■■ 복을, 남인은 ■■ 복을 주장하였다. → 1년(기년), 3년
⑧ 효종비의 사망 이후 전개된 예송의 결과 ■■이 정국을 주도하였다. → 남인

대표 기출 1

다음 상황이 나타난 시기를 연표에서 옳게 고른 것은? 68회 [3점]

> ○ 송준길이 아뢰었다. "적처(嫡妻) 소생이라도 둘째부터는 서자입니다. …… 둘째 아들은 비록 왕통을 계승하였더라도 (그를 위해서는) 3년 복을 입어서는 안 됩니다."
> ○ 허목이 상소하였다. "장자를 위해 3년 복을 입는다는 것은 위로 쳐서 정체(正體)이기 때문입니다. …… 첫째 아들이 죽어서 적처 소생의 둘째를 세우는 것도 역시 장자라고 부릅니다."

(가)	(나)	(다)	(라)	(마)
계유정난	중종반정	을사사화	인조반정	경신환국	이인좌의 난

① (가)   ② (나)   ③ (다)
④ (라)   ⑤ (마)

정답분석

자료는 기해예송(1차 예송) 당시 남인과 서인의 주장이다.
인조 때 병자호란 이후 청에 인질로 끌려갔다가 돌아온 소현세자가 갑자기 사망하자, 차남인 봉림대군이 세자가 되어 왕위를 이었다(효종). 이후 효종이 사망하자 서인과 남인 사이에 효종의 어머니인 자의대비의 복제를 두고 예송 논쟁이 전개되었다.
서인은 효종이 왕과 사대부의 예법이 동일하다고 보아 차남인 효종에 대해 상복 1년을 주장하였고, 남인은 왕가의 특수성을 강조하여 왕위를 계승했으면 장자로 대우해야 한다고 보아 3년복을 주장하였다.
이는 단순한 전례 논쟁이 아니라 효종의 정통성과 관련한 서인과 남인의 정치적 논쟁이기도 하였다. 한편 예송 논쟁 과정에서 인조반정 이래의 상호 공존 체제가 붕괴되고 붕당 간의 대립이 점차 심화되었으며, 숙종 때는 집권 붕당이 급격히 교체되는 환국 정치가 나타났다.

정답 ④

대표 기출 2

다음 상황 이후에 전개된 사실로 옳은 것은? 55회 [3점]

> 선전관 이용준 등이 정여립을 토벌하기 위하여 급히 전주에 내려갔다. 무리들과 함께 진안 죽도에 숨어 있던 정여립은 군관들이 체포하려 하자 자결하였다.

① 이시애가 길주를 근거지로 난을 일으켰다.
② 기축옥사로 이발 등 동인 세력이 제거되었다.
③ 양재역 벽서 사건으로 이언적 등이 화를 입었다.
④ 수양대군이 김종서 등을 살해하고 권력을 장악하였다.
⑤ 이조 전랑 임명을 둘러싸고 사림이 동인과 서인으로 나뉘었다.

자료분석
제시된 자료는 정여립 모반 사건(1589)에 대한 내용이다. 선조 때 동인 정여립이 대동계를 조직하고 모반하였다는 고변이 있자, 이를 진압하기 위해 관군이 파견되었다. 이에 정여립은 아들과 죽도로 피신하였다가 관군에 포위되어 자결하였다.

정답분석
② 정여립 모반 사건 이후 서인 정철이 사건을 조사·처리하였는데, 이 과정에서 동인의 영수 이발 등 많은 동인이 희생되었다(기축옥사, 1589).

선택지분석
① 이시애는 함길도의 토착 세력으로 북방민 회유 정책에 따라 중용되었다. 그러나 세조가 중앙 집권을 강화하면서 함길도에 지방관 파견을 늘리고 토관을 축소하자 이에 반발하여 반란을 일으켰다. 반란 과정에서 함길도 토착 세력들이 유향소를 중심으로 결집하여 이시애에 호응하였는데, 이에 세조는 반란을 진압한 후 유향소를 폐지하였다.
③ 명종 때 경기도 과천의 양재역에 문정왕후와 이기를 비판한 내용의 벽서가 발견되자, 문정왕후와 이기 등은 벽서를 붙인 세력이 을사사화의 잔당이라고 주장하며 그들의 처벌을 요구하였다. 이에 봉성군 이완 등이 사형당하고, 이언적 등이 유배되었다(양재역 벽서 사건, 정미사화, 1547).
④ 세종의 둘째 아들인 수양대군(세조)은 한명회 등과 함께 조카인 단종에게서 왕위를 찬탈하기 위해 김종서, 황보인 등을 제거하고 권력을 장악하였다(계유정난, 1453).
⑤ 선조 때 이조 전랑직 임명을 둘러싸고 심의겸과 김효원이 대립하였는데, 이때 김효원의 입장을 지지하는 신진 사림들은 동인(東人)을 형성하였고, 심의겸을 지지하는 기성 사림들은 서인(西人)을 형성하였다.

정답 ②

확인 문제

1 (가), (나) 사이의 시기에 있었던 사실로 옳은 것은? 51회 [2점]

> (가) 양사(兩司)가 합계하기를, "영창대군 이의(李㼁)를 왕으로 옹립하기로 했다는 설이 이미 역적의 입에서 나왔는데 이에 대해 자복(自服)한 역적만도 한두 명에 그치지 않습니다. …… 왕법은 지극히 엄한 만큼 결코 용서해주기 어려우니 유사로 하여금 법대로 적용하여 처리하게 하소서."라고 하였다.
>
> (나) 앞서 왕에게 이괄 부자가 역적의 우두머리라고 고해바친 자가 있었다. 하지만 임금은 "필시 반역은 아닐 것이다."라고 하면서도, 이괄의 아들인 이전을 잡아오라고 명하였다. 이전은 그때 이괄의 군영에 있었고 이괄은 결국 금부도사 등을 죽이고 여러 장수들을 위협하여 난을 일으켰다.

① 국왕의 친위 부대인 장용영이 조직되었다.
② 서인이 반정을 일으켜 정권을 장악하였다.
③ 정여립 모반 사건으로 옥사가 발생하였다.
④ 허적과 윤휴 등 남인들이 대거 축출되었다.
⑤ 자의 대비의 복상 문제로 예송이 전개되었다.

2 (가) 붕당에 대한 설명으로 옳은 것은? 44회 [3점]

> 홍문관에서 아뢰기를, "윤국형은 우성전과 유성룡의 심복이며 또한 이성중과 한 집안 사람입니다. 당초 신묘 연간에 양사에서 정철을 탄핵할 때에 옥당은 여러 날 동안이나 거론하지 않았습니다. …… 유성룡이 다시 재상이 되자 윤국형 등이 선비들을 구별하여 자기들에게 붙는 자를 [(가)](이)라 하고, 뜻을 달리하는 자를 북인이라 하여 결국 당쟁의 실마리를 크게 열어 놓았습니다. 이처럼 유성룡이 사당(私黨)을 키우고 사류(士類)를 배척하는 데에 모두 윤국형 등이 도왔던 것입니다."라고 하였다.

① 광해군 시기에 국정을 이끌었다.
② 경신환국으로 정권을 장악하였다.
③ 이언적과 이황의 제자들이 주류를 이루었다.
④ 기해예송에서 자의 대비의 기년복을 주장하였다.
⑤ 정여립 모반 사건을 내세워 기축옥사를 주도하였다.

정답
1 ② 서인 세력은 광해군이 동생 영창대군을 죽이고 어머니 인목대비를 유폐한 것이 패륜이라는 명분으로 인조반정을 일으켰다(1623).
2 ③ 남인은 이언적과 이황의 문인들을 중심으로 형성되었다.

Theme 056 환국 정치

PART 4 조선의 정치 변화

출제 의도와 대책

예송 논쟁을 거치며 붕당 간의 대립이 심화되어 가는 가운데, 숙종은 붕당 간의 갈등을 억누르고 왕권을 강화하기 위해 집권 붕당을 급격히 교체하는 환국 정치를 시행하였다. 이로 인해 붕당 간의 갈등이 더욱 격화되었으며, 특정 붕당이 정권을 독점하는 일당 전제화 추세가 나타났다. 숙종 때 일어난 각 환국의 집권 붕당과 전개 과정을 구분하여 정리해 두어야 한다.

필기노트 마인드맵

숙종 ─ 경제·제도 ─ 금위영 설치(5군영 완비)
　　　　　　　　　대동법 전국 확대, 상평통보 전국 유통
　　　　　　　　　대보단(창덕궁) 설치(명 황제 제사)
　　　외교: 백두산정계비 건립, 안용복의 일본 방문
　　　경신환국 ─ 발단 ─ 집권당인 남인 허적의 기름천막 유용 사건
　　　　　　　　　　　　 남인과 종친이 관련된 역모 고변
　　　　　　　 전개: 역모 혐의로 대대적 남인 숙청
　　　　　　　 결과: 남인 몰락, 서인 집권 → 노론·소론 분화
　　　기사환국 ─ 발단: 희빈 장씨 아들의 원자 정호 문제
　　　　　　　　 결과: 인현왕후 폐비, 서인 축출, 송시열 사약
　　　갑술환국 ─ 발단: 남인이 노론의 인현왕후 복위 운동 탄압
　　　　　　　　 결과: 남인 축출, 소론 집권, 인현왕후 복위

경신환국
궐내에 보관하던 기름 먹인 장막을 허적이 다 가져갔음을 듣고, 임금이 노하여 "궐내에서 쓰는 장막을 마음대로 가져가는 것은 한명회도 못하던 짓이다."라고 말하였다. 시종에게 알아보게 하니, 잔치에 참석한 서인은 몇 사람뿐이었고, 허적의 당파가 많아 기세가 등등하였다고 아뢰었다. 이에 임금이 남인을 제거할 결심을 하였다. …… 허적이 잡혀오자 임금이 모든 관직을 삭탈하였다.

선택지 빅데이터

① 숙종 때 집권 붕당이 급격히 교체되는 ■■이 발생하였다. → 환국
② 숙종 때 ■■■을 설치하여 5군영 체제를 확립하였다. → 금위영
③ ■■환국으로 허적과 윤휴 등 남인들이 대거 축출되었다. → 경신
④ 경신환국 이후 정권을 장악한 ■■은 노론과 소론으로 나뉘었다. → 서인
⑤ 희빈 장씨 소생의 ■■ 책봉 문제로 기사환국이 발생되었다. → 원자
⑥ 기사환국으로 ■■■이 관직을 삭탈당하고 유배되었다. → 송시열
⑦ ■■환국으로 남인이 권력을 장악하고 희빈 장씨가 왕비로 책봉되었다. → 기사
⑧ 숙종은 폐비되었던 인현 왕후를 ■■환국으로 복위시켰다. → 갑술
⑨ 갑술환국 이후 ■■이 축출되고 노론과 소론이 정국을 주도하였다. → 남인

대표 기출 1

밑줄 그은 '이 왕'의 재위 시기에 있었던 사실로 옳은 것은?

71회 [2점]

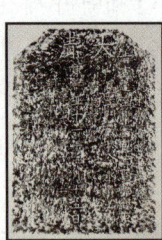
이것은 조선과 청 사이의 경계를 나타내고자 세운 비석의 탁본입니다. 비석에 대해 자세히 설명해 주시겠어요?

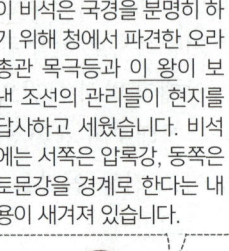
이 비석은 국경을 분명히 하기 위해 청에서 파견한 오라 총관 목극등과 이 왕이 보낸 조선의 관리들이 현지를 답사하고 세웠습니다. 비석에는 서쪽은 압록강, 동쪽은 토문강을 경계로 한다는 내용이 새겨져 있습니다.

① 최제우가 혹세무민의 죄로 처형되었다.
② 변급, 신류 등이 나선 정벌에 참여하였다.
③ 국왕의 친위 부대인 장용영이 창설되었다.
④ 경신환국 등 여러 차례 환국이 발생하였다.
⑤ 정여립 모반 사건을 빌미로 기축옥사가 일어났다.

자료분석
자료의 밑줄 그은 '이 왕'은 숙종이다. 숙종 때 조선과 청의 대표가 백두산 일대를 답사하여 국경을 확정하고 백두산 정계비를 세웠다. 비문에는 서쪽은 압록강, 동쪽은 토문강의 두 강을 경계로 한다는 내용이 새겨져 있다.

정답분석
④ 환국은 집권 붕당과 견제 붕당이 급격히 교체되는 정국으로, 숙종은 몇 차례의 환국을 통해 붕당의 세력을 약화시키고 왕권을 강화하고자 하였다. 그러나 이는 상호 공존에 의한 붕당 정치의 원리가 붕괴되고, 상대 세력의 제거를 위한 정치적 보복이 격화되는 결과를 가져왔다.

선택지분석
① 고종 때의 일이다. 최제우는 동학을 창시한 인물로, 당시 동학이 급속히 확산되자 정부는 동학을 사교로 규정하고 교조인 최제우를 처형하였다.
② 효종 때의 일이다. 청나라가 남하하는 러시아군을 막기 위해 조선에 조총군을 요청하자, 효종은 변급에게 조총 부대를 거느리고 출정하도록 하였다(제1차 나선 정벌). 이후 청의 재요청으로 신류가 조총 부대를 이끌고 나선 정벌에 참여하였다(제2차 나선 정벌).
③ 정조 때의 일이다. 정조는 친위 부대인 장용영을 설치하여 5군영의 독립적 성격을 약화시키고 병권을 장악함으로써 왕권을 뒷받침하는 군사적 기반을 마련하였다.
⑤ 선조 때 동인 정여립이 대동계를 조직하고 모반하였다는 고변이 들어오자, 이를 진압하고 많은 동인들을 탄압한 기축옥사가 일어났다.

정답 ④

대표 기출 2

(가), (나) 사이의 시기에 있었던 사실로 옳은 것은? 57회 [3점]

> (가) 임금이 전교하기를, "내 생각에는 허적이 혹시 허견의 모반 사실을 알지 못했는가 하였는데, 문안(文案)을 보니 준기를 산속 정자에 숨긴 사실이 지금 비로소 드러났으니, 알고서도 엄호한 정황이 분명하게 감출 수가 없었다. 그저께 허적에게 사약을 내려 죽인 것도 이 때문이다."라고 하였다.
>
> (나) 임금이 명하기를, "국운이 평안하고 태평함을 회복하여 중전이 복위하였으니, 백성에게 두 임금이 없는 것은 고금을 통하는 도리이다. 장씨에게 내렸던 왕후의 지위를 거두고, 옛 작호인 희빈을 내려 주도록 하라. 다만 세자가 조석으로 문안하는 것은 폐하지 말라."라고 하였다.

① 양재역 벽서 사건이 발생하였다.
② 송시열이 관작을 삭탈당하고 유배되었다.
③ 자의 대비 복상 문제로 예송이 전개되었다.
④ 정여립 모반 사건으로 기축옥사가 일어났다.
⑤ 붕당의 폐해를 막기 위해 탕평비가 세워졌다.

자료분석
(가) 숙종 때 남인의 영수 허적의 서자 허견이 역모를 꾸몄다는 고변이 있자, 숙종은 남인을 축출하고 서인을 임명하였다(경신환국, 1680).
(나) 숙종 때 서인의 인현왕후 복위 시도를 계기로 남인이 축출되고 서인이 재집권하였으며, 인현왕후가 복위되고 장씨가 빈으로 강등되었다(갑술환국, 1694).

정답분석
② 숙종이 후궁인 소의 장씨의 아들을 적장자로 인정하여 원자로 삼으려 하자 송시열 등 서인이 반대하였다. 이에 숙종은 서인을 대거 몰아내고 남인을 등용하였으며, 이 과정에서 송시열은 유배되었다가 사사되었다(기사환국, 1689).

선택지분석
① 명종 때 경기도 과천의 양재역에 문정왕후와 이기를 비판한 내용의 벽서가 발견되자, 문정왕후와 이기 등은 벽서를 붙인 세력이 을사사화의 잔당이라고 주장하며 그들의 처벌을 주장하였다(양재역 벽서 사건, 정미사화, 1547).
③ 현종 때 효종과 효종 비가 죽은 후 인조의 계비인 자의대비의 복상 기간을 둘러싸고 서인과 남인 간에 두 차례 논쟁이 발생하였는데, 이를 예송이라고 한다(1659, 1674).
④ 선조 때 동인 정여립이 대동계를 조직하고 모반하였다는 고변이 들어오자, 이를 진압하고 많은 동인들을 탄압한 기축옥사가 일어났다(1589).
⑤ 영조는 붕당의 폐단을 막고자 노론과 소론, 남인의 온건파를 고루 등용하는 탕평책을 실시하였으며, 성균관에 붕당의 다툼을 금하는 탕평비를 세웠다.

정답 ②

확인 문제

1 밑줄 그은 '이 왕'이 추진한 정책으로 옳은 것은? 51회 [2점]

① 수도 방어를 위하여 금위영을 창설하였다.
② 국가의 통치 규범인 『경국대전』을 반포하였다.
③ 청의 요청으로 나선 정벌에 조총 부대를 파견하였다.
④ 농민들의 군역 부담을 줄여주고자 균역법을 시행하였다.
⑤ 유능한 인재를 양성하기 위해 초계문신제를 실시하였다.

2 (가) 시기에 있었던 사실로 옳은 것은? 69회 [3점]

① 무신 이징옥이 반란을 일으켰다.
② 송시열이 유배된 후 사사되었다.
③ 자의 대비의 복상 문제로 예송이 일어났다.
④ 정여립 모반 사건을 빌미로 기축옥사가 발생하였다.
⑤ 붕당 정치의 폐해를 막기 위해 탕평비가 건립되었다.

정답
1 ① 숙종 때 서울의 수비와 경비 담당 군영으로 금위영을 창설하였다(1682). 금위영의 설치로 5군영 체제가 갖추어졌다.
2 ② 숙종이 희빈 장씨의 소생(경종)을 원자로 삼으려 하자, 서인이 이를 반대하다가 숙청되고 인현왕후가 폐위되는 기사환국이 일어났다. 이때 서인의 영수 송시열이 유배된 후 사사되었다.

Theme 057 영조의 탕평 정치

PART 4 조선의 정치 변화

출제 의도와 대책

숙종 사망 후 장희빈의 아들인 경종이 왕위에 오르자, 노론은 경종에 반발하면서 연잉군(영조)을 왕세제로 삼게 하였고, 대리청정까지 주장하다가 숙청되기도 하였다. 왕위에 오르기 전부터 붕당의 다툼에 휘말려 위기를 겪었고, 즉위 직후 이인좌의 난까지 발생하여 붕당의 폐해를 절감한 영조는 탕평 정치를 추진하였다. 영조의 탕평 정치는 붕당의 존재 자체는 인정하면서 노론과 소론의 균형을 맞추는 온건한 방편으로, 완론 탕평이라고도 불린다.

필기노트 마인드맵

- 즉위 전(경종) 노론의 주장으로 왕세제 책봉
  - 신임사화: 소론이 노론을 역모로 몰아 숙청
- 즉위 직후: 이인좌의 난 (소론·남인 강경파) 진압
- 탕평 정치 성균관 입구에 탕평비 건립, 탕평채 등장
  - 붕당 내 왕권에 순종하는 온건파 중심 → 완론탕평
  - 산림의 존재 부정, 중복 설치된 서원 철폐
  - 이조전랑의 권한 축소
- 제도 정비 균역법 군포를 2필에서 1필로 감소
  - 부족분은 결작, 선무군관포, 어·염·선세 보충
  - 속대전 편찬, 신문고 부활, 가혹한 형벌 폐지
- 편찬: 『동국문헌비고』 (우리나라 역대 문물 정리)
- 기타: 준천사 설치 → 청계천 준설

영조의 어제문업(御製問業)

팔순 동안 내가 한 일을 만약 나 자신(영조)에게 묻는다면
첫째는 탕평책인데, 스스로 '탕평'이란 두 글자가 부끄럽다.
둘째는 균역법인데, 그 효과가 승려에게까지 미쳤다.
셋째는 청계천 준설인데, 만세에 이어질 업적이다.
……
여섯째는 예전 정치 법 개정해 '속대전(續大典)'을 편찬한 것이다.

선택지 빅데이터

① 영조 즉위 직후, 왕위 계승의 정당성을 부정하며 ■■■의 난이 일어났다. → 이인좌
② 붕당 정치의 폐해를 극복하고자 성균관 앞에 ■■■를 건립하였다. → 탕평비
③ 영조 때 역대 문물을 정리한 ■■■■■가 편찬되었다. → 동국문헌비고
④ 영조는 ■■■을 편찬하여 통치 체제를 정비하였다. → 속대전
⑤ 영조는 1년에 2필씩 걷던 군포를 1필로 줄이는 ■■■을 시행하였다. → 균역법
⑥ 영조는 도성의 홍수에 대비해 준천사를 설치하여 ■■■을 준설하였다. → 청계천
⑦ 영조 때 지나치게 중복 설치된 ■■을 정리하였다. → 서원

대표 기출 1

다음 왕에 대한 설명으로 옳은 것은? 68회 [2점]

초상과 어진으로 만나는 조선의 왕

왼편은 연잉군 시절인 20대의 초상이며 오른편은 50대의 어진이다. 그는 즉위 후 탕평 교서를 반포하고 탕평비를 건립하였다. 준천사를 신설하여 홍수에 대비하였으며, 신문고를 다시 설치하여 백성들의 억울함을 듣고자 하였다.

① 통치 체제를 정비하기 위해 『대전회통』을 편찬하였다.
② 왕권 강화를 위해 친위 부대인 장용영을 설치하였다.
③ 각 궁방과 중앙 관서의 공노비 6만여 명을 해방하였다.
④ 어영청을 중심으로 국방력을 강화하고 북벌을 추진하였다.
⑤ 균역법을 시행하여 백성들의 군역 부담을 줄여주고자 하였다.

자료분석
자료는 영조에 대한 내용이다. 영조는 즉위 직후 당쟁의 폐단을 지적하면서 탕평의 필요를 역설한 탕평 교서를 발표하고 노론과 소론을 함께 등용하여 대립을 완화하려 하였다.

정답분석
⑤ 영조는 1년에 2필을 내던 군포를 1필로 줄여주는 균역법을 실시하여 농민들의 부담을 줄여주었다. 줄어든 재원을 보충하기 위해 지주에게 토지 1결당 2두의 결작을 거두었으며, 지방의 토호나 부유한 집안의 자제들에게 선무군관이라는 칭호를 주고 군포 1필(선무군관포)을 납부하게 하였다. 또한 어세·염세·선세 등 기존에 왕실 수입에 해당하는 일부 잡세를 전용하였다.

선택지분석
① 고종 때 흥선 대원군이 『대전회통』, 『육전조례』 등 법전을 편찬하여 통치 체제를 정비하였다.
② 정조에 대한 설명이다. 정조는 친위 부대인 장용영을 설치하여 5군영의 독립적 성격을 약화시키고 병권을 장악함으로써 왕권을 뒷받침하는 군사적 기반을 마련하였다.
③ 순조에 대한 설명이다. 순조는 중앙 관서에 소속된 노비 6만 6,000명을 해방시켰다. 이는 당시 광범위한 노비 도망으로 노비안이 유명무실해진 상황을 인정하는 한편, 생산력의 발전으로 노비 신공을 받는 것보다는 양민의 조세를 받는 것이 유리해진 상황을 반영한 조치였다.
④ 효종에 대한 설명이다. 효종은 이완을 어영대장에 임명하고 어영청을 확대 증설하여 신무기 개발에 나서는 등 어영청을 중심으로 북벌을 추진하였다.

정답 ⑤

대표 기출 2

(가) 왕에 대한 설명으로 옳은 것은? 66회 [1점]

① 학문 연구 기관으로 집현전을 두었다.
② 삼수병으로 구성된 훈련도감을 설치하였다.
③ 『속대전』을 편찬하여 통치 체제를 정비하였다.
④ 궁중 음악을 집대성한 『악학궤범』을 편찬하였다.
⑤ 시전 상인의 특권을 축소하는 신해통공을 단행하였다.

자료분석
자료의 (가)는 영조이다. 영조는 균역법을 실시하여 군포를 1년에 2필에서 1필로 줄여주었으며, 청계천 범람으로 인한 피해를 줄이기 위해 준천사를 설치한 후 청계천 준설 공사를 시행하였다.

정답분석
③ 영조는 『경국대전』을 기본으로 하고, 이후 시행된 권력 구조의 개편 내용을 보완한 『속대전』을 편찬하여 통치 질서를 확립하였다.

선택지분석
① 세종에 대한 설명이다. 세종은 학술 연구 기관으로 집현전을 설치하여 고전 연구, 서적 편찬, 경연·서연, 왕의 자문 기능 등을 담당하게 하였다.
② 선조에 대한 설명이다. 훈련도감은 임진왜란 중인 1593년에 유성룡의 건의로 설치된 군영으로, 포수(총)·사수(활)·살수(창)의 삼수병으로 편성되었으며, 일정한 급료를 받는 장번급료병으로 직업군의 성격을 띠었다.
④ 성종에 대한 설명이다. 『악학궤범』은 성종 때 성현 등이 편찬한 음악 백과사전으로, 중국의 역대 악서에 기록된 각종 이론과 조선 시대 음악의 원리와 악보, 악곡 등을 담고 있다.
⑤ 정조에 대한 설명이다. 정조는 상공업 진흥과 재정 수입 확대를 위해 육의전을 제외한 시전 상인의 금난전권을 철폐(신해통공)하여 자유로운 상업 활동을 보장하였다.

정답 ③

확인 문제

1 (가) 시기에 있었던 사실로 옳은 것은? 60회 [3점]

① 이괄이 반란을 일으켜 도성을 장악하였다.
② 자의 대비의 복상 문제로 예송이 전개되었다.
③ 왕위 계승을 둘러싸고 왕자의 난이 발생하였다.
④ 이인좌를 중심으로 소론 세력 등이 난을 일으켰다.
⑤ 희빈 장씨 소생의 원자 책봉 문제로 환국이 발생하였다.

2 밑줄 그은 '이 왕'의 업적으로 옳은 것은? 58회 [2점]

① 수도 방위를 위하여 금위영을 창설하였다.
② 『속대전』을 편찬하여 통치 제도를 정비하였다.
③ 삼군부를 부활시켜 군국 기무를 전담하게 하였다.
④ 초계문신제를 실시하여 젊은 문신들을 재교육하였다.
⑤ 전세를 1결당 4~6두로 고정하는 영정법을 제정하였다.

정답
1 ④ 영조 즉위 이후 소론 강경파와 남인 일부가 경종의 죽음에 영조와 노론이 관계되었다고 하면서 이인좌, 정희량 등을 중심으로 난을 일으켰다(1728). 이인좌의 난 이후 반란에 가담했던 소론계와 남인계 급진파는 완전히 몰락하였다.
2 ② 영조는 『경국대전』 이후 개정·증보된 항목을 새로 추가하고, 영조 대까지 신설된 관청을 비롯해 중앙 및 지방 제도 운영에 도입된 새로운 관행들을 법제화하여 『속대전』을 편찬하였다.

Theme 058 정조의 탕평 정치

PART 4 조선의 정치 변화

출제 의도와 대책

정조의 아버지인 사도 세자의 죽음을 계기로 이를 동정하는 시파와 강경한 벽파가 등장하였다. 정조는 장용영과 규장각을 설치해 학문적, 군사적 기반을 확보하였으며, 자신의 이상을 실현할 도시로 화성을 축조하였다. 이를 바탕으로 노론과 소론 외에 정약용 등 남인도 적극 등용하면서, 붕당에 구애받지 않고 시시비비를 가리는 강경한 탕평 정치를 추진하여 이를 준론 탕평이라고도 한다.

필기노트 마인드맵

- **왕권 강화**: 만천명월주인옹 자처(군주이자 스승인 초월적 군주)
  - **장용영** 육성 → 국왕의 친위 부대
  - **규장각** 육성 - 학문·정책 연구, 서얼 등용
    - **초계문신제** 시행(젊은 관리 재교육)
- **탕평 정치**: 노론, 소론, 남인을 고르게 등용
  - **정약용 중용**: 남인, 배다리 설계, **거중기로 화성 축조**
- **화성 축조**: 정치·군사·상업적 기능을 갖춘 계획도시
  - **대유둔전**(국영 농장) 설치 ← **만석거·축만제**(저수지)
- **제도 정비**: 『**대전통편**』 편찬, 수령 권한 강화(향약 주관)
  - 『**동문휘고**』(외교), 『**추관지**』(형조), 『**탁지지**』(호조)
- **경제**: **신해통공** → 육의전을 제외한 시전 상인의 특권 폐지
- **편찬 사업**: 『**무예도보통지**』(무예 훈련서), 『**일성록**』(왕의 일기)
  - 중국에서 『**고금도서집성**』 수입

수원 화성 만석거

만석거(萬石渠)는 정조가 수원 화성을 건립하면서 축조된 수리 시설 중 하나입니다. 수갑(水閘) 및 수도(水道)를 만든 기술의 혁신성, 백성들의 식량 생산에 이바지한 점, 풍경의 아름다움 등 역사 문화적 가치를 인정받아 2017년 세계 관개 시설물 유산으로 등재되었습니다.

선택지 빅데이터

① 정조 때 왕조의 통치 규범을 재정비한 ■■■■이 편찬되었다. → 대전통편
② 정조는 유능한 인재를 양성하기 위해 ■■■■를 시행하였다. → 초계문신제
③ 정조 때 국왕의 친위 부대인 ■■■이 설치되었다. → 장용영
④ 정조는 육의전 이외 시전 상인의 특권을 폐지하는 ■■■을 실시하였다. → 신해통공
⑤ 정조 때 훈련 교범인 ■■■■■가 편찬되었다. → 무예도보통지
⑥ 정조 때 대외 관계를 정리한 ■■■■가 편찬되었다. → 동문휘고
⑦ 정조 때 유득공, 이덕무, 박제가 등 ■■ 출신 학자들을 규장각 ■■■에 기용하였다. → 서얼, 검서관

대표 기출 1

다음 시나리오에 등장하는 왕의 재위 시기에 있었던 사실로 옳은 것은? 70회 [2점]

> #5. 궁궐 안
> 왕과 신하들이 대화하는 장면
> **신하1**: 전하, 우리나라의 습속은 예로부터 신분에 따라 등용하는 것이 원칙이었습니다. 서얼들을 적자와 똑같이 대우한다면, 서얼이 적자를 능멸하는 폐단이 열리게 될 것입니다.
> **왕**: 수많은 서얼들도 나의 신하인데 그들이 제자리를 얻지 못하고 포부도 펴지 못한다면 이 또한 과인의 허물일 것이오. 규장각에 검서관을 두어 이덕무, 박제가, 유득공, 서이수를 등용하려는 내 결심은 변함이 없을 것이니 그리 알고 물러들 가시오.

① 왕권 강화를 위해 6조 직계제가 시행되었다.
② 거중기 등을 활용하여 수원 화성이 축조되었다.
③ 청과 국경을 정하는 백두산정계비가 건립되었다.
④ 통치 체제를 정비하기 위해 『대전회통』이 편찬되었다.
⑤ 삼정의 문란을 시정하기 위한 삼정이정청이 설치되었다.

자료분석
자료의 '규장각에 검서관' 등을 통해 정조 재위 시기의 일임을 알 수 있다. 정조는 학술 진흥 기구로 규장각을 설치하고 실무 담당 관원인 검서관에 서얼 출신인 이덕무, 유득공, 박제가, 서이수를 채용하였다.

정답분석
② 정조는 아버지 사도 세자의 무덤을 수원의 화산으로 옮기면서 팔달산 아래에 수원 화성을 축조하였다. 이때 정약용이 제작한 거중기를 이용하였다.

선택지분석
① 6조 직계제는 태종과 세조 때 시행되었다.
③ 숙종 때 청과 조선의 관리가 백두산 일대를 답사하고 국경을 확정해 백두산정계비를 세웠다.
④ 흥선 대원군 집권기에 조선의 마지막 법전인 『대전회통』이 편찬되었다.
⑤ 철종 때 농민 봉기가 전국으로 확대되자, 박규수의 건의에 따라 삼정의 문란을 개혁하기 위해 삼정이정청을 설치하였다.

정답 ②

대표 기출 2

(가) 왕에 대한 설명으로 옳은 것은? 72회 [2점]

가상 현실 버스에 오신 여러분 환영합니다. 지금 창문 스크린으로 보고 계신 것은 『무예도보통지』에 실린 무예 동작입니다. (가) 의 명으로 이덕무, 박제가, 백동수 등이 편찬한 『무예도보통지』에는 기존의 무예신보에 마상 무예가 추가되어 총 24개의 무예가 실려 있습니다. 이 책은 장용영의 훈련 교재로 사용되었습니다.

① 백두산정계비를 세워 청과의 국경을 정하였다.
② 삼군부를 부활시켜 군사 업무를 담당하게 하였다.
③ 통치 체제를 정비하기 위해 『속대전』을 편찬하였다.
④ 규장각에 검서관을 두어 서얼 출신 학자들을 기용하였다.
⑤ 한양을 기준으로 역법을 정리한 『칠정산 내편』을 제작하였다.

자료분석
자료의 '『무예도보통지』', '장용영' 등을 통해 (가)가 정조임을 알 수 있다. 『무예도보통지』는 정조가 규장각 검서관인 이덕무, 박제가와 장용영 장교인 백동수 등에게 명하여 편찬한 훈련용 병서로, 24종 무예에 관한 도해와 해설을 붙여 완성하였다.

정답분석
④ 정조는 일종의 왕실 도서관이던 규장각을 확대하여 학문 및 정책 연구 기관으로 삼았으며, 유득공, 박제가, 이덕무 등 서얼 출신의 능력 있는 인재를 규장각의 검서관으로 채용하였다.

선택지분석
① 숙종에 대한 설명이다. 숙종 때 조선과 청의 대표가 백두산 일대를 답사하여 국경을 확정하고 백두산 정계비를 세웠다. 비문에는 서쪽은 압록강, 동쪽은 토문강의 두 강을 경계로 한다는 내용이 새겨져 있다.
② 고종 때 흥선 대원군은 비변사를 축소·폐지하여 의결 및 행정 기능을 의정부에 이관하였고, 삼군부를 부활시켜 군무와 궁궐 숙위를 맡도록 하였다.
③ 영조에 대한 설명이다. 영조는 『경국대전』 이후 공포된 법령을 다시 정리한 『속대전』을 편찬하여 통치 질서를 확립하였다.
⑤ 세종에 대한 설명이다. 세종 때 원의 수시력, 명의 대통력, 아라비아의 회회력 등을 참고하여 한양을 기준으로 역법을 정리한 『칠정산』을 만들었다.

정답 ④

확인 문제

1 (가) 왕에 대한 설명으로 옳은 것은? 65회 [2점]

이 시는 (가) 이/가 현륭원을 참배하고 화성 행궁에 머물다가 환궁하는 길에 지은 것입니다. 아버지인 사도세자에 대한 마음이 잘 표현되어 있습니다.

혼정신성*의 그리움 다할 길 없어
오늘 또 화성에 와 보니
궂은 비는 침원에 부슬부슬 내리고
이 마음은 재전**을 끝없이 배회하누나
어찌하여 사흘 밤을 잤던고
아버님 영정을 모셨기 때문일세
더디고 더딘 걸음에 고개 들어 바라보니
오운이 저 멀리서 일어나누나

*혼정신성: 부모님께 효도하는 도리
**재전: 제사를 지내기 위하여 지은 집

① 청과 국경을 정하는 백두산정계비를 세웠다.
② 통치 체제를 정비하고자 『속대전』을 편찬하였다.
③ 왕실의 위엄을 높이기 위해 경복궁을 중건하였다.
④ 삼정의 문란을 시정하려고 삼정이정청을 설치하였다.
⑤ 시전 상인의 특권을 축소하는 신해통공을 단행하였다.

2 밑줄 그은 '왕'의 재위 시기에 있었던 사실로 옳은 것은? 64회 [2점]

대전통편이 완성되었는데, 나라의 제도 및 법식에 관한 책이다. …… <u>왕</u>이 말하기를, "속전(續典)은 갑자년에 이루어졌는데, 선왕의 명령으로서 갑자년 이후에 이루어진 것도 많으니 어찌 감히 지금과 가까운 것만을 내세우고 먼 것은 소홀히 할 수 있겠는가?"라고 하였다. 이에 김치인 등에게 명하여 원전(原典)과 속전 및 지금까지의 왕명을 모아 한 책으로 편찬한 것이었다.

① 인재 양성을 위해 초계문신제를 시행하였다.
② 홍경래 등이 봉기하여 정주성을 점령하였다.
③ 자의 대비의 복상 문제로 예송이 전개되었다.
④ 이인좌를 중심으로 소론 세력 등이 난을 일으켰다.
⑤ 신류가 조총 부대를 이끌고 흑룡강에서 전투를 벌였다.

정답
1 ⑤ 정조는 채제공의 건의에 따라 육의전을 제외한 시전의 금난전권을 폐지하여 일반 상인들이 자유롭게 상행위를 할 수 있도록 하였다(신해통공).
2 ① 정조는 재능 있는 문신들을 뽑아 규장각에서 위탁 교육을 시키는 초계문신제를 시행해 개혁 정치를 위한 지지 세력을 양성하고자 하였다.

전한길 한국사능력검정 기출문제집

PART 5
조선의 경제·사회·문화

테마	최근 4년 출제	주요 인물·지역	키워드
059 조선의 수취 제도	최근 73, 72, 70, 69, 65 총 14회	세조, 인조, 김육	수신전·휼양전, 직전법, 영정법, 대동법, 공인, 균역법, 선무군관포
060 조선 후기의 경제 변화	최근 72, 71, 70, 68, 67 총 21회		금난전권 철폐, 상품 작물, 송상, 만상, 덕대, 보부상, 모내기법(이앙법), 개시·후시, 설점수세제, 상평통보
061 조선의 사회	최근 73, 68, 64, 58, 47 총 7회		중인, 시사(詩社), 통청 운동, 공노비 해방
062 새로운 종교의 대두	최근 67, 63, 58, 53, 52 총 8회	순조, 이승훈, 정약용, 최제우	천주교, 신유박해, 신해박해, 병인박해, 동학, 시천주
063 사회 변혁의 움직임	최근 73, 69, 64, 61, 59 총 15회	홍경래, 우군칙, 백낙신, 유계춘, 박규수	세도 정치, 홍경래의 난, 임술 농민 봉기, 삼정이정청
064 조선의 편찬 사업	최근 73, 67, 62, 60, 52 총 6회		조선왕조실록, 고려사, 동문선, 경국대전
065 조선의 교육 제도	최근 60, 56, 54, 50, 47 총 6회	주세붕	서원, 성균관, 향교, 교수·훈도 파견

▲ 원각사지 10층 석탑

▲ 백자 청화매죽문 항아리

▲ 인왕제색도(정선)

테마	최근 4년 출제	주요 인물·지역	키워드
066 조선의 과학 기술	최근 68, 53, 50, 48 총 5회	정초, 변효문, 이순지	농사직설, 칠정산, 향약집성방
067 조선 성리학의 발달	최근 68, 63, 60, 52, 51 총 7회	이황, 이이, 김장생	성학십도, 사단칠정 논쟁, 예안 향약, 성학집요, 동호문답, 가례집람
068 중농학파 실학	최근 67, 65, 64, 60, 58 총 9회	유형원, 이익, 정약용	반계수록, 균전론, 성호사설, 곽우록, 한전론, 경세유표, 마과회통, 거중기
069 중상학파 실학	최근 70, 69, 66, 62, 59 총 9회	박제가, 박지원, 홍대용, 유수원	북학의, 열하일기, 양반전, 의산문답, 발해고, 규장각 검서관
070 조선 후기 사상 변화	최근 72, 71, 63, 55, 54 총 7회	정상기, 김정호, 박세당, 김정희	동국지도, 100리 척, 대동여지도, 색경, 사변록, 추사체, 세한도
071 조선 후기 건축·공예	최근 68, 62, 57, 56, 55 총 11회		원각사지 10층 석탑, 법주사 팔상전, 분청사기, 청화백자
072 조선 후기 회화	최근 73, 72, 70, 65, 65 총 16회	김홍도, 정선, 김득신, 신윤복	진경산수화, 풍속화, 한글 소설, 전기수, 탈춤, 판소리

Theme 059 조선의 수취 제도

PART 5 조선의 경제·사회·문화

출제 의도와 대책

전반적으로 조선의 경제·사회·문화에서는 조선 전기보다 후기의 출제 확률이 더 높다. 이는 근대 사회로의 변화를 암시하는 새로운 경향이 등장하기 때문인데, 특히 조선 후기의 경제 변화 양상이 자주 출제되고 있다. 조선 전기에는 과전법, 직전법, 관수관급제 등 조세 제도의 변화를 중심으로 정리해 둔다. 조선 후기에는 영정법, 대동법, 균역법 등 전반적인 수취 체제가 개편되었을 뿐 아니라, 이러한 변화가 상업 등 다른 산업에도 영향을 주었음을 이해해 둔다.

필기노트 마인드맵

전기
- 조세
  - **과전법**: 고려 **공양왕** 때 제정, **경기 지역** 토지 분급
  - ↓ ← **공법**: **세종** 때 연분9등법, 전분6등법
  - **직전법**: **세조**, 현직 관리 대상, **수신전·휼양전 폐지**
  - ↓ ← 관수관급제: 성종, 관에서 조세를 거두어 지급
  - 직전법 폐지: 명종, 수조권 제도 소멸
- 기타: 양전 사업 → 20년에 한번 양안(토지 대장) 작성

후기
- **영정법**: 인조, 풍흉에 관계 없이 4~6두 징수
- 대동법: 방납의 폐단 시정 목적 cf 조광조, 이이의 수미법
  - **광해군 때 경기도** 시행, 숙종 때 황해도(전국) 시행
  - 공인 등장 → 상품 화폐 경제 발달
- 균역법: 영조, 군역 폐단 시정 → **군포를 2필에서 1필로 감소**
  - 결작, **선무군관포**, 어·염·선세로 보충

선택지 빅데이터

① 조세 부과의 근거 자료인 ▨▨은 20년마다 작성하는 것이 원칙이었다. → 양안
② ▨▨▨에서 관리의 사망 시 유가족에게 수신전과 휼양전을 지급하였다. → 과전법
③ 세조 때 ▨▨▨을 실시하여 현직 관리에게만 수조권을 지급하였다. → 직전법
④ 성종 때 ▨▨에서 조세를 거두어 수조권자에게 분급하였다. → 관청
⑤ 세종 때 공법은 풍흉에 따라 전세를 ▨등급으로 차등 과세하였다. → 9
⑥ 인조 때 전세를 1결당 4~6두로 고정하는 ▨▨▨을 제정하였다. → 영정법
⑦ ▨▨▨은 특산물 대신 쌀, 베, 동전 등으로 납부하게 한 제도이다. → 대동법
⑧ 대동법 실시는 관청에 필요한 물품을 납부하는 ▨▨이 등장하는 배경이 되었다. → 공인
⑨ 균역법 시행으로 부족한 재정을 보충하기 위해 ▨▨▨포를 징수하였다. → 선무군관

대표 기출 1

다음 자료를 활용한 탐구 주제로 가장 적절한 것은? 73회 [2점]

> 선무군관 직책을 특별히 설치하고 서북을 제외한 6도에서 벼슬이 없는 자들 중 선정한다. 사족이 아니거나 음서를 받지 않은 자들, 군보(軍保) 역할이 그치기에는 아까운 자들을 대상으로 한다. 평시에는 입번(立番)과 훈련을 면해주고 다만 베1필을 받는데, 유사시에는 관할 수령이 지도하여 방어에 임하도록 한다.

① 토산물을 쌀, 동전 등으로 납부하게 한 원인
② 균역법 실시로 인한 세입 감소분의 보충 방안
③ 시전 상인의 특권을 축소한 신해통공 단행 배경
④ 전세를 풍흉에 따라 9등급으로 차등 부과한 이유
⑤ 설점수세제를 시행하여 민간의 광산 개발을 허용한 목적

자료분석
영조 때 사족(양반)이 아니면서도 군역을 지지 않던 부유한 양인들을 선무군관으로 임명하여 군역에 보충시키고 매해 포1필을 바치게 하였다. 선무군관은 매년 관찰사가 시험하여 성적이 우수한 자는 무과 전시나 복시에 응시하게 해주는 등 혜택을 받았으나, 면제되었던 군역에 다시 충당되는 것이므로 불만이 있었다.

정답분석
② 조선 후기에 백골징포(죽은 사람의 군포를 거둠), 황구첨정(어린아이에게 군포를 거둠) 등 군역의 폐단이 나타났다. 이에 영조 때 매년 포2필을 내던 것을 1필로 줄여주는 균역법을 시행하였다. 이로 인한 재정 부족분을 메우기 위해 토지 1결당 2두의 결작을 징수하였으며, 선무군관포를 징수하고, 어세·염세·선세 등의 잡세를 국가 재정으로 귀속시켰다.

선택지분석
① 조선 시대에 공납은 지방 특산물을 납부하는 제도였는데, 특산물 징수 과정에서 서리와 아전 등이 권세가와 결탁하여 특산물을 대신 납부하고 지역민에게 그 대가를 과도하게 징수하는 방납의 폐단이 나타났다. 이를 시정하기 위해 토산물 대신 쌀, 동전 등으로 공납을 납부하게 하는 대동법이 시행되었다.
③ 조선 후기에 상공업이 발달하면서 도성으로 인구가 집중되는 현상이 나타났다. 이에 도성의 생필품이 부족해져 물가가 급등하자, 정조 때 육의전을 제외한 시전 상인의 금난전권을 폐지하는 신해통공을 통해 난전의 상행위를 허용하였다.
④ 세종 때 조세를 공평하게 징수하기 위해 연분 9등법과 전분 6등법으로 구성된 공법을 시행하였다.
⑤ 조선 전기에는 정부가 광산 운영을 독점하면서 농민을 부역으로 동원해 광물을 채굴하였다. 조선 후기에 부역제가 해이해지고 광물 수요가 증가하면서 효종 때부터 민간이 광산을 채굴하게 하고 정부에서 세금을 거두는 설점수세제가 시행되었다.

정답 ②

대표 기출 2

밑줄 그은 '제도'에 대한 설명으로 옳은 것을 〈보기〉에서 고른 것은? 70회 [2점]

이원익의 건의로 경기도에서 시행되는 수취 제도에 대해 설명해 주세요.

이번에 시행되는 제도는 지방의 특산물을 징수하면서 나타난 방납의 폐단을 막아 백성들의 부담을 줄여주기 위한 것입니다. 공물을 현물 대신 토지의 결 수에 따라 쌀로 납부합니다.

─ 보기 ─
ㄱ. 선혜청에서 관련 업무를 담당하였다.
ㄴ. 재정을 보충하기 위해 지주에게 결작을 부과하였다.
ㄷ. 관청에 물품을 조달하는 공인이 등장하는 배경이 되었다.
ㄹ. 어장세, 선박세 등이 국가 재정으로 귀속되는 결과를 가져왔다.

① ㄱ, ㄴ   ② ㄱ, ㄷ   ③ ㄴ, ㄷ
④ ㄴ, ㄹ   ⑤ ㄷ, ㄹ

자료분석
자료의 '이원익', '경기도', '방납의 폐단' 등을 통해 밑줄 그은 '제도'가 대동법임을 알 수 있다. 광해군 때 경기도에서 처음 대동법을 실시하여 공납을 쌀, 무명, 삼베, 동전 등으로 납부하도록 하였다.

정답분석
ㄱ. 대동법을 처음 실시할 때 선혜법이라 하였으며, 관련 업무를 담당하는 관청으로 선혜청을 설치하였다.
ㄷ. 대동법 실시 이후 공인이라는 어용상인이 등장하였으며, 이들은 선혜청에서 공가를 미리 받아 각 관청에 필요한 물품을 사서 납부하였다.

선택지분석
ㄴ, ㄹ. 균역법에 대한 설명이다. 균역법 실시로 줄어든 세수 부족을 보충하기 위해 지주에게 토지 1결당 결작미 2두를 징수하였으며, 왕실의 수입이었던 어장세·염세·선세 등의 일부 잡세를 국가 수입으로 전환하였다.

정답 ②

확인 문제

1 (가) 제도에 대한 설명으로 옳은 것은? 65회 [2점]

> 광해군 때 이원익이 방납의 폐단을 혁파하고자 선혜청을 두고 (가) 을/를 실시할 것을 청하였다. …… 맨 먼저 경기도 내에 시범적으로 실시하니 백성들은 대부분 편리하게 여겼다. 다만 권세가와 부호들은 방납의 이익을 잃기 때문에 온갖 방법으로 반대하였다.
> ─『국조보감』─

① 양반에게도 군포를 부과하였다.
② 수신전과 휼양전을 폐지하였다.
③ 양전 사업을 실시하여 지계를 발급하였다.
④ 전세를 풍흉에 따라 9등급으로 차등 과세하였다.
⑤ 관청에 물품을 조달하는 공인이 등장하는 배경이 되었다.

2 밑줄 그은 '왕'의 재위 기간에 있었던 사실로 옳은 것은? 68회 [2점]

〈역사 다큐멘터리 제작 기획안〉
조선, 전국적인 규모의 여론 조사를 실시하다!
■ 장면별 주요 내용
#1. 왕은 관리와 백성을 대상으로 공법 시행에 대한 전국적인 찬반 조사를 명하다.
#2. 호조에서 찬성 98,657명, 반대 74,149명이라는 결과를 보고하다.
#3. 여러 차례 보완을 거쳐 토지의 비옥도와 풍흉에 따라 조세를 차등 징수하는 내용의 공법을 확정하다.

① 세계 지도인 혼일강리역대국도지도가 제작되었다.
② 각지의 농법을 작물별로 정리한 『농사직설』이 간행되었다.
③ 유능한 인재를 양성하기 위해 초계문신제가 시행되었다.
④ 우리나라와 중국의 의서를 망라한 『동의보감』이 완성되었다.
⑤ 전국의 지리, 풍속 등이 수록된 『동국여지승람』이 편찬되었다.

정답
1 ⑤ 방납의 폐단을 시정하기 위해 시행한 (가)는 대동법이다. 대동법의 실시로 관청에서 공가를 받아 관청에 물품을 조달하는 공인이 등장하였다.
2 ② 세종 때 실제 농민들의 농사 경험을 바탕으로 씨앗의 저장, 시비법, 토질 개량법, 작물 종류에 따른 재배법 등을 수록한 『농사직설』을 간행하였다.

Theme 060 조선 후기의 경제 변화

PART 5 조선의 경제·사회·문화

출제 의도와 대책

조선 후기에는 농업 생산력이 증대되고 상품 화폐 경제가 발전하면서 여러 산업 전반에 변화가 나타났다. 사상이 성장하여 일본과 청 사이의 중계무역을 전개하였다. 지방에서는 장시가 확산되고 보부상들이 장시 사이를 연결하면서 전국적인 유통망이 형성되었다. 이에 따라 농민들은 시장에 팔기 위한 상품 작물을 생산하였으며, 수공업자들이 상인에게 자금과 원료를 지원받아 생산하는 선대제 수공업이 나타났다. 조선 후기 경제 변화는 다양한 경제적, 사회적 변화를 초래하였으로 경제 양상과 사회 모습을 연계하여 파악해 두어야 한다.

필기노트 마인드맵

- 광업: 설점수세제(민간이 광산 개발) → **덕대**(전문 경영인) 등장
- 수공업: 공장안 폐지(세금 내고 자유 생산), **선대제 성행**
- 상업
  - 배경: **상품 작물 재배**, 대동법 실시, 민영 수공업 발달
  - 공인: 국가에서 공가를 받아 물품 조달
  - 사상: **금난전권 철폐**로 자유 상업 허용(육의전 제외)
    - 서울: 칠패(남대문), 이현(동대문), 송파장
    - 지방
      - 경강상인: 한강, 운송업·선상
      - **만상**: 의주, **대청 무역**, 책문 후시
      - **송상**: 개성, 인삼 재배, 만상·내상 중계
      - **내상**: 동래, **대일 무역**, 왜관 후시
  - 보부상: 농촌의 장시를 하나의 유통망으로 연계
  - 객주·여각: 포구(항구) 중심 활동, 상품 매매 중개 / 운송·보관·금융·숙박업
- 화폐: 숙종 때 **상평통보** 전국 유통 / 전황 현상 발생(부의 축적 수단으로 이용)

선택지 빅데이터

① 시전 상인은 ■■■■이라는 특권을 부여받았다. → 금난전권
② 조선 후기에 ■■■■를 시행하여 민간의 광산 개발을 허용하였다. → 설점수세제
③ 조선 후기에 광산을 전문적으로 경영하는 ■■가 출현하였다. → 덕대
④ 정조 때 ■■■을 제외한 시전 상인의 금난전권이 폐지되었다. → 육의전
⑤ 조선 후기에 독점적 도매상인인 ■■가 활동하였다. → 도고
⑥ 조선 후기에 ■■이 책문후시 등을 통해 대청 무역을 전개하였다. → 만상
⑦ 송상은 전국 각지에 ■■이라는 지점을 설치하였다. → 송방
⑧ 조선 후기에 ■■은 초량 왜관을 통해 일본과 무역하였다. → 내상
⑨ 조선 후기에 국경 지대에서 ■■ 무역과 ■■ 무역이 이루어졌다. → 개시, 후시

대표 기출 1

다음 자료에 나타난 시기의 경제 상황으로 옳지 않은 것은?

72회 [1점]

> 비변사의 계사에, "현재 시전의 병폐로 서울과 지방의 백성이 원망하는 바는 오로지 도고(都庫)에 있습니다. 시중 시세를 조종하여 홀로 이익을 취하니 그 폐단은 한이 없습니다. 한성부에서 엄히 금하도록 하되 그 가운데 매우 심하게 폐단을 빚는 3강(한강·용산강·서강)의 시목전(柴木廛)·염해전(鹽醢廛)과 같은 무리는 그 주모자를 색출하여 형조로 송치해서 엄한 형벌로 다스려 후일을 징계하도록 분부하는 것이 어떻겠습니까?" 하니 윤허한다고 답하였다.

① 금속 화폐인 건원중보가 주조되었다.
② 담배와 면화 등의 상품 작물이 재배되었다.
③ 보부상이 장시를 돌아다니며 상업 활동을 하였다.
④ 모내기법의 확대로 벼와 보리의 이모작이 성행하였다.
⑤ 설점수세제의 시행으로 민간의 광산 개발이 허용되었다.

자료분석
자료의 '비변사', '도고' 등을 토해 조선 후기의 모습임을 알 수 있다. 조선 후기에는 독점적 도매 상인인 도고가 등장하여 매점매석, 독점, 선대제 수공업 등을 통해 이익을 극대화하였다.

정답분석
① 건원중보는 고려 성종 때 발행한 금속 화폐이다.

선택지분석
② 조선 후기에는 상품 유통이 활발해지면서 담배, 인삼, 목화 등 상업적 농업이 발달하였다.
③ 보부상은 보상과 부상을 이르는 말로, 장시를 기반으로 활동한 상인을 일컫는다. 조선 후기에 보부상들은 사단을 갖춘 전문적인 상인으로 발전하였으며, 장날의 차이를 이용하여 전국을 돌아다니며 상품을 판매하였다.
④ 조선 후기에는 이앙법(모내기법)이 전국적으로 확대되면서 노동력이 절감되고 단위 면적당 생산량이 증가하였으며, 벼와 보리의 이모작이 가능해졌다.
⑤ 조선 후기의 모습이다. 설점수세제는 허가받은 민간인에게 광물 채굴을 허용하고, 대신 호조에서 별장을 파견하여 세금을 거두는 제도로, 효종 때부터 실시되었다.

정답 ①

대표 기출 2

다음 자료를 활용한 탐구 활동으로 가장 적절한 것은? 71회 [2점]

> 좌의정 채제공이 왕에게 아뢰었다. "빈둥거리는 무뢰배가 삼삼오오 떼를 지어 스스로 상점을 개설하고 일용품을 거래하는 일이 많아졌습니다. 그들은 큰 물건에서 작은 물건까지 싼값에 억지로 사들이기 일쑤입니다. 혹 물건 주인이 말을 듣지 않으면 난전(亂廛)으로 몰아서 결박하여 형조와 한성부로 끌고 가 혹독한 형벌을 당하도록 합니다. 이 때문에 물건 주인은 본전에서 밑지더라도 어쩔 수 없이 팔고 갑니다. 그리고 무뢰배들은 제각기 가게를 벌여놓고 배나 되는 값을 받습니다. 어쩔 수 없이 사야 하는 사람은 그 가게 외에서는 물건을 구할 수 없기 때문에, 물건 값이 날마다 치솟고 있습니다."

① 계해약조의 체결 과정을 확인한다.
② 오가작통법의 실시 목적을 파악한다.
③ 신해통공을 단행하게 된 배경을 조사한다.
④ 토지 소유자에게 결작을 부과한 이유를 살펴본다.
⑤ 풍흉에 따라 전세를 차등 부과하는 기준을 알아본다.

자료분석
자료는 조선 정조 때 채제공이 시전 상인들의 금난전권을 비판하는 내용이다. 조선 시대에 시전 상인들은 국역 등 각종 부담을 지는 대신 난전(시전 상인 이외의 상인이 하던 불법적인 가게)을 금지할 권한을 부여받았다. 조선 후기에 들어 시전 상인들은 금난전권을 이용하여 소상인층을 난전으로 규정하고 억지로 싼값에 매입한 후 자신들의 시전에서 비싸게 파는 등 횡포를 부렸으며, 이로 인해 물가가 급등하여 도시 빈민층의 피해가 커졌다.

정답분석
③ 정조는 채제공의 제안을 받아들여 재정 수입을 늘리고 사상들의 자유 상업 활동을 보장하기 위해 육의전을 제외한 시전 상인의 금난전권을 폐지하는 통공 정책을 실시하였다(신해통공).

선택지분석
① 세종 때 이종무의 대마도(쓰시마섬) 토벌 이후 대마도주와 계해약조를 맺어 3포(부산포, 제포, 염포)에서 제한된 교역을 실시하였다.
② 조선 시대에는 다섯 집을 한 통으로 묶어 통수에게 관장하게 하는 오가작통법을 실시하여 농민이 유민화되는 것을 막고 중앙 집권 체제를 강화하고자 하였다.
④ 균역법의 시행으로 감소된 재정을 보충하기 위해 지주에게 토지 1결당 결작 2두를 추가로 부담하도록 하였다.
⑤ 세종 때 조세 제도를 개혁하기 위해 전제상정소를 설치하고 공법을 실시하여, 토지 비옥도에 따라 전답을 6등급으로 나누고(전분6등법), 풍흉의 정도에 따라 9등급으로 나누어 조세 액수를 1결당 최고 20두에서 최하 4두를 내도록 하였다(연분9등법).

정답 ③

확인 문제

1 다음 상황이 나타난 시기에 볼 수 있는 모습으로 적절하지 않은 것은? 70회 [1점]

> 김화진 등이 아뢰기를, "…… 만상과 송상이 함께 수많은 가죽을 마음대로 밀무역을 합니다. 수달 가죽은 금지 품목 가운데 하나인데 변경을 지키는 관리들이 대수롭지 않게 여겨 1년, 2년이 되면 곧 일상적인 물건과 같아지니 …… 이후로는 한결같이 법전에 의거하여 금지 조항을 거듭 자세히 밝혀서 송상과 만상에게 법을 범해서는 안 되며, 범하는 사람이 있으면 일일이 적발하여 법에 따라 엄격하게 처벌한다는 것을 분명히 알게 해야 합니다. 아울러 살피지 못한 변방의 관리들도 드러나는 대로 무겁게 다스린다는 뜻을 분명히 알게 해야 합니다. ……"라고 하니, 임금이 그리하라 하였다.

① 채굴 노동자를 고용하는 덕대
② 벽란도에서 교역하는 송의 상인
③ 상평통보로 물건을 거래하는 보부상
④ 포구에서 물품의 매매를 중개하는 여각
⑤ 담배, 인삼 등 상품 작물을 재배하는 농민

2 다음 가상 대화가 이루어진 시기에 볼 수 있는 모습으로 적절하지 않은 것은? 71회 [2점]

 며칠 전 주상께서 각 궁방과 중앙 관청에 소속된 노비를 모두 양민으로 삼고, 노비 문서를 거두어 불태우라고 명하셨다는군.

 나도 들었네. 선왕께서 노비 추쇄관을 혁파하셨는데, 그 뜻을 이어받으신 것 아니겠는가.

① 담배 농사를 짓는 농민
② 염포 왜관에서 교역하는 상인
③ 세책가에서 춘향전을 빌리는 부녀자
④ 관청에 필요한 물품을 납품하는 공인
⑤ 송파장에서 산대놀이 공연을 벌이는 광대

정답
1 ② 고려 시대는 수도인 개경과 가까운 예성강 어귀의 벽란도가 국제 무역항으로 유명하였다. 이곳에서 송의 상인과 아라비아 상인 등이 와서 고려와 무역하였다.
2 ② 조선 전기의 모습이다. 세종 때 부산포, 제포(내이포), 염포를 개항하고 왜관을 설치하였으나, 삼포왜란으로 모두 폐쇄되었다. 이후 부산포와 제포는 다시 개항하였으나, 염포 왜관은 다시 설치되지 않았다.

Theme 061 조선의 사회

PART 5 조선의 경제·사회·문화

출제 의도와 대책

조선은 법적으로 양천제(양인과 천민)를 규정하여 양반은 원래 문반과 무반의 관료만을 가리키는 말이었다. 그러나 16세기 이후 양반이 점차 관리의 가문까지 가리키는 신분층으로 굳어지면서 양반, 중인, 상민, 천민의 신분이 나뉘게 되었다. 조선 후기에 신분제가 동요되면서 중인과 서얼은 소청 운동을 통해 청요직 진출 등 신분적 한계를 극복하려 하였으며, 노비는 도망이나 납속을 통해 신분을 상승해갔다. 신분제의 변동 속에서 경제력을 갖춘 신향이 성장하여 향전이 전개되었다.

필기노트 마인드맵

- 신분제
  - 법제적 양천제 → 양인(자유민), 천민(노비)
  - 실질적 반상제
    - 양반: 관료와 그 가문, 지주층
    - 중인: 기술관, 서얼, 향리
    - 상민(농공상), 천민(노비, 백정, 무당)
- 신분제 동요
  - 서얼: 영·정조 때 집단 상소
    - **규장각 검서관 등용(유득공, 이덕무, 박제가)**
  - 중인: **대규모 소청 운동 → 실패**
    - **시사를 조직**해 위항 문학 활동
  - 상민: 납속·공명첩 → 양반 수 증가
  - 노비: 군공, 납속, 도망 등을 통해 신분 상승
    - **순조 때 공노비 해방** → 갑오개혁 때 신분 철폐
- 향촌 질서
  - 부농층 등장 → 향회 진출(신향) → 향전
  - 수령권 강화, **향회가 부세 부과 자문 기구화**
  - 양반 기득권 유지 노력 → **문중 강화**, 서원·사우 건립

선택지 빅데이터

① 정조 때 서얼 출신의 학자들이 ■■■ 검서관에 기용되었다. → 규장각
② 조선 후기에 서얼이 청요직 진출을 요구하는 ■■ 운동을 전개하였다. → 통청
③ 조선 후기 ■■들은 신분 상승을 위해 소청 운동을 전개하였다. → 중인
④ 조선 후기에 중인들은 ■■를 조직해 위항 문학 활동을 하였다. → 시사
⑤ 순조 때 각 궁방과 중앙 관서의 ■■■를 해방하였다. → 공노비
⑥ 임진왜란 이후 ■■■을 통해 면역의 혜택을 받은 상인을 볼 수 있다. → 공명첩
⑦ 조선 후기에 공명첩, 족보 위조 등으로 ■■의 수가 증가하였다. → 양반
⑧ 조선 후기에 상민층이 ■■과 공명첩을 이용해 신분 상승을 꾀하였다. → 납속

대표 기출 1

밑줄 그은 '이 시기'에 볼 수 있는 모습으로 적절하지 않은 것은?

73회 [1점]

이것은 경상도 단성현 김○봉 가계의 직역 변화입니다. 사노비였던 그는 노력 끝에 면천되었고, 후손들도 꾸준히 신분 상승을 도모하여 유학 직역을 획득하였습니다. 이와 같이 신분 질서가 크게 동요한 이 시기에는 구향과 신향 간의 향전이 발생하기도 했습니다.

〈김○봉 가계의 직역 변화〉

① 빈민을 구휼하는 제위보 관리
② 시사(詩社)에서 시를 낭송하는 중인
③ 상평통보로 물건을 거래하는 보부상
④ 세책가에서 홍길동전을 빌리는 부녀자
⑤ 송파장에서 산대놀이 공연을 하는 광대

자료분석

조선 후기에 노비나 양민들은 납속책과 공명첩 등을 통하거나 도망, 족보 위조 등의 방법으로 신분을 상승시켰다. 자료에서 보인(保人)은 군역을 지는 양민을 말하며, 유학(幼學)은 벼슬하지 않은 양반을 뜻하는데, 주로 향교의 교생을 가리킨다. 한편 조선 후기에 상품 화폐 경제가 발전하고 경제력을 축적한 일부 양인들은 수령의 부세 수취에 적극 호응하면서 향회에 진출하기도 하였다. 기존에 향회를 장악하고 있던 지방 양반(구향)에 대비하여 이들을 신향이라고 불렀으며, 향촌 사회의 주도권을 두고 신향과 구향이 대립하는 향전이 발생하기도 하였다.

정답분석

① 제위보는 고려 시대에 빈민 구제를 위해 운영된 일종의 재단으로, 일정한 재산을 모아 그 이자를 통해 구휼 사업을 행하였다.

선택지분석

② 조선 후기에 경아전과 역관 등 중인들은 시사를 조직해 양반 이상의 문화적 성취를 이루기도 하였다.
③ 숙종 때부터 주조된 상평통보는 상품 화폐 경제의 발달과 함께 전국적으로 법화로 사용되었다.
④ 조선 후기에는 홍길동전, 춘향전 등의 한글 소설이 유행하였다. 이에 따라 책을 빌려주는 세책점이나 장시에서 책을 읽어주는 전기수 등이 등장하였다.
⑤ 산대놀이는 원래 궁중 연회극이었으나, 조선 후기에는 송파장 등 큰 장시에서도 연행되면서 서민의 놀이 문화로 확산되었다.

정답 ①

대표 기출 2

(가)에 대한 설명으로 옳은 것은? 64회 [2점]

> 1. 처음 [(가)] 을/를 정할 때 약문(約文)을 동지에게 두루 보이고 그 마음을 바로잡고, 몸가짐을 단속하고, 착하게 살고, 허물을 고치기 위해 약계(約契)에 참례하기를 원하는 자 몇 사람을 가려 서원에 모아 놓고 약법(約法)을 의논하여 정한 다음 도약정(都約正), 부약정 및 직월(直月)·사화(司貨)를 선출한다. ……
> 1. 물건으로 부조할 때는 약원이 사망하였다면 초상 치를 때 사화가 약정에게 고하여 삼베 세 필을 보내고, 같은 약원들은 각각 쌀 다섯 되와 빈 거적때기 세 닢씩 내어서 상을 치르는 것을 돕는다.
>
> - 『율곡전서』 -

① 7재라는 전문 강좌를 두었다.
② 옥당이라고 불리며 경연을 담당하였다.
③ 중앙에서 파견된 교수나 훈도가 지도하였다.
④ 풍속 교화와 향촌 자치 등의 역할을 하였다.
⑤ 매향(埋香) 활동 등 각종 불교 행사를 주관하였다.

자료분석
자료 중 '도약정', '부약정' 등을 통해 (가)가 향약임을 알 수 있다. 향약은 조선 시대에 지방 사족들이 고을의 풍속 교화를 위하여 결성한 향촌 자치 규약으로, 삼강오륜을 중심으로 한 유교 윤리를 가미하여 교화 및 질서 유지에 알맞게 구성한 것이다. 도약정, 부약정, 직월, 사화는 향약의 간부이다.

정답분석
④ 향약의 보급으로 유교 윤리가 널리 보급되어 향촌 사회의 풍속 교화에 이바지 하였으며, 향촌 사회의 질서 유지에도 기여하였다.

선택지분석
① 고려 시대의 국자감에 대한 설명이다. 고려 문종 이후 최충의 문헌공도 등 사학 12도가 성행하고 관학이 쇠퇴하자, 고려 예종 때 관학 진흥책의 일환으로 국자감에 전문 강좌인 7재를 설치하였다.
② 홍문관에 대한 설명이다. 홍문관은 성종 때 집현전을 계승하여 설치한 기관으로, 궁중의 서적과 문서를 관리하고 국왕의 자문에 응하며, 경연을 주관하였다. 사헌부·사간원과 함께 대표적 청요직으로 꼽혔으며 옥당(玉堂)·옥서(玉署)·영각(瀛閣)·청연각(淸燕閣) 등으로도 불렸다.
③ 향교에 대한 설명이다. 조선 시대에는 전국의 부·목·군·현에 향교를 설치하였으며, 중앙에서 교수와 훈도를 파견하여 학생들을 가르치도록 하였다.
⑤ 향도에 대한 설명이다. 향도는 불교 신앙 조직으로, 초기에는 매향 활동(미륵을 만나 구원받고자 하는 염원에서 바닷가에 향나무를 묻는 활동)을 하면서 대규모 인력이 동원되는 각종 불교 행사를 주관하였으며, 점차 마을 노역 및 제사 등 공동체 생활을 주도하는 농민 조직으로 발전되었다.

정답 ④

확인 문제

1 (가)에 들어갈 대답으로 적절한 것은? 68회 [2점]

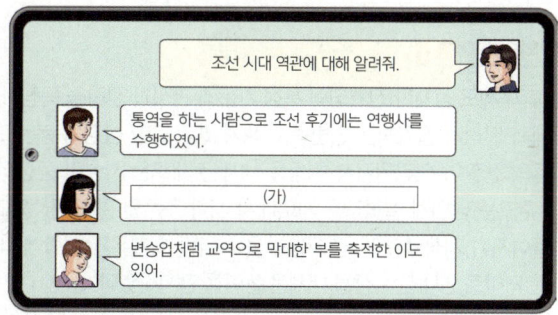

① 사간원에서 간쟁을 담당하였어.
② 매매, 상속, 증여의 대상이었어.
③ 수군, 봉수 등 천역에 종사하였어.
④ 수령을 보좌하면서 향촌 실무를 담당하였어.
⑤ 사역원에서 『노걸대언해』 같은 교재로 교육받았어.

2 (가) 신분에 대한 설명으로 옳은 것은? 58회 [2점]

나는 방호별감 김윤후입니다. 몽골군의 침입에 맞서 충주산성을 방어할 때 [(가)]의 신분 문서를 불태워 그들의 사기를 높였습니다.

나는 군국기무처의 총재 김홍집입니다. 신분 차별 폐지에 대한 요구를 수용하여 [(가)]에 관한 법을 폐지하였습니다.

① 신라에서 승진에 제한을 받았으며, 득난이라고도 불렸다.
② 고려 시대에 향, 부곡, 소에 거주하였으며, 과중한 세금을 부담하였다.
③ 조선 시대에 봉수, 역졸의 업무를 주로 담당하였다.
④ 조선 후기에 통청 운동으로 청요직 진출을 시도하였다.
⑤ 조선 순조 때 궁방과 중앙 관서에 소속된 6만여 명이 해방되었다.

정답
1 ⑤ 역관이 되기 위해서는 우선 사역원(외국어 교육과 통역 실무 담당 기관)에 생도로 입학하여 『노걸대언해』(중국어 학습서인 『노걸대』 언해본), 『박통사』, 『역어지남』, 『역어유해』 등의 교재로 교육을 받은 후 취재(특별 채용)를 통하거나 잡과 중 하나인 역과(한학, 몽학, 왜학, 여진학) 합격해야 했다.
2 ⑤ (가)는 노비이다. 순조 때 중앙 관서의 노비 6만 6,000여 명을 양인으로 해방시켜 주었다(1801).

Theme 062 새로운 종교의 대두

PART 5 조선의 경제·사회·문화

출제 의도와 대책

조선 후기 세도 정치가 전개되어 특정 가문이 관직과 권력을 독점하자, 관직에서 밀려나 몰락하는 양반층도 생겨났다. 또한 삼정의 문란으로 백성들의 생활이 어려워지자 평등을 내세운 새로운 사상이 등장하였다. 천주교는 남인계 실학자들 사이에서 서학으로 연구되다가 종교로 받아들여지기 시작했으며, 경주에서 몰락 양반 최제우가 서학에 대항한다는 의미로 인내천 사상을 내세운 동학을 창시하였다.

필기노트 마인드맵

- 천주교: 17세기 중국에 다녀온 사신들에 의해 **서학으로 수용**
  - 확장: 18세기 **남인계 실학자**(정약용 등)이 신앙으로 수용
    → 이승훈(최초 세례), 김대건(최초 신부)
  - 박해
    - 신해박해(**진산 사건**): 정조, 윤지충이 제사 거부
    - 신유박해 — 순조, 대대적 박해, 이승훈·정약용 등 연루
      - **황사영 백서 사건**(외세 개입 요청)
    - 병인박해: 고종 때 흥선 대원군, **병인양요 초래**
- 동학
  - 창시: 경주 출신 최제우 창도, 유·불·선 + 민간 신앙
  - 사상: **시천주**(하늘님을 모심), **인내천**(사람이 곧 하늘)
  - 탄압: 혹세무민의 죄목으로 최제우 처형
  - 확장: 2대 교주 최시형 『**동경대전**』, 『**용담유사**』 편찬
    포접제(교단 조직) 정비

최제우 처형

경상도 일대를 중심으로 교세를 확장하고 있던 동학의 교주 최제우가 23명의 제자들과 함께 경주에서 체포되었다. 체포 후 대구의 감영으로 이송되어 현재 문초가 진행되고 있으며, 혹세무민의 죄가 적용되어 효수에 처해질 것으로 보인다.

선택지 빅데이터

[천주교]
① 청을 다녀온 사신들에 의하여 ■■으로 소개되었다. → 서학
② ■■■이 조선인 최초로 천주교 세례를 받았다. → 이승훈
③ ■■와 신주를 모시는 문제로 정부의 탄압을 받았다. → 제사
④ 순조 때 ■■박해로 다수의 천주교도가 처형되었다. → 신유
⑤ 신유박해 때 ■■■이 외국 군대의 출병을 요청하는 백서를 작성하였다. → 황사영

[동학]
① 경주에서 ■■■가 동학을 창시하였다. → 최제우
② ■■■ 사상을 내세워 인간 평등을 주장하였다. → 인내천
③ ■·■·■을 바탕으로 민간 신앙의 요소까지 포함하였다. → 유·불·선
④ ■■■과 용담유사를 경전으로 삼았다. → 동경대전
⑤ 최제우가 ■■■■의 죄로 처형되었다. → 혹세무민
⑥ 마음속에 한울님을 모시는 ■■■를 강조하였다. → 시천주

대표 기출 1

다음 상황이 나타난 시기를 연표에서 옳게 고른 것은? 67회 [3점]

> 사학(邪學) 죄인 황사영은 사족으로서 사술(邪術)에 미혹됨이 가장 심한 자였다. [그는] 의금부에서 체포하려는 것을 미리 알고 피신하였는데, 상복을 입고 성명을 바꾸거나 토굴에 숨어서 종적을 감춘지 반년이 지났다. 포청에서 은밀히 염탐하여 지금에야 제천 땅에서 붙잡았다. 그의 문서를 수색하던 중 백서를 찾았는데, 장차 북경의 천주당에 전하려고 한 것이었다.

1728	1746	1791	1811	1834	1862
	(가)	(나)	(다)	(라)	(마)
이인좌의 난	『속대전』 편찬	신해 박해	홍경래의 난	헌종 즉위	임술 농민 봉기

① (가) ② (나) ③ (다)
④ (라) ⑤ (마)

정답분석

③ 자료의 '사학(邪學) 죄인 황사영', '백서' 등을 통해 황사영 백서(帛書, 비단에 쓴 글) 사건과 관련된 내용임을 알 수 있다. 순조 즉위 직후 정순왕후는 천주교 박해령을 선포하고 전국의 천주교도를 수색하여 처벌하였다. 이 박해로 이승훈, 이가환, 정약종 및 외국인 신부 주문모를 비롯한 300여 명의 천주교도가 처형되었고, 정약용과 정약전 등이 유배되었는데, 이를 신유박해(1801)라고 한다. 이때 천주교인 황사영에 대한 체포령도 내려졌는데, 황사영은 충북 제천에 있는 배론[舟論]의 토굴로 피신한 후 조선 정부의 천주교 박해 사실을 자세히 기록하고, 조선에서 교회가 일어설 수 있는 방안으로 서양인 선교사 파견, 조선의 청나라 편입, 서양 군대 출병 등의 내용을 담은 글을 썼다. 그리고 이 백서를 중국에 가는 동지사 일행을 통해 베이징의 구베아 주교에게 전달하려고 했으나 중도에 발각되어 처형되었다.

정답 ③

대표 기출 2

(가)~(다)를 일어난 순서대로 옳게 나열한 것은? 50회 [3점]

(가) 한영규가 아뢰기를, "서양의 간특한 설이 윤리와 강상을 없애고 어지럽히니 어찌 진산의 권상연, 윤지충 같은 자가 또 있겠습니까? 제사를 폐하고 위패를 불태웠으며, 조문을 거절하고 그 부모의 시신을 내버렸으니 그 죄가 매우 큽니다."라고 하였다.

(나) 사헌부에서 아뢰기를, "아! 통분스럽습니다. 이가환, 이승훈, 정약용의 죄가 무거우니 이를 어찌 다 처벌할 수 있겠습니까? 사학(邪學)이란 것은 반드시 나라에 흉악한 화를 가져오고야 말 것입니다."라고 하였다.

(다) 의금부에서, "죄인 남종삼은 명백한 근거도 없이, 러시아에 변란이 있을 것이고 프랑스와 조약을 맺을 계책이 있다면서 사람들을 현혹하였습니다. 감시 나라를 팔아먹고자 몰래 외적을 끌어들이려 하였으니 그 죄는 만 번을 죽여도 모자랍니다. 죄인이 자백하였습니다."라고 아뢰었다.

① (가) – (나) – (다) ② (가) – (다) – (나)
③ (나) – (가) – (다) ⑤ (다) – (나) – (가)
④ (나) – (다) – (가)

정답분석

(가) 정조 때 전라도 진산에서 천주교인인 윤지충이 모친상을 당하자 신주를 모시지 않고 제사 대신 천주교 의식에 따라 모친상을 치렀다. 이 때 같은 천주교인이자 인척인 권상연이 윤지충을 옹호하였다. 이에 정조는 강상죄로 윤지충과 권상연 모두 처형하였다(신해박해, 진산 사건, 1791).

(나) 순조 즉위 후 노론 벽파가 집권하면서 정조 때 등용되었던 남인 세력 및 시파를 숙청할 목적으로 천주교를 배척하였다. 이에 중국인 신부 주문모를 비롯해 이승훈, 이가환, 정약종 등이 처형되고 정약용과 정약전이 유배되었다(신유박해, 1801).

(다) 흥선 대원군 집권기에 베이징 조약의 체결로 러시아가 청으로부터 연해주를 할양받아 조선과 러시아가 국경을 마주하게 되자, 흥선 대원군은 남종삼을 비롯한 천주교인의 건의에 따라 러시아의 남하를 저지하기 위해 프랑스를 끌어들이고자 천주교에 관대한 정책을 폈다. 그러나 프랑스와의 교섭에 실패하고 국내의 천주교 반대 여론이 거세지자, 흥선 대원군은 9명의 프랑스 신부와 수천 명의 천주교도를 처형하였다(병인박해, 1866).

정답 ①

확인 문제

1 (가) 종교에 대한 설명으로 옳은 것은? 58회 [1점]

□□ 신문 제△△호 ○○○○년 ○○월 ○○일

해미순교성지, 국제성지로 지정

해미순교성지가 전 세계에 30여 곳밖에 없는 국제성지 가운데 하나로 지정되었다. 병인박해 당시 (가) 신자들이 죽임을 당한 이곳은 한국 근대사에서 중요한 종교적 의미를 지닌 지역이다. 이번 지정을 계기로 남연군 묘 등 여러 역사 유적이 있는 내포 문화권은 더욱 관심을 끌 것으로 기대된다.

① 미륵불이 세상을 구원한다고 예언하였다.
② 『동경대전』과 『용담유사』를 경전으로 삼았다.
③ 박중빈을 중심으로 새생활 운동을 전개하였다.
④ 단군 숭배 사상을 통해 민족의식을 고취하였다.
⑤ 청을 다녀온 사신들에 의하여 서학으로 소개되었다.

2 (가) 종교에 대한 설명으로 옳은 것은? 48회 [1점]

경주 사람 최복술은 아이들에게 공부 가르치는 것을 직업으로 삼았다. 그런데 양학(洋學)이 갑자기 퍼지는 것을 차마 보고 앉아 있을 수 없어서, 하늘을 공경하고 순종하는 마음으로 글귀를 지어, (가) (이)라 불렀다. 양학은 음(陰)이고, (가) 은/는 양(陽)이기 때문에 양을 가지고 음을 억제할 목적으로 글귀를 외우고 읽고 하였다.

① 배재 학당을 세워 신학문 보급에 기여하였다.
② 박중빈을 중심으로 새생활 운동을 추진하였다.
③ 일제의 통제에 맞서 사찰령 폐지 운동을 벌였다.
④ 마음속에 한울님을 모시는 시천주를 강조하였다.
⑤ 황사영이 외국 군대의 출병을 요청하는 백서를 작성하였다.

정답

1 ⑤ 천주교는 17세기에 중국 베이징의 천주당을 방문한 우리나라 사신들에 의하여 서학으로 소개되었다.

2 ④ 동학은 마음속에 한울님을 모시는 시천주(侍天主)와 사람이 곧 하늘이라는 인내천(人乃天) 사상을 바탕으로 모든 사람이 평등하다는 것을 강조하였다. 그래서 양반과 상민을 차별하지 않고, 노비 제도를 없애며, 여성과 어린이의 인격을 존중하는 사회를 추구하였다.

Theme 063 사회 변혁의 움직임

PART 5 조선의 경제·사회·문화

출제 의도와 대책

세도 정치로 매관매직이 성행하여 정치 기강이 어지러워졌다. 지방관이 명목에도 없는 세금(무명잡세)을 과도하게 수취하고, 어린아이까지 군적에 올라 군포를 징수하는 등 삼정이 극도로 문란해져 농민의 생활이 어려워졌고, 이에 따라 농민 봉기가 전국적으로 빈발하였다. 서북 지역에 대한 차별에서 비롯된 홍경래의 난과 진주에서 시작되어 전국으로 퍼져나간 임술 농민 봉기를 구분하여 알아 둔다.

필기노트 마인드맵

- 삼정 문란
  - 전정: 조세, 과다 징수 & 토지가 없는데 징수
  - 군정: 어린이, 노인, 사망자까지 군포 징수
  - 환곡: 강제로 곡식을 빌려주고 이자 징수
- 홍경래의 난
  - 배경: **평안도 지역 차별**, 삼정 문란
  - 주도: 몰락 양반 **홍경래**와 **우군칙** 등
      영세 농민·중소 상인·광산 노동자 등 합세
  - 전개: 가산 다복동에서 봉기 → **정주성 점령** → 청천강 이북 여러 지역 장악 → 진압
- 임술 농민 봉기
  - 배경: 삼정 문란(환곡), 경상 우병사 **백낙신의 부정**
  - 주도: 몰락 양반 **유계춘**, 농민 참여
  - 전개: 진주 민란 계기로 **전국에 농민 봉기 확산**
  - 대응: 사건을 수습할 **안핵사로 박규수 파견**
      박규수의 건의로 **삼정이정청 설치**

선택지 빅데이터

① 세도 정치 시기에 전정, 군정, 환곡의 ■■이 문란하여 백성들의 생활이 궁핍해졌다. → 삼정
② 홍경래의 난은 삼정의 문란과 ■■ 지역에 대한 차별에 반발하여 일어났다. → 서북
③ 홍경래, 우군칙 등의 주도로 일어난 난은 ■■성에서 관군에 진압되었다. → 정주
④ 홍경래가 봉기를 일으켜 선천, 정주 등 ■■■ 이북의 여러 고을을 점령하였다. → 청천강
⑤ 경상우병사 ■■■의 탐학이 발단이 되어 임술 농민 봉기가 일어났다. → 백낙신
⑥ 몰락 양반 유계춘을 중심으로 봉기하여 ■■성을 점령하였다. → 진주
⑦ 임술 농민 봉기의 수습을 위해 박규수가 ■■■로 파견되었다. → 안핵사
⑧ 정부는 삼정의 문란을 개선하기 위해 ■■■■을 설치하였다. → 삼정이정청

대표 기출 1

다음 가상 대화가 이루어진 시기의 사회 모습으로 가장 적절한 것은?

69회 [1점]

자네 소식 들었나? 지난달 진주에서 백성들이 난을 일으켜 관아를 습격하고 아전의 집을 불태웠다더군.

나도 들었네. 경상 우병사 백낙신의 탐학과 향리들의 횡포에 맞서 유계춘이 주도하였다고 하더군.

① 빈민 구제를 위해 흑창이 설치되었다.
② 원종과 애노가 사벌주에서 봉기하였다.
③ 홍건적의 침입으로 개경이 함락되었다.
④ 지배층을 중심으로 변발과 호복이 유행하였다.
⑤ 안동 김씨 등의 세도 정치로 매관매직이 성행하였다.

자료분석

자료는 철종 때 발생한 임술 농민 봉기에 대한 내용이다. 세도 정치 시기에는 정치기강이 무너지고 지방관의 수탈이 극심해져 삼정이 문란하였다. 철종 때 진주 목사 홍병원과 경상 우병사 백낙신은 강제로 환곡미를 할당하고 이를 갚게 하거나, 전세에 수많은 부가세를 추가하는 등 극심한 수탈을 자행하였다. 이에 진주의 몰락 양반 유계춘의 주도로 농민 봉기가 일어났다. 임술 농민 봉기는 비슷한 상황에 처해있던 다른 지역으로도 급속히 확대되어 농민 봉기가 전국에서 발생하게 되었다.

정답분석

⑤ 정조가 죽고 순조가 어린 나이에 즉위하면서 특정 외척 가문이 권력을 장악하는 세도 정치가 나타났다. 세도 정치 시기에는 소수 가문이 비변사의 고위 관직을 장악하고 국정을 처리하면서, 3사의 언론 활동이나 붕당 간의 견제와 비판조차 유명무실해졌다. 이에 따라 정치 기강이 무너지고 매관매직 등이 성행하면서, 지방 수령들은 더 높은 관직을 위해 백성들을 착취하는 등 삼정의 문란이 극심하게 나타났다.

선택지분석

① 흑창은 춘궁기에 곡식을 빌려주었다가 추수한 후에 상환하도록 한 빈민 구제 기관으로, 고려 태조 때 설치되었다.
② 9세기 진성여왕 때 정치가 문란해지고 국가 재정이 고갈되어 정부가 강압적으로 조세를 수취하자, 사벌주(경북 상주)에서 원종과 애노의 난(889)을 시작으로 농민 봉기가 전국으로 확산되었다.
③ 고려 공민왕 때 홍건적의 2차 침입으로 개경이 함락되고 왕이 복주(안동)로 피난하였다.
④ 고려 원 간섭기에 원과의 교류가 확대되면서 고려의 상류 사회에서는 몽골어, 몽골식 복장(호복), 변발 등이 유행하였다.

정답 ⑤

대표 기출 2

다음 상황이 전개된 배경으로 옳은 것은? 64회 [2점]

며칠 전 안핵사로 파견된 박규수가 전하께 특별 기구 설치를 상소하였다고 하네.

그렇다네. 전하께서 이를 받아들여 삼정이정청을 설치하고, 각 고을마다 대책을 모아 올려 보내라고 명하셨지.

① 이만손 등이 영남 만인소를 올렸다.
② 운요호가 강화도와 영종도를 공격하였다.
③ 동학교도가 교조 신원을 주장하며 삼례 집회를 개최하였다.
④ 황사영이 외국 군대의 출병을 요청하는 백서를 작성하였다.
⑤ 백낙신의 탐학이 발단이 되어 진주에서 농민들이 봉기하였다.

자료분석
'안핵사 박규수', '삼정이정청'을 통해 철종 때 발생한 임술 농민 봉기(1862)와 관련된 내용임을 알 수 있다.

정답분석
⑤ 경상 우병사 백낙신이 환곡 등에 잡세를 붙여 가혹하게 수탈하자, 진주의 몰락 양반인 유계춘이 주민들과 함께 봉기를 일으켰다. 진주 농민 봉기를 시작으로 전국 각지에서 농민들이 봉기를 일으키자, 정부는 박규수를 안핵사로 파견하여 민란을 수습하게 하였다. 또한 조세 문제가 한 고을이나 수령의 문제가 아님을 인정하고 조세 제도 개혁을 위한 기관인 삼정이정청을 설치하고 삼정이정책을 발표하였으나, 부실한 개선 내용과 농민 수탈로 연명하던 각종 관청과 관리의 반대로 큰 성과를 거두지는 못하였다.

선택지분석
① 1880년에 2차 수신사로 일본에 다녀온 김홍집이 가져온 『조선책략』이 유포되자, 이듬해에 이만손을 비롯한 영남의 유생들은 만인소를 올려 『조선책략』의 내용, 즉 친중국·결일본·연미국을 통하여 러시아의 남하를 막는다는 것은 실효성이 없다고 비판하였다.
② 1875년에 일본의 운요호가 강화 해역을 침범하여 포격을 유도한 뒤 초지진과 영종도를 포격하였다. 일본은 이 사건을 빌미로 조선에 통상 조약 체결을 강요하였고, 그 결과 강화도 조약이 체결되었다.
③ 1892년에 수천 명의 동학 교도가 전라도 삼례에 모여 누명을 쓰고 죽은 최제우의 신원과 동학의 종교 활동 인정, 탐관오리의 처벌을 요구하는 운동을 펼쳤다.
④ 1801년 신유박해가 발생하자 천주교도인 황사영은 신유박해의 전말과 프랑스의 군사력을 동원하여 신앙의 자유를 얻게 해달라는 글을 적어 중국에 있는 천주교 주교에게 보내고자 하였으나 발각되었다.

정답 ⑤

확인 문제

1 다음 자료에 나타난 사건에 대한 설명으로 옳은 것은?
61회 [2점]

> 진주 안핵사 박규수에게 하교하기를, "얼마 전에 있었던 진주의 일은 전에 없던 변괴였다. 관원은 백성을 달래지 못하였고, 백성은 패악한 습관을 버리지 못하였다. 누가 그 허물을 책임져야 하겠는가. 신중을 기하여 혹시 한 사람이라도 억울하게 처벌 받는 일이 없게 하라. 그리고 포리(逋吏)*를 법에 따라 처벌할 경우 죄인을 심리하여 처단할 방법을 상세히 구별하라."라고 하였다.
>
> *포리(逋吏): 관아의 물건을 사사로이 써버린 아전

① 홍경래, 우군칙 등이 주도하였다.
② 남접과 북접이 연합하여 전개되었다.
③ 삼정이정청이 설치되는 계기가 되었다.
④ 우정총국 개국 축하연을 이용하여 일어났다.
⑤ 윤원형 일파가 정국을 주도한 시기에 발생하였다.

2 다음 대화에 나타난 사건에 대한 설명으로 옳은 것은?
59회 [1점]

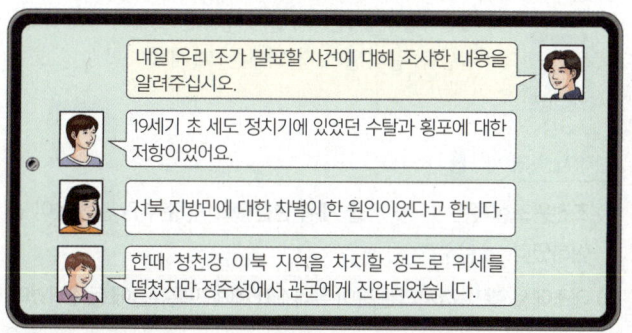

- 내일 우리 조가 발표할 사건에 대해 조사한 내용을 알려주십시오.
- 19세기 초 세도 정치기에 있었던 수탈과 횡포에 대한 저항이었어요.
- 서북 지방민에 대한 차별이 한 원인이었다고 합니다.
- 한때 청천강 이북 지역을 차지할 정도로 위세를 떨쳤지만 정주성에서 관군에게 진압되었습니다.

① 홍경래, 우군칙 등이 주도하였다.
② 청군이 파병되는 결과를 가져왔다.
③ 제물포 조약이 체결되는 배경이 되었다.
④ 보국안민, 제폭구민을 기치로 내걸었다.
⑤ 박규수가 안핵사로 파견되는 계기가 되었다.

정답
1 ③ 임술 농민 봉기는 경상우병사 백낙신이 환곡 등에 잡세를 붙여 가혹하게 수탈하자, 몰락 양반 유계춘이 주도하여 일어났다. 당시 농민들은 군정(군포 징수)의 문란, 환곡의 폐단 등 삼정의 문란을 시정할 것을 요구하였다. 안핵사로 파견된 박규수의 건의로 정부는 삼정 문란을 시정하기 위한 삼정이정청을 설치하였다.
2 ① 홍경래는 풍수가로 활동했던 우군칙과 진사 김창시 등과 모의하여 반란을 일으켰다.

Theme 064 조선의 편찬 사업

PART 5 조선의 경제·사회·문화

출제 의도와 대책

조선을 건국한 신진 사대부는 부국강병을 목표로 각종 문물을 정비하였다. 전대 왕조의 역사를 정리해 조선 건국의 정당성을 밝히는 한편, 통치에 필요한 지리 정보와 의례 등도 확립하였다. 조선왕조실록은 왕조차 마음대로 보지 못하게 함으로써 후대에 기록될 것을 두려워해 선정을 펼치도록 하는 의미도 있었다.

필기노트 마인드맵

훈민정음	창제(1443) → 반포(1446)
	『훈민정음해례본』 → 창제 원리가 밝혀진 유일한 문자
역사서	『고려사』: (세종→)문종 완성, 조선 건국의 정통성 밝힘
	『동국통감』: 성종 때 서거정, 고조선~고려 말 통사
	『조선왕조실록』 태조~철종실록, 편년체
	사초·시정기 바탕으로 실록청에서 편찬
	(춘추관 참여)
	4대 사고 → 임진왜란 후 5대 사고
지도·지리서	혼일강리역대국도지도(태종): 현존 동양 최고(最古)
	『동국여지승람』(성종): 군현의 지리·인물 → 지방 통치
	『해동제국기』: 신숙주가 일본에 다녀와서 저술
의례·법전	『삼강행실도』(세종), 『국조오례의』(성종, 국가 의례)
	『경국대전』(성종): 조선의 통치 체제 완비, 6전 체제
통치 기록	승정원일기: 승정원에서 왕명 출납, 행정 사무 등 기록
	비변사등록: 비변사의 일지, 광해군 때부터 기록 시작
	일성록: 왕의 일기, 정조(세손) 때 시작

선택지 빅데이터

① 조선왕조실록은 ■■■을 세워 편찬했으며, 춘추관 관원들이 참여하였다. → 실록청

② 태조에서 ■■까지의 실록이 유네스코 세계 기록유산에 등재되었다. → 철종

③ 고려사는 ■■■, 고려사절요는 연대순으로 기록하는 ■■■로 서술되었다. → 기전체, 편년체

④ 성종 때 각 도의 지리, 풍속 등이 수록된 ■■■■■이 편찬되었다. → 동국여지승람

⑤ ■■■은 단군 조선에서 고려까지의 역사를 정리한 최초의 통사이다. → 동국통감

⑥ 성종 때 조선의 기본 법전인 ■■■■이 완성되었다. → 경국대전

⑦ 성종 때 국가의 의례를 정비한 ■■■■■가 완성되었다. → 국조오례의

⑧ ■■■■는 왕명의 출납, 행정 사무 등에 관해 기록한 일지이다. → 승정원일기

⑨ 조선왕조 ■■는 병인양요 때 프랑스군에 약탈되었다가 대여 형식으로 반환되었다. → 의궤

대표 기출 1

밑줄 그은 '이 역사서'에 대한 설명으로 옳은 것은? 67회 [3점]

> 대개 이미 지나간 나라의 흥망은 장래의 교훈이 되기 때문에 이 역사서를 편찬하여 올리는 바입니다. …… 범례는 사마천의 『사기』를 따르고, 대의(大義)는 모두 왕께 아뢰어 재가를 얻었습니다. 본기(本紀)라는 이름을 피하고 세가(世家)라고 한 것은 명분의 중요성을 나타내기 위함이며, 가짜 왕인 신씨들[신우, 신창]을 세가에 넣지 않고 열전으로 내린 것은 그들이 왕위를 도둑질한 사실을 엄히 논죄하려는 것입니다.

① 발해사를 우리 역사로 체계화하였다.
② 고구려 시조의 일대기를 서사시로 표현하였다.
③ 불교사를 중심으로 고대의 민간 설화를 수록하였다.
④ 고조선부터 고려 말까지의 역사를 연대순으로 기록하였다.
⑤ 조선 건국을 정당화하는 입장에서 고려의 역사를 정리하였다.

자료분석
자료는 『고려사』 편찬 후 책임자였던 정인지가 문종에게 올린 글로, 밑줄 그은 '이 역사서'는 『고려사』이다. 세종 때 정인지, 김종서 등에게 명하여 고려사를 편찬하되 사실대로 기록하여 국가 통치에 귀감이 되도록 하였다. 이때 편찬된 『고려사』는 기전체로 정리되었으며, 고려왕들을 본기가 아닌 세가에 기록하였다. 또한 우왕과 창왕을 왕씨가 아니라고 하여 열전에 수록하였다. 한편 조(祖), 종(宗), 폐하(陛下), 태후(太后), 태자(太子) 등 고려 시대의 호칭을 그대로 기록하였다.

정답분석
⑤ 세종은 조선 건국의 정당성을 밝히고 지나간 역사의 흥망을 반면교사로 삼기 위해 『고려사』를 편찬하였다.

선택지분석
① 유득공의 『발해고』에 대한 설명이다.
② 고려 중기에 이규보가 저술한 『동명왕편』에 대한 설명이다.
③ 고려 후기에 일연이 저술한 『삼국유사』에 대한 설명이다.
④ 조선 성종 때 서거정 등이 저술한 『동국통감』에 대한 설명이다. 『동국통감』은 우리나라 최초의 통사로, 편년체로 편찬되었다.

정답 ⑤

대표 기출 2

(가)~(마)에 대한 설명으로 옳지 않은 것은? 73회 [3점]

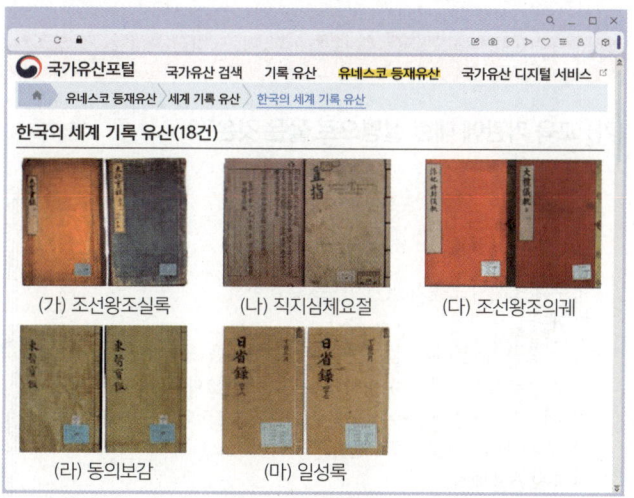

① (가) – 사초와 시정기 등을 종합하여 편찬하였다.
② (나) – 청주 흥덕사에서 금속 활자본으로 간행되었다.
③ (다) – 병인양요 당시 일부가 프랑스군에게 약탈되었다.
④ (라) – 허준이 우리나라와 중국의 의서를 망라하여 집대성하였다.
⑤ (마) – 국왕의 비서 기관에서 발행한 관보이다.

자료분석
우리나라의 세계 기록유산으로는 훈민정음, 조선왕조실록, 직지심체요절, 승정원일기, 조선왕조 의궤, 해인사 대장경판 및 제경판, 동의보감, 일성록, 5·18 민주화 운동 기록물, 난중일기, 새마을 운동 기록물, 한국의 유교 책판, KBS 특별생방송 '이산가족을 찾습니다' 기록물, 조선왕실 어보와 어책, 국채 보상 운동 기록물, 조선 통신사 기록물, 4·19 혁명 기록물, 동학 농민 혁명 기록물 등 총 18건이 등재되어 있다.

정답분석
⑤ 국왕의 비서 기관은 승정원으로, 승정원에서는 매일 국왕의 전교, 당면 정책에 대한 상소 내용 및 국왕의 비답 등을 정리해 일종의 관보인 조보를 편찬하였다. 일성록은 하루의 일과를 돌이키고 성찰한다는 뜻으로, 국왕이 자신의 통치를 성찰하며 기록한 것이라는 점에서 세계 기록 유산으로 가치를 인정받았다.

선택지분석
① 조선에서는 국왕이 사망하면 실록청을 개설하고 사관이 기록한 사초와 춘추관에서 엮은 관청 일지인 시정기 등을 종합하여 실록을 편찬하였다.
② 직지심체요절은 고려 우왕 때 청주 흥덕사에서 금속활자로 간행한 것으로, 현재 남아있는 세계에서 가장 오래된 금속활자 인쇄본이다.
③ 조선왕조 의궤는 왕실 행사 등을 그림과 글로 기록한 기록물로, 병인양요 당시 강화도 외규장각에 보관되었던 의궤가 프랑스군에게 약탈되었다.
④ 동의보감은 허준이 선조의 명을 받아 편찬한 의서로, 우리나라와 중국의 의서를 망라하여 광해군 때 완성하였다.

정답 ⑤

확인 문제

1 (가) 문화유산에 대한 설명으로 옳은 것을 <보기>에서 고른 것은? 62회 [2점]

저는 지금 파리에서 열린 한지 공예 특별전에 나와 있습니다. 이 작품은 영조와 정순 왕후의 혼례식 행렬을 1,100여 점의 닥종이 인형으로 재현한 것입니다. 조선 시대 왕실이나 국가의 큰 행사가 있을 때 일체의 관련 사실을 글과 그림으로 기록한 책인 (가) 을/를 바탕으로 제작되었습니다.

보기
ㄱ. 사초와 시정기를 바탕으로 편찬되었다.
ㄴ. 연대순으로 기록하는 편년체로 구성되었다.
ㄷ. 왕의 열람을 위한 어람용이 따로 제작되었다.
ㄹ. 병인양요 당시 일부가 프랑스군에게 약탈되었다.

① ㄱ, ㄴ   ② ㄱ, ㄷ   ③ ㄴ, ㄷ   ④ ㄴ, ㄹ   ⑤ ㄷ, ㄹ

2 (가)에 대한 설명으로 옳은 것은? 52회 [3점]

문화재청은 (가) 을/를 고려 시대를 다룬 역사서로는 처음으로 보물로 지정하였다. 고려의 역사를 파악하는 데 가장 중요한 원사료로서 객관성과 신뢰성이 뛰어나다는 점 등이 높게 평가되었다.

이 책은 앞 왕조의 역사를 교훈으로 삼을 목적으로 조선 초부터 편찬하기 시작해 문종 대에 완성되었다. 정인지 등이 쓴 서문에서는 사마천이 저술한 사기의 범례를 본받아 편찬하였다고 밝히고 있다.

① 남북국이라는 용어를 처음 사용하였다.
② 세가, 열전, 지, 연표 등의 체제로 구성되었다.
③ 고구려 건국 시조의 일대기를 서사시로 표현하였다.
④ 불교사를 중심으로 고대의 민간 설화를 수록하였다.
⑤ 단군 조선부터 고려 말까지의 역사를 다룬 통사이다.

정답
1 ⑤ ㄷ. 의궤는 여러 부를 작성해 나누어 보관하였으며, 왕이 보기 위한 어람용을 따로 제작하여 규장각에 두었다.
ㄹ. 병인양요 때 강화도 외규장각에 있던 의궤가 프랑스군에 약탈되었다가, 2011년 반환되었다.
2 ② 고려 시대를 다룬 역사서이며 사마천의 『사기』의 체제, 즉 기전체를 따른 것은 『고려사』이다.

Theme 065 조선의 교육 제도

PART 5 조선의 경제·사회·문화

출제 의도와 대책

조선 시대에는 고려 귀족 사회에 비해 음서제가 축소되고 과거제가 더욱 강화되었다. 이는 교육 제도의 정비로도 이어져 중앙에 4부학당, 전국 부·목·군·현에 향교를 설치하여 교수와 훈도를 파견하였다. 최고 교육 기관인 성균관은 원칙적으로 소과에 합격한 생원, 진사만 입학할 수 있었다. 한편 지방 사림들은 자신들의 지역적·학문적 결속을 위해 연고가 있는 유학자를 모신 서원을 창설하였으며, 이는 사림의 여론을 결집하여 붕당의 근거가 되었다. 조선 후기에는 서민층의 지위 향상으로 초급 교육 기관인 서당이 많이 세워졌으며, 이를 통해 문화의 저변이 확대되기도 하였다.

필기노트 마인드맵

- 성균관: 원칙적으로 **소과 합격자(생원·진사) 입학**
  - **대성전(성현 제사)** + **명륜당(강의실)** + **동재·서재(기숙사)**
- 중등 국립
  - 한양: 4부 학당(동학·서학·남학·중학)
  - 지방: 향교 — 전국 **부·목·군·현**에 설치
    - **교수·훈도 파견**
    - 대성전, 명륜당, 동재·서재
- 사립: 서원 — 우리나라 **선현 제사, 지방 사림의 근거지**
  - **주세붕의 백운동 서원(안향 배향)**이 최초
  - **사액**을 받으면 국왕이 **편액과 토지·노비 하사**
  - 사당, 강당, 동재·서재 등
- 초급: 서당(사립), 『천자문』, 『소학』 등
- 기타: 외국어(사역원), 의술(전의감), 그림(도화서) 교육

선택지 빅데이터

① 수도에 ■ 부 학당을 두어 유학 경전을 교육하였다. → 4
② 향교에는 중앙에서 교관인 ■■나 ■■가 파견되었다. → 교수, 훈도
③ ■■는 전국의 부, 목, 군, 현에 하나씩 설립되었다. → 향교
④ 성균관은 ■■시나 ■■시의 합격자에게 입학 자격이 부여되었다. → 생원, 진사
⑤ ■■■은 최고의 관립 교육 기관으로 성현의 제사도 지냈다. → 성균관
⑥ 대성전에는 ■■와 여러 성현들의 위패를 모셔 놓았다. → 공자
⑦ 중종 때 주세붕이 최초 서원인 ■■■ 서원을 건립하였다. → 백운동
⑧ ■■ 서원은 국왕으로부터 편액과 함께 서적 등을 받았다. → 사액
⑨ ■■은 지방의 사림 세력이 주로 설립하였다. → 서원
⑩ ■■■은 외국어의 통역과 번역에 관한 업무 및 외국어 교육을 담당하였다. → 사역원

대표 기출 1

(가) 교육 기관에 대한 설명으로 옳은 것은? 56회 [1점]

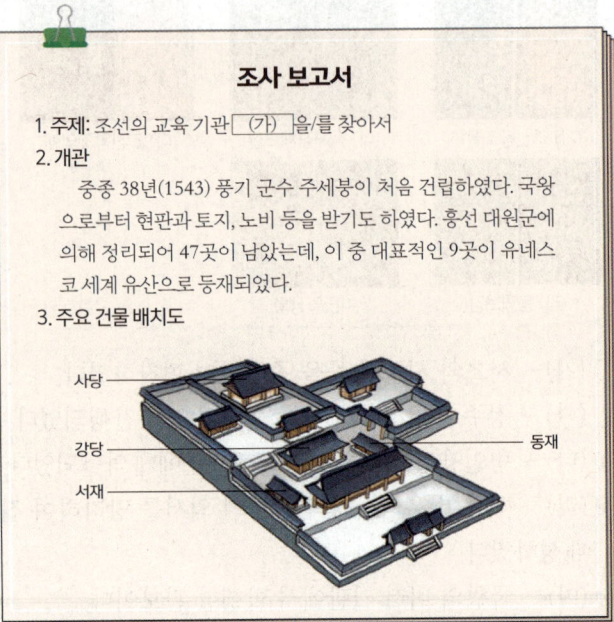

조사 보고서

1. 주제: 조선의 교육 기관 (가) 을/를 찾아서
2. 개관
   중종 38년(1543) 풍기 군수 주세붕이 처음 건립하였다. 국왕으로부터 현판과 토지, 노비 등을 받기도 하였다. 흥선 대원군에 의해 정리되어 47곳이 남았는데, 이 중 대표적인 9곳이 유네스코 세계 유산으로 등재되었다.
3. 주요 건물 배치도 — 사당, 강당, 서재, 동재

① 전국의 모든 군현에 하나씩 설치되었다.
② 선현의 제사와 유학 교육을 담당하였다.
③ 전문 강좌인 7재가 설치되어 운영되었다.
④ 중앙에서 교수나 훈도를 교관으로 파견하였다.
⑤ 소과에 합격한 생원, 진사에게 입학 자격이 부여되었다.

자료분석
제시된 자료 중 '주세붕', '흥선 대원군에 의해 정리' 등을 통해 (가)가 서원임을 알 수 있다. 중종 때 풍기군수 주세붕이 고려 말 성리학자인 안향을 기리기 위해 백운동 서원을 설립(1543)하였는데, 이것이 우리나라 최초의 서원이다. 명종 때 이황의 건의로 백운동 서원에 '소수(紹修)'라는 사액을 내린 후 여러 고을에 서원이 건립되었다. 이후 흥선 대원군 집권 시기에 서원의 폐단을 이유로 전국 47개의 서원만 남기고 모든 서원을 철폐하였다.

정답분석
② 서원은 이름난 선비나 공신을 숭배하고 그 덕행을 추모하였으며, 지방 사림의 자제들에게 유학을 교육하였다. 또한 유생이 한 자리에 모여 학문을 닦고 연구함으로써 향촌 사회의 교화에 공헌하였다.

선택지분석
① 향교에 대한 설명이다. 향교는 성현에 대한 제사와 유생의 교육, 지방민의 교화를 위해 부·목·군·현에 각각 하나씩 설립되었다.
③ 7재는 고려 예종 때 관학 진흥책의 일환으로 국자감에 설치한 전문 강좌이다.
④ 향교에 대한 설명이다. 향교에는 그 규모와 지역에 따라 중앙에서 교관인 교수 또는 훈도를 파견하였다.
⑤ 성균관에 대한 설명이다. 성균관의 입학 자격은 원칙적으로 생원시와 진사시를 통과한 자에게 주어졌다.

정답 ②

대표 기출 2

(가)~(라) 교육 기관에 대한 설명으로 옳은 것만을 〈보기〉에서 고른 것은?

60회 [3점]

(가) 학생의 재학 연한은 9년으로 하되 우둔하여 깨우치지 못하는 자는 퇴학시키고, 재주와 기량은 있으나 아직 미숙한 자는 9년이 넘더라도 재학을 허락하였다. 관등이 대나마, 나마에 이르면 졸업하였다.

(나) 7재를 두었는데, 주역을 공부하는 여택재, 상서를 공부하는 대빙재, 모시(毛詩)를 공부하는 경덕재, 주례를 공부하는 구인재, 대례(戴禮)를 공부하는 복응재, 춘추를 공부하는 양정재, 무학을 공부하는 강예재이다.

(다) 입학생은 생원·진사인 상재생과 유학(幼學) 중에서 선발된 기재생으로 구분되었다. 이들은 동재와 서재에 기숙하면서 공부하였으며, 아침·저녁 식당에 들어가 서명하면 원점 1점을 얻었다. 원점 300점을 얻으면 관시(館試)에 응시할 수 있었다.

(라) 좌원과 우원을 두었는데, 좌원에는 젊은 현직 관리를, 우원에는 관직에 나아가지 않은 명문가 자제들을 입학시켰다. 외국인 3명을 교사로 초빙하였으며, 학생들은 졸업할 때까지 공원(公院)에서 학습에 전념하도록 하였다.

─ 보기 ─
ㄱ. (가) - 신문왕이 인재 양성을 위해 설치하였다.
ㄴ. (나) - 전국의 부·목·군·현에 하나씩 설립되었다.
ㄷ. (다) - 공자 등 성현을 기리는 석전대제를 거행하였다.
ㄹ. (라) - 교육입국 조서 반포를 계기로 세워졌다.

① ㄱ, ㄴ ② ㄱ, ㄷ ③ ㄴ, ㄷ
④ ㄴ, ㄹ ⑤ ㄷ, ㄹ

자료분석
(가) 통일 신라의 국학, (나) 고려 예종 때 국자감에 설치된 7재, (다) 조선 시대의 성균관, (라) 육영공원에 대한 설명이다.

정답분석
ㄱ. 통일 신라 신문왕은 유교 정치 이념의 확립을 위하여 국학을 설립하였다.
ㄷ. 석전대제(문묘대제)는 성균관 대성전과 전국 향교에서 공자를 비롯한 성현에게 드리는 제사의식으로, 음력 2월과 8월에 치러졌다.

선택지분석
ㄴ. 향교에 대한 설명이다. 향교는 조선 시대의 지방 교육 기관으로, 고을의 크기에 따라 정원을 달리하여 전국의 부·목·군·현에 하나씩 설립되었다.
ㄹ. 육영 공원은 1886년에 설립되었고, 교육입국 조서는 1895년에 반포되었다. 교육입국 조서 반포를 계기로 세워진 교육 기관은 한성 사범 학교이다.

정답 ②

확인 문제

1 (가) 교육 기관에 대한 설명으로 옳은 것은?

50회 [2점]

그림으로 보는 조선 국왕의 일생 — 교육

이 그림은 효명 세자가 (가) 에 입학하는 의식을 그린 『왕세자입학도첩』 중 「입학도」이다. 효명 세자는 이날 궁을 나와 (가) 에 도착하여 먼저 대성전의 공자 신위에 술을 올린 후, 명륜당에 가서 스승에게 교육을 받았다.

① 전문 강좌인 7재가 운영되었다.
② 전국의 부·목·군·현에 하나씩 설립되었다.
③ 중앙에서 교관인 교수나 훈도가 파견되었다.
④ 생원시나 진사시의 합격자에게 입학 자격이 부여되었다.
⑤ 한어(漢語), 왜어(倭語), 여진어 등 외국어 교육을 담당하였다.

2 (가) 교육 기관에 대한 설명으로 옳은 것은?

54회 [2점]

이곳은 경기도 수원시에 위치한 조선 시대 지방 교육 기관인 (가) 입니다. 대부분 지방 관아 가까운 곳에 위치하였으며 제향 공간인 대성전, 강학 공간인 명륜당, 기숙사인 동재와 서재 등으로 이루어져 있습니다.

① 전문 강좌인 7재를 운영하였다.
② 풍기 군수 주세붕이 처음 세웠다.
③ 생원과 진사에게 입학 자격을 부여하였다.
④ 중앙에서 교수나 훈도를 파견하기도 하였다.
⑤ 유학을 비롯하여 율학, 서학, 산학을 교육하였다.

정답
1 ④ 성균관의 입학 자격은 원칙적으로 생원시와 진사시를 통과한 자에게 주어졌다.
2 ④ 향교에는 그 규모와 지역에 따라 중앙에서 교관인 교수 또는 훈도를 파견하였다.

Theme 066 조선의 과학 기술

PART 5 조선의 경제·사회·문화

출제 의도와 대책

조선 전기에는 체제 정비와 함께 각종 과학 기술의 발전도 이루어졌다. 특히 우리 풍토에 맞는 농법, 의술, 문학 등의 정리가 이루어졌다. 건축, 공예에서는 고려 시대 및 조선 후기와의 연속성 속에서 제작 양식의 변천을 함께 묻는 경우가 많다. 근래에 새로운 인물들을 적극적으로 소개하는 경향이 보이는데, 그 외의 키워드를 충분히 제시하고 있으니 당황할 필요는 없다.

필기노트 마인드맵

[조선 전기]
- 천문: 천상열차분야지도각석: 태조, 고구려 천문도 바탕
  『칠정산』내편·외편(세종): 한양 기준 천체 운동 계산
- 관측: 혼천의·간의, 앙부일구, 자격루, 측우기 등
- 농업: 『농사직설』: 농부의 실제 경험 → 우리 풍토에 맞는 농사법
  『금양잡록』(강희맹), 『구황촬요』(기근 대비 구황 방법)
- 의학: 『향약집성방』: 우리 풍토에 맞는 약재와 치료법
  『의방유취』: 의학 백과사전

[조선 후기]
- 천문: 지전설: 김석문, 홍대용(무한우주론 주장, 혼천의 제작)
- 지리: 곤여만국전도 전래 → 중국 중심 세계관 비판
- 역법: 서양 역법인 시헌력 도입
- 의학: 『동의보감』(허준), 『마과회통』(정약용, 종두법 소개)
  『침구경험방』(허임, 침구술 집대성)
  『동의수세보원』(이제마, 사상의학, 체질에 따른 치료법)
- 농업: 『농가집성』(신속, 조선 전기 농서 종합, 이앙법 소개)
  『색경』(박세당), 『산림경제』(홍만선)
  『임원경제지』(서유구, 농업 기술 혁신 방안 제시)

선택지 빅데이터

① 세종 때 한양을 기준으로 한 역법서인 □□□ 이 편찬되었다. → 칠정산
② 세종 때 시간을 측정하기 위해 해시계인 □□□□ 가 만들어졌다. → 앙부일구
③ 세종 때 국산 약재와 치료 방법을 정리한 □□□□□ 이 간행되었다. → 향약집성방
④ 홍대용은 지전설과 □□□□ 을 주장하였다. → 무한우주론
⑤ 김육이 청으로부터 □□□ 도입을 건의하였다. → 시헌력
⑥ 이제마가 체질에 따라 처방을 달리해야 한다는 □□□□ 을 확립하였다. → 사상 의학
⑦ 서유구는 농업 기술 혁신 방안을 제시한 □□□□ 를 저술하였다. → 임원경제지
⑧ 조선 후기에 서양식 세계지도인 □□□□□ 를 열람하는 학자를 볼 수 있다. → 곤여만국전도

대표 기출 1

ⓘ에 대한 답으로 옳지 않은 것은?

68회 [2점]

① 고구려 무용총에 별자리를 그린 벽화가 있어.
② 『삼국사기』에는 일식, 월식에 관한 많은 관측 기록이 있어.
③ 충선왕은 서운관에서 천체 운행을 관측하도록 했어.
④ 선조 때는 날아가서 폭발하는 비격진천뢰가 개발되었어.
⑤ 홍대용이 『의산문답』을 통해 지전설과 무한 우주론을 주장했어.

자료분석
천상열차분야지도는 조선 태조 때 고구려의 천문도를 바탕으로 돌에 새겨 제작한 천문도이다.

정답분석
④ 비격진천뢰는 선조 때 이장손이 제작한 포탄이다. 중완구로 발사하는 일종의 박격포탄으로, 공격 지점에 낙하한 후 약간의 시간이 지난 후에 폭발하여 많은 피해를 입힐 수 있었다. 임진왜란 때 사용되었다.

선택지분석
① 고구려 고분인 무용총의 주실 천정에는 해와 달, 그리고 별자리 그림이 그려져 있다.
② 고대 사회에서는 천문 현상이 농경과 밀접한 관련이 있음을 인식하고, 왕의 권위를 하늘과 연결시키려는 목적에서 천문학에 많은 관심을 두었다. 『삼국사기』에는 일식, 월식 등 각종 천문 현상에 대한 기록이 많은데, 이는 천문학에 대한 당시 사람들의 높은 관심을 보여 준다.
③ 고려 시대에는 천문을 담당하는 기관으로 서운관(사천대)을 설치하고 첨성대에서 천문 관측을 하였다. 이를 바탕으로 일식, 혜성, 태양 흑점 등에 관한 관측 기록이 매우 풍부하게 남아 있다.
⑤ 조선 후기 학자 홍대용은 『의산문답』에서 실옹과 허자의 대화 형식을 빌려 지전설과 무한 우주론을 주장하였으며, 이를 통해 중국이 세계의 중심이라는 생각을 비판하였다.

정답 ④

대표 기출 2

(가)~(마)에 들어갈 내용으로 옳은 것은? 50회 [2점]

한국사 과제 안내문

다음에 제시된 조선의 농업 서적 중 하나를 선택하여 보고서를 제출하시오.

책 이름	소개
구황촬요	(가)
금양잡록	(나)
농사직설	(다)
산림경제	(라)
임원경제지	(마)

◆ 조사 방법: 문헌 조사, 인터넷 검색 등
◆ 제출 기간: 2020년 ○○월 ○○일~○○월 ○○일
◆ 분량: A4 용지 3장 이상

① (가) – 목화 재배와 양잠 등 중국 화북 지방의 농법 소개
② (나) – 인삼, 고추 등의 상품 작물 재배법과 원예 기술 수록
③ (다) – 정초, 변효문 등이 우리 풍토에 맞는 농법을 종합하여 편찬
④ (라) – 농촌 생활을 위한 백과사전으로 서유구가 저술
⑤ (마) – 강희맹이 손수 농사를 지은 경험과 견문을 종합하여 서술

정답분석
③ 세종 때 정초와 변효문 등에게 명하여 우리나라 풍토에 맞는 씨앗의 저장법, 토질의 개량법, 모내기법 등 농민의 실제 경험을 종합하여 『농사직설』을 편찬하도록 하였다.

선택지분석
① 목화 재배와 양잠 등 중국 화북 지방의 농법 소개한 책은 원나라 농서인 『농상집요』이다. 고려 후기에 이암이 『농상집요』를 고려에 소개하였다. 『구황촬요』는 명종 때 기근에 대비하기 위하여 간행한 책으로, 기아로 죽어가는 사람을 살리는 법이나 도토리, 나무껍질, 솔잎, 콩잎, 칡 등의 식물을 구하고 조리하는 법 등을 소개하였다.
② 박세당의 『색경』에 대한 설명이다.
④ 『임원경제지』에 대한 설명이다. 『산림경제』는 숙종 때 홍만선이 저술한 책으로, 농촌의 일상생활과 관련된 내용과 함께 원예 작물, 특용 작물, 임업, 목축, 양봉, 물고기 양식, 식품 가공, 구황 방법 등을 담은 농촌 생활 백과사전이다.
⑤ 강희맹의 『금양잡록』에 대한 설명이다.

정답 ③

확인 문제

1. (가)에 들어갈 내용으로 옳지 않은 것은? 53회 [2점]

〈역사 다큐멘터리 제작 기획안〉

15세기 조선, 과학을 꽃 피우다

1. 기획 의도: 조선 초, 부국강병과 민생 안정을 위해 과학 기술 분야에서 노력한 모습을 살펴본다.
2. 구성
   1부 태양의 그림자로 시간을 보는 앙부일구
   2부 _____(가)_____
   3부 외적의 침입에 대비한 신무기, 신기전과 화차

① 『기기도설』을 참고하여 설계한 거중기
② 국산 약재와 치료법을 소개한 『향약집성방』
③ 한양을 기준으로 한 역법서인 『칠정산』 내편
④ 활판 인쇄술의 발달을 가져온 계미자와 갑인자
⑤ 우리나라 실정에 맞는 농법을 소개한 『농사직설』

2. 밑줄 그은 '시기'에 볼 수 있는 모습으로 적절한 것은? 46회 [2점]

한글로 쓰인 『을병연행록』에 대해 말씀해 주세요.

연행사 일행으로 홍대용이 연경에 갔던 시기에 보고 들은 내용을 기록한 것입니다.

① 제중원에서 치료받는 환자
② 도병마사에서 회의하는 관리
③ 곤여만국전도를 열람하는 학자
④ 당백전을 주조하는 관청 소속 장인
⑤ 벽란도에서 교역하는 아라비아 상인

정답
1. ① 조선 후기의 모습이다. 거중기는 도르래의 원리를 이용하여 무거운 물건을 들어올리는 기계로, 정조 때 정약용이 『기기도설』을 참고하여 제작하였다. 거중기는 수원 화성을 쌓을 때 사용되어 공사 기간을 단축하고 공사비를 줄이는 데 크게 공헌하였다.
2. ③ 곤여만국전도는 명나라에서 선교사 마테오리치가 만든 서양식 세계 지도로, 세계 인식의 폭을 넓혀주어 중국 중심 세계관에 충격을 주었다.

Theme 067 조선 성리학의 발달

PART 5 조선의 경제·사회·문화

출제 의도와 대책

고려 말 온건 개혁파 사대부들은 조선 건국에 동참하지 않고 재야에서 학문 연구에 힘썼다. 길재의 계통을 이은 이들은 사림파로 계승되었다. 사림파는 성종 때 적극적으로 등용되면서 정계에 진출하였으나 4차례 사화를 겪으며 큰 피해를 입었다. 이에 사림은 인간의 심성과 도덕성 등에 대해 깊은 관심을 보이며, 이기론을 더욱 심화시켰다. 이황과 이이로 구분하여 사상적 차이와 활동을 정리해 두어야 한다.

필기노트 마인드맵

- 조식   학문의 **실천성** 강조, 경·의 중시
  - 동인 → **북인**으로 계승(정인홍, 곽재우 등)
- 이황   **이(理) 중시**, 근본적·이상적
  - 동인 → **남인**으로 계승(유성룡 등)
  - 『**성학십도**』, 『**주자서절요**』 저술
  - 기대승과 **4단 7정 논쟁**
  - 임진왜란 때 일본에 전해져 **일본 성리학 발전에 영향**
- 이이   이(理)와 기(氣) 함께 강조(나눌 수 없는 관계)
  - 서인 → **노론**으로 계승(송시열 등)
  - 『**성학집요**』, 『**격몽요결**』(성리학 초심자용) 저술
  - 『**동호문답**』: 수미법 등 **사회 개혁 방안** 제시

『성학집요』
서사(四書)와 육경(六經)은 이를 분명하고도 자세하게 밝혔으니, 글로 인하여 도를 찾는다면 이치가 모두 나타날 것입니다. 다만 염려되는 것은 서책이 매우 넓어 요령(要領)을 찾기 어렵기에 …… 오로지 요점을 뽑는 일에 종사하여 사서·육경과 선유(先儒)의 학설, 또는 역대의 역사에 이르기까지 깊이 탐구하고 …… 번잡한 것을 깎고 요약하여 이 책을 편성하였는데, 모두 5편으로 되어 있습니다.

선택지 빅데이터

① 이황은 군주의 도를 도식으로 설명한 ■■■■를 지었다. → 성학십도
② 이황은 이기론의 해석을 두고 기대승과 ■■■■ 논쟁을 전개하였다. → 4단 7정
③ 이황은 ■■ 향약을 시행하여 향촌 교화에 노력하였다. → 예안
④ 이이는 ■■■을 저술하여 다양한 개혁 방안을 제시하였다. → 동호문답
⑤ 이이는 ■■■■를 저술하여 군주가 수양해야 할 덕목을 제시하였다. → 성학집요
⑥ 이이는 방납의 폐단을 줄이고자 ■■■을 주장하였다. → 수미법
⑦ ■■은 학문의 실천성을 강조하여 정인홍, 곽재우 등의 제자를 배출하였다. → 조식
⑧ ■■■은 가례집람을 저술하여 예학을 조선의 현실에 맞게 정리하였다. → 김장생

대표 기출 1

(가)의 활동으로 옳은 것은? 68회 [3점]

문학으로 만나는 역사 인물

請看千石鐘
非大扣無聲
爭似頭流山
天鳴猶不鳴

천 석 들어가는 큰 종을 보소서
크게 치지 않으면 소리가 없다오
어떻게 해야만 두류산*처럼
하늘이 울어도 울지 않을까

*두류산: 지리산의 별칭

[해설]
(가) 이/가 만년에 지리산 기슭 산천재에서 학문을 연구하고 제자를 가르치며 지은 시이다. 지리산에 빗대어 자신의 높은 기상을 표현하였다. 그의 호는 남명으로, 조선 중기 경상우도의 대표적인 성리학자로 알려져 있다. 평소 경(敬)과 의(義)를 강조하며 학문의 실천성을 강조하였다.

① 곽재우, 정인홍 등의 제자를 배출하였다.
② 『기기도설』을 참고하여 거중기를 설계하였다.
③ 위훈 삭제를 주장하여 훈구 세력의 반발을 샀다.
④ 『북학의』를 저술하여 수레와 배의 이용을 권장하였다.
⑤ 양명학을 체계적으로 연구하여 강화 학파를 형성하였다.

자료분석
자료의 (가)는 남명 조식이다. 조식은 16세기에 활동한 대표적인 성리학자로, 이(理)를 중시하고 경(敬)을 외적 행위의 기준인 의(義)와 연결시키는 실천적 학풍을 중시하였다. 조식은 관직에 나아가지 않고 학문에 몰두하여 제자를 양성하였다.

정답분석
① 조식의 대표적인 문인으로는 정인홍, 곽재우 등이 있으며, 의를 강조하고 절의를 중시하는 조식의 학풍에 따라 임진왜란 때 의병 활동에 적극적으로 참여하였다. 또한 조식의 문인들은 북인을 형성하였으며, 광해군 때 핵심적인 역할을 하였다.

선택지분석
② 정약용에 대한 설명이다. 정약용은 서양 선교사가 중국에서 펴낸 『기기도설』을 참고하여 도르래의 원리를 이용한 거중기를 만들었다. 이 거중기는 수원 화성을 쌓을 때에 사용되어 공사 기간을 단축하고 공사비를 줄이는 데 크게 기여하였다.
③ 조광조에 대한 설명이다. 중종 때 조광조는 중종반정 때 공신의 칭호를 받은 사람들 중에서 실제로 공이 없는 신하들의 공신 시호를 박탈하고, 토지와 노비를 몰수할 것을 주장하였다. 이는 훈구 세력과 중종의 반발을 받아 기묘사화가 일어나는 직접적인 원인이 되었다.
④ 박제가에 대한 설명이다. 박제가는 청에 다녀온 후 『북학의』를 저술하여 청의 문물을 적극적으로 수용할 것을 주장하였으며, 상공업의 발달, 청과의 통상 강화, 수레와 선박의 이용 등을 역설하였다.
⑤ 정제두에 대한 설명이다. 소론 출신의 정제두는 몇몇 소론 학자를 중심으로 명맥을 이어가던 양명학을 체계적으로 연구하여 강화학파로 발전시켰다.

정답 ①

대표 기출 2

밑줄 그은 '이 인물'에 대한 설명으로 옳은 것은? 63회 [3점]

① 명에 대한 의리를 내세운 기축봉사를 올렸다.
② 청으로부터 시헌력을 도입하자고 건의하였다.
③ 양반의 허례와 무능을 풍자한 『양반전』을 저술하였다.
④ 예학을 조선의 현실에 맞게 정리한 『가례집람』을 지었다.
⑤ 군주가 수양해야 할 덕목과 지식을 담은 『성학집요』를 집필하였다.

자료분석
자료의 밑줄 그은 '이 인물'은 율곡 이이이다. 조선 중기의 대표적인 성리학자인 이이는 서경덕, 기대승에 이어 주기론을 집대성하였고, 다양한 저서를 통해 성리학 연구뿐만 아니라 사회 개혁안을 제시하기도 하였다. 대표적으로 『동호문답』을 저술하여 왕도 정치의 구현과 함께 방납의 폐단 해결 방안으로 수미법 실시를 주장하였으며, 도학 입문서인 『격몽요결』을 저술하여 유교 가치관을 확산시키고자 하였다. 또한 이이는 황해도 관찰사로 부임한 후 지역민을 위한 사창을 설치하고, 이를 바탕으로 해주향약을 실시하였다.

정답분석
⑤ 이이는 성리학의 정치 이론서인 『대학연의』가 간결하지 못한 점을 비판하고, 신하가 군주에게 성리학을 가르쳐 그 기질을 변화시켜야 한다는 내용을 담은 『성학집요』를 저술하여 선조에게 바쳤다.

선택지분석
① 송시열에 대한 설명이다. 송시열은 효종 즉위 직후 북벌론의 방향을 제시한 기축봉사를 올렸다. 이 글에서 송시열은 명에 대한 의리와 청에 대한 복수, 그리고 이를 실현하기 위한 방법으로 사회 경제 기반 및 군사력 재건과 청나라를 배제한 중화 중심의 세계 질서 회복을 주장하였다.
② 김육에 대한 설명이다. 시헌력은 태음력에 태양력의 원리를 적용하여 만든 역법으로, 당시 청나라에서 시행하고 있었다. 김육은 청나라에 대한 배타적인 감정보다는 국가 통치 차원에서 이 역법을 사용해야 한다고 주장하였고, 이에 효종 때 시헌력을 채택하였다.
③ 박지원에 대한 설명이다. 박지원은 『양반전』, 『허생전』 등의 한문 소설을 저술하여 양반 사회의 허구성을 지적하였다.
④ 김장생에 대한 설명이다. 조선 중기 성리학자인 김장생은 주자의 『가례』를 시대적 여건에 맞추어 수정·보완하고 그림을 추가하여 『가례집람』을 저술하였다.

정답 ⑤

확인 문제

1 (가) 인물에 대한 설명으로 옳은 것은? 60회 [3점]

① 기대승과 사단칠정 논쟁을 전개하였다.
② 일본에 다녀와서 『해동제국기』를 편찬하였다.
③ 양명학을 연구하여 강화 학파를 형성하였다.
④ 기축봉사를 올려 명에 대한 의리를 내세웠다.
⑤ 무오사화의 발단이 된 조의제문을 작성하였다.

2 (가) 인물의 활동으로 옳은 것은? 44회 [2점]

① 양명학을 연구하여 강화 학파를 형성하였다.
② 무오사화의 발단이 된 조의제문을 작성하였다.
③ 『동호문답』을 통해 다양한 개혁 방안을 제시하였다.
④ 『성학십도』를 지어 군주의 도를 도식으로 설명하였다.
⑤ 『가례집람』을 저술하여 예학을 조선의 현실에 맞게 정리하였다.

정답
1 ① 이황은 기대승과 사단칠정 논쟁을 벌이면서 사단은 이가 발동하여 기가 따르는 것이고, 칠정은 기가 발동하여 이가 올라탄 것이라는 이기호발설을 주장하였다. 이에 대해 기대승은 발동하는 것은 기뿐이라는 기발이승일도설을 주장하였다.
2 ⑤ 김장생은 주자의 『가례』를 조목별로 해석·보충하고 조선의 현실에 적합한 새로운 예론을 정립하여 『가례집람』을 저술하였다. 『가례집람』은 조선 후기 예학에서 기본적으로 참고해야 하는 기준이 되었다.

Theme 068 중농학파 실학

PART 5 조선의 경제·사회·문화

출제 의도와 대책

이러한 가운데 청의 고증학과 서양 문물을 접하면서 실사구시의 정신으로 현실 문제 해결을 주장하는 실학이 등장하였다. 초기에는 토지 제도 개혁을 통한 사회 개혁을 주장하는 경향이 많았는데, 이를 중농학파(경세치용학파)라고 구분한다.

필기노트 마인드맵

- 유형원
  - 균전론: 신분에 따라 차등 있게 토지 분배
  - 저술: 『반계수록』
- 이익
  - 한전론: 영업전(생계 유지를 위한 최소한의 토지) 매매 금지
  - 여섯 가지 좀 『곽우록』에서 나라를 좀먹는 6가지 폐단 지적
    - 노비제, 과거제, 양반 문벌, 게으름 등
  - 붕당론: 관직보다 양반 수가 많아서 발생 → 특권 제한 주장
  - 저술: 『성호사설』, 『곽우록』
- 정약용
  - 정조 때 활약, 실학 집대성
  - 여전론: 마을 단위 공동 경작 → 노동에 따른 차등 분배
  - 기술 화성 축조: 기기도설을 참고하여 거중기 개발
         마과회통: 홍역 연구, 종두법 소개
         기예론: 사람이 동물보다 나은 점은 기예에 있음
  - 저술 『목민심서』: 목민관(지방관)의 도리
         『경세유표』: 중앙 정치 개혁 방안
         『흠흠신서』: 재판과 형벌 관련 제도 개혁안

선택지 빅데이터

① 유형원은 ■■■에서 토지 제도 개혁론을 제시하였다. → 반계수록
② 유형원은 자영농 육성을 위해 ■■에 따른 토지의 차등 분배를 주장하였다. → 신분
③ 이익은 곽우록에서 토지 매매를 제한하는 ■■■을 제시하였다. → 한전론
④ 이익의 ■■■■은 천지·만물·인사 등 5개 부문으로 구성된 백과전서류 저서이다. → 성호사설
⑤ 이익은 노비제, 과거제, 벌열 등을 나라를 해치는 6가지 ■ 벌레로 비판하였다. → 좀
⑥ 정약용은 ■■■을 통해 마을 단위 토지 분배와 공동 경작을 주장하였다. → 여전론
⑦ 정약용은 ■■■■를 저술하여 국가 제도의 개혁 방향을 제시하였다. → 경세유표
⑧ 정약용은 ■■■■에서 홍역에 대한 의학 지식을 정리하였다. → 마과회통
⑨ 정약용은 기기도설을 참고하여 ■■■를 설계하였다. → 거중기

대표 기출 1

(가), (나) 인물에 대한 설명으로 옳은 것은? 67회 [2점]

① (가) - 100리 척을 사용하여 동국지도를 제작하였다.
② (가) - 『곽우록』에서 토지 매매를 제한하는 한전론을 제시하였다.
③ (나) - 『의산문답』에서 중국 중심의 세계관을 비판하였다.
④ (나) - 여전론을 통해 마을 단위의 공동 경작을 주장하였다.
⑤ (가), (나) - 양명학을 연구하여 강화학파를 형성하였다.

자료분석
(가)는 『북학의』를 저술한 박제가, (나)는 『경세유표』를 저술한 정약용이다.

정답분석
④ 정약용은 토지 개혁안으로 여(閭) 단위의 공동 농장 제도인 여전론을 주장하였다. 여전론의 핵심은 여(閭) 안에 거주하는 사람들이 토지를 공동 소유하여 농사를 지으며, 수확은 각자의 노동량에 따라서 배분해야 한다는 것이다.

선택지분석
① 정상기에 대한 설명이다. 영조 때 정상기는 처음으로 100리 척을 이용한 축적법을 사용하여 지도를 제작하였다.
② 이익에 대한 설명이다. 이익은 토지 개혁안으로 한 가정의 생활을 유지하는 데 필요한 최소한의 토지로 영업전을 설정하되, 영업전의 매매는 금하고 나머지 토지만 매매를 허용하자는 내용의 한전론을 주장하였다.
③ 홍대용에 대한 설명이다. 홍대용은 『의산문답』에서 실옹과 허자의 대화 형식을 빌려 지전설과 무한 우주론을 주장하였으며, 이를 통해 중국이 세계의 중심이라는 생각을 비판하였다.
⑤ 정제두에 대한 설명이다. 소론 출신의 정제두는 몇몇 소론 학자를 중심으로 명맥을 이어가던 양명학을 체계적으로 연구하여 강화학파로 발전시켰다.

정답 ④

대표 기출 2

다음 가상 인터뷰의 주인공에 대한 설명으로 옳은 것은? 65회 [2점]

『성호사설』에서 6가지 좀의 하나로 과업을 말씀하셨는데요, 어떤 점이 문제인가요?

요즈음 과거를 준비하는 유생들은 부모 형제와 생업도 팽개치고 종일토록 글공부만 하고 있으니, 이는 인간의 본성을 망치는 재주일 뿐입니다. 다행히 급제라도 하면 교만하고 사치스러워져, 끝없이 백성의 것을 빼앗아 그 욕심을 채웁니다. 때문에 나라를 좀먹는 존재로 표현했습니다.

① 『마과회통』에서 홍역에 대한 지식을 정리하였다.
② 『의산문답』에서 중국 중심의 세계관을 비판하였다.
③ 『발해고』에서 남북국이라는 용어를 처음 사용하였다.
④ 『곽우록』에서 토지 매매를 제한하는 한전론을 제시하였다.
⑤ 『금석과안록』에서 북한산비가 진흥왕 순수비임을 고증하였다.

자료분석
『성호사설』은 성호 이익의 저서이다. 이익은 노비 제도, 과거 제도[과업(科業, 과거를 준비하는 자)], 양반 문벌제도, 사치와 미신, 승려, 게으름을 나라를 좀먹는 여섯 가지 폐단이라고 지적하였다.

정답분석
④ 이익은 『곽우록』에서 한 가정의 생활을 유지하는 데 필요한 토지를 영업전(매매 금지)으로 하고, 그 밖의 토지는 매매할 수 있게 하면 점진적으로 토지 소유의 평등을 이룰 수 있다는 내용의 한전론을 주장하였다.

선택지분석
① 정약용에 대한 설명이다. 정약용은 마진(홍역)에 대한 연구를 진전시키고, 이 분야의 의서를 종합하여 『마과회통』을 저술하였다. 또한 박제가와 함께 종두법을 연구하여 실험하기도 하였다.
② 홍대용에 대한 설명이다. 홍대용은 『의산문답』에서 실옹과 허자의 대화 형식을 빌려 지전설과 무한 우주론을 주장하였으며, 이를 통해 중국이 세계의 중심이라는 생각을 비판하였다.
③ 유득공에 대한 설명이다. 유득공은 『발해고』에서 신라의 삼국 통일을 불완전한 것으로 규정하고, 남쪽의 신라와 북쪽의 발해를 병립시켜 남북국 시대라는 용어를 처음 사용하였다.
⑤ 김정희에 대한 설명이다. 김정희는 『금석과안록』에서 북한산비가 진흥왕 순수비임을 고증하고, 황초령비문을 판독하였다.

정답 ④

확인 문제

1 (가) 인물에 대한 설명으로 옳은 것은? 44회 [2점]

이곳은 [(가)] 이/가 낙향하여 학문 연구에 전념했던 전라북도 부안군의 반계 서당입니다. 그는 이곳에서 제자들을 양성하여 반계수록을 저술하였습니다.

① 정조 때 규장각 검서관으로 활동하였다.
② 『동국지리지』를 저술하여 삼한의 위치를 고증하였다.
③ 지전설을 주장하여 중국 중심의 세계관을 비판하였다.
④ 연행사를 따라 청에 다녀온 후 『열하일기』를 집필하였다.
⑤ 자영농 육성을 위해 신분에 따른 토지의 차등 분배를 주장하였다.

2 다음 검색창에 들어갈 인물의 활동으로 옳은 것은? 60회 [2점]

한국사 강의

검색 결과 3건
- 마진으로 죽을 뻔한 아이, 『마과회통』을 편찬하다
  - 조선 시대 홍역과 천연두 치료법
- 강진 유배지에서 편지를 보내다
  - 가족에 대한 각별한 사랑
- 『목민심서』를 저술하여 목민관의 자세를 논하다
  - 지방관의 청렴과 근검, 애민 정신

① 『지봉유설』에서 천주실의를 조선에 소개하였다.
② 『의산문답』에서 중국 중심의 세계관을 비판하였다.
③ 『양반전』을 지어 양반의 허례와 무능을 풍자하였다.
④ 『경세유표』를 집필하여 국가 제도의 개혁 방향을 제시하였다.
⑤ 『금석과안록』에서 북한산비가 진흥왕 순수비임을 고증하였다.

정답
1 ⑤ 유형원은 토지 개혁 방안으로 균전론을 주장하여 모든 토지를 국유화하고 신분에 따라 차등 분배하여 부유층에게 토지가 집중되는 것을 막고 자영농을 육성하고자 하였다.
2 ④ 정약용은 국가 제도의 개혁 방안을 담은 『경세유표』, 지방관의 도리와 지방 제도 개혁 방안을 담은 『목민심서』 등을 저술하였다.

Theme 069 중상학파 실학

PART 5 조선의 경제·사회·문화

출제 의도와 대책

조선 후기에 상공업이 발전하고 사신이나 국경 지대의 개시·후시 무역을 통해 청의 선진 문물을 접하면서, 청의 발전된 문물을 배우자는 의견이 대두되었다. 이들은 수레와 선박 등을 이용한 상공업 진흥, 대외 무역 확대, 기술 혁신과 소비 장려 등을 주장하였다. 대표적 인물인 박지원, 홍대용, 박제가 등은 한양에 살면서 원각사지 10층 석탑 인근에 살았기 때문에 백탑파라고 불리기도 하였다.

필기노트 마인드맵

유수원	사농공상의 직업적 평등화와 전문화 주장 저술: 『우서』 — 상공업 진흥과 기술 혁신 강조
홍대용	기술 혁신과 문벌 제도 철폐 주장 지전설·무한우주설 주장, 혼천의 제작 저술: 『담헌서』, 『임하경륜』, 『의산문답』, 『주해수용』(수학)
박지원	한전제 주장 → 토지 소유 상한선 제한 수레와 선박의 이용, 화폐 사용 화성화(용전론) 주장 저술: 『열하일기』, 『과농소초』, 『양반전』·『허생전』
박제가	서얼 출신 규장각 검서관 생산과 소비를 우물물에 비유, 소비 강조 저술: 『북학의』

홍대용의 중국 중심 세계관 비판
중국은 서양에 대해서 경도의 차이가 1백 80도에 이르는데, 중국 사람은 중국을 정계(正界)로 삼고 서양을 도계(倒界)로 삼으며, 서양 사람은 서양을 정계로 삼고 중국을 도계로 삼는다. 그러나 실제에 있어서는 하늘을 이고 땅을 밟는 사람은 지역에 따라 모두 그러하니 횡(橫)이나 도(倒)할 것 없이 모두 정계다.

선택지 빅데이터

① 박지원은 ■■ 일기에서 화폐 유통의 필요성을 역설하였다. → 열하
② 박제가는 청의 문물 수용을 강조하는 ■■■를 저술하였다. → 북학의
③ 박제가는 우물물의 비유를 들어 ■■보다 ■■를 권장하였다. → 절약, 소비
④ 박지원은 수레와 선박, ■■의 필요성을 강조하였다. → 화폐
⑤ 유수원은 우서에서 ■■■■의 직업적 평등과 전문화를 주장하였다. → 사농공상
⑥ 홍대용은 ■■■과 무한우주론을 주장하였다. → 지전설
⑦ 홍대용은 ■■■■에서 중국 중심의 세계관을 비판하였다. → 의산문답
⑧ 박지원은 ■■■에서 양반의 위선과 무능을 풍자하였다. → 양반전

대표 기출 1

(가) 인물에 대한 설명으로 옳은 것은? 70회 [2점]

① 북한산비가 진흥왕 순수비임을 고증하였다.
② 청으로부터 시헌력을 도입하자고 건의하였다.
③ 『우서』에서 사농공상의 직업적 평등을 주장하였다.
④ 『양반전』을 지어 양반의 허례와 무능을 풍자하였다.
⑤ 10리마다 눈금을 표시한 대동여지도를 완성하였다.

자료분석
(가)는 연암 박지원이다. 박지원은 청에 다녀온 후 『열하일기』를 저술하여 상공업 진흥, 수레와 선박 이용, 화폐 유통 필요성 등을 주장하고 양반 문벌 제도를 비판하였다.

정답분석
④ 박지원은 『양반전』, 『허생전』 등 한문 소설을 저술하여 양반 사회의 허구성을 지적하였다.

선택지분석
① 김정희에 대한 설명이다. 김정희는 청나라의 고증학적 연구 방법을 받아들여 금석문 연구에 조예가 깊었는데, 이를 바탕으로 북한산비와 황초령비의 비문을 비교하여 두 비석이 같은 시기에 세워진 것이며 북한산비가 진흥왕 순수비임을 고증하였다.
② 김육에 대한 설명이다. 시헌력은 서양 선교사 아담 샬이 중심이 되어 태음력에 태양력의 원리를 적용하여 만든 청나라의 역법으로, 효종 때 김육의 건의로 도입되었다.
③ 유수원에 대한 설명이다. 유수원은 『우서』를 저술하여 상공업의 진흥과 기술의 혁신을 강조하고, 사농공상의 직업 평등과 전문화를 주장하였다.
⑤ 김정호에 대한 설명이다. 김정호가 제작한 대동여지도는 산맥·하천·포구·도로망의 표시가 정밀하고, 거리를 알 수 있도록 10리마다 눈금을 표시한 전국 지도이다.

정답 ④

대표 기출 2

(가) 인물에 대한 설명으로 옳은 것은? 69회 [2점]

> 이것은 청의 화가 나빙이 그린 (가) 의 초상으로, 이별의 아쉬움을 표현한 시가 함께 있습니다. (가) 은/는 연행사의 일원으로 여러 차례 청에 가서 그곳의 문인들과 폭넓게 교유하였습니다. 이 과정에서 『북학의』를 저술하여 청의 문물을 적극적으로 수용할 것을 주장하였습니다.

① 세계 지리서인 『지구전요』를 저술하였다.
② 『의산문답』에서 무한 우주론을 주장하였다.
③ 『기기도설』을 참고하여 거중기를 설계하였다.
④ 서자 출신으로 규장각 검서관에 기용되었다.
⑤ 『양반전』을 지어 양반의 허례와 무능을 풍자하였다.

자료분석
자료 중 '『북학의』'를 통해 (가)가 박제가임을 알 수 있다. 박제가는 연행사로 청에 다녀온 후 『북학의』를 저술하여 청의 문물을 적극적으로 수용할 것으로 주장하였으며, 상공업 발달, 청과의 통상 강화, 수레와 선박 이용 등을 역설하였다.

정답분석
④ 박제가는 서얼 출신으로, 정조 때 이덕무, 유득공, 서이수와 함께 규장각 검서관에 등용되었다.

선택지분석
① 최한기에 대한 설명이다. 최한기는 『지구전요』를 저술하여 지구의 자전과 공전을 함께 주장하였고, 자전과 공전설이 코페르니쿠스의 것임을 밝혔다.
② 홍대용에 대한 설명이다. 홍대용은 『의산문답』에서 실옹과 허자의 대화 형식을 빌려 지구는 둥글고 하루에 한 번 자전할 뿐 아니라 무한한 우주 속에는 지구와 같은 천체들이 더 있을 수 있다는 주장을 하면서 이를 통해 중국이 세계의 중심이라는 생각을 비판하였다.
③ 정약용에 대한 설명이다. 정약용은 서양 선교사가 중국에서 펴낸 『기기도설』을 참고하여 도르래의 원리를 이용한 거중기를 만들었다. 이 거중기는 수원 화성을 쌓을 때에 사용되어 공사 기간을 단축하고 공사비를 줄이는 데 크게 기여하였다.
⑤ 박지원에 대한 설명이다. 박지원은 『양반전』, 『허생전』 등의 한문 소설을 저술하여 양반 사회의 허구성을 지적하였다.

정답 ④

확인 문제

1 (가)~(마)에 들어갈 내용으로 옳은 것은? 56회 [3점]

〈온라인 한국사 교양 강좌〉

인물로 보는 조선 후기 사회 개혁론

우리 학회에서는 조선 후기 학자들의 다양한 개혁론을 이해하는 교양 강좌를 마련하였습니다. 많은 분들의 관심과 참여 바랍니다.

■ 강좌 안내 ■

제1강 이익,	(가)
제2강 홍대용,	(나)
제3강 박지원,	(다)
제4강 박제가,	(라)
제5강 정약용,	(마)

① (가) – 『의산문답』에서 중국 중심의 세계관을 비판하다
② (나) – 『목민심서』에서 지방 행정의 개혁안을 제시하다
③ (다) – 『열하일기』에서 수레와 선박의 필요성을 강조하다
④ (라) – 『성호사설』에서 사회 폐단을 여섯 가지 좀으로 규정하다
⑤ (마) – 『북학의』에서 절약보다 적절한 소비를 권장하다

2 다음 인물에 대한 설명으로 옳은 것은? 66회 [3점]

① 『지봉유설』에서 『천주실의』를 소개하였다.
② 『의산문답』에서 무한 우주론을 주장하였다.
③ 『양반전』을 지어 양반의 허례와 무능을 풍자하였다.
④ 『북학의』를 저술하여 청의 문물 수용을 강조하였다.
⑤ 『동의수세보원』을 편찬하여 사상 의학을 정립하였다.

정답
1 ③ 박지원은 청에 다녀와 『열하일기』를 저술하여 상공업 진흥, 수레와 선박 이용 등을 주장하고 양반 문벌 제도를 비판하였다.
2 ② 홍대용은 청에 다녀온 후 지전설과 무한 우주론을 주장한 『의산문답』을 저술하였다.

Theme 070 조선 후기 사상 변화

PART 5 조선의 경제·사회·문화

출제 의도와 대책

조선 후기에 주자 중심의 성리학이 절대화되면서 사회 혼란을 해결할 능력을 상실하였다. 이러한 가운데 윤휴, 박세당 등은 새로운 경전 해석을 시도하다가 사문난적으로 몰렸으며, 정권에서 소외된 소론 가문에서 양명학을 연구하기도 하였다.

필기노트 마인드맵

- 호락논쟁: 인성과 물성이 다름(호론), 같음(낙론) → 북학론 영향
- 성리학 반성 박세당·윤휴: 경전 독자 해석 → **사문난적**으로 몰림
  - 양명학: **지행합일**, 심즉리, **강화 학파 성립(정제두)**
- 국학 배경: 실사구시 학풍으로 민족의 현실과 역사에 관심
  - 역사 『동사강목』(안정복), 『해동역사』(한치윤, 500여 종 자료)
    - 『**발해고**』: 유득공, **최초 남북국 시대** 제시
    - 『금석과안록』: 김정희, **북한산비(진흥왕 순수비)** 고증
  - 지도 동국지도: 정상기, 최초로 100리척 사용
    - **대동여지도**: 김정호, 22첩의 목판 지도, 10리마다 눈금
    - ※ 곤여만국전도 전래
  - 지리서 『동국지리지』: 한백겸, 삼한 위치 고증
    - 『**택리지**』: 이중환, 「복거총론」, 거주지의 조건 제시
  - 언어: 『언문지』: **우리말 음운 연구서**

선택지 빅데이터

① 윤휴는 ■■■을 지어 유교 경전에 대한 독자적 해석을 시도하였다. → 사변록
② 정제두는 ■■■을 연구하여 강화학파를 형성하였다. → 양명학
③ 김정희는 금석과안록에서 ■■■■가 진흥왕 순수비임을 고증하였다. → 북한산비
④ 유득공은 『발해고』에서 ■■■이라는 용어를 처음 사용하였다. → 남북국
⑤ 한치윤이 500여 종의 자료를 참고하여 ■■■■를 편찬하였다. → 해동역사
⑥ 이중환은 ■■■의 복거총론에서 거주지의 이상적 조건을 제시하였다. → 택리지
⑦ 한백겸은 ■■■■를 저술하여 삼한의 위치를 고증하였다. → 동국지리지
⑧ 김정호는 10리마다 눈금을 넣은 ■■■■를 제작하였다. → 대동여지도
⑨ 정상기는 최초로 100리척을 활용한 ■■■를 제작하였다. → 동국지도
⑩ 유희는 우리말 음운 연구서인 ■■■를 저술하였다. → 언문지

대표 기출 1

밑줄 그은 '이 인물'에 대한 설명으로 옳은 것은? 71회 [2점]

이것은 <u>이 인물</u>이 제주도 유배지에서 부인에게 보낸 한글 편지입니다. 편지에는 유배 생활의 곤궁함과 함께 위독한 부인에 대한 걱정과 그리움이 담겨 있습니다. 독창적인 서체로 유명한 <u>이 인물</u>은 유배지에서 세한도를 그리기도 하였습니다.

① 기대승과 사단칠정 논쟁을 전개하였다.
② 북한산비가 진흥왕 순수비임을 고증하였다.
③ 양명학을 연구하여 강화학파를 형성하였다.
④ 청으로부터 시헌력을 도입하자고 건의하였다.
⑤ 『열하일기』에서 수레와 선박의 사용을 강조하였다.

자료분석
자료의 '제주도 유배지', '독창적인 서체', '세한도' 등을 통해 밑줄 그은 '이 인물'이 김정희임을 알 수 있다. 김정희가 제주도에 유배되었을 때 그를 찾아온 제자에게 세한도를 그려 주었다고 한다.

정답분석
② 김정희는 청나라의 고증학적 연구 방법을 받아들여 금석문 연구에 조예가 깊었는데, 이를 바탕으로 북한산비와 황초령비의 비문을 비교하여 두 비석이 같은 시기에 세워진 것이며 북한산비가 진흥왕 순수비임을 고증하였다.

선택지분석
① 이황에 대한 설명이다. 이황은 기대승과 사단칠정 논쟁을 벌이면서, 사단은 이가 발동하여 기가 따르는 것이고, 칠정은 기가 발동하여 이가 올라탄 것이라는 이기호발설을 주장하였다. 이에 대해 기대승은 발동하는 것은 기뿐이라는 기발이승일도설을 주장하였다.
③ 정제두에 대한 설명이다. 소론 출신의 정제두는 몇몇 소론 학자를 중심으로 명맥을 이어가던 양명학을 체계적으로 연구하여 강화학파로 발전시켰다.
④ 김육에 대한 설명이다. 시헌력은 서양 선교사 아담 살이 중심이 되어 태음력에 태양력의 원리를 적용하여 만든 청나라의 역법으로, 효종 때 김육의 건의로 도입되었다.
⑤ 박지원에 대한 설명이다. 박지원은 청에 다녀온 후 『열하일기』를 저술하여 상공업 진흥, 수레와 선박 이용, 화폐 유통 필요성 등을 주장하고 양반 문벌 제도를 비판하였다.

정답 ②

대표 기출 2

(가)~(마)에 들어갈 내용으로 옳은 것은? 52회 [3점]

한국사 과제 안내문
다음 지도 및 지리서 중 하나를 선택하여 보고서를 제출하시오.

지도 및 지리서	설명
택리지	(가)
동국지도	(나)
대동여지도	(다)
동국여지승람	(라)
조선방역지도	(마)

◆ 조사 방법: 문헌 조사, 인터넷 검색 등
◆ 제출 기간: 2021년 ○○월 ○○일~○○월 ○○일
◆ 분량: A4 용지 1장 이상

① (가) – 팔도지리지를 참고하여 성종 때 완성되었다.
② (나) – 정상기가 100리 척을 사용하여 제작하였다.
③ (다) – 한치윤이 500여 종의 자료를 참고하여 편찬하였다.
④ (라) – 『복거총론』에서 거주지의 이상적인 조건을 제시하였다.
⑤ (마) – 목판으로 인쇄되었으며 10리마다 눈금이 표시되어 있다.

정답분석
② 영조 때 정상기는 우리나라 최초로 100리 척을 사용하여 동국지도를 제작하였다. 지도는 8장으로 되어 있으며, 지도의 각 도를 서로 다른 색으로 칠하였다. 또한, 지도에 여러 개의 기호를 사용하여 정확하고 과학적인 지도 제작에 공헌하였다.

선택지분석
① 『동국여지승람』에 대한 설명이다. 『택리지』는 영조 때 이중환이 저술한 인문 지리서로, 전국 각 지역의 풍수지리적 특성과 함께 자연과 인간 생활과의 관계를 서술하고 있어 인문 지리서의 시초로 평가받고 있다.
③ 『해동역사』에 대한 설명이다. 대동여지도는 김정호가 목판으로 제작한 전국 지도로, 산맥·하천·포구·도로망의 표시가 정밀하고, 거리를 알 수 있도록 10리마다 눈금이 표시되어 있다. 또한, 분첩절첩식으로 제작되어 원하는 일부만 가지고 다니면서 열람할 수 있었다.
④ 『택리지』에 대한 설명이다. 『동국여지승람』은 성종 때 편찬한 관찬 지리서로, 『팔도지리지』에 『동문선』에 수록된 시문을 첨가하였다. 각 지역의 앞부분에 각 도의 지도가 수록되어 있으며, 도의 연혁·지세·인물·풍속·산물·교통 등이 자세히 기록되어 있다.
⑤ 대동여지도에 대한 설명이다. 조선방역지도는 명종 때 제작된 지도로, 각 도의 주현과 군사 병영이 표시되어 있고, 주현마다 색을 달리해 구별을 쉽게 하였다. 또한, 북쪽의 만주 지역과 남쪽의 쓰시마섬을 포함하고 있다.

정답 ②

확인 문제

1 (가)에 들어갈 내용으로 옳은 것은? 50회 [2점]

① 청으로부터 시헌력 도입을 건의했어.
② 『기기도설』을 참고하여 거중기를 설계했어.
③ 무오사화의 발달이 된 '조의제문'을 작성했어.
④ 천체의 운행과 위치를 측정하는 혼천의를 제작했어.
⑤ 유학 경전을 주자와 달리 해석한 『사변록』을 저술했어.

2 (가) 인물에 대한 설명으로 옳은 것은? 63회 [2점]

① 남북국이라는 용어를 처음 사용하였다.
② 『기기도서』를 참고하여 거중기를 설계하였다.
③ 북한산비가 진흥왕 순수비임을 고증하였다.
④ 양명학을 연구하여 강화학파를 형성하였다.
⑤ 안평 대군의 꿈을 소재로 몽유도원도를 그렸다.

정답
1 ⑤ 박세당은 『사변록』을 저술하여 주자 일변도의 해석을 비판하고 독자적으로 경전을 해석하였는데, 이에 대해 송시열 등은 박세당을 사문난적(斯文亂賊)이라 하며 공격하였다.
2 ③ 김정희는 청나라의 고증학적 연구 방법을 받아들여 금석학을 연구하였으며, 북한산비가 진흥왕 순수비임을 고증하였다.

Theme 071 조선의 건축·공예

PART 5 조선의 경제·사회·문화

출제 의도와 대책

조선 후기에는 중국에 다녀온 사신이나 대청 무역을 통해 서양 학문 등 선진 문물이 전래되었다. 이에 따라 전통적인 중국 중심의 세계관이 흔들리고 새로운 기술이 개발되었다. 한편 건축, 공예에서는 16세기 사림 취향의 검소하고 절제된 미에서 화려하고 장식성이 강한 건물과 공예품이 생산되었다.

필기노트 마인드맵

[조선 전기]
- 건축
  - 궁궐: **경복궁**(태조), 창덕궁(태종), 창경궁(성종)
  - 성곽: 한양 도성 축조(도성축조도감)
  - 기타: 종묘(역대왕신주), 사직(곡식신제사), 선농단(농사중시)
    - 해인사 장경판전, **원각사지 십층 석탑**(세조)
    - 16세기 이후 서원 건축 유행
- 공예
  - 초기 **분청사기**(자유분방함)
  - 16세기 이후 **백자** 유행(사대부 취향 반영)

[조선 후기]
- 건축
  - 17세기: **금산사 미륵전**, 화엄사 각황전, **법주사 팔상전**
  - 18세기: 논산 쌍계사, 부안 개암사, 안성 석남사
  - 19세기: 경복궁 중건(흥선 대원군)
- 도자기: **청화백자**(회회청 안료) 유행

선택지 빅데이터

① ■■ 에는 역대 국왕과 왕비의 신주가 모셔져 있다. → 종묘
② ■■■■ 은 세조 때 축조된 대리석 석탑이다. → 원각사지 10층 석탑
③ ■■■ 은 국왕이 신농, 후직에게 풍년을 기원하던 곳이다. → 선농단
④ 조선 전기에는 백토로 표면을 분장한 ■■■■ 가 많이 제작되었다. → 분청사기
⑤ ■■■ 은 대성전과 명륜당을 중심으로 구성되어 있다. → 성균관
⑥ ■■■ 은 현존하는 유일한 조선 시대 목탑이다. → 법주사 팔상전

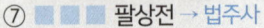

⑦ ■■■ 팔상전 → 법주사   ⑧ ■■■ 미륵전 → 금산사

대표 기출 1

(가) 문화유산에 대한 설명으로 옳은 것은? 68회 [1점]

> 이 건물은 (가) 의 정전입니다. (가) 은/는 태조 이성계가 개경에 처음 세웠는데, 도읍을 한양으로 옮긴 후 지금의 위치에 건립하였습니다. 사직과 더불어 왕조 국가를 표현하는 상징이었습니다.

① 경내에 조선 총독부 청사가 세워졌다.
② 역대 국왕과 왕비의 신주가 모셔져 있다.
③ 대성전과 명륜당을 중심으로 구성되어 있다.
④ 일제 강점기에 창경원으로 격하되기도 하였다.
⑤ 토지와 곡식의 신에게 제사를 지내는 공간이다.

정답분석

② 자료의 (가)는 종묘이다. 유교에서는 사람이 사망하면 몸은 무덤에 묻히더라도 그 넋은 곧바로 사라지지 않고 일정 기간 동안 지상에 머무른다고 보았다. 이에 따라 넋이 깃드는 신주를 만들어 사당에 봉안하고 정기적으로 제사를 지냈는데, 천자나 제후의 사당을 종묘라 하였다. 조선은 건국 직후 한양에 종묘를 설치하되 좌묘우사에 따라 경복궁의 왼쪽에 위치하였으며, 현재 모두 19명의 왕과 30명의 왕비가 정전에 모셔져 있다.

선택지분석

① 조선 총독부는 일제 강점기 식민 통치 기구로, 경복궁 내에 세워졌다.
③ 조선 시대 최고 교육 기관인 성균관에 대한 설명이다. 공자의 위패를 모신 대성전과 강당인 명륜당을 중심으로 공간이 구획되었고, 도서관인 존경각, 학생들의 기숙사인 동재와 서재를 두었다.
④ 창경궁에 대한 설명이다. 창경궁은 태종이 상왕 때 머물렀던 수강궁을 성종 때 확장한 것으로, 창덕궁과 함께 동궐로 불렸다. 일제 강점기에 창경원으로 격하되었다가, 1983년에 원래 이름인 창경궁을 되찾았다.
⑤ 사직에 대한 설명이다. 사직(社稷)은 토지의 신인 사(社)와 곡식의 신인 직(稷)을 합쳐 부르는 말로, 이곳에서 정기적으로 제사를 지내 국가의 안녕과 곡식의 풍요를 기원하였다. 사직은 종묘와 함께 국가를 표현하는 상징으로도 보았으며, 따라서 '종묘사직'이란 표현이 국가란 용어와 동일한 의미로 사용되기도 하였다.

정답 ②

대표 기출 2

(가)에 해당하는 문화유산으로 옳은 것은? 55회 [1점]

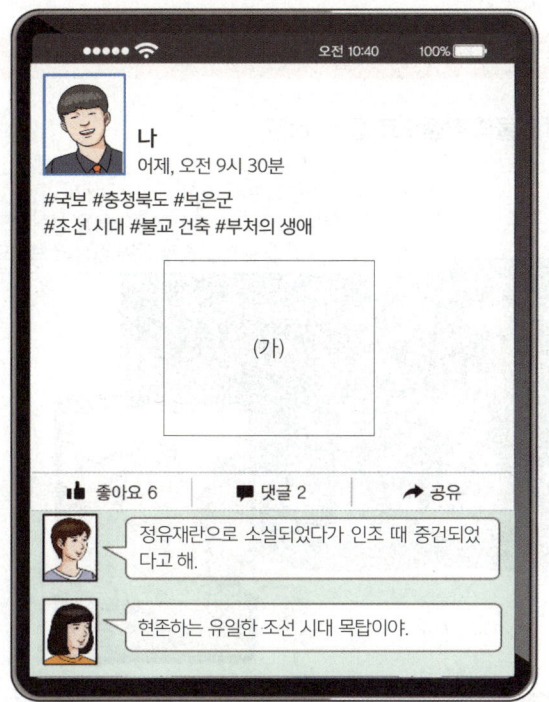

① 법주사 팔상전

② 화엄사 각황전

③ 금산사 미륵전

④ 무량사 극락전

⑤ 마곡사 대웅보전

정답분석
① 제시된 자료는 법주사 팔상전에 대한 설명이다. 충북 보은의 법주사 팔상전은 17세기에 세워진 우리나라 유일의 목조 5층탑이다. 정유재란 때 왜군들의 방화로 소실되었다가 전쟁이 끝나고 중건되었다.

선택지분석
② 구례 화엄사 각황전은 17세기 조선 숙종 때 중창한 건축물로, 웅장하면서도 안정된 균형감과 엄격한 조화미를 보여 준다.
③ 김제 금산사 미륵전은 백제 법왕 때 창건한 건축물로, 정유재란 때 소실된 것을 인조 때 중건하였다. 거대한 미륵존불을 모신 법당으로 1층에는 '대자보전', 2층에는 '용화지회', 3층에는 '미륵전'이라는 현판이 걸려 있으며 3층 전체가 하나로 연결된 통층으로 되어 있다.
④ 부여 무량사 극락전은 조선 시대에 창건된 건축물로, 외관상으로는 2층이지만 내부에서는 위아래 층이 구분되지 않고 하나로 트여 있다. 동양 최대의 불좌상이라 하는 아미타여래삼존상이 봉안되어 있다.
⑤ 공주 마곡사 대웅보전은 17세기 효종 때 중창한 건축물로, 석가모니불을 모신 법당이다.

정답 ①

확인 문제

1 (가)에 해당하는 문화유산으로 옳은 것은? 57회 [2점]

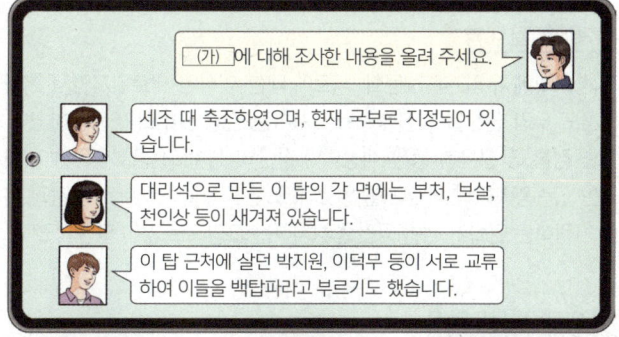

①

②

③

④

⑤

2 (가)에 해당하는 문화유산으로 옳은 것은? 53회 [2점]

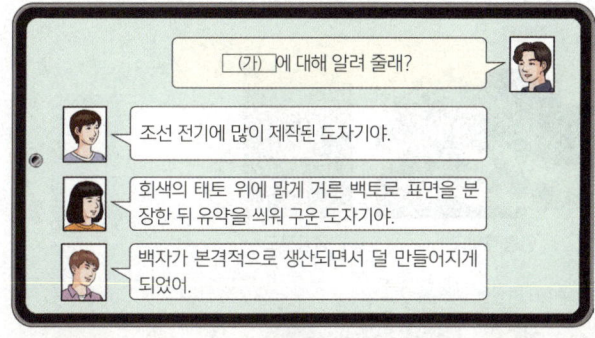

①

②

③

④

⑤

정답
1 ① 제시된 자료는 서울 원각사지 10층 석탑에 대한 설명이다.
2 ④ 분청사기 음각어문 편병이다. 분청사기는 원 간섭기 이후 청자 기법이 쇠퇴하면서 등장하였으며, 조선 초기에 전성기를 이루다가 16세기에 백자가 유행하면서 점차 사라졌다.

Theme 072 조선의 회화

PART 5 조선의 경제·사회·문화

출제 의도와 대책

조선 후기에 우리 역사, 문화, 국토에 대한 인식이 새로워지면서 회화에서도 우리 산천을 사실적으로 묘사하는 진경 산수화가 등장하였다. 한편 김홍도, 신윤복 등은 백성이나 양반의 생활 모습을 생동감 있게 표현하는 풍속화의 새 경지를 열었다. 또한 백성들 사이에서 건강과 부를 기원하는 민화가 생활 공간을 장식하는 그림으로 많이 활용되었다.

필기노트 마인드맵

[조선 전기]
안견의 몽유도원도, 강희안의 고사관수도
[조선 후기]
진경 산수화 → 우리나라의 산천을 사실적으로 묘사
　　　　　　 겸재 정선의 인왕제색도, 금강전도
풍속화 ┬ 김홍도: 서민의 일상생활(씨름, 무동, 서당, 타작도)
　　　 ├ 신윤복: 양반과 부녀자의 생활 모습(단오풍정, 월하정인)
　　　 └ 김득신: 김홍도의 영향을 받은 화풍, 파적도
서양화 기법: 강세황의 영통골입구도(영통동구)
민화: 건강 등 소망 표현, 해·달·나무·물고기 등 그림
문인화: 추사 김정희의 세한도

선택지 빅데이터

① ■■■ → 정선

인왕제색도　　금강전도

② ■■■ → 김홍도

서당도　씨름도　벼타작　담배썰기

③ ■■■ → 신윤복

단오풍정　월하정인　주막　미인도

④ ■■■ → 김득신 ⑤ ■■■ → 강세황 ⑥ ■■■ → 김정희

파적도　　영통골 입구도　　세한도

대표 기출 1

(가) 인물의 작품으로 옳은 것은? 73회 [1점]

이곳 철원 삼부연 폭포는 겸재 (가) 이/가 그린 그림으로도 유명합니다. 우리 산천의 아름다움을 사실적으로 표현한 진경산수화를 실제 모습과 함께 감상해 보세요.

①  ②

③  ④

⑤

자료분석
조선 후기에 겸재 정선은 우리 산천을 사실적으로 그린 진경산수화를 개척하였다. 그의 작품으로 인왕제색도, 금강전도 등이 대표적이다.

정답분석
① 겸재 정선이 그린 금강내산으로, 내금강을 한 송이 연꽃처럼 구성하여 높은 예술성을 보여 준다.

선택지분석
② 김홍도의 '산수인물도'이다.
③ 신윤복의 '월하정인'이다.
④ 강세황의 '영통골 입구도'이다.
⑤ 안견이 그린 '몽유도원도'이다.

정답 ①

대표 기출 2

(가) 인물의 작품으로 옳은 것은? 70회 [1점]

이 작품은 조선 후기 대표적 풍속 화가인 단원 (가) 이/가 나귀를 타고 유람하는 나그네의 시점으로 그린 행려풍속도병입니다. 8폭 병풍에는 계절에 따라 변해가는 산수와 대장간, 나루터 등 다양한 세상살이의 모습이 생동감 있게 표현되어 있습니다. 각 폭의 그림 위쪽에는 그의 스승인 강세황의 그림평이 적혀 있습니다.

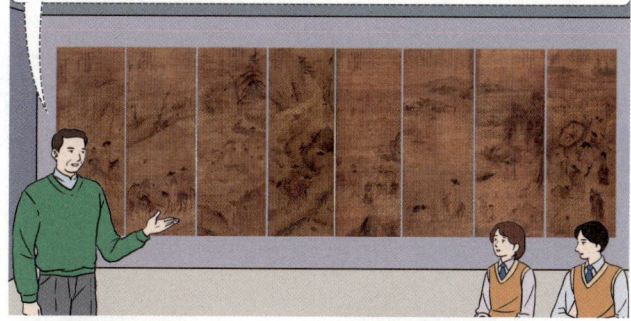

①
②
③
④
⑤

자료분석
(가)는 단원 김홍도이다. 조선 후기의 대표적인 화가인 김홍도는 밭갈이, 추수, 씨름, 서당 등에서 자신의 일에 몰두하는 사람들의 모습을 소탈하고 익살스러운 필치로 묘사하여 18세기 후반의 생활상과 활기찬 사회의 모습을 살필 수 있다.

정답분석
① 김홍도의 '씨름도'이다.

선택지분석
② 겸재 정선의 '금강전도'이다.
③ 긍재 김득신의 '파적도(야묘도추)'이다.
④ 혜원 신윤복의 '월하정인'이다.
⑤ 표암 강세황의 '영통골 입구도(영통동구도)'이다.

정답 ①

확인 문제

1 (가)에 들어갈 작품으로 옳은 것은? 72회 [1점]

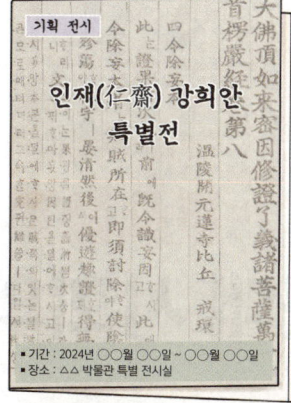

인재(仁齋) 강희안 특별전
■ 기간: 2024년 ○○월 ○○일 ~ ○○월 ○○일
■ 장소: △△박물관 특별 전시실

대표 전시 작품
(가)
조선 전기 시·그림·글씨에 모두 뛰어난 것으로 유명했던 강희안의 대표작으로 간결하고 과감한 필치가 돋보인다.

①
②
③
④
⑤

2 밑줄 그은 '시기'의 문화에 대한 설명으로 옳지 않은 것은? 64회 [1점]

이 그림은 조영석과 김홍도의 풍속화입니다. 인부들이 말발굽에 징을 박는 모습과 기와를 이어가는 모습을 묘사하고 있습니다. 이를 통해 이 그림이 그려진 시기 서민들의 일상생활을 생생하게 살펴볼 수 있습니다.

① 금강전도 등 진경 산수화가 그려졌다.
② 새로운 역법으로 수시력이 도입되었다.
③ 양반 사회를 풍자한 탈춤이 성행하였다.
④ 춘향가, 흥보가 등의 판소리가 유행하였다.
⑤ 홍길동전, 박씨전 등의 한글 소설이 널리 읽혔다.

정답
1 ④ 15세기에 활동한 강희안의 '고사관수도'이다.
2 ② 수시력은 원나라의 천문학자가 만든 역법으로, 우리나라에는 고려 원 간섭기에 도입되었다. 조선 시대에는 효종 때 김육의 건의로 시헌력이 채택되었다.

전한길 한국사능력검정 기출문제집

PART 6
근대 사회의 전개

테마	최근 4년 출제	주요 인물·지역	키워드
073 흥선 대원군의 개혁 정치	최근 58, 55, 54, 53, 52 / 총 9회	흥선 대원군, 최익현	서원 철폐, 경복궁 중건, 사창제, 원납전, 척화비, 대전회통, 호포제
074 외세의 접근과 양요	최근 72, 71, 70, 69, 67 / 총 20회	양헌수, 어재연, 광성보	병인박해, 병인양요, 제너럴 셔먼호 사건, 외규장각 의궤, 오페르트 도굴 사건, 신미양요, 운요호 사건
075 개항과 강화도 조약	최근 72, 71, 68, 67, 62 / 총 13회	강화도, 부산·인천·원산	강화도 조약, 조·미 수호 통상 조약, 거중 조정, 최혜국 대우 조항, 조·일 통상 장정, 방곡령
076 개항 초기 개화 정책	최근 71, 70, 68, 63, 61 / 총 13회	김홍집, 이만손, 김윤식, 최익현	수신사, 통리기무아문, 12사, 조사 시찰단, 조선책략, 영남 만인소, 영선사, 기기창, 보빙사, 위정척사
077 임오군란	최근 69, 65, 61, 55, 53 / 총 8회	흥선 대원군	구식 군인, 조·청 상민 수륙 무역 장정, 제물포 조약, 일본 공사관 경비병 주둔
078 갑신정변	최근 73, 70, 66, 64, 63 / 총 15회	김옥균, 박영효, 홍영식, 거문도, 유길준	우정총국 개국 축하연, 개혁 정강, 한성 조약, 톈진 조약, 조선 중립화론, 서유견문
079 동학 농민 운동	최근 73, 72, 68, 67, 65 / 총 17회	최제우, 조병갑, 전봉준, 우금치	동학, 포접제, 고부 민란, 백산 봉기, 황토현 전투, 전주성, 전주 화약, 교정청, 폐정 개혁안, 남접·북접
080 제1차·제2차 갑오개혁	최근 69, 67, 64, 63, 59 / 총 13회	김홍집, 박영효	군국기무처, 공·사노비법 폐지, 교육입국 조서, 재판소 설치, 한성 사범 학교 관제
081 을미개혁과 아관파천	최근 72, 70, 58, 56, 53 / 총 9회	명성황후, 경복궁 건청궁	삼국 간섭, 건양, 태양력, 을미사변, 단발령, 러시아 공사관

▲ 척화비

▲ 관민 공동회

▲ 안중근

테마	최근 4년 출제	주요 인물·지역	키워드
082 독립 협회	최근 71, 69, 67, 65, 64 총 15회	서재필, 남궁억, 박정양	독립문, 만민 공동회, 헌의 6조, 관민 공동회, 중추원 관제 개편, 러시아 절영도 조차 요구 반대
083 대한 제국	최근 72, 68, 67, 66, 65 총 16회	경운궁, 환구단	황제 즉위식, 광무, 구본신참, 대한국 국제, 원수부, 양지아문, 지계아문, 지계 발급
084 국권 피탈 과정	최근 73, 69, 67, 65, 64 총 14회	이토 히로부미, 이상설·이위종·이준	을사늑약, 통감부, 헤이그 만국 평화 회의
085 애국 계몽 운동	최근 68, 62, 61, 56, 54 총 8회	안창호, 양기탁, 삼원보	신민회, 대성 학교·오산 학교, 태극 서관, 105인 사건, 신흥 무관 학교, 보안회
086 항일 의병 운동	최근 72, 70, 66, 65, 64 총 16회	최익현, 태인, 신돌석, 박승환, 안중근	을미의병, 단발령 반발, 을사의병, 정미의병, 군대 해산, 13도 창의군, 서울 진공 작전, 자신회, 동양 평화론
087 개항 이후의 이권 침탈	최근 71, 60, 52, 50, 44 총 5회	메가타	화폐 정리 사업
088 경제적 구국 운동	최근 73⑵, 69, 66, 65, 61 총 9회	김광제, 대구	방곡령, 조·일 통상 장정, 국채 보상 운동, 대한매일신보, 보안회
089 근대의 교육·언론	최근 72, 71, 67, 66, 65 총 17회	원산(덕원부), 헐버트, 베델, 양기탁	원산 학사, 육영 공원, 배재 학당, 독립신문, 대한매일신보, 제중원
090 근대 문물의 도입	최근 73 70, 65, 60, 58 총 8회		전등, 경인선, 경부선, 한성 전기 회사

Theme 073 흥선 대원군의 개혁 정치

PART 6 근대 사회의 전개

출제 의도와 대책

철종이 죽고 고종이 어린 나이에 왕위에 오르자, 그의 아버지인 흥선 대원군이 권력을 잡았다. 흥선 대원군은 왕족이지만 가난하게 살면서 세도 가문의 횡포를 직접 경험한 만큼, 국가 기강과 왕실의 위엄을 세우고 삼정의 문란을 바로잡기 위한 개혁을 적극적으로 추진하였다.

필기노트 마인드맵

왕권 강화	세도 가문 축출
	비변사 폐지 정치: 의정부 부활
	군사: 삼군부 부활
	경복궁 중건: 당백전 발행, 원납전 징수 → 백성 반발
	법전 정비: 『대전회통』, 『육전조례』
삼정 개혁	전정: 양전 사업, 양안 작성 → 은결 색출
	군정: 호포법(동포법) 시행 → 양반도 군포 징수
	환곡: 사창제 실시
서원 정리	만동묘(명 신종 제사) 혁파
	47개소를 제외하고 서원 철폐 → 사림 반발

세도 정치 혁파

어느 공회 석상에서 음성을 높여 여러 대신에게 말하기를 "나는 천리(千里)를 끌어다 지척(咫尺)으로 삼겠으며, 태산(泰山)을 깎아 내려 평지를 만들고, 또한 남대문을 3층으로 높이려 하는데, 여러 공들은 어떠시오?"라고 하였다. …… 대저 천리 지척이라 함은 종친을 높인다는 뜻이요, 남대문 3층이라 함은 남인을 천거하겠다는 뜻이요, 태산 평지라 함은 노론을 억압하겠다는 뜻이다.

만동묘 철폐

나라 안의 서원과 사묘(祠廟)를 모두 철폐하고 남긴 것은 47개소에 불과하였다. 만동묘는 철폐한 후 그 황묘위판(皇廟位版)은 북원(창덕궁)의 대보단으로 옮겨 봉안하였다. 서원을 창설할 때에는 매우 좋은 뜻으로 시작하였지만 오랜 세월이 흐르는 동안 날로 폐단이 심하였다. …… 그러므로 서원 철폐령을 내린 것을 어찌 막을 수 있겠는가? 그 일이 흥선 대원군으로부터 나온 것이라고 해서 모두 비방할 일은 아니다.

선택지 빅데이터

① ■■■를 철폐하고 의정부와 삼군부의 기능을 부활시켰다. → 비변사
② ■■■를 부활시켜 군국 기무를 전담하게 하였다. → 삼군부
③ ■■■을 편찬하여 통치 체제를 정비하였다. → 대전회통
④ 양반에게도 군포를 징수하는 ■■■를 추진하였다. → 호포제
⑤ 환곡의 폐단을 시정하기 위해 ■■■를 시행하였다. → 사창제
⑥ 전국의 ■■을 47개소를 제외하고 모두 철폐하였다. → 서원
⑦ 명 황제의 제사를 지내던 ■■■를 철폐하였다. → 만동묘
⑧ 궁궐의 공사비 마련을 위해 ■■■이 발행되었다. → 당백전
⑨ 경복궁을 중건하면서 ■■■을 징수하였다. → 원납전

대표 기출 1

밑줄 그은 '중건' 시기에 있었던 사실로 옳은 것을 〈보기〉에서 고른 것은?

55회 [2점]

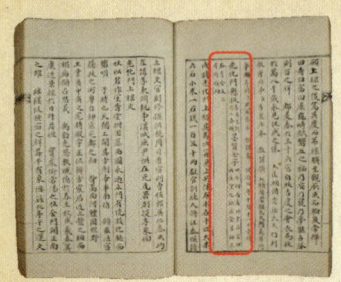

경복궁 영건일기는 한성부 주부 원세철이 경복궁 중건의 시작부터 끝날 때까지의 상황을 매일 기록한 것이다. 이 일기에 광화문 현판이 검은색 바탕에 금색 글자였음을 알려 주는 '묵질금자(墨質金字)'가 적혀 있어 광화문 현판의 옛 모습을 고증하는 근거가 되었다.

〈보기〉
ㄱ. 비변사가 설치되었다.
ㄴ. 사창제가 실시되었다.
ㄷ. 원납전이 징수되었다.
ㄹ. 『대전통편』이 편찬되었다.

① ㄱ, ㄴ   ② ㄱ, ㄷ   ③ ㄴ, ㄷ
④ ㄴ, ㄹ   ⑤ ㄷ, ㄹ

자료분석
경복궁은 임진왜란 때 소실되었으나 많은 재정을 감당하기 어려워 재건되지 못하다가, 고종 대 흥선 대원군 집권기에 대규모로 중건되었다(1865~1868).

정답분석
ㄴ. 흥선 대원군은 당시 가장 폐단이 심했던 환곡제를 철폐하고 대신 민간에서 곡물을 자율적으로 대여하도록 하는 사창제를 실시하였다.
ㄷ. 흥선 대원군은 경복궁 중건에 필요한 재원을 마련하기 위해 일반 백성을 비롯한 관료, 종친들에게까지 원납전을 명목으로 비용을 징수하였으며, 원납전을 바친 이들에게는 관직을 수여하기도 하였다.

선택지분석
ㄱ. 흥선 대원군은 비변사를 축소·폐지하여 의결 및 행정 기능을 의정부에 이관하였고, 삼군부를 부활시켜 군무와 궁궐 숙위를 맡도록 하였다.
ㄹ. 『대전통편』은 정조 때 편찬되었다. 흥선 대원군 집권기에는 조선의 마지막 법전인 『대전회통』을 편찬하였다.

정답 ③

대표 기출 2

밑줄 그은 '시기'에 있었던 사실로 옳은 것은? 58회 [2점]

창녕의 관산 서원 터에서 매주(埋主) 시설이 발견되었습니다. 이 시설은 서원에 모셔져 있던 신주를 옹기에 넣고 기와로 둘러싼 뒤 묻은 것입니다. 이번 발굴로 만동묘 철거 이후 서원을 철폐하던 시기에 신주를 어떻게 처리했는지 알 수 있게 되었습니다.

서원 철폐 관련 매주 시설 첫 발견

① 나선 정벌에 조총 부대가 동원되었다.
② 박규수의 건의로 삼정이정청이 설치되었다.
③ 지역 차별에 반발하여 홍경래가 봉기하였다.
④ 제너럴 셔먼호 사건을 구실로 미군이 침입하였다.
⑤ 시전 상인의 특권을 축소하는 신해통공이 단행되었다.

자료분석
제시된 자료의 밑줄 친 '시기'는 흥선 대원군 집권기(1863~1873)이다. 흥선 대원군은 왕권을 강화하고 국가 재정을 확충하기 위해 전국 47개의 서원만 남기고 포함한 모든 서원을 철폐하였다. 또한, 당시 유림들의 정신적 지주였던 만동묘도 철폐하였다.

정답분석
④ 1866년에 미국 상선 제너럴 셔먼호가 통상을 요구하며 평양 대동강까지 올라가자, 당시 평안도 관찰사 박규수는 이를 거절하고 배를 격침시켰다. 미국은 이 사건을 빌미로 강화도를 공격하였다(신미양요, 1871).

선택지분석
① 효종 대의 일이다. 효종 때 남하하는 러시아군을 막기 위해 청나라가 조선에 조총군을 요청하자, 효종은 변급에게 조총 부대를 거느리고 출정하도록 하였다(제1차 나선 정벌, 1654). 이후 청의 재요청으로 효종은 신류와 조총 부대를 파견하였다(제2차 나선 정벌, 1658).
② 철종 대의 일이다. 철종 때 진주 민란을 시작으로 농민 봉기가 전국으로 확대되자, 정부는 박규수의 건의에 따라 삼정의 문란을 개혁하기 위해 삼정이정청을 설치하였다(1862). 그러나 당시 집권층의 미온적인 태도와 각 관아의 반대에 직면하면서 제대로 시행되지는 못하였다.
③ 순조 대의 일이다. 순조 때 서북 지역에 대한 차별에 반발하여 몰락 양반인 홍경래의 지휘하에 영세 농민, 중소 상인, 광산 노동자 등이 합세하여 난을 일으켰다(홍경래의 난, 1811). 이들은 처음 평안도 가산 다복동에서 봉기하여 선천, 정주 등을 별다른 저항 없이 점거하고 한때는 청천강 이북 지역을 거의 장악하였으나, 5개월 만에 평정되었다.
⑤ 정조 대의 일이다. 금난전권은 서울에서 정해진 시전 상인 외에는 상업 활동을 금지하는 법으로, 처음에는 육의전에만 부여하였다가 점차 모든 시전 상인에게 적용되었다. 금난전권이 확대되자 난전 상인들의 활동이 위축되어 상업이 원활하게 유지되지 못하였다. 이에 정조 때 육의전을 제외한 모든 시전 상인들의 금난전권을 폐지하여 자유로운 상업 활동을 보장하였다.

정답 ④

확인 문제

1 (가) 법전이 편찬된 시기에 볼 수 있는 모습으로 가장 적절한 것은? 53회 [3점]

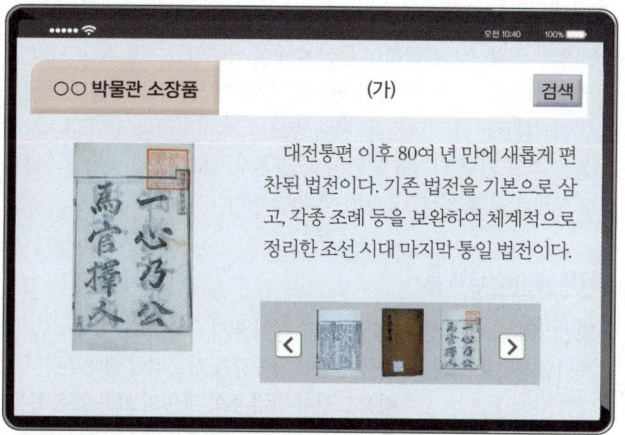

대전통편 이후 80여 년 만에 새롭게 편찬된 법전이다. 기존 법전을 기본으로 삼고, 각종 조례 등을 보완하여 체계적으로 정리한 조선 시대 마지막 통일 법전이다.

① 『동의보감』을 집필하는 의관
② 만동묘 복구를 건의하는 유생
③ 훈민정음을 연구하는 집현전 학자
④ 계해약조의 초안을 작성하는 관리
⑤ 성균관에 탕평비 건립을 명하는 국왕

2 (가) 인물에 대한 설명으로 옳은 것은? 54회 [2점]

• 왕이 말하였다. "요즘에 서원마다 사무를 자손들이 주관하고 붕당을 각기 주장하니, 이로 인한 폐해가 백성들에게 미치는 경우가 많다고 한다. (가) 의 분부대로 서원을 철폐하고 신주를 땅에 묻어 버리는 등의 절차를 거행하도록 전국에 알려라."

• (가) 에게 군국 사무를 처리하라는 명이 내려지자 그는 궐내에서 거처하며 5군영의 군사 제도를 복구하고 군량을 지급하게 하였다. 그리고 난병(亂兵)들을 물러가게 하고 대사면령을 내렸다.

① 친위 부대인 장용영을 설치하였다.
② 나선 정벌을 위해 조총 부대를 파견하였다.
③ 『속대전』을 편찬하여 통치 체제를 정비하였다.
④ 종로를 비롯한 전국 각지에 척화비를 세웠다.
⑤ 영은문이 있던 자리 부근에 독립문을 건립하였다.

정답
1 ② 조선 시대 마지막 통일 법전은 흥선 대원군 집권기에 편찬한 대전회통이다. 흥선 대원군은 유림의 소굴로서 폐해를 끼치던 만동묘와 서원을 철폐하였다.
2 ④ 흥선 대원군은 병인양요(1866)와 신미양요(1871)를 치른 후 종로와 전국 각지에 척화비를 세워 통상 수교 거부 정책을 강화하였다.

Theme 074 외세의 접근과 양요

PART 6 근대 사회의 전개

출제 의도와 대책

조선 후기 이양선이 출몰하여 통상 수교를 요구하였으며, 청이 서양 열강에 굴복하고, 러시아가 남하하는 등 외세가 접근해왔다. 흥선 대원군은 병인박해로부터 시작된 두 차례 양요를 거치며 전국에 척화비를 세워 통상 수교 거부 의지를 분명히 하였다. 이 시기 각 사건들의 내용과 선후 관계 등을 중점적으로 알아 두어야 한다.

필기노트 마인드맵

- 병인박해: 프랑스 선교사와 천주교 신자 처형
- 제너럴 셔먼호 사건 ─ 미국 상선이 대동강을 거슬러와 행패부림
  └ 평안도 감사 박규수와 관민의 화공으로 침몰
- 병인양요 ─ 병인박해 구실로 프랑스가 강화도 침략
  ├ 한성근(김포 문수산성), 양헌수(정족산성) 활약
  └ 프랑스 군이 철수 과정에서 외규장각 도서 약탈
- 오페르트 도굴 사건 ─ 독일 상인 오페르트가 남연군의 묘 도굴 시도
  └ 서양에 대한 반감 고조
- 신미양요 ─ 제너럴 셔먼호 사건 구실로 미국이 강화도 침입
  ├ 미국이 초지진, 덕진진 장악 → 어재연의 광성보 항전
  └ 미국이 어재연 부대의 수자기(장군기) 노획
- 척화비 건립: 통상 수교 거부 의지를 밝히며 전국에 건립

[병인양요]
지난 달 조선에서 …… 선교 중이던 프랑스인 주교 2명과 선교사 9명, 조선인 사제 7명과 무수히 많은 남녀노소 천주교도들이 학살되었습니다. …… 며칠 내로 우리 군대가 조선을 정복하기 위해 출발할 것입니다. …… 이제 우리는 중국 정부의 조선 왕국에 대한 어떤 영향력도 인정하지 않을 것임을 선언합니다.

[신미양요]
의정부에서 아뢰기를, "서양 오랑캐가 광성진을 침범하였을 때 진무 중군 어재연의 생사는 자세히 알 수 없었습니다. 하지만 지방 수령이 대신할 진무 중군을 임명해 달라고 이미 청한 것을 보면 절개를 지켜 싸우다 전사한 것 같습니다."라고 하였다.

선택지 빅데이터

① ■■박해로 천주교 선교사와 신자들이 처형되었다. → 병인
② 평양 관민이 ■■■■■를 불태웠다. → 제너럴셔먼호
③ 프랑스 선교사 처형을 구실로 ■■ 양요가 일어났다. → 병인
④ ■■ 양요 때 로즈 제독의 함대가 양화진을 침입하였다. → 병인
⑤ 양헌수 부대가 ■■■■에서 프랑스군을 격퇴하였다. → 정족산성
⑥ 병인양요 때 프랑스군이 ■■■■ 도서를 약탈하였다. → 외규장각
⑦ 독일 상인 오페르트가 ■■■ 묘 도굴을 시도하였다. → 남연군
⑧ 제너럴셔먼호 사건을 구실로 ■■이 초지진을 점령하였다. → 미군
⑨ 어재연 부대가 ■■■에서 미군에 결사 항전하였다. → 광성보
⑩ 두 차례 양요 이후 전국 각지에 ■■■가 세워졌다. → 척화비

대표 기출 1

밑줄 그은 '사건' 이후에 전개된 사실로 옳은 것은? 72회 [2점]

> 조선왕 전하께
> …… 9월 말에 평양의 대동강에서 좌초한 미국 상선에 승선한 사람들이 살해당했고 배가 불살라졌다는 고통스럽고 놀랄 만한 <u>사건</u>이 있었다고 들었습니다. 본 총병은 본국 수사제독의 위임으로 파견되어 상세히 조사하라는 명을 받았습니다. 과연 이러한 일이 있었는지, 사실인지 아닌지, 생존자가 몇 사람인지 등을 귀국에서 신속히 조사해 분명히 답해주시길 부탁드립니다.
> ― 미국 군함 와추세트(Wachusett) 수사총병 슈펠트(Shufeldt) ―

① 홍경래가 난을 일으켰다.
② 임술 농민 봉기가 일어났다.
③ 황사영 백서 사건이 발생하였다.
④ 어재연이 광성보 전투에서 전사하였다.
⑤ 청의 요청으로 나선 정벌에 조총 부대를 파견하였다.

자료분석
자료의 '평양의 대동강', '미국 상선' 등을 통해 밑줄 그은 '사건'이 제너럴 셔먼호 사건(1866)임을 알 수 있다. 미국 상선 제너럴 셔먼호가 통상을 요구하며 평양 대동강까지 올라가자, 당시 평안도 관찰사 박규수가 이를 거절하고 배를 격침시켰다. 미국은 이 사건을 빌미로 신미양요를 일으켰다.

정답분석
④ 신미양요 당시 어재연은 조선군을 이끌며 광성보에서 항전하다가 전사하였다.

선택지분석
① 순조 때 몰락 양반인 홍경래 등이 서북 지역에 대한 차별에 반발하여 난을 일으켰다. 이들은 선천·정주 등을 차례로 점거하였고, 한때는 청천강 이북 지역을 거의 장악하였으나 5개월 만에 관군에 의해 진압되었다. 제너럴 셔먼호 사건 이전의 일이다.
② 철종 때 진주목사 홍병원과 경상 우병사 백낙신이 강제로 환곡미를 할당하고 이를 갚게 하는 등 극심한 수탈을 자행하자, 진주의 몰락 양반 유계춘의 주도로 농민 봉기가 일어났다. 이 봉기는 비슷한 상황에 처해 있던 다른 지역으로도 급속히 확대되었다(임술 농민 봉기). 제너럴 셔먼호 사건 이전의 일이다.
③ 신유박해 때 천주교인 황사영이 천주교 박해 사실과 그 대책을 적은 편지를 북경에 있던 프랑스 주교에게 보내고자 하였으나 중도에 발각되어 처형되었다. 제너럴 셔먼호 사건 이전의 일이다.
⑤ 효종 때의 일이다. 청나라가 남하하는 러시아군을 막기 위해 조선에 조총군을 요청하자, 효종은 변급에게 조총 부대를 거느리고 출정하도록 하였다(제1차 나선 정벌). 이후 청의 재요청으로 신류가 조총 부대를 이끌고 나선 정벌에 참여하였다(제2차 나선 정벌). 제너럴 셔먼호 사건 이전의 일이다.

정답 ④

대표 기출 2

(가) 사건 이후에 일어난 사실로 옳은 것은? 71회 [1점]

3년 전 우리나라에서 전시한 어재연 장군의 수자기를 찍은 사진이야. 어재연 장군은 미군이 강화도를 침략한 (가) 당시 광성보에서 항전하였어.

맞아. 이 수자기는 그때 빼앗겼다가 많은 노력 끝에 대여 형식으로 들어와 실물을 볼 수 있었지. 안타깝게도 지금은 미국으로 다시 돌아가 언제 돌아올 수 있을지 모른다고 해.

① 의궤를 비롯한 외규장각 도서가 약탈당하였다.
② 홍경래 등이 난을 일으켜 정주성을 점령하였다.
③ 종로를 비롯한 전국 각지에 척화비가 건립되었다.
④ 제너럴 셔먼호가 대동강 유역에서 통상을 요구하였다.
⑤ 황사영이 외국 군대의 출병을 요청하는 백서를 작성하였다.

자료분석
자료의 '어재연', '미군이 강화도를 침략' 등을 통해 (가)가 신미양요임을 알 수 있다. 신미양요 당시 어재연은 조선군을 이끌며 광성보에서 항전하다가 전사하였다.

정답분석
③ 신미양요 이후 흥선 대원군은 종로를 비롯한 전국 각지에 통상 수교 거부 정책의 의지를 밝힌 척화비를 세웠다.

선택지분석
① 당시 강화도에는 왕실 서적을 보관하는 외규장각이 있었는데, 병인양요 때 프랑스군이 퇴각하면서 조선왕조의궤를 비롯한 외규장각 도서를 약탈하였다.
② 순조 때 몰락 양반인 홍경래 등이 서북 지역에 대한 차별에 반발하여 난을 일으켰다. 이들은 선천·정주 등을 차례로 점거하였고, 한때는 청천강 이북 지역을 거의 장악하였으나 5개월 만에 관군에 의해 진압되었다.
④ 미국 상선 제너럴 셔먼호가 통상을 요구하며 평양 대동강까지 올라가자, 당시 평안도 관찰사 박규수가 이를 거절하고 배를 격침시켰다. 미국은 이 사건을 빌미로 신미양요를 일으켰다.
⑤ 신유박해 때 천주교인 황사영이 천주교 박해 사실과 그 대책을 적은 편지를 북경에 있던 프랑스 주교에게 보내고자 하였으나 중도에 발각되어 처형되었다.

정답 ③

확인 문제

1 (가), (나) 사이의 시기에 있었던 사실로 옳은 것은? 70회 [3점]

(가) 순무영에서 정족산성 수성장 양헌수가 보내온 보고에 의하면, "…… 우리 군사가 잠입한 사실을 적들이 알지 못하였습니다. 오늘 저들은 우리가 지키고 있는 성을 점령할 계책으로 그 우두머리가 말을 타고 나귀를 끌고 짐바리와 술과 음식을 가지고 동문과 남문으로 나누어 들어왔습니다. 이때 우리 군사들이 좌우에 매복하였다가 일제히 총탄을 퍼부었습니다. ……"라고 하였습니다.

(나) 강화 진무사 정기원의 치계에, "미국 배가 다시 항구로 들어와서 광성진을 습격하여 함락하였는데, 중군 어재연이 힘껏 싸우다가 목숨을 바쳤고, 사망한 군사가 매우 많습니다. 적병은 초지포 부근에 주둔하였습니다. 장수 이렴이 밤을 이용하여 습격해서야 그들을 퇴각시켰습니다."라고 하였습니다.

① 일본 군함 운요호가 영종도를 공격하였다.
② 오페르트가 남연군 묘의 도굴을 시도하였다.
③ 마젠창과 묄렌도르프가 고문으로 파견되었다.
④ 영국군이 러시아를 견제하기 위해 거문도를 점령하였다.
⑤ 황사영이 외국 군대의 출병을 요청하는 백서를 작성하였다.

2 (가) 사건에 대한 설명으로 옳은 것은? 53회 [2점]

□□ 신문
제△△호   2020년 ○○월 ○○일

(가) 을/를 묘사한 희곡, '조선의 순교자들' 발굴

▲ 베르뇌 주교

프랑스 선교사 베르뇌 주교의 순교를 사실적으로 다룬 '조선의 순교자들' 초판 원본이 공개되었다. 베르뇌 주교는 흥선 대원군 집권 시기 천주교 신자들이 탄압받은 (가) (으)로 새남터에서 처형되었으며, 그의 유해는 현재 절두산 성지에 봉안되어 있다.

① 황사영 백서 사건의 원인이 되었다.
② 김기수가 수신사로 파견되는 결과를 가져왔다.
③ 정부가 청군의 출병을 요구하는 계기가 되었다.
④ 사태 수습을 위해 이용태가 안핵사로 파견되었다.
⑤ 로즈 제독 함대가 강화도를 침입하는 빌미가 되었다.

정답
1 ② 1868년에 독일 상인 오페르트는 조선에 개항을 강요할 목적으로 흥선 대원군의 아버지인 남연군의 묘를 도굴하려 하였다. 그러나 주민들에게 발각되어 실패하였다.
2 ⑤ 병인박해 때 살아남은 프랑스 선교사를 통해 조선에서의 천주교 박해 사실을 알게 된 프랑스함대 사령관 로즈 제독은 함대를 이끌고 강화도를 공격하였다(병인양요, 1866).

Theme 075 개항과 강화도 조약

PART 6 근대 사회의 전개

출제 의도와 대책

고종의 친정을 시작하면서 통상 수교의 필요성을 주장하는 통상 개화론자도 목소리를 내기 시작하였다. 한편 메이지 유신을 통해 근대 개혁을 시작한 일본은 정한론 등으로 조선에 진출하려는 움직임이 나타났다. 결국 일본은 운요호 사건 등 포함 외교를 통해 조선을 강제로 개항하였고, 이는 조선이 새로운 국제 질서에 편입되는 계기가 되었다.

필기노트 마인드맵

[강화도 조약(조·일 수호 조규, 1876)]
- 배경
  - 타율적(운요호 사건)
  - 자율적(통상개화론, 해국도지·영환지략 소개)
- 내용
  - 청의 종주권 부인(일본의 청 배제 의도)
  - 부산 및 그 외 2개 항구 개항 → 원산, 인천
  - 해안 측량권, 치외법권
- 부속 조약
  - 조·일 수호 조규 부록: 거류지 10리, 일본 화폐 유통
  - 조·일 무역 규칙: 무항세·무관세, 곡식 무제한 유출
- * 조·일 통상 장정
  - 조·일 무역 규칙 개정(1883)
  - 관세 규정, 방곡령 시행 규정(1개월 전 통보)
  - 최혜국 대우 인정

[조·미 수호 통상 조약(1882)]
- 배경: 『조선책략』, 청의 알선(일본 견제)
- 내용: 치외법권, 최혜국 대우, 관세 규정, 거중 조정 규정
- 의의: 서양 열강과 맺은 최초 조약, 불평등 조약
- 기타: 조·프 수호 통상 조약(천주교 포교 허용)

[조·일 무역 규칙]
제6조 조선국 항구에 머무르는 일본은 쌀과 잡곡을 수출·수입할 수 있다.
제7조 일본국 정부에 소속된 모든 선박은 항세(港稅)를 납부하지 않는다.

[조·일 수호 조규 부록]
제4조 부산에서 일본인의 간행이정을 10리로 제한한다.
제7조 일본국 국민은 본국(일본)에서 사용되는 화폐로 조선국 물자와 교환할 수 있다.

선택지 빅데이터

① ▩▩▩가 강화도에 접근하여 무력시위를 벌였다. → 운요호
② 운요호 사건 이후 ▩▩▩ ▩▩▩을 체결하였다. → 강화도 조약
③ 강화도 조약으로 부산, ▩▩▩, ▩▩▩이 개항되었다. → 원산, 인천
④ 조·일 수호 조규 부록 체결로 개항장에서 ▩▩ ▩▩ 유통이 허용되었다. → 일본 화폐
⑤ 조·일 무역 규칙은 양곡의 ▩▩▩ 유출을 허용하였다. → 무제한
⑥ 조·일 통상 장정은 ▩▩▩을 선포 조항을 명시하였다. → 방곡령
⑦ ▩·▩ 수호 통상 조약에 최혜국 대우 조항과 양국이 서로 돕기로 하는 ▩▩▩ 조항을 규정하였다. → 조·미, 거중조정

대표 기출 1

(가), (나) 체결 사이의 시기에 있었던 사실로 옳은 것은?

72회 [3점]

> (가) 제6칙 이후 조선국 항구에 거주하는 일본 인민은 양미(糧米)와 잡곡을 수출, 수입할 수 있다.
> 제7칙 일본국 정부에 속한 모든 선박은 항세를 납부하지 않는다.
>
> (나) 제9관 입항하거나 출항하는 각 화물이 해관을 통과할 때는 응당 본 조약에 첨부된 세칙(稅則)에 따라 관세를 납부해야 한다.
> 제37관 조선국에서 가뭄과 홍수, 전쟁 등의 일로 인해 국내에 양식이 결핍할 것을 우려하여 일시 쌀 수출을 금지하려고 할 때에는 1개월 전에 지방관이 일본 영사관에게 통지하여 미리 그 기간을 항구에 있는 일본 상인들에게 전달하여 일률적으로 준수하는 데 편리하게 한다.

① 조·미 수호 통상 조약이 체결되었다.
② 러시아가 용암포 조차를 요구하였다.
③ 영국이 거문도를 불법적으로 점령하였다.
④ 일본 군함 운요호가 영종도를 공격하였다.
⑤ 청과 대등한 입장에서 한·청 통상 조약이 맺어졌다.

자료분석
(가)는 곡물 무제한 유출 허용과 일본 선박의 항세 면제를 규정한 조·일 무역 규칙(1876)이다.
(나)는 방곡령 선포를 규정한 개정 조·일 통상 장정(1883)이다.

정답분석
① 1882년에 조·미 수호 통상 조약이 체결되었다.

선택지분석
② 1903년에 러시아가 압록강 지역의 삼림 채벌권을 보호한다는 구실로 한국의 용암포와 압록강 하구 일대를 점령하고 조차를 요구하였다. 이에 일본과 영국이 즉각 반발하여 러시아의 요구를 철회시켰으나, 한반도를 둘러싼 러·일의 대립은 더욱 심각해졌다. (나) 이후의 일이다.
③ 1885년에 영국은 러시아의 조선 진출을 견제하기 위해 거문도를 불법 점령하였다. 영국 함대는 1887년 초까지 주둔해 있다가 청나라 이홍장의 중재로 약 2년 만에 철수하였다. (나) 이후의 일이다.
④ 일본은 군함 운요호를 강화도에 의도적으로 접근시켜 포격을 유도한 뒤 이를 구실로 강화도를 공격하였다(운요호 사건, 1875). 이 사건 이후 조선과 일본은 강화도 조약을 체결하였다. (가) 이전의 일이다.
⑤ 대한 제국 시기에 청과 대등한 위치에서 한·청 통상 조약을 체결(1899)하여 자주국의 면모를 보이고자 하였다. (나) 이후의 일이다.

정답 ①

대표 기출 2

(가), (나) 조약 사이의 시기에 볼 수 있는 모습으로 가장 적절한 것은? 71회 [3점]

> (가) 부산항에서 일본국 인민이 통행할 수 있는 도로 이정(里程)은 부두로부터 기산하여 조선 이법(里法)으로 동서남북 직경 10리로 정한다. 동래부는 이정 밖에 있지만 특별히 왕래할 수 있다. 일본국 인민은 마음대로 통행하며 조선 토산물과 일본국 물품을 사고팔 수 있다.
>
> (나) 통상 지역에서 조선 이법 100리 이내, 혹은 장래 양국 관원이 서로 의논하여 정하는 경계 안에서 영국 인민은 여행증명서 없이 마음대로 돌아다닐 수 있다. 여행 증명서를 지닌 영국 인민은 조선 각지를 돌아다니며 통상하거나, 각종 화물을 들여와 팔거나(단, 조선 정부가 불허한 서적·인쇄물 등은 제외), 일체 토산물을 구매할 수 있다.

① 거문도를 불법으로 점거하는 영국 군인
② 남연군 묘의 도굴을 시도하는 독일 상인
③ 부산 절영도의 조차를 요구하는 러시아 공사
④ 조·청 상민 수륙 무역 장정을 체결하는 청 관리
⑤ 톈진 조약에 따라 조선에서 철수하는 일본 군인

자료분석
(가) 개항장 내 일본인이 자유롭게 통행하거나 무역을 할 수 있는 지역의 범위를 10리로 규정한다는 내용을 통해 조·일 수호 조규 부록(1876)임을 알 수 있다.
(나) '영국 인민' 등을 통해 조·영 수호 통상 조약(1883)임을 알 수 있다.

정답분석
④ 임오군란 직후에 조선과 청은 조·청 상민 수륙 무역 장정을 체결하였다(1882). 이 조약을 통해 청은 개항장 무역에서 벗어나 내륙인 양화진과 한성에 점포를 개점할 권리를 획득하였으며, 조선에서의 영사 재판권(치외 법권)이 허용되었다.

선택지분석
① 1885년에 영국은 러시아의 조선 진출을 견제하기 위해 거문도를 불법 점령하였다. 영국 함대는 1887년 초까지 주둔해 있다가 청나라 이홍장의 중재로 약 2년 만에 철수하였다. (나) 이후의 일이다.
② 1868년에 독일 상인 오페르트는 조선에 개항을 강요할 목적으로 흥선 대원군의 아버지인 남연군의 묘를 도굴하려 하였다. 그러나 주민들에게 발각되어 실패하였고, 흥선 대원군의 통상 수교 거부 의지가 더욱 강해지는 계기가 되었다. (가) 이전의 일이다.
③ 러시아는 1897년부터 석탄고 기지로 사용하기 위해 부산 절영도의 조차를 요구하였으나, 대신들의 반대와 독립 협회의 이권 수호 운동을 통해 러시아의 조차 요구를 저지시켰다. (나) 이후의 일이다.
⑤ 갑신정변 이후 청과 일본은 톈진 조약을 체결(1885)하여 청·일 양국군의 철수와 조선에 출병 시 상대국에 통보할 것 등을 규정하였다.

정답 ④

확인 문제

1 다음 대화가 오갔던 회담 결과 체결된 조약에 대한 설명으로 옳은 것은? 68회 [2점]

운요호가 작년에 귀국 경내를 통과하다가 포격을 받았으니, 귀국이 교린의 우의를 저버린 것입니다.
일본 전권변리대신 구로다 기요타카

운요호는 국적과 이유를 밝히지 않고 곧장 우리가 수비하는 곳으로 진입해왔으니, 변방 수비병의 발포는 부득이한 것이었소.
조선 접견대관 신헌

① 천주교 포교가 허용되었다.
② 갑신정변의 영향으로 체결되었다.
③ 일본 측의 해안 측량권이 인정되었다.
④ 통신사가 처음 파견되는 계기가 되었다.
⑤ 외국 상인의 내지 통상권을 최초로 규정하였다.

2 (가), (나) 조약에 대한 설명으로 옳은 것은? 67회 [3점]

> (가) 제4조 …… 조선 상인이 북경에서 규정에 따라 교역하고, 중국 상인이 조선의 양화진과 서울에 들어가 영업소를 개설한 경우를 제외하고 각종 화물을 내지로 운반하여 상점을 차리고 파는 것을 허가하지 않는다. ……
>
> (나) 제37관 조선국에서 가뭄과 홍수, 전쟁 등의 일로 국내에 양식이 부족할 것을 우려하여 일시 쌀 수출을 금지하려고 할 때에는 1개월 전에 지방관이 일본 영사관에 통지하고, 미리 그 기간을 항구에 있는 일본 상인들에게 전달하여 일률적으로 준수하는 데 편리하게 한다.

① (가) – 통감부가 설치되는 계기가 되었다.
② (가) – 조선의 관세 자주권을 최초로 인정하였다.
③ (나) – 최혜국 대우를 규정한 조항을 담고 있다.
④ (나) – 일본 공사관의 경비병 주둔을 명시하였다.
⑤ (가), (나) – 갑신정변의 영향으로 체결되었다.

정답
1 ③ 강화도 조약에서 일본이 조선 해안을 측량할 것을 허용하였는데, 이는 조선의 영토 주권을 침해하는 불평등 조항이었다.
2 ③ 1883년 개정 조·일 통상 장정을 체결하며 조선의 관세권을 인정받고 방곡령 규정을 추가하였으나, 일본은 그 대가로 최혜국 대우를 인정받았다.

Theme 076 개항 초기 개화 정책

PART 6 근대 사회의 전개

출제 의도와 대책

강화도 조약으로 새로운 국제 질서에 편입된 조선은 일본에 수신사를 파견하여 정세를 살피는 한편, 통리기무아문을 설치하여 개화파 인사를 등용하여 개화를 추진하였다. 또한 조약을 맺은 각국에 사절단을 파견해 근대 문물을 시찰하고 개화에 반영하고자 하였다. 각국에 보낸 사절단과 그 목적 및 중심인물, 개화 정책에 반영된 사례 등을 중심으로 정리해 둔다.

필기노트 마인드맵

- **통리기무아문**: 그 아래 12사 설치 → 통상·외교 중심 개화 정책 추진
- **별기군**: 5군영(구식 군대) → 2영으로 축소, 일본인 교관 초빙
- **사절단**
  - 수신사
    - 1차: 강화도 조약 직후, 김기수 『일동기유』
    - 2차: 김홍집, 『조선책략』 도입
    - 3차: 박영효, 임오군란 배상금 문제 협의
  - 조사시찰단: 박정양, 윤치호 등 → 일본 문물 시찰
    - 위정척사 여론 → 암행어사로 위장 출발
  - 영선사: 김윤식 등 청에 파견 → 근대 무기 제조법 습득
    - 기기창 설치
  - 보빙사: 미국 공사 부임 답례 → 민영익, 홍영식 등 파견
    - 유길준 최초 미국 유학
- **근대 시설**: 박문국(인쇄소, 한성순보 간행), 전환국(화폐 발행)
  - 기기창: 근대 무기 공장(영선사 성과 반영)

지부복궐척화의소(최익현의 개항 반대 상소)
저들이 비록 왜인이라고는 하나 실은 양적(洋賊)입니다. 화친이 한번 이루어지면 사학(邪學)의 서책과 천주의 초상이 교역하는 속에 섞여 들어오게 되고, 조금 지나면 전도사와 신도가 전수하여 사학이 온 나라에 두루 가득 차게 될 것입니다.

선택지 빅데이터

① 개화 정책을 총괄하는 ■■■■을 설치하고 그 밑에 12사를 두었다. → 통리기무아문
② 5군영을 2영으로 개편하고 ■■■을 창설하였다. → 별기군
③ 근대식 무기 제조 공장인 ■■■이 설립되었다. → 기기창
④ 박문국을 설치하여 ■■■를 발행하였다. → 한성순보
⑤ 화폐 발행을 위해 ■■■이 설치되었다. → 전환국
⑥ 제2차 수신사 김홍집이 ■■■■을 들여왔다. → 조선책략
⑦ ■■■■은 개화 정책 반대 여론을 의식해 암행어사 형태로 비밀리에 파견되었다. → 조사시찰단
⑧ 김윤식이 ■에 영선사로 파견되었다. → 청
⑨ 미국에 파견된 ■■■는 서양 국가에 파견된 최초의 사절단이었다. → 보빙사

대표 기출 1

(가) 기구를 통해 추진된 정책으로 옳은 것은? 71회 [2점]

이곳은 기기창 건물 중 하나인 번사창입니다. 강화도 조약 체결 이후 정부는 국내외 정세에 대응하고 개화 정책을 총괄하기 위한 기구로 ⎡(가)⎤을/를 설치하였습니다. 이 기구의 건의로 청에 파견한 영선사 일행에 유학생을 포함시켜 근대 문물을 배워 오도록 하였습니다. 이러한 노력의 영향으로 설치된 근대적 무기 공장이 바로 기기창이었습니다.

① 별기군을 창설하였다.
② 원수부를 설치하였다.
③ 『대전통편』을 편찬하였다.
④ 신문지법을 공포하였다.
⑤ 서당 규칙을 제정하였다.

자료분석
자료의 (가)는 통리기무아문이다. 조선은 개항 이후에 개화 정책을 담당하는 기구로 통리기무아문을 설치하였으며, 그 아래에 통상사, 사대사, 교린사 등 12사를 두었다.

정답분석
① 통리기무아문은 개화 문물을 습득하기 위해 중국 영선사, 일본에 조사 시찰단을 파견하고, 신식 군대인 별기군을 설치하였다.

선택지분석
② 고종은 대한 제국을 수립한 후 원수부를 설치하여 황제가 국방과 군사에 관한 지휘권을 직접 장악하도록 하였다.
③ 『대전통편』은 조선 후기 정조 때 편찬한 법전이다.
④ 대한 제국 시기에 황성신문, 제국신문 등 민족 언론이 일제의 침략상을 비판하고 민족 정신을 고취시키자, 일제는 대한 제국으로 하여금 신문지법을 제정하게 하여 민족 언론을 탄압하였다.
⑤ 일제 강점기에 민족 운동가들이 개량 서당을 세워 근대 지식을 가르치고 민족 의식을 고취하자, 일제는 서당 규칙을 제정해 탄압하였다.

정답 ①

대표 기출 2

(가) 조약에 대한 설명으로 옳은 것은? 70회 [2점]

① 최혜국 대우를 최초로 규정하였다.
② 통감부가 설치되는 계기가 되었다.
③ 천주교 포교 허용의 근거가 되었다.
④ 재정 고문을 두도록 하는 조항을 담고 있다.
⑤ 부산, 원산, 인천이 개항되는 결과를 가져왔다.

자료분석
(가)는 1882년에 체결된 조·미 수호 통상 조약이다. 조약 체결 이후 이듬해에 미국 공사관 푸트가 한국에 오자, 조선은 답례로 보빙사를 미국에 파견하였다. 이들은 미국에서 박람회 등을 시찰하였으며, 일행으로 참여했던 유길준은 미국에 남아 최초의 미국 유학생이 되었다.

정답분석
① 조·미 수호 통상 조약에는 처음으로 최혜국 대우가 규정되었다. 최혜국 대우는 한 나라가 제3국에 부여한 가장 유리한 조건을 조약 상대국에도 부여하는 것이다.

선택지분석
② 을사늑약에 대한 설명이다. 일본은 1905년에 강제로 을사늑약을 체결하여 대한 제국의 외교권을 박탈하고 통감부를 두어 외교 사무를 관장하게 하였다.
③ 1886년 프랑스와 체결한 조·불 수호 통상 조약으로 사실상 천주교 신앙의 자유가 허용되었다.
④ 1904년에 체결된 제1차 한·일 협약으로 메가타가 대한 제국의 재정 고문으로 임명되었다.
⑤ 강화도 조약에 대한 설명이다. 강화도 조약으로 부산 외 2개 항구를 개항하게 되었는데, 그 결과 1880년에 원산, 1883년에 인천이 개항되었다.

정답 ①

확인 문제

1 (가) 사절단에 대한 설명으로 옳은 것은? 68회 [2점]

① 에도 막부의 요청으로 파견되었다.
② 별기군(교련병대) 창설을 건의하였다.
③ 『조선책략』을 들여와 국내에 소개하였다.
④ 기기국에서 무기 제조 기술을 습득하고 돌아왔다.
⑤ 전권대신 민영익과 홍영식, 서광범 등으로 구성되었다.

2 (가) 인물에 대한 설명으로 옳은 것은? 63회 [2점]

① 조선 중립화론을 건의하였다.
② 베델과 함께 대한매일신보를 창간하였다.
③ 대동강에 침입한 제너럴 셔먼호를 격침하였다.
④ 서양의 과학 기술을 정리한 『지구전요』를 저술하였다.
⑤ 강화도 조약 체결의 전말을 기록한 『심행일기』를 남겼다.

정답
1 ⑤ 보빙사는 민영익을 전권대신으로 하여 홍영식, 서광범, 유길준 등이 파견되었으며, 미국 대통령 체스터 아서와 회동해 국서를 전하고 양국 우호와 교역을 논의하였다.
2 ③ 박규수가 평안도 감사로 있을 때, 미국 상선 제너럴셔먼호가 대동강을 거슬러 올라와 통상을 요구하며 난동을 부리자, 박규수는 평양 군민들을 이끌고 제너럴셔먼호를 화공으로 침몰시켰다.

Theme 077 임오군란

PART 6 근대 사회의 전개

출제 의도와 대책

개항 이후 정부는 별기군을 창설하는 등 근대화 정책을 폈지만, 일본 상인의 경제 침투로 백성의 생활이 어려워졌다. 재정 부족으로 구식 군인에 대한 처우가 악화되어 급료도 제대로 지급받지 못하게 되자, 불만을 품은 구식 군인들이 난을 일으키고 도시 빈민이 합세하여 일본 공사관을 불태웠다. 임오군란 수습 과정에서 청이 개입했으며, 일본은 피해 입은 것을 빌미로 조선 진출을 본격화하였다. 개항기의 사건들은 사건 자체의 내용 외에도 청·러시아·일본 등과의 관계 변화에 미친 영향을 파악해 두어야 한다.

필기노트 마인드맵

- 배경: 구식 군대(무위영·장어영) 차별(급료 미지급)
  강화도 조약 후 쌀값 폭등 → 도시민 불만 팽배
- 전개: 일본 공사관 습격 → 궁궐에 침입해 민씨 요인 살해
  → 흥선 대원군 일시적 재집권 → 통리기무아문·별기군 폐지
  → 청 개입, 흥선 대원군 청으로 압송
- 결과: 민씨 정권 재집권(친청 정책, 개화 정책 후퇴)
  위안스카이가 이끄는 청군 주둔, 청의 영향력 증대
  제물포 조약: 조선-일본, 일본 공사관에 경비병 주둔
  조·청 상민 수륙 무역 장정 — 청의 종주권 재확인
  내지 통상 실질적 허용

제물포 조약
제3관 조선국이 지불한 5만 원은 해를 당한 일본 관원의 유족 및 부상자에게 지급하여 특별히 돌보아 준다.
······
제5관 일본 공사관에 일본군 약간 명을 두어 경비를 서게 한다.
제6관 조선국은 대관(大官)을 특별히 파견하고 국서를 지어 일본국에 사과한다.

선택지 빅데이터

① ■■ 군인에 대한 차별 대우가 발단이 되었다. → 구식
② 구식 군대가 난을 일으켜 ■■ 공사관을 습격하였다. → 일본
③ 전개 과정에서 ■■■■이 일시적으로 다시 집권하였다. → 흥선 대원군
④ 위안스카이가 이끄는 ■군이 조선에 파병되었다. → 청
⑤ 일본 공사관 경비병의 주둔을 인정한 ■■ 조약이 체결되었다. → 제물포
⑥ ■·■ ■■ ■■ ■■이 체결되는 배경이 되었다. → 조·청 상민 수륙 무역 장정
⑦ ■의 내정 간섭이 본격화되는 결과를 가져왔다. → 청

대표 기출 1

(가)에 대한 설명으로 옳은 것은? 65회 [2점]

동대문 일대 재개발 당시 발견된 하도감 터 사진이군요. 이곳은 어떤 용도로 사용된 장소인가요?

여기는 훈련도감에 속한 하도감이 있었던 장소로 군사를 훈련시키고 무기를 제작했던 곳입니다. 1881년부터 이듬해 구식 군인들에 대한 차별 대우로 발생한 (가) 때까지 교련 병대의 훈련 장소로 사용되었습니다.

① 입헌 군주제 수립을 목표로 하였다.
② 조선 총독부의 방해와 탄압으로 실패하였다.
③ 우정총국 개국 축하연을 이용하여 일어났다.
④ 홍범 14조를 기본 개혁 방향으로 제시하였다.
⑤ 일본 공사관에 경비병이 주둔하는 계기가 되었다.

자료분석

'구식 군인들에 대한 차별 대우'로 발생했다는 데에서 (가) 사건이 임오군란임을 알 수 있다. 개항 이후 조선은 근대 개혁을 추진하면서 5영을 2영으로 축소하고, 신식 군대인 교련병대(별기군)를 설치하였다(1881). 이때 구식 군인은 봉급도 제대로 지급받지 못하는 등 차별 대우를 받자 임오군란을 일으켰다.

정답분석

⑤ 교련병대(별기군)의 교관은 일본인 호리모토였는데, 임오군란 과정에서 구식 군인의 습격을 받아 사망하고, 일본 공사관도 불탔다. 이에 일본은 제물포 조약을 체결하면서 일본 공사관 경비를 위한 경비병 주둔을 허용하도록 하였다.

선택지분석

① 1907년 창립된 신민회가 최초로 공화정체의 국민 국가 수립을 목표로 하였다. 그 이전의 갑신정변을 일으킨 급진 개화파, 독립 협회 등은 모두 입헌 군주제를 지향하였다.
② 임오군란 당시 민씨 정권은 청에 원병을 요청하였으며, 위안스카이가 이끄는 청군이 진주해 난을 진압하고 흥선 대원군을 청으로 압송하였다. 조선 총독부는 일제가 대한 제국의 국권을 강탈한 이후 설치한 최고 식민 통치 기관이다.
③ 1884년 김옥균 등 급진 개화파는 우정국 개국 축하연을 기회로 갑신정변을 일으켜 개화당 정부를 수립하고 혁신 정강을 반포하였다. 그러나 청의 개입으로 3일 만에 실패하였다.
④ 1894년 12월에 고종은 종묘에 나가 독립 서고문과 홍범 14조를 반포하여 2차 갑오개혁의 방향을 제시하였다.

정답 ⑤

대표 기출 2

다음 자료에 나타난 사건의 영향으로 가장 적절한 것은? 69회 [2점]

> 이때 세금을 부과하는 직책의 신하들이 재물을 거두어 들여 자기 배만 채우면서 각영(各營)에 소속된 군인들의 봉급은 몇 달 동안 나누어 주지 않았다. 그리하여 훈국(訓局)의 군사가 맨 먼저 난을 일으키고, 각영의 군사가 잇달 아 일어났다. 이들은 이최응, 민겸호, 김보현, 민창식을 죽 였고 또 중전을 시해하려 하였다. 중전은 장호원으로 피 하였다.

① 강화도 조약이 체결되었다.
② 김기수가 수신사로 일본에 파견되었다.
③ 종로와 전국 각지에 척화비가 세워졌다.
④ 일본 공사관 경비 명목으로 일본군이 주둔하였다.
⑤ 통리기무아문을 설치하고 그 아래에 12사를 두었다.

자료분석
군인들의 봉급을 몇 달 동안 나누어 주지 않자 훈국(훈련도감) 등 구식 군인들이 난을 일으켰으며, 민씨 고관을 살해하고 중전인 명성황후가 장호원으로 피신한 사건은 1882년에 일어난 임오군란이다.

정답분석
④ 임오군란 과정에서 별기군 교관인 일본인 호리모토가 살해되고 일본 공사관이 불탔다. 임오군란의 사후 처리를 위해 체결된 제물포 조약에서 일본 공사관 경비를 위한 경비병 주둔이 허용되었다.

선택지분석
① 일본이 운요호 사건을 일으켜 포함 외교로 개항을 요구하자, 조선은 접견대관 신헌을 보내 강화도 조약을 체결하였다.
② 강화도 조약 체결 직후 조선은 일본에 김기수를 정사로 하는 수신사(1차)를 보내 일본의 정세를 살폈다. 임오군란 이후에는 박영효가 수신사(3차)로 파견되어 배상금 등 처리 문제를 협상하였다.
③ 흥선 대원군은 신미양요 이후 전국 각지에 통상 수교 거부 의지를 밝힌 척화비를 건립하도록 하였다.
⑤ 조선은 1880년에 근대 개혁을 추진할 기구로 통리기무아문을 설치하였으며, 그 아래 통상사, 사대사, 교린사 등 12사를 두었다.

정답 ④

확인 문제

1 자료에 나타난 사건에 대한 설명으로 옳은 것은? 61회 [2점]

> 발신: 조선 주재 공사 하나부사 요시모토[花房義質]
> 수신: 외무경 이노우에 가오루[井上馨]
>
> 이달 23일 오후 5시 성난 군중 수백 명이 갑자기 공 사관을 습격하여 돌을 던지고 총을 쏘며 방화함. 전력 으로 방어한 지 7시간이 지났지만 원병이 오지 않았음. …… 한쪽을 돌파하여 왕궁으로 가려 해도 성문이 열리 지 않았음. …… 성난 군중이 왕궁 및 민태호와 민겸호의 집도 습격했다고 들었음. …… 교관 호리모토 외 8명의 생사는 알 수 없음.

① 전주 화약이 체결되는 계기가 되었다.
② 입헌 군주제 수립을 목표로 전개되었다.
③ 김기수가 수신사로 파견되는 결과를 가져왔다.
④ 구식 군인에 대한 차별 대우가 발단이 되어 일어났다.
⑤ 3일 만에 실패로 끝나 주동자들이 해외로 망명하였다.

2 밑줄 그은 '이 사건'에 대한 설명으로 옳은 것은? 51회 [1점]

① 김옥균, 박영효 등이 주도하였다.
② 입헌 군주제 수립을 목표로 전개되었다.
③ 통리기무아문이 설치되는 배경이 되었다.
④ 일본 공사관에 경비병이 주둔하는 계기가 되었다.
⑤ 전국 각지에 척화비가 건립되는 결과를 초래하였다.

정답
1 ④ 임오군란은 별기군 창설과 5군영의 2영 축소 이후, 구식 군인에 대한 차별 대우가 발단이 되어 일어났다. 당시 구식 군인들은 1년이나 봉급을 받지 못하다가 겨우 지급받은 1개월치의 봉급에 모래와 겨 등이 섞여 있자 이에 항의하는 과정에서 임오군란이 일어났다.
2 ④ 밑줄 친 '이 사건'은 임오군란이다. 임오군란 이후 일본과 제물포 조 약을 맺어 일본 공사관에 경비병을 주둔하게 되었다.

Theme 078 갑신정변

PART 6 근대 사회의 전개

출제 의도와 대책

임오군란 이후 청의 간섭으로 개화 정책 추진이 둔화되면서 개화파가 두 세력으로 분화되었다. 김홍집, 김윤식 등 온건 개화파는 친청적 민씨 정권과 타협하면서 점진적인 개화를 꾀했고, 김옥균, 박영효 등은 제도와 사상까지 바꾸는 급진적 개화를 주장하였다. 급진개화파는 결국 일본을 끌어들여 정변을 일으키고 개혁 정강을 발표하였으나, 청이 개입하면서 3일만에 실패로 돌아갔다.

필기노트 마인드맵

- 개화파 분화
  - 배경: 청의 간섭으로 개화 정책 후퇴
  - 온건: 전통을 지키며 기술만 도입, 김홍집 · 김윤식
  - 급진: 사상 · 제도까지 개화, 김옥균 · 박영효 · 서재필
- 갑신정변: **우정총국 개국 축하연** 계기로 정변 시행
  → 개화당 정부 수립 개혁 → 정강 14개조 발표(**입헌군주제**)
  → 청군의 진압, 일본 공사관 소실, 급진개화파 일본 망명
- 개혁정강: 흥선 대원군 귀국, **재정 호조 일원화**, 인민 평등권 제정
- 결과
  - **한성 조약**: 조선-일본, 배상금 지불과 공사관 신축비 부담
  - **톈진 조약**: 청-일, 청 · 일 양국 군대철수, **파병시 상호 통보**
- 이후 정세
  - 조선이 청의 간섭을 피해 러시아에 접근 → **거문도 사건**
  - 조선을 둘러싼 열강 대립 격화 → **중립화론 제기**

갑신정변 발발

17일에 홍 참판이 우정총국에서 개국 연회를 열었다. 그동안에 [담장 밖에서] 화재가 발생했다. 민 참판은 양해를 구한 뒤 화재 진압을 돕기 위해 밖으로 나갔다. 바깥에는 연회에 참석한 일본 공사를 호위하기 위해 온 일본 병사들이 두 줄로 늘어서 있었고, 그는 그들을 지나쳤다. 민 참판은 양쪽에서 공격을 받았고, …… 몸 여러 군데에 자상을 입었다.

선택지 빅데이터

① 김■■, 박영효 등 급진 개화파가 주도하였다. → 옥균
② ■■■■ 개국 축하연에서 정변이 일어났다. → 우정총국
③ 갑신정변은 ■■ 군주제를 지향하였다. → 입헌
④ 국가 재정을 ■■로 일원화하고자 하였다. → 호조
⑤ 사건 결과 조선과 일본 사이에 ■■ 조약이 체결되었다. → 한성
⑥ 갑신정변은 청 · 일 간 ■■ 조약 체결의 계기가 되었다. → 톈진
⑦ 갑신정변 이후 영국군이 러시아를 견제하기 위해 ■■■를 점령하였다. → 거문도
⑧ 부들러, 유길준 등은 조선의 주권을 지킬 방법으로 ■■■론을 제안하였다. → 중립화

대표 기출 1

다음 자료에 나타난 사건에 대한 설명으로 옳은 것은? 73회 [2점]

> 아, 고금 천하에 김옥균, 홍영식 등의 역적들처럼 극악하고 무도한 자들이 있었겠습니까? …… 처음에는 연회를 베풀어 사람들을 찔러 죽이고 끝에는 변고가 일어났다고 선언하고는 전하를 강박하여 처소를 옮기게 하였습니다. 일본 사람들을 끼고 병기를 휘둘러 재상들을 모두 죽여 궁궐에 피를 뿌리고 장상(將相)의 중직을 잠깐 동안 차지하여 종묘사직을 위태롭게 하였습니다.

① 청군의 개입으로 3일 만에 실패하였다.
② 전개 과정에서 홍범 14조가 반포되었다.
③ 통리기무아문이 설치되는 계기가 되었다.
④ 조일 통상 장정이 체결되는 결과를 초래하였다.
⑤ 구식 군인에 대한 차별 대우가 발단이 되어 일어났다.

자료분석
자료는 갑신정변에 대한 설명이다. 김옥균, 홍영식 등 급진 개화파 세력이 일본의 지원을 약속받고 우정총국 개국 축하 연회를 기회로 정변을 일으켰다. 급진 개화파는 고종을 경우궁으로 이어시키고, 개화당 정부를 수립하여 혁신 정강을 발표하였다.

정답분석
① 갑신정변 당시 민씨 세력의 요청을 받은 청군이 개입하여 정변은 3일 만에 실패하고 김옥균 등 급진 개화파 대부분은 일본 등지로 망명하였다.

선택지분석
② 고종은 1894년 종묘에 나아가 홍범14조와 독립 서고문을 반포하였는데, 이는 제2차 갑오개혁의 추진 방향을 밝힌 것이다.
③ 통리기무아문은 1880년에 근대 개혁을 추진하기 위해 설치한 기구이다.
④ 1876년에 강화도 조약의 부속 조약으로 조일 무역 규칙(통상 장정)이 체결되었으며, 1883년에 개정 조일 통상 장정을 체결해 방곡령 등을 규정하였으며, 일본에는 최혜국 대우를 인정하게 되었다.
⑤ 통리기무아문에서 기존의 5군영을 2영으로 축소하고 신식 군대인 별기군을 창설하였다. 이때 구식 군인들은 녹봉이 지급되지 않는 등 차별 대우를 받자 이에 반발하여 임오군란을 일으켰다.

정답 ①

대표 기출 2

(가)에 대한 설명으로 옳은 것은? 70회 [2점]

우정총국 개국 축하 연에서 일부 급진 개화파가 (가) 을/를 일으켰습니다.	권력을 장악한 그들은 청과의 사대 관계 청산 등을 담은 개혁 정강을 발표하였습니다.	청군의 개입으로 3일 만에 실패하여 김옥균 등 주요 인물은 일본으로 망명하였습니다.

① 전개 과정에서 집강소가 설치되었다.
② 수신사가 파견되는 데 영향을 주었다.
③ 한성 조약이 체결되는 결과를 가져왔다.
④ 사태 수습을 위해 박규수가 안핵사로 파견되었다.
⑤ 구식 군인에 대한 차별 대우가 발단이 되어 일어났다.

자료분석
자료의 '우정총국', '급진 개화파' 등을 통해 (가)가 갑신정변(1884)임을 알 수 있다. 김옥균, 홍영식 등 급진 개화파는 우정총국 개국 축하연을 기회로 정변을 일으켜 민씨 정권의 요인을 제거하고 왕과 왕비를 경우궁으로 옮긴 후 개화당 정부를 수립하였다. 그러나 청의 개입으로 3일 만에 실패하였다.

정답분석
③ 갑신정변 이후 조선과 일본은 한성 조약을 체결하여, 정변 과정에서 소실된 일본 공사관 신축비를 조선이 부담하고 일본에 배상금을 지불하도록 하였다.

선택지분석
① 동학 농민 운동에 대한 설명이다. 동학 농민군은 1차 봉기 때 전주성을 함락한 후 정부와 전주 화약을 체결하고, 삼남 지방에 농민 자치 기구인 집강소를 설치하고 폐정 개혁을 시도하였다.
② 수신사는 강화도 조약 체결 이후 세 차례 파견되었다. 강화도 조약 체결 직후 조선은 일본에 김기수를 정사로 하는 수신사(1차)를 보내 일본의 정세를 살폈으며, 임오군란 이후에는 박영효가 수신사(3차)로 파견되어 배상금 등 처리 문제를 협상하였다.
④ 철종 때 진주 민란을 시작으로 농민 봉기가 전국으로 확대되자, 정부는 사태 수습을 위해 박규수를 안핵사로 파견하였으며, 삼정이정청을 설치하여 삼정의 문란을 해결할 것을 약속하였다.
⑤ 임오군란에 대한 설명이다. 개항 이후 조선은 근대 개혁을 추진하면서 5영을 2영으로 축소하고, 신식 군대인 별기군을 설치하였다. 이때 구식 군인은 봉급도 제대로 지급받지 못하는 등 차별 대우를 받자 임오군란을 일으켰다.

정답 ③

확인 문제

1 다음 사건 이후에 전개된 사실로 옳은 것은? 66회 [2점]

> 홍영식이 우정국에서 개업식을 명목으로 연회를 열어 세인들이 독립당이라고 칭하는 사람들과 각국 사관(使官) 등을 초대하였다. 연회가 끝날 무렵에 우정국 옆에서 불이 일어났다. …… 마침내 어젯밤의 사변에 따라 독립당이 정권을 획득하였다. 조보(朝報)에서는 새롭게 관리를 임명하겠다는 취지를 포고하였다. 박영효, 김옥균, 서광범은 승지가 되었고, 김옥균은 혜상공국 당상을 겸하였다.
> - 「조난기사」 -

① 한성 조약이 체결되었다.
② 신식 군대인 별기군이 창설되었다.
③ 김윤식이 청에 영선사로 파견되었다.
④ 일본 군함 운요호가 영종도를 공격하였다.
⑤ 개화 정책을 총괄하는 통리기무아문이 설치되었다.

2 다음 사건이 일어난 시기를 연표에서 옳게 고른 것은? 64회 [3점]

> 심히 급박한 상황 중에 나는 적의 활동과 청국 군대의 내습을 우려하여 주상을 모시고 지키기 편리한 경우궁으로 옮기시게 한 후 일본 병사로 하여금 호위할 방침을 세웠다. 곧이어 주상께 일본군의 지원을 구하도록 요청하니, 주상은 곧 영숙문 앞 노상에서 연필로 "일본 공사는 와서 나를 보호하라."라는 글을 친히 쓰시어 주시는지라. …… 졸지에 변란을 만난 사대당의 거두들은 주상께서 경우궁에 계심을 듣고 입궐하다가 …… 민영목, 민태호 등은 용감한 우리 집행원의 손에 비참한 최후를 당하였다.

1866		1873		1882		1885		1897		1899
	(가)		(나)		(다)		(라)		(마)	
병인박해		고종 친정		임오군란		톈진 조약		청·일 전쟁 발발		대한국 국제 반포

① (가) ② (나) ③ (다)
④ (라) ⑤ (마)

정답
1 ① 갑신정변 과정에서 일본 공사관이 불탔으며, 이후 체결된 한성 조약을 통해 조선이 일본 공사관 신축비를 부담하게 되었다.
2 ③ 임오군란 이후 청의 내정 간섭이 심해지고 개화 정책이 지연되자, 김옥균 등 급진 개화파는 갑신정변을 일으켜 급진적 개혁을 추진하였으나 3일 만에 실패하였다.

Theme 079 동학 농민 운동

PART 6 근대 사회의 전개

출제 의도와 대책

교세를 확장한 동학은 교조 최제우의 억울함을 풀고 포교의 자유를 얻기 위해 교조 신원 운동을 전개하였는데, 이는 점차 사회 개혁 운동으로 발전하였다. 이러한 가운데 고부 군수 조병갑의 탐학을 계기로 일어난 고부 봉기가 제1차 농민 봉기로 확산되었다. 농민군은 전주성을 점령한 뒤 화약을 맺고 최초로 농민 자치 행정을 실시하였다. 그러나 이를 계기로 출병한 일본이 경복궁을 점령하고 청·일 전쟁을 일으키자 농민 제2차 봉기를 전개하였다. 동학 농민 운동은 그 자체로도 빈출 주제이면서, 청·일 전쟁, 갑오개혁과 겹쳐 일어나므로 잘 알아두어야 한다.

필기노트 마인드맵

- 배경
  - 교조 신원 운동: 공주·삼례 집회 → 서울 복합 상소
    → 보은 집회(척왜양창의 기치)
  - 고부 민란: **조병갑**의 착취 → 전봉준 주도 봉기
- 제1차 봉기
  - 계기: 안핵사 이용태의 동학 탄압
  - 전개: **백산 봉기**(4대 강령 발표) → **황토현 전투**
    → 장성 **황룡촌** 전투 → 전주성 점령
  - ← 정부가 청군 요청, 청·일군 상륙
- **전주 화약**
  - 정부: **교정청 설치** → 자주적 개혁 시도
  - 농민 ┬ 전라도 일부 지역 **집강소 설치**(농민 자치 기구)
         └ 폐정개혁(토지 평균 분작, 노비 문서 소각)
  - ← 일본군의 경복궁 점령, 청·일 전쟁 발발
- 제2차 봉기: 남접·북접 논산 집결 → 공주 **우금치 전투 패배**

집강소 설치

동학도들은 각 읍에 할거하여 공해(公廨)에 집강소를 세우고 서기, 성찰, 집사, 동몽 등을 두어 완연한 하나의 관청으로 삼았다. 이른바 고을 수령은 다만 이름이 있을 뿐 행정을 맡을 수 없었다. 심지어는 고을 수령들을 추방하니 이서배(吏胥輩)들은 모두 동학당에 들어 성명(性命)을 보존하였다.

선택지 빅데이터

① 보은·삼례 집회에서 ■■■을 요구하였다. → 교조 신원
② 조병갑의 수탈에 ■■■ 주도로 관아를 습격하였다. → 전봉준
③ ■■ 봉기가 일어나자 이용태가 안핵사로 파견되었다. → 고부
④ 농민군이 ■■■, 황룡촌 전투에서 관군에 승리하였다. → 황토현
⑤ 농민군이 ■■■을 점령하자, 정부가 청에 원군을 요청하였다. → 전주성
⑥ 전주 화약 체결 후 농민들은 ■■■를 세우고 폐정을 개혁하였다. → 집강소
⑦ 농민들은 폐정개혁안에서 ■■ 균등 분배를 주장하였다. → 토지
⑧ 정부는 개혁 추진 기구로 ■■■을 설치하였다. → 교정청
⑨ 제2차 봉기는 ■접과 ■접이 연합하여 전개되었다. → 남, 북
⑩ 제2차 봉기 때 ■■■에서 일본군·관군에 맞서 싸웠다. → 우금치

대표 기출 1

(가), (나) 사이의 시기에 있었던 사실로 옳은 것은? 73회 [2점]

> (가) 통문으로 장터에 모이라는 기별이 왔다. 저녁 먹은 후 여러 마을에서 징 소리며 나팔 소리, 고함 소리가 천지에 뒤끓더니 수천 명 군중들이 우리 마을 앞길로 몰려와 군수 조병갑을 죽인다며 소요를 일으켰다. 군중이 사방으로 포위하고 몰아갈 때 조병갑은 서울로 도망갔다.
>
> (나) 우두머리는 선화당을 점거하고 다른 동학 도당들은 나누어 사대문을 막으니 성 안의 백성과 아전, 군교 등이 미처 나오지 못하고 화염 속에 빠진 자가 많아 그 수를 알지 못하였습니다. 전주성이 삽시간에 함락된 것은 감영이나 전주부의 관속 무리 중 내응하는 자가 많았기 때문입니다.

① 남접과 북접이 논산에서 연합하였다.
② 최제우가 혹세무민의 죄로 처형되었다.
③ 일본이 군대를 동원하여 경복궁을 점령하였다.
④ 농민군이 황룡촌 전투에서 관군에 승리하였다.
⑤ 우금치에서 농민군이 관군과 일본군에 맞서 싸웠다.

자료분석

(가) 고부 지역 향촌 양반이 동학 농민 운동 당시 경험한 사실을 기록한 『석남역사』의 내용으로, 조병갑을 잡기 위해 농민들이 소요를 일으켰다는 데서 고부 봉기에 대한 것임을 알 수 있다.
(나) 동학 농민군이 전주성을 함락시켰다는 내용에서, 제1차 농민 봉기 당시의 사실임을 알 수 있다.

정답분석

④ 고부 봉기 이후 정부는 조병갑을 파면하고 안핵사를 파견해 봉기를 진정시키려 하였다. 그러나 안핵사 이용태가 동학 교도들을 탄압하자 농민들은 백산에 모여 제1차 농민 봉기를 일으켰다. 농민군은 황토현 전투, 황룡촌 전투 등에서 관군을 격파하고 나아가 전주성을 함락시켰다. 이에 정부는 농민군과 전주 화약을 체결하였다.

선택지분석

① 동학 농민군의 2차 봉기 때 전봉준이 주도한 남접과 최시형이 이끄는 북접이 논산에 집결해 한양으로 진격하고자 하였다.
② 최제우는 철종 때 동학을 창시하여 시천주, 인내천 사상 등을 전파하며 동학을 포교하다가 혹세무민의 죄목으로 처형되었다. 이어 최시형이 2대 교주가 되어 교단을 정비하고 교세를 회복하였다.
③ 전주화약 이후 조선은 청·일 양국에 철병을 요구하였으나, 일본은 조선의 개혁이 미진하다는 구실로 경복궁을 점령하고 갑오개혁을 강제하였다. 이는 동학 농민군 제2차 봉기의 원인이 되었다.
⑤ 동학 농민군의 2차 봉기 때 논산에 집결한 남접과 북접 세력은 한양으로 진격하다가 우금치 고개에서 관군과 일본군에 맞서 전투를 벌였다. 그러나 농민군은 우금치 전투에서 크게 패하고 세력이 와해되었다.

정답 ④

대표 기출 2

(가)에 들어갈 내용으로 옳은 것은? 72회 [3점]

답사 계획서
- 주제: 동학 농민군의 발자취를 따라서
- 기간: 2024년 ○○월 ○○일 ~ ○○일
- 답사 장소

지역	장소	설명
부안	백산	호남 창의 대장소(大將所)를 설치하고 4대 강령을 발표하였다.
장성	황룡 전적	(가)
공주	우금치 전적	농민군이 관군과 일본군을 상대로 격전을 벌이다 패배하였다.

① 농민군이 정부와 화약을 맺었다.
② 최제우가 혹세무민의 죄로 처형되었다.
③ 홍계훈의 관군을 상대로 농민군이 승리하였다.
④ 피신해 있던 농민군의 지도자 전봉준이 체포되었다.
⑤ 농민들이 조병갑의 탐학에 맞서 만석보를 파괴하였다.

정답분석
③ 동학 농민군은 백산에서 4대 강령을 발표한 후 태인을 점령한 뒤 전주 감영에서 파견한 진압군을 황토현 전투에서 물리쳤다. 뒤이어 홍계훈이 이끈 조선의 정규 부대인 경군을 장성 황룡촌에서 격파하였다.

선택지분석
① 동학 농민군은 황룡촌 전투에서 승리한 후 전주성을 점령하고, 정부와 전주 화약을 맺고 해산하였다.
② 최제우는 세상을 어지럽히고 백성을 현혹한다는 혹세무민죄로 1864년에 처형되었다. 동학 농민 운동 이전의 일이다.
④ 우금치 전투(2차 농민 봉기)에서의 패배 이후 전봉준 등 동학 농민군 지도자들이 체포되어 처형되었다.
⑤ 고부군수 조병갑이 만석보를 세워 물세를 함부로 징수하는 등 탐학을 자행하자, 전봉준 등은 농민들과 함께 고부 관아를 습격하고 만석보를 파괴하였다.

정답 ③

확인 문제

1 (가)~(다)를 일어난 순서대로 옳게 나열한 것은? 68회 [2점]

(가) 고부에서 민란이 다시 일어났다는 소문이 자자합니다. …… 장흥 부사 이용태를 고부군 안핵사로 임명하여 밤새 달려가 엄격히 조사하여 등급을 나누고 구별하여 보고하게 하소서.

(나) 전봉준은 무주 집강소에 다음과 같은 통문을 보냈다. "최근 일본이 경복궁을 침범하였다. 국왕이 욕을 당했으니, 우리들은 마땅히 달려가 목숨을 걸고 의로써 싸워야 한다."

(다) 청국의 간섭을 끊어버리고 우리 대조선국의 고유한 독립 기초를 굳건히 하였는데, 이번에 마관(馬關, 시모노세키) 조약으로 말미암아 세계에 드러나는 빛이 더욱 빛나게 되었다.

① (가) - (나) - (다)
② (가) - (다) - (나)
③ (나) - (가) - (다)
④ (나) - (다) - (가)
⑤ (다) - (나) - (가)

2 (가)에 들어갈 내용으로 가장 적절한 것은? 58회 [2점]

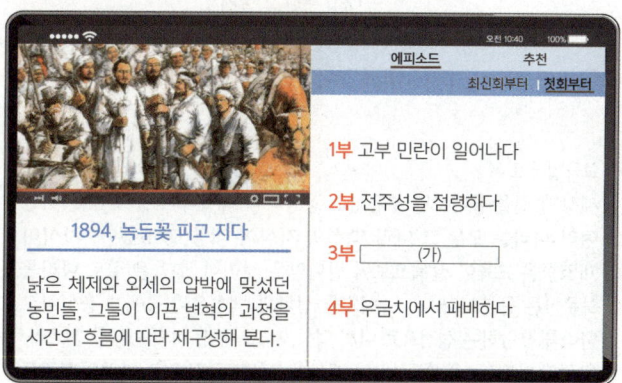

1894, 녹두꽃 피고 지다
낡은 체제와 외세의 압박에 맞섰던 농민들, 그들이 이끈 변혁의 과정을 시간의 흐름에 따라 재구성해 본다.

- 1부 고부 민란이 일어나다
- 2부 전주성을 점령하다
- 3부 (가)
- 4부 우금치에서 패배하다

① 남북접이 논산에 집결하다
② 황토현 전투에서 승리하다
③ 백산에 모여 4대 강령을 선포하다
④ 최시형이 동학의 2대 교주가 되다
⑤ 교조 신원을 요구하는 삼례 집회가 열리다

정답

1 ① (가) 동학 농민 운동의 시작인 고부 민란, (나) 전주 화약 이후 제2차 봉기를 일으키는 장면, (다) 청일 전쟁에서 일본이 승리한 이후의 사실이다.

2 ① 동학 농민군은 전주성 점령 후 정부와 전주 화약을 체결하고 집강소를 설치하여 개혁안을 실천해 나갔다. 그러나 일본이 경복궁을 점령하고 청·일 전쟁을 일으키며 조선의 내정을 간섭하자 동학 농민군은 반외세를 내세우며 재봉기하였다. 이때 손병희가 이끄는 북접군과 전봉준이 이끄는 남접군이 논산에서 합류하여 연합군을 형성하였다.

Theme 080 제1차·제2차 갑오개혁

PART 6 근대 사회의 전개

출제 의도와 대책
동학 농민 운동을 기회로 국내에 진주한 일본군은 내정 개혁을 빌미로 경복궁을 점령하고 김홍집 내각을 수립하였다. 이어 교정청을 폐지한 뒤 군국기무처를 설치하여 갑오개혁을 추진하였다. 청·일 전쟁과 동시에 진행되었기에, 비교적 개화파 주도의 개혁이 많이 이루어졌으나, 일본이 전쟁에 승기를 잡으면서 간섭이 심화되었다. 제1차 갑오개혁, 제2차 갑오개혁과 을미개혁 때 각각 이루어진 개혁 내용을 구분해 알아 두어야 하며, 해당 시기의 국제 정세 변화도 아울러 파악해 두어야 한다.

필기노트 마인드맵

- 제1차
  - 과정: 일본군 경복궁 점령(내정 개혁 빌미)
    - 군국 기무처 설치 → 총재관 김홍집
  - 내용
    - 정치: 왕실 사무와 정부 사무 분리, 6조 → 8아문
      - 개국 기년 사용(청 연호 폐지), 과거제 폐지
    - 경제: 탁지아문으로 재정 일원화, 은 본위제 도입
    - 사회: 공·사 노비법 혁파(신분제 폐지), 조혼 금지, 과부 재가 허용, 연좌제 폐지

- 제2차
  - 과정: 청·일 전쟁에서 일본의 승세, 동학농민군 진압
    - 군국기무처 폐지, 고종 홍범14조·독립서고문 발표
  - 내용
    - 정치: 의정부 → 내각, 8아문 → 7부, 8도 → 23부
      - 근대적 재판소 설치
      - 지방관의 사법·군사권 배제
    - 사회: 교육입국 조서 반포 → 한성 사범학교 관제

교육입국 조서
세상 형편을 돌아보면 부유하고 강성하여 독립하여 웅시(雄視)하는 여러 나라는 모두 그 나라 백성의 지식이 개명(開明)했다. 지식이 개명함은 교육이 잘됨으로써 말미암은 것이니, 교육은 실로 나라를 보존하는 근본이다. …… 너희들 신하와 백성은 임금에게 충성하고 나라를 사랑하는 심정으로 너의 덕성, 너의 체력, 너의 지혜를 기르라. 왕실의 안전도 너희들 신하와 백성의 교육에 달려 있고 나라의 부강도 너희들 신하와 백성의 교육에 달려 있다.

선택지 빅데이터
① 일본이 ■■■을 점령하고 내정 개혁을 요구하였다. → 경복궁
② ■■■은 군국기무처의 총재로 개혁을 주도하였다. → 김홍집
③ [제1차] 청 연호를 폐지하고 ■■ 기원을 사용하였다. → 개국
④ [제1차] 행정 기구를 6조에서 ■ 아문으로 개편하였다. → 8
⑤ [제1차] ■ 본위 화폐 제도가 시행되었다. → 은
⑥ [제1차] 공사 ■■법을 혁파하고 과거제를 폐지하였다. → 노비
⑦ [제2차] 개혁의 방향을 제시한 ■■ 14조를 반포하였다. → 홍범
⑧ [제2차] ■■■를 설치하여 사법권을 독립시켰다. → 재판소
⑨ [제2차] 지방 행정 구역을 8도에서 ■■부로 개편하였다. → 23
⑩ [제2차] ■■■■ 조서를 반포하고 한성 사범학교 관제를 마련하였다. → 교육입국

대표 기출 1

밑줄 그은 '개혁안'의 내용으로 옳은 것을 〈보기〉에서 고른 것은?

64회 [2점]

> **파리의 외무부 장관 아노토 각하께**
>
> 전임 일본 공사는 국왕에게서 사실상 거의 모든 권력을 빼앗고, 개혁 위원회[군국기무처]가 내린 결정을 확인하는 권한만 남겨 놓았습니다. …… 이후 개혁 위원회[군국기무처]는 매우 혁신적인 개혁안을 발표했습니다. 그런데 일부 위원들이 몇몇 조치에 대해 시의적절하지 않다고 판단하더니 이에 대해 동의하기를 거부했습니다. …… 게다가 조선인들은 이 기구가 왕권을 빼앗고 일본에 매수되었다고 비난하면서, …… 어떤 지방에서는 왕권 수호를 위해 봉기했다고 합니다.
>
> 주 조선 공사 르페브르 올림

보기
ㄱ. 건양이라는 연호를 제정하였다.
ㄴ. 탁지아문으로 재정을 일원화하였다.
ㄷ. 양전 사업을 실시하여 지계를 발급하였다.
ㄹ. 조혼을 금지하고 과부의 재가를 허용하였다.

① ㄱ, ㄴ ② ㄱ, ㄷ ③ ㄴ, ㄷ
④ ㄴ, ㄹ ⑤ ㄷ, ㄹ

자료분석
군국기무처가 주도하여 추진한 개혁은 제1차 갑오개혁이다. 동학 농민 운동을 빌미로 조선에 출병한 일본군은 조선의 철병 요구를 무시하고 경복궁을 점령해 자주적 개혁 기구인 교정청을 폐지하고 군국기무처를 설치하게 하였다.

정답분석
ㄴ. 제1차 갑오개혁에서 6조를 8아문제로 바꾸고, 왕실 사무와 정부 사무를 분리하였으며, 탁지아문에서 재정을 통할하게 하였다.
ㄹ. 제1차 갑오개혁에서 노비 제도 혁파, 조혼 금지와 과부 재가 허용 등 봉건적 폐습을 혁파하였다. 이는 동학 농민군의 주장을 반영한 것이기도 하였다.

선택지분석
ㄱ. 을미개혁 때 태양력을 시행하고, '양력을 세운다'는 의미로 건양을 연호로 정하였다. 제1차 갑오개혁에서는 공사 문서에 개국기원을 사용하도록 하였다.
ㄷ. 대한 제국 시기에 양지아문과 지계아문을 세워 양전 사업을 실시해 근대적 소유권 증서인 지계를 발급하는 광무 양전 사업을 추진하였다.

정답 ④

대표 기출 2

(가)에 들어갈 내용으로 적절한 것은? 69회 [2점]

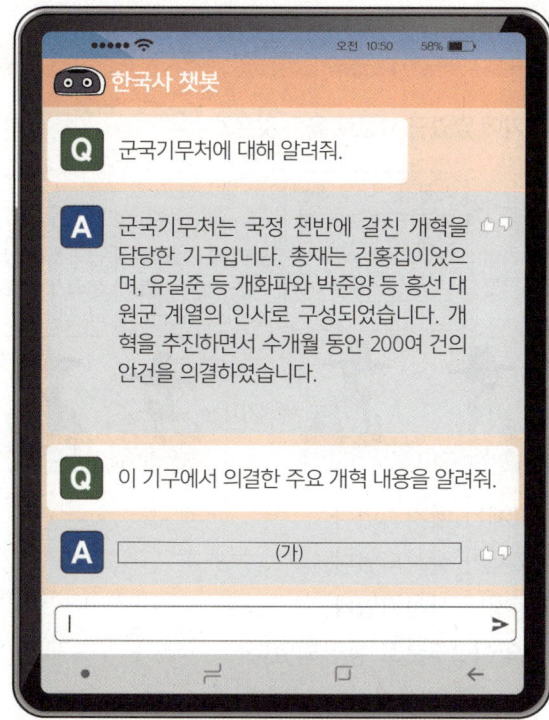

① 공사 노비법을 혁파하였습니다.
② 5군영을 2영으로 통합하였습니다.
③ 건양이라는 연호를 제정하였습니다.
④ 한성 사범 학교 관제를 반포하였습니다.
⑤ 지계아문을 설치하여 지계를 발급하였습니다.

자료분석
군국기무처는 제1차 갑오개혁을 담당한 개혁 기구이다. 군국기무처는 일본의 강요에 의해 설치되었으나, 당시 일본은 청·일 전쟁에 주력하였으므로 제1차 갑오개혁에는 조선 개화파 인사들의 개혁안이 다수 반영되었다.

정답분석
① 제1차 갑오개혁에서는 공·사 노비법 혁파, 연좌제 폐지, 조혼 금지, 과부 재가 허용 등 봉건적 폐습을 혁파하였다.

선택지분석
② 조선은 개항 초기에 근대 개혁 추진 기구로 통리기무아문을 설치하고(1880), 신식 군대로 교련병대(별기군)를 설치하면서 구식 군대인 5군영을 무위영과 장어영의 2영으로 통합하였다.
③ 을미개혁 때 태양력을 시행하고 건양을 연호로 채택하였다.
④ 제2차 갑오개혁 때 근대 교육의 중요성을 강조하는 교육 입국 조서를 반포하였으며, 이에 따라 한성 사범학교 관제를 반포해 교원을 양성하고 소학교를 설립하였다.
⑤ 대한 제국 시기에 근대적 토지 소유권 제도를 확립하기 위해 양지아문과 지계아문을 설립하여 양전 사업을 실시하고 지계를 발급하였다.

정답 ①

확인 문제

1 밑줄 그은 '개혁'의 내용으로 옳은 것은? 59회 [2점]

① 원수부를 설치하였다.
② 기기창을 설립하였다.
③ 공사 노비법을 혁파하였다.
④ 태양력을 공식 채택하였다.
⑤ 한성 사범 학교 관제를 반포하였다.

2 다음 대화 이후에 전개된 사실로 옳은 것을 〈보기〉에서 고른 것은? 53회 [2점]

― 보기 ―
ㄱ. 별기군이 창설되었다.
ㄴ. 한성순보가 발행되었다.
ㄷ. 교육 입국 조서가 반포되었다.
ㄹ. 재판소를 설치하여 사법권을 독립시켰다.

① ㄱ, ㄴ ② ㄱ, ㄷ ③ ㄴ, ㄷ
④ ㄴ, ㄹ ⑤ ㄷ, ㄹ

정답
1 ⑤ 밑줄 친 '개혁'은 제2차 갑오개혁이다. 제2차 갑오개혁 때 근대적 교육 제도를 위해 교육 입국 조서를 발표하고, 이를 바탕으로 소학교 설립에 필요한 교관 양성을 위해 한성 사범 학교 관제를 반포하였다.
2 ⑤ ㄷ. 제2차 갑오개혁 때 교육 입국 조서를 반포하여 교육의 중요성을 강조하였다(1895. 2.).
ㄹ. 제2차 갑오개혁 때 재판소를 설치하여 사법권을 행정권에서 독립시켰다.

Theme 081 을미개혁과 아관파천

PART 6 근대 사회의 전개

출제 의도와 대책
일본이 청·일 전쟁에서 승리하고 요동 반도를 할양받자, 러시아가 삼국 간섭을 통해 이를 철회시켰다. 이에 조선에 친러파 내각이 수립되어 일본을 견제하려 하자, 세력 약화를 우려한 일본은 경복궁에 침입해 명성 황후를 시해하고 친일 내각을 다시 수립하였다. 신변의 위협을 느낀 고종은 경복궁을 떠나 러시아 공사관으로 거처를 옮기게 되었다.

필기노트 마인드맵

을미개혁
- 삼국 간섭
  - 배경: 청·일 전쟁에서 일본 승리 → 요동반도 할양
  - 전개: 러시아 주도 **삼국 간섭**(러·프·독) → 요동 반환
  - 결과: 조선에 **친러 내각 수립**, 일본 세력 약화
- 을미개혁
  - 전개: 일본이 **명성 황후 시해** → 친일 내각 수립
  - 내용: **단발령** 시행, **태양력** 실시 · **건양** 연호
    친위대, 진위대 설치
  - 결과: 을미의병과 **아관파천으로 중단**
- 아관파천
  - 내용: 고종이 러시아 공사관으로 거처 옮김
  - 결과: 을미개혁 중단, 친일 내각 붕괴(김홍집 사망)
    열강의 **이권 침탈 본격화**(철도, 광산, 삼림 등)
  - 회복: 1년 만에 고종이 경운궁(덕수궁)으로 환궁

시모노세키 조약
첫째, 청국은 조선의 완전무결한 독립을 인정한다.
둘째, 청국은 랴오둥 반도와 타이완, 펑후 제도를 일본에 할양한다.
셋째, 청국은 배상금 2억 냥을 지불하는 것에 동의한다.

을미개혁
머리를 깎으라는 명령이 이미 내려지니 곡성이 하늘을 진동하고 사람들은 분하고 노해서 목숨을 끊으려 하였으며, 형세가 바야흐로 격변하여 일본인들은 군대를 엄히하여 대기시켰으며, 경무사 허진은 순검들을 인솔하고 칼을 들고 길을 막으며 만나는 사람마다 머리를 깎았다.

선택지 빅데이터
① 청·일 전쟁에서 ■■이 승리하였다. → 일본
② ■■■■의 영향으로 친러 내각이 수립되었다. → 삼국 간섭
③ 일본 낭인들이 경복궁에 침입해 ■■■에서 명성 황후를 시해하였다. → 건청궁
④ 을미개혁 때 ■■이라는 독자적인 연호를 사용하였다. → 건양
⑤ 을미개혁 때 ■■■와 진위대가 설치되었다. → 친위대
⑥ 을미개혁 때 새로운 역법으로 ■■■이 도입되었다. → 태양력
⑦ 을미개혁 때 ■■■이 시행되자 이에 반발하여 의병이 일어났다. → 단발령
⑧ 을미사변 이후 고종이 신변의 위협을 느끼고 ■■■ 공사관으로 거처를 옮겼다. → 러시아

대표 기출 1

(가) 시기에 있었던 사실로 옳은 것은?

72회 [3점]

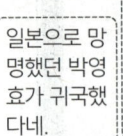 일본으로 망명했던 박영효가 귀국했다네.
 며칠 전 내무대신으로 임명되어 총리대신 김홍집과 함께 새로운 정부를 주도한다더군.
→ (가) →
 단발령이 공포되었다네. 폐하께서는 이미 단발을 하셨다는군.
 그래서 지금 전국에서 반대 상소가 빗발치고 있다네.

① 과거제가 폐지되었다.
② 호포제가 실시되었다.
③ 교정청이 설치되었다.
④ 5군영이 2영으로 통합되었다.
⑤ 교육 입국 조서가 반포되었다.

자료분석
첫 번째 자료는 '박영효'를 통해 제2차 갑오개혁과 관련된 내용임을 알 수 있다. 청·일 전쟁에서 승세를 잡은 일본은 1차 갑오개혁을 추진했던 군국기무처를 폐지하고, 갑신정변의 주동자로 일본에 망명해 있던 박영효를 귀국시켜 2차 갑오개혁에 참여시켰다.
두 번째 자료는 '단발령'을 통해 을미개혁에 대한 내용임을 알 수 있다.
따라서 (가) 시기는 2차 갑오개혁 시기이다.

정답분석
⑤ 제2차 갑오개혁 때 근대 교육의 중요성을 강조하는 교육 입국 조서를 반포하였으며, 이에 따라 한성 사범학교 관제를 반포해 교원을 양성하고 소학교를 설립하였다.

선택지분석
① 과거제는 1차 갑오개혁 때 폐지되었다.
② 호포제는 고종 때 흥선 대원군이 추진했던 정책이다. 흥선 대원군은 군정의 문란을 해결하기 위하여 양반들에게도 군포를 징수하는 호포제를 실시하였다. 호포제 실시로 군포 부담층이 늘어났으나, 양반 계층은 크게 반발하였다.
③ 교정청은 전주 화약 이후 정부가 세운 개혁 기구이다.
④ 조선은 개항 이후 근대 개혁의 일환으로 5군영을 2영으로 축소하고, 신식 군대인 별기군을 설치하였다.

정답 ⑤

대표 기출 2

밑줄 그은 '이 개혁'의 내용으로 옳은 것은? 58회 [2점]

① 지계아문을 설립하였다.
② 대한국 국제를 반포하였다.
③ 건양이라는 연호를 제정하였다.
④ 개혁 추진 기구로 교정청을 설치하였다.
⑤ 군제를 개편하여 5군영을 2영으로 통합하였다.

자료분석
제시된 자료 중 밑줄 친 '이 개혁'은 을미개혁(1895)이다. 을미개혁 때 태양력을 도입하였다.

정답분석
③ 을미개혁 때 '건양'이라는 연호를 제정하였다.

선택지분석
① 대한 제국은 지계아문을 설치(1901)하여 토지 소유자의 권리를 법적으로 증명하는 지계를 발급하였다.
② 대한 제국은 일종의 헌법인 대한국 국제를 반포하여 대한 제국의 정치는 만세불변의 전제 정치임을 밝혔다(1899).
④ 조선 정부는 동학 농민군과 전주 화약을 체결한 후 자주적 개혁 추진 기관으로 교정청을 설치하였다(1894).
⑤ 개항 이후 조선 정부는 개화 정책의 일환으로 중앙군인 5군영을 무위영과 장어영의 2영으로 개편하였다.

정답 ③

확인 문제

1 밑줄 그은 '개혁'의 내용으로 옳은 것은? 71회 [2점]

어제 발행된 관보를 보았는가? 지난 8월 국모 시해 사건 이후 김홍집 내각에서 추진한 개혁의 일환으로 태양력을 시행한다더니, 그에 맞추어 연호를 새로 정하라는 조칙이 내려졌군.

그래서 내일부터 양력 1월 1일이 시작되고, 새로운 연호는 건양으로 정해졌다고 하네.

① 양전 사업을 실시하여 지계를 발급하였다.
② 지방 행정 구역을 8도에서 23부로 개편하였다.
③ 군제를 개편하여 친위대와 진위대를 설치하였다.
④ 공사 노비법을 혁파하고 과부의 재가를 허용하였다.
⑤ 교육의 기본 방향을 제시한 교육 입국 조서를 반포하였다.

2 다음 사건 이후 추진된 개혁의 내용으로 옳은 것은? 56회 [2점]

> 일본군의 엄호 속에 사복 차림의 일본인들이 건청궁으로 침입하였다. 그들은 왕과 왕후의 처소로 달려가 몇몇은 왕과 왕태자의 측근들을 붙잡았고, 다른 자들은 왕후의 침실로 향하였다. 폭도들이 달려들자 궁내부 대신은 왕후를 보호하기 위해 두 팔을 벌려 앞을 가로막아 섰다. …… 의녀가 나서서 손수건으로 죽은 왕후의 얼굴을 덮어 주었다.

① 과거제를 폐지하였다.
② 태양력을 시행하였다.
③ 육영 공원을 설립하였다.
④ 공사 노비법을 혁파하였다.
⑤ 통리기무아문을 설치하였다.

정답
1 ③ 을미개혁 때 군제 개혁도 단행하여 한성에는 친위대를, 지방에는 진위대를 설치하였다.
2 ② 을미사변 이후 성립된 제4차 김홍집 내각은 을미개혁을 추진하여 '건양'이란 연호를 사용하고 태양력을 시행하였다.

Theme 082 독립 협회

PART 6 근대 사회의 전개

출제 의도와 대책

아관파천으로 국가적 위신이 손상되고 러시아에 이권을 넘겨주면서 최혜국 대우에 근거해 열강의 이권 침탈이 본격화되었다. 이러한 시기에 미국에 망명했던 서재필이 귀국하여 독립 협회를 설립해 자주 독립과 민중 계몽을 위해 독립 협회를 창립하였다. 독립 협회는 최초의 계몽 단체로서 최초의 민중 집회인 만민 공동회를 개최하는 등 활발한 활동을 펼쳤으며, 근대식 의회 설립 운동을 펼쳤다는 점도 알아 두어야 한다.

필기노트 마인드맵

- 창립: 독립신문(최초 민간 신문) 창간 → 독립 협회 창립
  주도: 개화 지식인(서재필·윤치호 등) + 정부 관료
- 활동 1기: 영은문·모화관을 헐고 독립문·독립관 건립
  2기: 고종의 환궁 요구
       강연회·토론회 개최 → 정부의 이권 양도 비판
       러시아의 절영도 조차 요구 철회, 러시아 고문단 철수
       ← 고종 경운궁(덕수궁) 환궁
  3기: 만민 공동회 개최, 민권 신장·국민 참정권 운동 전개
  4기: 관민 공동회 개최 → 헌의 6조 → 중추원 관제 반포
- 해산: 익명서 사건(독립협회가 공화정을 추진한다는 모함)
  → 고종의 해산 명령 → 황국 협회와 충돌 → 강제 해산

헌의 6조

1. 외국인에게 의지하지 말고, 관·민이 힘을 합하여 전제 황권을 견고하게 한다.
2. 외국과의 이권에 관한 조약은 각 대신과 중추원 의장이 합동 날인하여 시행한다.
3. 국가 재정은 탁지부에서 전관하고, 예산과 결산을 국민에게 공포한다.
4. 중대 범죄를 공판하되, 피고의 인권을 존중한다.
5. 칙임관을 임명할 때는 정부의 자문을 받아 다수의 의견에 따른다.

선택지 빅데이터

① 최초의 한글 신문인 ■■■을 발행하였다. → 독립신문
② 독립 협회를 창립하고 ■■■을 건립하였다. → 독립문
③ 러시아가 ■■■ 조차를 요구하자 이를 저지시켰다. → 절영도
⑤ 최초의 민중 집회인 ■■■를 열어 민권 신장을 추구하였다. → 만민 공동회
⑥ 관민 공동회를 개최하여 ■■■를 결의하였다. → 헌의 6조
⑦ ■■■에서 국가 재정을 전담할 것을 주장하였다. → 탁지부
⑧ ■■■ 개편을 통한 의회 설립을 추진하였다. → 중추원

대표 기출 1

(가) 단체의 활동으로 옳은 것은? 71회 [2점]

> 독립문 주춧돌 놓는 예식을 독립 공원 부지에서 열었다. …… 회장 안경수 씨가 연설하기를, '(가) 이/가 처음에 시작할 때 단지 회원이 네다섯 명이더니 오늘날 회원은 수천 명이다. 조선 인민들이 나라가 독립되는 것을 좋아하기에 심지어 궁벽한 시골에 사는 인민 중에서 독립문 세우는 데 돈을 보조하는 사람들이 있으며, 외국 사람 중에서도 돈 낸 사람들이 많이 있었다. 이것을 보면 조선 사람들도 오늘부터 조선에서 모든 일을 (가) 하듯이 시작하여 모두 합심하기를 바란다.'라고 하였다.

① 고종 강제 퇴위 반대 운동을 전개하였다.
② 일제의 황무지 개간권 요구를 저지시켰다.
③ 중추원 개편을 통한 의회 설립을 추진하였다.
④ 대성 학교를 설립하여 민족 교육을 실시하였다.
⑤ 독립운동 자금 마련을 위해 독립 공채를 발행하였다.

자료분석
자료의 '독립문' 등을 통해 (가)가 독립 협회임을 알 수 있다. 갑신정변 때 미국으로 망명했던 서재필은 갑오개혁 이후 귀국하여 개화 정책에 참여하였다. 그 일환으로 서재필은 독립신문을 창간하고, 청의 사신을 맞이하던 장소이자 사대의 상징이었던 영은문과 모화관을 헐고 그 자리에 독립문과 독립관을 건립하는 데 착수하였다. 이 과정에서 독립 협회를 창립하여 근대 지식을 계몽하고 민권 운동을 전개하였다.

정답분석
③ 독립 협회는 박정양 등 개혁적 관리들이 참여하는 관민 공동회를 개최하고, 여기에서 헌의 6조를 채택하여 중추원을 근대식 의회로 개편하고자 하였다. 고종이 이를 재가하는 조칙 5조를 내어 근대 의회가 설립되기 직전까지 갔으나, 수구파 대신들의 모함으로 무산되었다.

선택지분석
① 대한 자강회에 대한 설명이다.
② 보안회에 대한 설명이다.
④ 신민회에 대한 설명이다.
⑤ 대한민국 임시 정부에 대한 설명이다.

정답 ③

대표 기출 2

(가) 인물의 활동으로 옳은 것은? 67회 [3점]

> 초대 주미 공사인 [(가)]은/는 미국 대통령에게 고종의 국서를 전달하는 등 외교 활동을 펼친 후 귀국하여 『미속습유』를 집필하였습니다. 그는 이 책에서 미국의 문물과 제도를 소개하였으며, 미국과의 외교 관계를 강조하였습니다.

초대 주미 공사 특별전

① 샌프란시스코에서 흥사단을 창립하였다.
② 황준헌이 쓴『조선책략』을 국내에 들여왔다.
③ 인재 양성을 위해 오산 학교를 설립하였다.
④ 국문 연구소를 설립하고 연구위원으로 활동하였다.
⑤ 독립 협회의 제안을 받아들여 중추원 관제 개편을 추진하였다.

자료분석
초대 주미 공사로 파견된 인물은 박정양이다. 조선은 청의 내정 간섭을 견제하고 자주 외교를 펼치기 위해 미국에 공사관을 설립하고 박정양을 초대 주미 전권공사로 파견하였다. 청은 조선에 대한 종주권을 주장하며 압력을 가하였으나, 박정양은 개국기원과 '대조선 대군주' 등의 칭호를 사용하며 독자적 외교 활동을 전개하였다.

정답분석
⑤ 1898년 수구파 대신이 연좌제를 부활시키려 하자, 독립 협회는 만민 공동회를 열어 이에 반발하였다. 연이은 시위에 고종은 내각을 해산하고 박정양 내각을 수립하였다. 이에 박정양 등 개혁적 관리들이 참여하는 관민 공동회가 개최되었으며 여기에서 헌의 6조를 채택하여 중추원을 근대식 의회로 개편하고자 하였다.

선택지분석
① 안창호는 샌프란시스코에서 흥사단을 창립하여 무실역행(務實力行)을 강조하였으며, 국내 지부로 수양 동우회를 설립하였다.
② 김홍집은 제2차 수신사로 일본에 파견되었다가 청의 외교관 황준헌으로부터 『조선책략』을 받아 국내에 들여왔다.
③ 신민회는 민족 교육에도 힘을 썼으며, 신민회 회원인 안창호는 평양에 대성 학교를 세웠다. 정주의 오산 학교는 이승훈이 설립하였다.
④ 국문 연구소는 학부(學部)의 산하 기관으로 설립되었으며, 주시경이 연구위원으로 활동하였다.

정답 ⑤

확인 문제

1 (가) 단체의 활동으로 옳은 것은? 43회 [2점]

> 11월 4일 밤, 조병식 등은 건의소청 및 도약소의 잡배들로 하여금 광화문 밖의 내국 조방 및 큰길가에 익명서를 붙이도록 하였다. …… 익명서는 "[(가)]이/가 11월 5일 본관에서 대회를 열고, 박정양을 대통령으로, 윤치호를 부통령으로, 이상재를 내부대신으로…… 임명하여 나라의 체제를 공화정치 체제로 바꾸려 한다."라고 꾸며서 폐하게 모함하고자 한 것이다.
> — 『대한계년사』 —

① 일본의 황무지 개간권 요구를 저지하였다.
② 러시아의 절영도 조차 요구에 반대하였다.
③ 고종의 강제 퇴위 반대 운동을 전개하였다.
④ 계몽 서적 출판을 위해 태극 서관을 설립하였다.
⑤ 일본에게 진 빚을 갚자는 국채 보상 운동을 주도하였다.

2 (가) 단체에 대한 설명으로 옳은 것은? 64회 [2점]

> [(가)]은/는 독립관에서 경축 모임을 열었다. 회장은 모임을 여는 큰 뜻을 설명하였다. "오늘은 황제 폐하께서 대황제라는 존귀한 칭호를 갖게 되신 계천(繼天) 경축일이니, 대한의 신민은 이를 크게 경축드립니다. 우리는 관민 공동회에서 황실을 공고히 하고 인민을 문명 개화시키며 영토를 보존하고자 여섯 개 조항의 의견안을 바쳤습니다."라고 말하였다. …… 이어 회원들은 조칙 5조와 헌의 6조 10만 장을 인쇄하여 온 나라에 널리 배포하고 학생들에게 그것을 배우고 익히도록 하였다. 경축연을 마친 회원들은 울긋불긋한 종이꽃을 머리에 꽂은 채 국기와 [(가)]의 깃발을 세우고 경축가를 부르며 인화문 앞으로 가서 만세를 외치고 종로의 만민 공동회로 갔다.

① 일제의 황무지 개간권 요구를 저지시켰다.
② 러시아의 절영도 조차 요구에 반대하였다.
③ 태극 서관을 설립하여 계몽 서적을 보급하였다.
④ 민립 대학 설립을 위한 모금 운동을 전개하였다.
⑤ 조소앙의 삼균주의를 기초로 건국 강령을 발표하였다.

정답
1 ② (가)는 독립 협회이다. 독립 협회는 러시아의 절영도 조차 요구를 저지하였다.
2 ② 아관파천 이후 영향력이 강화된 러시아는 절영도 조차 요구, 군사 교련단 및 재정 고문단 파견 등을 통해 내정 간섭과 이권 침탈을 꾀하였다. 이에 독립 협회는 절영도 조차 요구를 저지시키고, 일본의 석탄고 기지도 반환받았다.

Theme 083 대한 제국

PART 6 근대 사회의 전개

출제 의도와 대책

고종은 아관파천에서 환궁한 이후 떨어진 국가의 위신을 세우고자 대한 제국을 선포하면서 연호를 광무로 정하고 황제에 즉위하였다. 대한 제국은 옛 제도를 근본으로 하고 새 것을 참고한다는 구본신참을 기본 방향으로 삼고, 점진적인 개혁을 추진하였다. 이를 대한 제국의 연호에 따라 광무개혁이라고 한다. 갑신정변 이래의 근대 개혁안, 갑오·을미개혁과 광무개혁 등의 공통점과 차이점, 실현된 순서 등을 구분하여 알아 두어야 한다.

필기노트 마인드맵

대한 제국 선포: 칭제건원, 환구단에서 즉위식 거행
광무개혁 ┬ 원칙: **구본신참**
　　　　├ 정치: 전제 군주권 강화 　**대한국 국제** 선포
　　　　│　　　　　　　　　　　　　**원수부** 설치
　　　　├ 행정 ┬ 양전 사업 → **지계 발급**(근대적 토지 소유권 제도)
　　　　│　　 └ 23부 → 13도제, 내각제 폐지 → 의정부 부활
　　　　├ 경제 　　근대적 공장·회사 설립, 근대시설 도입
　　　　│ (식산흥업) 유학생 파견, 상공학교 설립
　　　　│　　　　　　한성 은행, 대한 천일 은행 설립
　　　　└ 한계: 궁내부 내장원(황실 기구) 중심
기타　　　울릉도를 울도군으로 승격 및 독도 관할(**칙령 제41호**)
　　　　　간도 관리사(이범윤) 임명, 연해주에 해삼위 통상사무관 파견

대한국 국제

제1조 대한국은 세계 만국에 공인된 자주독립 제국이니라.
제2조 대한국의 정치는 만세 불변할 전제 정치이니라.
제3조 대한국 대황제께서는 무한한 군권을 향유하시느니라.
제5조 대한국 대황제께서는 육·해군을 통솔하시고 계엄·해엄을 명하시느니라.

선택지 빅데이터

① 광무개혁은 ■■■■을 기본 방향으로 삼았다. → 구본신참
② 대한 제국 수립 후 정치 체제를 밝힌 ■■■■가 반포되었다.
　→ 대한국 국제
③ 이범윤을 ■■ 관리사로 임명하였다. → 간도
④ 칙령 제41호를 통해 ■■가 관할 영토임을 명시하였다. → 독도
⑤ 군 통수권 장악을 위해 ■■■를 설치하였다. → 원수부
⑥ 관립 실업학교인 ■■ 학교가 개교되었다. → 상공
⑦ 한성은행, 대한 ■■ 은행이 설립되었다. → 천일
⑧ ■■ 아문을 설치하여 양전 사업을 실시하였다. → 양지
⑨ ■■ 아문을 설치하여 ■■를 발급하였다. → 지계, 지계

대표 기출 1

밑줄 그은 '개혁'의 내용으로 옳은 것은? 72회 [2점]

덕수궁 내에 있는 정관헌은 전통 건축 양식에 근대적 요소를 결합한 것으로 평가받고 있습니다. 고종이 황제로 즉위한 후 구본신참을 바탕으로 개혁을 추진할 때 건립되었습니다.

① 홍범 14조를 반포하였다.
② 공사 노비법을 혁파하였다.
③ 신식 군대인 별기군을 창설하였다.
④ 근대 교육 기관인 육영 공원을 설립하였다.
⑤ 지계아문을 설치하여 토지 소유자에게 지계를 발급하였다.

자료분석

자료의 '황제로 즉위', '구본신참'을 통해 밑줄 그은 '개혁'이 광무개혁임을 알 수 있다. 러시아 공사관에서 덕수궁으로 돌아온 고종은 대한 제국을 선포하고 황제로 즉위하였다. 그리고 옛것을 근본으로 하여 새것을 참작한다는 구본신참을 원칙으로 삼아 개혁을 추진하였는데, 이를 고종의 연호를 따서 광무개혁이라고 한다.

정답분석

⑤ 광무개혁 때 근대적 토지 소유권을 확립하기 위해 양지아문을 세워 양전을 실시하고, 지계아문을 세워 토지 소유자에게 지계를 발급하였다.

선택지분석

① 제2차 갑오개혁과 관련된 내용이다.
② 공사 노비법은 제1차 갑오개혁 때 혁파되었다.
③ 별기군은 개항 이후인 1881년에 통리기무아문의 건의로 설치된 신식 군대이다.
④ 육영 공원은 대한 제국 수립 이전인 1886년에 설립된 우리나라 최초의 관립 근대 학교이다. 헐버트, 길모어 등 외국인 교사를 초빙하여 젊은 관리와 고관의 자제를 대상으로 근대 학문을 가르쳤다.

정답 ⑤

대표 기출 2

밑줄 그은 '개혁'에 해당하는 내용으로 옳은 것을 <보기>에서 고른 것은? 68회 [2점]

【건축으로 보는 한국사】 석조전

고종은 황제로서의 권위와 근대 국가를 향한 의지를 보여주기 위해 서양의 신고전주의 양식으로 설계된 석조전 착공을 명하였다. 그러나 황제권 강화를 표방하여 <u>개혁</u>을 추진하던 고종은 석조전이 완공되기 전에 강제로 퇴위당하였다.

보기
ㄱ. 박문국을 설치하여 한성순보를 발행하였다.
ㄴ. 통리기무아문을 설치하여 개화 정책을 추진하였다.
ㄷ. 관립 상공 학교를 설립하여 실업 교육을 실시하였다.
ㄹ. 지계아문을 설치하여 토지 소유자에게 지계를 발급하였다.

① ㄱ, ㄴ   ② ㄱ, ㄷ   ③ ㄴ, ㄷ
④ ㄴ, ㄹ   ⑤ ㄷ, ㄹ

자료분석
대한 제국 시기에 옛 것을 근본으로 하여 새 것을 참작한다는 구본신참을 원칙으로 삼아 식산 흥업 정책(상공업 진흥책)을 추진하였다. 이를 고종의 연호를 따서 광무개혁이라고 부른다.

정답분석
ㄷ. 광무개혁 때 상공업 진흥책에 따라 우무학당(우편 사무), 전무학당(체신), 상공 학교(농·상·공), 광무학교(광업) 등 관립 학교를 설립하고 실업 교육을 실시하였다.
ㄹ. 광무개혁 때 근대적 토지 소유권 제도를 확립하기 위해 양지아문을 세워 양전을 실시하고, 지계아문을 세워 지계를 발급하였다.

선택지분석
ㄱ. 박문국은 1883년에 세워진 근대식 인쇄소로 한성순보를 발간하였다. 갑신정변 과정에서 박문국이 파괴되었다가, 1885년에 재건되어 한성주보를 발간하였다.
ㄴ. 통리기무아문은 1880년에 세워진 근대 개혁 추진 기구로, 산하에 통상사, 사대사, 교린사 등 12사를 두었다.

정답 ⑤

확인 문제

1 다음 관제가 반포된 이후의 사실로 옳은 것은? 66회 [2점]

〈원수부 관제〉

대황제 폐하는 대원수로서 군기(軍機)를 총람하고 육해군을 통령하며, 황태자 전하는 원수로서 육해군을 일률적으로 통솔한다. 이에 원수부를 설치한다.

제1조
원수부는 국방과 용병(用兵)과 군사에 관한 각 항의 명령을 관장하며 특별히 세운 권한을 가지고 군부와 경외(京外)의 각 부대를 지휘 감독한다.

① 지계아문이 설치되었다.
② 군국기무처가 창설되었다.
③ 5군영이 2영으로 통합되었다.
④ 한성 사범 학교가 설립되었다.
⑤ 건양이라는 연호가 제정되었다.

2 밑줄 그은 '개혁'에 해당하는 내용으로 옳은 것은? 62회 [2점]

[해설]
이 그림은 프랑스 일간지에 실린 삽화로 파리 만국 박람회장에 설치된 한국관의 모습을 담고 있습니다. 경복궁 근정전을 재현한 한국관은 당시 언론의 관심을 끌었습니다. 황제로 즉위한 뒤 <u>개혁</u>을 추진하던 고종은 만국 박람회 참가를 통해 대한 제국을 세계에 소개하고, 서구의 산업과 기술을 받아들이고자 하였습니다.

① 건양이라는 연호를 사용하였다.
② 신식 군대인 별기군을 창설하였다.
③ 관립 의학교와 광제원을 설립하였다.
④ 박문국을 설치하여 한성순보를 발간하였다.
⑤ 한일 관계 사료집을 편찬하고 독립 공채를 발행하였다.

정답
1 ① 대한 제국은 양지아문과 지계아문을 설립해 양전을 실시하고 근대적 소유권 증서인 지계를 발급하였다.
2 ③ 밑줄 친 '개혁'은 광무개혁이다. 광무개혁 때 관립 중학교, 각종 관립 실업학교와 관립 기술학교 등을 건립하였다. 관립 의학교와 그 산하 병원인 광제원은 광무개혁 기간인 1900년에 세워졌다.

Theme 084 국권 피탈 과정

PART 6 근대 사회의 전개

출제 의도와 대책

청·일 전쟁에서 승리한 일본이 한반도에 대한 영향력을 확대해가면서 이를 견제하던 러시아와 갈등이 격화되어 러·일 전쟁이 발발하였다. 러·일 전쟁은 러시아를 견제하던 영국·미국 등의 지원을 받은 일본의 승리로 끝났다. 전쟁 과정에서 일본은 영·미·러 열강들에게 한국에서의 권익을 보장받았고, 이후 일본은 본격적인 식민지화 정책을 추진하였다. 일본의 식민지화 계획을 염두에 두고 대한 제국과 체결한 각 조약 및 열강과의 관계 정리 등을 하나의 흐름으로 연결할 수 있다.

필기노트 마인드맵

- 1904 러·일 전쟁: 대한 제국 **국외 중립** 선언 → 러·일 전쟁 발발
  한·일 의정서: 군사 **요충지 무단 사용** 가능
  제1차 한·일 협약: 고문 정치: 외교(스티븐스), 재정(**메가타**)
- 1905 가쓰라·태프트 밀약(미국), 제2차 영·일 동맹(영국)
  포츠머스 강화 조약: 러·일 전쟁의 종전 협정 → 일본의 승리
  제2차 한·일 협약(**을사늑약**): 외교권 박탈, 통감부 설치
- 1907 헤이그 특사 파견 → **고종 강제 퇴위**
  한·일 신협약(정미 7조약) 통감 권한 확대
  일본인 **차관 임명**
  대한 제국 **군대 해산**(비밀 부수 각서) → **정미의병**
- 1908 동양 척식 주식회사 설립
- 1909 기유각서(사법권 박탈), **간도 협약**(청의 간도 영유권 인정)
- 1910 경찰권 박탈, 한·일 병합 조약

제1차 한·일 협약

대한 정부는 대일본 정부가 추천한 외국인 1명을 외교 고문으로 삼아 외부(外部)에 용빙하여 외교에 관한 주요 사무는 일체 그의 의견을 물어서 시행해야 한다.

대한 정부는 외국과 조약을 체결하거나 기타 중요한 외교 안건 즉, 외국인에 대한 특권 양여와 계약 등의 문제 처리에 관해서는 미리 대일본 정부와 상의해야 한다.

선택지 빅데이터

① 러·일 전쟁 발발 직전 고종이 국외 ■■을 선언하였다. → 중립
② ■·■■■에서 일본이 군사상 필요한 지역을 사용할 수 있도록 하였다. → 한·일 의정서
③ 일본과 ■■이 가쓰라·태프트 밀약을 체결하였다. → 미국
④ 제1차 한·일 협약으로 재정 고문 ■■■가 임명되었다. → 메가타
⑤ 을사늑약으로 외교권이 박탈되고 ■■■가 설치되었다. → 통감부
⑥ 헤이그 특사 파견을 빌미로 일본이 강요하여 ■■이 퇴위하고 순종이 즉위하였다. → 고종
⑦ 한·일 신협약으로 각 부서에 일본인 ■■이 임명되었다. → 차관
⑧ 정미7조약의 비밀 부속 각서로 대한 제국의 ■■ 해산을 규정하였다. → 군대

대표 기출 1

(가) 조약에 대한 설명으로 옳은 것은? 73회 [1점]

저는 지금 워싱턴에 있는 옛 주미대한제국공사관 건물 앞에 나와 있습니다. 이곳은 1889년부터 외교 공관으로 사용되었으나, (가) 으로 외교권을 박탈당하여 그 기능을 상실하였습니다. 현재 이 건물을 대한민국 정부가 매입하여 전시관으로 활용하고 있습니다.

① 러일 전쟁 중에 체결되었다.
② 최혜국 대우를 최초로 규정하였다.
③ 천주교 포교 허용의 근거가 되었다.
④ 통감부가 설치되는 결과를 초래하였다.
⑤ 스티븐스가 외교 고문으로 파견되는 배경이 되었다.

자료분석

대한 제국이 외교권을 박탈당하게 된 (가) 조약은 을사늑약이다. 일제는 러·일 전쟁 중 미국과 가쓰라·태프트 밀약, 영국과 제2차 영·일 동맹을 체결하여 한반도 지배에 대한 권리를 인정받았으며, 러·일 전쟁을 종결한 포츠머스 강화 조약을 통해 러시아의 양보도 받아냈다. 이후 이러한 열강의 묵인을 바탕으로 1905년에 을사늑약을 강제로 체결하여 대한 제국의 외교권을 박탈하고 일본의 보호국으로 만들었다.

정답분석

④ 일제는 을사늑약을 통해 대한 제국의 외교권을 박탈하고, 외교 사무를 관장할 기관으로 통감부를 설치하였다.

선택지분석

① 일제는 러일 전쟁 개전 직후 한·일 의정서를 체결하여 일본이 대한 제국의 군사상 요충지를 마음대로 이용할 수 있게 하였으며, 제1차 한·일 협약을 체결해 일본이 추천한 외교 고문과 재정 고문을 임명하도록 하였다. 을사늑약은 러·일 전쟁 이후에 체결되었다.
② 조·미 수호 통상 조약에서 최초로 최혜국 대우를 규정하였으며, 양국에 일이 있을 때 서로 돕는다는 거중조정 조항도 규정하였다.
③ 조·프 수호 통상 조약이 체결되면서 천주교 포교가 사실상 허용되었다.
⑤ 제1차 한·일 협약에서 일제가 추천하는 외국인 고문을 임명하도록 하였다. 이에 따라 외교 고문에 친일적 미국인 스티븐스, 재정 고문에 메가타가 임명되었다.

정답 ④

대표 기출 2

다음 글이 작성된 시기를 연표에서 옳게 고른 것은? 65회 [2점]

> 전보 제○○○호
>
> **발신인:** 외무대신 하야시
> **수신인:** 통감 이토
>
> 네덜란드에 파견된 전권 대사 쓰즈키가 보낸 전보 내용임.
>
> 한국인 3명이 이곳에 머물면서 평화 회의의 위원 대우를 받고자 진력하고 있다고 함. 그들은 오늘 아침 러시아 수석 위원 넬리도프를 방문하려 했는데, 넬리도프는 네덜란드 정부로부터 평화 회의 위원으로 확인되지 않는 자는 만나지 않겠다고 함. 이들은 일본이 한국에 시행한 정책에 대해 항의서를 인쇄하여 각국 수석 위원(단, 영국 위원은 제외한 것으로 보임)에게도 보냈다고 함.

1866	1876	1884	1894	1904	1910
	(가)	(나)	(다)	(라)	(마)
병인양요	강화도조약	한성조약	청·일전쟁	러·일전쟁	국권피탈

① (가)   ② (나)   ③ (다)
④ (라)   ⑤ (마)

정답분석

⑤ 일제는 러·일 전쟁 중 미국과 가쓰라·태프트 밀약, 영국과 제2차 영·일 동맹을 체결하였으며, 러시아와 포츠머스 강화 조약을 맺으며 열강 사이에서 한반도에 대한 독점적 지배권을 묵인받았다. 이에 따라 일제는 1905년 강압적으로 을사늑약을 체결하여 대한 제국의 외교권을 박탈하고 보호국화하였다.
이에 고종 황제는 자신이 을사늑약 체결을 거부하였으며 서명 날인하지 않았음을 들어 조약의 무효를 선언하고, 헤이그 만국 평화 회의에 특사를 파견하여 조약의 무효를 국제 사회에 알리고자 하였다(헤이그 특사 사건, 1907. 4.).
일제는 헤이그 특사 사건을 빌미로 고종을 강제 퇴위시키고, 순종을 압박하여 대한 제국 군대 해산(1907), 재판권 박탈(1909), 경찰권 박탈(1910) 등을 거쳐 1910년에 한·일 병합 조약을 맺어 한국을 병탄하였다.
따라서 (마) 시기에 해당된다.

정답 ⑤

확인 문제

1 다음 대화에 나타난 사건 이후의 사실로 옳은 것은? 69회 [3점]

> 며칠 전 황제 폐하께서 황태자 전하께 대리를 명하는 조칙을 내리셨다는 소식을 들었는가?

> 들었네. 그 다음날 일본 군대의 삼엄한 경계 속에서 양위식이 거행되어 대리가 아니라 사실상 황제께서 퇴위당하신 셈이지.

① 신식 군대인 별기군이 창설되었다.
② 묄렌도르프가 외교 고문으로 파견되었다.
③ 초대 통감으로 이토 히로부미가 부임하였다.
④ 기유각서가 체결되어 사법권을 박탈당하였다.
⑤ 관민 공동회가 개최되어 헌의 6조를 결의하였다.

2 다음 상소가 올려진 이후의 사실로 옳은 것은? 55회 [3점]

> 일본이 러시아에 선전 포고한 이후 우리의 독립과 영토를 보전한다고 몇 번이나 말하였지만, 그것은 우리나라의 이익을 빼앗아 차지하려는 것이었습니다. …… 지금 저들이 황실을 보전하겠다는 말을 폐하께서는 과연 믿으십니까? 지금까지 군주의 지위가 아직 바뀌지 않았고 백성도 아직 죽지 않았으며 각국 공사도 아직 돌아가지 않았습니다. 그리고 조약서가 다행히 폐하의 인준과 참정의 인가를 받은 것이 아니니, 저들이 가지고 있는 것은 역적들이 억지로 만든 헛된 조약에 불과합니다.

① 제1차 영·일 동맹이 체결되었다.
② 일본이 경인선 부설권을 인수하였다.
③ 묄렌도르프가 외교 고문으로 파견되었다.
④ 통감부가 설치되고 초대 통감이 부임하였다.
⑤ 러시아가 용암포를 점령하고 조차를 요구하였다.

정답

1 ④ 일제는 1909년에 기유각서를 체결하여 사법권을 박탈하였으며, 1910년 강점 직전에는 경찰권을 박탈해 강점에 따른 반발을 진압할 준비를 하였다.

2 ④ 제시된 자료는 을사늑약 체결 이후 최익현이 올린 '오적(五賊)을 토죄하기를 청하는 소(請討五賊疏)'이다. 을사늑약 체결 이후 일본은 통감부를 설치하고 초대 통감으로 이토 히로부미가 부임하였다.

Theme 085 애국 계몽 운동

PART 6 근대 사회의 전개

출제 의도와 대책

을사늑약으로 외교권을 빼앗기고 일본의 보호국으로 전락하자, 지식인들은 국권 상실의 위기감을 느끼고 실력 양성을 통해 국권을 회복하고자 하였다. 이들은 독립 협회를 계승하여 정치 단체와 학회 등을 설립하고 민중 계몽과 자주의식 고취에 힘썼다. 통감부의 탄압이 더욱 노골화되자 민족운동가들은 비밀 결사 단체인 신민회를 조직하였으며, 신민회는 애국 계몽 운동과 의병 계열을 망라하여 국외 독립 운동 기지 건설에 나섰다. 각 단체의 특징과 활동을 구분하여 정리해 둔다.

필기노트 마인드맵

- 보안회 — 日 **황무지 개간권 요구** 반대 운동
  - 신기선, 송수만 주도로 민중 대회 개최 → 저지 성공
  - cf 스스로 개간하기 위해 농광회사 설립
- 헌정 연구회: **입헌 군주제** 목표 → 일진회와 대립하다가 해산
- 대한 자강회 — 전국에 지회 설치, 월보 간행, 강연회 개최
  - **고종 퇴위 반대 운동** 전개 → 통감부 탄압으로 해산
- 신민회 — 조직: **비밀 결사**(안창호, 양기탁, 신채호, 박은식 등 주도)
  - 활동 — **공화정 목표** → 신정신, 신단체, 신국가 건설
    - 교육: **대성학교**(안창호), **오산학교**(이승훈) 설립
    - 산업: **태극서관**, 자기회사 설립
    - 독립 운동 기지 건설 — 경학사 설립
    - (남만주 삼원보) **신흥 강습소** 설립
  - 해산: 일제 강점 후 **105인 사건**(1911)

신민회

신민회는 안창호, 양기탁, 이승훈이 중심이 되어 조직한 비밀 결사 단체로, 국권을 회복한 뒤 공화 정체의 국가를 수립하고자 하였다. 이를 위해서는 실력 양성에 온 힘을 쏟아야 한다고 규정하고 무엇보다 국민을 새롭게 할 것을 주장하였다.

선택지 빅데이터

① ■■■는 일본의 황무지 개간권 요구를 저지하였다. → 보안회
② ■■■■는 고종의 강제 퇴위에 반대하는 시위를 주도하였다. → 대한 자강회
③ 안창호는 양기탁 등과 함께 ■■■를 조직하였다. → 신민회
④ 신민회는 ■■ 정체의 근대 국가 수립을 목표로 하였다. → 공화
⑤ ■■■는 실력 양성과 무장 투쟁을 함께 추구하였다. → 신민회
⑥ 신민회는 ■■■■와 오산학교를 설립하여 민족 교육을 실시하였다. → 대성 학교
⑦ 신민회는 독립군 양성을 위해 ■■ 강습소를 설립하였다. → 신흥

대표 기출 1

(가) 단체에 대한 설명으로 옳은 것은? 68회 [2점]

① 복벽주의를 표방하였다.
② 13도 창의군을 결성하였다.
③ 일제의 황무지 개간권 요구를 저지하였다.
④ 근대 교육을 위해 배재 학당을 설립하였다.
⑤ 일제가 조작한 105인 사건으로 해체되었다.

자료분석

안창호, 양기탁 등이 비밀결사로 조직하였으며, 태극 서관을 설립한 (가) 단체는 신민회이다. 신민회는 일제의 탄압이 심해지던 1907년에 비밀결사로 조직되었으며 태극 서관과 자기 회사를 세우고 대성학교, 오산학교를 설립하는 한편 국외 독립군 기지 건설을 추진하여 애국 계몽 운동과 의병 운동의 흐름을 모두 계승하였다.

정답분석

⑤ 국권 피탈 이후 황해도 안악에서 안명근이 군자금을 모금하다가 발각되었는데, 일제가 이 사건을 총독 암살 미수 사건으로 확대·조작하여 많은 민족운동가들이 체포되고 105명이 유죄 판결을 받는 사건이 일어났다(1911). 이때 신민회 회원들이 다수 투옥되면서 신민회가 와해되었다.

선택지분석

① 복벽주의는 일제를 몰아낸 뒤 대한 제국을 복원하자는 주장으로 독립 의군부가 대표적이다. 신민회는 공화주의에 입각한 국민 국가 건설을 지향하였다.
② 고종 강제 퇴위와 군대 해산으로 촉발된 정미의병은 총대장 이인영을 중심으로 전국 의병 연합 부대인 13도 창의군을 결성하고 서울 진공 작전을 전개하였다.
③ 1904년 일제가 국토의 1/4에 달하는 황무지에 대한 개간권을 요구하자 보안회가 설립되어 이를 저지하였다.
④ 배재 학당은 1885년 선교사 아펜젤러가 세운 최초의 근대식 중등 교육 기관이다.

정답 ⑤

대표 기출 2

교사의 질문에 대한 학생의 답변으로 옳은 것은? 62회 [2점]

이것은 대한매일신보에 태극 서관이 게재한 서적 할인 광고입니다. 태극 서관은 신지식 보급과 민족의식 고취를 위해 이 단체가 운영한 기관입니다. 인재 양성을 위해 대성 학교도 설립한 이 단체에 대해 말해 볼까요?

① 민립 대학 설립 운동을 전개하였어요.
② 러시아의 절영도 조차 요구를 저지하였어요.
③ 파리 강화 회의에 독립 청원서를 제출하였어요.
④ 안창호, 양기탁 등이 비밀 결사로 조직하였어요.
⑤ 국문 연구소를 세워 한글의 문자 체계를 정리하였어요.

자료분석
대성 학교는 신민회 회원인 안창호가 설립하였다. 태극 서관은 신민회가 대구·평양·서울 등지에 세운 일종의 서점으로, 조선 광문회에서 편찬한 간행물과 각종 근대 지식을 담은 잡지 등을 판매하였다.

정답분석
④ 신민회는 안창호, 양기탁 등의 주도로 공화 정체의 근대 국가 수립을 지향하며 설립되었다. 비밀결사였기 때문에 조선 광문회나 태극 서관 등의 외곽 활동 단체가 필요하였으며, 태극 서관은 회원들이 만나 지식과 정보를 교류하는 거점으로도 활용되었다. 한편 양기탁이 운영하는 대한매일신보는 사실상 신민회의 기관지 역할을 하였다.

선택지분석
① 민립 대학 설립 운동은 1920년대에 전개된 실력 양성 운동이다. 신민회는 1911년에 105인 사건으로 조직이 와해되었다.
② 절영도 조차 요구를 저지한 단체는 독립 협회이다. 대한 자강회가 고종의 강제 퇴위 반대 운동을 펼치다 해산된 후 신민회가 창립되었다. 이 시기는 이미 러·일 전쟁에서 일본이 승리하여 러시아가 조선에 대한 일본의 주도권을 인정한 후이다.
③ 대한민국 임시 정부에 대한 설명이다. 제1차 세계 대전의 전후 처리를 위해 파리 강화 회의가 개최되고, 미국 대통령 윌슨이 민족 자결주의를 발표하였다. 이에 3·1 운동이 전개되고, 대한민국 임시 정부가 수립되어 외무총장 김규식을 통해 파리 강화 회의에 독립 청원서를 제출하였다.
⑤ 주시경에 대한 설명이다. 주시경은 호를 한힌샘으로 정하고 한글 운동에 나섰으며, 학부 산하에 국문 연구소를 세워 한글의 체계를 연구하였다.

정답 ④

확인 문제

1 다음 자료를 활용한 탐구 활동으로 가장 적절한 것은? 50회 [1점]

- 신(臣) 등이 들은 말에 의하면 일전에 외부(外部)에서 산림과 원야(原野)와 진황지(陳荒地)를 50년 기한으로 일본인에게 빌려주는 일을 정부에 청의(請議)하여 도하(都下)의 인심이 매우 술렁거리고 있습니다. - 『해학유서』 -
- 종로에서 송수만, 심상진 씨 등이 각 부(府)·부(部)·원(院)·청(廳)과 각 대관가(大官家)에 알리노라. 지금 산림과 하천 및 못, 원야, 황무지를 일본인이 청구하니, 국가의 존망과 인민의 생사가 경각에 달려 있노라. - 황성신문 -

① 105인 사건의 영향을 조사한다.
② 보안회의 활동 내용을 파악한다.
③ 독립문이 건립된 과정을 살펴본다.
④ 조선 형평사의 설립 목적을 검색한다.
⑤ 황국 중앙 총상회의 활동을 파악한다.

2 밑줄 그은 '이 단체'에 대한 설명으로 옳은 것은? 48회 [2점]

이 신문 광고를 낸 태극 서관에 대해 말씀해 주세요.

태극 서관은 신지식 보급과 민족의식 고취를 위해 운영되었습니다. 또한 대성 학교와 오산 학교를 세운 이 단체의 산하 기관 역할을 하기도 하였습니다.

① 일제가 조작한 105인 사건으로 와해되었다.
② 파리 강화 회의에 독립 청원서를 제출하였다.
③ 만민 공동회를 열어 민권 신장을 추구하였다.
④ 독립운동 자금 마련을 위해 독립 공채를 발행하였다.
⑤ 『어린이』 등의 잡지를 발간하여 소년 운동을 주도하였다.

정답
1 ② 일본이 황무지 개간권을 요구하자, 이를 저지하기 위해 송수만·심상진 등이 보안회를 결성하였다.
2 ① 신민회는 평양에 대성 학교, 정주에 오산 학교를 설립하여 민족 교육을 추진하였다. 1911년에 일제가 조작한 105인 사건으로 회원들이 다수 투옥되면서 조직이 와해되었다.

Theme 086 항일 의병 운동

PART 6 근대 사회의 전개

출제 의도와 대책

일제가 을미사변을 일으키고 단발령을 시행하면서, 위정척사 운동은 의병 운동으로 발전하였다. 을미의병은 양반 유생들이 중심이었으나, 을사의병 때 평민 의병장이 등장하고, 정미의병 때는 해산 군인과 각계 백성들이 참여하면서 점차 전국적 의병 전쟁으로 발전하였다. 각 의병 운동의 발단이 된 일제의 침략 양상과 의병의 주도 인물 및 의병 운동의 양상을 서로 연결하는 유형의 문제가 주로 출제된다.

필기노트 마인드맵

- 을미의병
  - 배경: **을미사변, 단발령** → 유생 중심(유인석, 이소응)
  - 특징: 고종의 **해산 권고 조칙**으로 자진 해산
- 을사의병
  - 배경: 을사늑약 → 민종식(홍주성), 최익현(태인)
  - 특징: **평민 의병장 출현** → 신돌석
- 정미의병
  - 배경: **고종 강제 퇴위, 군대 해산**(정미 7조약)
  - 전개: 대대장 박승환 자결 → 해산 군인 의병 가담
    → **13도 창의군 결성** → **서울 진공 작전**
  - 특징: 각국 영사관에 **국제법**상 교전 단체 승인 요청
  - 결과: 남한 대토벌 작전으로 국외 이동 → 독립군 계승
- 을사늑약
  반대 투쟁
  - 자결: 민영환, 조병세
  - 자신회: 나철·오기호 → 을사 5적 암살단
  - 언론: 장지연의 **시일야방성대곡**(황성신문)
  - 의거 ┌ 스티븐스 사살(전명운·장인환)
         ├ 이완용 저격 시도(이재명)
         └ **이토 히로부미 사살**(안중근)

을사의병
오호라. 작년 10월에 저들이 한 한 행위는 만고에 일찍이 없던 일로서, 한 조각의 종이에 강제로 조인하게 하여 5백 년 전해오던 종묘사직이 마침내 하룻밤 사이에 망했으니 ……

선택지 빅데이터

① 단발령 시행에 반발해 ■■ 의병이 일어났다. → 을미
② 을미의병은 고종의 ■■ 권고 조칙에 따라 해산하였다. → 해산
③ 을사늑약 이후 최■■, 민종식 등이 의병을 주도하였다. → 익현
④ 정미의병은 해산 ■■의 합류로 군사력이 강화되었다. → 군인
⑤ 13도 창의군은 ■■■ 작전을 전개하였다. → 서울 진공
⑥ 13도 창의군은 외국 공사관에 ■■상 교전 단체로 승인해줄 것을 요구하였다. → 국제법
⑦ 민영환·조병세 등이 ■■■에 항거해 자결하였다. → 을사늑약
⑧ 황성신문에 ■■■■■이 게재되었다. → 시일야방성대곡
⑨ 나철, 오기호는 을사오적 처단을 위해 ■■■를 결성하였다. → 자신회
⑩ 이재명은 명동 성당 앞에서 ■■■을 습격하였다. → 이완용
⑪ ■■■이 하얼빈에서 이토 히로부미를 사살하였다. → 안중근

대표 기출 1

밑줄 그은 '이 시기'의 의병 활동에 대한 설명으로 옳은 것은?
72회 [2점]

이곳 지리산 연곡사에는 의병장 고광순의 순절비가 있습니다. 그는 지리산을 중심으로 장기 항전을 계획하다가 일본군의 토벌 작전으로 순국하였습니다. 고종의 강제 퇴위와 군대의 강제 해산으로 의병 활동이 고조된 <u>이 시기</u>에는 고광순을 비롯하여 각계각층의 사람들이 국권 회복을 위해 활동했습니다.

① 13도 창의군을 결성하였다.
② 한·중 연합 전선을 형성하였다.
③ 최익현이 태인에서 궐기하였다.
④ 고경명 등이 의병장으로 활약하였다.
⑤ 봉오동 전투에서 일본군을 격퇴하였다.

자료분석
자료의 밑줄 그은 '이 시기'의 의병은 정미의병이다. 일제가 헤이그 특사를 빌미로 고종을 강제 퇴위시키고 대한 제국 군대를 해산시키자, 이에 반발하여 정미의병이 일어났다. 해산 군인들이 의병 활동에 합류하면서 의병의 조직력과 화력이 강화되어 의병 전쟁으로 확대되었다.

정답분석
① 정미의병 당시 전국의 의병들은 총대장 이인영을 중심으로 전국 의병 연합 부대인 13도 창의군을 결성하고 서울 진공 작전을 펼쳤다.

선택지분석
② 1931년 만주 사변으로 중국인의 항일 감정이 높아지면서, 만주 지역에서 한국 독립군과 조선 혁명군 등이 중국군과 연합하여 한·중 연합 작전이 전개되었다.
③ 을사의병에 해당한다. 최익현은 을사늑약이 체결되자 태인에서 제자 임병찬과 함께 의병을 일으켰다.
④ 고경명은 임진왜란 때 의병장으로 활약하였다.
⑤ 1920년에 홍범도가 이끄는 대한 독립군이 봉오동에서 일본군에 승리하였다.

정답 ①

대표 기출 2

(가) 의병에 대한 설명으로 옳은 것은? 70회 [2점]

> **이달의 독립운동가**
> **최초의 여성 의병 지도자 윤희순(尹熙順)**
> • 생몰년: 1860~1935
> • 생애 및 활동
> 경기도 구리 출신으로 명성 황후 시해 사건이 일어나자 '안사람 의병가'를 창작하여 여성의 의병 참여를 독려하는 데 앞장섰다. 고종의 강제 퇴위와 군대 해산에 반발하여 일어난 (가) 당시 30여 명의 여성으로 의병대를 조직하여 최초의 여성 의병장으로 활약하였다. 일제에 나라를 뺏긴 이후에는 만주로 망명하여 항일 인재 양성과 무장 투쟁을 이어 나갔다. 1990년 건국훈장 애족장이 추서되었다.

① 최익현이 태인에서 궐기하였다.
② 고종의 해산 권고 조칙에 따라 해산하였다.
③ 민종식이 이끄는 부대가 홍주성을 점령하였다.
④ 일본에 국권 반환 요구서를 제출하고자 하였다.
⑤ 의병 부대가 연합하여 서울 진공 작전을 전개하였다.

자료분석
'고종의 강제 퇴위와 군대 해산에 반발'하여 일어난 의병은 정미의병이다. 일제는 헤이그 특사 사건을 빌미로 고종을 강제 퇴위시킨 후 순종을 압박하여 한·일 신협약(정미 7조약)을 체결하고, 부수 각서를 통해 대한 제국의 군대를 해산시켰다. 이에 반발하여 정미의병이 일어났으며, 여기에 해산 군인이 합류하면서 의병의 조직력과 화력이 강화되어 의병 전쟁으로까지 발전하였다.

정답분석
⑤ 정미의병 당시 의병들은 전국 의병을 연합하여 13도 창의군을 조직하고, 서울 진공 작전을 전개하였다. 선봉 부대가 동대문 인근에 도착하였으나 의병 사이의 연계 부족과 일본군의 앞선 화력 등의 이유로 실패하였다.

선택지분석
① 을사의병에 대한 설명이다. 을사늑약 체결 이후 최익현은 태인에서 제자 임병찬과 함께 의병을 일으켰다.
② 을미의병에 대한 설명이다. 을미사변과 단발령을 계기로 일어난 을미의병은 주로 양반 유생들이 주도하였으며, 이들은 아관 파천 이후 고종이 해산 권고 조칙을 내리자 대부분 해산하였다.
③ 을사의병에 대한 설명이다. 을사늑약이 체결되자 민종식은 홍주성을 점령하고 일제의 한국 주차군(러·일 전쟁을 계기로 한국에 파견된 일본 부대)과 10여 일 동안 공방전을 펼치다 패배하였다.
④ 독립 의군부에 대한 설명이다. 국권 피탈 이후 임병찬은 고종의 밀지를 받고 독립 의군부를 조직해 조선 총독부와 일본 내각에 국권 반환 요구서를 발송하고 의병 전쟁을 일으키려 하였다.

정답 ⑤

확인 문제

1 다음 의병 부대에 대한 설명으로 옳은 것은? 65회 [2점]

> 이인영을 총대장으로 추대하고, 허위를 군사장으로 삼아 …… 각 도에 격문을 전하니 전국에서 불철주야 달려온 지원자들이 만여 명이더라. 이에 서울로 진군하여 국권을 회복하고자 …… 먼저 이인영은 심복을 보내 각국 영사에게 진군의 이유를 상세히 알리며 도움을 요청하고, 각 도의 의병으로 하여금 일제히 진군하게 하였다.

① '조선 혁명 선언'을 지침으로 삼았다.
② 이만손이 주도하여 영남 만인소를 올렸다.
③ 상덕태상회를 통하여 군자금을 모집하였다.
④ 일본에 국권 반환 요구서를 제출하고자 하였다.
⑤ 고종의 강제 퇴위와 군대 해산에 반발하여 결성되었다.

2 (가) 인물에 대한 설명으로 옳은 것은? 64회 [2점]

월간 역사 2023년 4월호

특집 (가) 의 상소, 조선의 정치를 뒤흔들다!
■ 흥선 대원군의 하야를 요구하는 상소를 올리다
■ 지부복궐척화의를 올려 왜양일체론을 주장하다
■ 단발령에 반대하는 상소를 올리다

① 대한 광복회를 조직하여 친일파를 처단하였다.
② 국권 피탈 과정을 정리한 『한국통사』를 집필하였다.
③ 을사늑약 체결에 반대하여 태인에서 의병을 일으켰다.
④ 13도 창의군을 지휘하여 서울 진공 작전을 전개하였다.
⑤ 보국안민을 기치로 우금치에서 일본군 및 관군에 맞서 싸웠다.

정답
1 ⑤ 1907년 일제는 고종을 강제 퇴위시키고, 순종을 압박하여 한·일 신협약을 체결하였으며, 비밀 부수 각서를 통해 대한 제국 군대를 해산시켰다. 이에 반발하여 정미의병이 일어났다.
2 ③ 을사늑약이 체결되자 최익현은 태인에서 제자 임병찬과 함께 의병을 일으켰다.

Theme 087 개항 이후의 이권 침탈

PART 6 근대 사회의 전개

출제 의도와 대책

강화도 조약과 조·일 무역 규칙을 체결하여 일본에 개항한 뒤 일본 상인의 상권 침투가 시작되었다. 임오군란 이후 조·청 상민 수륙 무역 장정으로 청 상인이 진출하면서 청·일 상인의 경쟁이 심화되었다. 아관파천 이후에는 러시아의 이권 양도 요구를 시작으로 열강의 이권 침탈이 본격화되었으며, 러·일 전쟁 이후 화폐 정리 사업 등 일본의 경제적 예속화가 진행되었다. 몇 개의 시기로 나누어 주요 조약과 당시의 국제 정세를 연관지어 생각하면 흐름을 쉽게 이해할 수 있다.

필기노트 마인드맵

- 강화도 조약 후: 日 상인 독점, 일본 화폐사용, **거류지 무역**
- 임오군란 후 ┬ 조·청 상민 수륙 무역 장정: **청·일 상권 경쟁**
  └ 개정 조일 통상 장정: 방곡령 규정, 최혜국 대우 규정
- 청·일 전쟁 후: 日 상인 영향 확대 → 아관파천
- 아관파천 후 ┬ 러: **압록강·두만강 삼림 채벌권**
  ├ 일: 직산 금광, **경부선·경원선 부설권**
  ├ 미: **운산 금광**, 전차·전기 부설권, 경인선 부설권
  └ 기타: 독일(당현 금광), 영국(은산금광)
- 러·일 전쟁 후 ┬ 日 본격적 침탈 → 토지 약탈(철도 정거장, 군용지)
  ├ **화폐 정리 사업** ┬ 재정 고문 메가타 주도
  │   ├ **백동화를 품질에 따라 차등 교환**
  │   └ 일본 제일은행권이 본위 화폐화
  ├ 차관 제공: 시설 개선 명목, 경제 예속화
  └ 동양 척식 주식회사(1908) 설립

선택지 빅데이터

① 조·청 상민 수륙 무역 장정 체결 이후 ■·■ 상인의 상권 경쟁이 심화되었다. → 청·일
② 일본이 경부선 등 ■■ 부설권을 가져갔다. → 철도
③ 미국이 운산 ■■ 채굴권을 가져갔다. → 금광
④ ■■■가 압록강, 두만강, 울릉도의 삼림 채벌권을 차지하였다. → 러시아
⑤ 제1차 한·일 협약으로 재정고문에 취임한 메가타의 주도로 ■■ ■■ ■■이 실시되었다. → 화폐 정리 사업
⑥ 화폐 정리 사업으로 구(舊) 백동화가 일본 ■■■권으로 교환되어 법정 화폐가 되었다. → 제일은행
⑦ 통감부 시기에 조선의 경제권 침탈을 위한 ■■ ■■ 주식회사가 창립되었다. → 동양 척식

대표 기출 1

밑줄 그은 '사업'에 대한 탐구 활동으로 가장 적절한 것은?

71회 [2점]

> **화폐로 보는 한국사**
>
>  백동화(白銅貨)는 전환국에서 발행한 액면가 2전 5푼의 동전이다. 당시 재정 궁핍으로 본위 화폐인 은화는 거의 주조되지 않았고, 보조 화폐인 백동화가 주로 제조되어 사용되었다. 러일 전쟁 중에 재정 고문으로 임명된 메가타 다네타로의 주도하에 전환국을 폐지하고 백동화와 엽전을 일본 제일은행권으로 교환하는 사업을 추진하면서, 백동화의 발행이 중단되었다.

① 군국기무처의 활동을 조사한다.
② 당오전이 발행된 배경을 파악한다.
③ 삼국 간섭이 발생한 원인을 분석한다.
④ 대한 광복회가 결성된 목적을 살펴본다.
⑤ 제1차 한·일 협약 체결의 영향을 알아본다.

자료분석
자료의 '메가타' 등을 통해 밑줄 그은 '사업'이 화폐 정리 사업임을 알 수 있다.

정답분석
⑤ 제1차 한·일 협약에 의해 대한 제국의 재정 고문으로 부임한 메가타는 대한 제국을 경제적으로 예속시키기 위해 화폐 정리 사업을 추진하였다. 이 과정에서 화폐 주조 기관인 전환국을 폐지하여 화폐 발행권을 빼앗았으며, 구 백동화를 일본 제일은행권으로 교환해주도록 하여 사실상 일본 제일은행권을 본위화폐로 만들었다. 또한 사업 추진에 필요한 막대한 자금을 대한 제국이 차관으로 충당하게 하여 재정적 예속화를 꾀하였다.

선택지분석
① 군국기무처는 제1차 갑오개혁을 담당한 개혁 기구이다.
② 당오전은 1883년부터 1894년까지 유통된 화폐이다. 개항 이후 국가 재정이 열악해지고, 임오군란 이후 청의 내정 간섭 속에서 개화 정책은 더디게 이루어지자, 김옥균 등은 일본에서 차관을 들여올 것을 주장한 반면, 민씨 세력과 온건 개화파는 새로운 화폐의 발행을 주장하였다. 이에 고종은 김옥균을 일본에 보내 차관 교섭을 시도하는 한편, 당오전의 발행을 결정하였다.
③ 청·일 전쟁에서 일본이 승리한 후 양국은 시모노세키 조약을 체결하였다. 이 조약을 통해 일본은 배상금과 함께 청의 요동 반도와 타이완·펑후 제도 등을 할양받았다. 그러나 만주와 조선 진출을 계획하던 러시아가 프랑스·독일과 함께 일본의 요동 반도 영유를 반대하였고, 결국 일본은 요동 반도를 청에 반환하였다(삼국 간섭).
④ 대한 광복회는 1915년에 의병 계열과 애국 계몽 운동 계열의 비밀 결사들이 통합하여 결성된 항일 비밀 결사 단체이다.

정답 ⑤

대표 기출 2

밑줄 그은 '이 관계'가 발급되던 시기에 있었던 사실로 옳은 것은?

44회 [2점]

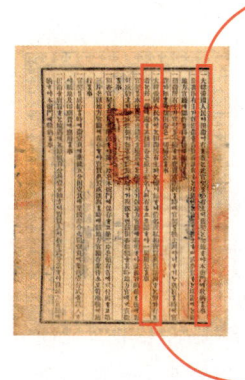

하나, 대한 제국 인민으로 전답을 가진 자는 이 관계(官契)*를 반드시 소유하되, 구계는 무효로 하여 본 아문에 수납할 것
*관계(官契): 관청에서 증명한 문서

하나, 대한 제국 인민 외에는 전답 소유주가 될 권리가 없으니, 외국인에게 명의를 빌려주거나 사사로이 매매·저당·양도하는 자는 모두 최고형에 처하고 해당 전답은 원주인의 소유를 인정하여 일체 몰수할 것

① 이만손 등이 영남 만인소를 올렸다.
② 박문국에서 한성순보가 발행되었다.
③ 조선 형평사 창립 대회가 개최되었다.
④ 러시아가 용암포를 점령하고 조차를 요구하였다.
⑤ 제너럴 셔먼호 사건을 구실로 미군이 강화도를 침략하였다.

자료분석
제시된 자료의 밑줄 친 '이 관계'는 대한 제국 시기에 발급한 지계이다. 대한 제국은 양지아문을 설치(1898)하여 양전 사업을 실시하고 지계아문을 설치(1901)하여 토지 소유자의 권리를 법적으로 증명하는 지계를 발급하였다. 또한 지계 발급 사업 때 외국인의 개항장 밖 토지 소유를 금지시켜 외세의 경제적 침투를 차단하려 하였다. 대한 제국의 양전 사업은 1904년에 러·일 전쟁의 발발로 중단되었다.

정답분석
④ 러시아는 1903년에 벌채 사업을 보호한다는 명분으로 용암포를 불법으로 점령하고 조차지로 인정할 것을 요구하였다.

선택지분석
① 2차 수신사로 일본에 파견된 김홍집이 황준헌의 『조선책략』을 들고 귀국하자, 이만손 등 영남의 보수적인 유생들은 영남 만인소를 올려 이 책의 유포와 개화 정책에 반대하였다(1881).
② 한성순보는 제1차 갑오개혁 이전인 1883년부터 1884년까지 발행되었다.
③ 조선 형평사는 일제 강점기인 1923년에 창립되었다.
⑤ 1866년에 미국 상선 제너럴 셔먼호가 통상을 요구하며 평양 대동강까지 올라가자, 당시 평안도 관찰사 박규수는 이를 거절하고 배를 격침시켰다. 미국은 이 사건을 빌미로 강화도를 공격하였다(신미양요, 1871).

정답 ④

확인 문제

1 다음 자료에 나타난 사업에 대한 설명으로 옳은 것은?

60회 [1점]

갑(甲) 구 백동화는 1개당 신화폐 2전 5리의 비율로 교환한다.
을(乙) 부정한 구 백통화는 1개당 신화폐 1전의 비율로 매수한다. 매수를 바라지 않는 것은 정부가 그것을 절단하여 소유자에게 환부한다.
병(丙) 형체와 품질이 화폐라고 인정하기 어려운 것은 정부가 매수하지 않는다.

① 독립 협회가 반대 운동을 전개하였다.
② 재정 고문 메가타의 주도로 시행되었다.
③ 동양 척식 주식회사가 중심이 되어 실시하였다.
④ 은본위제가 본격적으로 실시되는 배경이 되었다.
⑤ 함경도 관찰사 조병식이 방곡령을 선포하는 계기가 되었다.

2 밑줄 그은 '장정'에 대한 설명으로 옳은 것은?

53회 [3점]

이번 장정의 체결로 우리의 관세권을 일정 부분 회복했다고 하네.

그렇지만 이 장정으로 일본에 최혜국 대우를 인정해 주었다더군.

① 갑신정변의 영향으로 체결되었다.
② 방곡령 시행에 대한 규정을 명시하였다.
③ 일본 공사관에 경비병이 주둔하는 계기가 되었다.
④ 일본인 재정 고문을 두도록 하는 조항을 담고 있다.
⑤ 부산 외 2개 항구를 개항한다는 내용을 포함하였다.

정답
1 ② 제1차 한·일 협약에 의해 대한 제국의 재정 고문으로 부임한 메가타는 대한 제국을 경제적으로 예속화시키기 위해 화폐 정리 사업을 추진하였다.
2 ② 밑줄 친 '장정'은 개정 조·일 통상 장정(1883)이다. 개정 조·일 통상 장정(1883)에 방곡령 시행 규정과 관세 규정, 일본에 대한 최혜국 대우 규정을 명시하였다.

Theme 088 경제적 구국 운동

PART 6 근대 사회의 전개

출제 의도와 대책
개항 이후 이권 침탈과 일본의 경제적 예속화가 심해지면서 다양한 계층에서 경제적 저항 운동이 벌어졌다. 각 운동의 배경과 특징, 전개 과정을 정리해 둔다.

필기노트 마인드맵

- 방곡령
  - 배경: 조·일 통상 장정에 방곡령 규정(1개월 전 통보 조건)
  - 전개: 흉년에도 일본으로 대량으로 쌀 반출
    → 황해도·함경도에 방곡령 선포(1889)
  - 결과: 일본의 항의로 철회, 배상금 지급
- 상권 수호 운동
  - 배경: 청·일 상인의 상권 침탈
  - 시전: 황국 중앙 총상회 조직: 철시·파업 등
  - 상인: 상회사 조직(대동 상회, 장통 상회)
- 이권 수호 운동: 독립협회: 러시아 절영도 조차 요구 저지
- 황무지 개간권 요구 반대 운동: 보안회 주도, 농광회사 설립
- 국채 보상 운동
  - 시작: 대구에서 서상돈, 김광제 발의
  - 전개: 국채보상기성회 설립 → 각계각층 동참
  - 홍보: 대한매일신보, 황성신문 등
  - 활동: 금주·금연·패물 수합 → 모금 운동
  - 탄압: 통감부가 횡령 혐의로 양기탁 구속

국채 보상 운동
지금 나라의 빚이 1,300만 원이니, 이는 우리 대한제국의 존망에 관계된 일이다. 이를 갚으면 나라를 보존하게 되고 못 갚으면 나라를 잃고 만다. 형세가 여기에 이르렀으나 현재 국고로는 보상하기가 어렵다. 그러므로 삼천리 강토는 장차 우리나라가 아니게 될 것이다. …… 2,000만의 백성이 3개월 동안 담배를 끊고 그 돈을 각 사람마다 20전씩 낸다면 1,300만원을 모을 수 있다. 만약 부족하다면 1원, 10원, 100원, 1000원 등 따로 기부를 받으면 될 것이다.

선택지 빅데이터
① 1880년대 후반에 황해도·함경도 등지에서 ■■■이 선포되었다. → 방곡령
② 상권 침탈에 맞서 ■■ 상인들이 철시 투쟁을 전개했다. → 시전
③ 독립 협회가 러시아의 ■■■ 조차 요구에 반대하였다. → 절영도
④ ■■■■ 총상회가 상권 수호 운동을 주도하였다. → 황국 중앙
⑤ 보안회가 일본의 ■■■ 개간권 요구를 저지하였다. → 황무지
⑥ 일본의 토지 침탈을 막고자 ■■ 회사가 설립되었다. → 농광
⑦ 김광제, 서상돈 등이 ■■에서 일본에 진 빚을 갚자는 ■■■■■■을 시작하였다. → 대구, 국채 보상 운동
⑧ 국채 보상 운동 과정에서 국채 보상 ■■■가 설립되고, 대한매일신보가 적극 후원하였다. → 기성회
⑨ 국채 보상 운동은 ■■■의 탄압으로 실패하였다. → 통감부

대표 기출 1

다음 상황의 배경으로 가장 적절한 것은?   73회 [3점]

> **역사 신문**
> 제△△호 ○○○○년 ○○월 ○○일
>
> **시전 상인, 외국 상인의 퇴거를 요구하다**
>
> 며칠 전 시전 상인 수백 명이 가게 문을 닫고 외아문(통리교섭통상사무아문) 앞에서 연좌시위를 시작하였다. 시전 상인들은 몇 해 전부터 외국 상인의 한성 침투로 인해 입는 피해가 크다는 점을 주장하며 퇴거를 요구하였다. 향후 정부가 이 문제를 어떻게 해결해 나갈 것인지 귀추가 주목된다.

① 동양 척식 주식회사가 설립되었다.
② 일제가 황무지 개간권을 요구하였다.
③ 조청 상민 수륙 무역 장정이 체결되었다.
④ 메가타의 주도로 화폐 정리 사업이 시행되었다.
⑤ 회사 설립을 허가제로 하는 회사령이 공포되었다.

자료분석
자료는 1898년 시전 상인들이 황국 중앙 총상회를 결성하고 전개한 상권 수호 운동에 관한 내용이다.

정답분석
③ 조·청 상민 수륙 무역 장정에서 서울 양화진에 청 상인의 점포 개설과 사실상의 내지 통상이 허용되었다. 또한 개정 조·일 통상 장정 및 서양 열강들과의 조약에 포함된 최혜국 대우로 인해 여타 외국 상인의 내지 통상도 가능해지면서 외국 상인에 의한 상권 침탈이 진행되었다. 이러한 상황에서 시전 상인들은 상권 수호 운동을 전개하였다.

선택지분석
① 동양 척식 주식회사는 1908년에 설립되어 한반도에 대한 식민 이주 등을 담당한 회사이다.
② 일제는 러·일 전쟁 중인 1904년에 황무지 개간권을 요구하였으며, 송수만 등이 주도하여 보안회를 결성해 이를 저지하였다.
④ 메가타는 제1차 한·일 협약 결과 재정 고문으로 취임하였으며, 백동화의 품질이 조악해 경제가 문란하다는 구실로 화폐 정리 사업을 시행하였다.
⑤ 회사령은 일제가 국권을 강탈한 후인 1910년에 제정한 법으로, 회사 설립을 총독이 허가하도록 하여 민족 자본의 회사 설립을 방해한 법이었다.

정답 ③

대표 기출 2

(가) 운동에 대한 설명으로 옳은 것은? 73회 [2점]

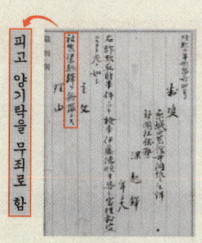

이 자료는 (가) 에 참여한 양기탁에 대한 판결문의 일부이다. 양기탁은 일본에서 들여온 차관을 갚기 위해 일어난 (가) 의 의연금을 횡령하였다는 이유로 기소되었다. 판결문에는 피고인 양기탁이 증거 불충분으로 무죄를 선고 받은 내용이 담겨 있다.

① 대한매일신보의 지원을 받아 확산되었다.
② 조선 총독부의 탄압과 방해로 실패하였다.
③ 백정에 대한 사회적 차별 철폐를 요구하였다.
④ 조선 민립 대학 기성회에서 모금 활동을 주도하였다.
⑤ 일본, 프랑스 등의 노동 단체로부터 격려 전문을 받았다.

자료분석
일본에서 들여온 차관을 갚기 위해 일어난 (가) 운동은 국채 보상 운동이다. 국채 보상 운동은 서상돈, 김광제 등이 발의하여 대구에서 시작되어 전국으로 확산되었다. 일제는 국채 보상 지원금 총합소의 검사원 양기탁을 의연금 횡령 혐의로 기소하는 등 탄압을 가하였다.

정답분석
① 국채 보상 운동은 대한매일신보, 황성신문 등 언론의 지원을 받아 전국으로 확산되었다. 당시 양기탁은 대한매일신보의 총무이자 국채 보상 지원금 총합소의 임원으로서 의연금을 관리하였다. 일제는 대한매일신보 사장 베델을 일시적으로 국외로 추방하고 양기탁을 횡령 혐의로 기소하는 등 탄압을 가하였다.

선택지분석
② 조선 총독부는 1910년에 국권을 강탈한 후 설치한 식민 통치 기관이다. 국채 보상 운동은 당시 내정 간섭 기관인 통감부의 탄압과 방해로 실패하였다.
③ 1923년부터 전개된 형평 운동에 대한 설명이다. 갑오개혁으로 신분제가 폐지되었으나, 사회적 차별 의식이 남아 있었고 일제가 신분 차별을 조장하며 민족 내부의 분열을 꾀하자 백정 출신 자산가 이학찬 등이 1923년 진주에서 조선 형평사를 설립하고 형평 운동을 전개하였다.
④ 1920년대 초반 민족 실력 양성 운동의 일환으로 민립 대학 설립 운동을 전개하였다. 1922년에 이상재 등이 주도하여 민립 대학 설립 기성회를 조직하고 모금 운동을 벌였으나 총독부의 방해로 실패하였다.
⑤ 1929년에 일어난 원산 총파업은 일제 강점기 최대 규모의 노동 쟁의로 일본, 프랑스 등의 노동 단체들이 격려 전문을 보내오기도 하였다.

정답 ①

확인 문제

1 (가)~(다)를 일어난 순서대로 옳게 나열한 것은? 65회 [3점]

주제: 일본의 경제 침탈에 대한 저항

(가) 상권을 수호하기 위해 황국 중앙 총상회가 창립되었어요.
(나) 일본의 황무지 개간권 요구를 저지하기 위해 보안회가 조직되었어요.
(다) 대구에서 서상돈을 중심으로 금주, 금연 등을 통한 국채 보상 운동이 시작되었어요.

① (가) - (나) - (다)
② (가) - (다) - (나)
③ (나) - (가) - (다)
④ (나) - (다) - (가)
⑤ (다) - (가) - (나)

2 다음 자료를 활용한 탐구 활동으로 가장 적절한 것은? 66회 [2점]

각국 공관에 보내는 호소문

지금 일본 공사가 우리 외부(外部)에 공문을 보내어 산림, 천택(川澤), 들판, 황무지에 대한 권리를 청구하였습니다. 우리나라 사람들은 이를 이용해 2~3년 걸러 윤작을 해야만 먹고살 수 있습니다. 그런데 만일 이를 외국인에게 주어버린다면 전국의 강토를 모두 빼앗기게 되며 수많은 사람이 참혹한 빈곤에 빠져 구제할 수 없게 될 것입니다. 일본인들의 침략을 막고 우리 강토를 보전하도록 힘써 주십시오.
1904년 ○○월 ○○일

① 독립문의 건립 과정을 알아본다.
② 보안회의 활동 내용을 파악한다.
③ 조·일 통상 장정의 조항을 검토한다.
④ 화폐 정리 사업이 끼친 영향을 살펴본다.
⑤ 황국 중앙 총상회가 조직된 목적을 분석한다.

정답
1 ① (가) 황국 중앙 총상회 창립은 1898년, (나) 황무지 개간권 요구를 저지하기 위한 보안회의 활동은 1904년, (다) 국채 보상 운동은 1907년에 전개되었다.
2 ② 일제가 황무지 개간권을 요구하자, 송수만 등을 중심으로 보안회가 결성되어 황무지 개척권 요구 반대 운동을 펼쳤다.

Theme 089 근대의 교육·언론

PART 6 근대 사회의 전개

출제 의도와 대책

개항 이후 정부와 민간에서 학교와 신문 발간을 통해 서양의 근대 문물을 소개하고 습득하기 위한 노력이 이어졌다. 정부는 교육입국 조서를 반포하여 나라의 부강이 국민의 교육에 달려있음을 강조하였고, 을사늑약 이후 애국 계몽 운동가들은 근대 지식의 보급이 국권 회복의 방법이라고 보고 활발한 교육 운동을 펼쳤다. 또한 지식인들은 신문 발간을 통해 일제를 비판하고 민족의식을 고취하고자 노력하였다.

필기노트 마인드맵

교육　1880's　사립: 원산학사: 덕원 관민 합심하여 건립
　　　　　　　공립: <u>육영공원</u>: 헐버트, 길모어 등 외국인 교사
　　　　　　　　cf 동문학: 통역관 양성(외국어 교육)
　　　　　　　선교사: 배재학당(아펜젤러), 이화학당(스크랜턴)
　　　1890's　<u>교육입국 조서</u> → 사범 학교, 외국어 학교
　　　1990's　을사늑약 이후 <u>민족주의 계열 사립학교</u> 설립
　　　　　　　오산학교(이승훈), 대성학교(안창호)

언론　한성순보: 최초 근대 신문, <u>박문국</u> 발행, 관보 성격
　　　한성주보: 최초 국한문 혼용, <u>최초 상업 광고</u>
　　　독립신문: <u>최초 민간 신문</u>, 순한글 + 영문판
　　　황성신문: 국한문 혼용, 장지연의 '시일야방성대곡' 게재
　　　대한매일신보: <u>베델(영국인)</u>·양기탁 → 일제 적극 비판
　　　제국신문: 순한글, 부녀자·민중 계몽
　　　만세보: 천도교 기관지

국학　역사: 신채호, 「독사신론」(민족주의 역사학 기틀)
　　　국어: 주시경(한힌샘)　국문연구소 설립
　　　　　　『국어문법』, 『말의 소리』

대표 기출 1

(가)~(라)에 들어갈 내용으로 옳은 것을 〈보기〉에서 고른 것은?

72회 [2점]

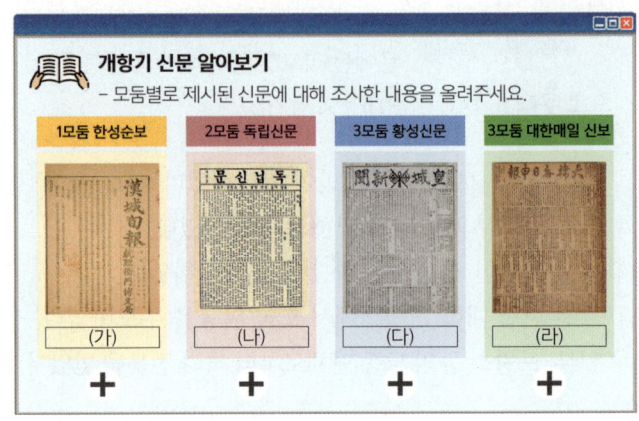

— 보기 —
ㄱ. (가) - 정부에서 발행한 순 한문 신문이었어요.
ㄴ. (나) - 서재필의 주도로 창간되었어요.
ㄷ. (다) - 일장기를 삭제한 손기정 사진이 실렸어요.
ㄹ. (라) - 상업 광고가 처음으로 게재되었어요.

① ㄱ, ㄴ　　② ㄱ, ㄷ　　③ ㄴ, ㄷ
④ ㄴ, ㄹ　　⑤ ㄷ, ㄹ

선택지 빅데이터

① 박문국을 설치하여 ■■■■를 간행하였다. → 한성순보
② ■■■■는 최초로 상업 광고를 실었다. → 한성주보
③ ■■■■은 우리나라 최초의 민간 신문이다. → 독립신문
④ 황성신문은 ■■■ 혼용체로 발간되었다. → 국한문
⑤ 덕원 지방의 관민들이 합심하여 사립 최초의 근대 교육 기관인 ■■■를 설립하였다. → 원산학사
⑥ 양기탁이 영국인 ■■과 대한매일신보를 창간하였다. → 베델
⑦ 정부가 외국어 교육 기관인 ■■■을 세웠다. → 동문학
⑧ 헐버트, 길모어 등이 ■■■ 교사로 초빙되었다. → 육영 공원
⑨ 언더우드는 ■■ 학당, 스크랜튼 부인은 ■■ 학당을 세워 신학문 보급에 기여하였다. → 배재, 이화
⑩ ■■■는 대성 학교와 오산 학교를 설립하여 인재를 양성하였다. → 신민회
⑪ ■■■이 국문 연구소를 세워 한글을 체계적으로 연구하였다. → 주시경

정답분석

ㄱ. 한성순보는 박문국에서 발행한 최초의 근대적 신문으로, 개화 정책에 대한 여론 지지를 이끌어내기 위해 조선 정부가 발행한 관보였다. 순 한문으로 열흘마다 발행되었다.

ㄴ. 갑신정변 때 미국으로 망명했던 서재필은 갑오개혁 이후 귀국하여 개화 정책의 일환으로 독립신문을 창간하고, 독립 협회를 창립하였다.

선택지분석

ㄷ. 동아일보와 조선중앙일보는 베를린 올림픽 마라톤에서 우승을 한 손기정 선수의 사진을 실으면서 그의 가슴에 새겨진 일장기를 말소하였다. 이 사건으로 동아일보와 조선중앙일보는 무기정간 처분을 당하였다.

ㄹ. 한성주보에 대한 설명이다. 박문국에서 발행한 한성주보는 최초로 국한문을 혼용한 신문으로, 일주일에 한 번 발행되었으며 우리나라 신문 사상 최초로 상업 광고를 실었다.

정답 ①

대표 기출 2

(가) 신문에 대한 설명으로 옳은 것은? 71회 [1점]

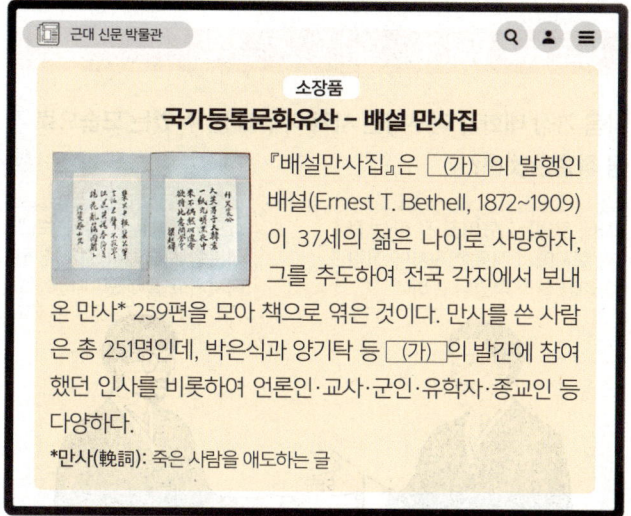

① 박문국에서 발행하였다.
② 브나로드 운동을 주도하였다.
③ 여권통문을 처음 게재하였다.
④ 국채 보상 운동을 지원하였다.
⑤ 순 한글판으로 발행된 최초의 신문이었다.

자료분석
자료의 '배설(베델)' 등을 통해 (가)가 대한매일신보임을 알 수 있다. 베델은 영국 특파원 출신의 신문 기자로, 일제에 침략당하는 한국의 사정에 관심을 가지고 양기탁과 협력하여 대한매일신보를 창간하였다.

정답분석
④ 일제는 화폐 정리 사업, 시설 개선 사업 등의 명으로 막대한 차관을 강요하여 대한 제국을 재정적으로 예속시키려 하였다. 이에 대구에서 서상돈, 김광제 등이 국채 보상 운동을 발의하였으며 대한매일신보, 황성신문, 제국신문 등 언론들은 이 운동을 적극적으로 홍보하였다.

선택지분석
① 박문국은 근대식 인쇄소로, 이곳에서 한성순보를 발행하였다. 박문국은 갑신 정변 때 파괴되었다가 다시 재건되어 한성주보를 발간하였다.
② 브나로드 운동은 1930년대에 동아일보에서 전개한 문맹 퇴치 운동이다.
③ 황성신문에 대한 설명이다. 여권통문은 서울 북촌의 양반 부인들이 발표한 글로, 여성도 남성과 동등한 권리를 가졌으며, 자립적인 경제적 능력을 갖추어야 한다는 내용을 담고 있다.
⑤ 독립신문에 대한 설명이다.

정답 ④

확인 문제

1 다음 검색창에 들어갈 신문에 대한 설명으로 옳은 것은? 67회 [2점]

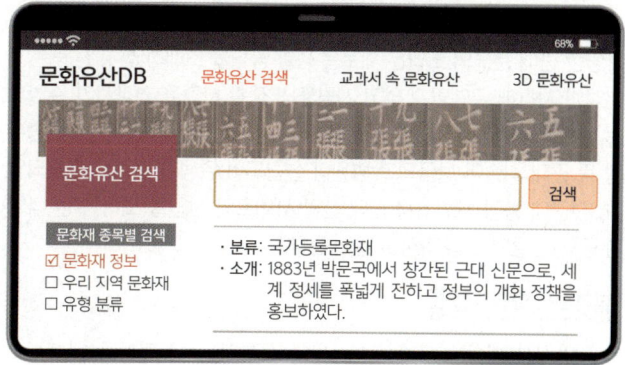

① 여권통문을 처음 보도하였다.
② 국채 보상 운동의 확산에 기여하였다.
③ 의병 투쟁에 호의적인 기사를 게재하였다.
④ 외국인이 읽을 수 있도록 영문으로도 발행되었다.
⑤ 순 한문 신문으로 열흘마다 발행하는 것이 원칙이었다.

2 다음 규칙이 발표된 이후의 사실로 옳은 것은? 64회 [3점]

> **한성 사범 학교 규칙**
>
> 제1조 한성 사범 학교는 칙령 제79조에 의해 교원에 활용할 학생을 양성함
> 제2조 한성 사범 학교의 졸업생은 소학교 교원이 되는 자격이 있음
> 제3조 한성 사범 학교의 본과 학생이 수학할 학과목은 수신·교육·국문·한문·역사·지리·수학·물리·화학·박물·습자·작문·체조로 함
> ……

① 길모어 등이 육영 공원 교사로 초빙되었다.
② 정부가 동문학을 세워 통역관을 양성하였다.
③ 이승훈이 인재 양성을 위해 오산 학교를 세웠다.
④ 함경도 덕원 지방의 관민들이 원산 학사를 설립하였다.
⑤ 교육의 기본 방향을 제시한 교육 입국 조서가 반포되었다.

정답
1 ⑤ 한성순보는 순 한문으로 발행되었다. 순보(旬報)의 순(旬)은 10을 뜻하며 열흘마다 발행되는 신문이라는 의미이다.
2 ③ 자료는 한성 사범학교 관제(1895)이다. 1907년 비밀결사로 조직된 신민회는 태극 서관을 설립해 계몽 서적을 보급하였으며, 안창호가 평양에 대성 학교, 이승훈이 정주에 오산 학교를 세워 애국 계몽 운동을 전개하였다.

Theme 090 근대 문물의 도입

PART 6 근대 사회의 전개

출제 의도와 대책

다양한 근대 문물의 도입은 새로운 생활 방식을 초래하였다. 전등은 자연적인 시간에 구애받지 않고 사람들의 생활 시간을 연장시켜 주었으며, 철도·전차의 규칙적인 운행은 시간 관념에도 영향을 주었다. 종두법 등 근대 의술이 보급되고 병원이 설립되어 위생과 건강도 증진되었다. 전근대 농업 사회에서 근대 산업 사회로의 진입을 보여 주는 다양한 근대 문물의 도입 과정을 알아 둔다.

필기노트 마인드맵

- 근대 시설: **기기창**(1883, 무기), **박문국**(한성순보), 전환국(화폐)
- 전기·통신
  - 전신: 서울~인천, 서울~의주 개통 (한성 전보 총국, 1885)
  - 전화: 경운궁에 처음 설치
  - 우편: 우정총국(1884) → 만국 우편 연합 가입(1900)
  - 전기: 전등 가설(경복궁 건천궁, 1887)
    한성 전기 회사 설립(황실과 미국인 합작, 1898)
- 의료: 광혜원(1885, 미국인 알렌 설립) → **제중원**
- 교통: **전차**: 서대문~청량리 개통(1899)
  철도: 경인선(최초, 1899), 경부선·경의선(러·일 전쟁 중)
- 건축: 명동성당(고딕 양식), 덕수궁 석조전(르네상스 양식)
- 기타: 원각사(신극 공연)

경인선 개통
경인 철도 회사에서 어저께 개업식을 거행하는데, 인천에서 화륜거가 떠나 삼개 건너 영등포로 와서 내외국 빈객들을 수레에 영접하여 앉히고 오전 9시에 떠나 인천으로 향하는데, 화륜거 구르는 소리는 우레 같아 천지가 진동하고 기관거의 굴뚝 연기는 반공에 솟아오르더라. 차창에 앉아서 밖을 내다보니 산천초목이 모두 움직이는 것 같고, 나는 새도 미처 따르지 못하더라.

전차
오늘 종로 거리를 달리던 전차에 다섯 살 난 아이가 치여 죽는 사고가 발생하였다. 이를 목격한 사람들이 격노하여 전차를 부수었고, 이어 달려오던 전차까지 전복시켜 파괴하고 기름을 뿌려 불태웠다. 동대문에서 성대한 개통식을 열고 전차를 운행한 지 한 달도 되지 않아 참혹한 사건이 발생한 것이다.

선택지 빅데이터

① 노량진에서 인천 제물포를 잇는 ■■■ 이 개통되었다. → 경인선
② 부산 초량과 영등포를 잇는 ■■■ 이 완공되었다. → 경부선
③ 황실이 미국과 합작하여 한성 ■■ 회사를 설립하였다. → 전기
④ 알렌의 건의로 근대 의료 기관인 ■■■ 이 세워졌다. → 광혜원
⑤ 1880년대 중반 이후 ■■■ 에서 치료받는 환자를 볼 수 있다. → 제중원
⑥ 무기 제조 공장인 ■■■ 이 설립되었다. → 기기창
⑦ ■■■ 에서 백동화가 발행되었다. → 전환국

대표 기출 1

다음 가상 대화가 이루어진 시기 이후에 볼 수 있는 모습으로 가장 적절한 것은?

73회 [2점]

- 자네 들었는가? 며칠 전 한성 전기 회사에서 개통한 전차에 어린 아이가 깔려 죽었다고 하네.
- 나도 들었네. 사고를 보고 격분한 사람들이 전차를 전복시키고 불태웠다더군.

① 척화비를 세우기 위해 돌을 다듬는 석공
② 거문도를 불법 점령하고 있는 영국 군인
③ 연무당에서 일본과 조약을 체결하는 관리
④ 보빙사의 일원으로 미국에 파견되는 역관
⑤ 경부선 철도 개통식을 취재하는 신문 기자

자료분석
한성 전기 회사는 1898년에 황실과 미국인이 합작해 설립하였으며, 이를 바탕으로 1899년에 서대문에서 청량리 사이에 전차가 개통되었다.

정답분석
⑤ 철도 중에는 경인선이 최초로 1899년에 개통되었으며, 경부선(1904)과 경의선(1905)은 러·일 전쟁 중 군사적 목적으로 개통되었다.

선택지분석
① 신미양요 이후 흥선 대원군은 통상 수교 거부 의지를 확고히 표명하기 위해 전국에 척화비를 건립하였다.
② 갑신정변 이후 청의 내정 간섭이 극심해지자 조선이 러시아에 접근하려 하였는데, 영국이 러시아의 남하를 막기 위해 거문도를 불법 점령하였다 (1885~1887).
③ 일본은 운요호 사건(1875)을 일으켜 포함 외교로 조선에 개항을 요구하였으며, 이에 1876년에 강화도 연무당에서 조·일 수호 조규(강화도 조약)가 체결되었다.
④ 1882년에 조선과 미국이 조·미 수호 통상 조약을 체결하였다. 이듬해 미국 공사 푸트가 한국에 부임하자 그에 대한 답례로 1883년에 민영익을 정사로 하는 보빙사를 미국에 파견하였다.

정답 ⑤

대표 기출 2

㉠ 시기에 볼 수 있는 모습으로 가장 적절한 것은? 70회 [2점]

이것은 경인선 철도의 노선 계획도입니다. 경인선은 미국인 모스로부터 부설권을 사들인 일본에 의해 서울에서 인천을 잇는 철도로 개통되었습니다. 완공 후 ㉠ 서대문 정거장에서 철도 개통식이 열렸습니다. 이후 경부선, 경의선 철도가 차례로 개통되었습니다. 그 과정에서 많은 토지가 철도 부지로 수용되고 농민들이 공사에 강제로 동원되면서 많은 저항이 있었습니다.

① 학도 지원병을 독려하는 지식인
② 금난전권 폐지에 반대하는 시전 상인
③ 근우회가 주최하는 강연에 참여하는 여성
④ 두모포에서 무력시위를 벌이는 일본 군인
⑤ 근대 학문을 가르치는 한성 사범 학교 교사

자료분석
경인선은 우리나라 최초의 철도로 1899년에 개통되었다.

정답분석
⑤ 한성 사범학교는 1895년 교육입국 조서 반포 이후에 설립된 관립 교원 양성 학교로, 1911년 조선 교육령에 따라 폐지되었다.

선택지분석
① 학도 지원병제는 일제 강점기인 1943년에 시행되었다. 일제는 징병제 전면 실시를 앞두고 계몽과 군대 내 서열화를 위해 학도 지원병제를 실시하여 전문학교와 대학생들을 먼저 동원하였다.
② 조선 정조 때 육의전을 제외한 시전 상인들의 특권이었던 금난전권을 폐지하였다(신해통공).
③ 근우회는 일제 강점기인 1927년에 창립된 여성계의 민족 유일당 조직으로, 여성 문제 토론회 및 강연회 개최, 여성의 문맹 퇴치 등의 활동을 전개하고 기관지인 『근우』를 발행하였다.
④ 일본은 1876년 강화도 조약에 따른 부속 조약으로 무관세 무역의 권리를 얻어 냈다. 이에 부당함을 인식한 조선은 1878년 부산 두모포에 해관을 설치하였으나 일본이 군함을 파견하고 무력 시위를 벌여 결국 조선은 해관을 폐관하고 관세 징수를 철회하였다. 이후 조선은 1883년 조·일 통상 장정을 개정하여 관세를 규정하였다.

정답 ⑤

확인 문제

1 밑줄 그은 ㉠ 사건 이후의 사실로 옳은 것은? 50회 [3점]

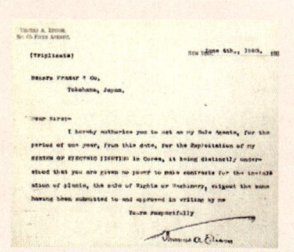

이 문서는 에디슨이 설립한 전기 회사가 프레이저를 자사의 조선 총대리인으로 위촉한다는 내용을 담고 있다. 이 회사는 총대리인을 통해 경복궁 내의 전등 가설 공사를 수주하였다. 이에 따라 경복궁 내에 발전설비를 마련하고, ㉠ 건청궁에 조선 최초의 전등을 가설하였다.

① 알렌의 건의로 광혜원이 세워졌다.
② 박문국에서 한성순보가 발행되었다.
③ 무기 제조 공장인 기기창이 설립되었다.
④ 정부가 외국어 교육 기관인 동문학을 세웠다.
⑤ 노량진에서 제물포를 잇는 경인선이 개통되었다.

2 밑줄 그은 ㉠ 시기에 볼 수 있는 모습으로 가장 적절한 것은?
57회 [3점]

이 자료는 ㉠ 우리나라 최초의 전차가 개통된 해에 한성 전기 회사가 신문에 낸 안전 주의 사항입니다. 낯선 교통수단인 전차의 운행으로 사고가 날 것을 우려하여 이러한 안내를 하였지만, 전차에 어린이가 치이는 등의 사고가 일어나 사회 문제가 되기도 하였습니다.

*뎐거: 전차

① 『북학의』를 저술하는 학자
② 대한국 국제를 반포하는 황제
③ 거문도를 불법 점령하는 영국군
④ 집현전에서 학문을 연구하는 관리
⑤ 제너럴 셔먼호를 불태우는 평양 관민

정답
1 ⑤ 1887년에 경복궁 건청궁에 최초로 전등을 가설하였으며, 노량진에서 제물포를 잇는 경인선은 1899년에 개통되었다.
2 ② 대한 제국은 1899년에 대한국 국제를 반포하여 대한 제국의 정치는 만세 불변의 전제 정치임을 밝혔다.

전한길 한국사능력검정 기출문제집

PART 7
민족 독립운동의 전개

테마	최근 4년 출제	주요 인물·지역	키워드
091 1910년대 식민 통치	최근 73, 71, 70, 66, 65 총 14회		헌병 경찰, 회사령, 조선 태형령, 범죄 즉결례, 토지 조사 사업
092 1920년대 식민 통치	최근 71, 68, 58, 55, 54 총 6회		3·1 운동, '문화 통치', 산미 증식 계획, 치안 유지법
093 1930년대 이후의 식민 통치	최근 73(2), 72, 71, 70, 69 총 26회		중·일 전쟁, 내선 일체, 황국 신민 서사, 신사 참배, 조선 사상범 예방 구금령, 국민 징용령, 애국반, 국가 총동원법, 일본군 위안부, 국민학교
094 1910년대 국내와 간도의 민족 운동	최근 73, 70, 66, 63, 61 총 11회	임병찬, 박상진	독립 의군부, 복벽주의, 대한 광복회, 공화 정체, 신흥 강습소, 중광단, 명동 학교
095 1910년대 국외 민족 운동	최근 72, 71, 67, 62, 58 총 11회	이상설, 안창호, 박용만	대조선 국민군단, 대한인 국민회, 숭무 학교, 권업회, 권업신문, 대한 광복군 정부
096 3·1 운동	최근 72, 70, 68, 66, 63 총 12회	민족대표, 유관순, 김마리아	대동 단결 선언, 3·1 운동, 독립 선언서, 민족 대표 33인, 제암리 학살 사건, 대한민국 임시 정부
097 대한민국 임시 정부(상하이)	최근 68, 65, 61, 57, 54 총 8회	김규식, 이승만, 안창호, 김구	구미 위원부, 한·일 관계 사료집, 독립 공채, 국민 대표 회의
098 1920년대 무장 독립 투쟁	최근 72, 70, 68, 59, 56 총 8회	홍범도, 김좌진	대한 독립군, 봉오동 전투, 북로 군정서, 청산리 대첩, 자유시 참변, 참의부·정의부·신민부
099 의열 투쟁	최근 73, 69, 67, 66, 60 총 12회	김원봉, 김상옥, 박재혁, 나석주, 김구, 이봉창, 윤봉길	의열단, 조선 혁명 선언, 황푸 군관 학교, 한인 애국단
100 한·중 연합 작전	최근 67, 66, 63, 62, 54 총 9회	양세봉, 지청천	조선 혁명군, 흥경성 전투, 영릉가 전투, 한국 독립군, 쌍성보 전투, 대전자령 전투
101 중국 관내의 무장 투쟁	최근 73, 65, 61, 60, 57 총 9회	김원봉	민족 혁명당, 조선 의용대, 조선 의용군, 조선 독립 동맹

▲ 3·1 독립선언서

▲ 평양 조선물산장려회 선전물

▲ 한국광복군 제2지대 간부와 미국 OSS 대원

테마	최근 4년 출제	주요 인물·지역	키워드
102 충칭 임시 정부	최근 71, 69, 64, 62, 59 총 15회	김구, 조소앙	한국광복군, 대일 선전 포고, 국내 진공 작전, 삼균주의, 건국 강령
103 실력 양성 운동	최근 73, 70, 69, 65, 64 총 11회	조만식, 이상재	물산 장려 운동, 관세령 폐지, 자작회, 토산 애용 부인회, 민립 대학 설립 운동
104 1920년대 국내 민족 운동	최근 73, 69, 67, 66, 57 총 11회	순종	6·10 만세 운동, 순종 인산일, 민족 유일당, 광주 학생 항일 운동, 신간회 진상 조사단
105 사회적 민족 운동	최근 73, 71, 68, 63, 51 총 9회	강주룡, 방정환, 이상재, 홍명희	조선 형평사, 형평 운동, 천도교, 소년 운동, 암태도 소작 쟁의, 원산 총파업
106 신간회	최근 64, 62, 56, 52, 50 총 7회		신간회, 정우회 선언, 민족 유일당 운동, 근우회
107 민족 문화 수호 운동	최근 72, 69, 67, 64, 63 총 11회	박은식, 신채호, 백남운, 정인보	유교구신론, 한국통사, 조선상고사, 조선사회경제사, 민족의 얼, 조선학 운동, 조선어 학회, 한글 맞춤법 통일안
108 종교계의 동향	최근 70, 67, 61, 59, 56 총 9회	한용운, 나철	불교 개혁, 천도교, 만세보, 개벽, 별건곤, 어린이날, 대종교, 중광단, 천주교, 의민단
109 일제 강점기 문화 예술	최근 73, 72, 70, 57, 53 총 8회	윤동주, 이육사, 심훈, 나운규	영화 '아리랑', 카프(KAPF)
110 독립운동가 1	최근 70, 68, 67, 66, 64 총 11회		홍범도, 이상설, 이동휘, 안창호, 조소앙, 여운형, 양기탁, 김규식, 헐버트
111 독립운동가 2	최근 71, 66, 65, 54, 53 총 11회		이시영, 허위, 김창숙, 남자현, 김마리아, 안중근, 김원봉, 한용운, 장준하, 주시경

Theme 091 1910년대 식민 통치

PART 7 민족 독립운동의 전개

출제 의도와 대책

일본은 국권을 강탈한 뒤 조선 총독부를 설치하고 헌병 경찰을 동원한 폭력적인 무단 통치를 자행하였다. 총독은 일본 육·해군 대장 출신이었으며, 경찰 업무를 헌병이 담당하고 관리나 교사까지 칼을 차게 하여 강압적으로 통치하였다. 이는 국권 강탈이 한·일 병합 조약이라는 형식을 내세웠지만 사실상 일본의 군사적 점령에 가까운 것이었음을 보여 준다.

필기노트 마인드맵

- 통치 기구: 조선 총독부, 중추원(조선인 회유 목적, 형식적 기구)
- 탄압
  - 범죄 즉결례(재판 없이 처벌), 조선 태형령(조선인만 적용)
  - 언론·출판·집회·결사의 자유 박탈
  - 105인 사건 조작 → 신민회 해산
- 토지 조사 사업
  - 목적: 식민 통치에 필요한 재정(지세) 확보
  - 방법: 기한부 신고제(토지 소유권 신고)
  - 결과
    - 역둔토, 문중 토지, 공유지 등 총독부 소유
    - 지주 소유권만 인정 → 관습적 경작권 부정
    - 농민이 기한부 소작농 전락 → 만주 이주
- 산업 침탈
  - 회사령: 회사 설립 허가제(총독 허가)
  - 어업령, 삼림령, 광업령 등
- 기타: 제1차 조선 교육령: 보통학교 기한 4년(우민화 교육)

범죄 즉결례

제2조 즉결은 정식 재판을 하지 않으며 피고인의 진술을 듣고 증빙을 취조한 후 곧바로 언도해야 한다.

제11조 제8조, 제9조에 의한 유치 일수는 구류의 형기에 산입하고, 태형의 언도를 받은 자에 대하여는 1일을 태 5로 절산하여 태 수에 산입하며, 벌금 또는 과료의 언도를 받은 자에 대하여는 1일을 1원으로 절산하여 그 금액에 산입한다.

선택지 빅데이터

① 강압적인 ■■ 경찰 통치가 실시되었다. → 헌병
② 범죄 ■■■ 에 의해 한국인을 처벌하였다. → 즉결례
③ 한국인에 한하여 적용하는 조선 ■■■ 을 공포하였다. → 태형령
④ 우민화 교육을 위해 보통학교 교육을 ■ 년으로 하는 제1차 조선 ■■ 을 제정하였다. → 4, 교육령
⑤ 기한 내에 토지를 신고하게 하는 ■■■■ 을 제정하였다. → 토지 조사령
⑥ 회사 설립 시 총독의 허가를 받도록 하는 ■■■ 을 적용하여 민족 자본의 성장을 막았다. → 회사령
⑦ 궁궐 안에 조선 ■■■ 건물이 세워졌다. → 총독부
⑧ 일제가 ■■■ 인 사건을 조작하여 신민회가 해체되었다. → 105
⑨ 지하자원을 약탈하기 위해 조선 ■■■ 을 제정하였다. → 광업령

대표 기출 1

밑줄 그은 '시기'에 시행된 일제의 정책으로 옳은 것은? 73회 [1점]

이것은 어느 공립 보통학교의 졸업식 사진으로, 교원이 제복을 입고 칼을 차고 수업하던 당시 일제의 식민지 지배 정책을 잘 보여주고 있어.

맞아. 헌병이 일반 경찰 업무를 맡아 재판 없이 체포 또는 구금하고, 벌금을 물리거나 태형에 처하기도 했던 시기였지.

① 국가 총동원법을 공포하였다.
② 산미 증식 계획을 시행하였다.
③ 토지 조사 사업을 실시하였다.
④ 황국 신민 서사의 암송을 강요하였다.
⑤ 조선 사상범 예방 구금령을 제정하였다.

자료분석

교원이 제복을 입고 칼을 찼던 점이나, 헌병이 경찰 업무를 맡아 태형을 가했다는 점에서 밑줄 친 '시기'가 헌병 경찰 통치 시기인 1910년대임을 알 수 있다.

정답분석

③ 일제는 1910년부터 지주들이 자신의 토지를 신고하도록 하는 토지 조사 사업을 실시하였다. 근대적 소유권을 확립한다는 명분이었으나, 실제로는 지세를 확보하여 식민 통치의 재정을 충당하는 한편, 일본인의 식민 이주를 촉진하기 위한 정책이었다.

선택지분석

① 일제는 중·일 전쟁 이후 침략 전쟁을 확대하면서, 1938년에 국가 총동원법을 공포하여 전시 동원 체제를 강화하였다.
② 일제는 1920년대에 조선에서 쌀을 증산하여 일본으로 가져가도록 하는 산미 증식 계획을 시행하였다.
④ 일제는 1930년대 이후 식민지 민중을 침략 전쟁에 동원하기 위해 우리 민족성을 말살하려는 정책을 펼쳤다. 그 일환으로 황국 신민 서사 암송, 신사 참배와 궁성 요배 강요, 창씨 개명 등을 추진하였다.
⑤ 일제는 민족 말살 통치 시기에 독립운동가를 감시, 통제하기 위해 조선 사상범 보호 관찰령(1936), 조선 사상범 예방 구금령(1941) 등의 악법을 제정하였다.

정답 ③

대표 기출 2

밑줄 그은 '시기'의 사회 모습으로 가장 적절한 것은? 71회 [2점]

> 개성에서 청년 두 명이 웃통을 벗고 일하다가 순사에게 발견되어 태형에 처해졌다는 신문 기사입니다. 일제가 조선 태형령을 시행한 시기에는 기사의 내용처럼 사소한 사안에도 태형이라는 가혹한 형벌이 집행되었습니다.

① 육영 공원에서 외국인 교사를 초빙하였다.
② 애국반이 편성되어 일상생활이 통제되었다.
③ 조선 형평사가 창립되어 형평 운동을 전개하였다.
④ 나운규가 제작한 아리랑이 단성사에서 개봉되었다.
⑤ 경복궁에서 조선 물산 공진회가 최초로 개최되었다.

자료분석
일제가 조선 태형령을 시행한 '시기'는 1910년대이다. 일제는 1912년에 조선 태형령을 공포하여 한국인에게만 한하여 전근대적인 형벌인 태형을 집행하도록 하였다. 태형령은 1920년에 폐지되었다.

정답분석
⑤ 조선 물산 공진회는 1915년에 일제가 경복궁에서 개최한 물산 박람회이다. 일제는 병합 이후 조선의 산업 상황이 더욱 발전하였음을 선전하기 위해 물산 공진회를 개최하였는데, 이 과정에서 경복궁의 건물들이 훼손되기도 하였다.

선택지분석
① 육영 공원은 최초의 관립 학교로, 1886년에 설립되었으며 1894년에 폐교되었다.
② 일제는 1930년대 후반에 조선인의 생활을 감시·통제하기 위해 애국반을 만들었다.
③ 조선 형평사는 1923년에 창립되었다.
④ '아리랑'은 최초로 한국인에 의해 제작된 영화로, 1926년에 단성사에서 개봉되었다.

정답 ⑤

확인 문제

1 밑줄 그은 '시기'에 시행된 일제의 정책으로 옳은 것은? 70회 [1점]

> 이 자료는 토지 조사 사업이 실시되던 시기에 조선 총독부 임시 토지 조사국이 작성한 문서입니다. 여기에는 경상북도 상주, 칠곡, 울릉도 등 총 6개 지역에서 토지 소유자와 그 경계를 조사하여 확정하였다고 기록되어 있습니다.

① 애국반을 조직하였다.
② 신문지법을 제정하였다.
③ 조선 태형령을 시행하였다.
④ 산미 증식 계획을 실시하였다.
⑤ 황국 신민 서사의 암송을 강요하였다.

2 다음 규정이 시행된 시기에 있었던 사실로 옳은 것은? 64회 [1점]

> **임시 토지 조사국 조사 규정**
> 제1장 면과 동의 명칭 및 강계(疆界) 조사와 토지 신고서의 접수
> 제2장 지주 지목(地目) 및 강계 조사
> 제3장 분쟁지와 소유권에 부의(府疑)* 있는 토지 및 신고하지 않은 토지에 대한 재조사
> 제4장 지위(地位) 등급 조사
> ……
> — 조선 총독부 관보 —
>
> *부의(府疑): 이의를 제기함

① 회사령이 실시되었다.
② 원산 총파업이 일어났다.
③ 국가 총동원법이 제정되었다.
④ 조선 노동 공제회가 조직되었다.
⑤ 조선 사상범 예방 구금령이 공포되었다.

정답
1 ③ 일제는 무단 통치 시기인 1912년에 조선 태형령을 공포하여 한국인에게만 한하여 전근대적인 형벌인 태형을 집행하도록 하였다.
2 ① 일제는 1910년 회사령을 공포하여 회사 설립 시 조선 총독의 허가를 받게 함으로써, 우리 민족 자본의 성장을 억제하고 한국의 산업을 장악하려 하였다.

Theme 092 1920년대 식민 통치

PART 7 민족 독립운동의 전개

출제 의도와 대책

3·1 운동을 통해 일본은 무단 통치만으로 한국인을 지배할 수 없음을 깨달았다. 또한 제암리 학살 등 무자비한 만행이 알려지면서 국제 사회의 여론이 악화되었다. 이에 일제는 문화 통치를 표방하면서 한글 신문 간행 허용, 참정권 허용, 대학 설립 허용 등 유화적인 정책을 펼쳤다. 그러나 이는 친일 인사를 양성해 민족을 분열시키려는 정책이었으며, 치안유지법 등을 제정해 민족운동을 더욱 탄압하였다.

필기노트 마인드맵

문화 통치 ← 3·1 운동, 국제 여론 악화
　　보통 경찰제 도입 → 경찰 수와 장비 증가
　　문관 총독 임명 허용 → 임명되지 않음
　　지방 자치 허용 → 도평의회, 부·면 협의회(친일파로 구성)
　　언론 자유 허용 → 조선·동아일보 창간 but 검열·정간
　　교육 확대　경성 제국 대학 설립
　　　　　　　제2차 조선 교육령(보통교육 4년 → 6년)
치안유지법 제정(1925) → 사회주의 탄압, 독립운동가 탄압
산미 증식 계획 ← 일본 내 쌀 부족, 조선의 쌀 증산·수입
　　방법: 수리 조합(간척 사업, 토지 개량, 비료 증식)
　　결과　증산량보다 수탈량이 많음, 증산 비용 농민 전가·몰락
　　　　　한국인 쌀 소비 감소(만주산 잡곡 수입), 농민 국외 이주
회사령 철폐　허가제에서 신고제로 변화 → 일본 자본 진출
　　　　　　조선-일본 간 관세 철폐 → 물산 장려 운동

치안유지법

국체를 변혁하는 것을 목적으로 하는 결사를 조직한 자 또는 결사의 임원, 기타 지도자의 임무에 종사한 자는 사형이나 무기 또는 5년 이상의 징역 또는 금고에 처한다. …… 사유 재산 제도를 부인하는 것을 목적으로 결사를 조직한 자, 결사에 가입한 자 또는 결사의 목적 수행을 위해 행위를 한 자는 10년 이하의 징역 또는 금고에 처한다.

선택지 빅데이터

① 3·1 운동 이후 ■■■이 철폐되고 신고제로 바뀌었다. → 회사령
② 사회주의 탄압을 위한 ■■■■이 제정되었다. → 치안유지법
③ 형식적인 자치 기구로 도 ■■■, 부·면 ■■■ 등을 설치하였으나 일부 친일파만 참여할 수 있게 하였다. → 평의회, 협의회
④ 일본 내의 쌀 부족 현상을 해결하기 위해 조선의 쌀을 수탈할 목적으로 ■■■■■을 실시하였다. → 산미 증식 계획
⑤ 산미 증식 계획의 결과 미곡 중심의 ■■■ 농업 구조가 심화되었다. → 단작형
⑥ 일제에 의해 ■■■■ 대학이 설립되었다. → 경성 제국

대표 기출 1

(가), (나)가 공포된 시기의 사이에 있었던 사실로 옳은 것은?

71회 [2점]

> (가) 회사령 폐지에 관한 건
>   회사령은 폐지한다.
>   – 부칙
>   1. 이 영은 공포일로부터 시행한다.
>   2. 구령에 의하여 설립한 회사로 이 영 시행 당시 존재하는 것은 조선 민사령에 의하여 설립한 것으로 본다.
>
> (나) 조선 총독부 농촌 진흥 위원회 규정
>   제1조 조선의 농산어촌 진흥에 관한 방침, 시설 및 통제에 관한 중요 사항을 심의하기 위하여 조선 총독부에 조선 총독부 농촌 진흥 위원회를 둔다.
>   제3조 위원장은 조선 총독부 정무총감으로 한다.

① 함경도에서 방곡령이 선포되었다.
② 조선 물산 장려회가 평양에서 창립되었다.
③ 황국 중앙 총상회의 상권 수호 운동이 전개되었다.
④ 유상 매수, 유상 분배를 규정한 농지 개혁법이 제정되었다.
⑤ 국가 총동원법을 제정하여 인력과 물자를 강제 동원하였다.

자료분석

(가) 회사령 폐지는 1920년의 일이다.
(나) 조선 총독부 농촌 진흥 위원회 규정은 1932년에 공포되었으며, 이는 농촌 진흥 운동의 일환으로 시행되었다.

정답분석

② 일제가 회사령을 폐지하고 일본과 한국 사이의 무역에서 관세를 철폐하려고 하자, 조만식 등 민족 자본가들은 평양에서 물산 장려회를 조직(1920)하고 민족 자본을 육성하기 위해 자급자족, 국산품 애용 등을 내세우며 물산 장려 운동을 전개하였다.

선택지분석

① 개정 조·일 통상 장정(1883)에 명시된 방곡령 시행 규정에 따라 1889년에 황해도 관찰사 조병철과 함경도 관찰사 조병식이 방곡령을 내렸다. 그러나 일본은 사전 통고 없이 방곡령이 진행되었다는 이유로 손해 배상을 청구하였다. (가) 이전의 일이다.
③ 황국 중앙 총상회는 1898년에 서울 시전 상인들이 외국 상인들의 상권 침탈에 반대하여 국내 시장을 보호하기 위해 조직한 단체이다. (가) 이전의 일이다.
④ 농지 개혁법은 해방 이후인 1949년 6월에 제정되었다.
⑤ 일제는 중·일 전쟁 발발(1937) 이후인 1938년에 국가 총동원법을 제정하여 전시 동원 체제를 강화하였다.

정답 ②

대표 기출 2

밑줄 그은 '이 계획'에 대한 설명으로 옳은 것은? 68회 [1점]

이 계획 실시로 인하여 수리 조합비 부담이 커졌어. 가뜩이나 지세도 부담되는데 개량 종자 구입비로 돈이 더 들어가네. 이래서 살겠나.

우리 마을 박서방은 소작농으로 전락하였다지. 우리 집은 쌀이 없어 만주에서 들여온 잡곡만 먹고 있다네.

① 독립 협회 결성의 계기가 되었다.
② 국채 보상 운동의 배경이 되었다.
③ 재정 고문 메가타의 주도로 시행되었다.
④ 토지 조사 사업이 시행되는 배경이 되었다.
⑤ 일본의 쌀 부족 현상을 해결하기 위해 시행되었다.

자료분석
'수리 조합비', '개량 종자 구입비', '만주에서 들여온 잡곡' 등에서 1920년대에 시행된 산미 증식 계획임을 알 수 있다. 일제는 쌀 생산을 증가시키기 위해 수리 조합을 만들어 수리 시설을 확충하고, 화학 비료 사용을 늘리며 수확량이 많은 개량 종자를 파종하게 하였는데, 이 비용들이 농민에게 전가되면서 소작농으로 전락하는 농민이 많았다. 또한 증산량보다 수탈량이 더 많아, 한국인들의 쌀 섭취량이 줄었으며 만주에서 잡곡을 들여와 충당하였다.

정답분석
⑤ 일제는 제1차 세계 대전 이후 경제가 급속히 발전하면서 농민들이 대거 도시로 이주해 노동자가 되는 현상이 나타났다. 이에 따라 일본 내에 쌀 부족 현상이 대두되자 한반도의 쌀을 들여와 이를 해결하려는 산미 증식 계획을 추진하였다.

선택지분석
① 을미사변 이후 신변에 위협을 느낀 고종이 러시아 공사관으로 거처를 옮기면서(아관파천) 국가의 위신이 실추되었다. 이에 서재필과 개화 관료 등이 독립국으로서의 면모를 세우기 위해 독립협회를 조직(1896)하고 독립문을 건설하였다.
② 일제는 화폐 정리 사업과 시설 개선 사업을 명목으로 대한 제국에 막대한 차관 도입을 강요하여 재정을 예속화하려 하였다. 이에 1907년 대구에서 서상돈, 김광제의 발의로 국채 보상 운동이 전개되었다.
③ 제1차 한·일 협약(1904)에 의해 재정 고문으로 취임한 메가타는 대한 제국의 화폐 유통이 문란하다는 명분으로 화폐 정리 사업을 실시하였다(1905).
④ 일제는 식민 통치의 안정적 재원 확보와 일본인의 원활한 토지 소유 등을 위해 1910년 국권 강탈 직후부터 토지 조사 사업을 시행하였다.

정답 ⑤

확인 문제

1 다음 기사가 나오게 된 배경으로 적절한 것은? 58회 [1점]

아무리 그럴듯하게 내세워도 이러한 통치 방식은 결국 우리 조선인을 기만하는 거야.

총독의 임용 범위를 확장하고, 지방 자치 제도를 실시한다. ……
이로써 관민이 서로 협력 일치 하여 조선에서 문화적 정치의 기초를 확립한다.

① 3·1 운동이 전국적으로 전개되었다.
② 조선 사상범 예방 구금령이 시행되었다.
③ 브나로드 운동이 동아일보를 중심으로 추진되었다.
④ 조선 노동 총동맹과 조선 농민 총동맹이 설립되었다.
⑤ 내선일체를 강조한 황국 신민 서사의 암송이 강요되었다.

2 다음 자료를 활용한 탐구 활동으로 가장 적절한 것은? 55회 [2점]

• 내지(內地)는 심각한 식량 부족을 보여 매년 300만 석에서 500만 석의 외국 쌀을 수입하였다. …… 내지에서는 쌀의 증산에 많은 기대를 걸 수 없었다. 반만 조선은 관개 설비가 잘 갖춰지지 않아서 대부분의 논이 빗물에 의존하는 상태였기에, 토지 개량 사업을 시작한다면 천혜의 쌀 생산지가 될 수 있었다.
• 대개 조선인들이 생산한 쌀을 내지로 반출할 때, 결코 자신들이 충분히 소비하고 남은 것을 수출하는 것이 아니다. 생계가 곤란하여 먹을 것을 먹지 못하고 파는 것이다. …… 만주산 잡곡의 수입이 증가하는 사실은 조선인의 생활난이 점점 심각해지고 있음을 실증하는 것이다.

① 산미 증식 계획의 실상을 파악한다.
② 화폐 정리 사업의 결과를 분석한다.
③ 보안회의 경제적 구국 운동을 조사한다.
④ 방곡령이 선포된 지역의 분포를 알아본다.
⑤ 동양 척식 주식회사의 설립 과정을 살펴본다.

정답
1 ① 일제는 3·1 운동 이후 이른바 문관 총독 임명 등을 표방한 '문화 통치' 방침을 내세웠으나 실은 친일 분자를 키워 민족을 이간시키려는 민족 분열 통치였다.
2 ① 일제는 1920년대에 일본 국내의 쌀 부족 현상을 해결하기 위해 산미 증식 계획을 통해 한반도에서 쌀을 수탈하였다.

Theme 093 1930년대 이후의 식민 통치

PART 7 민족 독립운동의 전개

출제 의도와 대책

세계 대공황(1929) 이후 일제는 만주사변(1931), 중·일 전쟁(1937), 태평양 전쟁(1941)으로 침략 전쟁을 확대해 나갔다. 이 과정에서 한국의 인력과 물자를 전쟁에 동원하고자 하였으며, 한국인의 반발을 억누르기 위해 내선일체를 강조하며 민족 말살 정책을 추진하였다. 황국 신민 서사 암송, 신사 참배, 창씨개명과 한국어 사용 금지 등 이 시기에 시행된 정책들의 내용을 알아 둔다.

필기노트 마인드맵

민족 말살 통치
- 1930년대 초 ─ 남면북양 정책(식민지에서 공업 원료 확보)
  └ 농촌 진흥 운동, 조선 농지령 → 소작쟁의 무마 목적
- 1937, 중·일 전쟁으로 민족 말살 통치 본격화
  - 내용 ─ 황국 신민 서사 암송, 신사 참배, 궁성 요배 강요
    └ 일본식 성과 이름 강요, 우리말·역사 교육 금지
  - 악법 ─ 조선 사상범 보호 관찰령(1936): 임의로 감시
    └ 조선 사상범 예방 구금령(1941): 임의로 구금
  - 탄압: 조선어학회 사건(1942)
  - 사회 통제: 국민총력 조선 연맹: 애국반을 만들어 인력 수탈
  - 전시 동원 ─ 국가총동원법(1938): 강제 징발 가능
    └ 식량 공출, 금속 공출, 식량배급제
    └ 지원병제, 징용제, 징병제, 여자 정신대

조선 농지령
소작지의 임대차 기간은 3년 이상이어야 한다. 다만, 영년작물의 재배를 목적으로 하는 임대차에 있어서는 7년 이상이어야 한다.

선택지 빅데이터

① ■■■ 서사의 암송이 강요되었다. → 황국 신민
② ■■ 참배를 강요하는 교사를 볼 수 있다. → 신사
③ 소학교의 명칭을 ■■■로 변경하였다. → 국민학교
④ 일제가 민족 말살을 위해 한국인의 ■과 ■을 일본식으로 바꾸도록 강요하였다. → 성, 이름
⑤ 조선 ■■■ 예방구금령으로 독립운동을 탄압하였다. → 사상범
⑥ 일제가 어문 운동을 민족운동으로 간주하여 한글 학자들을 구속한 ■■■ 사건이 일어났다. → 조선어학회
⑦ 중·일 전쟁 이후 국가 ■■■을 제정하여 인력과 물자를 강제 동원하였다. → 총동원법
⑧ ■■■ 출전을 권고 하는 친일 인사를 볼 수 있다. → 학도병
⑨ 노동력 동원을 위해 국민 ■■을 시행하였다. → 징용령
⑩ 여자 ■■■■을 공포하여 노동력을 수탈하였다. → 정신근로령
⑪ 식량을 배급하고, 미곡과 놋그릇·수저 등을 ■■ 하였다. → 공출

대표 기출 1

밑줄 그은 '시기'에 볼 수 있는 사회 모습으로 가장 적절한 것은?

72회 [2점]

이것은 한 제과업체의 캐러멜 광고로 탱크와 전투기 그림을 활용하여 "캐러멜도 싸우고 있다!"라는 문구를 담고 있습니다. 중일 전쟁 이후 일제가 국가 총동원법을 시행한 시기에 제작된 이 광고는 당시 군국주의 문화가 일상에까지 스며들어 있었음을 잘 보여 줍니다.

① 몸뻬 착용을 권장하는 애국반 반장
② 경성 제국 대학 설립을 추진하는 관리
③ 헌병 경찰에게 끌려가 태형을 당하는 농민
④ 원산 총파업에 연대 지원금을 보내는 외국 노동자
⑤ 안창남의 고국 방문 비행을 환영하기 위해 상경하는 청년

자료분석
자료의 중·일 전쟁은 1937년에 발발하였고, 국가 총동원법은 1938년부터 시행되었다. 따라서 밑줄 그은 '시기'는 1938년 이후를 말한다.

정답분석
① 일제는 1930년대 후반부터 조선인의 생활을 감시·통제하기 위해 애국반을 만들었으며, 여성에게 간단복과 몸뻬 착용을 권장하였다. 이후 1940년대부터는 몸뻬 착용을 강제하였다.

선택지분석
② 경성 제국 대학은 1924년에 설립되었다. 1920년대 초부터 민족 실력 양성 운동의 일환으로 민립 대학 설립 운동이 전개되자, 일제는 이를 방해하는 한편 경성 제국 대학을 설립하여 이를 무마하려 하였다.
③ 일제는 1910년대에 군인인 헌병이 치안과 경찰 임무까지 맡도록 하는 헌병 경찰 통치를 시행하였으며, 1912년에는 조선 태형령을 공포하여 한국인에게만 태형을 집행할 수 있도록 하였다. 태형령은 1920년에 폐지되었다.
④ 원산 총파업은 1929년에 일어난 일제 강점기 최대의 노동 운동으로, 당시 전국 각지에서 성금과 식량을 보내왔고, 중국·소련·프랑스 등의 노동 단체로부터 격려 전문도 받았다.
⑤ 1922년에 서울의 여의도 비행장에서 안창남의 고국 방문 비행 행사가 열렸다.

정답 ①

대표 기출 2

밑줄 그은 '시기'에 볼 수 있는 모습으로 적절하지 않은 것은?

71회 [2점]

장행기

장행기는 지원병 형식으로 끌려가는 청년을 환송하기 위해 국민 총력 조선 연맹 지부에서 만들어 준 깃발이다. 이 장행기의 주인공은 일제가 중·일 전쟁을 일으키고 침략을 확대하던 시기에 지원병으로 끌려가 전사하였다. 장행기에는 창씨개명한 그의 일본식 이름이 적혀 있다.

① 국방 헌금 모금에 적극 협력하는 부호
② 황국 신민 서사 암송을 강요받는 학생
③ 원각사에서 연극 은세계를 공연하는 배우
④ 내선일체에 협력하자는 논설을 쓰는 언론인
⑤ 국민 징용령에 의해 강제로 동원되는 노동자

자료분석
자료의 중·일 전쟁은 1937년에 발발하였고, 창씨개명은 1939년에 법령이 제정되어 1940년부터 시행되었다. 따라서 밑줄 그은 '시기'는 1940년대를 말한다.

정답분석
③ 원각사는 1908년 서울 종로에 세워진 한국 최초의 서양식 극장으로, '은세계' 등 신극이 공연되었다. 1914년 화재로 소실되었다.

선택지분석
① 일제는 중·일 전쟁 이후 국가 총동원법을 제정하여 인력과 물자 수탈을 하였다. 이에 따라 근로 저축, 지원병, 애국 저금, 국방 헌금 등을 강요하였다.
② 일제는 민족 말살 정책을 강화하면서 1930년대 중반부터 황국 신민 서사를 암송하게 하고, 신사참배와 궁성요배 등을 강요하였다.
④ '내선일체'란 일본[内]과 조선[鮮]은 하나라는 뜻으로, 일제는 중·일 전쟁 이후 한국인을 전쟁에 적극적으로 참여시키기 위하여 내선일체를 강조하면서 인적·물적 수탈을 하였다.
⑤ 일제는 중·일 전쟁 이후인 1939년에 국민 징용령을 제정하여 한국인들을 탄광, 건설 현장, 군수 공장 등에 강제로 동원하였다.

정답 ③

확인 문제

1 밑줄 그은 '이 시기'에 시행된 일제의 정책으로 옳은 것은?

70회 [1점]

이 사진은 어느 국민학교의 수업 장면입니다. 중·일 전쟁 이후 일제가 침략 전쟁을 확대하던 이 시기에는 학생들도 '대동아 전쟁'이라는 주제로 일제의 침략 행위를 정당화하는 교육을 받아야 했습니다.

① 회사령을 공포하였다.
② 치안 유지법을 제정하였다.
③ 헌병 경찰제를 실시하였다.
④ 경성 제국 대학을 설립하였다.
⑤ 조선 사상범 예방 구금령을 시행하였다.

2 밑줄 그은 '이 시기'에 있었던 사실로 옳은 것은?

67회 [1점]

문학으로 만나는 한국사

"이제 곧 창씨개명이 문제가 아닌 날이 닥칠 겁니다. 그때는 사느냐 죽느냐, 이 문제가 턱에 걸려서 아무것도 뵈지 않을걸요. 아 왜 거년(去年) 칠월에 국가총동원법 제4조라고 하면서, 국민 징용령이 안 떨어졌습니까? 일본 본토는 그렇다 치고, 조선, 대만, 사할린, 남양 군도에까지 그 징용령이 시행되고 있는 판에, 징병령인들 떨어지지 않겠습니까? 지금 지원병 제도는 장차 징병 문제를 결정하려는 시험으로 해 보는 것이라고 허드구만요."
이기채는 가슴이 까닭 없이 덜컥, 내려앉는다.   - 『혼불』 -

[해설] 이 작품에는 일제가 국가 총동원법을 제정하고 노동력 수탈을 위해 국민 징용령 등을 시행하던 이 시기 우리 민족의 삶이 잘 표현되어 있다.

① 조선 태형령이 공포되었다.
② 헌병 경찰 제도가 실시되었다.
③ 경성 제국 대학이 설립되었다.
④ 조선 농민 총동맹이 조직되었다.
⑤ 황국 신민 서사 암송이 강요되었다.

정답
1 ⑤ 일제는 1936년 조선 사상범 보호 관찰령을 공포하고, 1941년에는 조선 사상범 예방 구금령을 시행하여 독립운동가들을 재판없이 감시하거나 구금할 수 있게 하였다.
2 ⑤ 일제는 1930년대 이후 침략 전쟁을 확대하면서 우리 민족정신을 말살하고 일본에 대한 충성심을 세뇌하는 민족 말살 정책을 폈다. 이에 따라 창씨개명, 황국 신민 서사 암송, 신사 참배와 궁성요배 등을 강요하였다.

Theme 094 1910년대 국내와 간도의 민족 운동

PART 7 민족 독립운동의 전개

출제 의도와 대책

국권 피탈 이후 총독부의 탄압으로 국내의 항일 운동 여건이 더욱 악화되었다. 이에 국내의 민족 운동가들은 비밀 결사 형태의 단체를 만들어 항일 투쟁을 전개하였다. 이 시기 항일 운동의 사상적 기반은 크게 대한 제국을 회복하자는 복벽주의와 새로운 민주제 국가를 건설하자는 공화주의로 크게 구분할 수 있다. 국내의 활동이 어려워지면서 간도에 근거지를 마련하여 독립 전쟁을 준비하는 흐름도 나타났다. 대표적인 것이 신민회의 독립군 기지 건설 운동이다.

필기노트 마인드맵

- 국내 — 일제의 탄압 → 비밀 결사
  - 독립 의군부 — 임병찬이 고종의 밀명을 받고 조직(복벽주의)
    - 총독·일본 내각에 국권 반환 요구서 발송 계획
  - 대한 광복회 — 박상진·김좌진 주도, 공화정 목표
    - 친일파 색출·처단, 군자금 모금
    - 만주에 사관학교 설립해 독립 전쟁 계획
- 서간도 — 신민회 인사 중심으로 삼원보 개척
  - 경학사(자치 단체), 신흥 강습소(→신흥 무관학교) 설립
- 북간도 — 서전서숙(용정촌), 명동학교(명동촌) 설립
  - 대종교도 중심의 군사 조직인 중광단 조직

서간도 삼원보의 신흥 강습소

삼원보의 경학사가 설립한 학교에 청년들이 모여 들었다. 기억을 더듬어 보면 학생들의 의지가 대단하였다. 학교에 입학이 가능한 연령은 18세 이상이었지만 더 어린 학생들이 찾아온 적도 있었다. 아침 7시부터 저녁 8시까지 학과 교육 이외에도 군사 훈련을 받아야 했지만 학생들의 지친 기색을 찾을 수 없었다. 학교가 더욱 활기를 띠었던 시절은 지청천, 김창환이 합류한 이후였다. 이들은 모두 대한 제국 무관학교 출신으로, 교관으로 활동하며 독립군 양성에 힘을 쏟았다.

선택지 빅데이터

① 고종의 밀지를 받아 ■■■■가 조직되었다. → 독립 의군부
② 독립 의군부는 ■■■■를 내세우며 의병 전쟁을 준비하였다. → 복벽주의
③ 독립 의군부는 ■■■■■■를 조선 총독에게 제출할 것을 계획하였다. → 국권 반환 요구서
④ 박상진 등은 ■■■■를 조직하여 친일파를 처단하였다. → 대한 광복회
⑤ 삼원보에 한인 자치 기구인 ■■■가 설립되었다. → 경학사
⑥ 삼원보에 ■■ 강습소 설립하여 독립군을 양성하였다. → 신흥
⑦ 대종교 신자들을 중심으로 ■■■을 결성하여 항일 무장 투쟁을 전개하였다. → 중광단
⑧ 이상설은 북간도에 ■■■■을 설립하였다. → 서전서숙

대표 기출 1

(가) 지역에서 있었던 민족 운동에 대한 설명으로 옳은 것은?

73회 [2점]

이것은 (가) 에 세워진 신흥 강습소의 구성원이 만든 신흥 교우단의 기관지입니다. 이 기관지에는 군사, 교육, 역사 등 다양한 분야의 글이 게재되어 동포들의 민족의식을 고취하였습니다. 특히, 신흥 무관 학교의 전신인 신흥 강습소의 조직과 활동을 알려주는 내용이 많아 (가) 에서 전개된 독립운동을 연구하는 데 가치가 있습니다.

① 한인 자치 기구인 경학사를 조직하였다.
② 유학생을 중심으로 2·8 독립 선언서를 발표하였다.
③ 대조선 국민군단을 조직하여 군사 훈련을 실시하였다.
④ 대한 광복군 정부를 수립하여 무장 투쟁을 준비하였다.
⑤ 독립군 비행사 양성을 위한 한인 비행 학교를 설립하였다.

자료분석

신흥 강습소가 설립된 (가) 지역은 간도이다. 이회영 등 신민회 회원들은 국권 피탈 이후 서간도 지역인 길림성 유하현 삼원보를 개척하여 독립운동의 거점으로 삼고 독립군 양성 기관인 신흥 강습소를 설치하였다.

정답분석

① 신민회 회원들은 삼원보에 한인 자치 기구인 경학사를 조직하였다. 경학사는 이후 부민단, 한족회로 계승되었으며 서로군정서를 설립하는 모체가 되었다.

선택지분석

② 1919년에 동경 지역 유학생들을 중심으로 조선 청년 독립단을 창단하고, 2·8 독립 선언서를 발표하여 3·1 운동에 큰 영향을 주었다.
③ 1914년에 박용만은 하와이에서 대조선 국민군단을 조직하여 독립군 양성을 위한 군사 훈련을 실시하였다.
④ 1914년에 연해주의 블라디보스토크에서 권업회를 중심으로 이상설을 정도령으로 하는 대한 광복군 정부를 수립하였다.
⑤ 1920년 대한민국 임시 정부의 군무총장이던 노백린은 미국 캘리포니아에서 독립군 비행사 양성을 위한 한인 비행 학교를 설립하였다.

정답 ①

대표 기출 2

(가) 단체에 대한 설명으로 옳은 것은? 66회 [3점]

> **판결문**
>
> **피고인**: 박상진, 김한종
> **주문**: 피고 박상진, 김한종을 사형에 처한다.
> **이유**
>   피고 박상진, 김한종은 한일 병합에 불평을 가지고 구한국의 국권 회복을 명분으로 (가) 을/를 조직하고 국권 회복을 위한 자금 조달을 위해 조선 각도의 자산가에게 공갈로 돈을 받아내기로 하고 …… 채기중 등을 교사하여 장승원의 집에 침입하여 자금을 강취하고 살해하도록 한 죄가 인정되므로 위와 같이 판결한다.

① 중·일 전쟁 발발 직후에 결성되었다.
② 군대식 조직을 갖춘 비밀 결사였다.
③ 파리 강화 회의에 대표를 파견하였다.
④ 일제가 꾸며낸 105인 사건으로 와해되었다.
⑤ 만민 공동회를 열어 열강의 이권 침탈을 비판하였다.

자료분석
박상진을 중심으로 조직되어 국권 회복을 위해 군자금을 모집하고 친일 부호를 처단한 단체는 대한 광복회이다. 대한 광복회는 군자금을 모아 만주에 사관학교를 세워 독립 전쟁을 벌이는 것을 목표로 하였으며, 부호들에게 의연금을 징수하고 일제의 세금 마차를 강탈하는 등 1910년대 국내에서 가장 활발하게 활동한 단체이다. 1918년에 전국의 조직망이 발각되어 해체되었다.

정답분석
② 대한 광복회는 박상진을 총사령, 김좌진을 부사령으로 하여 각도 지부장, 만주 사령관 등 군대식 조직을 갖춘 비밀 결사였다.

선택지분석
① 대한 광복회는 1915년 의병 계열 단체인 채기중의 풍기 광복단과 애국 계몽 운동 계열 단체인 조선 국권 회복단이 통합되어 결성되었다.
③ 상하이에서 여운형 등이 조직한 신한 청년단은 제1차 세계 대전의 전후 처리를 위해 미국이 민족 자결주의를 내세운 데 고무되어, 파리 강화 회의에 김규식을 파견하였다.
④ 1910년에 안명근이 만주에 군관학교를 설립하기 위한 군자금을 모집하다가 검거되었다. 그런데 일제는 이 사건을 총독 암살 미수 사건으로 확대·조작하여 많은 애국지사를 구속하였으며, 재판 결과 105인이 유죄를 받은 105인 사건이 일어났다(1911). 이때 신민회의 회원들이 다수 투옥되면서 신민회가 와해되는 계기가 되었다.
⑤ 독립 협회는 근대적 민중 집회인 만민 공동회를 열어 이권 수호 운동을 전개하였으며, 이 과정에서 정치의 변화가 필요함을 체감하고 참정권 운동과 의회 설립 운동을 추진하였다.

정답 ②

확인 문제

1 (가) 단체에 대한 설명으로 옳은 것은? 59회 [2점]

이것은 고종이 임병찬에게 내린 밀지의 일부입니다. 그는 이 밀지를 받고 복벽주의를 내건 (가) 을/를 조직하였습니다.

> 애통하다! 일본 오랑캐가 배신하고 합병하니 종사가 폐허가 되고 국민은 노예가 되었다. …… 짐이 믿는 것은 너희들이니, 너희들은 힘써 광복하라.

① 일본 도쿄에서 독립 선언서를 발표하였다.
② 일제가 제정한 치안 유지법으로 탄압받았다.
③ 서간도에 신흥 강습소를 세워 독립군을 양성하였다.
④ 독립운동 자금을 모으기 위해 독립 공채를 발행하였다.
⑤ 조선 총독에게 제출하기 위해 국권 반환 요구서를 작성하였다.

2 밑줄 그은 '이 지역'에서 있었던 민족 운동으로 옳은 것은? 70회 [3점]

> **□□ 신문** 제△△호 ○○○○년 ○○월 ○○일
>
> **『원병상 회고록』으로 본 국외 민족 운동**
>   한국 독립운동사의 일면을 살펴볼 수 있는 책이 발간되었다. 이 책은 신흥 무관 학교 졸업생이자 교관으로 독립군 양성에 헌신한 원병상의 회고록이다. 책에는 이 지역에 세워진 신흥 무관 학교의 변화 과정과 학생들의 생활상이 구체적으로 담겨 있을 뿐만 아니라, 국권 피탈 이후 망명해 온 독립지사들이 힘겹게 정착해 나가는 과정이 생생하게 기록되어 있어 독립운동사와 생활사 자료로서 가치가 크다.

① 한인 자치 기구인 경학사가 설립되었다.
② 권업회가 조직되어 기관지를 발행하였다.
③ 유학생들을 중심으로 2·8 독립 선언서가 발표되었다.
④ 대조선 국민 군단이 결성되어 군사 훈련을 실시하였다.
⑤ 흥사단이 창립되어 교민들에게 민족의식을 심어주고자 하였다.

정답
1 ⑤ (가)는 독립 의군부이다. 독립 의군부는 일본의 총리대신과 조선 총독에게 국권 반환 요구서를 작성하여 서신을 보내고 봉기할 것을 통고하였으나 사전에 발각되어 조직이 와해되었다.
2 ① 이회영, 이시영 등 신민회 인사들은 서간도 삼원보에 정착하여 만주 지역 최초로 독립운동 단체인 경학사를 조직하고 독립군 양성을 위해 신흥 강습소를 설립하였다.

Theme 095 1910년대 국외 민족 운동

PART 7 민족 독립운동의 전개

출제 의도와 대책

국외로 건너간 한인들은 세계 각지에서 동포 사회를 기반으로 독립운동을 전개하였다. 간도와 함께 한인촌이 가장 활발하게 형성되었던 연해주에서는 최초의 임시 정부인 대한 광복군 정부가 수립되었고, 미주 지역에서는 각지의 한인회를 통합하여 대한인 국민회를 조직해 독립운동에 자금 지원을 하였다. 중국 관내에서는 신한청년당 등 청년 중심의 단체가 세워져 활동하였다.

필기노트 마인드맵

- 연해주
  - 국권 피탈 전 신한촌 형성 → 해조신문 발행
  - 권업회(1911): 최재형·이상설 중심, 권업신문 발행
  - 대한 광복군 정부(1914): 정통령 이상설, 부통령 이동휘, 최초 국외 임시 정부
  - 전로 한족회 중앙총회(1917): 이동휘, 이동녕 주도
  - 대한 국민 의회: 3·1 운동 후 세워진 임시 정부
- 중국 본토(상하이)
  - 동제사: 신규식, 박은식 등
  - 신한청년당: 김규식, 여운형, 신채호 등
  - 김규식을 파리 강화 회의에 파견
- 미국
  - 대한인 국민회: 한인회 통합, 안창호 주도, 신한민보 발행
  - 흥사단: 안창호 주도
  - 대조선 국민 군단: 박용만 주도, 군대 양성
- 멕시코: 숭무학교 설립

연해주 박재형 고택

이 건물은 연해주의 한인 사회에서 명망이 높았던 독립운동가 최재형이 거주했던 곳이다. 그는 1909년 대동공보 사장으로 취임하였으며, 1911년에는 권업회를 조직하고 권업신문을 발간하였다. 1918년 제2회 전로 한족 대표 회의에서 이동휘와 함께 명예 회장으로 추대되었다. 1920년 일본군이 자행한 4월 참변으로 우수리스크에서 순국하였다.

선택지 빅데이터

① 국권 피탈 전 연해주 한인들이 ■■ 신문을 발간하였다. → 해조
② 권업회는 ■■ 신문을 발행해 민족의식을 고취하였다. → 권업
③ 권업회를 중심으로 ■■■■■■■를 세워, ■■■과 이동휘를 정·부통령으로 선임하였다. → 대한 광복군 정부, 이상설
④ 신한청년당의 ■■■이 파리 강화 회의에 파견되었다. → 김규식
⑤ 박용만이 하와이에서 ■■■■■을 조직하여 무장 투쟁을 준비하였다. → 대조선 국민군단
⑥ 미국 한인들은 ■■■■■를 중심으로 독립운동을 전개하였다. → 대한인 국민회
⑦ ■■■는 재미 한인을 중심으로 흥사단을 설립하였다. → 안창호
⑧ 멕시코에서 ■■학교를 설립하여 독립군을 양성하였다. → 숭무

대표 기출 1

(가) 지역에서 일어난 민족 운동에 대한 설명으로 옳은 것은?

71회 [3점]

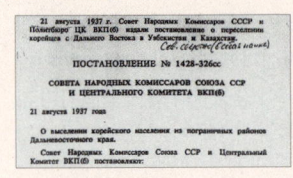

이 문서는 일제에 협력하는 것을 방지한다는 명분으로 ⬜(가)⬜의 한인들을 중앙아시아로 강제 이주시키라는 명령서이다.

1937년에 소련 공산당 서기장 스탈린이 승인한 이 명령의 시행으로 블라디보스토크를 포함한 ⬜(가)⬜의 한인 10만 명 이상이 우즈베키스탄, 카자흐스탄 등지로 강제 이주당하였다.

① 권업회를 조직하고 신문을 발행하였다.
② 한인 자치 기구인 경학사를 설립하였다.
③ 유학생을 중심으로 2·8 독립 선언서를 발표하였다.
④ 독립군 양성을 위해 대조선 국민 군단을 결성하였다.
⑤ 서전서숙과 명동 학교를 설립하여 민족 교육을 실시하였다.

자료분석
자료의 (가)는 연해주이다. 1937년 스탈린의 대숙청 당시 연해주에 거주하던 한국인들이 일본인의 첩자가 될지도 모른다고 하며 중앙아시아로 강제 이주시켰다.

정답분석
① 연해주 지역 블라디보스토크의 한인 집단 거주지인 신한촌에서 민족 운동가와 의병 세력이 합작하여 권업회를 설립하고 기관지인 권업신문을 발행하였다.

선택지분석
② 이회영, 이시영 등 신민회 인사들은 서간도 삼원보에 정착하여 만주 지역 최초로 독립운동 단체인 경학사를 조직하고 독립군 양성을 위해 신흥 강습소를 설립하였다.
③ 최팔용 등 일본 동경의 한국 유학생들이 조선 청년 독립단을 결성한 후 1919년 2월에 2·8 독립 선언서를 발표하였다.
④ 대조선 국민 군단은 박용만이 하와이에서 결성한 독립군 양성 단체이다.
⑤ 북간도에 해당한다. 이상설 등은 북간도 용정촌에 민족 교육 기관인 서전서숙을 세웠으며, 서전서숙 폐교 후 김약연의 주도로 명동 학교를 설립하여 민족 교육을 실시하였다.

정답 ①

대표 기출 2

밑줄 그은 '이곳'에 해당하는 지역을 지도에서 옳게 고른 것은?

62회 [1점]

> 박용만은 1905년 국외로 떠난 이후 네브래스카주에서 대학을 다니며 독립군 양성 기관인 한인 소년병 학교를 창설하고, 국민개병설을 집필했습니다. 그후 이곳으로 건너와 대조선 국민군단을 조직하여 독립 전쟁을 준비했습니다.

대조선 국민군단이 사용한 건물과 군복을 입은 박용만

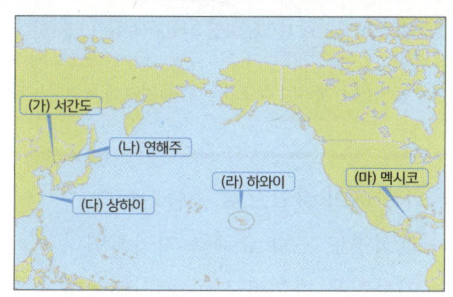

① (가) ② (나) ③ (다) ④ (라) ⑤ (마)

정답분석
④ 박용만은 하와이에서 국민개병설을 주장하면서 대조선 국민군단을 조직하고 군사 훈련과 독립군 사관 양성을 실시하였다. 하와이는 한인들이 1903년 최초로 노동 이민을 통해 정착한 곳으로, 사탕수수 농장에서 가혹한 조건으로 노동하였다. 계약이 끝난 후에는 하와이의 도심으로 옮겨 살거나 미국, 멕시코 등지의 내지로 이주하였다. 이들을 바탕으로 여러 한인 단체가 생겨났다가, 미주 지역 한인 단체는 대부분 대한인 국민회로 통합되었다.

선택지분석
① 서간도에는 대표적으로 신민회 회원인 이시영 형제 등이 개척한 삼원보가 있었다. 삼원보에는 자치 기구인 경학사와 독립군 사관 양성 기관인 신흥 강습소(신흥 무관 학교)가 설립되었다.
② 연해주는 한말부터 한인들이 이주하여 한인촌을 형성하였으며 이상설 등을 중심으로 권업회, 대한 광복군정부, 대한 국민 의회 등이 수립되었다.
③ 상하이에는 김규식, 여운형, 신채호 등이 신한청년당을 결성하여 파리 강화 회의에 김규식을 파견하고 상하이 임시 정부 수립에도 영향을 주었다.
⑤ 멕시코 한인들은 유카탄주 메리다에 숭무학교를 세워 광복 정신을 고취하고 군사 훈련을 연마하기도 하였다.

정답 ④

확인 문제

1 밑줄 그은 '이 지역'에서 있었던 민족 운동으로 옳은 것은?

67회 [2점]

> 이것은 1923년 이 지역에서 발생한 지진 당시 희생된 조선인을 위로하기 위해 세운 추도비입니다. 지진이 일어나자 "조선인이 불을 질렀다.", "조선인이 공격해 온다" 등의 유언비어가 퍼졌고, 이에 현혹된 사람들이 조직한 자경단 등에 의해 수많은 조선인이 학살되었다.

① 한인 자치 기구인 경학사를 설립하였다.
② 민족 교육을 위해 서전서숙을 건립하였다.
③ 유학생을 중심으로 2·8 독립 선언서를 발표하였다.
④ 대조선 국민 군단을 결성하여 군사 훈련을 실시하였다.
⑤ 대한 광복군 정부를 세워 무장 독립 투쟁을 준비하였다.

2 (가) 지역에서 있었던 민족 운동으로 옳은 것은?

53회 [2점]

> 이 사진은 1905년 ___(가)___ 의 유카탄반도로 계약 노동 이민자들을 수송했던 일포드호입니다. 주택 무료 임대, 높은 임금 등을 내건 모집 광고를 믿고 이 화물선을 탄 천여 명의 한국인들은 한 달 넘게 걸려 에네켄 농장에 도착했습니다. 이들은 광고와 달리 사실상 노예와 다름 없는 생활을 하였습니다.

① 권업회의 기관지로 권업신문이 발간되었다.
② 독립군 양성을 위한 숭무 학교가 설립되었다.
③ 북로 군정서가 조직되어 무장 투쟁을 실시하였다.
④ 주권 재민을 천명한 대동 단결 선언서가 작성되었다.
⑤ 유학생들이 중심이 되어 2·8 독립 선언서를 발표하였다.

정답
1 ③ 최팔용 등 일본 동경의 한국 유학생들은 1918년에 비밀 결사로 조선 청년 독립단을 결성하였다. 조선 청년 독립단은 1919년 2월에 2·8 독립 선언을 발표하여 3·1 운동에도 직접적인 영향을 주었다.
2 ② (가)는 멕시코이다. 멕시코에서 독립군 양성을 위해 숭무학교가 설립되었다.

Theme 096 3·1 운동

PART 7 민족 독립운동의 전개

출제 의도와 대책

제1차 세계 대전의 전후 처리 과정에서 미국 대통령 윌슨이 민족 자결주의를 제창하였다. 민족이 스스로 자기 운명을 결정할 수 있어야 한다는 이 주장은 국권을 빼앗긴 약소민족에게 큰 희망이 되었다. 이에 파리 강화 회의에 한국의 실정을 알릴 대표를 파견하는 한편, 각지의 동포 사회에서 대대적인 독립 선언이 이어졌다. 그러한 흐름이 모아져, 3·1 운동이 전개되었다. 3·1 운동은 이전까지 지사, 의사 중심으로 전개되던 독립운동이 거족적 차원의 민족운동으로 발전하는 분수령이 되었으며, 대한민국 임시 정부 수립의 계기가 되었다.

필기노트 마인드맵

- 배경: 윌슨의 <u>민족 자결주의</u>(but 패전국 식민지에만 적용)
  - <u>대동 단결 선언</u>(1917): 국민주권론, <u>주권불멸론</u>
  - 2·8 독립 선언(1919): <u>동경 유학생</u>, 조선 청년 독립단
- 전개: 1단계: 종교인 대표(<u>33인</u>, 태화관) + 학생(<u>탑골공원</u>)
  - 2단계: 도시로 확산 → 도시 노동자 참가
  - 3단계: <u>농촌으로 확산</u> → 무력 저항으로 변모
    - 국외로 확산 → 만주·미주·연해주 등 동포 사회
- 탄압: <u>제암리 학살 사건</u>, 유관순(아우내 장터 시위) 사망
- 의의: 독립운동의 분수령 → 공화정의 <u>대한민국 임시 정부 수립</u>
  - 일제의 통치 방식 변화(무단 통치 → <u>문화 통치</u>)
  - 중국 5·4 운동, 인도 비폭력·불복종 운동에 자극

사이토 마코토의 시정방침(문화 통치)

생각건대, 장래의 운동은 작년 봄 행해진 만세 소요 같은 어린애 장난 같은 것은 아닐 것이고, 근저 있고 실력 있는 조직적 운동일 것이라는 점을 오늘날 미리 깨닫지 않으면 안 된다. …… 우리들은 어떠한 방책으로 이 경향을 이용하여, 오히려 일선 병합의 대정신, 대이상인 일선 동화로 돌아오게 할 수 있을까? 그렇지만 이 방책은 다른 것이 아니다. 위력을 동반한 문화 운동 이것뿐이다.

선택지 빅데이터

① 미국 대통령 윌슨이 민족 ■■■를 제창하였다. → 자결주의
② 동경 유학생들이 조선 청년 독립단을 결성하여 ■·■■■■를 배포하였다. → 2·8 독립 선언서
③ ■·■ ■■ 당시 탑골 공원에서 민족 대표 33인 명의의 독립 선언서가 발표되었다. → 3·1 운동
④ 3·1 운동 전개 과정에서 일제가 ■■■ 학살 등을 자행하였다. → 제암리
⑤ 3·1 운동은 일제가 이른바 ■■■■를 실시하는 배경이 되었다. → 문화 통치
⑥ 3·1 운동은 ■■■■■■■가 수립되는 계기가 되었다. → 대한민국 임시 정부
⑦ 3·1 운동은 ■■의 5·4 운동에 영향을 주었다. → 중국

대표 기출 1

(가) 운동에 대한 설명으로 옳은 것은? 72회 [1점]

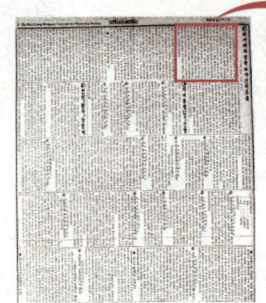

언론 본도로 본 만세 기념일

3월 1일에 배화 여학교 학생 일동은 학교 동산에 올라가서 우리 독립 선언 기념을 경축하기 위하여 만세를 부르고, 배재 학교 생도 일동은 3월 1일에 일제히 결석하고 3월 2일에 등교하여 갑자기 그 학교 마당에서 만세를 불렀으니 …… 저와 같은 불미한 행동을 허락한 까닭으로 그 학교 교장들은 파직하고 심하면 그 학교를 폐쇄할 지경에 이르겠더라.

[해설] 이 자료는 신한민보 1920년 4월 20일자에 실린 기사이다. 민족 최대의 독립 운동이었던 [(가)]의 1주년 무렵 배화 여학교와 배재 학교 학생들이 만세 운동을 전개하여 학교가 폐쇄될 위기에 처했다는 내용이 담겨 있다.

① 통감부의 방해와 탄압으로 중단되었다.
② 러시아의 절영도 조차 요구를 저지하였다.
③ 순종의 인산일을 기회로 삼아 추진되었다.
④ 대한민국 임시 정부 수립의 계기가 되었다.
⑤ 성진회와 각 학교 독서회에 의해 전국적으로 확산되었다.

자료분석

자료의 '3월 1일', '1920년', '민족 최대의 독립운동' 등을 통해 (가)가 3·1 운동임을 알 수 있다. 1919년 3월 1일 탑골공원에서 시작된 3·1 운동은 전국은 물론 국외로까지 퍼져 나가 연해주, 미국 필라델피아 등지에서도 한인들의 만세 시위가 이어졌다.

정답분석

④ 3·1 운동 이후 우리 민족의 독립 의지를 모아서 지속적인 민족 해방 운동을 전개하고, 독립운동의 체계화와 조직화의 필요성이 제기되었다. 이는 대한민국 임시 정부 수립으로 이어졌다.

선택지분석

① 통감부는 1910년에 조선 총독부의 설립으로 폐지되었다.
② 러시아는 1897년부터 석탄고 기지로 사용하기 위해 부산 절영도의 조차를 요구하였으나, 대신들의 반대와 독립 협회의 이권 수호 운동을 통해 러시아의 조차 요구를 저지시켰다.
③ 6·10 만세 운동에 대한 설명이다.
⑤ 광주 학생 항일 운동에 대한 설명이다.

정답 ④

대표 기출 2

(가) 운동에 대한 설명으로 옳은 것은? 63회 [1점]

> 국가보훈처는 광복 73주년을 맞아 독립 유공자를 발굴하여 포상하기로 하였습니다. 이번 포상에는 (가) 의 1주년에 만세 운동을 전개하다가 체포되어 옥고를 치른 배화 여학교 학생 여섯 명이 포함되었습니다. 이들은 일제 강점기 최대 민족 운동인 (가) 의 영향을 받아 수립된 대한민국 임시 정부의 활동 소식을 접하면서 민족의식을 키웠다고 합니다.

김경화 등 6명의 독립운동가, 독립운동 유공 인정

① 김광제 등의 발의로 본격화되었다.
② 순종의 인산일을 기회로 삼아 추진되었다.
③ 제암리 학살 등 일제의 가혹한 탄압을 받았다.
④ 신간회에서 진상 조사단을 파견하여 지원하였다.
⑤ 성진회와 각 학교 독서회에 의해 전국적으로 확산하였다.

자료분석
일제 강점기 최대의 민족 운동은 3·1 운동이며, 그 영향으로 대한민국 임시 정부가 수립되었다.

정답분석
③ 3·1 운동이 거족적으로 확산되어 가자, 일제는 시위 군중에 무차별 사격을 가하는 등 무자비하게 탄압하였다. 제암리에서는 마을 주민들을 교회 건물에 가두고 불을 질렀으며 탈출하려는 사람들을 사살하는 등 학살을 저질렀다.

선택지분석
① 1907년 대구에서 김광제, 서상돈의 발의로 국채 보상 운동이 시작되었다. 이는 대한매일신보, 황성신문 등 당시 민족 언론의 적극적인 지원으로 전국적으로 확산되었다.
② 1926년 순종이 사망하자 그 인산일을 기회로 6·10 만세 운동이 전개되었다. 사회주의계와 민족주의계가 함께 준비하였으며, 이후 좌우 합작에 의한 신간회가 결성되는 데도 영향을 주었다.
④ 1929년 한·일 학생 사이의 우연한 충돌에서 일제 경찰이 한국 학생만 편파적으로 억류하자 광주 학생 항일 운동이 일어났다. 이때 신간회에서 진상 조사단을 파견하여 지원하고, 이를 전국에 알리기 위해 민중 대회를 개최하려 하였다.
⑤ 6·10 만세 운동으로 학생이 민족 운동의 주류로 떠오르면서 학생들은 독서회를 조직해 사회과학을 비밀리에 공부하였으며 광주 지역에서는 비밀 결사인 성진회가 결성되었다. 광주 학생 항일 운동 당시 학생 조직인 독서회, 성진회 등이 운동의 확산에 큰 역할을 하였다.

정답 ③

확인 문제

1 다음 자료에 나타난 민족 운동에 대한 설명으로 옳지 않은 것은? 68회 [2점]

> **한국인들이 독립 선언을 하다**
> – 집회에 참가한 수천 명 체포 –
>
> 일본 당국은 고종의 장례식을 계기로 문제가 발생할 것으로 예상하고 많은 헌병을 서울로 집결시켰다. …… 전국의 모든 도시와 마을에서 독립을 위한 행진과 시위가 일어났다. 일본 측은 당황했지만 곧 재정비하여 강력하고 신속한 진압에 나섰다. 그 결과 수천 명의 시위대가 체포되었지만 일본측 보고서에는 수백 명으로 기록되어 있다.

① 중국의 5·4 운동에 영향을 주었다.
② 대한민국 임시 정부 수립의 계기가 되었다.
③ 신간회에서 진상 조사단을 파견하여 지원하였다.
④ 국외로도 확산되어 필라델피아에서 한인 자유 대회가 열렸다.
⑤ 평화적 만세 운동에서 무력 투쟁 사례가 늘어나기 시작하였다.

2 다음 자료가 발표된 이후의 사실로 옳은 것은? 51회 [2점]

> 조선 청년 독립단은 우리 2천만 민족을 대표하여 정의와 자유를 쟁취한 세계 모든 나라 앞에 독립을 성취할 것을 선언한다. …… 우리 민족은 정당한 방법으로 우리 민족의 자유를 추구할 것이나, 만일 이번에 성공하지 못하면 우리 민족은 생존의 권리를 위하여 온갖 자유행동을 취하여 최후의 일인까지 자유를 위해 뜨거운 피를 흘릴 것이니, …… 일본이 만일 우리 민족의 정당한 요구에 불응한다면 우리는 일본에 대하여 영원의 혈전을 선포하노라.
> – 재일본 동경 조선 청년 독립단 대표 11인 –

① 박상진 등이 대한 광복회를 결성하였다.
② 황성신문에 '시일야방성대곡'이 게재되었다.
③ 독립 협회가 중심이 되어 독립문을 건립하였다.
④ 고종의 밀지를 받아 독립 의군부가 조직되었다.
⑤ 민족 대표 33인 명의의 독립 선언서가 발표되었다.

정답
1 ③ 고종의 장례식을 계기로 일어난 민족 운동은 1919년의 3·1 운동이다. 신간회는 1927년에 좌우 세력이 합작하여 조직한 국내 민족 유일당이다.
2 ⑤ 조선 청년 독립단이 1919년 2월 일본 도쿄에서 2·8 독립 선언을 발표한 후 그해 3월에 민족 대표 33인의 독립 선언서가 발표되었다.

Theme 097 대한민국 임시 정부(상하이)

PART 7 민족 독립운동의 전개

출제 의도와 대책

거족적으로 전개된 3·1 운동이 일제의 가혹한 탄압으로 실패하면서 독립 운동을 지휘할 통일된 지도 기관의 필요성이 대두되었다. 이에 각지에서 임시 정부가 만들어졌으며, 이들이 통합하여 대한민국 임시 정부가 수립되었다. 임시 헌장을 반포하고 의정원, 법원, 국무원을 갖춘 대한민국 임시 정부는 우리나라 최초의 3권 분립에 입각한 민주 공화제 정부로서 외교 활동을 비롯한 독립 운동을 전개하였다.

필기노트 마인드맵

- 수립: 대한 국민 의회(연해주) + 상하이 임시 정부(신한 청년당) + 한성 정부(국내) 통합
- 활동
  - 비밀 조직망
    - 연통제: 국내 및 한인 사회 지방 조직
    - 교통국: 정보 수집·비밀 통신망
  - 군자금 모금
    - 애국 공채 발행, 백산상회(부산, 안희재)
    - 이륭양행: 교통국 본부
    - ※ 아일랜드계 영국인 조지. L. 쇼의 도움
  - 군사 활동
    - 만주 독립군 흡수(육군 주만 참의부)
    - 한인 비행 학교(노백린, 샌프란시스코)
  - 외교 활동
    - 김규식 외무총장 겸 전권대사 → 파리위원부
    - 구미위원부(이승만)
  - 독립의식 고취: 『한·일 관계 사료집』 편찬, 독립신문 간행
- 침체
  - 연통제·교통국 발각 → 자금 단절
  - 외교 활동 성과 미미 → 무장투쟁론 대두
  - 국민 대표 회의 개최: 독립 운동의 방략 논의 → 실패

국민 대표 회의

본 국민 대표 회의는 이천만 민중의 공정한 뜻에 바탕을 둔 국민적 대회합으로 최고의 권위를 지녀 …… 독립을 완성하기를 기도하고 이에 선언하노라. …… 본 대표 등은 국민이 위탁한 사명을 받들어 국민적 대단결에 힘쓰며 독립운동이 나아갈 방향을 확립하여 통일적 기관 아래서 대업을 완성하고자 하노라.

선택지 빅데이터

① 비밀 행정망인 ■■■를 통해 독립 자금을 모았다. → 연통제
② 이륭양행에 ■■■을 설치하여 국내와 연락하였다. → 교통국
③ 파리 강화 회의에 ■■■를 제출하였다. → 독립 청원서
④ 무장 투쟁을 위해 육군 주만 ■■■를 조직하였다. → 참의부
⑤ 부산의 ■■ 상회를 통해 독립운동 자금을 마련하였다. → 백산
⑥ 독립운동 자금 마련을 위해 ■■■를 발행했다. → 독립 공채
⑦ 독립 의식을 고취하기 위해 ■■■을 간행하였다. → 독립신문
⑧ 임시 사료 편찬회를 두어 ■·■ ■■ ■■■을 간행하였다. → 한·일 관계 사료집
⑨ 독립운동의 방략을 논의하기 위한 ■■ ■■ 회의가 개최되어 개조파와 창조파가 대립하였다. → 국민 대표

대표 기출 1

(가) 정부의 활동에 대한 설명으로 옳은 것은? 65회 [2점]

> 도내 관공서의 조선인 관리·기타 조선인 부호 등에게 빈번하게 불온 문서를 배부하는 자가 있어서 수사한 결과 이○○의 소행으로 판명되어 그의 체포에 노력하고 있다. …… 그는 (가) 의 교통부 차장과 재무부 총장 등으로부터 여러 가지 명령을 받았다. 조선에 돌아가서 인쇄물을 뿌리는 등 인심을 교란하는 동시에 (가) 이/가 발행한 독립 공채를 판매하는 한편, 조선 내부와의 연락 및 기타 기관을 충분히 갖추게 하는 것 등이었다.
> - 『고등 경찰 요사』 -

① 무장 투쟁을 위해 중광단을 결성하였다.
② 민족 교육을 위해 서전서숙을 설립하였다.
③ 독립군 양성을 위해 신흥 강습소를 세웠다.
④ 외교 활동을 위해 구미 위원부를 설치하였다.
⑤ 농촌 계몽을 위해 브나로드 운동을 전개하였다.

자료분석

'교통부 차장', '독립 공채' 등에서 (가)는 1919년 상하이에서 수립된 대한민국 임시 정부임을 알 수 있다. 대한민국 임시 정부는 국내 비밀 행정 조직인 연통제와 비밀 연락망인 교통국을 통해 국내와 연락하고 독립 공채를 판매하면서 독립 자금을 모금하였다.

정답분석

④ 대한민국 임시 정부는 김규식을 외무총장 겸 파리 위원부 대표에 선임하여, 파리 강화 회의에 임시 정부 명의로 독립 청원서를 제출하였다. 또한 미국에 구미 위원부를 설치해 미국과 국제 연맹을 상대로 외교 활동을 전개하였다.

선택지분석

① 나철 등이 단군 신앙을 바탕으로 창시한 대종교는 국권 피탈 후 탄압이 심해지자 1911년 북간도로 거점을 옮겼다. 북간도에서 대종교 신자들을 중심으로 무장 투쟁 단체인 중광단을 결성하였으며, 이는 북로 군정서로 발전하였다.
② 이상설은 북간도 용정촌에 민족 교육 기관인 서전서숙을 설립하였다.
③ 신민회는 국외 독립군 기지 건설의 일환으로 남만주 삼원보를 개척하여 한인 자치 단체인 경학사와 독립군 양성 기관인 신흥 강습소를 설립하였다. 이때 이회영 등 6형제는 자신들의 엄청난 재산을 처분하고 삼원보로 이주하여 독립군 기지 개척에 앞장섰다.
⑤ 일제의 우민화 교육으로 아동 취학률이 낮아지고 문맹률이 80%까지 치솟는 등 민족 역량이 약화되었다. 이에 1929년 조선일보의 문자 보급 운동, 1931년 동아일보의 브나로드 운동 등 문맹 퇴치 운동이 전개되었다.

정답 ④

대표 기출 2

밑줄 그은 '회의'에 대한 설명으로 옳은 것은? 68회 [3점]

> 본 회의는 2천만 민중의 공의(公意)를 지키는 국민적 대회합으로서, 최고의 권위에 의해 국민의 완전한 통일을 견고하게 하며 광복 대업의 근본 방침을 수립하고, 이로써 우리 민족의 자유를 만호하고 독립을 완성하기를 기도하며 이에 선언하노라. 삼일 운동으로써 우리 민족의 정신적 통일은 이미 표명되었다. …… 본 대표들은 국민이 위탁한 사명을 받아 국민적 대단결을 힘써 도모하며, 독립 전도의 대방책을 확립하여 통일적 기관하에서 대업을 기성(期成)하려 한다.

① 창조파와 개조파가 대립하였다.
② 대일 선전 성명서를 공표하였다.
③ 삼균주의를 기초로 하는 건국 강령을 발표하였다.
④ 파리 강화 회의에 김규식을 파견할 것을 결정하였다.
⑤ 지청천을 사령관으로 하는 한국광복군을 조직하였다.

자료분석
1919년 대한민국 임시 정부 수립 당시 외교론 입장은 외국 공사관이 많은 상하이를, 무장 투쟁론 입장은 국내 진입 작전에 유리한 만주 지역을 주장하였다. 결국 상하이에 통합 임시 정부가 수립되어 김규식을 통해 파리 강화 회의에 독립 청원서를 제출하는 등 외교 활동을 전개하였다. 그러나 외교 활동에 큰 성과가 없고 이승만의 위임 통치 청원서 사건이 불거지면서, 독립 운동의 방략을 논의하기 위해 국민대표 회의가 소집되었다(1923).

정답분석
① 국민대표 회의에서 임시 정부의 해체와 새로운 독립운동 지도 기관을 설립하자는 창조파와 임시 정부의 정통성을 인정하고 유지하되 조직과 활동을 개혁하자는 개조파가 대립하였다. 그러나 뚜렷한 성과를 내지 못한 채 회의가 중단되면서 임시 정부는 한동안 침체에 빠졌다.

선택지분석
② 대한민국 임시 정부는 1940년 충칭에 도착하였으며, 1941년 태평양 전쟁이 일어나자 대일 선전 성명서를 공표하였다.
③ 대한민국 임시 정부는 1941년 조소앙의 삼균주의를 바탕으로 한 건국 강령을 발표하였다. 삼균주의는 정치, 경제, 교육의 균등을 주장하는 사상으로, 건국 강령은 이에 따라 보통선거, 대생산 기관의 국유화, 무상 의무 교육 등을 천명하였다.
④ 대한민국 임시 정부는 수립된 직후 신한 청년당에서 파견해 파리에 있던 김규식을 외무총장 겸 파리 위원부 대표로 임명하여 파리 강화 회의에 참가하도록 하였다.
⑤ 대한민국 임시 정부는 1940년 충칭에 도착한 뒤 우익 정당들을 통합하여 한국 독립당을 창당하고 이어 임시 정부의 정규군인 한국 광복군을 창설하였다.

정답 ①

확인 문제

1 (가) 단체의 활동으로 옳은 것은? 52회 [1점]

이 책은 (가) 이/가 국제 연맹에 한국 독립의 당위성을 호소하기 위해 편찬한 것입니다. 여기에는 삼국 시대 이후의 한일 관계사가 기록되어 있으며, 특히 일제의 잔혹한 식민통치 방식과 3·1 운동의 전개 과정이 잘 정리되어 있습니다.

① 조선 혁명 간부 학교를 설립하였다.
② 한글 맞춤법 통일안과 표준어를 제정하였다.
③ 태극 서관을 운영하며 계몽 서적을 보급하였다.
④ 독립운동 자금 마련을 위해 독립 공채를 발행하였다.
⑤ 진상 조사단을 파견하여 광주 학생 항일 운동을 지원하였다.

2 (가)에 대한 설명으로 옳은 것을 〈보기〉에서 모두 고르면? 61회 [2점]

저는 이동녕으로 이곳 충남 천안에서 태어났습니다. 저는 임시 의정원 초대 의장으로 삼권 분립에 기초한 (가) 의 헌법 제정에 기여하였습니다. 또한 국무총리와 주석 등을 역임하였고, (가) 이/가 상하이를 떠나 이동하는 과정을 함께하며 독립운동에 전념하였습니다.

보기
ㄱ. 만세보를 발행하여 민중 계몽에 힘썼다.
ㄴ. 신흥 강습소를 세워 독립군을 양성하였다.
ㄷ. 구미 위원부를 조직하여 외교 활동을 전개하였다.
ㄹ. 이륭양행에 교통국을 설치하여 국내와 연락을 취하였다.

① ㄱ, ㄴ ② ㄱ, ㄷ ③ ㄴ, ㄷ ④ ㄴ, ㄹ ⑤ ㄷ, ㄹ

정답
1 ④ 대한민국 임시 정부는 독립운동 자금을 마련하기 위해 애국 공채(독립 공채)를 발행하거나 의연금을 거두었다.
2 ⑤ ㄷ. 대한민국 임시 정부는 파리에 김규식을 중심으로 파리 위원부를 두었으며, 미국에 구미 위원부를 두어 외교 활동을 전개하였다.
ㄹ. 대한민국 임시 정부는 비밀 행정 조직인 연통제를 건설하고, 비밀 연락망인 교통국을 운영하였다. 교통국은 압록강 인근의 안동(단둥)에 위치한 이륭양행에 본부를 두고 활동하였다.

Theme 098 1920년대 무장 독립 투쟁

PART 7 민족 독립운동의 전개

출제 의도와 대책

3·1 운동 이후 간도 지역 독립군의 활동도 한층 고조되어 국내로 진입해 일제 통치 기관을 공격하였다. 이에 일본이 독립군을 추격하는 상황에서 봉오동·청산리 전투가 벌어졌다. 연이은 패배에 일본군이 한인 마을을 초토화하며 학살하자, 독립군은 전력 보존을 위해 자유시로 이동하였다. 그러나 그곳에서 독립군은 자유시 참변을 겪게 되고, 다시 만주로 돌아와 삼부를 건립하였다. 각 사건들의 내용과 전후 관계, 순서 등을 묻는 형식으로 자주 출제되며 이후 1930년대 무장 투쟁까지 연결되는 내용이다.

필기노트 마인드맵

봉오동 전투 대한 독립군(홍범도) 주도
　　　　　　독립군의 국내 기습 → 추격하던 일본군 격퇴
↓ ← 훈춘 사건: 일제의 마적 습격 조작(간도 출병 구실)
청산리 대첩 대한 독립군(홍범도) + 북로 군정서군(김좌진)
　　　　　　백운평·천수평·어랑촌 전투
↓ ← 간도 참변(경신참변): 일제가 독립군 간도 한인 마을 학살
독립군 이동: 밀산 집결 → **대한 독립군단 결성**(서일 총재)
↓ ← 자유시로 이동
자유시 참변: 소련 적색군의 배신으로 피해, 무장해제
↓ ← 남은 독립군 간도로 귀환
3부 성립: **정의부, 참의부, 신민부** – 각각 군정·민정 역할
↓ ← **미쓰야 협정**: 일제와 만주 군벌 사이 독립군 탄압 협정
3부 통합 배경: 민족 유일당 운동
　　　　　북만주: 혁신의회 → 한국 독립당 → 한국 독립군(지청천)
　　　　　남만주: 국민부 → 조선 혁명당 → 조선 혁명군(양세봉)

선택지 빅데이터

① 홍범도 부대가 ■■■ 전투에서 승리를 거두었다. → 봉오동
② 김좌진의 북로 군정서군이 홍범도 부대와 연합하여 ■■■ 에서 일본군과 교전하였다. → 청산리
③ 청산리 대첩의 패배에 대한 일본의 보복으로 ■■■ 이 발생하였다. → 간도 참변(경신 참변)
④ 간도 참변 이후 독립군들은 ■■■■ 으로 조직을 정비하고 자유시로 이동하였다. → 대한독립군단
⑤ 러시아 적군에 의해 독립군이 무장해제 당한 ■■■■ 이후 독립군 세력이 약화되었다. → 자유시 참변
⑥ 자유시 참변 이후 참의부, ■■■, 정의부가 성립되었다. → 신민부
⑦ 일제가 3부의 활동을 탄압하기 위해 중국 군벌과 ■■■ 을 체결하였다. → 미쓰야 협정

대표 기출 1

(가) 부대에 대한 설명으로 옳은 것은? 72회 [3점]

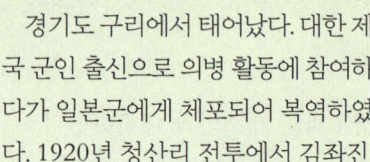

이달의 독립운동가

노은(蘆隱) 김규식
- 생몰년: 1882~1931
- 생애 및 활동
경기도 구리에서 태어났다. 대한 제국 군인 출신으로 의병 활동에 참여하다가 일본군에게 체포되어 복역하였다. 1920년 청산리 전투에서 김좌진, 이범석 등이 이끈 (가) 의 지도부로 활약하였다. 이후 러시아, 만주 일대에서 독립 운동을 계속하다가 1931년에 순국하였다. 1963년 건국훈장 독립장이 추서되었다.

① 영릉가에서 일본군에 승리를 거두었다.
② 미국과 연계하여 국내 진공 작전을 계획하였다.
③ 중국 팔로군과 함께 호가장 전투에서 활약하였다.
④ 동북 항일 연군으로 개편되어 유격전을 전개하였다.
⑤ 중광단을 중심으로 조직되어 항일 독립 전쟁에 참여하였다.

자료분석
자료의 '청산리 전투', '김좌진' 등을 통해 (가)가 북로 군정서임을 알 수 있다. 북로 군정서는 1920년 10월에 대한 독립군·대한 신민단·국민회군 등의 독립군 부대와 함께 백운평, 어랑촌 등지에서 10여 회의 전투를 벌여 일본군을 물리쳤다. 이를 청산리 대첩이라고 한다.

정답분석
⑤ 나철 등이 단군 신앙을 바탕으로 창시한 대종교의 신도들은 국권 피탈 이후 탄압이 심해지자, 북간도로 거점을 옮기고 독립운동 단체인 중광단을 설립하였다. 중광단은 3·1 운동 이후 적극적인 독립운동 수행을 위해 대한 정의단을 설립하였으며, 산하에 독립 투쟁을 위한 무장 단체로 북로 군정서를 조직하였다. 북로군정서는 군자금을 모집하고 무기를 구비하였으며, 군사 교육을 통해 독립군을 양성하고 무장 활동을 전개하였다.

선택지분석
① 조선 혁명군에 대한 설명이다.
② 한국 광복군에 대한 설명이다.
③ 조선 의용대 화북 지대에 대한 설명이다.
④ 동북 인민 혁명군에 대한 설명이다.

정답 ⑤

대표 기출 2

(가) 부대에 대한 설명으로 옳은 것은? 68회 [2점]

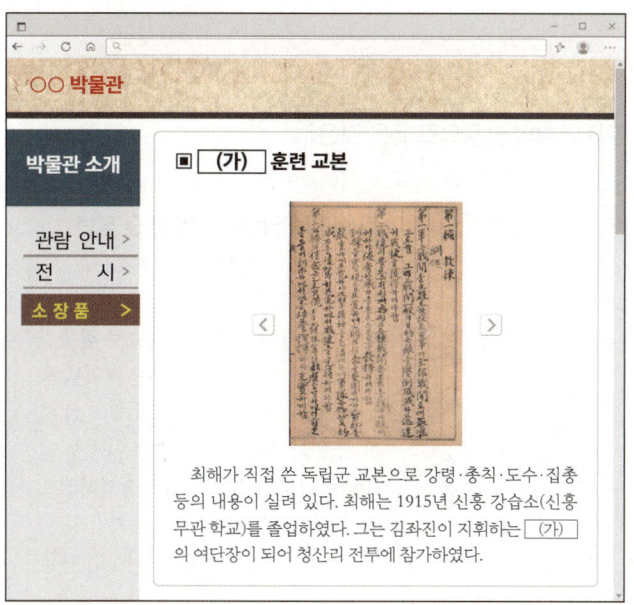

최해가 직접 쓴 독립군 교본으로 강령·총칙·도수·집총 등의 내용이 실려 있다. 최해는 1915년 신흥 강습소(신흥 무관 학교)를 졸업하였다. 그는 김좌진이 지휘하는 (가) 의 여단장이 되어 청산리 전투에 참가하였다.

① 대전자령에서 일본군을 기습하였다.
② 영릉가에서 일본군에 승리를 거두었다.
③ 동북 항일 연군으로 개편되어 유격전을 전개하였다.
④ 중광단을 중심으로 조직되어 항일 독립 전쟁에 참여하였다.
⑤ 인도·미얀마 전선에 파견되어 영국군과 연합 작전을 펼쳤다.

자료분석
청산리 대첩은 김좌진이 이끌던 북로 군정서군을 비롯해 홍범도의 대한 독립군 등 간도 일대 독립군 연합 부대가 청산리 일대의 천수평, 어랑촌 등지에서 10여 일간 일본군과 싸워 승리한 전투이다. 따라서 (가)는 북로 군정서군이다.

정답분석
④ 나철 등이 단군 신앙을 바탕으로 창시한 대종교는 국권 피탈 이후 북간도로 거점을 옮겼으며, 그 신자들을 중심으로 무장 투쟁 조직인 중광단을 결성하였다. 중광단은 이후 북로 군정서군의 주축이 되었다.

선택지분석
① 북만주 지역에서는 지청천의 지휘를 받은 한국 독립군이 중국 호로군과 연합하여 쌍성보, 동경성, 대전자령, 사도하자 전투 등에서 일본군에 승리를 거두었다.
② 1930년대에 양세봉의 지휘를 받은 조선 혁명군이 중국 의용군과 연합하여 영릉가, 흥경성 등지에서 일본군과 싸워 승리하였다.
③ 1930년대에 일제가 만주국을 세우고 침략을 가시화하자 한·중 사회주의자들이 항일 유격대 활동을 전개하였으며, 이들이 동북 인민 혁명군으로 조직되었다가 동북 항일 연군으로 개편되었다.
⑤ 태평양 전쟁이 일어나자 대한민국 임시 정부는 대일 선전 성명서를 공표하고 한국 광복군을 연합군의 일원으로 참전시켰다. 이에 영국군의 요청을 받고 인도·미얀마 전선에 한국 광복군 대원을 파견하여 연합 작전을 펼쳤다.

정답 ④

확인 문제

1 다음 상황이 나타나게 된 배경으로 가장 적절한 것은?
59회 [2점]

> 경신년 시월에 일본 토벌대들이 전 만주를 휩쓸어 애국지사들은 물론이고 농민들도 무조건 잡아다 학살하였다. …… 독립군의 성과가 컸기 때문에 그에 대한 보복으로 일본군이 대학살을 감행한 것이었다. 이것이 이른바 경신참변이다. 그래서 애국지사들은 가족들을 두고 단신으로 길림성 오상현, 흑룡강성 영안현 등으로 흩어졌다.
> - 『아직도 내 귀엔 서간도 바람소리가』 -

① 조선 의용대가 호가장 전투에서 활약하였다.
② 대한 독립군 등이 봉오동에서 일본군을 격파하였다.
③ 조선 혁명군이 영릉가에서 일본군에 승리를 거두었다.
④ 한국 독립군이 대전자령 전투에서 일본군을 격퇴하였다.
⑤ 대한민국 임시 정부가 직할 부대로 참의부를 결성하였다.

2 (가)~(다)를 일어난 순서대로 옳게 나열한 것은? 70회 [2점]

① (가) - (나) - (다)
② (가) - (다) - (나)
③ (나) - (가) - (다)
④ (나) - (다) - (가)
⑤ (다) - (가) - (나)

정답

1 ② 1920년 홍범도가 이끄는 대한 독립군이 봉오동에서 일본군에 승리하였다. 일제는 독립군들을 진압하기 위해 간도에 대규모로 출병하였으나, 김좌진의 북로 군정서군, 홍범도의 대한 독립군 등 간도 지역 독립군 연합부대가 청산리 일대에서 일본군을 격파하였다. 이 패배에 대한 보복으로 일제는 간도 지역 한인 마을을 방화, 학살하는 경신참변을 일으켰다.

2 ① (가) 청산리 대첩의 패배로 일본군은 간도 참변을 일으켜 보복하였다. (나) 독립군 부대는 대한 독립군단을 편성하고 자유시로 이동하였다. (다) 자유시 참변을 겪은 후 독립군들은 간도로 돌아와 3부를 조직하였으며, 일제는 미쓰야 협정을 맺어 3부를 탄압하였다.

Theme 099 의열 투쟁

PART 7 민족 독립운동의 전개

출제 의도와 대책

3·1 운동 이후 일부 독립운동가들은 일제의 현격히 강한 국력으로 한반도를 억압하는 상황에서, 준비론·독립전쟁론·외교론 등 방략을 비판하면서 보다 적극적인 의열 투쟁을 모색하였다. 김원봉이 주도한 의열단은 조선 총독부·종로 경찰서 등 식민 통치 기관에 폭탄을 투척했으며, 일제 고관과 친일파를 처단하고자 하였다. 한편 대한민국 임시 정부는 국민대표 회의 이후의 침체를 극복하기 위해 한인 애국단을 결성하여 이봉창·윤봉길 의거를 전개하였다.

필기노트 마인드맵

- 의열단
  - 1919년 길림성에서 **김원봉** 주도로 결성
  - 노선: 민중 직접 혁명론 ← 신채호의 「**조선혁명선언**」
  - 투탄 의거: 조선 총독부(김익상), 종로 경찰서(김상옥), 도쿄 궁성(김지섭), 동양 척식 주식회사(나석주)
  - 방향 전환: **황푸 군관 학교**에 단원 입학(1926) → 조선 혁명 간부 학교 설립 → **민족 혁명당 조직** (→ 조선 의용대 조직)
- 한인 애국단
  - 배경: 김구가 임시 정부 침체 극복을 위해 조직
  - 이봉창: 도쿄에서 **일왕 마차**에 투탄
  - 윤봉길: 상하이 **홍커우 공원 전승 기념식**에 투탄
    - 의의: 중국 국민당의 임시 정부 지원 계기 → 한국 광복군 창설 계기
- 기타 의거
  - 강우규: 노인단, 서울역에서 사이토 총독 폭살 시도
  - 대한 애국 청년당: 부민관 폭탄 투척 의거(광복 직전)
  - 남자현: 만주국 일본 전권대사 무토 폭살 시도

선택지 빅데이터

① ■■■ 은 조선혁명선언을 활동 지침으로 삼았다. → 의열단
② ■■■ 이 의열단을 조직하여 단장으로 활동하였다. → 김원봉
③ 의열단원 일부가 ■■■■ 에 입학해 군사 훈련을 받았다. → 황푸 군관 학교
④ 김상옥이 종로 ■■■ 에서 폭탄을 투척하였다. → 경찰서
⑤ ■■■ 가 동양 척식 주식회사에 폭탄을 투척하였다. → 나석주
⑥ ■■■ 이 조선 혁명 간부 학교를 설립하여 독립군을 양성하였다. → 의열단
⑦ ■■■ 의 주도로 상하이에서 한인 애국단이 조직되었다. → 김구
⑧ 이봉창이 ■■ 이 탄 마차에 폭탄을 투척하였다. → 일왕
⑨ ■■■ 이 상하이 홍커우 공원에서 의거를 일으켰다. → 윤봉길
⑩ ■■■ 가 사이토 총독에게 폭탄을 투척하였다. → 강우규

대표 기출 1

(가) 단체의 활동으로 옳은 것은? 73회 [2점]

[우리 고장의 독립운동가]

조선 총독 암살을 시도했던 청년 유진만 (1912~1966)

세종특별자치시 연서면 출생으로 김구가 일제의 요인 제거 및 주요 기관 파괴를 목적으로 상하이에서 조직한 (가) 의 단원이다. 조선 총독 우가키 가즈시게를 암살하라는 지령을 받고 국내에 잠입하였으나 거사 전 검거되었다. 치안 유지법 등 위반 혐의로 징역 6년의 형을 선고받았다. 1990년 건국훈장 애국장이 추서되었다.

① 일제가 조작한 105인 사건으로 와해되었다.
② 파리 강화 회의에 독립 청원서를 제출하였다.
③ 단원인 윤봉길이 홍커우 공원 의거를 실행하였다.
④ 신채호가 작성한 조선 혁명 선언을 지침으로 삼았다.
⑤ 군사 훈련을 위해 조선 혁명 간부 학교를 설립하였다.

자료분석
일제의 요인 제거 및 주요 기관 파괴를 목적으로 한 의열 투쟁 단체로서, 김구가 상하이에서 조직한 (가)는 한인 애국단이다. 김구는 임시 정부의 침체를 극복하기 위해 강력한 투쟁이 필요하다고 판단하고 1931년에 상하이에서 한인 애국단을 조직하였다.

정답분석
③ 일제가 1932년 상하이를 점령하고 홍커우 공원에서 전승 축하 기념식 겸 일왕 생일 기념식을 가지던 자리에서 한인 애국단 단원인 윤봉길이 폭탄을 투척하여 다수의 일제 고관과 일본군 장성을 살상하였다. 이는 중국인들에게도 큰 감명을 주어 중국 국민당이 대한민국 임시 정부를 지원하는 계기가 되기도 하였다.

선택지분석
① 1911년에 안명근이 독립군 자금을 모금하다가 일제에 발각되었다(안악 사건). 일제는 이를 총독 암살 미수 사건으로 조작하여 많은 민족 운동가들을 검거하고 105명을 기소하여 우리 민족 운동을 대대적으로 탄압하였다. 이때 신민회의 많은 인사들이 검거되어 조직이 와해되었다.
② 제1차 세계 대전의 전후 처리를 위해 파리 강화 회의가 개최되고, 미국 대통령 윌슨이 민족 자결주의를 제창하자 신한 청년당은 김규식을 대표로 파리 강화 회의에 파견하였다. 김규식은 대한민국 임시 정부의 전권대표로서 파리 강화 회의에 독립 청원서를 제출하였다.
④ 김원봉 등이 조직한 의열단은 신채호가 작성한 조선 혁명 선언을 지침으로 삼았다.
⑤ 의열단은 1920년대 중반부터 단원들을 황푸 군관 학교에 입교시키는 등 보다 조직적인 투쟁을 준비하였으며, 1932년에는 난징에 조선 혁명 간부 학교를 설립하였다.

정답 ③

대표 기출 2

(가) 단체에 대한 설명으로 옳은 것은? 66회 [2점]

```
제△△호          □□ 신문          1924년 ○○월 ○○일

이중교 폭탄 사건 주역은 (가) 의 김지섭
9월 1일 대지진 때 일어난 조선인 학살이 도화선

금년 1월 5일 오후 7시에 동경 궁성 이중교 앞에서 일
어난 폭탄 투척 사건은 전 일본을 경악하게 만든 대사건이
었다. 당국은 이 사건에 대한 신문 게재 일체를 금지하였고,
동경 지방 재판소의 검사와 예심 판사가 수사를 진행하였
다. 이번에 예심이 결정되고 당국의 보도 금지가 해제되었
기에, 피고 김지섭 외 4명은 전부 유죄로 공판에 회부되었
음을 보도한다. 김지섭은 조선 독립을 위해 (가) 의 단장
김원봉과 함께 과격한 방법을 강구하였고, 이를 일본에서
실행하기로 하였다고 한다.
```

① 김구가 상하이에서 조직하였다.
② 비밀 행정 조직인 연통제를 운영하였다.
③ '조선 혁명 선언'을 활동 지침으로 삼았다.
④ 신흥 무관 학교를 세워 무장 투쟁을 준비하였다.
⑤ 조선 총독부에 국권 반환 요구서를 제출하려 하였다.

자료분석
김원봉을 단장으로 하여 김지섭 의사의 이중교 투탄 사건 등을 주도한 (가) 단체는 의열단이다. 의열단은 이외에도 박재혁의 부산 경찰서 폭파, 김익상의 조선 총독부 투탄, 김상옥의 종로 경찰서 폭파 등 적극적인 의열 투쟁을 펼쳤다.

정답분석
③ 신채호는 의열단 단장인 김원봉의 부탁을 받고 의열단의 활동 방향을 정리한 '조선 혁명 선언'을 저술하였다(1923). 여기에서 신채호는 준비론, 외교론, 전쟁론 등을 비판한 뒤 민중 직접 혁명을 독립운동의 방략으로 제시하였다.

선택지분석
① 김구는 임시 정부의 침체를 극복하기 위해 1931년 상하이에서 한인 애국단을 조직하였다. 한인 애국단원인 이봉창은 도쿄에서 일왕의 마차에 폭탄을 투척하였으며, 윤봉길은 홍커우 공원에서 열린 일본군의 상하이 점령 기념식장에 폭탄을 투척해 일본군 장교 등을 살상시켰다.
② 대한민국 임시 정부는 국내에 비밀 행정 조직인 연통제를 설치하고, 비밀 연락망인 교통국을 통해 인구세를 징수하고 독립 공채를 판매하는 등 독립 자금을 모금하였다.
④ 신민회는 국외 독립 운동 기지로 삼원보를 개척하였으며, 자치 조직인 경학사와 독립군 양성 기관인 신흥 강습소(신흥 무관 학교)를 설립하였다.
⑤ 임병찬이 고종의 밀지를 받고 조직한 독립 의군부는 조선 총독부와 일본 내각에 국권 반환 요구서를 제출하고 의병 투쟁을 일으키려 하였으나 사전에 발각되었다.

정답 ③

확인 문제

1 (가) 단체에 대한 설명으로 옳은 것은? 60회 [2점]

이것은 (가) 소속 최흥식이 관동군 사령관 등을 처단하기 위해 만주에서 활동하던 중 김구에게 보낸 편지라고 하는데, 어떤 역사적 가치가 있나요?

김구가 일제의 요인들을 제거하기 위해 만든 (가) 이/가 다양한 의거를 시도하였음을 보여주는 중요한 문서입니다. 그 가치를 인정받아 국가등록문화재로 지정되었습니다.

① 중·일 전쟁 발발 이후에 조직되었다.
② 조선 혁명 간부 학교를 설립하였다.
③ 이봉창, 윤봉길 등이 단원으로 활동하였다.
④ 대전자령 전투에서 일본군을 상대로 승리하였다.
⑤ 일제가 조작한 105인 사건으로 조직이 해체되었다.

2 (가) 단체에 대한 설명으로 옳은 것은? 67회 [2점]

```
판결문

피고인: 오복영 외 1인
주문: 피고 두 명을 각 징역 7년에 처한다.
이유
제1. 피고 오복영은 이전부터 조선 독립을 희망하고 있었다.
 1. 대정 11년(1922) 11월 중 김상옥, 안홍한 등이 조선 독립자금
    강탈을 목적으로 권총, 불온문서 등을 가지고 조선에 오는 것
    을 알고 천진에서 여비 40원을 조달함으로써 동인 등으로 하
    여금 조선으로 들어오게 하고
 2. 대정 12년(1923) 8월 초순 (가) 단원으로 활약할 목적으로
    피고 이영주의 권유에 의해 동 단에 가입하고
 3. 이어서 피고 이영주와 함께 (가) 단장 김원봉 및 단원 유우
    근의 지휘하에 피고 두 명은 조선 내 관리를 암살하고 주요 관
    아, 공서를 폭파함으로 민심의 동요를 초래하고 ……
```

① 일제의 황무지 개간권 요구를 저지하였다.
② 일제가 조작한 105인 사건으로 큰 타격을 입었다.
③ 단원인 나석주가 동양 척식 주식회사에 폭탄을 던졌다.
④ 조선 총독부에 국권 반환 요구서를 제출하고자 하였다.
⑤ 이륭양행에 교통국을 설치하여 국내와 연락을 취하였다.

정답
1 ③ 한인 애국단원인 이봉창은 도쿄에서 일본 국왕에게 폭탄을 던졌고, 윤봉길은 홍커우 공원에서 폭탄을 투척하였다.
2 ③ 의열단원인 나석주는 1926년 동양 척식 주식회사와 조선 식산은행에 폭탄을 투척하였다.

Theme 100 한·중 연합 작전

PART 7 민족 독립운동의 전개

출제 의도와 대책

일제는 1931년 만주 사변을 일으키고, 1932년에는 만주에 괴뢰국인 만주국을 수립하였다. 이로 인해 중국인들의 반일 감정이 높아져 한·중 연합 작전이 전개되었다. 남만주의 조선 혁명군, 북만주의 한국 독립군은 3부 통합의 결과 만들어진 조직으로, 이전 시기와 연속성 속에서 파악해 두는 것이 좋다. 한편 일제가 만주를 지배하게 되면서 추수·춘황 투쟁 등 농민들 차원의 항일 운동이 전개되었고, 동북 항일 연군으로 발전하였다. 1920년대 봉오동·청산리 대첩이나 1940년대 한국 광복군 보다 비교적 생소하지만, 주요 인물과 키워드를 중심으로 출제되므로 간략히 정리해 둔다.

필기노트 마인드맵

- 배경: 만주 사변(1931) → 만주국 수립 → 중국인 반일 감정 고조
- 활약
  - 한국 독립군: 북만주(혁신의회계열) 한국 독립당 산하 당군
    - **지청천** 지휘하에 중국 호로군과 연합
    - **쌍성보** 전투, **사도하자·대전자령**·동경성 전투
  - 조선 혁명군: 남만주(국민부) 산하 조선 혁명당
    - **양세봉** 지휘하에 중국 의용군과 연합
    - **영릉가** 전투, **흥경성** 전투
- 조국 광복회
  - 조직: 항일 유격대 → 동북 항일 연군 조직
  - 동북 항일 연군 내 한인들이 조국 광복회 조직
  - 활동: 국내 진입 작전 → 보천보 전투

대전자령 전투(한국 독립군)
대전자령의 공격은 이천만 대한 인민을 위하여 원수를 갚는 것이다. 총알 한 개 한 개가 우리 조상 수천 수만의 영혼이 보우하여 주는 피의 사자이니 제군은 단군의 아들로 굳세게 용감히 모든 것을 희생하고 만대 자손을 위하여 최후까지 싸우라.

선택지 빅데이터

[한국 독립군]
① 쌍성보에서 중국 ■■■ 과 연합 작전을 전개하였다. → 호로군
② 한국 독립당의 산하 부대로 ■■■ 지역에서 활동하였다. → 북만주
③ ■■■ 의 지휘 아래 일본군을 격파하였다. → 지청천
④ ■■■ 전투에서 일본군을 격파하였다. → 대전자령

[조선 혁명군]
① 조선 혁명당의 군사 조직으로 ■■■ 지역에서 활약하였다. → 남만주
② 총사령 ■■■ 의 지휘 아래 활동하였다. → 양세봉
③ 중국 ■■■ 과 연합하여 영릉가, ■■■ 전투를 이끌었다. → 의용군, 흥경성

대표 기출 1

(가) 부대에 대한 설명으로 옳은 것은? 67회 [2점]

> 대전자령은 태평령이라고도 하는데, 일본군이 서남부의 왕칭현 쪽으로 가려면 반드시 지나가야 하는 지점이었다. 대전자령의 양쪽은 험준한 절벽과 울창한 산림 지대로 되어 있어 적을 공격하기에 알맞은 곳이었다. 이 전투에 [(가)] 의 주력 부대 500여 명, 차이시잉[柴世榮]이 거느리는 중국 의용군인 길림구국군 2,000여 명이 참가하였다. …… 한·중 연합군은 계곡 양편 산기슭에 구축되어 있는 참호 속에 미리 매복·대기하여 일본군 습격 준비를 마쳤다.
> — 『청천장군의 혁명투쟁사』 —

① 영국군의 요청으로 인도·미얀마 전선에 투입되었다.
② 간도 참변 이후 조직을 정비하고 자유시로 이동하였다.
③ 중국 관내(關內)에서 결성된 최초의 한인 무장 부대였다.
④ 홍범도 부대와 연합하여 청산리에서 일본군과 교전하였다.
⑤ 한국 독립당의 군사 조직으로 북만주 지역에서 활약하였다.

자료분석
지청천 장군의 지휘를 받았으며, 중국 의용군과 연합하여 대전자령 전투에서 일본군과 싸워 승리한 (가) 부대는 한국 독립군이다.

정답분석
⑤ 3부 통합 운동의 결과 북만주 지역에서는 혁신의회 계열의 인사들이 한국 독립당을 결성하였으며, 산하에 군사 조직으로 한국 독립군을 두어 한·중 연합 작전을 펼쳤다.

선택지분석
① 대한민국 임시 정부는 태평양 전쟁이 일어나자 대일 선전 성명서를 발표하고 연합국의 일원으로 참전하여, 영국군의 요청으로 한국 광복군 대원을 인도·미얀마 전선에 파견하였다.
② 간도참변 이후 간도 지역 독립군 부대들은 밀산부에 모여 서일을 총재로 하여 대한 독립군단을 편성하고 자유시로 이동하였다.
③ 중·일 전쟁 이후 조선 민족 전선 연맹은 국민당 정부의 지원을 받아 조선 의용대를 편성하였다(1938).
④ 김좌진이 이끄는 북로 군정서군은 홍범도의 대한 독립군과 연합하여 청산리 일대에서 10여 일간 일본군과 싸워 대승을 거두었다.

정답 ⑤

대표 기출 2

(가) 부대에 대한 설명으로 옳은 것은? 63회 [2점]

주제: (가) 의 무장 독립 투쟁

- 국민부 산하 군사 조직으로 편성되었다가 이후 여러 부대를 통합하며 재편되었습니다.
- 총사령에 양세봉, 참모장에 김학규가 임명되어 부대를 이끌었습니다.
- 만주 사변 이후 중국 의용군과 함께 남만주 일대에서 항일 투쟁을 벌였습니다.

① 간도 참변 이후 자유시로 이동하였다.
② 영릉가 전투에서 일본군과 싸워 크게 승리하였다.
③ 조선 독립 동맹 산하의 군사 조직으로 개편되었다.
④ 영국군의 요청으로 인도·미얀마 전선에 투입되었다.
⑤ 중국 국민당 정부의 지원을 받아 우한에서 창설되었다.

자료분석
국민부 산하의 군사 조직으로서 남만주 일대에서 양세봉의 지휘로 중국 의용군과 연합해 활동한 (가) 부대는 조선 혁명군이다.

정답분석
② 양세봉이 이끄는 조선 혁명군은 영릉가 전투, 흥경성 전투 등에서 중국 의용군과 함께 일본군과 싸워 승리하였다.

선택지분석
① 1920년 청산리 대첩 이후 일본군이 간도 지역 한인 사회를 파괴하고 학살하는 간도 참변이 일어나자, 간도 일대 독립군은 밀산부에 모여 대한 독립군단을 편성하고 자유시로 이동하였다.
③ 1940년대에 조선 의용대 주력 세력은 보다 적극적인 항일 투쟁을 위해 조선 의용대 화북지대를 편성하여 화북으로 이동하였다. 이들은 화북 지역 사회주의자들과 연합하여 조선 독립 동맹을 결성하였으며, 조선 의용대 화북지대를 조선 의용군으로 개편하였다.
④ 대한민국 임시 정부는 태평양 전쟁이 발발하자 대일 선전 포고를 하였다. 한국 광복군은 영국군의 요청으로 인도·미얀마 전선에 인면전구공작대를 파견하여 영국군과 협력하기도 하였다.
⑤ 중·일 전쟁이 일어나자 중국 관내 독립운동 단체들이 통합하여 조선 민족 전선 연맹을 창설하고, 국민당 정부의 지원을 받아 중국 관내 최초의 한인 무장 단체인 조선 의용대를 창설하였다.

정답 ②

확인 문제

1 (가) 독립군 부대에 대한 설명으로 옳은 것은? 47회 [2점]

이곳은 국립현충원 애국지사 묘역에 있는 양세봉의 묘입니다. 그의 묘는 북한 애국열사릉에도 있어 그가 남북 모두로부터 추앙받는 인물임을 알 수 있다. 그는 남만주 일대에서 조직된 (가) 의 총사령으로 중국 의용군과 함께 항일 투쟁을 전개하였습니다.

① 영릉가 전투에서 승리하였다.
② 중광단을 중심으로 조직되었다.
③ 자유시 참변 이후 세력이 약화되었다.
④ 조선 혁명 간부 학교를 세워 군사력을 강화하였다.
⑤ 영국군의 요청으로 인도, 미얀마 전선에 투입되었다.

2 (가), (나) 인물에 대한 설명으로 옳은 것은? 62회 [3점]

국외 독립 전쟁을 이끈 독립운동가

(가)
- 생몰: 1896년 ~ 1934년
- 대한 통의부 의군으로 활동
- 조선 혁명군 총사령관
- 일제의 밀정에 의해 사망
- 1962년 건국훈장 독립장 추서

(나)
- 생몰: 1888년 ~ 1957년
- 신흥 무관 학교 교성 대장으로 독립군 양성
- 한국 독립군 총사령관
- 한국광복군 총사령관에 취임
- 1962년 건국훈장 대통령장 추서

① (가) – 조선 혁명 간부 학교를 설립하였다.
② (가) – 대한 광복회를 조직하여 친일파를 처단하였다.
③ (나) – 대전자령 전투에서 일본군에 대승을 거두었다.
④ (나) – 중광단을 중심으로 북로 군정서를 조직하였다.
⑤ (가), (나) – 황푸 군관 학교에 입학하여 군사 훈련을 받았다.

정답
1 ① 양세봉의 조선 혁명군은 중국 의용군과 연합하여 영릉가 전투, 흥경성 전투에서 일본군에 크게 승리하였다.
2 ③ (가)는 양세봉, (나)는 지청천이다. 북만주에서 활동한 한국 독립군은 중국 호로군과 연계해 쌍성보 전투, 동경성 전투, 대전자령 전투 등에서 일본군에 승리하였다.

Theme 101 중국 관내의 무장 투쟁

PART 7 민족 독립운동의 전개

출제 의도와 대책

일제가 만주를 장악하면서 만주에서의 항일 투쟁이 어려워지자, 항일 투쟁의 거점은 중국 관내로 이동하였다. 이곳에서 김원봉, 조소앙, 지청천 등이 이끄는 주요 독립 단체들이 연합하여 민족 혁명당을 창당하으나, 곧 김원봉이 주도하면서 조소앙·지청천 등은 이탈하여 대한민국 임시 정부에 합류하였다. 중·일 전쟁 발발 이후 민족 혁명당은 산하에 무장 단체로 조선 의용대를 조직하였다. 조선 의용대는 이후 분화되어 일부는 화북으로 진출해 조선 의용군으로 개편되고, 일부는 대한민국 임시 정부에 합류하였다.

필기노트 마인드맵

민족혁명당 — 난징에서 의열단+조선 혁명당+한국 독립당 등 통합
　　　　　　　김구는 불참하고 한국 국민당 창당
　↓ ← 중·일 전쟁 발발
조선 민족 전선 연맹(1937)
　↓ ← 중·일 전쟁 중이던 중국 국민당의 지원
조선 의용대(1938) 　중국 관내에서 조직된 최초의 한인 군사 조직
　　　　　　　　　　항일전 수행 ex 포로 심문, 정부 수집 등
　├ 분리 — 화북: 조선 의용대 화북 지대 결성 → 호가장 전투
　│　　　　↓ ← 화북 지역에서 조선 독립 동맹 결성
　│　　　　조선 의용군으로 개편
　└ 충칭: 김원봉이 이끄는 일부 대원은 한국 광복군에 합류

조선 의용대 화북지대

중국 우한(武漢)에서 창설된 한인 무장 부대의 일부는 화북으로 이동하여 1941년 7월 타이항산에서 조선 의용대 화북지대를 결성하였다. 화북지대의 무장선전대로 활동하던 손일봉, 최철호, 박철동, 이정순은 호가장 전투에서 다른 대원들이 포위망을 벗어날 때까지 일본군과 싸우다 장렬히 순국하였다. 정부는 이들의 공훈을 기려 1993년 애국장을 추서하였다.

선택지 빅데이터

① 조선 혁명 간부 학교 설립 이후에 의열단을 중심으로 여러 독립 운동 단체가 모여 ■■ ■■■이 결성되었다. → 민족 혁명당

② ■·■■ 발발 이후 조선 민족 전선 연맹 산하에 조선 의용대가 조직되었다. → 중·일 전쟁

③ ■■ ■■는 중국 관내에서 결성된 최초의 한인 무장 부대였다. → 조선 의용대

④ 김원봉이 이끄는 조선 의용대 대원 일부가 ■■ ■■■에 합류하였다. → 한국 광복군

⑤ 조선 의용대는 조선 독립 동맹 산하의 군사 조직인 ■■ ■■■으로 개편되었다. → 조선 의용군

대표 기출 1

(가) 부대에 대한 설명으로 옳은 것은?　73회 [3점]

> 우리들은 군사 통일에 대한 구체적 의견으로 (가) 와/과 한국 광복군을 합병하여 조선 민족 혁명군으로 편성하자는 방안을 제출하였다. …… 그러나 대한민국 임시 정부와 한국 광복군 측에서는 우리들의 주장을 종래 찬성하지 아니하였고, 결국 본대는 한국 광복군 제1지대로 개편하게 되었다. …… (가) 은/는 1938년 10월 10일 우한(武漢)에서 성립된 이래로 김원봉 대장의 정확한 영도 하에 가장 우수한 수백 청년 간부의 희생적 분투와 노력에 의하여 모든 험로와 난관을 충파하면서 전진하여 왔으며 또 이런 과정을 통하여 과거 43개월간 광영한 역사를 창조하였다. …… 본대 전체 동지는 한국 광복군을 확대 발전시키기 위해 노력할 것을 언명한다.

① 동북 항일 연군으로 개편되어 유격전을 전개하였다.
② 간도 참변 이후 조직을 정비하고 자유시로 이동하였다.
③ 쌍성보, 대전자령 전투 등에서 일본군을 크게 물리쳤다.
④ 조선 민족 전선 연맹 산하의 군사 조직으로 결성되었다.
⑤ 홍범도 부대와 연합하여 청산리에서 일본군과 교전하였다.

자료분석

1938년 중국의 임시 수도였던 우한에서 조직되었으며, 김원봉이 이끌었던 부대로서 한국 광복군에 합류하여 제1지대로 개편된 (가) 부대는 조선 의용대이다.

정답분석

④ 일제가 중·일 전쟁(1937)을 일으키자 김원봉의 민족 혁명당 등 중국 관내의 한인 단체들이 조직적인 항일 투쟁을 전개하기 위해 조선 민족 전선 연맹으로 통합하였다. 그리고 그 산하에 중국 관내 최초의 한인 군사 조직으로 조선 의용대를 창설하였다.

선택지분석

① 1931년 일제가 만주를 침략하자, 만주의 한인과 반일적 중국인들은 항일 유격 투쟁을 전개하면서 동북 인민 혁명군을 조직하였다. 동북 인민 혁명군은 일제의 중국 침략이 강화되자 중국의 국공 합작 결과 좌우 세력을 통합한 동북 항일 연군으로 개편되었다.

② 봉오동·청산리 대첩 이후 일본이 간도 지역 한인들을 학살하는 간도 참변이 일어났다. 이에 독립군은 전력을 보존하기 위해 대한 독립군단을 편성하고 자유시로 이동하였다.

③ 1930년대 북만주 지역에서 지청천을 중심으로 활동한 한국 독립군은 중국 호로군과 연합하여 쌍성보, 사도하자, 동경성, 대전자령 등지에서 일본군을 상대로 승리를 거두었다.

⑤ 1920년에 홍범도의 대한 독립군, 김좌진의 북로 군정서군 등 간도 지역 독립군들은 청산리 일대에서 일본군과 6일 동안 싸워 큰 승리를 거두었다.

정답 ④

대표 기출 2

(가)에 대한 설명으로 옳은 것은? 65회 [2점]

자료는 (가) 의 창립 1주년을 기념하며 계림에서 촬영된 사진이다. 중국 국민당 정부의 지원을 받아 김원봉 등을 중심으로 창설된 (가) 은/는 중국 관내(關內)에서 만들어진 최초의 한인 무장 부대이다.

① 자유시 참변으로 시련을 겪었다.
② 대원 일부가 한국광복군에 합류하였다.
③ 쌍성보 전투에서 한·중 연합 작전을 전개하였다.
④ 독립군 양성 기관인 한인 소년병 학교를 설립하였다.
⑤ 홍범도 부대와 연합하여 청산리에서 일본군과 교전하였다.

자료분석
중·일 전쟁(1937)이 일어나자 의열단 등 중국 관내의 독립운동 단체들은 조선 민족 전선 연맹을 결성하였다. 이들은 당시 중국의 임시 수도이던 우한에서 국민당 정부의 지원을 받아 조선 의용대를 창설하였다. 따라서 (가)는 조선 의용대이다.

정답분석
② 조선 의용대는 중·일 전쟁에 참전하여 포로 심문과 정보 수집, 후방 교란 등의 역할을 하였다. 1940년대에 조선 의용대 주력 부대는 보다 적극적인 항일 투쟁을 위해 화북지대를 편성하여 화북으로 이동하였으며, 김원봉이 이끄는 본대는 대한민국 임시 정부에 합류하였다(1942).

선택지분석
① 간도 참변 이후 간도 일대 독립군 부대들은 대한 독립군단을 편성하여 자유시로 이동하였다가, 지휘권 갈등과 러시아 적군의 배신으로 무장 해제를 당하는 자유시 참변을 겪었다.
③ 1930년대 초반 북만주 일대에서 조직된 한국 독립군은 중국 호로군과 연합하여 쌍성보 전투, 사도하자 전투, 대전자령 전투 등에서 일본군을 패퇴시켰다.
④ 박용만은 미국 네브래스카 주에서 한인 소년병 학교를 설립해 독립군을 양성하였다(1909).
⑤ 김좌진이 이끄는 북로 군정서군은 홍범도의 대한 독립군 및 간도 지역 독립군 부대들과 연합하여 청산리 일대에서 10여 일간 일본군과 전투를 치러 대승을 거두었다.

정답 ②

확인 문제

1 (가) 부대에 대한 설명으로 옳은 것은? 60회 [3점]

〈 이달의 독립운동가 〉

호가장 전투에서 순국한 열사들

중국 우한(武漢)에서 창설된 한인 무장 부대의 일부는 화북으로 이동하여 1941년 7월 타이항산에서 (가) 을/를 결성하였다. (가) 의 무장선전대로 활동하던 손일봉, 최철호, 박철동, 이정순은 호가장 전투에서 다른 대원들이 포위망을 벗어날 때까지 일본군과 싸우다 장렬히 순국하였다. 정부는 이들의 공훈을 기려 1993년 애국장을 추서하였다.

① 봉오동 전투에서 일본군을 격파하였다.
② 총사령 양세봉의 지휘 아래 활동하였다.
③ 미군과 연계하여 국내 진공 작전을 계획하였다.
④ 조선 독립 동맹 산하의 군사 조직으로 개편되었다.
⑤ 간도 참변 이후 조직을 정비하고 자유시로 이동하였다.

2 (가) 부대에 대한 설명으로 옳은 것은? 61회 [3점]

조선 민족 혁명당 창립 제8주년 기념 선언

우리는 중국의 난징에서 5개 당을 통합하여 전체 민족을 대표하는 유일한 정당인 조선 민족 혁명당을 창립하였다. …… 아울러 중국과 한국의 연합 항일 진영을 건립하여야 했다. …… 이 때문에 우리는 1938년 (가) 을/를 조직하고 조선의 혁명 청년들을 단결시켜 장제스 위원장의 영도 아래 직접 중국의 항전에 참가하였고, 각 전쟁터에서 찬란한 전투 성과를 만들어냈다. …… 지난해 가을 (가) 와/과 한국 광복군의 통합 편성을 기반으로 전 민족의 통일을 성공적으로 구현하였다.

① 자유시 참변으로 큰 타격을 입었다.
② 대전자령 전투에서 일본군을 격퇴하였다.
③ 동북 항일 연군으로 개편되어 유격전을 펼쳤다.
④ 김원봉, 윤세주 등이 중국 관내(關內)에서 창설하였다.
⑤ 홍범도 부대와 연합하여 청산리에서 일본군과 교전하였다.

정답
1 ④ (가)는 조선 의용군으로, 조선 의용대 화북지대가 조선 독립 동맹 산하의 군사 조직으로 개편된 것이다.
2 ④ 김원봉, 윤세주 등은 의열단 창립을 주도한 인사로서, 의열단이 주축이 된 조선 민족 혁명당과 조선 의용대 창설도 주도하였다.

Theme 102 충칭 임시 정부

PART 7 민족 독립운동의 전개

출제 의도와 대책

대한민국 임시 정부는 일본의 상하이 점령과 윤봉길 의거 이후 일제의 탄압을 피해 이동하다가 1940년 충칭에 정착하였다. 이곳에서 임시 정부는 한국 독립당을 창당하고, 주석제로 개편하고, 건국 강령을 발표하는 등 건국 준비에 박차를 가하였다. 태평양 전쟁이 발발하자 대일 선전을 포고하고 한국 광복군을 연합군의 일원으로 참전시켰으며, 국내 진공 작전을 준비하였다.

필기노트 마인드맵

- 한국 독립당: 한국 국민당 + 조선 혁명당 + 한국 독립당
  - (김구)　　　(지청천)　　　(조소앙)
- 개헌
  - 4차 개헌: 주석제, 김구 주석
  - 5차 개헌: 주석·부주석제, 김구 주석·김규식 부주석
- 건국 강령 ― 조소앙의 삼균주의 바탕
  - 정치(보통 선거), 경제(토지와 대생산수단 국유화), 교육
- 한국 광복군 ― 충칭에서 창설한 임시 정부의 정규군
  - 총사령관: 지청천 + 부사령관 김원봉
  - 선전포고: 태평양 전쟁 발발 직후 대일 선전포고
  - 활동 ― 영국과 인도 미얀마 전선에 참전
  - 　　　 미국 OSS의 지원으로 국내 정진군 편성

대한민국 임시 정부의 대일 선전포고

우리는 삼천만의 한국인 및 정부를 대표하여 중국, 영국, 미국, …… 기타 국가들이 일본에 전쟁을 선포한 것을 삼가 축하한다. 이것은 일본을 격패(擊敗)시키고 동아시아를 재건하는 가장 유효한 수단이다. 이에 특별히 다음과 같이 성명한다.
1. 한국 전체 인민은 현재 이미 반침략 전선에 참여한 상태이며 하나의 전투 단위로서 추축국에 전쟁을 선포한다.

선택지 빅데이터

① 한국 국민당, 조선 혁명당, 한국 독립당을 해소하고 ■■■■ 을 새로 창당하였다. → 한국 독립당
② ■■■ 이 삼균주의를 제창하여 정치·경제·교육의 균등을 강조하였다. → 조소앙
③ 충칭에서 지청천을 총사령관으로 하는 ■■■■■ 이 창설되었다. → 한국 광복군
④ 일본군에서 탈출한 ■■■ 이 한국 광복군에 참여하였다. → 학도병
⑤ ■■■■ 에 입각한 대한민국 건국 강령이 발표되었다. → 삼균주의
⑥ ■■ 전쟁이 발발하자 일본에 선전 포고를 하였다. → 태평양
⑦ 한국 광복군은 영국군의 요청으로 ■■, ■■■ 전선에 투입되었다. → 인도, 미얀마
⑧ 한국 광복군이 ■■ 전략 정보국(OSS)의 지원을 받았다. → 미국
⑨ 한국 광복군이 ■■■■■ 을 준비하였다. → 국내 진공 작전

대표 기출 1

(가) 부대에 대한 설명으로 옳은 것은?　　71회 [2점]

사진으로 보는 독립운동사

[해설] 이 사진은 충칭에서 열린 대한민국 임시 정부의 (가) 총사령부 성립 전례식' 기념 사진 중 하나이다. 사진에는 대한민국 임시 정부 주석 김구와 함께 이 부대의 총사령관인 지청천이 '광복 조국'이 쓰인 기를 들고 있는 모습이 보인다. (가) 은/는 영국군의 요청으로 인도, 미얀마 전선에서 작전을 펼치는 등 활발한 활동을 전개하였다.

① 자유시 참변으로 세력이 약화되었다.
② 영릉가에서 일본군에 승리를 거두었다.
③ 봉오동 전투에서 일본군을 크게 물리쳤다.
④ 미군과 연계하여 국내 진공 작전을 준비하였다.
⑤ 쌍성보 전투에서 한·중 연합 작전을 전개하였다.

자료분석
자료의 '충칭', '대한민국 임시 정부' 등을 통해 (가)가 한국광복군임을 알 수 있다. 대한민국 임시 정부는 충칭에 정착한 후 정규군으로 한국 광복군을 창설하였다. 한국 광복군은 지청천을 총사령으로 하였으며, 태평양 전쟁 이후 연합국의 일원으로 전쟁에 참여하여 영국, 미국 등과 연합 작전을 펼치기도 하였다.

정답분석
④ 한국 광복군은 1945년에 미국 전략 정보군(OSS)과 연합하여 국내 진공 작전을 계획하고, 이를 위해 국내 정진군을 편성해 훈련시켰다. 그러나 일제의 패망으로 작전이 시행되지는 않았다.

선택지분석
① 자유시 참변으로 피해를 본 세력은 1920년대에 만주에서 활동하던 독립군 부대들이다. 봉오동·청산리 전투 이후 일제가 간도 일대의 한인 마을을 학살하자, 만주에서 활동하던 독립군 부대는 밀산부에 집결하여 자유시(스보보드니)로 이동하였다. 그러나 자유시에서 지휘권 분쟁과 러시아 적군의 배신 등으로 독립군 부대는 큰 피해를 입었다. 이후 독립군 부대 일부는 러시아 적군에 편입되었으며, 나머지는 만주와 연해주로 돌아왔다.
② 조선 혁명군에 대한 설명이다.
③ 홍범도가 이끄는 대한 독립군, 최진동이 이끄는 군무 도독부군 등이 연합하여 봉오동 전투에서 일본군에게 승리하였다.
⑤ 한국 독립군에 대한 설명이다.

정답 ④

대표 기출 2

(가) 부대에 대한 설명으로 옳은 것은? 64회 [1점]

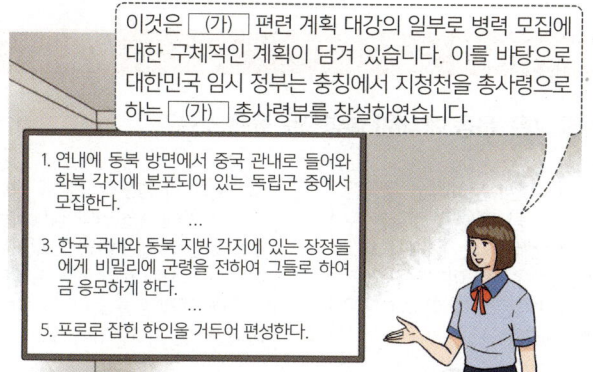

이것은 (가) 편련 계획 대강의 일부로 병력 모집에 대한 구체적인 계획이 담겨 있습니다. 이를 바탕으로 대한민국 임시 정부는 충칭에서 지청천을 총사령으로 하는 (가) 총사령부를 창설하였습니다.

1. 연내에 동북 방면에서 중국 관내로 들어와 화북 각지에 분포되어 있는 독립군 중에서 모집한다.
   ...
3. 한국 국내와 동북 지방 각지에 있는 장정들에게 비밀리에 군령을 전하여 그들로 하여금 응모하게 한다.
   ...
5. 포로로 잡힌 한인을 거두어 편성한다.

① 미국과 연계하여 국내 진공 작전을 계획하였다.
② 쌍성보, 대전자령 전투에서 일본군을 격파하였다.
③ 조선 민족 전선 연맹의 무장 조직으로 결성되었다.
④ 중국 의용군과 연합하여 영릉가 전투에서 승리하였다.
⑤ 간도 참변 이후 조직을 정비하고 자유시로 이동하였다.

자료분석
대한민국 임시 정부가 충칭에 정착한 후 한국 독립당을 창당하고 정규군으로 한국 광복군을 창설하였다. 한국 광복군은 지청천을 총사령으로 하였으며, 태평양 전쟁 이후 연합국의 일원으로 전쟁에 참여하여 영국, 미국 등과 연합 작전을 펼치기도 하였다.

정답분석
① 한국 광복군은 1945년 미국 전략 정보국(OSS)와 연합하여 국내 정진군을 편성하여 국내 진공 작전을 계획하였다. 그러나 일제의 패망으로 실시되지는 않았다.

선택지분석
② 1930년대 초반 북만주 일대에서 중국 호로군과 연합 작전을 펼친 한국 독립군에 대한 설명이다.
③ 조선 민족 전선 연맹은 중·일 전쟁 이후 중국 관내 독립운동 단체들이 통합하여 결성한 민족 유일당으로, 산하에 군사 조직으로 조선 의용대를 조직하였다 (1938).
④ 남만주 일대에서 양세봉의 지휘로 활동한 조선 혁명군에 대한 설명이다.
⑤ 청산리 대첩 이후 일제가 간도참변을 일으키자, 간도 일대의 독립군 부대들이 연합하여 대한 독립군단을 편성하고 자유시로 이동하였다.

정답 ①

확인 문제

1 (가)~(다)를 작성된 순서대로 옳게 나열한 것은? 58회 [3점]

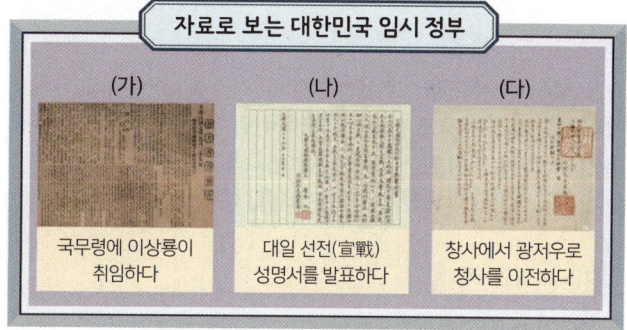

자료로 보는 대한민국 임시 정부

(가)	(나)	(다)
국무령에 이상룡이 취임하다	대일 선전(宣戰) 성명서를 발표하다	창사에서 광저우로 청사를 이전하다

① (가) – (나) – (다)   ② (가) – (다) – (나)
③ (나) – (가) – (다)   ④ (나) – (다) – (가)
⑤ (다) – (가) – (나)

2 (가) 부대에 대한 설명으로 옳은 것은? 69회 [2점]

한국 독립운동을 촉진하고 한국 혁명 역량을 집중하기 위해 이번 달 15일 중국 국민당 군사 위원회는 조선 의용대를 개편하여 (가) 에 편입할 것을 특별히 명령하였다. 제1지대는 총사령에게 직속되어 이(지)청천 장군이 통할한다. …… (가) 의 총사령부는 충칭에 설치하기로 결정하였다.

① 자유시 참변으로 세력이 약화되었다.
② 영릉가 전투에서 일본군에 승리하였다.
③ 쌍성보 전투에서 한·중 연합 작전을 전개하였다.
④ 국내 정진군을 편성하여 국내 진공 작전을 추진하였다.
⑤ 홍범도 부대와 연합하여 청산리에서 일본군을 격퇴하였다.

정답
1 ② (가) 국무령에 이상룡 취임(1925) → (다) 광저우로 이동(1937) → (나) 대일 선전 포고(1941)
2 ④ 한국 광복군은 1945년에 미국 전략 정보국과 연합하여 국내 진공 작전을 계획하고 이를 위해 국내 정진군을 편성해 훈련시켰다. 그러나 일제의 패망으로 작전이 시행되지는 않았다.

PART 7 민족 독립운동의 전개

Theme 103 실력 양성 운동

PART 7 민족 독립운동의 전개

출제 의도와 대책

1920년대 초반 문화 통치로 제한적이나마 강압 통치가 완화되자, 국내 민족주의자를 중심으로 민족의 실력을 키워 독립을 준비하자는 운동이 전개되었다. 실력 양성 운동은 산업과 교육의 진흥을 주로 주장하였는데, 대표적인 것이 물산 장려 운동과 민립 대학 설립 운동이다.

필기노트 마인드맵

- 물산 장려 운동: 관세 철폐를 앞두고 민족 산업 보호 목적
  - 시작: 평양에서 조만식 주도로 시작 → 서울 조선 물산 장려회
  - 활동
    - 국산품 애용 운동 ex 자작회, 토산 애용 부인회
    - '조선 사람 조선 것', '우리가 만든 것 우리가 쓰자.'
  - 한계: 소수 자본가를 위한 운동이라는 사회주의의 비판
- 민립 대학 설립 운동: 고등 교육을 통한 민족 실력 양성 목적
  - 주도: 조선 교육회(회장 이상재)
  - 활동: 모금 운동, '1천만이 1원씩'
  - 결과
    - 모금 부진(수재·가뭄), 일제의 방해
    - 경성 제국 대학 설립
- 문맹 퇴치: 문자 보급 운동(조선일보), 브나로드 운동(동아일보)

민립 대학 설립 운동

우리의 운명을 어떻게 개척할까? …… 우리들의 생존을 유지하며 문화의 창조와 향상을 기도하려면, 대학의 설립이 아니고는 다른 방도가 없다. 민중의 보편적 지식은 보통 교육으로 능히 수여할 수 있으나 심원한 지식과 심오한 학리는 고등 교육에 기대하지 아니하면 불가할 것은 설명할 필요도 없거니와 사회 최고의 비판을 구하며 유능한 인물을 양성하려면 최고 학부의 존재가 가장 필요하도다.

선택지 빅데이터

[물산 장려 운동]
① 조만식 등의 주도로 ■■에서 시작되었다. → 평양
② ■■■ 애용을 위한 조선 물산 장려회가 발족되었다. → 토산물
③ ■■■, 토산 애용 부인회 등의 단체가 활동하였다. → 자작회

[민립 대학 설립 운동]
① 이상재 등이 주도하여 인재 육성을 위해 ■■ ■■ 설립 운동을 전개하였다. → 민립 대학
② '한민족 1천만이 한 사람이 1원씩'이라는 구호를 내세우며 ■■ ■■을 전개하였다. → 모금 활동
③ 일제에 의해 ■■ ■■ ■■이 설립되었다. → 경성 제국 대학

[문맹 퇴치 운동]
① ■■■의 적극적 지원으로 농촌 계몽을 위한 브나로드 운동이 시작되었다. → 동아일보
② '배우자! 가르치자! 다 함께 ■■■!' 등의 구호를 내세웠다. → 브나로드

대표 기출 1

밑줄 그은 '운동'에 대한 설명으로 옳은 것은? 73회 [2점]

선생님께서 참여하신 운동은 '조선 사람 조선 것'이라는 구호를 내세웠다는 점에서 사실상 독립운동이 아니냐고 일제 경찰이 심문할 때 어떻게 대응하셨나요?

조선 물산의 생산과 소비를 장려하는 운동에 조선인이 참여하는 것은 당연한 일이 아닌가. 오사카 사람이 오사카의 물산을 장려하는 것도 문제 삼을 것이냐고 반문하니 주의만 주고 가더군요.

① 조선 노동 총동맹을 중심으로 전개되었다.
② 보국안민, 제폭구민 등이 구호로 사용되었다.
③ 조선 관세령 폐지 등을 배경으로 확산하였다.
④ 황국 중앙 총상회가 설립되는 결과를 가져왔다.
⑤ 일본 제일은행권 화폐가 유통되는 계기가 되었다.

자료분석

'조선 사람 조선 것'이라는 구호로 조선 물산의 생산과 소비를 장려한 '운동'은 1920년대 초에 전개된 물산 장려 운동이다.

정답분석

③ 일제는 대한 제국의 국권을 강탈하면서 서양 열강을 의식해 향후 10년 이상 종래와 같은 관세를 유지할 것을 약속하였다. 1920년대에 들어와 한반도와 일본 사이의 관세를 철폐하려는 움직임이 보이자, 민족 자본을 육성하자는 물산 장려 운동이 전개되었다.

선택지분석

① 1920년대에 사회주의가 본격적으로 유입되면서 1924년에 조선 노농 총동맹이 결성되었고, 1927년에는 조선 노동 총동맹과 조선 농민 총동맹으로 분화하였다. 사회주의계는 물산 장려 운동이 일부 자본가만을 위한 것이라고 비판하기도 하였다.
② 보국안민, 제폭구민 등은 동학 농민군이 제창한 구호이다.
④ 조·청 상민 수륙 무역 장정(1882) 등을 계기로 외국 상인들의 내지 진출이 가능해지고 상권이 침탈되자, 1898년 시전 상인들이 황국 중앙 총상회를 설립하여 상권 수호 운동을 전개하였다.
⑤ 1876년 강화도 조약의 부속 조약으로 체결된 조·일 수호 조규 부록에서 일본 화폐의 개항장 유통이 허용되었다. 이후 일본은 해관세 독점 등을 통해 일본 제일은행권 유통을 확대하였으며, 1905년 화폐 정리 사업의 결과 일본 제일은행권이 사실상 본위 화폐의 역할을 하게 되었다.

정답 ③

대표 기출 2

다음 자료가 발표된 시기를 연표에서 옳게 고른 것은? 71회 [2점]

> 대학을 세운다는 일은 극히 거창하여 여간 몇 사람의 힘으로는 도저히 성취할 바가 아니므로 금일까지 실지의 운동이 일어나지 못하였던 것이라. 그러나 일이 거창하고 어렵다고 시작을 아니하면 언제까지든지 조선 사람의 대학이라는 것은 생겨볼 수가 없다. 그러므로 이번에 조선 전도의 다수한 유지를 망라하여 민중적 운동으로 될 수 있는 대로 많은 사람의 힘을 합하여 민립 대학 한 곳을 세워 보고자 이상재, 이승훈 등의 주창으로 수일 전에 민립 대학 기성 준비회를 조직하고 집행위원을 선정하였는데, 장차 각 부·군에서 다수한 발기인의 참가를 구하여 경성에서 발기회를 열고 실행 방법을 결정할 터이다.

1895	1911	1919	1924	1938	1942
(가)	(나)	(다)	(라)	(마)	
한성 사범 학교 설립	제1차 조선 교육령	3·1 운동	경성 제국 대학 개교	제3차 조선 교육령	조선어 학회 사건

① (가) ② (나) ③ (다)
④ (라) ⑤ (마)

정답분석
③ 자료의 '대학을 세운다는 일', '민립 대학 기성 준비회' 등을 통해 1920년대에 전개된 민립 대학 설립 운동과 관련된 내용임을 알 수 있다. 1922년에 발표된 제2차 조선 교육령에서 대학 설립이 가능하도록 허용함에 따라 이상재, 이승훈 등은 민립 대학 기성 준비회를 결성하고 민립 대학 설립 운동을 전개하였다. 민립 대학 기성 회는 '한민족 1천만이 한 사람 1원씩'을 구호로 모금 운동을 전개하였으나 일제의 감시와 탄압 및 수재와 가뭄 등 재해로 모금이 중단되었다. 또한 일제가 경성 제국 대학을 설립하여 대학 요구를 무마시키는 등 민립 대학 설립 운동은 결과적으로 큰 성과를 거두지는 못하였다.

정답 ③

확인 문제

1 (가) 민족 운동에 대한 설명으로 옳은 것은? 60회 [2점]

이것은 경성 방직 주식회사의 광목 신문 광고야. '우리가 만든 것 우리가 쓰자.'라는 문구가 인상적이야.

그래. 이 광고는 민족 기업을 육성해 경제적 자립을 이루려는 (가) 중에 등장했지.

① 통감부의 탄압으로 중단되었다.
② 국채 보상 기성회를 중심으로 전개되었다.
③ 자작회, 토산 애용 부인회 등이 활동하였다.
④ 한성은행, 대한 천일 은행 등이 설립되는 계기가 되었다.
⑤ 일본, 프랑스 등지의 노동 단체로부터 격려 전문을 받았다.

2 다음 법령이 발표된 이후에 있었던 사실로 옳은 것은? 65회 [3점]

> 제1조 조선에서의 교육은 본령에 의한다.
> 제2조 국어[일본어]를 상용(常用)하는 자의 보통 교육은 소학교령, 중학교령 및 고등 여학교령에 의한다.
> 제3조 국어[일본어]를 상용하지 않는 자에게 보통 교육을 하는 학교는 보통학교, 고등 보통학교 및 여자 고등 보통학교로 한다.
> 제5조 보통학교의 수업 연한은 6년으로 한다. …… 보통학교에 입학할 수 있는 자는 연령 6세 이상으로 한다.

① 서당 규칙이 제정되었다.
② 2·8 독립 선언이 발표되었다.
③ 조선어 연구회가 결성되었다.
④ 조선 여자 교육회가 조직되었다.
⑤ 조선 민립 대학 설립 기성회가 창립되었다.

정답
1 ③ 물산 장려 운동은 경제 자립을 위해 자급자족, 국산품 애용 등을 내세웠으며 자작회, 토산 애용 부인회 등 단체들이 참여하였다.
2 ⑤ 제2차 조선 교육령에는 대학 설립에 관한 규정이 있었기에, 민족 지도자들은 최고 학부인 대학을 설립하여 민족의 실력을 양성하려는 목적으로 민립 대학 설립 기성회를 창립하고 민립 대학 설립 운동을 전개하였다.

Theme 104 1920년대 국내 민족 운동

PART 7 민족 독립운동의 전개

출제 의도와 대책

1920년대에 일제는 문화 통치를 표방하였지만, 경찰의 수를 오히려 늘리고 고등 경찰제를 시행하였으며, 친일파를 양성하여 민족 운동을 더욱 탄압하였다. 이러한 상황에서 전국적인 소통과 조직망을 갖춘 종교계와 학생이 국내 민족 운동을 주도적으로 수행하게 되었다. 1920년대의 대표적인 국내 민족 운동으로 6·10 만세 운동과 광주 학생 항일 운동이 전개되었다. 운동 당시의 격문을 통해 두 운동의 성격을 구분하고, 각각 이후에 끼친 영향과 의의를 알아 두어야 한다.

필기노트 마인드맵

6·10 만세 운동
  배경: 순종 인산일(장례식)
  준비: 조선 공산당(사회주의), 천도교(민족주의), 학생
  전개: 준비 과정에서 조선 공산당과 천도교 체포
    → 학생 주도로 격문을 뿌리고 만세 시위 전개
  의의: 좌우 합작 가능성 확인
    → 민족 유일당(신간회) 운동 계기
광주 학생 항일 운동
  배경: 한·일 학생 사이의 우발적 충돌
  전개: 일본 경찰의 편파 수사, 한국 학생만 구속
    → 성진회 등 독서회 주도로 전국 확대 → 동맹 휴학
    → 신간회에서 진상 조사단 파견, 민중 대회 개최 시도
  의의: 3·1 운동 이후 최대의 만세 운동

6·10 만세 운동
권오설은 사회주의 진영의 중심 인물로서, 순종 인산일을 기회로 삼아 천도교 계열과 사회주의 계열이 함께 준비한 이 운동을 기획하는 데 주도적인 역할을 하였다. 정부는 그의 애국 애족 정신을 기리기 위하여 2005년에 건국 훈장 독립장을 추서하였다.

선택지 빅데이터

[6·10 만세 운동]
① ■■의 인산일을 기회로 6·10 만세 운동이 일어났다. → 순종
② 민족주의 진영과 ■■■ 진영이 함께 준비하였다. → 사회주의
③ 국내에서 ■■■■ 운동이 전개되는 계기가 되었다. → 민족 유일당
④ '일본 ■■■■를 박멸하자!'라는 구호를 내세웠다. → 제국주의
⑤ 일제가 ■■■■을 적용하여 탄압하였다. → 치안유지법

[광주 학생 항일 운동]
① ■■■에서 진상 조사단을 파견하여 지원하였다. → 신간회
② 광주에서 시작되어 성진회와 각 학교 ■■■에 의해 전국에 확산되었다. → 독서회
③ 전국적으로 일어난 ■■ ■■의 도화선이 되었다. → 동맹 휴학

대표 기출 1

밑줄 그은 '사건'에 대한 설명으로 옳은 것은? 73회 [2점]

> ○○ 신문
> 제△△호　　○○○○년 ○○월 ○○일
>
> **신간회, 최고 간부를 광주로 특파하다**
>
> 지난 3일 전남 광주에서 일어난 고등보통학교 학생 대 중학생의 충돌 사건에 대하여 신간회 본부에서는 지난 5일 중앙 상무 집행위원회의 결의로 장성, 송정, 광주 세 지회에 긴급 조사를 지시하며 사태의 진전을 주시하고 있다. 지난 8일 밤에는 신간회 주요 간부들이 긴급 상의한 결과, 사건 내용을 철저히 조사하는 동시에 구금된 학생들의 석방을 교섭하기 위하여 신간회 중앙집행위원장 허헌 씨와 서기장 황상규 씨, 회계장 김병로 씨 등 최고 간부를 광주까지 특파하였다고 한다.

① 순종의 인산일을 기회로 삼아 일어났다.
② 조선어 학회가 해산되는 결과를 가져왔다.
③ 정우회 선언을 발표하는 데 영향을 주었다.
④ 전국적인 시위와 동맹 휴학으로 확산하였다.
⑤ 일제가 이른바 문화 통치를 실시하는 계기가 되었다.

자료분석
광주에서 일어난 학생 간의 충돌에서 비롯된 사건으로, 신간회가 조사단을 파견한 '사건'은 광주 학생 항일 운동이다.

정답분석
④ 광주 학생 항일 운동 당시 식민지 차별 교육 등 그간의 식민 정책에 대한 울분이 일시에 터져나오면서 전국적인 시위와 동맹 휴학 등으로 확산되어, 3·1 운동 이후 최대 규모의 국내 만세 운동으로 전개되었다.

선택지분석
① 순종의 인산일을 기회로 6·10 만세 운동이 일어났다. 6·10 만세 운동은 사회주의계와 민족주의계가 모두 준비하였는데 그 과정에서 좌우 합작의 가능성을 확인하게 되어 신간회가 창립되는 데 영향을 주었다.
② 조선어 학회는 한글 맞춤법 통일안을 발표하고 『우리말 큰사전』 편찬을 시도하였다. 일제는 1942년에 조선어 어문 운동을 독립운동으로 간주하고 치안 유지법 위반으로 조선어 학회 회원들을 대거 구속하는 조선어 학회 사건을 일으켰다.
③ 정우회는 사회주의 계열 단체로서 6·10 만세 운동 이후 좌우 합작 가능성을 확인하고 민족주의계와 합작할 수 있다는 정우회 선언을 발표해 신간회 창립에 영향을 주었다.
⑤ 일제는 3·1 운동 이후 헌병 경찰에 의한 강압적 무단 통치로 한국을 통치할 수 없음을 깨닫고 식민 통치 방식을 문화 통치로 바꾸었다.

정답 ④

대표 기출 2

밑줄 그은 '이 운동'에 대한 설명으로 옳은 것을 〈보기〉에서 고른 것은? 67회 [1점]

이것은 1929년 11월 한·일 학생 간의 충돌을 계기로 시작된 <u>이 운동</u>을 기념하는 탑입니다. 당시 민족 차별에 분노한 광주 지역 학생들이 대규모 시위를 전개하였고, 전국의 많은 학교가 동맹 휴학으로 동참하였습니다. 이 기념탑은 학생들의 단결된 의지를 타오르는 횃불로 형상화한 것입니다.

― 보기 ―
ㄱ. 조선인 본위의 교육 제도 확립 등을 요구하였다.
ㄴ. 대한매일신보의 후원 속에 전국으로 확산하였다.
ㄷ. 신간회에서 진상 조사단을 파견하여 지원하였다.
ㄹ. 일제가 이른바 문화 통치를 실시하는 배경이 되었다.

① ㄱ, ㄴ   ② ㄱ, ㄷ   ③ ㄴ, ㄷ
④ ㄴ, ㄹ   ⑤ ㄷ, ㄹ

자료분석
1929년 한·일 학생 간 충돌을 계기로 시작되었으며, 광주 지역에서 전국의 많은 학교로 확산된 '이 운동'은 광주 학생 항일 운동이다. 학생들 간의 충돌을 처리하는 과정에서 일제 경찰이 편파적으로 한국 학생들만을 억압하자 이에 반발하여 광주 학생들이 대대적으로 시위를 벌이면서 광주 학생 항일 운동이 시작되었다.

정답분석
ㄱ. 광주 학생 항일 운동 당시 구속된 학생 구출, 일제 경찰의 학교 출입 금지 등에서부터 일제의 식민지 교육 정책을 비판하고 조선인 본위의 교육을 요구하는 등의 구호와 격문이 유포되었다.
ㄷ. 광주 학생 항일 운동이 일어나자 신간회는 진상조사단을 파견해 이를 지원하는 한편, 사건의 진상을 전국에 알리려는 민중 대회를 계획하였다.

선택지분석
ㄴ. 대한매일신보는 1904년에 영국인 베델과 양기탁의 합작으로 창간된 신문으로, 일제의 침략을 가장 강경하게 비판하였다. 일제 강점 이후 총독부는 대한매일신보를 폐간하고, 총독부 기관지를 매일신보라고 하여 발행하였다.
ㄹ. 1919년에 거족적 3·1 운동이 발생하고, 제암리 학살 등 일제의 만행이 국제 사회에 알려지면서 일제는 무단 통치의 한계를 깨닫고 이른바 문화 통치로 통치 방침을 바꾸었다.

정답 ②

확인 문제

1 다음 자료에 나타난 사건의 영향으로 적절한 것은? 57회 [2점]

> **판결문**
>
> 피고인: 이선호 외 10명
> 주문: 피고인들을 각 징역 1년에 처한다.
> 이유
>   피고인들은 이왕(李王) 전하 국장 의식을 거행할 즈음, 이를 봉송하기 위하여 지방에서 다수 조선인이 경성부로 모이는 기회를 이용하여 조선 독립운동을 선동하는 불온 문서를 비밀리에 인쇄하여 국장 당일 군중 가운데 살포하여 조선 독립 만세를 소리 높여 외쳐 조선 독립의 희망을 달성하고자 기도하였다.

① 13도 창의군이 서울 진공 작전을 전개하였다.
② 복벽주의를 내세운 독립 의군부가 조직되었다.
③ 김광제 등의 발의로 국채 보상 운동이 일어났다.
④ 통상 수교 거부 의지를 담은 척화비가 건립되었다.
⑤ 민족 유일당 운동의 일환으로 신간회가 창립되었다.

2 다음 자료에 나타낸 민족 운동에 대한 설명으로 옳은 것은? 66회 [2점]

> **2천만 피압박 민중 제군이여!**
>   우리 2천만 생령(生靈)을 사랑하고 조국을 사랑하는 광주 학생 남녀 수십 명이 빈사(瀕死)의 중상을 입었다. 고뇌하는 청년 학생 2백 명이 불법으로 철창 속에 갇혀 있다. 그들은 정의를 위하여 거리로 나가 시위를 했다. 그러나 지배 계급의 미친개의 이빨에 물리고 말았다. 우리들은 광주 학생의 석방을 요구하는 동시에 참을 수 없는 피눈물로 시위 대열에 나가는 것이다.
> - 감금된 학생을 탈환하자
> - 총독 폭압 정치 절대 반대
> - 교육에 경찰 간섭 반대
> - 치안 유지법을 철폐하라

① 순종의 장례일을 맞아 가두시위를 벌였다.
② 대한민국 임시 정부 수립에 영향을 주었다.
③ 조선 사람 조선 것이라는 구호를 내세웠다.
④ 신간회의 지원을 받으며 전국적으로 확산되었다.
⑤ 일본, 프랑스 등의 노동 단체로부터 격려 전문을 받았다.

정답
1 ⑤ 6·10 만세 운동은 사회주의계와 민족주의계가 함께 준비하였으며, 이 과정에서 좌우 합작 가능성을 확인하게 되어, 민족 유일당 단체인 신간회 성립에 영향을 주었다.
2 ④ 광주 학생 항일 운동이 일어나자 신간회는 진상 조사단을 파견하였으며, 이를 확산시키기 위해 민중 대회를 개최하려 하였다.

Theme 105 사회적 민족 운동

PART 7 민족 독립운동의 전개

출제 의도와 대책

1920년대 이후 사회주의가 유입되면서 다양한 일부 독립운동가는 사회주의가 독립을 이룰 유력한 방략이라고 생각하였다. 이에 사회주의가 급속도로 확산되어 노동·농민·청년 운동 등 다양한 사회 운동이 전개되었다. 토지 조사 사업 및 산미 증식 계획으로 고통받던 농민들과 식민지 공업화에 따른 가혹한 노동 조건을 강요받던 노동자, 농민들이 소작 쟁의와 노동 쟁의를 활발하게 전개하였다. 한편 근대 사상이 자리를 잡으면서 소년 운동, 여성 운동 등도 전개되었다.

필기노트 마인드맵

- 사회 운동
  - 형평 운동 — 백정에 대한 사회적 차별 철폐
    - 진주에서 조선 형평사 조직
  - 소년 운동 — 천도교 소년회 중심, 방정환 색동회 조직
    - 잡지 『어린이』 간행, 어린이날 제정
  - 기타: 조선 청년 총동맹(1924), 근우회(1927, 좌우 합작)
- 노동·농민 운동
  - 배경: 사회주의 유입, 식민지 공업화, 농민 수탈
  - 단체: 조선 노동 공제회(1920, 최초 전국 단체)
    - 조선 노농 총동맹(1924) → 조선 농민 총동맹(1927)
    - 조선 노동 총동맹(1927)
  - 사건: 암태도 소작 쟁의(1923): 지주 문재철의 횡포
    - 원산 총파업(1929): 일제 강점기 최대 노동 운동
    - 강주룡 농성(1931): 평양 을밀대에서 고공 농성

선택지 빅데이터

① 1923년에 신안 ■■■ 에서 지주 문재철의 횡포에 맞선 소작 쟁의가 발생하였다. → 암태도
② 1929년에 일본인 감독의 한국인 구타 사건을 계기로 ■■■ 이 일어났다. → 원산 총파업
③ 평양에서 노동자 강주룡이 ■■■ 지붕에서 고공 농성을 전개하였다. → 을밀대
④ 천도교 소년회가 ■■■ 을 제정하고 잡지 ■■■ 를 간행하였다. → 어린이날, 어린이
⑤ 신간회와 함께 여성 계몽과 구습 타파를 주장하는 ■■■ 가 창립되었다. → 근우회
⑥ 백정에 대한 차별 철폐를 요구하는 조선 ■■■ 가 창립되었다. → 형평사
⑦ 형평 운동은 ■■ 에서 시작되어 전국으로 확산되었다. → 진주

대표 기출 1

(가) 단체에 대한 설명으로 옳은 것은? 73회 [2점]

> 한 나라 한 사회나 한 집안의 장래를 맡은 사람은 누구인가. 곧 그 집안이나 그 사회나 그 나라의 아들과 손자일 것이다. …… (가) 은/는 어린이를 위한 부모의 도움이 두터워지기를 바라는 마음에서 5월 1일 오늘을 기회로 삼아 '어린이의 날'이라고 이름하고, 소년 회원이 거리마다 늘어서서 "항상 10년 후의 조선을 생각하십시오."라고 쓴 인쇄물을 배포하며 취지를 선전했다. 이러한 일은 조선 소년 운동의 처음이며, 다른 사회에서도 많이 응원하여 노력하기를 바란다.

① 한글 맞춤법 통일안을 제정하였다.
② 기관지로 진단 학보를 발행하였다.
③ 오산 학교를 설립하여 인재를 양성하였다.
④ 김기전, 방정환 등이 주축이 되어 활동하였다.
⑤ 여성 교육의 중요성을 강조한 여권통문을 발표하였다.

자료분석
소년 운동을 제창하여 어린이에 대한 인격적 대우 등을 강조하면서, 1922년에 어린이날을 제정한 단체는 천도교 소년회이다.

정답분석
④ 김기전, 방정환 등은 천도교 청년회에서 활동하다가, 소년들이 주축이 되어 만세 운동을 전개했다는 소식을 듣고 감명을 받아 천도교 소년회를 조직하였다. 김기전과 방정환은 아이들을 인격적으로 대접하자며 '어린이'라는 용어를 사용하였다. 이후 천도교 소년회는 어린이날을 제정하였고, 어린이 잡지 『어린이』도 창간하였다. 1923년에는 전국 조직인 소년 운동 협회가 결성되어 소년 운동을 널리 확산시켰다.

선택지분석
① 조선어 학회는 한글 맞춤법 통일안을 제정하고, 표준어를 제정하였으며 『우리말 큰사전』 편찬을 시도하였다.
② 일제 강점기에 근대적 실증 사학을 익힌 이병도 등의 학자들을 중심으로 한국인에 의한 한국학 연구 단체인 진단 학회를 창립하였다. 그리고 진단학회의 기관지로 진단 학보를 발행하였다.
③ 신민회 회원인 안창호가 평양에 대성학교, 이승훈이 정주 오산 학교를 설립하여 애국 계몽 운동을 통해 인재를 양성하였다.
⑤ 여권통문은 1898년 서울 북촌의 부인들이 발표한 것으로, 여성도 남성과 동등하게 교육받아야 한다고 주장하였다. 여권통문 발표를 계기로 찬양회가 조직되어 한국 여성에 의해 최초로 순성여학교가 설립되었다.

정답 ④

대표 기출 2

(가) 사건 이후에 전개된 사실로 옳은 것은? 71회 [3점]

〈탐구 활동 보고서〉
○학년 ○○반 이름: ○○○

◎ 주제: (가) 에 대한 국외 반응
◎ 탐구 목적
  라이징 선 석유 주식회사의 문평 공장에서 일본인 감독이 조선인 노동자를 구타한 일이 발단이 되어 일어난 일제 강점기 최대 규모의 노동 운동에 대한 국외 반응을 당시 자료를 통해 살펴본다.
◎ 자료 및 해설

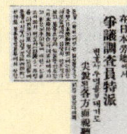 이것은 재일본노총에서 (가) 을/를 조사하기 위해 변호사를 파견한다는 당시 신문 기사이다. 기사에 보도된 일본의 조선인 노동 단체뿐 아니라 중국 지역의 여러 노동 단체도 격려와 후원을 하였다.

① 동양 척식 주식회사가 설립되었다.
② 강주룡이 을밀대 지붕에서 고공 농성을 벌였다.
③ 황실의 지원을 받아 대한 천일 은행이 창립되었다.
④ 전국 단위의 조직인 조선 노농 총동맹이 조직되었다.
⑤ 고율의 소작료에 반발하여 암태도 소작 쟁의가 발생하였다.

자료분석
자료의 '일제 강점기 최대 규모의 노동 운동'을 통해 (가)가 원산 노동자 총파업(1929)임을 알 수 있다. 라이징 선 석유 회사에서 일본인 감독이 한국인 노동자를 구타한 사건이 발생하자, 노동자들은 감독 파면과 근로 조건 개선을 요구하며 총파업에 들어갔다. 일제가 군경과 깡패까지 동원하며 노동자를 탄압하였으나 노동자들은 굴복하지 않았고 전국 각지는 물론 중국·소련·프랑스의 노동자들도 격려 전문을 보내왔다. 원산 노동자 총파업은 4개월 동안 지속되었으며, 일제 강점기 가장 규모가 큰 노동 쟁의였다.

정답분석
② 강주룡은 평양의 평원고무공장의 직공으로, 가혹한 노동 조건을 개선하고자 1931년에 동맹 파업을 전개하였다. 이 과정에서 평양 을밀대 지붕에서 고공 농성을 벌여 여론을 이끌고자 하였다.

선택지분석
① 동양 척식 주식회사는 1908년에 설립되었다.
③ 대한 천일 은행은 대한 제국 시기인 1899년에 설립된 민족계 은행이다.
④ 조선 노농 총동맹은 1924년에 조직되었다.
⑤ 암태도 소작 쟁의는 1923년부터 1924년까지 일어난 소작 농민 항쟁으로, 쟁의 결과 소작료가 인하되고 소작 조건이 완화되었다.

정답 ②

확인 문제

1 다음 가상 일기의 밑줄 그은 '운동'에 대한 설명으로 옳은 것은? 68회 [1점]

1925년 ○○월 ○○일
우리 백정들은 신분제가 폐지되었음에도 끊임없이 차별받았다. 다 같은 조선 민족인데 왜 우리를 핍박하는 걸까? 우리는 저울처럼 평등한 세상을 만들기 위해 몇 해 전부터 운동을 벌이고 있지만 사람들의 인식을 바꾸기는 쉽지 않은 것 같다. 얼마 전 예천에서는 '백정을 핍박하는 것은 죄가 아니다.'라고 말하는 사람도 있다고 하니 우리는 언제쯤 평등한 대우를 받을 수 있을까?

① 조선 형평사의 주도로 전개되었다.
② 대한매일신보의 지원을 받아 확대되었다.
③ 평양에서 시작하여 전국적으로 확산되었다.
④ 순종의 인산일을 기한 대규모 시위를 계획하였다.
⑤ 라이징 선 석유 회사의 한국인 구타 사건을 계기로 시작되었다.

2 다음 자료에 나타난 사회 운동에 대한 설명으로 옳은 것은? 47회 [2점]

어린 동무들에게
· 돋는 해와 지는 해를 반드시 보기로 합시다.
· 어른들에게는 물론이고 당신들끼리도 서로 존대하기로 합시다.
· 뒷간이나 담벽에 글씨를 쓰거나 그림 같은 것을 그리지 말기로 합시다.
· 길가에서 떼를 지어 놀거나 유리 같은 것을 버리지 말기로 합시다.
· 꽃이나 풀을 꺾지 말고, 동물을 사랑하기로 합시다.
· 전차나 기차에서는 어른에게 자리를 사양하기로 합시다.
· 입은 꼭 다물고 몸을 바르게 가지기로 합시다.
— 1923년 5월 1일 어린이날 기념 선전문 —

① 통감부의 탄압으로 중단되었다.
② 김광제, 서상돈 등이 주도하였다.
③ 서당 규칙을 제정하는 계기가 되었다.
④ 천도교 세력이 중심이 되어 추진하였다.
⑤ 평양에서 시작하여 전국으로 확산되었다.

정답
1 ① 1923년 진주에서 백정 출신 자산가 이학찬 등의 주도로 조선 형평사가 설립되어 백정에 대한 차별 철폐 운동을 전개하였다.
2 ④ 소년 운동은 1921년에 방정환을 중심으로 천도교 소년회가 만들어지면서 본격적으로 시작되었다.

Theme 106 신간회

PART 7 민족 독립운동의 전개

출제 의도와 대책

1920년대 사회주의 사상의 유입으로 독립 운동 세력의 역량이 분화되자, 독립을 위해 힘을 합쳐야 한다는 민족 유일당 운동이 전개되었다. 국외에서는 3부 통합 운동 등이 전개되었으며 일시적이나마 민족 혁명당으로 결집하기도 하였다. 한편 국내에서 실력 양성 운동이 별 성과 없이 끝나자 민족주의계 내부에서 일본의 지배를 인정하고 자치권을 인정받자는 개량적 노선이 나타났으며, 사회주의계와 비타협적 민족주의계가 연합하여 신간회를 결성하게 되었다. 신간회는 일제 강점기에 활동한 최대의 민족 운동 단체로, 그 결성과 해소에 이르는 과정 및 주요 활동을 알아 두어야 한다.

필기노트 마인드맵

- 신간회: 일제 강점기 최대의 합법적 민족 운동 단체
  - 배경 ┌ 국외: 민족 유일당 운동 (한국 독립 유일당 북경 촉성회)
         └ 국내: 치안유지법, 자치론 대두, 6·10 만세 운동
  - 창립: 정우회(사회주의) 선언 (민족주의계와 합작 천명)
    → 신간회 창립 (회장 이상재, 부회장 홍명희)
    → 조선 민흥회, 정우회 등 자진 해산 후 신간회 합류
  - 강령: 민족 단결, 기회주의자 배격, 정치·경제적 각성 촉구
  - 활동 ┌ 광주 학생 항일 운동에 진상 조사단 파견
         └ 각종 청년·여성·농민·노동 운동 지원
- 근우회 ┌ 신간회의 자매 단체, 여성계 민족 유일당
         └ 활동: 여성 계몽과 구습 타파, 『근우』 발간

박차정

우정사업본부는 3·1 운동 100주년을 맞아 조국의 독립을 위해 헌신한 여성 독립운동가 4명의 기념 우표를 발행하였다. 그들 중 박차정은 근우회에서 활동하다가 보다 적극적인 독립운동을 위해 중국으로 망명하였다. 1938년 조선 민족 전선 연맹 산하의 군사 조직으로 우한에서 창설된 조선 의용대의 부녀복무단장으로 무장 투쟁을 전개하다가 35세의 젊은 나이로 순국하였다. 1995년 건국 훈장 독립장이 추서되었다.

선택지 빅데이터

① 국외에서 민족 유일당 운동으로 한국 독립 유일당 ■■ ■■■가 창립되었다. → 북경 촉성회
② 1926년에 사회주의 세력의 활동 방향을 밝힌 ■■■ 선언이 발표되었다. → 정우회
③ 정우회 선언의 영향으로 ■■■가 결성되었다. → 신간회
④ ■■ ■■■ 운동의 일환으로 창립된 신간회는 일제 강점기 최대 규모의 합법적 민족 운동 단체이다. → 민족 유일당
⑤ 광주 학생 항일 운동에 ■■ ■■■을 파견하여 지원하였다. → 진상 조사단
⑥ 광주 학생 항일 운동에 대한 ■■ ■■를 개최하려고 시도하다가 일제의 탄압으로 지도부가 구속되었다. → 민중 대회
⑦ 신간회와 함께 근우회가 창립되어 잡지 ■■를 발간하였다. → 근우

대표 기출 1

(가) 단체에 대한 설명으로 옳은 것은? 64회 [2점]

> **역사 신문**
> 제△△호   ○○○○년 ○○월 ○○일
>
> **민중 대회 개최 모의로 지도부 대거 체포**
>
> 허헌, 홍명희 등 ▢(가)▢의 지도부는 광주 학생 항일 운동을 전국적 시위 운동으로 확산시키기 위한 민중 대회 개최를 추진하다가 경찰에 체포되었다. 이 단체는 사건 진상 조사 보고를 위한 유인물 배포 및 연설회 개최를 계획하고, 각 지회에 행동 지침을 내리는 등 시위 확산을 도모하였다.

① 암태도 소작 쟁의를 지원하였다.
② 민족 협동 전선으로 결성되었다.
③ 부민관 폭파 사건을 주도하였다.
④ '조선 혁명 선언'을 활동 지침으로 하였다.
⑤ 어린이날을 제정하고 잡지 어린이를 간행하였다.

자료분석

신간회는 광주 학생 항일 운동이 일어나자 진상 조사단을 파견하고, 이를 전국에 알리기 위한 민중 대회를 개최하려 하였으나 일제의 탄압으로 무산되었다. 이 사건으로 신간회 지도부 다수가 구속되고 새로운 지도부에 개량적 인사들이 유입되면서 사회주의계 지회를 중심으로 해소 논의가 촉발되었다.

정답분석

② 1920년대에 사회주의가 새로운 독립 운동의 대안으로 떠오르면서, 독립운동 역량이 사회주의계와 민족주의계로 분열되었다. 이에 1920년대 중반부터 민족 유일당 운동이 전개되어 국내에서 좌우 합작에 의한 민족 협동 전선인 신간회가 창립되었다.

선택지분석

① 1923년 전남 신안 암태도에서 지주 문재철의 가혹한 횡포에 반발해 농민들이 소작 쟁의를 일으켜 1년여간 투쟁한 끝에 소작료를 인하하고 소작 조건을 완화하였다. 신간회는 1927년에 창립되었다.
③ 광복 직전인 1945년, 서울 부민관에서 친일 대회가 열리자 대한 애국 청년당이 부민관에 폭탄을 설치하여 폭파시켰다.
④ 신채호는 1923년에 의열단 단장 김원봉의 부탁을 받아 의열단의 활동 방향을 밝히는 '조선 혁명 선언'을 저술하였다.
⑤ 방정환 등이 속한 천도교 소년회는 1922년 어린이날을 제정하고 잡지 어린이를 간행하였다.

정답 ②

대표 기출 2

(가) 단체에 대한 설명으로 옳은 것은? 56회 [2점]

【이달의 독립운동가】

민족 독립과 여성 해방을 꿈꾼

박차정(朴次貞)
(1910~1944)

부산 동래 출신. 1927년 신간회의 자매단체로 결성된 ___(가)___ 의 중앙 집행 위원으로 활동하였다. 광주 학생 항일 운동에 동조하여 서울에서 시위를 주도하였다가 불구속으로 나온 후 중국으로 망명하였다. 1938년 조선 의용대의 부녀 복무 단장이 되어 남편 김원봉과 함께 무장 투쟁을 활발히 전개하였다. 이듬해 쿤룬산 전투에서 부상을 당해 후유증으로 순국하였다.

① 상하이에서 대동 단결 선언을 발표하였다.
② 일제의 황무지 개간권 요구를 저지하였다.
③ 여성 교육을 위해 배화 학당을 설립하였다.
④ 조선 여성의 단결과 지위 향상을 목표로 하였다.
⑤ 『어린이』 등의 잡지를 발간하여 소년 운동을 주도하였다.

자료분석
제시된 자료의 (가)는 신간회의 자매단체인 근우회이다.

정답분석
④ 근우회는 여성에 대한 사회적·법률적 차별 철폐, 조혼과 인신매매 금지, 여성 노동자에 대한 임금 차별 해소 등 여성의 지위와 권익 향상 및 생활 개선을 위해 노력하였다.

선택지분석
① 제1차 세계 대전(1914)이 발발하면서 독립운동의 근거지였던 만주와 연해주의 각종 독립 단체들의 활동이 봉쇄되었다. 또한 일본이 참전한 연합국이 승기를 잡았고, 1917년에는 독립운동의 구심점이 되었던 이상설이 사망하였다. 이러한 상황에서 신규식, 박은식, 신채호, 박용만 등 소장 독립운동가들이 상하이에서 대동 단결 선언을 발표하여 독립운동의 새로운 방향을 천명하고 민족 세력의 단결을 촉구하였다. 대동 단결 선언은 주권 불멸론과 국민 주권론을 주장하여 임시 정부 수립의 한 배경이 되었다.
② 보안회는 일제의 황무지 개간권 요구를 저지하였다.
③ 배화 학당은 1898년에 기독교 전파와 여성 교육을 목적으로 미국 선교사 캠벨이 설립한 학교이다.
⑤ 방정환이 조직한 천도교 소년회는 『어린이』 등의 잡지를 발간하여 소년 운동을 주도하였다.

정답 ④

확인 문제

1 (가), (나) 사이의 시기에 있었던 사실로 옳은 것은? 62회 [2점]

(가) 조선 사회 운동 단체인 정우회는 며칠 전 선언서를 발표하였다. 선언서에서 민족주의적 세력과 과도기적 동맹자적 관계를 구축해야 한다고 밝히고 타협과 항쟁을 분리시켜 사회 운동 본래의 사명을 잊지 말자는 것을 말하였다.

(나) 조선 민족 운동의 중추 기관이 되려는 사명을 띠고 창립되었던 신간회가 비로소 첫 번째 전체 대회를 개최하였다. 그러나 간신히 열리는 전체 대회에서 해소 문제 토의를 최대 의제로 하게 된 것은 조선의 현 상황이 아니고서는 보기 어려운 기현상이다.

① 광주 학생 항일 운동이 일어났다.
② 임병찬이 독립 의군부를 조직하였다.
③ 독립군이 봉오동에서 큰 승리를 거두었다.
④ 도쿄 유학생들이 2·8 독립 선언서를 발표하였다.
⑤ 조선 민족 전선 연맹 산하에 조선 의용대가 창설되었다.

2 다음 강령을 발표한 단체에 대한 설명으로 옳은 것은? 52회 [2점]

행동 강령
1. 여성에 대한 사회적·법률적 일체 차별 철폐
2. 일체 봉건적 인습과 미신 타파
3. 조혼 폐지 및 결혼의 자유
4. 인신매매 및 공창 폐지
5. 농민 부인의 경제적 이익 옹호
6. 부인 노동의 임금 차별 철폐 및 산전 산후 임금 지불
7. 부인 및 소년공의 위험 노동 및 야업 폐지

① 3·1 운동에 주도적으로 참여하였다.
② 상하이에서 대동단결 선언을 발표하였다.
③ 여성 교육을 위해 이화 학당을 설립하였다.
④ 최초의 여성 권리 선언문인 여권통문을 공표하였다.
⑤ 민족주의 계열과 사회주의 계열의 여성들이 연합하였다.

정답

1 ① (가)는 신간회의 창립 배경이 된 정우회 선언(1926), (나)는 신간회 해소(1931)와 관련된 사실이다. 신간회는 광주 학생 항일 운동이 일어나 진상 조사단을 파견하였다.

2 ⑤ 민족주의 계열과 사회주의 계열의 여성들이 연합하여 설립된 근우회는 여성에 대한 사회적·법률적 차별 철폐, 조혼과 인신매매 금지, 여성 노동자에 대한 임금 차별 해소 등 여성의 지위와 권익 향상 및 생활 개선을 위해 노력하였다.

PART 7 민족 독립운동의 전개

Theme 107 민족 문화 수호 운동

PART 7 민족 독립운동의 전개

출제 의도와 대책

일제는 국권 강탈이 한국을 위한 것이라 선전하고 식민 통치를 공고히 하기 위해 한국의 역사와 문화를 왜곡하였다. 타율성론, 정체성론, 반도사관 등을 유포해 역사를 왜곡하였으며, 우리말과 글을 사용하지 못하게 하였다. 이에 민족주의 사학은 민족의 자주성·주체성을 강조하였고, 사회 경제 사학은 우리 역사가 보편적 법칙에 따라 발전해 왔음을 규명하였다. 한편 조선어 연구회는 조선어 학회로 개편하여 한글 맞춤법 통일안을 제정하고, 우리말 큰사전 편찬을 주도하였다.

필기노트 마인드맵

- 국어 ─ 조선어연구회(1921): 가갸날 제정, 잡지 『한글』 발간
  - 조선어학회(1931) ─ **한글 맞춤법 통일안** 제정, 표준어 제정
    - **우리말 큰사전 편찬 시도**, 『한글』 간행
    - **조선어학회 사건**(1942)으로 탄압 받음
- 역사 ─ 일제: 식민사관, 조선사 편수회 → 『조선사』 간행
  - 민족주의 사학 ─ 신채호: 『조선상고사』
    - 박은식: 『한국통사』, 『한국독립운동지혈사』
  - 사회경제 사학: **백남운**: 『조선사회경제사』 → **정체성론 반박**
  - 조선학 운동: 정인보·안재홍·문일평 등 → 『**여유당전서**』 간행
  - 실증주의 사학: 이병도·손진태 등, 진단 학회 창립

선택지 빅데이터

① 박은식이 ■■■■ 에서 국권 피탈 과정을, ■■■■■■■ 에서 독립 투쟁 과정을 서술하였다.
→ 한국통사, 한국독립운동지혈사

② 신채호가 고대사 연구를 바탕으로 ■■■■ 를 저술하였다.
→ 조선상고사

③ 정인보·안재홍 등이 여유당전서를 간행하고 ■■■■ 을 주도하였다. → 조선학 운동

④ ■■■ 이 조선사회경제사에서 식민 사학의 정체성 이론을 반박하였다. → 백남운

⑤ 이병도 등이 ■■ 를 설립하여 실증주의 사학을 발전시켰다.
→ 진단 학회

⑥ ■■■■ 가 가갸날을 제정하고 기관지인 한글을 발행하였다.
→ 조선어 연구회

⑦ 조선어 학회가 한글 맞춤법 통일안과 ■■■ 를 제정하였다.
→ 표준어

⑧ ■■■■ 사건으로 최현배, 이극로 등이 투옥되었다.
→ 조선어 학회

대표 기출 1

(가)에 들어갈 내용으로 가장 적절한 것은? 67회 [3점]

■ 조별 과제 안내
일제 강점기에 민족 문화를 수호하고자 노력한 인물의 활동을 주제로 보고서를 작성한 후 제목과 함께 게시판에 올려주세요.

번호	제 목
1	1조 - 이윤재, 한글 맞춤법 통일안 제정에 참여하다
2	2조 - 최현배, 조선어 연구회 회원으로 한글을 연구하다
3	3조 - 신채호, 고대사 연구에 주력하여 조선사를 연재하다
4	4조 - (가)

① 정인보, 민족의 얼을 강조하고 조선학 운동을 전개하다
② 장지연, 황성신문에 '시일야방성대곡'이라는 논설을 싣다
③ 유길준, 『서유견문』을 집필하여 서양 근대 문명을 소개하다
④ 최익현, '지부복궐척화의소'를 올려 왜양일체론을 주장하다
⑤ 신헌, 강화도 조약 체결의 전말을 기록한 『심행일기』를 남기다

정답분석

① 1934년 정인보, 안재홍 등 사학자들이 다산 정약용 서거 99주년을 기념하여 다산의 저작을 모은 『여유당전서』를 출간하였다. 이 과정에서 조선 후기 실학을 새롭게 조명하고 우리나라 역사와 문화가 주체적이고 독자적으로 발전해왔음을 탐구하려는 조선학 운동이 전개되었다. 한편 정인보는 우리 민족의 사상을 얼이라고 보았으며 『5천 년간 민족의 얼』을 저술하였다.

선택지분석

② 1905년 을사늑약이 체결되자 장지연은 일제의 침략 의도와 을사오적을 비판하는 '시일야방성대곡'이라는 논설을 지어 황성신문에 게재하였다.
③ 유길준은 보빙사로 참여했다가 최초의 미국 유학생이 되었으며, 귀국 후에 서양 근대 문명을 소개하는 『서유견문』을 집필하였다.
④ 최익현은 강화도 조약 체결을 앞두고 왜양일체론을 바탕으로 일본과의 개항을 반대하는 상소를 올렸다. 도끼를 앞에 두고 궐 앞에 엎드려 척화를 주장하는 상소로서 '지부복궐척화의소'라고 한다.
⑤ 1875년 일본이 운요호 사건을 일으켜 포함 외교를 통해 개항을 강요하고, 국내에서도 개항의 불가피함을 주장하는 의견이 대두되었다. 이에 고종은 1876년 전권대사 신헌을 파견하여 강화도 조약을 체결하였다.

정답 ①

대표 기출 2

다음 가상 인터뷰의 주인공에 대한 설명으로 옳은 것은? 69회 [2점]

- 며칠 전 경성에서 『조선사회경제사』 출판 축하회가 있었습니다. 저자로서 책에 대한 소개를 부탁드립니다.
- 저는 우리 역사의 전개 과정을 세계사의 보편적인 발전 법칙에 따라 네 단계로 나누어 파악하였습니다. 이 책에서는 그 중 원시 씨족 사회와 삼국 정립기의 노예제 사회에 대해 서술하였습니다.

① 진단 학회를 조직하였다.
② 『한국독립운동지혈사』를 저술하였다.
③ 식민 사학의 정체성론을 반박하였다.
④ 우리말 큰 사전 편찬 사업을 추진하였다.
⑤ 민족의 얼을 강조하고 조선학 운동을 주도하였다.

자료분석
『조선사회경제사』는 연희전문학교 교수로 있던 백남운의 저술로, 그는 유물론에 바탕을 둔 사회 경제 사학자이다. 사회 경제 사학은 세계사의 보편성의 관점에서 발전 법칙을 발견하는 데 관심을 두었다.

정답분석
③ 식민 사학의 정체성론은 한국의 사회 발전이 고대 수준에서 정체되어 있다는 주장이다. 이는 일본의 국권 강점으로 조선이 비로소 근대 사회로 발전하게 되었다는 논리로 이어져 일본의 식민 지배를 정당화하였다. 백남운은 한국의 역사가 세계사의 보편적 발전 법칙에 따라 발전해왔음을 규명하여 정체성론을 정면으로 반박하였다.

선택지분석
① 진단 학회는 역사적 사실을 실증적, 객관적으로 밝히려는 실증 사학의 입장이었으며, 이병도·손진태 등이 조직하였다.
② 박은식은 3·1 운동 이후 민족의 독립에 확신을 품고 일제의 침략 과정과 독립운동의 과정을 담은 『한국독립운동지혈사』를 저술하였다.
④ 조선어학회는 한글 맞춤법 통일안과 외래어 표기법 통일안 등을 제정하고, 우리말 큰 사전 편찬을 추진하였다. 그러나 조선어학회 사건으로 학회가 와해되면서 우리말 큰 사전 편찬이 중단되어 광복 후에 완간되었다.
⑤ 정인보는 우리의 민족정신을 '얼'이라고 보았으며, 1930년대에는 조선 후기 실학에 주목하여 우리 역사의 자주성과 독자성을 밝히는 조선학 운동을 주도하였다.

정답 ③

확인 문제

1 (가) 단체에 대한 설명으로 옳은 것은? 55회 [2점]

이것은 (가) 이/가 1993년에 만든 한글 맞춤법 통일안의 총론입니다. (가) 은/는 기관지 한글을 간행하고 외래어 표기법 통일안을 마련하는 등 우리말을 지키기 위해 노력하였습니다. 그러나 일제가 1942년에 치안유지법 위반 명목으로 회원들을 구속하면서 활동이 중단되었습니다.

총론
1. 한글 마춤법(綴字法)은 표준말을 그 소리대로 적되, 어법에 맞도록 함으로써 원칙을 삼는다.
2. 표준말은 대체로 현재 중류 사회에서 쓰는 서울말로 한다.
3. 문장의 각 단어는 띄어 쓰되, 토는 그 웃 말에 붙여 쓴다.

① 우리말 큰 사전 편찬을 시도하였다.
② 한글 신문인 제국신문을 간행하였다.
③ 최초로 한글에 띄어쓰기를 도입하였다.
④ 우리말 음운 연구서인 『언문지』를 저술하였다.
⑤ 한글 연구를 목적으로 학부 아래에 설립되었다.

2 다음 가상 인터뷰의 주인공에 대한 설명으로 옳은 것은? 48회 [2점]

- 선생께서 한국독립운동지혈사를 저술하신 동기를 말씀해 주시겠습니까?
- 일제의 침략과 탄압에 맞선 우리 독립 투쟁의 역사를 구체적인 자료를 통해 보여 주고, 한국인의 긍지와 민족의식을 고양시키고자 책을 쓰게 되었습니다.

① 민족의 얼을 강조하고 조선학 운동을 추진하였다.
② 진단 학회를 설립하여 실증주의 사학을 발전시켰다.
③ 조선사 편수회에 들어가 『조선사』 편찬에 참여하였다.
④ 유물 사관을 바탕으로 『조선사회경제사』를 저술하였다.
⑤ 『한국통사』를 저술하고 민족주의 사학의 기초를 닦았다.

정답
1 ① 조선어 학회는 『우리말 큰사전』을 편찬하려고 하였으나 일제 탄압으로 해산되면서 실패하였다. 해방 이후에 조선어 학회를 계승한 한글 학회에서 『우리말 큰사전』을 간행하였다(1957).
2 ⑤ 박은식은 『한국독립운동지혈사』와 『한국통사』를 저술하여 일제의 불법적인 침략을 규탄하고, 민족주의 사학의 기초를 닦았다.

Theme 108 종교계의 동향

PART 7 민족 독립운동의 전개

출제 의도와 대책

일제 강점기 종교는 크게 전통 종교, 외래 종교, 신흥 민족 종교로 구분할 수 있다. 천주교·개신교 등 외래 종교는 교육, 의료 등을 통해 주로 근대 사상 보급과 인재 양성에 기여하였다. 단군을 모시는 대종교와 동학에서 개편한 천도교는 민족정신을 강조하면서 민중 계몽과 만세 운동 추진, 무장 투쟁 등 다양한 항일 활동을 펼쳤다. 전통 종교인 불교 내부에서도 일제의 통제에 반발하여 자주적인 근대 종교로 개편하려는 움직임이 나타났다. 특히 두 민족 종교의 활동에 중심을 두어 정리해 둔다.

필기노트 마인드맵

- 불교: 조선 불교 유신회(한용운) → **사찰령 폐지 운동**
  - 월간지 『유심』 발행
- 개신교: 신사 참배 거부
- 천주교: 경향신문 발행, 간도에서 **의민단** 조직 → 청산리 전투 참여
- 원불교: 박중빈 창시(1916), 개간 사업·저축 운동, **새생활 운동**
- 천도교: 3·1 운동 참여 → 인쇄소 보성사에서 독립선언문 인쇄
  - 제2의 3·1 운동 계획 → 6·10 만세 운동
  - 민중 계몽: 『만세보』, 『개벽』, 『신여성』, 『어린이』
- 대종교: 나철·오기호 창시(단군교), 간도로 본부 이전
  - **중광단 조직** → 북로 군정서의 주축을 이룸

조선 불교 유신론 – 한용운
불교의 유신은 마땅히 먼저 파괴를 해야 한다. 유신이란 무엇인가? 파괴의 자손이다. …… 그러나 파괴라고 해서 모든 것을 무너뜨려 없애버리는 것을 뜻하지 않는다. 다만 구습 중에서 시대에 맞지 않은 것을 고쳐서 이를 새로운 방향으로 나아가야 한다는 것뿐이다.

대종교
대종교는 지금으로부터 20년 전 나철이 조직한 것으로 …… (그들은) 대한 독립 군정서를 조직하여 본부를 밀산에 두고 북간도 일원에 걸쳐 활동을 개시하였다. 총지휘관 서일은 약 1만 명의 신도를 거느리고 폭위를 떨치다가 …… 자연히 해산된 상태이다. …… 기교헌은 최근 대종교 부활을 목적으로 …… 일반 신도에게 정식으로 발표하고 사무를 개시함에 따라 각지에 산재한 군정서 간부원은 본부를 출입하며 무언가 획책하고 있다.

선택지 빅데이터

① 한용운이 일제의 통제에 맞서 ■■■ 폐지 운동을 펼쳤다. → 사찰령
② ■■■는 개벽, 신여성 등의 잡지를 간행하여 민족의식을 높였다. → 천도교
③ 대종교는 ■■■을 조직하여 무장 투쟁을 전개하였다. → 중광단
④ 천주교도를 중심으로 만주에서 ■■■을 조직하여 무장 투쟁을 전개하였다. → 의민단
⑤ 박중빈이 창도한 ■■■는 새생활 운동을 추진하였다. → 원불교

대표 기출 1

(가) 종교에 대한 설명으로 옳은 것은? 70회 [2점]

지난 개천절을 기회로 하여 독립운동을 계획했다는 이유로 (가) 간부 7명이 동대문 경찰서에 체포되었다는 기사가 실렸구나.

(가) 은/는 나철이 만주에서 단군 신앙을 기반으로 창시한 종교인데, 민족의식을 고취할 뿐만 아니라 독립운동도 전개하고 있네요.

① 『개벽』, 『신여성』 등의 잡지를 발간하였다.
② 한용운 등이 사찰령 폐지를 주장하였다.
③ 박중빈을 중심으로 새생활 운동을 펼쳤다.
④ 김창숙의 주도로 파리 장서 운동을 전개하였다.
⑤ 무장 투쟁을 전개하기 위해 중광단을 조직하였다.

자료분석
자료의 '나철' 등을 통해 (가)가 대종교임을 알 수 있다. 5적 암살단을 조직했던 나철·오기호 등은 단군 신앙을 발전시켜 대종교를 창시하였다.

정답분석
⑤ 국권 피탈 이후 일제가 대종교를 탄압하자, 대종교는 교단을 간도 지방으로 옮긴 뒤 중광단을 조직해 무장 투쟁을 전개하였다. 중광단은 이후 북로 군정서군으로 개편되었다.

선택지분석
① 천도교에 대한 설명이다. 천도교는 동학을 계승한 종교로, 일제 강점기에 잡지 『신여성』, 『개벽』 등을 발간하고 다양한 사회 운동을 주도하였다.
② 불교에 대한 설명이다. 한용운은 일제가 한국 불교계 장악을 위해 공포한 사찰령에 반대하며 사찰령 폐지를 주장하였다.
③ 박중빈은 원불교를 창시한 인물로, 불교의 현대적 생활화를 추구하면서 근검절약과 허례허식 폐지 등 새생활 운동을 전개하였다.
④ 유교에 대한 설명이다. 김창숙 등 유림들은 3·1 운동 이후 독립청원서를 작성한 후 파리 강화 회의에 파견된 김규식에게 보내어 회의에 참석하는 각 국가의 대표들에게 제출해달라고 부탁하였다. 그리고 영문 번역본과 국문 번역본을 수천 부 인쇄하여 각국 대표와 공관, 국내 각 향교 등에 보냈다(파리 장서 사건).

정답 ⑤

대표 기출 2

(가)~(마)에 들어갈 내용으로 옳은 것은? 61회 [2점]

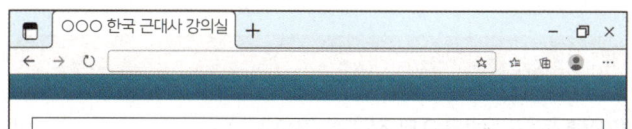

▣ 한국 근대사 조별 과제 안내
　일제 강점기 종교계의 활동을 주제로 보고서를 작성한 후 제목과 함께 게시판에 올려주세요.
※ 과제 마감일은 10월 22일입니다.

번호	제목
1	1조 – 개신교, (가)
2	2조 – 대종교, (나)
3	3조 – 원불교, (다)
4	4조 – 천도교, (라)
5	5조 – 천주교, (마)

① (가) – 단군 숭배 사상을 통해 민족의식을 높이다
② (나) – 의민단을 조직하여 무장 투쟁을 전개하다
③ (다) – 간척 사업을 진행하고 새생활 운동을 펼치다
④ (라) – 배재 학당을 세워 신학문 보급에 기여하다
⑤ (마) – 어린이날을 제정하고 소년 운동을 추진하다

정답분석
③ 원불교는 박중빈이 1916년 창시한 불교 계통의 신흥 종교로, 불교의 현대적 생활화를 추구하면서 개간 사업과 저축 운동 및 근검절약과 허례허식 폐지, 금주·금연 등 새생활 운동을 전개하였다.

선택지분석
① 단군 숭배 사상은 나철이 창시한 대종교의 교리이다. 대종교는 국권 피탈 후 탄압이 심해지자 근거지를 간도로 옮겨 중광단을 결성해 무장 투쟁을 전개하였다. 중광단은 이후 북로 군정서군으로 개편되었다.
② 의민단은 천주교도들이 주축이 된 단체로서 북로 군정서군과 연계하여 청산리 대첩에도 참여하였다. 그러나 천주교는 교황청이 추축국(이탈리아, 독일, 일본)에 대해 소극적인 태도를 취했기 때문에 교단 차원에서는 이렇다 할 움직임을 보이지는 못했다.
④ 배재 학당은 개신교 선교사 아펜젤러가 설립한 한국 최초의 근대식 중등 교육 기관이다. 일제 강점기에 YMCA 등을 중심으로 교육과 의료 및 민중 계몽에 기여하였다. 또한 민족 말살 통치기에는 신사 참배 거부 등 일제 통치에 저항하기도 하였다.
⑤ 어린이날 제정은 방정환 등 천도교 소년회가 중심이었다. 천도교는 또한 개벽, 신여성 등 잡지를 발간하여 다양한 사회 운동을 전개하였다. 한편 천도교는 3·1 운동의 전개에 핵심적인 역할을 하였고, 이후에도 제2의 3·1 운동을 계획하는 등 민중 계몽과 함께 적극적인 항일 활동을 펼쳤다.

정답 ③

확인 문제

1 (가) 인물에 대한 설명으로 옳은 것은? 56회 [2점]

이곳 심우장은 (가) 이/가 조선 총독부를 마주하지 않겠다며 북향으로 지었다고 합니다. '님의 침묵' 등을 지은 (가) 은/는 일제의 탄압에도 굴하지 않다가 광복 직전 이곳에서 돌아가셨습니다.

① 우리말 큰사전 편찬 사업을 추진하였다.
② 유교 개혁을 주장하는 유교 구신론을 제창하였다.
③ 월간지 『유심』을 발간하여 불교 개혁 운동에 힘썼다.
④ 진단 학회를 설립하여 실증주의 사학을 발전시켰다.
⑤ 『독사신론』을 저술하여 민족주의 사학의 기반을 마련하였다.

2 (가) 종교에 대한 설명으로 옳은 것은? 67회 [2점]

기획 전시
방정환이 꿈꾼 어린이를 위한 나라
　우리 박물관에서는 『어린이』 창간 100주년을 기념하는 특별전을 준비하였습니다. 동학을 계승한 종교인 (가) 계열의 방정환 등이 어린이들에게 다양한 읽을거리를 제공하기 위해 발간한 잡지 『어린이』의 전시와 함께 여러 체험 행사를 준비하였으니 많은 관심 바랍니다.
•기간: 2023. ○○. ○○.~○○. ○○.
•장소: △△ 박물관 특별 전시실

① 한용운 등이 사찰령 폐지를 주장하였다.
② 만세보를 발행하여 민중 계몽에 앞장섰다.
③ 박중빈을 중심으로 새생활 운동을 펼쳤다.
④ 배재 학당을 세워 신학문을 보급하고자 힘썼다.
⑤ 의민단을 조직하여 항일 무장 투쟁을 전개하였다.

정답
1 ③ 한용운은 1909년에 『조선 불교 유신론』을 저술하여 불교의 쇄신과 자주적 근대 불교로의 발전 방향을 제시하였고, 불교 잡지인 『유심』을 발간하여 불교 개혁 운동에 힘썼다.
2 ② 천도교는 국권 피탈 전 만세보를 발행하여 민중 계몽에 앞장섰으며, 일제 강점기에는 천도교 소년회를 조직해 소년 운동을 주도하였다.

Theme 109 일제 강점기 사회·문화

PART 7 민족 독립운동의 전개

출제 의도와 대책

일제의 문화 통치를 통한 지식인 회유와 중·일 전쟁 이후의 가혹한 사상 탄압으로 많은 문인들이 친일로 돌아서는 가운데도, 민족정신을 노래하는 시인들이 생겨났다. 한편 1920년대에는 사회주의 사상의 보급으로 문학의 현실 참여를 중시하는 신경향파 문학이 등장하기도 하였고, 한국인이 제작한 최초의 영화인 '아리랑'이 종로 단성사에서 상영되었다.

필기노트 마인드맵

- 문학
  - 이상화: '빼앗긴 들에도 봄은 오는가' / 이육사: '광야', '절정'
  - 윤동주: '서시', '별 헤는 밤', '참회록'
  - 심훈: 『상록수』, '그날이 오면'
  - 이기영: 『고향』 연재, 농촌 현실 고발
  - 이광수: 『무정』(최초 장편 소설), 1920년대 친일파 변절
  - 카프(KAPF, 조선 프롤레타리아 예술가 동맹): 현실 참여 강조
- 연극·영화: 토월회 ─ 신극(근대극) 운동
  - 나운규: 아리랑 개봉 (1926), 최초 한국인 제작
- 기타: 손기정 올림픽 마라톤 우승 → 일장기 삭제 사건

아리랑
영진은 전문학교를 다닐 때 독립 만세를 부르다가 왜경에게 고문을 당해 정신 이상이 된 청년이었다. 한편 마을의 악덕 지주 천가의 머슴이며, 왜경의 앞잡이인 오기호는 빚 독촉을 하며 영진의 아버지를 괴롭혔다. …… 오기호는 마을 축제의 어수선한 틈을 타 영희를 겁탈하려 하고 이를 지켜보던 영진은 갑자기 환상에 빠져 낫을 휘둘러 오기호를 죽인다. 영진은 살인 혐의로 일본 순경에게 끌려가고, 주제곡이 흐른다.

일장기 말소 사건
여운형이 사장으로 있던 조선중앙일보는 베를린 올림픽 마라톤 대회 우승자인 손기정 선수의 시상식 장면에서 일장기를 말소한 사진을 보도하였다. 이어 동아일보에서도 일장기를 삭제한 사진을 보도하였고, 일제는 두 신문에 무기 정간 처분을 내리고 여운형을 강제로 사임시키는 등 탄압을 가했다.

선택지 빅데이터

① 1920년대 중반 ■■■ 계열 문인들은 카프(KAPF)를 조직하여 식민지 현실을 고발하였다. → 사회주의
② 1920년대에 나운규가 제작한 영화 ■■■이 단성사에서 처음 개봉되었다. → 아리랑
③ 여운형이 사장으로 있던 조선중앙일보는 ■■■를 삭제한 손기정 사진을 게재하였다. → 일장기
④ 심훈이 소설 『■■■』를 신문에 연재하고, 저항시 '그날이 오면'을 발표하였다. → 상록수
⑤ ■■■는 저항시 '광야', '절정' 등을 발표하였다. → 이상화
⑥ ■■■는 '별 헤는 밤', '참회록' 등의 시를 남겼다. → 윤동주
⑦ ■■■가 조직되어 근대극 형식을 도입하였다. → 토월회

대표 기출 1

(가)에 들어갈 내용으로 적절한 것은?   72회 [2점]

자료로 보는 **한국 영화**

이 자료는 일제 강점기에 발행된 극장 홍보지로, 심훈이 감독한 무성 영화 「먼동이 틀 때」를 소개한 것이다. 이 영화는 나운규의 「아리랑」에 이어 한국 영화 초기 명작으로 평가받기도 한다. 이외에도 심훈은 다수의 시나리오와 영화 평론을 집필하였으며, _____(가)_____ .

① '별 헤는 밤', '참회록' 등의 시를 남겼다.
② 국문 연구소의 연구위원으로 활동하였다.
③ 근대극 형식을 도입한 토월회를 조직하였다.
④ 실천적인 유교 정신을 강조하는 『유교구신론』을 저술하였다.
⑤ 브나로드 운동을 소재로 한 소설 『상록수』를 신문에 연재하였다.

정답분석
⑤ 심훈은 동아일보에 민중 계몽을 주제로 한 소설 『상록수』를 연재하였다.

선택지분석
① 윤동주에 대한 설명이다.
② 주시경에 대한 설명이다. 국문 연구소는 대한 제국 시기에 학부(學部)의 산하에 설치된 한글 연구 기관이다.
③ 토월회는 동경 유학생인 박승희, 김복진, 김기진 등이 조직한 연극 단체로, 이들은 연극이 대중의 의식 계몽에 가장 효과적이라 판단하여 토월회를 조직하고 귀국 후 공연을 하며 신극 운동에 크게 기여하였다.
④ 박은식에 대한 설명이다.

정답 ⑤

대표 기출 2

(가)~(마)에 들어갈 내용으로 적절하지 않은 것은? 73회 [3점]

> **일제 강점기 대중문화 탐구 안내**
>
> 일제 강점기에는 매체의 발달과 함께 대중문화가 유행하였습니다. 이 시기 대중문화는 다양한 측면에서 식민지 조선인의 일상에 영향을 미쳤습니다. 그러나 일제는 식민 지배를 합리화하기 위한 선전 도구로 대중문화를 이용하기도 하였습니다.
>
> 모둠별로 담당한 주제를 탐구하여 보고서로 제출하세요.
> ※ 과제 마감은 2월 16일입니다.
>
> | 모둠 | 문화 영역 | 주제 |
> |---|---|---|
> | 1 | 가요 | (가) |
> | 2 | 영화 | (나) |
> | 3 | 방송 | (다) |
> | 4 | 소비 | (라) |
> | 5 | 잡지 | (마) |

① (가) – 아침 이슬, 건전 가요에서 금지곡으로 지정되다
② (나) – 병정님, 조선인에 대한 징병제 실시를 미화하다
③ (다) – 경성 방송국, 우리말 방송을 검열하여 송출하다
④ (라) – 미쓰코시 백화점, 자본주의적 소비문화가 이식되다
⑤ (마) – 신여성, 여권 신장 등의 내용으로 여성을 계몽하다

정답분석
① 박정희 유신 체제는 장발 규제, 미니스커트 단속 등 일상생활은 물론 노래나 사상까지 규제하려는 권위주의적 정부로 당시 많은 노래들이 사회 통념 위반, 근로 풍토 저하 등의 명목으로 금지곡으로 지정되었다. 아침 이슬은 1971년에 발표된 곡으로, 당시 박정희 정부는 1972년에 이 노래를 건전가요로 지정했다가 젊은 층이 저항의 상징으로 즐겨부르자 1975년에 금지곡으로 지정하였다.

선택지분석
② 일제는 침략 전쟁을 확대하면서 학도병제, 징병제 등을 공포하여 식민지 청년들을 전쟁터로 동원하였다. 이 시기에 친일 문인들이 징병을 미화하고 학병 지원을 장려하는 선동에 동원되었다.
③ 경성 방송국은 1927년에 설립된 라디오 방송국으로, 우리말과 일본어 방송을 모두 송출하였으나 우리말 방송은 검열을 받아야 했다. 그나마도 태평양 전쟁이 격화된 1942년에는 한국어 방송을 중단하였다.
④ 1920년대에 식민지 공업화가 진행되면서 자본주의적 소비문화가 확산되었다. 1929년에는 우리나라에서 최초로 미쓰코시 백화점 경성 지점이 개점하였다.
⑤ 개항 이후 근대 교육을 받고 양장을 입은 여성들을 신여성이라고 불렀는데, 천도교에서는 『신여성』이라는 잡지를 발간하여 여권 신장과 여성 교육 등 여성 계몽에 앞장섰다.

정답 ①

확인 문제

1 밑줄 그은 '시기'에 볼 수 있는 모습으로 가장 적절한 것은? 70회 [3점]

① 관민 공동회에서 연설하는 백정
② 교육 입국 조서를 발표하는 관리
③ 원각사에서 은세계 공연을 보는 관객
④ 전차 개통식에 참여하는 한성 전기 회사 직원
⑤ 카프(KAPF)를 형성하여 활동하는 신경향파 작가

2 (가) 인물의 활동으로 옳은 것은? 57회 [3점]

> 도시샤 대학에 있는 이 시비는 민족 문학가인 (가) 을/를 기리기 위해 세워졌습니다. 비석에는 '죽는 날까지 하늘을 우러러'로 시작되는 그의 작품인 서시가 새겨져 있습니다. 북간도 출신인 그는 일본 유학 중 치안 유지법 위반 혐의로 체포되어 옥중에서 순국하였습니다.

① 『조선상고사』를 저술하였다.
② 소설 『상록수』를 신문에 연재하였다.
③ 저항시 '광야', '절정' 등을 발표하였다.
④ 영화 '아리랑'의 제작과 감독을 맡았다.
⑤ '별 헤는 밤', '참회록' 등의 시를 남겼다.

정답
1 ⑤ 카프(KAPF, 조선 프롤레타리아 예술가 동맹)는 1925년에 결성된 단체로, 종래의 퇴폐적 낭만주의를 비판하면서 예술의 현실 참여를 강조하였다.
2 ⑤ 윤동주의 작품으로 '참회록', '별 헤는 밤', '자화상' 등 30여 편이 남아 있다.

Theme 110 독립운동가 1

PART 7 민족 독립운동의 전개

출제 의도와 대책

한국사능력검정시험에서는 흔히 잊히기 쉬운 역사적 문물이나 인물을 소개하는 문제가 자주 출제된다. 인물을 모르더라도 관련된 주요 키워드를 충분히 제시하므로 문제를 푸는 데는 어려움이 없을 것이지만, 독립운동에 헌신한 선열들에 대해 좀더 알아두는 것도 좋을 것이다.

필기노트 마인드맵

홍범도	산포수(평민) 출신으로 정미의병 의병장 활동
	대한 독립군 사령관 → 봉오동 전투, 청산리 전투 참여
	카자흐스탄으로 강제 이주 → 2021년 유해 봉환
이상설	을사늑약 반대 상소, 서전서숙 설립
	헤이그 특사 파견(+ 이준, 이위종)
	연해주 성명회 조직, 권업회 조직
	대한 광복군 정부 정통령
이동휘	대한 광복군 정부 부통령, 한인 사회당 창당
	임시 정부 초대 국무총리
안창호	신민회 조직, 흥사단 창설, 임시 정부 내무총장
	수양 동우회 사건으로 구속
조소앙	일본 유학 중 북관대첩비 발견
	동제사 참여, 대동 단결 선언 기초
	삼균주의 제창, 대한민국 임시 정부 외무부장
여운형	신한 청년당 조직(상하이)
	조선중앙일보 사장(일장기 삭제 사건)
	조선 건국 동맹, 조선 건국 준비 위원회 조직
양기탁	독립협회, 만민공동회 주도
	대한매일신보 발행인, 국채 보상 운동 자금 담당
	신민회 주도, 105인 사건으로 투옥
김규식	대한민국 임시 정부 초대 외무총장, 부주석 역임
	좌우 합작 위원회 수립, 남조선 과도 입법의원 의장
	전조선 제 정당 사회단체 연석회의 참여
헐버트	육영공원 교사, 『사민필지』 저술
	을사늑약 체결 후 미국 대통령 접견 시도
	헤이그 특사 파견에 협조

▲ 홍범도   ▲ 이상설   ▲ 이동휘   ▲ 안창호
▲ 조소앙   ▲ 여운형   ▲ 양기탁   ▲ 김규식

대표 기출 1

밑줄 그은 '나'에 대한 설명으로 옳은 것은? 70회 [3점]

> 나는 1913년 상하이 망명 후 동제사에 참여하였소. 1917년에는 대동단결 선언을 작성했다오. 여기에서 나는 주권이 국민에게 있음을 밝혔는데, 이것이 공화정을 지향하는 정치사상으로 평가받고 있다오. 1930년에는 안창호 등과 함께 한국 독립당을 창당하였소. 이후 대한민국 임시 정부 건국 강령 초안도 작성하였다오.

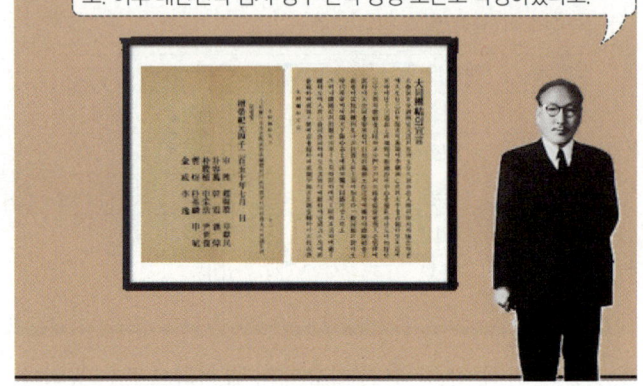

① '조선 혁명 선언'을 작성하였다.
② 『한국독립운동지혈사』를 저술하였다.
③ 극동 인민 대표 대회에서 의장단으로 선출되었다.
④ 헤이그에서 열린 만국 평화 회의에 특사로 파견되었다.
⑤ 새로운 국가 건설을 위한 이념으로 삼균주의를 주장하였다.

자료분석

자료의 밑줄 그은 '나'는 조소앙이다. 조소앙은 일제 강점기에 중국 상하이로 망명한 후 동제사에 참여하여 박달학원의 교사로 활동하였고, 신규식 등과 함께 대동 단결 선언을 발표하여 임시 정부 수립 촉구와 주권 불멸론, 국민 주권론을 주장하였다.

정답분석

⑤ 조소앙은 새로운 국가 건설을 위한 이념으로 정치·경제·교육의 균등을 중심으로 한 삼균주의를 제창하였다. 삼균주의는 대한민국 임시 정부 건국 강령의 바탕이 되었다.

선택지분석

① 신채호는 의열단 단장 김원봉의 부탁을 받고 의열단의 활동 방침을 밝힌 '조선 혁명 선언'을 작성하였다.
② 박은식은 3·1 운동 이후 민족 독립에 확신을 품고 일제의 침략 과정과 독립운동의 과정을 담은 『한국독립운동지혈사』를 저술하였다.
③ 극동 인민 대표 대회는 1922년에 모스크바에서 열린 코민테른 국제 대회로 중국, 한국, 일본 등지에서 참가하였다. 한국에서는 이동휘·김규식 등이 참여하였으며, 여운형이 대회 의장단으로 선출되었다.
④ 헤이그 만국 평화 회의에 특사로 파견된 인물은 이준, 이상설, 이위종이다.

정답 ⑤

대표 기출 2

(가) 인물에 대한 설명으로 옳은 것은? 59회 [3점]

위 자료들은 독립운동가 (가) 이/가 사용한 여행권으로 미국, 중국, 멕시코 등 많은 국가들을 방문한 기록이 남아 있다. (가) 은/는 여러 국가들을 이동하면서 공립 협회, 대한인 국민회, 흥사단 등을 조직하는 데 주도적인 역할을 담당하였다. 1937년 동우회 사건으로 옥고를 치른 후 지병이 악화되어 이듬해 사망하였다.

① 일본의 침략 과정을 담은 『한국통사』를 저술하였다.
② 조선학 운동을 주도하여 『여유당전서』를 간행하였다.
③ 백산 상회를 설립하여 독립운동 자금을 마련하였다.
④ 친일 인사 스티븐스를 샌프란시스코에서 사살하였다.
⑤ 대한민국 임시 정부에서 내무총장 겸 국무총리 대리로 취임하였다.

자료분석
제시된 자료 중 '공립 협회', '흥사단', '동우회 사건' 등을 통해 (가)가 안창호임을 알 수 있다.

정답분석
⑤ 안창호는 3·1 운동 직후 상해로 건너가 대한민국 임시 정부에서 내무총장 겸 국무총리 대리로 취임하여 독립운동 방략 작성, 연통제 수립, 각 지역 독립운동가들의 상해 소집 등을 실행하였다.

선택지분석
① 박은식은 일본의 침략 과정을 담은 『한국통사』를 저술하였다.
② 정인보, 문일평, 안재홍 등 민족주의 사학자들은 정약용 서거 99주년을 기념하여 『여유당전서』를 간행하였다. 이 과정에서 조선학 운동을 제창하였다.
③ 백산 상회는 부산의 백산 안희제가 영남 지방 지주들의 자본으로 설립한 회사로, 국내외 독립운동 단체의 연락과 국내에서 모은 군자금을 임시 정부에 전달하는 역할을 수행하였다.
④ 장인환과 전명운은 친일 인사 스티븐스를 샌프란시스코에서 사살하였다.

정답 ⑤

확인 문제

1 (가) 인물에 대한 설명으로 옳은 것은? 43회 [2점]

저는 지금 카자흐스탄 크질오르다에 있습니다. 이곳은 (가) 이/가 근무하였던 옛 고려 극장 건물입니다. 대한 독립군 총사령관이었던 그는 1937년 옛 소련의 강제 이주 정책에 의해 연해주에서 중앙아시아 지역으로 이주하였습니다. 최근 그의 유해 봉환 문제가 제기되면서 국내외 독립운동가의 예우와 선양 사업에 대한 관심이 높아지고 있습니다.

① 양기탁 등과 함께 신민회를 조직하였다.
② 광복에 대비하여 조선 건국 동맹을 결성하였다.
③ 봉오동 전투에서 일본군을 상대로 승리를 거두었다.
④ 독립군을 양성하기 위하여 신흥 강습소를 설립하였다.
⑤ 독립 투쟁 과정을 정리한 『한국독립운동지혈사』를 저술하였다.

2 (가)에 들어갈 내용으로 옳은 것은? 68회 [2점]

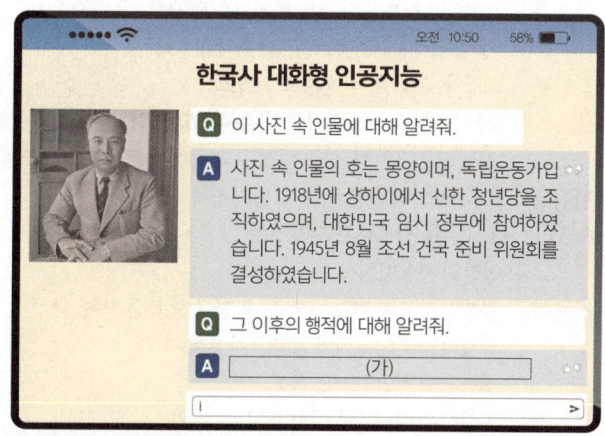

① 한국 민주당을 창당하였습니다.
② 5·10 총선거에 출마하였습니다.
③ 단독 정부 수립을 주장하였습니다.
④ '조선 혁명 선언'을 작성하였습니다.
⑤ 좌우 합작 위원회를 조직하였습니다.

정답
1 ③ 홍범도는 대한 독립군의 총사령관으로 봉오동 전투를 이끌었으며, 청산리 대첩에도 참여하였다. 대한 독립 군단의 부총재로서 자유시참변을 겪은 후 연해주에서 후진 양성에 힘쓰다 카자흐스탄으로 강제 이주되었다.

2 ⑤ 사진 속 인물은 여운형이다. 제1차 미·소 공동 위원회가 결렬된 후 이승만이 정읍 발언을 통해 단독 정부 수립을 주장하자, 여운형과 김규식 등 중도파 인사들은 분단의 위험성을 경계해 좌우 합작 위원회를 조직하고 좌우 합작 7원칙을 발표하였다.

Theme 111 독립운동가 2

PART 7 민족 독립운동의 전개

출제 의도와 대책

근래에는 그동안 비교적 주목받지 못했던 여성 독립운동가에 대한 재조명이 이루어지고 있다. 주요 독립군의 어머니라 불렸던 남자현 의사를 비롯해 일제 강점기 여성들의 항일 운동을 알아두는 것도 필요하다.

필기노트 마인드맵

이시영	신민회 참여 → 6형제 및 일가족 삼원보 이주
	경학사·신흥 무관학교 설립, 대한민국 임시 정부 재무총장
	대한민국 초대 부통령 → 국민 방위군 사건으로 사임
허위	을미의병·정미의병 참여 → 13도 창의군 선봉대 지휘
	의병 활동 중 일본에 체포·순국, 호 왕산(→ 왕산로)
김창숙	을사늑약 비판 상소, 3·1 운동 때 파리 장서 사건 주도
	임시 의정원 부의장, 성균관 대학교 설립
남자현	정미의병 참가 → 만주 망명 → 서로군정서 참가
	국제연맹 리튼 조사단에 한국 독립 요구 혈서 제출
	주만주국 일본 대사 무토 암살 시도
김마리아	2·8 독립 선언 주도 → 선언서 반입 → 3·1 운동 참여
	대한애국부인회 결성
안중근	정미의병 참모중장, 하얼빈에서 이토 사살
	『동양평화론』 저술, 뤼순 감옥에서 순국
김원봉	의열단 조직, 황푸 군관 학교 입학
	조선 혁명 군사 학교 설립, 민족 혁명당 조직
	조선 의용대 창설, 한국 광복군 부사령관
한용운	『조선불교유신론』 저술, 『님의 침묵』 출간
	3·1 운동 민족대표 33인 참여
	신간회 서울지회장
장준하	일본인 학도병 편입 → 탈출 후 한구 광복군 참여
	박정희 정부의 독재에 저항, 『사상계』 창간
	개헌 청원 백만인 서명 운동
주시경	독립신문 내 국문동식회 조직
	학부 산하 국문 연구소 주임위원
	『국문문법』, 『소리갈』, 『말의 소리』 등 저술

▲ 이시영　▲ 김창숙　▲ 남자현　▲ 김마리아
▲ 김원봉　▲ 한용운　▲ 장준하　▲ 주시경

대표 기출 1

(가) 인물의 활동으로 옳은 것은?　71회 [1점]

신간도서 안내

동양평화론
미완의 원고, 책으로 출간

"슬프도다! 천만 뜻밖에도 일본이 승리한 이후에 가장 가깝고 친하며 어질고 약한, 같은 인종인 한국을 억눌러 강제로 조약을 맺었다."

　[가]　은/는 뤼순 감옥에서 사형 집행을 눈앞에 두고 온 힘을 다해 동양 평화론을 집필하였다. 안타깝게도 그는 원고를 완성하지 못하고 형장의 이슬로 사라졌지만, 국가 간의 평등과 상호 협력으로 평화를 이룩하자는 그의 주장은 오늘날에도 시사점을 준다.

① 명동 성당 앞에서 이완용을 습격하였다.
② 하얼빈에서 이토 히로부미를 사살하였다.
③ 타이중에서 일본 육군 대장을 저격하였다.
④ 샌프란시스코에서 D.W.스티븐스를 처단하였다.
⑤ 서울역에서 신임 총독의 마차에 폭탄을 투척하였다.

자료분석

자료의 '뤼순 감옥', '『동양 평화론』' 등을 통해 (가)가 안중근임을 알 수 있다. 안중근은 이토 히로부미를 사살한 죄로 체포되었다. 이때 뤼순 감옥에서 『동양평화론』을 저술하였는데 완성하지 못하고 순국하였다.

정답분석

② 안중근은 1909년 하얼빈에서 한국 침략의 원흉인 이토 히로부미를 저격하였다. 그는 이토 히로부미를 처단한 이유로 그의 15개 죄악을 지적하였는데, 그 중에는 명성황후를 시해한 죄(을미사변), 고종 황제를 폐위한 죄, 을사늑약과 정미 7조약을 강제로 체결한 죄, 동양 평화를 깨뜨린 죄 등이 있다.

선택지분석

① 이재명에 대한 설명이다. 이재명은 매국노를 처단하는 것이 국권 수호의 지름길이라 여기고, 친일파 이완용을 칼로 찔러 중상을 입혔다.
③ 조명하에 대한 설명이다. 조명하는 일왕의 장인이자 육군 대장인 구니노미야가 대만 주둔 일본군을 시찰 방문했을 때 독을 바른 검으로 찔러 암살하였다.
④ 장인환과 전명운에 대한 설명이다. 이들은 대한 제국의 외교 고문으로 일제의 침략 행위를 옹호하던 스티븐스를 미국 샌프란시스코에서 사살하였다.
⑤ 강우규에 대한 설명이다. 강우규는 서울역에서 새로 부임한 사이토 총독을 암살하기 위해 폭탄을 투척하였으나 실패하였다.

정답 ②

대표 기출 2

(가)~(마)에 들어갈 내용으로 옳지 않은 것은? 60회 [2점]

우리 역사 속의 여성들
〈차례〉
- 선덕 여왕, 우리나라 최초의 여왕 ········· 3
  - (가)
- 이빙허각, 살림을 학문화한 실학자 ········· 9
  - (나)
- 김만덕, 제주의 거상이자 자선가 ········· 15
  - (다)
- 남자현, 의열 투쟁을 전개한 독립운동가 ········· 21
  - (라)
- 강주룡, 일제 강점기의 노동 운동가 ········· 27
  - (마)

① (가) - 첨성대와 황룡사 구층 목탑을 세우다
② (나) - 가정생활의 지혜를 담은 『규합총서』를 저술하다
③ (다) - 재산을 기부하여 흉년에 굶주린 백성들을 구제하다
④ (라) - 한국광복군의 기관지 『광복』을 발행하다
⑤ (마) - 임금 삭감에 저항하여 을밀대 지붕에서 농성하다

정답분석
④ 남자현 의사는 1919년 3·1 운동에 참여한 후 곧 만주로 건너가 서로군정서에 가입하여 활동하였다. 여자 교육회를 세워 여성 계몽에 힘쓰면서 군자금 모금 등 독립운동에 힘썼다. 1932년 만주국 수립 이후 국제연맹 조사단이 하얼빈에 오자, 한국의 독립을 원한다는 혈서를 써서 보내기도 하였다. 만주국 일본 대사 무토를 암살하려다 체포되어 혹독한 고문을 받아, 보석으로 풀려난 후 1933년 서거하였다. 한국 광복군은 대한민국 임시 정부가 충칭에 정착한 후 1940년에 창설되었으므로 시기적으로 맞지 않다.

선택지분석
① 신라 선덕 여왕은 천문 관측 기구인 첨성대를 건립하고 자장의 건의로 황룡사 9층 목탑을 세웠다.
② 순조 때 이빙허각이 가정생활의 지혜를 담은 『규합총서』를 저술하였다 (1809).
③ 1793년에 제주도에서 대가뭄이 들자, 김만덕은 전 재산을 풀어 제주도의 굶주린 백성들을 구제하였다.
⑤ 1931년 평양 평원 고무 공장의 사측이 대공황의 피해를 노동자들에게 떠넘기며 일방적으로 임금 삭감, 근무 시간 연장, 정리해고를 단행하자, 강주룡은 을밀대 지붕 위에서 농성하는 등 파업을 주도하여 임금 인하를 막아내었다.

정답 ④

확인 문제

1 (가) 인물에 대한 설명으로 옳은 것은? 50회 [3점]

이것은 국회 의사당의 중앙홀에 있는 (가) 의 흉상입니다. 그는 안창호, 양기탁과 함께 신민회를 조직하였고, 국권 피탈 이후에는 서간도 삼원보로 건너가 경학사와 신흥 강습소 설립을 주도하였습니다.

① 대한민국 임시 의정원의 초대 의장을 맡았다.
② 고종의 밀지를 받아 독립 의군부를 조직하였다.
③ 독립 투쟁 과정을 서술한 『한국독립운동지혈사』를 저술하였다.
④ 일제의 패망과 광복에 대비하여 조선 건국 동맹을 결성하였다.
⑤ 네덜란드 헤이그에서 열린 만국 평화 회의에 특사로 파견되었다.

2 (가) 인물의 활동으로 옳은 것은? 48회 [3점]

이곳은 경상북도 영양군에 있는 독립운동가 (가) 의 옛거처입니다. (가) 은/는 조선 총독 암살을 기도하였고, 국제 연맹 조사단에 강력한 독립 의지를 표명하는 혈서를 전달하고자 시도하였습니다. 이후 만주국 주재 일본대사 암살 계획이 발각되어 체포된 뒤 순국하였습니다.

① 동양 척식 주식회사에 폭탄을 투척하였다.
② 하얼빈역에서 이토 히로부미를 사살하였다.
③ 명동 성당 앞에서 이완용을 습격하여 중상을 입혔다.
④ 간도에서 여자 권학회를 조직하여 계몽 활동에 힘썼다.
⑤ 평양 을밀대 지붕에서 임금 삭감에 저항하여 농성을 벌였다.

정답
1 ① (가)는 이동녕이다. 이동녕은 대한민국 임시 의정원의 초대 의장으로 선출되었다.
2 ④ 남자현은 간도에서 여자 권학회를 조직하고 10여 곳에 여성 교육 기관을 세우는 등 여성 교육에 힘썼다.

전한길 한국사능력검정 기출문제집

PART 8
현대 사회의 발전

테마	최근 4년 출제	주요 인물·지역	키워드
112 광복과 좌우 대립	최근 73, 64, 63, 61, 60 총 9회	이승만, 여운형·김규식	모스크바 3국 외상 회의, 미·소 공동 위원회, 정읍 발언, 좌우 합작 위원회, 좌우 합작 7원칙
113 대한민국 정부 수립	최근 73, 72, 71, 70, 69 총 16회	김구, 김규식	제주 4·3 사건, 남북 제정당 사회단체 연석 회의, 5·10 총선거
114 6·25 전쟁	최근 71, 69, 68, 66, 65 총 13회		애치슨 선언, 인천 상륙 작전, 흥남 철수, 반공 포로 석방, 발췌 개헌, 한·미 상호 방위 조약
115 이승만 정부	최근 72, 70, 69, 67, 63 총 14회	이승만, 조봉암	제헌 국회, 반민족 행위 처벌법, 농지 개혁법, 발췌 개헌, 사사오입 개헌, 중임 제한 철폐, 진보당 사건
116 4·19 혁명	최근 69, 68, 66, 62, 60 총 11회	김주열, 허정, 장면	3·15 의거, 대학 교수단 시위행진, 장면 내각, 의원 내각제, 민의원·참의원
117 박정희 정부	최근 68, 64, 63, 62, 56 총 10회	박정희	6·3 시위, 향토 예비군, 국민 교육 헌장, 새마을 운동, 3선 개헌, 베트남 파병, 브라운 각서
118 유신 체제	최근 73, 72, 71, 70, 69 총 15회	박정희, 김영삼, 장준하	유신 헌법, 국회 해산권, 긴급 조치, 백만 인 서명 운동, YH 무역 사건, 부마 민주 항쟁, 3·1 민주 구국 선언

▲ 제헌 국회의원

▲ 6월 민주 항쟁

▲ 제1차 남북 정상 회담

테마	최근 4년 출제	주요 인물·지역	키워드
119 5·18 민주화 운동	최근 73, 72, 69, 68, 65 / 총 14회	전두환	신군부, 계엄군, 시민군, 임을 위한 행진곡, 유네스코 세계 기록 유산, 대통령 선거인단, 보도지침, 프로 야구, 졸업 정원제
120 6월 민주 항쟁	최근 73, 64, 63, 58, 56 / 총 10회	박종철, 이한열, 노태우	4·13 호헌 조치, 호헌 철폐·독재 타도, 1천만 명 서명 운동, 6·29 선언, 직선제 개헌
121 현대 경제의 발전1	최근 69, 68, 66, 65, 63 / 총 10회		새마을 운동, 100억 달러 수출 달성, 경부 고속 도로, 경제 개발 5개년 계획, 포항 제철
122 현대 경제의 발전2	최근 70, 66, 61, 56, 54 / 총 7회		경제 협력 개발 기구(OECD), 금융 실명제, IMF 구제 금융
123 통일 정책의 추진1	최근 70, 66, 63, 60, 56 / 총 10회	박정희, 전두환, 노태우	남북 조절 위원회, 최초 이산가족 상봉, 북방 외교, 유엔 동시 가입, 남북 기본 합의서, 한반도 비핵화 공동 선언
124 통일 정책의 추진2	최근 73, 71, 68, 67, 65 / 총 19회	김대중, 노무현	남북 정상 회담, 6·15 남북 공동 선언, 개성 공단, 경의선 복원 공사, 금강산 관광 사업, 10·4 남북 공동 선언
125 현대 사회의 발전	최근 71, 70⑵, 69, 59, 54 / 총 7회	김대중, 노무현	국민 기초 생활 보장법, 호주제 폐지, 진실·화해를 위한 과거사 정리 위원회, 친일 반민족 행위 진상 규명 위원회

Theme 112 광복과 좌우 대립

PART 8 현대 사회의 발전

출제 의도와 대책

1945년 8월 15일, 일제가 무조건 항복을 선언하면서 마침내 광복이 이루어졌다. 모스크바 3국 외상 회의 이후 국내에서 찬탁·반탁의 대립이 있었고, 미·소 공동 위원회는 각기 자국에 유리한 정부를 수립하려는 미국과 소련의 대립으로 결렬되었다. 이 과정에서 이승만의 정읍 발언 등 단독 정부 수립론이 제기되자, 중도파를 중심으로 통일 정부를 수립하기 위한 좌·우 합작 운동이 전개되었다.

필기노트 마인드맵

- 건국 준비
  - 대한민국 임시 정부(김구) → 건국강령 반포(삼균주의)
  - 조선 독립 동맹(김두봉) → 건국강령 반포
  - 조선 건국 동맹(여운형): 국내에서 해방 준비
- ← 해방
- 건국 준비위원회(여운형): 치안대 조직, 조선 인민 공화국 선포
- 미 군정 수립(임시 정부 및 인민 공화국 모두 불인정)
- 모스크바 3국 외상 회의: 신탁 통치, 미·소 공동 위원회 등 결정
  - 좌(찬탁)·우(반탁) 대립 심화
- 제1차 미·소 공동 위원회: 미·소 의견 대립으로 무기 휴회
  - 이승만 정읍 발언(단독 정부 수립 주장)
  - 좌우 합작 위원회 → 좌우 합작 7원칙 발표
- 제2차 미·소 공동 위원회: 이견 차이 좁히지 못하고 결렬
  - → 한국 문제 유엔 이관

좌우 합작 7원칙
1. 조선의 민주 독립을 보장한 3상 회의 결정에 의하여 남북을 통한 좌우 합작으로 민주주의 임시 정부를 수립할 것.
3. 토지 개혁에 있어 몰수, 유조건 몰수, 체감 매상 등으로 토지를 농민에게 무상으로 나누어 주며 시가지의 기지와 큰 건물을 적정 처리하며 중요 산업을 국유화하며 …… 민주주의 건국 과업 완수에 매진할 것.

선택지 빅데이터

① 여운형이 일제 패망과 광복에 대비하여 국내에서 ■■■ ■을 결성하였다. → 조선 건국 동맹
② ■■■ 선언에서 국제적으로 한국 독립을 보장받았다. → 카이로
③ 광복 직후 여운형이 중심이 되어 조선 ■■ ■■■를 조직하였다. → 건국 준비 위원회
④ 모스크바 3국 외상 회의가 개최되어 임시 민주 정부 수립과 최대 5년간의 ■■■를 결정하였다. → 신탁통치
⑤ 제1차 미·소 공동 위원회가 ■■ 석조전에서 열렸다. → 덕수궁
⑥ 미국과 소련은 임시 ■■ 수립을 위한 협의에 참여할 단체의 범위를 두고 논쟁하였다. → 민주 정부
⑦ 제1차 미·소 공동 위원회 결렬 이후 남한만의 단독 정부 수립을 주장한 ■■ 발언이 제기되었다. → 정읍
⑧ 좌우 합작 위원회가 결성되어 좌우 합작 ■ 원칙에 합의하였다. → 7

대표 기출 1

다음 상황이 나타난 시기를 연표에서 옳게 고른 것은? 73회 [2점]

> 미소 공동 위원회를 속개시킴으로써 국제적으로 약속된 조선 민주주의 임시 정부 수립을 촉진하려는 좌우 합작 운동은 김규식의 입원과 여운형의 피습 사건으로 말미암아 합작의 앞날이 우려되는 상황이었다. 그러나 최근 김규식이 퇴원하고 여운형의 치료도 순조로워, 22일 오후 7시 시내 모처에서 김규식, 여운형 두 사람을 비롯한 좌우 대표가 참석한 가운데 정식으로 예비 회담이 개최되었다.

(가)	(나)	(다)	(라)	(마)
8·15 광복	모스크바 3국 외상 회의	5·10 총선거 실시	대한민국 정부 수립	6·25 전쟁 발발	한미 상호 방위 조약 체결

① (가) ② (나) ③ (다) ④ (라) ⑤ (마)

자료분석

'미소 공동 위원회를 속개시킴', 김규식과 여운형 중심의 좌우 합작 운동 등에서 1946년 7월에 결성된 좌우 합작 위원회와 관련된 내용임을 알 수 있다.

정답분석

② 1945년 12월에 모스크바에서 미국, 영국, 소련 외무장관이 모여 한국 문제를 논의하였다(모스크바 3국 외상 회의). 여기에서 조선 민주주의 임시 정부의 수립과 이 과정을 지원하기 위한 미소 공동 위원회의 설치 및 최대 5개년간의 신탁통치 등을 결정하였다. 이에 국내에서는 신탁통치 문제를 둘러싸고 좌우의 대립이 심화되었다. 이러한 가운데 개최된 제1차 미소 공동 위원회는 민주주의 임시 정부에 참여할 단체의 범위를 둘러싼 미소의 의견 대립으로 결렬되었다. 이후 이승만이 정읍 발언을 통해 단독 정부 수립론을 제기하자, 김규식과 여운형 등 중도파 인사들은 분단을 막기 위해 좌우 합작 위원회를 조직하여 좌우 합작 7원칙을 발표하면서 미소 공동 위원회의 속개를 요구하였다. 이후 제2차 미소 공동 위원회가 개최되었으나 이견을 좁히지 못하고 결국 결렬되었으며, 미국은 한국 문제를 유엔이 이관하였다.

정답 ②

대표 기출 2

(가) 시기에 있었던 사실로 옳은 것은? 64회 [2점]

① 여수·순천 10·19 사건이 발생하였다.
② 유엔 한국 임시 위원단이 서울에 도착하였다.
③ 송진우, 김성수 등이 한국 민주당을 창당하였다.
④ 여운형 등의 주도로 좌우 합작 위원회가 발족되었다.
⑤ 조선 건국 준비 위원회에서 조선 인민 공화국을 선포하였다.

자료분석
제1차 미·소 공동 위원회가 임시 정부 수립에 참여할 단체의 범위를 둔 미·소의 의견 대립으로 결렬되자, 이승만이 정읍에서 단독정부 수립을 시사하는 발언을 하였다(1946. 6.).
1947년에 제2차 미·소 공동 위원회가 재개되었으나, 결국 이견을 좁히지 못하고 결렬되었다.

정답분석
④ 이승만의 정읍 발언(1946. 6.) 이후 김규식, 여운형 등 중도파 지도자들은 단독 정부 수립이 분단으로 이어질 위험을 경계하여 통일 정부 수립을 위한 좌우 합작 위원회를 조직하였다(1946. 7.). 이어 10월에 좌익과 우익의 건국 원칙을 절충한 좌우 합작 7원칙을 발표하였다.

선택지분석
① 1948년 정부 수립 이후 여수·순천에 주둔하던 국군 부대에 제주 4·3 사건을 진압하라는 명령이 떨어지자, 군 내 공산주의자들이 여수·순천 10·19 사건을 일으켰다.
② 제2차 미·소 공동 위원회까지 완전히 결렬되자, 미국은 한국 문제를 유엔으로 이관하였다. 유엔 총회(1947. 11.)에서 인구 비례에 따른 남북 동시 선거를 결정하고, 이를 감시할 임시 위원단을 한국에 파견하였다.
③ 한국 민주당은 광복 직후인 1945년 9월에 결성되었으며, 미 군정에 적극 협력하면서 우익 진영의 최대 정당으로 성장하였다.
⑤ 1945년 8월 15일 일제가 패망하자, 여운형은 조선 총독부와 담판하여 행정권과 치안권을 이양받고 조선 건국 준비 위원회를 조직하였다. 조선 건국 준비 위원회는 독립국으로서 미국을 맞이하기 위해 미군 진주에 앞서 조선 인민 공화국을 선포하였다(1945. 9. 6.). 그러나 미군정은 대한민국 임시 정부와 조선 인민 공화국 등을 모두 인정하지 않았다.

정답 ④

확인 문제

1 (가), (나) 사이의 시기에 있었던 사실로 옳은 것은? 57회 [2점]

(가) 본관(本官)은 본관에게 부여된 태평양 미국 육군 최고 지휘관의 권한을 가지고 조선 북위 38도 이남의 지역과 주민에 대하여 군정을 설립함. 따라서 점령에 관한 조건을 다음과 같이 포고함.
　제1조 조선 북위 38도 이남의 지역과 동 주민에 대한 모든 행정권은 당분간 본관의 권한하에서 시행함.

(나) 대한민국 임시 정부는 28일 김구와 김규식의 명의로 '4개국 원수에게 보내는 결의문'을 채택하고, 각계 대표 70여 명으로 신탁 통치 반대 국민 총동원 위원회를 결성하였다. 여기서 강력한 반대 투쟁을 결의하고 김구·김규식 등 9인을 위원회의 '장정위원'으로 선정하였다.

① 카이로 선언이 발표되었다.
② 조선 건국 동맹이 결성되었다.
③ 모스크바 삼국 외상 회의가 개최되었다.
④ 좌우 합작 위원회에서 좌우 합작 7원칙을 합의하였다.
⑤ 유엔 총회에서 인구 비례에 따른 남북한 총선거를 결의하였다.

2 (가), (나) 사이의 시기에 있었던 사실로 옳은 것은? 60회 [2점]

(가)	(나)
하지 중장, 특별 성명 발표 오늘 오전 조선 주둔 미군 최고 사령관 하지 중장은 미·소 공동 위원회 무기 휴회에 관한 중대 성명서를 발표하였다. 이는 덕수궁 석조전에서의 역사적인 개막 이후 49일 만의 일이다.	**제2차 미·소 공동 위원회 개막** 미·소 공동 위원회는 제1차 회의가 무기 휴회된 지 만 1년 16일 만인 오늘 오후 2시 정각에 시내 덕수궁 석조전에서 고대하던 제2차 회의의 역사적 막을 열었다.

① 여수·순천 10·19 사건이 일어났다.
② 모스크바 3국 외상 회의가 개최되었다.
③ 반민족 행위 특별 조사 위원회가 출범하였다.
④ 좌우 합작 위원회가 좌우 합작 7원칙을 발표하였다.
⑤ 유엔 총회에서 인구 비례에 의한 남북 총선거가 의결되었다.

정답
1 ③ 모스크바 3국 외상 회의에서 한국에 대한 신탁 통치안이 결의되자, 김구는 임시 정부 세력과 함께 신탁 통치 반대 국민 총동원 위원회를 결성(1945. 12.)하고 적극적으로 신탁 통치 반대 운동을 전개하였다.
2 ④ (가) 제1차 미·소 공동 위원회 휴회(1946. 5.) → 좌우 합작 7원칙 발표(1946. 10.) → (나) 제2차 미·소 공동 위원회 개막(1947. 5.)

Theme 113 대한민국 정부 수립

PART 8 현대 사회의 발전

출제 의도와 대책

미·소 공동 위원회가 결국 결렬되고, 한국 문제는 유엔으로 이관되었다. 유엔에서 남북 총선거 실시를 결의하였지만, 소련과 북한의 입북 거부로 무산되고, 유엔 소총회에서 남한만의 단독 선거를 결정하였다. 이에 단독 선거에 반대하여 김구, 김규식 등이 남북 협상을 추진하였으나, 큰 성과를 거두지 못했다. 결국 5·10 총선거를 통해 대한민국 제헌 국회가 수립되고 헌법을 제정한 뒤 정부를 수립하였다. 이어 제헌 국회는 반민족 행위 처벌법을 제정해 친일파 청산을 시도하였다.

필기노트 마인드맵

- **유엔 총회**: 인구 비례에 따른 남북 동시 선거 결정
  - ← 유엔 임시 위원단 파견, 소련·북한의 입북 거부
- **유엔 소총회**: 남한 단독 선거 결정
  - ← 김구·김규식 남북 협상 추진, 제정당 사회 단체 연석회의
  - ← 제주 4·3사건 발생: 과잉 진압으로 민간인 피해
- **5·10 총선거**: 최초의 보통 선거
  - ← 제헌 국회 수립(임기 2년), 헌법 제정(대통령 국회 선출)
- **대한민국 정부 수립**: 대통령 이승만, 부통령 이시영
- **반민족 행위 특별법 제정**(특별 조사 위원회 설치, 이승만 방해)
  - ← 여수·순천 10·19 사건 → 국가 보안법 제정
  - ← 유엔 총회 승인: '한반도 내 유일한 합법 정부'
- **농지개혁법 제정**(유상매수, 유상분배)

남북 제정당 사회단체 지도자 연석회의

외국 군대가 철퇴한 이후 하기(下記) 제 정당·단체들의 공동 명의로써 전 조선 정치 회의를 소집하여 조선 인민의 각층 각계를 대표하는 민주주의 임시 정부가 즉시 수립될 것이며 국가의 일체 정권은 정치, 경제, 문화생활의 일체 책임을 갖게 될 것이다.

선택지 빅데이터

① 유엔 ■■■ 에서 남한만의 단독 총선거가 결의되었다. → 소총회
② ■■ 에서 전 조선 정당 사회단체 지도자 협의회가 개최되어 단독 선거에 반대하는 성명서를 발표하였다. → 평양
③ ■■■ 에서 4·3 사건이 일어나 많은 주민이 희생되고, 일부 지역에서 선거가 무효 처리되었다. → 제주도
④ 1948년에 우리나라 최초의 직접·비밀·평등·보통 선거인 ■·■■ 총선거가 실시되었다. → 5·10
⑤ 5·10 총선거 결과 ■년 임기의 국회의원이 선출되었다. → 2
⑥ 정부 수립 이후 ■■·■■ 10·19 사건이 일어났다. → 여수·순천
⑦ 제헌 국회에서 ■■■■■■■ 이 제정되고 특별 조사 위원회가 출범하였다. → 반민족 행위 처벌법
⑧ 반민족 행위 처벌법은 당시 정부의 방해를 받았고, 법안 개정으로 활동 기간이 ■■ 되었다. → 단축

대표 기출 1

(가)에 들어갈 주제로 가장 적절한 것은? 73회 [2점]

2025년 연속 기획 강좌
헌법으로 보는 한국 현대사

우리 학회에서는 헌법의 변천에 따른 민주주의 발전의 역사를 살펴보는 강좌를 마련하였습니다. 이번 달에는 '제헌 헌법'에 대한 강의를 준비하였으니 많은 관심과 참여 바랍니다.

■ 강의 주제 ■
- [제1강] 헌법 전문, 3·1 운동의 정신을 담다
- [제2강] 민주 공화국의 명문화로 주권 재민의 원칙을 다시 천명하다
- [제3강] (가)
- [제4강] 농민에게 농지를 분배하는 경자유전의 실현을 추구하다

- 일시: 2025년 ○○월 매주 토요일 15:00~17:00
- 장소: □□ 학회 회의실

---

① 양원제 국회와 내각 책임제 정부를 구성하다
② 반민족 행위자를 처벌할 수 있는 근거를 마련하다
③ 국민의 직접 선거로 5년 단임제 대통령을 선출하다
④ 초대 대통령의 중임 제한 철폐, 장기 집권 체제를 강화하다
⑤ 긴급 조치, 대통령이 국민의 기본권을 제한할 수 있게 하다

정답분석

② 제헌 헌법 101조는 '이 헌법을 제정한 국회는 1945년 8월 15일 이전의 악질적인 반민족 행위를 처벌하는 특별법을 제정할 수 있다.'고 규정하여, 새롭게 탄생할 대한민국 정부가 친일파를 처단할 수 있는 헌법적 근거를 마련하였다. 이에 따라 반민족 행위 처벌법이 제정되어 반민족 행위 특별 조사 위원회가 출범하였다.

선택지분석

① 1960년 4·19 혁명 이후 허정 과도 정부에서 양원제 국회와 내각 책임제를 골자로 하는 제3차 개헌이 이루어지면서 장면 내각이 출범하였다.
③ 국민의 대통령 직선제와 5년 단임제의 대통령 임기를 규정한 헌법은 1987년에 통과된 제9차 개정 헌법으로, 현재 시행되고 있는 헌법이다.
④ 이승만 정부는 장기 집권을 위해 1945년에 '개헌 당시 대통령에 한하여 중임 제한을 적용하지 않는다.'는 내용의 제2차 개헌을 감행하였다. 당시 정족수 미달로 부결되었으나 사사오입 논리로 이를 통과시켜 사사오입 개헌이라고도 불린다.
⑤ 박정희 정부가 1972년에 통과시킨 유신 헌법(제7차 개정 헌법)에는 대통령이 국민의 기본권까지 제한할 수 있는 긴급조치권을 규정하였다.

정답 ②

대표 기출 2

(가) 사건에 대한 설명으로 가장 적절한 것은? 72회 [3점]

> 이것은 냉전과 분단의 상징물인 독일 베를린 장벽의 일부로, (가) 을/를 기념하는 이 공원에 기증되었습니다. 이곳 제주도에서 일어난 (가) 은/는 남한만의 단독 선거에 반대하는 무장대와 이를 진압하는 토벌대 간의 무력 충돌, 그 뒤 토벌대의 진압 과정에서 수많은 제주도민이 희생된 사건으로, 6·25 전쟁이 끝나고 나서야 종결되었습니다.

① 허정 과도 정부가 구성되는 결과를 가져왔다.
② 국가 보위 비상 대책 위원회가 설치되는 배경이 되었다.
③ 장기 독재를 비판하는 3·1 민주 구국 선언을 발표하였다.
④ 민주화를 위한 개헌 청원 100만인 서명 운동을 전개하였다.
⑤ 정부 차원에서 진상 조사 보고서를 발간하고 공식 사과하였다.

자료분석
자료의 '제주도', '남한만의 단독 선거에 반대' 등을 통해 (가)가 제주 4·3 사건임을 알 수 있다. 제주 4·3 사건은 남한만의 단독 선거에 반대하며 무장 봉기한 공산주의자와 일부 주민들이 군, 경찰, 서북 청년단 등 극우 단체로 구성된 토벌대와 충돌하여 많은 양민이 희생당한 사건으로, 이로 인해 5·10 총선거 당시 제주도에서는 3개 선거구 중 2곳에서 총선거가 진행되지 못하였다.

정답분석
⑤ 1980년대 후반부터 제주 4·3 사건의 진상을 규명하려는 움직임이 나타났다. 2000년에는 국회에서 '제주 4·3 사건 진상 규명 및 희생자 명예 회복에 관한 특별법'이 제정되어 재조사가 이루어졌고, 2003년에는 진상 조사 보고서를 발간하였으며, 노무현 대통령이 국가 원수의 자격으로 국가 권력에 의해 대규모 희생이 있었음을 인정하고 제주도민에게 사과하였다.

선택지분석
① 4·19 혁명에 대한 설명이다.
② 전두환 등 신군부 세력은 5·18 민주화 운동을 무력으로 진압한 후 대통령 자문·보좌 기구로 국가 보위 비상 대책 위원회를 설치하였다.
③ 1976년에 재야인사와 종교계 인사, 대학 교수 등이 명동 성당에서 열린 3·1절 기념 미사 때 유신 체제를 비판하는 3·1 민주 구국 선언문을 발표하였다.
④ 장준하, 백기완 등 재야 인사들은 유신 체제를 비판하고 민주화를 위한 개헌 청원 100만인 서명 운동을 전개하였다.

정답 ⑤

확인 문제

1 다음 편지가 작성된 시기를 연표에서 옳게 고른 것은? 70회 [2점]

> 친애하는 메논 박사
> 남북 지도자 회담에 관하여 귀하와 귀 위원단에게 우리의 의견과 각서를 이미 제출한 바이오니와 우리는 가급적 우리 양인의 명의로 남에서 이에 찬동하는 제 정당의 대표 회담을 소집하여 이미 제출한 바에 제1차 보조를 하겠습니다. 이 회의에서 남쪽이 대표를 선출하면 북쪽에 연락할 인원과 방법에 대한 것을 결정하겠습니다. 귀 위원단이 이에 대하여 원만하고 적극적인 협조를 직접 간접으로 하여 주시면 대단히 감사하겠으며 우리 양방의 노력으로 하여금 우리가 공동으로 목적하는 바를 이루어지기를 믿습니다. 끝으로 우리의 심각한 경의를 표합니다.
> 김구, 김규식

(가)	(나)	(다)	(라)	(마)
8·15 광복	모스크바 3국 외상 회의	이승만 정읍 발언	좌우 합작 7원칙 발표	유엔 총회 남북한 총선거 결정	제헌 국회 구성

① (가) ② (나) ③ (다) ④ (라) ⑤ (마)

2 다음 총선거에 대한 설명으로 옳은 것을 <보기>에서 고른 것은? 65회 [3점]

보기
ㄱ. 좌우 합작 위원회가 주도하였다.
ㄴ. 장면 정부가 수립되는 계기가 되었다.
ㄷ. 제주도에서 무효 처리된 선거구가 있었다.
ㄹ. 제헌 국회의원을 선출하기 위해 실시되었다.

① ㄱ, ㄴ ② ㄱ, ㄷ ③ ㄴ, ㄷ ④ ㄴ, ㄹ ⑤ ㄷ, ㄹ

정답
1 ⑤ 자료의 '남북 지도자 회담', '김구, 김규식' 등을 통해 1948년 2월에 김구와 김규식 등이 유엔 임시위원단의 임시의장인 메논에게 제출한 남북 지도자 회담에 관한 의견서임을 알 수 있다.

2 ⑤ ㄷ. 5·10 총선거를 앞두고 제주 4·3 사건이 일어나, 제주도의 선거구 두 곳에서는 투표가 제대로 진행되지 않아 무효 처리되고 이듬해 다시 선거하였다.
ㄹ. 5·10 총선거를 통해 제헌 국회의원을 선출하였으며, 제헌 국회에서 헌법을 제정하고 대한민국 정부를 수립하였다.

Theme 114 6·25 전쟁

PART 8 현대 사회의 발전

출제 의도와 대책

1950년 6월 25일 북한군이 기습적으로 전면적인 남침을 감행하면서 6·25 전쟁이 발발하였다. 소련과 중국의 지원으로 전쟁 준비를 해온 북한은 초반에 거세게 남진하였으나, 국군이 낙동강 전선에서 항전하고, 유엔군이 인천 상륙 작전에 성공하면서 전황이 반전되었다. 국군은 평양을 점령하고 압록강 유역까지 진격하였으나, 중국군의 참전으로 다시 흥남 철수, 1·4 후퇴를 거듭하였다. 이후 서울을 재탈환한 뒤 소모전 양상이 나타나자, 정전 협정이 전개되었다.

필기노트 마인드맵

- 배경
  - 북: 중국·소련 지원, 인민군 창설
  - 남: 미군 철수, 애치슨 라인 발표(미국 방위선에서 제외)
- 전개
  - 발발: 3일 만에 서울 함락, 1개월 만에 낙동강 전선까지 밀림
    - 임시 수도 부산(발췌 개헌안 통과)
  - 반전: 인천 상륙 작전 → 서울 수복
  - 북진: 평양 탈환 → 압록강변 도달
  - 재반전: 중국군 참전 → 흥남 철수, 1·4 후퇴
  - 전선 고착화: 서울 재수복, 소모전 전개
- 휴전
  - 휴전 회담 시작(1951. 7, 소련 제안)
    ↓ ← 이승만 정부의 반공 포로 석방(휴전 반대)
  - 휴전 협정 체결(1953. 7)
    ↓ → 군사 분계선 확정, 비무장 지대 설정
  - 한·미 상호 방위 조약 체결

6·25 전쟁의 전개 과정

선택지 빅데이터

① 6·25 전쟁 직전 미국의 극동 방위선을 조정한 ■■■ 선언이 발표되었다. → 애치슨
② 1950년 전면적인 ■■으로 6·25 전쟁이 발발하였다. → 남침
③ ■■■ 문제로 정전 협정 체결이 지연되었다. → 포로 송환
④ 1953년 6·25 전쟁의 ■■■■이 조인되었다. → 정전 협정
⑤ 정전 협정으로 군사 분계선을 확정하고 ■■■■를 설정하였다. → 비무장 지대
⑥ 정전 협정 체결 이후 ■·■■■■ 조약을 체결하였다. → 한·미 상호 방위

대표 기출 1

(가) 전쟁 중에 있었던 사실로 옳은 것은? 71회 [2점]

저는 지금 부산의 재한 유엔 기념 공원 내에 있는 유엔군 전몰장병 추모명비 앞에 와 있습니다. (가) 에서 전사하거나 실종된 4만여 명의 이름을 새겨 넣어 추도와 기억의 공간으로 만든 이곳에서 평화의 가치를 생각해 보았으면 합니다.

① 애치슨 라인이 발표되었다.
② 한·일 기본 조약이 체결되었다.
③ 국가 보위 비상 대책 위원회가 설치되었다.
④ 김구, 김규식 등이 남북 협상에 참여하였다.
⑤ 비상계엄이 선포된 가운데 발췌 개헌안이 통과되었다.

자료분석

자료의 '유엔군' 등을 통해 (가)가 6·25 전쟁(1950)임을 알 수 있다. 북한의 남침으로 6·25 전쟁이 발발되자, 유엔 안전 보장 이사회는 북한을 침략자로 규정하고 16개국으로 구성된 유엔군을 파견하였다.

정답분석

⑤ 6·25 전쟁 직전에 치러진 제2대 국회의원 선거에서 이승만에 반대하는 국회의원들이 다수 당선되어 국회에서 치르는 간선제로는 이승만의 대통령 당선이 어렵게 되었다. 이에 이승만 정부는 6·25 전쟁 중인 1952년에 임시 수도 부산에서 야당 국회의원을 구속하고 비상계엄을 선포하여 무장한 군경이 에워싼 가운데 대통령 직선제를 골자로 하는 발췌 개헌안을 강압적으로 통과시켰다.

선택지분석

① 6·25 전쟁 발발 전인 1950년 1월에 미국 국무장관 애치슨이 한반도, 타이완, 인도네시아를 제외한 미국의 극동 방위선을 공표하였다. 애치슨 선언은 소련이 김일성의 남침을 허락하는 한 배경이 되었다.
② 한·일 기본 조약은 박정희 정부 시기인 1965년에 체결되었다.
③ 국가 보위 비상 대책 위원회는 12·12 쿠데타로 권력을 차지한 신군부 세력이 통치권을 확립하기 위하여 1980년에 설치한 기관이다.
④ 1948년 유엔 소총회에서 38도선 이남 지역만의 단독 선거를 결의하자, 김구와 김규식은 평양에 가서 북한의 지도자들과 남북 협상을 벌였다.

정답 ⑤

대표 기출 2

(가) 전쟁 중에 있었던 사실로 옳은 것을 〈보기〉에서 고른 것은?

66회 [2점]

보기
ㄱ. 애치슨 라인이 발표되었다.
ㄴ. 인천 상륙 작전이 전개되었다.
ㄷ. 부산에서 발췌 개헌안이 통과되었다.
ㄹ. 모스크바 3국 외상 회의가 개최되었다.

① ㄱ, ㄴ ② ㄱ, ㄷ ③ ㄴ, ㄷ ④ ㄴ, ㄹ ⑤ ㄷ, ㄹ

자료분석
6·25 전쟁 당시 국군과 유엔군은 1950년 10월에 38도선을 통과하여 북진을 시작하여 평양을 함락하고 압록강변에 도달하여 북진 통일을 눈앞에 두게 되었다. 그러나 중국군이 개입하여 흥남 철수 등으로 대규모 후퇴 작전을 벌여야 했으며, 이 과정에서 유엔군은 대동강 철교를 폭파하여 중국군의 남하를 저지하려 하였다. 따라서 (가) 전쟁은 6·25 전쟁이다.

정답분석
ㄴ. 1950년 6월 25일 새벽을 기해 기습적으로 북한군이 남침하자, 국군은 1개월 만에 낙동강 전선까지 밀려나고 북한군이 국토의 대부분을 장악하였다. 그러나 1950년 9월에 유엔군이 인천 상륙 작전을 성공시키면서 전황이 반전되어 서울을 수복(9. 28.)하고 38도선 이북으로까지 진격하게 되었다.
ㄷ. 6·25 전쟁 직전에 치러진 제2대 국회의원 선거(1950. 5. 30.)에서 이승만에 반대하는 국회의원들이 다수 당선되었다. 이에 이승만 정부는 6·25 전쟁 중인 1952년에 임시 수도 부산에서 야당 국회의원을 구속하고 비상 계엄을 선포하여 무장한 군경이 에워싼 가운데 기립 선거를 통해 대통령 직선제를 골자로 하는 발췌개헌안을 통과시켰다.

선택지분석
ㄱ. 1950년 1월 미국 국무장관 애치슨이 한반도, 타이완, 인도네시아를 제외한 미국의 극동 방위선을 공표하였다. 이는 소련의 스탈린과 북한의 김일성이 미국이 한반도 문제에 개입하지 않을 것이라고 판단하여 6·25 전쟁을 일으키는 한 배경이 되었다.
ㄹ. 모스크바 3국 외상회의는 광복 직후인 1945년 12월, 모스크바에서 미·영·소 3국의 외무 장관이 모여 한국 문제를 논의한 회의이다. 이 회의에서 조선 임시 민주주의 정부 수립, 이를 지원하기 위한 미·소 공동 위원회 설치, 최대 5년간 신탁 통치 등을 결정하였다.

정답 ③

확인 문제

1 교사의 질문에 대한 학생의 답변으로 적절하지 않은 것은?

68회 [2점]

① 반공 포로가 석방되었어요.
② 한·미 상호 방위 조약이 체결되었어요.
③ 흥남에서 대규모 철수가 이루어졌어요.
④ 유엔군이 인천 상륙 작전을 전개하였어요.
⑤ 비상계엄이 선포된 가운데 발췌 개헌안이 통과되었어요.

2 (가), (나) 사이의 시기에 있었던 사실로 옳은 것은? 58회 [3점]

(가) 군사적 안전 보장의 입장에서 볼 때 태평양 지역의 정세 및 이 지역에 대한 미국의 정책은 어떤 것인가. 태평양 지역 방위선은 알류샨 열도에서 일본을 거쳐 오키나와, 필리핀 군도로 이어진다.

(나) 상호적 합의에 의하여 미합중국의 육군, 해군과 공군을 대한민국의 영토 내와 그 부근에 배치하는 권리를 대한민국은 허락해 주고 미합중국은 수락한다.

① 좌우 합작 위원회가 출범하였다.
② 여수·순천 10·19 사건이 일어났다.
③ 미국 의회에서 트루먼 독트린이 발표되었다.
④ 베트남 파병에 관한 브라운 각서가 체결되었다.
⑤ 거제도 포로 수용소에 있던 반공 포로가 석방되었다.

정답
1 ④ 6·25 전쟁 개전 1개월만에 낙동강 전선까지 밀렸던 국군과 유엔군은, 1950년 9월 인천 상륙 작전에 성공하면서 북상을 시작하여 서울을 수복할 수 있었다. 따라서 인천 상륙 작전이 서울 수복의 배경이 된다.
2 ⑤ 이승만 정부는 휴전 협정 체결에 반대하여 1953년 6월에 반공 포로를 석방하였다.

Theme 115 이승만 정부

PART 8 현대 사회의 발전

출제 의도와 대책

이승만 정부는 정권 연장을 위해 두 차례 헌법을 개헌하였다. 발췌 개헌(제1차 개헌)과 사사오입 개헌(제2차 개헌)의 시기와 내용을 정확히 정리해 두어야 한다. 또한 진보당 해산과 조봉암 사형, 경향신문 폐간, 국가보안법 개정 등 독재 강화를 위해 이승만 정부가 저지른 사건들을 알아 두어야 한다.

필기노트 마인드맵

- 제1차 개헌(발췌 개헌, 1952) ← 6·25 전쟁 중
  - 배경: 이승만 반대 국회의원 다수 당선 → 이승만 재선 불가능
  - 내용: **대통령 직선제** 시행
  - 전개: **부산 정치 파동**(계엄령 선포, 야당 국회의원 탄압)
    - 기립 표결로 개헌 통과 → 제2대 대통령 이승만 당선
- 제2차 개헌(**사사오입 개헌**)
  - 배경: 제헌 헌법의 대통령 중임 제한
  - 내용: 개정 당시 대통령(이승만)에 한해 **중임 제한 적용 X**
  - 전개: 정족수 미달로 부결 → **사사오입(반올림)으로 개헌** 가결
- 제3대 대선
  - '못살겠다. 갈아보자'(민주당 구호)
  - 혁신 세력 **조봉암 약진** → 이승만 겨우 당선
  - 민주당 장면 부통령 당선
- 독재 강화
  - 보안법 파동: **국가 보안법 개정**(언론 통제와 사찰 강화)
  - 진보당 사건: 진보당 해산, **조봉암을 간첩 혐의로 처형**
  - 경향신문 폐간: 정부 비판 **언론 탄압**

진보당 사건

이 사건은 '평화 통일'을 주장하는 조봉암이 제3대 대통령 선거에서 200여만 표 이상을 얻어 이승만 정권에 위협적인 정치인으로 부상하자 조봉암이 이끄는 진보당의 민의원 총선 진출을 막고 조봉암을 제거하려는 이승만 정권의 의도가 작용하여 서울시경이 조봉암 등 간부들을 국가변란 혐의로 체포하여 조사하였고, 민간인에 대한 수사권이 없는 육군 특무대가 조봉암을 간첩 혐의로 수사에 나서 재판을 통해 처형에 이르게 한 것으로 인정되는 비인도적, 반인권적 인권 유린이자 정치 탄압 사건이다.

선택지 빅데이터

① ■■ ■■은 6·25 전쟁 중 임시 수도 부산에서 계엄령 아래 국회에서 기립 표결로 통과되었다. → 발췌 개헌
② 발췌 개헌에서 정·부통령 ■■ 선거를 주 내용으로 하는 개헌이 이루어졌다. → 직접
③ ■■■■ 개헌으로 개정 당시의 대통령에 한해 중임 제한을 철폐하였다. → 사사오입
④ 이승만 정부 시기에 평화 통일론을 주장한 ■■■의 조봉암이 구속되었다. → 진보당
⑤ 이승만 정부 시기에 국가 보안법 개정안을 통과시킨 이른바 ■■■ ■이 발생하였다. → 보안법 파동

대표 기출 1

다음 상황 이후에 일어난 사실로 옳은 것은? 70회 [2점]

> 오늘 미합중국 존 포스터 덜레스 국무 장관과 우리나라 변영태 외무 장관 사이에 상호 방위 조약이 체결되었습니다. 이로써 양국은 우호 관계를 바탕으로 한국에 대한 공산주의자들의 침공에 맞서 나란히 싸울 수 있도록 상호 이해와 공동의 이상을 나누게 되었습니다.

① 반민족 행위 특별 조사 위원회가 설치되었다.
② 평화 통일론을 주장한 진보당의 조봉암이 처형되었다.
③ 비상 계엄이 선포된 가운데 발췌 개헌안이 통과되었다.
④ 미국의 극동 방위선을 규정한 애치슨 라인이 발표되었다.
⑤ 유상 매수, 유상 분배를 규정한 농지 개혁법이 제정되었다.

자료분석

자료는 6·25 전쟁 이후인 1953년에 미국과 한국이 한반도의 군사적 긴장 상황에 공동 대처하기 위하여 체결한 한·미 상호 방위 조약에 대한 내용이다. 이 조약에 따라 한반도에 무력 충돌이 발생할 경우 미국은 국제 연합의 토의와 결정을 거치지 않고도 즉각 개입할 수 있게 되었다.

정답분석

② 1956년에 치러진 제3대 대통령 선거에서 혁신계 후보인 조봉암이 30%의 유효 득표를 얻는 등 약진하였다. 선거 이후 조봉암이 진보당을 창당하며 활발한 정치 활동을 펼치자, 이승만 정부는 이를 위협으로 느끼고 조봉암의 평화 통일 주장이 북과 내통한 것이라는 간첩 누명을 씌워 사형시켰다(진보당 사건).

선택지분석

① 반민족 행위 특별 조사 위원회는 6·25 전쟁 이전인 1948년에 설치되었다.
③ 발췌 개헌(1차 개헌)안은 6·25 전쟁 중이던 1952년에 부산에서 통과되었다.
④ 1950년 1월에 미국 국무장관 애치슨이 한반도, 타이완, 인도네시아를 제외한 미국의 극동 방위선을 공표하였다. 애치슨 선언은 소련이 김일성의 남침을 허락하는 한 배경이 되었다.
⑤ 농지 개혁법은 6·25 전쟁 이전인 1949년에 제정되었다.

정답 ②

대표 기출 2

(가) 정부 시기에 있었던 사실로 옳은 것은? 63회 [2점]

> [국가 기념일에 담긴 역사 이야기]
> ### 2·28 민주 운동 기념일
> – 학생들, 불의에 저항하여 일어서다 –
>
>
> 경북도청으로 향하는 학생 시위대의 모습
>
> 2월 28일 일요일은 민주당 부통령 후보 장면의 대구 유세가 있는 날이었다. (가) 정부는 이 유세장에 학생들이 가지 못하도록 2월 28일에도 등교할 것을 대구 시내 고등학교에 지시하였다. 각 학교가 내세운 등교의 명분은 시험, 단체 영화 관람, 토끼 사냥 등이었다. 이에 분노한 학생들은 "학원의 자유를 보장하라!" 등의 구호를 외치며 시위에 나섰다. 이날의 시위는 3·15 의거 등 이후 전개된 민주화 운동에 영향을 주었다. 이 시위의 역사적 의의가 인정되어 2018년에 국가 기념일로 지정되었다.

① 프로 야구가 6개 구단으로 출범하였다.
② YH 무역 노동자들이 야당 당사에서 농성하였다.
③ 사회 정화를 명분으로 삼청 교육대가 설치되었다.
④ 인민 혁명당 재건위 사건으로 관련자가 탄압받았다.
⑤ 평화 통일론을 주장한 진보당의 조봉암이 구속되었다.

자료분석
'민주당 부통령 후보 장면', '3·15 의거' 등에서 1960년 제4대 정통령·제5대·부통령 선거에서 있었던 3·15 부정 선거에 대한 반대 운동임을 알 수 있다. 따라서 (가) 정부는 이승만 정부이다.

정답분석
⑤ 1956년 치러진 제3대 대통령 선거에서 혁신계 후보 조봉암이 평화통일론을 제시하면서 30%의 유효 득표를 얻는 등 약진하였다. 선거 이후 조봉암이 진보당을 창당하며 활발한 정치 활동을 펼치자 이승만 정부는 이를 위협으로 느끼고 평화 통일 주장이 북과 내통했다는 간첩 누명을 씌워 사형시켰다(진보당 사건).

선택지분석
① 5·18 민주화 운동을 폭력적으로 진압하고 수립된 전두환 정부는 정통성이 부족하였기 때문에 야구·씨름 등 프로스포츠 창단, 해외여행 자유화, 교복 및 두발 자율화, 야간 통행금지 해제 등 유화 정책을 시행하였다.
② 유신 체제 말기에 가발 제조 회사인 YH 무역의 업주가 자금을 빼돌리고 고의로 폐업하는 사건이 일어났다. 이에 YH 무역 노동자들은 당시 야당이던 신민당 당사에서 농성 시위를 하였으나, 경찰이 강제 진압하는 과정에서 여성 노동자가 사망하는 사건이 일어났다(1979).
③ 전두환 신군부는 사회 정화를 명분으로 삼청 교육대를 설치하였다. 불량배를 갱생시킨다는 명목이었으나 무고한 이들도 다수 잡혀갔으며, 재소자들에게 최소한의 인권조차 고려하지 않는 비인간적 대우를 하였다.
④ 1974년에 재야 세력이 개헌 청원 100만인 서명 운동을 벌이며 유신 체제에 대한 반대 운동을 전개하였다. 이에 박정희는 이를 북한의 지령을 받아 인민 혁명당을 재건하려 했다는 사건으로 조작하여 관련자를 사형시켰다.

정답 ⑤

확인 문제

1 밑줄 그은 '개헌안'의 시행 결과로 옳은 것은? 67회 [2점]

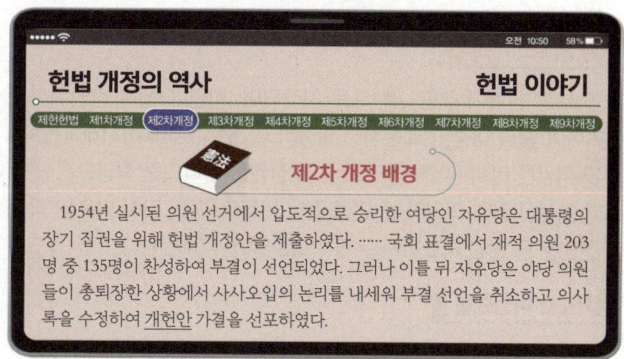

① 통일 주체 국민 회의에서 대통령이 선출되었다.
② 5년 단임의 대통령이 직선제에 의해 선출되었다.
③ 대통령이 국회의원의 3분의 1을 추천하게 되었다.
④ 국회에서 간접 선거 방식으로 대통령이 선출되었다.
⑤ 개헌 당시의 대통령에 한하여 중임 제한이 철폐되었다.

2 밑줄 그은 '이 사건'이 일어난 시기를 연표에서 옳게 고른 것은? 59회 [3점]

> 1. 이 사건은 검찰이 아무런 증거도 없이 공소 사실도 특정하지 못한 채 조봉암 등 진보당 간부들에 대해 국가 변란 혐의로 기소를 하였고 ……
> ⋮
> 5. 이 사건은 정권에 위협이 되는 야당 정치인을 제거하려는 의도에서 표적 수사에 나서 극형인 사형에 처한 것으로 민주국가에서 있어서는 안 될 비인도적, 반인권적 인권 유린이자 정치 탄압 사건이다.
>
> – 진실화해를 위한 과거사 정리 위원회 조사보고서 –

1948	1954	1960	1965	1969	1974
(가)	(나)	(다)	(라)	(마)	
대한민국 정부 수립	사사오입 개헌	4·19 혁명	한·일 기본 조약	3선 개헌	인민 혁명당 재건위 사건

① (가) ② (나) ③ (다) ④ (라) ⑤ (마)

정답

1 ⑤ 제헌 헌법과 제1차 개정 헌법(발췌 개헌)에서 대통령의 임기는 4년 중임제였고, 제1대, 제2대 대통령을 지낸 이승만은 더이상 출마할 수 없었다. 그러나 이승만은 사사오입 개헌(1954)을 통해 헌법 개정 당시의 대통령에 한하여 중임 제한 철폐한 후 제3대 대통령 선거(1956)에 출마하여 당선되었다.

2 ② 대통령 선거에서 혁신 세력인 조봉암이 유효표의 30%를 득표하는 등 크게 약진하여, 이승만 정부에 위협적인 세력으로 성장하였다. 이에 이승만 정부는 진보당 사건을 일으켜 조봉암을 사형시켰다.

Theme 116 4·19 혁명

PART 8 현대 사회의 발전

출제 의도와 대책

3·15 부정 선거에 대한 규탄으로 시작되어, 시민·학생이 광범위하게 참여하여 결국 이승만 대통령이 하야하고 개헌이 이루어지게 되었다. 4·19 혁명은 아시아에서 최초로 독재 정권을 무너뜨린 혁명으로 민주주의 발전 과정에 의의가 큰 만큼 전개 과정과 구호, 당시 발표된 각계의 선언문 등 관련 자료까지 구체적으로 알아 두어야 한다.

필기노트 마인드맵

- 4·19 혁명
  - 배경: 3·15 부정 선거 — 3인조·5인조 공개 투표, 4할 사전 투표 / 대통령 이승만, 부통령 이기붕 당선
  - 전개: 마산 의거(3. 15) → 김주열 시신 발견(4. 11) → 시위 확대 → 고려대 학생 시위(4. 18) → 시민 대규모 시위(4. 19), 경무대 진출 → 경찰 발포로 희생자 속출 → 계엄 선포 → 대학 교수단 시위(4. 23) → 이승만 하야 성명
  - 결과: 허정 과도정부 수립 → 제3차 개헌(양원제, 내각 책임제) → 민주당 총선 압승 → 장면 정부 수립
  - 의의: 아시아 최초로 독재 정권을 무너뜨린 시민 혁명
- 장면 정부
  - 정치: 통일 운동, 민주화 운동 활성화
  - 경제: 경제 개발 5개년 계획 수립(시행은 박정희 정부)
  - 제4차 개헌: 3·15 부정 선거자 처벌, 소급 입법

장면 내각

민주당의 윤보선 의원이 국회에서 208표를 얻어 대통령에 당선되었습니다. 내각 책임제를 골자로 개정된 헌법에 따라 선출된 윤보선 대통령은 국가의 원수로서 나라를 대표하고, 국무총리 지명권과 긴급 재정 처분권, 그리고 국군 통수권 등의 권한을 가지며 임기는 5년입니다.

선택지 빅데이터

① 3·15 부정 선거로 ▨▨ 부통령 후보가 당선되었다. → 여당
② ▨▨▨에 항거하는 4·19 혁명이 전국 각지에서 일어났다. → 부정 선거
③ 대통령 ▨▨를 요구하며 대학교수단이 시위를 하였다. → 하야
④ 허정을 수반으로 하는 ▨▨▨가 수립되었다. → 과도 정부
⑤ 허정 과도 정부에서 ▨▨▨를 골자로 하는 개헌이 이루어졌다. → 의원 내각제(내각 책임제)
⑥ 4·19 혁명은 ▨▨ 국회와 장면 내각이 출범하는 계기가 되었다. → 양원제
⑦ 장면 정부 시기에 국회가 ▨▨▨, ▨▨▨의 양원으로 운영되었다. → 민의원, 참의원
⑧ 장면 정부에서 경제 제일주의에 따라 ▨▨▨▨▨▨ 계획을 처음 마련하였다. → 경제 개발 5개년

대표 기출 1

(가) 민주화 운동에 대한 설명으로 옳은 것은?   68회 [2점]

이것은 1959년 이승만의 84세 생일을 기념하는 '대통령 탄신 경축식' 사진입니다. 이러한 행사는 1949년부터 진행되었습니다. 이승만 대통령의 장기 독재는 3·15 부정 선거에 항거하며 일어난 ⎡(가)⎤(으)로 결국 종말을 고했습니다.

① 긴급 조치 철폐를 요구하였다.
② 장면 내각이 출범하는 배경이 되었다.
③ 전남 도청에서 시민군이 계엄군에 맞서 싸웠다.
④ 민주화를 위한 개헌 청원 100만인 서명 운동이 전개되었다.
⑤ 5년 단임의 대통령 직선제 개헌이 이루어지는 계기가 되었다.

자료분석

이승만은 발췌 개헌, 사사오입 개헌 등 불법적인 헌법 개정을 통해 장기 집권하면서 조봉암 등 반대 인사들을 숙청하는 독재 정치를 폈다. 그 연장선에서 1960년 3·15 정·부통령 선거에서 직간접적인 대규모 부정 선거를 자행하였으며, 이에 항거하여 4·19 혁명이 일어났다.

정답분석

② 4·19 혁명 결과 이승만이 하야하고 허정 과도 정부가 수립되었으며, 양원제와 내각 책임제, 대통령 국회 간선제를 골자로 하는 3차 개헌이 이루어졌다. 그 결과 치러진 총선에서 민주당이 압승하고, 국회에서 윤보선을 대통령으로 선출하였으며, 윤보선이 장면을 국무총리로 지명함으로써 장면 내각이 출범하였다.

선택지분석

① 긴급 조치는 유신 헌법에서 대통령이 발동할 수 있도록 한 권한이다. 대통령이 긴급 조치를 통해 헌법 질서를 중단시키거나 국민의 기본권마저 제한할 수 있는 초헌법적인 권한이었다.
③ 5·18 민주화 운동 당시 공수부대까지 동원된 계엄군이 광주 시민들을 무자비하게 학살하자, 시민들은 경찰서 등에서 무기를 탈취하여 시민군을 결성하였다. 이에 신군부는 광주와 외부의 연락을 차단한 채 강경하게 진압하였으며, 시민군은 전남도청에서 최후까지 항전하였다.
④ 유신 체제 시기인 1974에 재야 세력을 중심으로 개헌 청원 100만인 서명 운동이 전개되었다.
⑤ 대통령 직선제와 5년 단임제는 1987년 6월 민주 항쟁 결과 이루어진 9차 개정 헌법(현행 헌법)에 규정되었다.

정답 ②

대표 기출 2

다음 성명을 발표한 정부 시기에 볼 수 있는 모습으로 적절한 것은?
69회 [2점]

> 내각 책임제 속에서 행정부에 맡겨진 책무를 유감없이 수행하기 위해 무엇보다 먼저 행정부 내의 기강 확립에 주안점을 두지 않아서는 안 될 것입니다. …… 부정 선거 원흉의 처단은 이미 공소 제기와 구형을 한 터이므로 법원의 엄정한 판결이 있을 것을 기대하는 바입니다.

① 국민 교육 헌장을 읽고 있는 학생
② 서울 올림픽 대회에 참가하는 선수
③ 개성 공단 착공식을 취재하는 기자
④ 함평 고구마 피해 보상 투쟁에 참여하는 농민
⑤ 민의원에서 통과된 법안을 심의하는 참의원 의원

자료분석
'내각 책임제 속에서', '부정 선거 원흉의 처단' 등에서 4·19 혁명 이후 성립된 장면 내각임을 알 수 있다.

정답분석
⑤ 4·19 혁명으로 이승만이 하야하고 허정 과도 정부에서 내각 책임제와 국회를 민의원·참의원으로 구성함을 골자로 하는 3차 개정 헌법을 통과시켰다. 따라서 장면 내각 시기에 국회는 민의원과 참의원의 양원제로 운영되었다.

선택지분석
① 국민 교육 헌장은 박정희 정부 시기인 1968년에 공표되었다.
② 서울 올림픽 대회는 노태우 정부 시기인 1988년에 개최되었다.
③ 김대중 정부 때 6·15 남북 공동 선언 이후 개성 공단 사업 추진에 합의하였으며, 노무현 정부 때 착공식을 가지고 본격적으로 추진하였다.
④ 1976년 함평군 농협에서 고구마 농가에게 전량 수매를 약속했다가 이를 지키지 않으면서 농민들이 큰 피해를 입자, 농민들이 3년여의 끈질긴 투쟁 끝에 피해 보상을 받은 사건이다.

정답 ⑤

확인 문제

1 밑줄 그은 '이 사건' 이후에 있었던 사실로 옳은 것은?
52회 [2점]

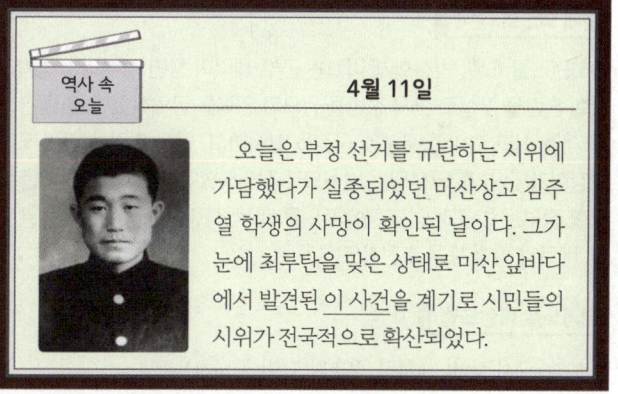

> 역사 속 오늘
> 4월 11일
> 오늘은 부정 선거를 규탄하는 시위에 가담했다가 실종되었던 마산상고 김주열 학생의 사망이 확인된 날이다. 그가 눈에 최루탄을 맞은 상태로 마산 앞바다에서 발견된 이 사건을 계기로 시민들의 시위가 전국적으로 확산되었다.

① 조봉암을 중심으로 진보당이 창당되었다.
② 반민족 행위 특별 조사 위원회가 설치되었다.
③ 허정을 수반으로 하는 과도 정부가 수립되었다.
④ 귀속 재산 관리를 위해 신한 공사가 설립되었다.
⑤ 자유당이 정권 연장을 위해 직선제 개헌안을 통과시켰다.

2 (가) 민주화 운동에 대한 설명으로 옳은 것은?
50회 [2점]

> 이것은 대전 지역의 고등학생들이 장면 부통령 후보 유세를 기회로 삼아 시작한 3·8 민주 의거를 기리는 탑입니다. 3·8 민주 의거는 대구의 2·28 민주 운동, 마산의 3·15 의거와 더불어 (가) 이/가 전국적으로 확산되는 계기가 되었습니다.

① 한·일 국교 정상화에 반대하여 일어났다.
② 호헌 철폐와 독재 타도 등의 구호를 내세웠다.
③ 대학 교수단이 대통령 퇴진을 요구하며 시위행진을 벌였다.
④ 3·1 민주 구국 선언을 통해 긴급 조치 철폐 등을 요구하였다.
⑤ 5년 단임의 대통령 직선제 개헌이 이루어지는 계기가 되었다.

정답
1 ③ 4·19 혁명(1960) 이후 허정을 수반으로 하는 과도 정부가 수립되었다.
2 ③ 4·19 혁명(1960) 당시 대학 교수단이 대통령 퇴진을 요구하며 시위행진을 벌였다.

Theme 117 박정희 정부

PART 8 현대 사회의 발전

출제 의도와 대책

1961년 5월 16일, 박정희가 이끄는 군부 세력이 장면 정부의 무능력과 사회 혼란을 구실로 군사 정변을 일으켜 권력을 장악하였다. 이들은 국가 재건 최고 회의를 구성해 군정을 실시하고, 민정 이양 시기가 되자 박정희가 전역 후 당선되는 방식으로 집권하였다. 정통성이 부족한 박정희 정부는 반공과 경제 제일주의를 내세웠으며, 이를 위해 한·일 협정, 베트남 파병 등을 추진하였다.

필기노트 마인드맵

- 5·16 군사 정변: → 혁명 공약 발표(반공 국시)
  - 군정 실시: 정치 활동 정화법(정치 활동 금지)
  - 제5차 개헌: 대통령 중심제(직선제), 단원제
    ↓ ← 박정희 전역 후 민주공화당 창당 → 대통령 당선(5대)
- 박정희 정부(제3 공화국)
  - 반공 국시(선건설 후통일), 경제 개발 5개년 계획 추진
  - 한·일 협정 → 김종필·오히라 메모
    ↓ 6·3 시위(한·일 협정 반대 시위)
    한일 협정 체결
  - 베트남 파병 ─ 미국의 요청으로 파병
    └ 브라운 각서 체결 후 추가 파병
  - 북한 도발: 김신조 사건, 푸에블로호 나포 사건
    → 향토예비군 창설, 주민등록증 제도 실시
  - 제6차 개헌(3선 개헌, 1969) → 장기 집권 획책
    - 7대 대통령 당선: 김대중 후보 선전
    - 전태일 분신 사건(1970), 새마을 운동(1970)
    - 평화시장 청계피복노조 설립

6·3 시위(한·일 협정 반대 시위)

민족사는 바야흐로 위대한 결단을 요구하는 전환기에 섰다. …… 국제 협력이라는 미명 아래 우리 민족의 치떨리는 원수 일본 제국주의를 수입, 대미 의존적 반신불수인 한국 경제에 2중 예속의 철쇄를 채우는 것이 조국 근대화로 가는 첩경이라고 기만하는 반민족적 음모를 획책하고 있다.

선택지 빅데이터

① 박정희를 중심으로 한 군부 세력이 ■·■■ ■■■을 일으키고 반공을 국시로 내건 혁명 공약을 발표하였다. → 5·16 군사 정변
② 한·일 국교 정상화에 반대하여 ■·■ ■■가 전개되고 비상 계엄령이 선포되었다. → 6·3 시위
③ ■·■ ■■을 체결하여 국교를 정상화 하였다. → 한·일 협정
④ ■■■ 파병에 관한 브라운 각서가 체결되었다. → 베트남
⑤ 제6차 개헌으로 대통령의 ■■이 가능하도록 헌법이 개정되었다. → 3선
⑥ 박정희 정부 시기에 ■■ 고속도로를 준공하였다. → 경부
⑦ ■■■이 근로 기준법 준수를 외치며 분신하였다. → 전태일

대표 기출 1

다음 뉴스의 사건이 일어난 정부 시기의 경제 상황으로 옳은 것은?
64회 [2점]

> 경기도 광주 대단지에서 주민들이 차량을 탈취하는 등 대규모 시위를 벌였습니다. 서울시가 도심 정비를 명목으로 10만여 명의 주민들을 광주로 이주시키는 과정에서 약속한 이주 조건을 지키지 않자 주민들이 대지 가격 인하 등을 요구하며 집단으로 반발하였습니다.

① 경부 고속 도로가 개통되었다.
② 경제 협력 개발 기구(OECD)에 가입하였다.
③ 원조 물자를 가공한 삼백 산업이 발달하였다.
④ 저유가, 저금리, 저달러의 3저 호황이 있었다.
⑤ 대통령 직속 자문 기구인 노사정 위원회가 구성되었다.

자료분석

박정희 정부는 서울 인구 증가를 해소하기 위해 신도시를 건설하는 과정에서, 서울의 판자촌 12만여 가구를 광주 대단지(현재 성남)로 강제 이주시켰다. 이주민에게는 피해 보상과 생계 대책을 약속하였으나, 수도 등 기초적인 생활 시설은 물론 출근을 위한 서울과의 교통편 등이 전혀 마련되지 않아, 철거민들이 생존권 요구 시위를 벌였다.

정답분석

① 박정희 정부는 제2차 경제 개발 계획(1967~1971)을 추진하면서 사회 간접 자본 확충과 경공업 및 비료·시멘트·정유 산업 육성을 통한 산업 구조 개편에 주력하였다. 이에 따라 경인 고속 도로(1969), 경부 고속 도로(1970) 등이 개통되었다.

선택지분석

② 김영삼 정부 시기에 세계화를 목표로 공기업 민영화, 금융 규제 완화, 경제 협력 개발 기구(OECD) 가입 등 신자유주의 정책을 추진하였다.
③ 이승만 정부 시기인 1950년대에 미국의 원조 물자를 바탕으로 한 제분, 제당, 면방직 공업 등 삼백 산업이 발달하였다.
④ 전두환 정부 시기인 1980년대 중반 세계적으로 저금리, 저유가, 저달러의 3저 호황이 나타나 급속도로 경제 성장을 이루었다. 이 시기에 최초로 국제 무역 수지가 흑자로 전환되었다.
⑤ 김영삼 정부 시기에 외환 위기를 겪으며 국제 통화 기금(IMF)으로부터 긴급 구제 금융을 받았다. IMF 권고에 따라 구조조정 등 신자유주의 정책이 추진되었으며, 이에 김대중 정부는 노사정 위원회를 구성하여 사회적 합의를 시도하였다.

정답 ①

대표 기출 2

다음 사건의 영향을 받아 발생한 사실로 옳은 것은? 68회 [2점]

근로 기준법을 준수하라!

나는 아주 작은 바늘 구멍이라도 내가 위해서 죽는 것입니다. 그 작은 구멍을 자꾸 키워 벽을 허물어야 합니다. 그래야 없는 사람도 살고 근로자도 살 수 있는 것입니다.

① 신한 공사가 설립되어 귀속 재산을 관리하였다.
② 부산에서 조선 방직의 총파업 사건이 발생하였다.
③ 경제 자립을 목표로 제1차 경제 개발 5개년 계획이 추진되었다.
④ 미국에서 들여온 원조 물자를 기반으로 삼백 산업이 발달하였다.
⑤ 평화 시장 노동자들을 중심으로 한 청계 피복 노동 조합이 결성되었다.

자료분석
평화시장 재단사인 전태일은 평화시장 여공들의 열악한 근로 조건을 개선하기 위해 노력하다가, 근로기준법을 준수하라고 외치며 분신하였다(1970).

정답분석
⑤ 전태일은 생전에 평화시장 의류업체의 재단사 등과 함께 바보회를 결성하여 활동하였으며, 그의 사망 후 유지를 이어받아 청계 피복 노동 조합이 결성되었다.

선택지분석
① 귀속 재산은 일제 패망 후 일본인들이 남기고 간 재산을 말하며, 미군정이 성립된 후 귀속재산을 관리하기 위해 신한 공사를 설립하였다. 이후 귀속 재산 일부는 민간에 불하하고 대한민국 정부가 수립된 후 이양하였다. 대한민국 정부는 귀속재산 처리법을 제정해 이를 민간에 불하하였다.
② 부산 조선 방직은 1917년에 미쓰이 계열 자본으로 설립된 방직 회사로, 하루 12시간이 넘는 혹독한 노동 시간과 일본인에 비해 터무니없이 낮은 차별적 임금 때문에 자주 파업이 일어났다. 1930년 세계 대공황으로 타격을 입어 임금을 더욱 깎으면서 조선 방직 총파업이 일어났다.
③ 경제 개발 계획은 장면 정부에서 수립되었으나 5·16 군사 정변으로 실시하지 못하다가, 박정희 정부 시기인 1962년에 제1차 경제 개발 5개년 계획이 추진되었다.
④ 1950년대에 미국의 원조 물자를 바탕으로 한 제분, 제당, 면방직 공업 등 삼백 산업이 발달하였다.

정답 ⑤

확인 문제

1 다음 뉴스가 보도된 정부 시기의 사실로 옳은 것은? 56회 [2점]

오늘 대전에서는 향토 예비군 창설식이 열렸습니다. 1월 21일 북한 무장 공비의 청와대 습격 시도 사건을 계기로 자주적 방위 태세를 강화하기 위한 조치입니다.

① 양성 평등의 실현을 위해 호주제를 폐지하였다.
② 교육의 지표를 제시한 국민 교육 헌장을 선포하였다.
③ 사회 통합을 위한 다문화 가족 지원법을 시행하였다.
④ 공직자 윤리법을 개정하여 재산 등록을 의무화하였다.
⑤ 언론의 통폐합이 단행되고 언론 기본법을 제정하였다.

2 (가), (나) 사이의 시기에 있었던 사실로 옳은 것을 〈보기〉에서 고른 것은? 49회 [2점]

(가) 국군 장교가 위원으로 선출되었으며, 3권을 장악하고 국회의 권한을 행사하는 최고 통치 기구인 국가 재건 최고 회의가 출범하였다.
(나) 국민의 직접 선거로 대의원이 선출되었으며, 통일 정책을 최종 결정하고 대통령 선거권 등을 행사하는 통일 주체 국민 회의가 발족하였다.

― 보기 ―
ㄱ. 장기 집권을 위한 3선 개헌안이 통과되었다.
ㄴ. 제2차 석유 파동으로 경제 불황이 심화되었다.
ㄷ. 베트남 파병에 관한 브라운 각서가 체결되었다.
ㄹ. 대통령 긴급 명령으로 금융 실명제가 실시되었다.

① ㄱ, ㄴ   ② ㄱ, ㄷ   ③ ㄴ, ㄷ
④ ㄴ, ㄹ   ⑤ ㄷ, ㄹ

정답
1 ② 박정희 정권은 민족중흥과 국가 발전을 위한 교육을 강조하기 위해 1968년 국민 교육 헌장을 반포하였다.
2 ② (가) 국가 재건 최고 회의 출범(1961) → ㄷ. 브라운 각서(1966) → ㄱ. 6차 개헌(3선 개헌, 1969) → (나) 통일 주체 국민 회의 발족(1972)

Theme 118 유신 체제

PART 8 현대 사회의 발전

출제 의도와 대책

1960년대 말 국제적으로 냉전 체제가 약화되자 반공을 명분으로 내세운 박정희 정부의 정당성도 약화되었다. 이에 박정희 정부는 7·4 남북 공동 성명을 발표하고, 통일을 위해 장기간의 정치 안정이 필요하다는 명분으로 유신을 단행하였다. 유신 헌법은 대통령에게 3권 분립을 초월하는 권한을 규정한 위헌적 헌법으로, 그 구체적 내용을 파악해 두어야 한다. 또한 이 시기에 전개된 유신 반대 운동과 유신 체제의 붕괴 과정을 알아 둔다.

필기노트 마인드맵

- 배경 대외: 닉슨 독트린 → 냉전 완화, 반공 명분 약화
         대내: 경제 불황
- 전개: **7·4 남북 공동 성명** 발표(자주·평화·민족 대단결 원칙)
  → 유신 선포: 헌정 중단, 국회 해산
  → 국민투표로 유신 헌법 제정
- 내용 대통령 임기 6년, 중임 제한 無
         대통령 권한 극대화 → **긴급조치권**, 국회 해산권
         통일 주체 국민회의 대통령 선출
                              국회의원 1/3 선출(유신 정우회)
- 유신 반대 운동: 개헌 청원 100만인 서명 운동, 3·1 민주 구국 선언
- 붕괴 제2차 석유 파동으로 경제 불황
         YH 사건(신민당사에서 농성) → 김영삼 신민당 총재 **국회의원 제명** → 부·마 민주 항쟁 → 10·26 사태(박정희 사망)

3·1 민주 구국 선언

삼권 분립은 허울만 남았다. 이 나라는 1인 독재 아래 인권은 유린되고 자유는 박탈당하고 있다. 우리는 이를 보고 있을 수 없어 여야의 정치적 전략이나 이해를 넘어서 이 나라의 먼 앞날을 내다보면서 민주 구국 선언을 선포하는 바이다.
1. 이 나라는 민주주의의 기반 위에 서야 한다.
2. 경제 입국의 구상과 자세가 근본적으로 검토되어야 한다.
3. 민족 통일은 오늘 이 겨레가 짊어진 최대의 과업이다.

선택지 빅데이터

① 7·4 남북 공동 성명 발표 이후 ■■ 해산과 ■■의 일부 효력 정지를 담은 유신이 선포되었다. → 국회, 헌법
② 유신 체제에서 ■■■■■가 대통령을 선출하였다. → 통일 주체 국민회의
③ 통일 주체 국민회의는 정수의 3분의 1에 해당하는 ■■■ 선출권을 행사하였다. → 국회의원
④ 재야 정치인들과 지식인 등이 3·1 ■■ ■■■을 통해 긴급 조치 철폐 등을 요구하였다. → 민주 구국 선언
⑤ ■·■은 유신 체제 붕괴의 배경이 되었다. → 부·마 항쟁
⑥ 유신 체제 말에 제■차 석유 파동으로 불황이 심화되었다. → 2

대표 기출 1

밑줄 그은 '당시 헌법'이 시행된 시기에 볼 수 있는 모습으로 가장 적절한 것은?

72회 [2점]

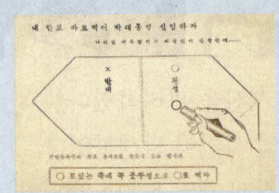

자료는 당시 헌법의 유지 여부를 묻는 국민 투표를 앞두고 찬성을 독려하는 홍보문의 일부이다. 이 투표의 실시 결과 <u>당시 헌법</u>을 유지하는 것으로 결정되었다. 3개월 뒤 이 헌법을 부정, 반대하는 주장이나 보도를 일체 금지하고 위반자는 영장 없이 체포한다는 내용을 핵심으로 한 대통령 긴급 조치 제9호가 선포되었다.

① 국민 방위군에 소집되는 청년
② 개성 공단 착공식에 참석하는 기업인
③ 미·소 공동 위원회의 재개를 요구하는 시민
④ 남북 기본 합의서 채택 소식을 보도하는 기자
⑤ 통일 주체 국민 회의 대의원 명단을 점검하는 공무원

자료분석

자료의 '긴급 조치' 등을 통해 밑줄 그은 '당시 헌법'이 유신 헌법(7차 개헌)임을 알 수 있다. 긴급 조치는 유신 헌법에서 대통령이 발동할 수 있도록 한 권한으로, 대통령은 긴급 조치를 통해 헌법 질서를 중단시키거나 국민의 기본권도 제한할 수 있었다.

정답분석

⑤ 통일 주체 국민 회의는 유신 헌법하에서 설치된 기관으로, 국민의 직접 선거로 선출된 대의원 2,000~5,000여 명으로 구성되었다. 이들은 대통령 선출권과 국회의원 1/3 동의권 등을 갖고 있었다.

선택지분석

① 6·25 전쟁 당시 중공군에 맞서 싸우기 위해 정부는 국민 방위군 설치법을 제정하여 만 17세 이상 40세 미만의 젊은 남성을 제2국민병에 편성하였다.
② 개성 공단은 김대중 정부 시기에 합의하였으며, 노무현 정부 때 착공이 시작되었다.
③ 미·소 공동 위원회 개최는 정부 수립 이전의 일이다.
④ 남북 기본 합의서 채택은 유신 헌법 이전의 일이다. 남북 기본 합의서 채택 이후 박정희 정부는 유신 헌법을 공포하였다.

정답 ⑤

대표 기출 2

다음 조치를 시행한 정부 시기에 있었던 사실로 옳은 것은?

64회 [2점]

> **대통령 긴급조치 제9호**
> **국가안전과 공공질서의 수호를 위한 대통령 긴급조치**
>
> 1. 다음 각 호의 행위를 금한다.
>   가. 유언비어를 날조·유포하거나 사실을 왜곡하여 전파하는 행위.
>   나. 집회·시위 또는 신문·방송·통신 등 공중 전파 수단이나 문서·도서·음반 등 표현물에 의하여 대한민국 헌법을 부정·반대·왜곡 또는 비방하거나 그 개정 또는 폐지를 주장·청원·선동 또는 선전하는 행위.
>   ......
> 8. 이 조치 또는 이에 의한 주무부 장관의 조치에 위반한 자는 법관의 영장 없이 체포·구금·압수 또는 수색할 수 있다.
>   ......
> 13. 이 조치에 의한 주무부 장관의 명령이나 조치는 사법적 심사의 대상이 되지 아니한다.

① 국민 방위군 설치법이 공포되었다.
② 내각 책임제를 골자로 하는 개헌이 이루어졌다.
③ 귀속 재산 처리를 위한 신한 공사가 설립되었다.
④ 평화 통일론을 주장한 진보당의 조봉암이 구속되었다.
⑤ 장기 독재에 저항하는 3·1 민주 구국 선언이 발표되었다.

자료분석
대통령 긴급조치는 유신 헌법에서 대통령에게 부여한 초법적 권한으로, 대통령은 긴급조치를 통해 헌정 질서를 중단하거나 국민의 기본권까지 제한할 수 있었다.

정답분석
⑤ 1976년 재야인사와 종교계 인사, 대학 교수 등이 명동성당에서 열린 3·1절 기념 미사를 기회로 유신 체제를 비판하는 민주 구국 선언문을 발표하였다. 유신 체제 하 최대의 반정부 선언 사건이다.

선택지분석
① 1950년 10월 이후 중국군이 참전하여 전황이 불리해지자, 정부는 국민 방위군 설치법을 제정하여 군인, 경찰, 학생을 제외한 젊은 남성을 제2국민병에 편성하였다. 1951년 1·4 후퇴 때 국민 방위군에 지급할 물자를 장교들이 착복하면서 다수가 아사하는 국민 방위군 사건이 일어났다.
② 1960년 4·19 혁명 이후 조직된 허정 과도 정부에서 내각 책임제와 양원제를 골자로 하는 헌법 개정이 이루어졌다.
③ 미군정은 일제 패망 후 일본인이 한반도에 남기고 간 재산(귀속 재산)을 처리하기 위해 신한공사를 설립하였다.
④ 1956년 제3대 대통령 선거에서 혁신계의 조봉암이 약진하고, 이후 진보당을 세워 정치 활동을 펼쳤다. 이승만 정부는 이를 위협으로 보고 진보당을 해산하고 조봉암을 간첩 혐의로 사형시켰다(1959).

정답 ⑤

확인 문제

1 (가) 헌법이 시행된 시기의 사실로 옳은 것은?

69회 [2점]

사진은 인민혁명당 재건위 사건 재판 당시의 모습입니다. 이 사건은 (가) 헌법에 의거하여 발동한 긴급조치 제4호 등으로 정부에 비판적인 인물들을 반국가 세력으로 몰아 처벌한 것입니다. 당시 사형을 당한 8명은 2007년에 열린 재심 공판에서 무죄를 선고받았습니다.

① 김주열이 최루탄을 맞고 사망하였다.
② 부천 경찰서 성 고문 사건이 발생하였다.
③ 개헌 청원 백만인 서명 운동이 전개되었다.
④ 국민 보도 연맹원에 대한 학살이 자행되었다.
⑤ 민주화 시위 도중 대학생 강경대가 희생되었다.

2 (가), (나) 헌법에 대한 설명으로 옳은 것은?

70회 [2점]

(가)	제39조 ① 대통령은 통일 주체 국민 회의에서 토론 없이 무기명 투표로 선거한다. 제47조 대통령의 임기는 6년으로 한다. 제59조 ① 대통령은 국회를 해산할 수 있다.
(나)	제39조 ① 대통령은 대통령 선거인단에서 무기명 투표로 선거한다. ③ 대통령 선거인단에서 재적 대통령 선거인 과반수의 찬성을 얻은 자를 대통령 당선자로 한다. 제45조 대통령의 임기는 7년으로 하며, 중임할 수 없다.

① (가) - 6·25 전쟁 중 부산에서 공포되었다.
② (가) - 대통령의 국회의원 1/3 추천 조항을 담고 있다.
③ (나) - 호헌 동지회 결성의 배경이 되었다.
④ (나) - 3·1 민주 구국 선언에 영향을 주었다.
⑤ (가), (나) - 6월 민주 항쟁 이후에 제정되었다.

정답
1 ③ 1974년 재야 인사들이 유신 헌법에 반대하는 개헌 청원 100만인 서명 운동을 전개하며 반유신 요구가 높아지자, 박정희 정부는 이를 북한의 지령을 받은 인민혁명당 재건 시도로 조작하여 관련자를 사형시켰다.
2 ② 유신 헌법하에서 대통령은 국회의원의 1/3을 통일 주체 국민 회의에 추천할 수 있었으며, 이들은 유신 정우회를 구성하였다.

Theme 119 5·18 민주화 운동

PART 8 현대 사회의 발전

출제 의도와 대책

10·26 사건으로 박정희가 사망하자 계엄령이 선포되고 수사 책임자인 보안사령관 전두환이 12·12 사태를 일으켜 권력을 장악하였다. 이에 반대하여 민주주의를 요구하는 5·18 민주화 운동을 군대를 투입해 무자비하게 진압한 뒤 전두환 정권이 출범하였다. 전두환 정부는 부족한 정통성의 한계로 해외여행 자유화, 프로스포츠 출범, 교복·두발 자유화 등 유화 정책을 펼쳤지만, 실제로는 언론 통폐합과 보도지침 등으로 언론을 통제하면서 민주화 운동을 탄압하였다.

필기노트 마인드맵

- 12·12사태 → 전두환, 노태우 등 신군부 정권 장악
  - ← 서울의 봄, "신군부 퇴진", "유신 철폐" 대규모 시위
  - ← 계엄령 전국 확대(제주도 포함)
- 5·18 민주화 운동: 공수부대 투입 → 시민군 조직 → 잔혹한 진압
  - ← 국가보위 비상 대책 위원회
    - → 언론 통폐합, 삼청 교육대 운영,
    - → 7·30 교육 조치: 과외 금지, 대학 졸업 정원제
- 제8차 개헌: 대통령 단임제, 대통령 선거인단에 의한 간선제
  - ← 12대 대통령 전두환 당선(대통령 선거인단)
- 전두환 정부: 국정 지표 "정의사회 구현"
  - 유화 정책: 교복 자율화, 해외여행 자유화, 프로 야구 창단
  - 강압 정책: 보도지침, 민주화 운동 탄압
  - 경제: 3저 호황으로 무역 수지 흑자 달성

5·18 민주화 운동

광주 시민들에 따르면, 공수 부대가 학생들의 시위에 잔인하게 대응하면서 상호 간에 폭력적인 결과를 가져왔다고 한다. 계엄령 해제와 수감된 야당 지도자의 석방을 요구하는 학생들이 행진하면서 돌을 던졌다고 하지만, 그렇게 폭력적이지는 않았다고 한다. 광주에 거주하는 25명의 미국인들 - 대부분 선교사 교사, 평화 봉사단 단원들 - 가운데 한 사람은 "가장 놀랐던 것은 군인들이 저지른 무차별적 폭력이었다."라고 증언하였다.

선택지 빅데이터

① ■■■가 비상 계엄을 전국으로 확대하였다. → 신군부
② 5·18 민주화 운동 전개 과정에서 ■■■이 자발적으로 조직되었다. → 시민군
③ 5·18 민주화 운동 관련 기록물이 유네스코 ■■■■■으로 등재되었다. → 세계 기록유산
④ 제8차 개헌으로 ■■■이 선출하는 ■년 단임의 대통령제가 실시되었다. → 선거인단, 7
⑤ 언론이 통폐합되고 ■■ 기본법이 제정되었다. → 언론
⑥ 사회 정화를 명분으로 ■■ 교육대가 설치되었다. → 삼청
⑦ ■■■으로 물가가 안정되고 수출이 증가하였다. → 3저 호황
⑧ 과외 전면 금지와 대학 ■■ 정원제를 시행하였다. → 졸업

대표 기출 1

다음 자료에 나타난 민주화 운동에 대한 설명으로 옳은 것은?

73회 [1점]

> 우리는 왜 총을 들 수밖에 없었는가? 그 대답은 너무나 간단합니다. 너무나 무자비한 만행을 더 이상 보고 있을 수만 없어서 너도나도 총을 들고 나섰던 것입니다. …… 계엄 당국은 공수부대를 대량으로 투입하여 시내 곳곳에서 학생, 젊은이들에게 무차별 살상을 자행하였으니 …… 너무나 경악스러운 또 하나의 사실은 20일 밤부터 계엄 당국은 발포 명령을 내려 무차별 발포를 시작했다는 것입니다. 이 고장을 지키고자 이 자리에 모이신 민주 시민 여러분! 그런 상황에 우리가 할 수 있는 일은 무엇이겠습니까?

① 4·13 호헌 조치 철폐를 요구하였다.
② 시민군을 조직하여 계엄군에 대항하였다.
③ 시위 도중 김주열이 최루탄을 맞고 사망하였다.
④ 직선제 개헌을 약속한 6·29 민주화 선언을 이끌어 냈다.
⑤ 국민의 요구에 굴복하여 대통령이 하야하는 결과를 가져왔다.

자료분석
계엄 당국이 공수부대를 투입하여 무차별 살상했다는 데서 1980년 5·18 민주화 운동 당시의 상황임을 알 수 있다.

정답분석
② 1980년 신군부의 권력 장악과 계엄 확대에 반발하여 5·18 민주화 운동이 일어나자, 신군부는 공수부대까지 동원한 계엄군을 출동시켜 광주 시민들을 무자비하게 학살하였다. 이에 시민들은 경찰서 등에서 무기를 탈취해 시민군을 결성하여 저항하면서 신군부 퇴진을 요구하였으나, 신군부는 광주와 외부의 연락을 차단한 채 강경 진압으로 일관하였고 시민군은 전남도청에서 최후까지 항전하였다.

선택지분석
① 1987년 박종철 고문치사 사건 등으로 전두환 정부의 도덕성이 실추된 가운데 국민들이 민주화와 직선제 개헌을 주장하였으나, 전두환 정부는 헌법 개정 없이 차기 대선을 치르겠다는 4·13 호헌 조치를 발표하였다. 이에 호헌 철폐를 요구하는 6월 민주 항쟁이 전개되었다.
③ 1960년 이승만 정부는 3·15 부정 선거를 자행하였다. 이에 부정 선거에 대해 항의하는 마산 의거가 일어났는데, 시위 도중에 김주열 학생이 최루탄을 맞고 사망하는 사건이 일어났다. 이로 인해 부정 선거 반대 시위가 전국으로 확산되면서 4·19 혁명으로 이어졌다.
④ 1987년 6월 민주 항쟁으로 국민들의 민주화 요구가 거세게 분출되자, 당시 여당 대표이던 노태우가 직선제 개헌을 약속하는 6·29 민주화 선언을 발표하였다.
⑤ 4·19 혁명이 전국적으로 전개되자 이승만은 국민의 요구에 굴복하여 하야하고 하와이로 망명하였다.

정답 ②

대표 기출 2

다음 뉴스가 보도된 정부 시기의 사실로 옳은 것은? 72회 [2점]

> 문교부가 중고등학생의 교복과 두발을 자율화하겠다고 발표한 데 이어, 오늘부터 야간 통행금지 해제가 본격 적용되었습니다. 시민들은 새벽 거리를 활보하며 37년 만에 되찾은 24시간의 자유를 만끽하게 되었습니다.

① 서울 올림픽 대회가 개최되었다.
② 보도 지침으로 언론이 통제되었다.
③ 삼풍 백화점 붕괴 사고가 일어났다.
④ 양성 평등의 실현을 위해 호주제가 폐지되었다.
⑤ 사회 통합을 위한 다문화 가족 지원법이 시행되었다.

자료분석
자료의 '교복과 두발 자율화', '야간 통행금지 해제'는 모두 전두환 정부 시기의 일이다. 5·18 민주화 운동을 폭력적으로 진압하고 수립된 전두환 정부는 정통성이 부족하였기 때문에 야구 등 프로 스포츠 창단, 해외여행 자유화, 교복 및 두발 자율화, 야간 통행금지 해제 등 유화 정책을 시행하였다.

정답분석
② 전두환 정부는 언론사에 사건이나 상황, 사태의 보도 여부 및 보도 방향과 내용, 형식까지 구체적으로 제시하는 보도 지침을 통해 언론을 통제하였다. 보도 지침을 지키지 않을 경우 불법 연행하여 조사하고 폭력을 행사하기도 하였다.

선택지분석
① 서울 올림픽은 노태우 정부 시기에 개최되었다.
③ 김영삼 정부 시기에 삼풍 백화점 붕괴 사고가 일어났다.
④ 노무현 정부 때 호주제가 폐지되었다.
⑤ 이명박 정부 시기에 다문화 가족 지원법이 제정·시행되었다.

정답 ②

확인 문제

1 밑줄 그은 '이 정부' 시기에 있었던 사실로 옳지 않은 것은? 60회 [2점]

> 천주교 정의 구현 전국 사제단과 민주 언론 운동 협의회가 이 정부에서 각 언론사에 하달한 보도지침 자료를 공개하는 기자회견 장면입니다. 이후 이 사건의 관련자들은 남영동 치안본부 대공분실로 연행되었으며, 국가 보안법 위반 등의 죄목으로 기소되어 고초를 겪었습니다.

① 서울 올림픽이 개최되었다.
② 야간 통행금지가 해제되었다.
③ 박종철 고문치사 사건이 발생하였다.
④ 프로 야구가 6개 구단으로 출범하였다.
⑤ 남북 이산가족 고향 방문이 최초로 이루어졌다.

2 (가) 민주화 운동에 대한 설명으로 옳은 것은? 69회 [1점]

> 이곳은 옛 전남도청 본관으로 (가) 당시 시민군이 계엄군에 항쟁한 장소입니다. 정부는 본관을 포함한 옛 전남도청을 복원하여 (가) 의 의미를 기억하고 추모하는 공간으로 되살리겠다고 하였습니다. 건물 내부에는 당시 상황을 알 수 있는 실물 또는 가상 콘텐츠 공간 등이 조성될 예정입니다.

① 3·1 민주 구국 선언을 발표하였다.
② 시위 도중 대학생 이한열이 희생되었다.
③ 호헌 철폐, 독재 타도 등의 구호를 외쳤다.
④ 허정 과도 정부가 출범하는 계기가 되었다.
⑤ 관련 기록물이 유네스코 세계 기록 유산으로 등재되었다.

정답
1 ① 서울 올림픽은 전두환 정부 시기에 유치가 확정되어, 노태우 정부 시기인 1988년에 개최되었다.
2 ⑤ 5·18 민주화 운동은 한국 민주화의 큰 전기가 되었을 뿐 아니라 1980년대 이후 동아시아의 냉전 체제를 해체하고 민주화를 이루는 데 기여하였다. 진상 규명과 명예 회복 등 사후 처리 과정이 다른 인권 침해 사건의 처리에 모범이 된다는 점 등을 인정받아 2011년 세계 기록유산에 등재되었다.

Theme 120 6월 민주 항쟁

PART 8 현대 사회의 발전

출제 의도와 대책

박정희·전두환의 군정이 지속되면서 시민들의 민주화 시위와 직선제 개헌 요구도 커졌다. 1987년 경찰의 고문으로 박종철 학생이 사망한 사건을 계기로 민주화 운동이 더욱 격화되었으나, 전두환 정부가 4·13 호헌 조치로 이를 정면으로 거부하자 6월 민주 항쟁이 전개되었다. 결국 여당 총재 노태우가 시민들에 굴복하여 6·29 선언이 발표되었으며, 직선제 개헌이 이루어졌다. 6월 민주 항쟁 결과 현행 헌법이 제정되었다는 점에서 중요하게 출제되는 주제의 하나이다.

필기노트 마인드맵

- 배경 경제 성장으로 화이트칼라 시민층 형성
        국민들의 민주화 요구, 대통령 직선제 요구 증대
- 전개: 직선제 개헌 1천만 서명 운동 → **박종철 고문치사 사건**
       → **4·13 호헌 조치** 발표: 개헌 거부
       → 민주 헌법 쟁취 국민 운동 본부 결성 → 이한열 사망
       → 6·10 국민 대회 개최, "호헌 철폐, 독재 타도" 구호
- 결과 6·29 민주화 선언(노태우)
        제9차 개헌(현행 헌법): **대통령 직선제, 5년 단임제 규정**
        제13대 대선: 노태우 당선 ← 야당 후보 분열

6월 민주 항쟁
국민 합의 배신한 4·13 호헌 조치는 무효임을 전 국민의 이름으로 선언한다. 오늘 우리는 전 세계 이목이 우리를 주시하는 가운데 40년 독재 정치를 청산하고 희망찬 민주 국가를 건설하기 위한 거보를 전국민과 함께 내딛는다. 국가의 미래요, 소망인 꽃다운 젊은이를 야만적인 고문으로 죽여 놓고 그것도 모자라 뻔뻔스럽게 국민을 속이려 했던 현 정권에게 국민의 분노가 무엇인지를 분명히 보여주고, 국민적 여망인 개헌을 일방적으로 파기한 4·13 폭거를 철회시키기 위한 민주 장정을 시작한다.

6·29 선언
- 여야 합의하에 조속히 대통령 직선제 개헌을 하고 새 헌법에 의해 대통령 선거를 통해 평화적 정부 이양을 실현토록 해야겠습니다.
- 우리 정치권은 물론 모든 분야에 있어서의 반목과 대결이 과감히 제거되어 국민적 화해와 대단결을 도모하여야 합니다. 그러한 의미에서 과거에 어떠하였든 간에 김대중씨도 사면·복권되어야 한다고 생각합니다.
- 언론 자유의 창달을 위해 언론기본법은 시급히 대폭 개정되거나 폐지하여야 할 것입니다.

선택지 빅데이터

① ■■ 철폐와 독재 타도 등을 내세운 시위가 전개되었다. → 호헌
② ■■■ 과 이한열의 희생으로 확산되었다. → 박종철
③ 정부는 국민의 ■■■ 요구를 거부한 4·13 조치를 발표하였다. → 직선제
④ 호헌 철폐 등을 내세운 시위로 ■·■■ ■■■ 선언이 발표되었다. → 6·29 민주화
⑤ ■년 단임의 대통령 직선제 개헌이 이루어졌다. → 5

대표 기출 1

(가) 민주화 운동에 대한 설명으로 적절한 것은? 72회 [2점]

> 그때 고등학생이었던 저는 호헌 철폐가 무슨 뜻인지 잘 몰랐어요. 다만 1980년 5월의 경험과 전두환이라는 인물을 통해 당시 우리나라가 독재 국가라고 인식하고 있었습니다. 그래서 시위에 참여했어요.

> 당시 민주 헌법 쟁취 국민 운동 본부가 지정했던 국민 평화 대행진 구호가 '동장에서 대통령까지 내 손으로'였어요. 이 구호가 담긴 현수막을 만들면 감옥에 갈 수도 있었지만, 스프레이와 천을 사다가 밤에 건물 옥상에서 이 글귀를 현수막에다가 적었어요.

참여자의 구술로 살펴보는 지역별 (가)

① 굴욕적인 한·일 국교 정상화에 반대하였다.
② 5년 단임의 대통령 직선제 개헌을 이끌어냈다.
③ 시위 과정에서 시민군이 자발적으로 조직되었다.
④ 3선 개헌 반대 범국민 투쟁 위원회를 결성하였다.
⑤ 대통령 중심제에서 의원 내각제로 바뀌는 계기가 되었다.

자료분석
자료의 '호헌 철폐', '대통령까지 내 손으로' 등을 통해 (가)가 6월 민주 항쟁(1987)임을 알 수 있다. 전두환 정부 말기에 국민들은 직선제와 민주주의 회복을 요구하였으나, 정부는 사회 안정을 명분으로 기존의 헌법을 유지하여 차기 대통령 선거를 치르겠다는 내용의 4·13 호헌 조치를 발표하였다. 이에 국민들은 호헌 철폐, 독재 타도를 외치며 6월 민주 항쟁을 전개하였다.

정답분석
② 6월 민주 항쟁의 결과 대통령 직선제와 5년 단임제를 내용으로 하는 9차 개헌(현행 헌법)이 이루어졌다.

선택지분석
① 박정희 정부가 한·일 수교를 추진한다는 소식이 알려지자, 굴욕적인 한·일 회담에 반대하는 6·3 시위(1964)가 전개되었다.
③ 5·18 민주화 운동에 대한 설명이다.
④ 박정희 정부가 1969년에 대통령의 3선을 허용하는 내용의 개헌을 추진하자, 야당인 신민당과 종교계, 재야 인사들은 3선 개헌 반대 범국민 투쟁 위원회(범투)를 결성하고 개헌 반대 투쟁에 나섰다. 그러나 박정희 정부는 날치기로 3선 개헌안을 통과시키고 제7대 대통령 선거에 다시 출마하였다.
⑤ 4·19 혁명에 대한 설명이다.

정답 ②

대표 기출 2

(가) 민주화 운동에 대한 설명으로 옳은 것은? 58회 [1점]

① 신군부의 비상계엄 확대가 원인이 되어 일어났다.
② 관련 기록물이 유네스코 세계 기록 유산으로 등재되었다.
③ 3·15 부정 선거에 항의하며 시위대가 경무대로 행진하였다.
④ 3·1 민주 구국 선언을 통해 긴급 조치 철폐 등을 요구하였다.
⑤ 호헌 철폐와 독재 타도 등의 구호를 내세운 시위가 확산되었다.

자료분석
제시된 자료의 (가)는 6월 민주 항쟁이다.

정답분석
⑤ 1987년 전두환 정부의 4·13 호헌 조치를 배경으로 대통령 직선제 개헌을 요구하는 6월 민주 항쟁이 일어났으며, 그 결과 5년 단임의 대통령 직선제 개헌이 이루어졌다(9차 개헌).

선택지분석
① 5·18 민주화 운동, ③ 4·19 혁명에 대한 설명이다.
② 4·19 혁명 기록물, 5·18 민주화 운동 기록물이 유네스코 세계 기록유산으로 등재되었다.
④ 1976년 재야인사들이 유신 체제와 경제 발전 논리를 비판하는 3·1 민주 구국 선언을 발표하였다.

정답 ⑤

확인 문제

1 밑줄 그은 '정부' 시기에 있었던 사실로 옳은 것은? 65회 [2점]

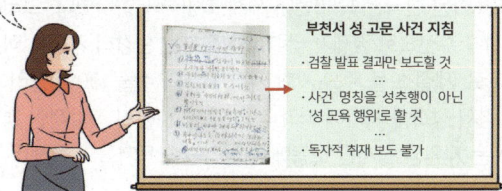

이것은 부천 경찰서에서 자행된 여성 노동자에 대한 성 고문 사건을 축소, 은폐하기 위해 내린 정부의 보도 지침 내용입니다. 당시 정부는 언론의 보도 방향을 통제하고, 민주화 운동을 탄압하였습니다. 이후 박종철 고문 치사 사건도 단순 쇼크사로 날조하였습니다.

① 야당 총재가 국회의원직에서 제명되었다.
② 5년 단임의 대통령 직선제 개헌이 이루어졌다.
③ 국가 재건 최고 회의를 기반으로 군정이 실시되었다.
④ 평화 통일론을 내세우던 진보당의 조봉암이 처형되었다.
⑤ 긴급 조치 철폐 등을 포함한 3·1 민주 구국 선언이 발표되었다.

2 (가), (나) 민주화 운동에 대한 설명으로 옳은 것은? 64회 [1점]

① (가) – 굴욕적인 한·일 국교 정상화에 반대하였다.
② (가) – 군부 독재를 타도하려 한 민주화 운동이었다.
③ (나) – 대통령 직선제 개헌을 이끌어냈다.
④ (나) – 전개 과정에서 시민군이 자발적으로 조직되었다.
⑤ (가), (나) – 대통령이 하야하는 결과를 가져왔다.

정답
1 ② 전두환 정부 시기에 6월 민주 항쟁이 전개되어 대통령 직선제와 5년 단임제를 골자로 하는 현행 헌법으로의 개헌이 이루어졌다.
2 ③ 전두환은 4·13 호헌 선언으로 헌법 개정 요구를 거부하였으나, 6월 민주 항쟁이 거세게 분출되자, 당시 여당 대표이자 차기 대통령 후보였던 노태우는 시민들에 굴복하여 직선제를 수용하는 6·29 선언을 발표하였다.

Theme 121 현대 경제의 발전 1

PART 8 현대 사회의 발전

출제 의도와 대책

일제 강점기의 불균형한 산업 구조에 더해 6·25 전쟁으로 빈약한 산업 기반마저 초토화된 한국은 1950년대 세계 최빈국의 하나였다. 그러나 경제 개발 계획 추진으로 경제가 급격히 성장하는 한강의 기적을 이루었다. 고속도로, 제철소 등 주요 사회 기간 시설과 수출 100억 달러 달성 등 주요 경제 성과를 시기에 따라 정리해 둔다. 한편 폭발적인 경제 성장 이면에는 저임금 장시간 노동에 시달리던 노동자들의 희생이 있었음도 알아 둔다.

필기노트 마인드맵

- 이승만 정부
  - 한·미 원조 협정(1948)
  - 농지개혁법: 3정보 제한, 유상 매수 유상 분배 방식
  - 귀속재산 처리법: 국내 일본인 재산(적산) 민간에 불하
  - 원조 경제 → 삼백산업 발달(제분·제당·섬유)
- 박정희 정부
  - 경제 개발 계획
    - 1차·2차: 1960년대, 경공업 중심
    - 3차·4차: 1970년대, 중화학 공업 중심
    - 수출 100억 달러 달성(1977)
  - 베트남 특수: (브라운 각서) 군수품 납품, 재건 사업 참여
  - 외화 획득: 서독에 광부 파견
  - 건설: 경부 고속 도로(1970), 포항 제철 준공(1973)
  - 위기: 8·3사채 동결 조치(1971): 기업의 사채 동결 (정경 유착 심화)
  - 제1차 석유 파동(1973), 제2차 석유 파동(1978)
  - 한계: 저임금, 저곡가 정책 → 노동자·농민 희생
    - 도·농 격차 확대 → 새마을 운동 전개

농지 개혁법

제12조 농지의 분배는 농지의 종목, 등급 및 농가의 능력 기타에 기준한 점수제에 의거하되 1가당 총 경영 면적 3정 보를 초과하지 못한다.
제5조 정부는 …… 아래의 농지는 적당한 보상으로 정부가 매수한다.
(가) 농가 아닌 자의 농지 (나) 자경(自耕)하지 않는 자의 농지

선택지 빅데이터

① 제1차 경제 개발 5개년 계획은 ■■■을 중심으로 추진되었다. → 경공업
② 1970년에 ■■ 고속도로를 준공하였다. → 경부
③ 제2차 경제 개발 계획으로 ■■ 공업이 육성되었다. → 중화학
④ 한·독 정부 간 협정에 따라 서독으로 ■■가 파견되었다. → 광부
⑤ 두 차례의 ■■ 파동으로 경제 위기를 겪었다. → 석유
⑥ 농촌 근대화를 표방한 ■■■ 운동이 전개되었다. → 새마을
⑦ 1977년에 연간 ■■■ 100억 달러가 달성되었다. → 수출액

대표 기출 1

다음 사건이 있었던 정부 시기의 경제 상황으로 옳은 것은?

68회 [3점]

YH 무역 여성 노동자들은 일방적인 폐업에 항의하며 신민당 당사에서 농성 시위를 벌이다 경찰에 의해 강제 해산되었다. 그 과정에서 노동자 김경숙이 사망하였다. 이 사진은 현장에 남아 있던 머리띠와 신발들이다. 머리띠에는 '안되면 죽음이다'라는 글귀가 쓰여 있다.

① 금융 실명제가 실시되었다.
② 연간 수출액 100억 달러가 달성되었다.
③ 개성 공단에서 의류 생산이 시작되었다.
④ 칠레와 자유 무역 협정(FTA)을 체결하였다.
⑤ 저금리, 저유가, 저달러의 3저 호황이 있었다.

자료분석

YH 무역 사건은 유신 체제 말기인 1979년에 일어났다. 당시 제2차 석유 파동으로 경제가 타격을 입은 가운데 가발 제조 회사인 YH 무역 사업주가 회사 자금을 빼돌리고 불법적으로 폐업을 신고하였다. 이에 YH 무역 직원들이 당시 야당인 신민당 당사에서 농성 시위를 벌였으나 경찰의 강제 진압으로 노동자가 사망하는 사건이 일어났다.

정답분석

② 제4차 경제 개발 계획 중인 1977년에 1인당 GNP 1,000달러, 수출 100억 달러를 돌파하였다.

선택지분석

① 김영삼 정부는 부정부패와 탈세를 뿌리뽑기 위해 대통령 특별 명령으로 금융 실명제를 실시하였다(1993).
③ 김대중 정부 때 최초의 정상 회담으로 6·15 남북 공동 선언을 발표하고, 개성 공단 조성에 합의하였으며, 노무현 정부 때 착공식을 갖고 본격적으로 추진하여 개성 공단에서 의류 등 상품 생산이 시작되었다.
④ 노무현 정부 시기에 한·칠레 자유 무역 협정(FTA)을 체결하였다.
⑤ 전두환 정부 시기인 1980년대 중반 세계적으로 저금리, 저유가, 저달러의 3저 호황이 찾아오면서 최초로 국제 무역 수지가 흑자로 전환되는 등 경제가 급속히 발전하였다.

정답 ②

대표 기출 2

다음 뉴스가 보도된 정부 시기의 경제 상황으로 옳은 것은?

'66회 [2점]

> 서울-부산 간 고속도로 준공식이 대구에서 열렸습니다 대전-대구 구간을 마지막으로 경부 고속 도로가 완공되면서 서울에서 부산까지의 이동 시간이 4시간 30분 정도로 줄어들게 되었습니다. 하지만 2년 5개월여의 단기간에 고속 도로를 완공하면서 다수의 사상자가 발생하는 등 안타까운 일도 있었습니다.

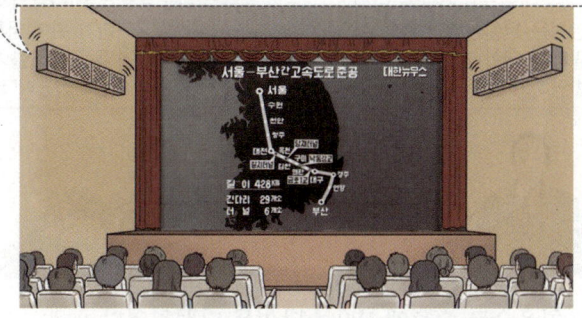

① 제2차 경제 개발 5개년 계획이 추진되었다.
② 미국의 경제 원조로 삼백 산업이 발달하였다.
③ 귀속 재산 처리를 위해 신한 공사가 설립되었다.
④ 대통령 긴급 명령으로 금융 실명제가 실시되었다.
⑤ 최저 임금 결정을 위한 최저 임금 위원회가 설치되었다.

자료분석
서울-부산을 연결하는 경부 고속도로는 1970년에 완공되었다.

정답분석
① 제2차 경제 개발 계획(1967~1971) 기간에는 사회 간접 자본 확충과 경공업 육성 및 중화학 공업의 기초 확립 등 산업 구조 개편에 주력하였다. 그 일환으로 경인 고속도로(1969), 경부 고속도로(1970) 등이 부설되었다.

선택지분석
② 1950년대에는 미국의 원조 자금과 물자에 의존하는 원조 경제가 성립되었으며, 미국의 소비재 원조 물자를 가공하는 제분, 제당, 면방직 산업의 삼백 산업이 발달하였다.
③ 미군정은 일제 패망 후 일본인이 한반도에 남기고 간 재산(귀속 재산)을 관리하기 위해 신한 공사를 설립하였다.
④ 김영삼 정부는 탈세 및 부정부패 척결, 지하 금융 양성화 등을 위해 1993년 대통령 특별 명령으로 금융 실명제를 실시하였다.
⑤ 1986년 최저임금법이 제정되고 해당 법률에 따라 1987년에 최저 임금 심의 위원회가 설치되었다. 2000년부터 최저 임금 위원회로 개칭하였다.

정답 ①

확인 문제

1 다음 명령을 실행한 정부의 경제 정책으로 옳은 것은?

58회 [2점]

> 이것은 경제 관련 긴급 명령을 발표하는 사진입니다. 경부 고속 도로 개통 등으로 경제 발전에 힘쓰던 당시 정부는 사채에 허덕이는 기업을 구제하기 위해 사채 신고를 독려하고 그 상환을 동결시켜 주었습니다. 이로써 기업의 재무 구조가 개선되었으나 정경 유착이 심해지는 계기가 되기도 하였습니다.

① 제3차 경제 개발 5개년 계획을 추진하였다.
② 미국과 자유 무역 협정(FTA)을 체결하였다.
③ 귀속 재산 처리를 위해 신한 공사를 설립하였다.
④ 최저 임금 결정을 위한 최저 임금 위원회를 설치하였다.
⑤ 금융 거래의 투명성을 확보하고자 금융 실명제를 실시하였다.

2 (가) 정부 시기의 경제 상황으로 옳은 것은?

60회 [1점]

① 한·미 자유 무역 협정(FTA)이 체결되었다.
② 저유가·저금리·저달러의 3저 호황이 있었다.
③ 원조 물자를 가공하는 삼백 산업이 발달하였다.
④ 대통령 긴급 명령으로 금융 실명제가 실시되었다.
⑤ 농촌의 근대화를 표방한 새마을 운동이 전개되었다.

정답
1 ① 박정희 정부는 1972년부터 제3차 경제 개발 계획을 추진하였다. 이 시기에는 중화학 공업을 중점적으로 육성하여 산업 구조를 고도화할 것을 목표로 하였다.
2 ⑤ 박정희 정부 때 포항 종합 제철과 경부 고속도로가 준공되었고, 100억 달러 수출을 달성하였으며, 새마을 운동이 전개되었다.

Theme 122 현대 경제의 발전 2

PART 8 현대 사회의 발전

출제 의도와 대책

1970년대 말 중복 투자와 석유 파동으로 위기를 겪었던 한국 경제는 1980년대 세계적으로 저금리, 저달러, 저유가의 3저 호황에 힘입어 무역 수지 흑자를 달성하는 등 큰 진전을 이루었다. 그 결과 경제 협력 개발 기구(OECD)에 가입하는 등 세계화 조류에 동참하였으나, 관치 금융과 방만한 기업 운영 등이 청산되지 못해 금융 위기를 맞이하였다. IMF의 구제 금융을 조기 상환한 후 현재까지 지속적으로 경제 발전을 이루고 있다.

필기노트 마인드맵

전두환 정부: **3저 호황**(저금리, 저유가, 저달러)
　　　　　→ 국제 무역수지 흑자 달성
김영삼 정부: **금융 실명제** 실시, 부동산 실명제 실시
　　　　　우루과이 라운드 체결, 세계 무역 기구(WTO) 출범
　　　　　경제 협력 개발 기구(OECD) 가입
　　　　　외환 위기 → 국제 통화 기금(IMF) 구제 금융
김대중 정부: IMF 극복 노력: 금 모으기 운동, 노사정 위원회
　　　　　　　　　　　→ IMF 조기 상환
　　　　　벤처 산업 육성
노무현 정부: 한·칠레 **FTA 체결**, 한·미 FTA 체결

IMF 구제 금융 조기 상환

지난 5년 동안 우리 국민은 세계가 놀라워하는 업적을 이룩해냈습니다. 외환 위기를 맞이하자 우리 국민은 '금 모으기'를 전개하여 전 세계를 감동시켰습니다. …… 금융, 기업, 공공, 노사의 4대 개혁을 고통과 희생을 감내하면서 지지하고 적극 협력함으로써 우리 경제는 3년을 앞당겨 IMF 관리 체제에서 벗어날 수 있었습니다. …… 고용 보험, 산재 보험, 건강 보험, 국민연금 등 4대 보험의 틀을 갖추고 국민 기초 생활 보장법을 시행한 것을 비롯해 선진국 수준의 복지 체제를 완비했습니다.

선택지 빅데이터

① 1980년대 중반에 ■■■■■로 물가가 안정되고 수출이 증가하였다. → 3저 호황
② ■■■ 정부 때 경제 협력 개발 기구(OECD)에 가입하였다. → 김영삼
③ 김영삼 정부 때 대통령 긴급 명령으로 ■■■■■가 실시되었다. → 금융 실명제
④ 김영삼 정부 때 ■■■■를 맞아 IMF의 긴급 구제 금융을 지원받았다. → 외환위기
⑤ 김대중 정부 때 외환 위기 극복을 위해 ■■■■ 운동이 전개되었다. → 금 모으기
⑥ 김대중 정부 때 대통령 직속 자문 기구인 ■■■ 위원회가 구성되었다. → 노사정
⑦ ■■■ 정부 때 한·미 자유 무역 협정이 체결되었다. → 노무현

대표 기출 1

(가) 시기에 있었던 사실로 옳은 것은? 70회 [1점]

오늘 내린 긴급 재정 경제 명령은 명실상부한 금융 실명제에 대한 국민의 열망을 반영하고 있습니다.

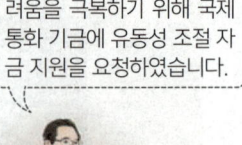
정부는 금융 외환 시장의 어려움을 극복하기 위해 국제 통화 기금에 유동성 조절 자금 지원을 요청하였습니다.

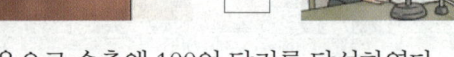
→ (가) →

① 처음으로 수출액 100억 달러를 달성하였다.
② 미국과 자유 무역 협정(FTA)을 체결하였다.
③ 저유가·저금리·저달러의 3저 호황이 있었다.
④ 경제 협력 개발 기구(OECD) 회원국이 되었다.
⑤ 원조 물자를 가공하는 삼백 산업이 발달하였다.

자료분석

금융 실명제는 김영삼 정부 초기인 1993년부터 실시되었다.
국제 통화 기금(IMF)에 긴급 구제 금융 지원 요청은 김영삼 정부 말기인 1997년의 일이다.
따라서 (가)는 김영삼 정부 시기에 해당한다.

정답분석

④ 우리나라는 김영삼 정부 시기인 1996년에 세계화를 내세우며 경제 협력 개발 기구(OECD)에 가입하여 시장 개방 정책을 추진하였다.

선택지분석

① 박정희 정부 시기인 1977년에 수출 100억 달러를 돌파하였다.
② 노무현 정부 때 미국과 자유 무역 협정(FTA)을 체결하였다.
③ 전두환 정부 시기인 1980년대 중후반에 저달러·저유가·저금리의 3저 호황 있었다. 이로 인해 무역 수지 흑자를 달성하였으며, 반도체·자동차·철강 등 중화학 부문을 중심으로 경제가 크게 성장하였다.
⑤ 이승만 정부 시기인 1950년대에 미국의 원조 물자를 바탕으로 한 제분, 제당, 면방직 공업 등 삼백 산업이 발달하였다.

정답 ④

대표 기출 2

다음 발표가 있었던 시기를 연표에서 옳게 고른 것은? 66회 [2점]

> 정부는 최근 겪고 있는 금융·외환 시장의 어려움을 극복하기 위해 국제 통화 기금(IMF)에 유동성 조절 자금을 지원해 줄 것을 요청하기로 결정하였습니다. …… 유동성 부족 상태가 조속한 시일 안에 해결될 것으로 기대합니다. 정부는 국제 통화 기금과 참여국의 지원과 함께 우리 스스로도 원활한 외화 조달을 위한 다각적인 대책을 함께 적극 추진해 나갈 계획입니다.

1949	1965	1977	1988	1998	2007
	(가)	(나)	(다)	(라)	(마)
농지 개혁법 제정	한·일 기본 조약 체결	100억 달러 수출 달성	서울 올림픽 개최	노사정 위원회 구성	한·미 자유 무역 협정(FTA) 체결

① (가)　　② (나)　　③ (다)
④ (라)　　⑤ (마)

정답분석
④ 1997년 동아시아의 외환위기 때 외환 유동성 부족으로 국제 통화 기금(IMF)에 긴급 구제 금융 지원을 요청한다는 내용이다. 김영삼 정부 시기에 세계화를 목표로 공기업 민영화, 금융 자율화 등 신자유주의 정책을 펼쳤으나 재벌의 방만한 경영과 관치 금융 등으로 인해 외환위기에 대처하지 못하고 국제 통화 기금(IMF)의 긴급 구제 금융을 지원받았다.
이로 인해 한동안 가혹한 구조조정과 긴축 재정 등 IMF의 권고에 따라 경제 정책을 운용하는 IMF 관리 체제에 들어갔으며, 신자유주의 경제 구조와 빈익빈 부익부의 사회 구조가 더욱 심화되었다. 이 상태에서 취임한 김대중 정부는 노사정 위원회를 설치하여 사회 협약을 시도하였으며, 국민의 금모으기 운동 등에 힘입어 2001년에 구제 금융액을 조기 상환함으로써 IMF 관리 체제에서 벗어났다.

정답 ④

확인 문제

1 (가)~(다) 학생이 발표한 내용을 일어난 순서대로 옳게 나열한 것은? 52회 [1점]

〈주제: 세계로 뻗어 가는 대한민국〉
- (가) 국제 평화와 안전 보장을 목적으로 결성된 유엔에 가입하였습니다.
- (나) 세계 경제 발전과 무역 촉진을 도모하는 경제 협력 개발 기구(OECD)의 29번째 회원국이 되었습니다.
- (다) 세계 주요 20개국을 회원으로 하는 국제 경제 협의 기구인 G20 정상 회의를 서울에서 개최하였습니다.

① (가) - (나) - (다)
② (가) - (다) - (나)
③ (나) - (가) - (다)
④ (나) - (다) - (가)
⑤ (다) - (가) - (나)

2 다음 담화문을 발표한 정부 시기의 경제 상황으로 옳은 것은? 56회 [1점]

> 헌법 제76조 제1항의 규정에 의거하여 「금융실명거래 및 비밀보장에 관한 대통령 긴급재정경제명령」을 반포합니다. …… 금융 실명제 없이는 건강한 민주주의도, 활력이 넘치는 자본주의도 꽃피울 수가 없습니다. 정치와 경제의 선진화를 이룩할 수가 없습니다. 금융 실명제는 '신한국'의 건설을 위해서 그 어느 것보다도 중요한 제도 개혁입니다.

① 경부 고속도로를 준공하였다.
② 제1차 경제 개발 5개년 계획이 추진되었다.
③ 경제 협력 개발 기구(OECD)에 가입하였다.
④ 미국과 자유 무역 협정(FTA)을 체결하였다.
⑤ 귀속 재산 처리를 위해 신한 공사가 설립되었다.

정답
1 ① (가) 유엔 동시 가입(노태우 정부, 1991) → (나) 경제 협력 개발 기구(OECD) 가입(김영삼 정부, 1996) → (다) 서울에서 G20 정상 회의 개최(이명박 정부, 2010)
2 ③ 김영삼 정부 시기에 경제 협력 개발 기구(OECD)에 가입하였다.

Theme 123 통일 정책의 추진 1

PART 8 현대 사회의 발전

출제 의도와 대책

이승만 정부 시기는 냉전 체제의 강화와 6·25 전쟁 등으로 인해 남북 관계가 매우 적대적이었으며, 북진 통일을 내세웠다. 1970년대에 국제적 냉전이 완화되면서 7·4 남북 공동 성명이 발표되었다. 비록 남북의 권위주의 통치에 이용되었지만, 이로써 자주·평화·민족 대단결이라는 통일의 원칙이 확립되었다. 노태우 정부 시기에는 사회주의권 국가와 교류하는 적극적인 대외 정책으로 남북이 유엔에 동시 가입하고 남북 관계의 법적 근거를 마련한 남북 기본합의서를 체결하였다.

필기노트 마인드맵

- 이승만 정부: 멸공·북진 통일
- 장면 정부: 유엔 감시하 남북 총선거
- 박정희 정부 선건설 후통일론(반공)
  ↓ ← 닉슨 독트린(1969), 냉전 완화
  7·4 남북 공동 성명: 자주·평화·민족 대단결 원칙
  ↓ 남북 조절 위원회 구성, 서울·평양 간 상설 전화
  남·북 독재에 이용됨
- 전두환 정부 민족 화합 민주 통일 방안 마련
  최초 남북 이산가족 상봉 → 고향 방문단·예술 공연단
- 노태우 정부 7·7특별 선언: 복한을 선의의 동반자로 인식
  한민족 공동체 통일 방안
  남북 유엔 동시 가입
  남북 기본 합의서 ─ 통일 과정의 잠정적 특수 관계
                        남북 교류의 법적 근거
  한반도 비핵화 공동 선언: 핵의 평화적 이용

7·4 남북 공동 선언
첫째, 통일은 외세에 의존하거나 외세의 간섭을 받음이 없이 자주적으로 해결하여야 한다.
둘째, 통일은 서로 상대방을 반대하는 무력 행사에 의거하지 않고 평화적 방법으로 실현하여야 한다.
셋째, 사상과 이념, 제도의 차이를 초월하여 우선 하나의 민족으로서 민족적 대단결을 도모하여야 한다.

선택지 빅데이터

① ■■■ 정부 때 제1차 적십자 회담을 개최하였다. → 박정희
② 7·4 남북 공동 성명을 실천하기 위한 ■■ ■■ ■■■를 구성하였다. → 남북 조절 위원회
③ ■■■ 정부 때 최초의 이산가족 고향 방문과 예술 공연단 교환이 이루어졌다. → 전두환
④ ■■■ 정부 때 남북한이 유엔에 동시 가입하였다. → 노태우
⑤ 노태우 정부 때 남북한 간 최초의 공식 합의서인 ■■ ■■ ■■■를 교환하였다. → 남북 기본 합의서
⑥ 노태우 정부 때 한반도 ■■■ 공동 선언을 채택하였다. → 비핵화

대표 기출 1

다음 연설문을 발표한 정부의 통일 노력으로 옳은 것은? 70회 [2점]

> 제5차 남북 고위급 회담에서 서명된 합의서는 남과 북이 오랜 단절과 대립을 청산하여 상호 신뢰를 바탕으로 이 땅에, 평화의 질서를 구축하고 교류 협력을 통해 민족의 화해와 공동 번영을 이루어가기 위해 필요한 조처들을 망라하고 있습니다. ······ 석 달 전 남북한의 유엔 동시 가입과 이에 이은 이번 합의서의 서명은 한반도 문제 해결과 민족 통일을 향한 여정에 획기적인 이정표를 세운 것입니다. ······ 나는 올해 안에 한반도의 비핵화를 실현하는 합의를 이루고 밝아오는 새해와 함께 남과 북이 평화와 협력, 평화와 공동 번영의 새로운 시대를 힘차게 열게 되기를 바랍니다.

① 판문점에서 남북 정상 회담을 개최하였다.
② 남북 이산가족의 고향 방문을 최초로 성사시켰다.
③ 민족 자존과 통일 번영을 위한 7·7 선언을 발표하였다.
④ 7·4 남북 공동 성명을 실천하기 위해 남북 조절 위원회를 구성하였다.
⑤ 남북 관계 발전과 평화 번영을 위한 10·4 남북 정상 선언에 서명하였다.

자료분석

자료의 '남북 고위급 회담', '남북한의 유엔 동시 가입' 등을 통해 노태우 정부와 관련된 내용임을 알 수 있다. 노태우 정부 시기에 남북 유엔 동시 가입이 성사되었으며, 그 직후 남북 기본 합의서를 채택하고 남북 비핵화 공동 선언을 발표하였다.

정답분석

③ 노태우 정부는 1988년에 남북 동포의 상호 교류 및 해외 동포의 남북 자유 왕래, 남북 교역 문호 개방, 남북 간 대결 외교 종결 등을 표명한 7·7 선언(민족 자존과 통일 번영을 위한 대통령 특별 선언)을 발표하였다.

선택지분석

① 문재인 정부 시기인 2018년에 판문점 남측 평화의 집에서 남북 정상 회담을 개최하고, 한반도의 평화와 번영, 통일을 위한 '4·27 판문점 선언'을 발표하였다.
② 전두환 정부 시기인 1985년에 최초로 남북 이산가족 고향 방문단과 예술 공연단의 교환 방문이 성사되었다.
④ 박정희 정부 시기인 1972년에 7·4 남북 공동 성명을 발표하고, 이를 위해 남북 조절 위원회를 구성하였다.
⑤ 노무현 정부 시기인 2007년에 제2차 남북 정상 회담을 갖고 10·4 남북 공동 선언(남북 관계 발전과 평화 번영을 위한 선언)을 발표하였다.

정답 ③

대표 기출 2

(가), (나) 사이의 시기에 있었던 사실로 옳은 것은? 66회 [3점]

(가)	남북 간의 제반 문제를 개선, 해결하며 나라의 통일 문제를 다루는 남북 조절 위원회가 정식으로 발족하였다. 남북 조절 위원회는 판문점에 공동 사무국을 두기로 하였으며, 회의는 서울과 평양에서 번갈아 진행하기로 하였다.
(나)	서울에서 열린 제5차 남북 고위급 회담에서 남북 사이의 화해와 불가침 및 교류·협력 등을 주요 내용으로 하는 남북 기본 합의서를 채택하였다. 특히 이번 합의서에서는 분단 이후 처음으로 남북 양측의 국호를 사용하였다.

① 금강산 육로 관광이 시작되었다.
② 6·15 남북 공동 선언이 발표되었다.
③ 평창 동계 올림픽에 남북 단일팀이 참가하였다.
④ 남북 경제 협력을 위한 개성 공업 지구가 조성되었다.
⑤ 남북 이산가족 고향 방문단의 교환 방문이 최초로 성사되었다.

자료분석
(가) 박정희 정부 시기인 1972년 발표된 7·4 남북 공동 성명에서는 자주, 평화, 민족 대단결이라는 통일 원칙을 최초로 천명하였고, 남북 조절 위원회 구성과 서울·평양 간 상설 전화 가설에 합의하였다.
(나) 노태우 정부 시기인 1991년 체결된 남북 기본 합의서에서는 남북 관계를 나라와 나라 사이의 관계가 아닌 통일을 지향하는 과정에서 잠정적으로 형성되는 특수 관계임을 밝혀 남북 교류의 법적 근거를 마련하였다.

정답분석
⑤ 전두환 정부 시기 미얀마 아웅산 묘소 테러 사건으로 경색되었던 남북 관계는 1984년 남한에 큰 홍수가 들었을 때 북한이 인도적 수재 구호 물자 제공을 제의하면서 다시 진전되어, 1985년에 최초로 남북 이산가족 고향 방문단과 예술 공연단의 교환 방문이 성사되었다.

선택지분석
① 김대중 정부 시기에 북한의 개방과 개혁을 유도하는 이른바 햇볕 정책을 추진하여 민간 교류를 확대하였으며, 정주영 현대그룹 회장의 소떼 방문을 계기로 금강산 해로 관광이 시작되었다. 이후 노무현 정부 때 금강산 육로 관광이 시작되었다.
② 2000년에 김대중 대통령과 김정일 국방위원장 사이에 최초로 남북 정상회담이 성사되었으며, 그 합의 결과를 담은 6·15 남북 공동 선언이 발표되었다. 여기에서 남측의 연합제 안과 북측의 낮은 단계의 연방제 안에 공통성이 있음을 인정하고 그 방향에서 통일 정책을 추진하기로 하였다.
③ 평창 동계 올림픽은 문재인 정부 시기인 2018년에 개최되었다.
④ 김대중 정부 시기에 6·15 남북 공동 선언과 후속 회담으로 개성 공업 지구 건설에 합의하였으며, 노무현 정부 시기에 착공식을 가지고 본격적으로 추진되었다.

정답 ⑤

확인 문제

1 다음 선언을 발표한 정부의 통일 노력으로 옳은 것은? 63회 [3점]

> 나는 오늘 온 겨레의 염원인 조국의 평화적 통일을 실현해 나가기 위한 새 공화국의 정책을 밝히려 합니다. 우리 민족이 남북 분단의 고통을 겪어온 지 반세기가 가까워옵니다. …… 민족 자존과 통일 번영의 새 시대를 열어나갈 것임을 약속하면서 다음과 같은 정책을 추진해 나갈 것을 내외에 선언합니다.
> ……
> 셋째, 남북 간 교역의 문호를 개방하고 남북 간 교역을 민족 내부 교역으로 간주한다.
> ……
> 여섯째, 한반도의 평화를 정착시킬 여건을 조성하기 위하여 북한이 미국, 일본 등 우리 우방과의 관계를 개선하는 데 협조할 용의가 있으며 또한 우리는 소련, 중국을 비롯한 사회주의 국가들과의 관계 개선을 추구한다.

① 남북 조절 위원회를 구성하였다.
② 개성 공업 지구 건설에 합의하였다.
③ 10·4 남북 정상 선언을 발표하였다.
④ 남북한이 국제 연합(UN)에 동시 가입하였다.
⑤ 남북 이산가족 고향 방문을 최초로 실현하였다.

2 다음 연설이 있었던 정부 시기의 통일 노력으로 옳은 것은? 56회 [2점]

> 나는 3년 전 이 자리에서 서울 올림픽의 감명을 전했습니다. …… 며칠 전 남북한이 다른 의석으로 유엔에 가입한 것은 가슴 아픈 일이지만 통일을 위해 거쳐야 할 중간 단계입니다. 남북한의 두 의석이 하나로 되는 데는 오랜 시간이 걸리지 않을 것으로 믿습니다.

① 남북 정상 회담을 처음으로 개최하였다.
② 한반도 비핵화 공동 선언을 채택하였다.
③ 개성 공단 조성 사업을 추진하기로 하였다.
④ 남북 조절 위원회를 운영하기로 합의하였다.
⑤ 남북 간 이산가족 상봉을 최초로 실현하였다.

정답
1 ④ 노태우 정부는 88 서울 올림픽의 성공적 개최를 기점으로 적극적인 북방 외교에 나서 소련과 수교하는 등 성과를 거두었다. 이러한 외교적 이점을 바탕으로 1991년에 남북 유엔 동시 가입을 성사시켰다.
2 ② 노태우 정부 때 서울 올림픽을 개최하고, 한반도 비핵화 공동 선언을 채택하였다.

Theme 124 통일 정책의 추진 2

PART 8 현대 사회의 발전

출제 의도와 대책

김대중 정부는 대북 화해 협력 정책(햇볕 정책)을 추진하여 남북 갈등을 완화하고 최초로 정상 회담을 성사시켜 남북 관계의 새로운 장을 열었다. 6·15 남북 공동 선언으로 경의선 철도 연결, 개성공단 등 다양한 남북 공동 사업이 합의되었으며, 이를 계승한 노무현 정부에서 시행되었다. 두 정부의 남북 정상 회담과 남북 공동 선언의 내용을 구분하여 정리하고, 금강산 관광·경의선 철도 연결·개성공단 운영 등 주요 사업의 합의 및 시행 시기를 구분하여 알아 둔다.

필기노트 마인드맵

김영삼 정부	3단계 3기조 통일 방안
	북한 핵확산 금지 조약 탈퇴 → KEDO 설치
김대중 정부	대북 화해 협력 정책(햇볕 정책) 추진
	금강산 해로 관광 시작
	최초 정상 회담 → 6·15 남북 공동 선언
	남측 연합제와 북측 낮은 단계 연방제 안의 공통성 인정
	제2차 이산가족 상봉(2000), 경의선 복구 기공식 (2000)
	개성공단 설치 합의
노무현 정부	제2차 남북 정상 회담 → 10·4 선언
	경의선·동해선 철도 연결
	개성공단 설치 시작

6·15 남북 공동 선언
1. 남과 북은 나라의 통일 문제를 그 주인인 우리 민족끼리 서로 힘을 합쳐 자주적으로 해결해 나가기로 하였다.
2. 남과 북은 나라의 통일을 위한 남측의 연합제와 북측의 낮은 단계의 연방제 안이 공통성이 있다고 인정하고 이 방향에서 통일을 지향시켜 나가기로 하였다.

선택지 빅데이터

① 김대중 정부 때 ■■■ 해로 관광 사업을 시작하였다. → 금강산
② 김대중 정부 때 ■■■ 복원 공사를 시작하였다. → 경의선
③ 김대중 정부 때 남북한의 교류 협력을 위한 ■■ 공업 지구 조성에 합의하였다. → 개성
④ ■■■ 정부 때 남북한의 교류 협력을 위한 개성 공업 지구 건설에 착수하였다. → 노무현
⑤ 노무현 정부 때 제2차 남북 정상 회담을 개최하고 ■■·■ 남북 공동 선언을 발표하였다. → 10·4

대표 기출 1

(가), (나) 사이의 시기에 있었던 사실로 옳은 것은? 73회 [3점]

(가) 1. 남과 북은 6·15 공동 선언을 고수하고 적극 구현해 나간다.
3. 남과 북은 군사적 적대 관계를 종식하고 한반도에서 긴장 완화와 평화를 보장하기 위해 긴밀히 협력하기로 하였다.
— 10·4 남북 정상 선언 —

(나) 1. 남과 북은 남북 관계의 전면적이며 획기적인 개선과 발전을 이룩하여 공동 번영과 자주 통일의 미래를 앞당겨 나갈 것이다.
3. 남과 북은 항구적이며 공고한 평화 체제를 구축하기 위해 적극 협력해 나갈 것이다.
— 한반도의 평화와 번영, 통일을 위한 판문점 선언 —

① 7·4 남북 공동 성명이 발표되었다.
② 개성 공업 지구 조성이 합의되었다.
③ 남북한이 국제 연합(UN)에 동시 가입하였다.
④ 남북 이산가족 고향 방문단의 교환이 최초로 실현되었다.
⑤ 평창 동계 올림픽 개막식에서 남북 선수단이 공동 입장하였다.

자료분석

(가) 10·4 남북 정상 선언은 노무현 정부 시기인 2007년에 제2차 남북 정상 회담을 가진 뒤 발표한 선언이다. (나) 한반도의 평화와 번영, 통일을 위한 판문점 선언은 2018년 판문점에서 문재인 대통령과 김정은 국무위원장이 발표한 공동 선언이다.

정답분석

⑤ 문재인 정부 시기인 2018년 2월에 대한민국 최초로 평창 동계 올림픽을 개최하였다. 이때 개막식에서 남북 선수단이 공동 입장하였다.

선택지분석

① 박정희 정부 시기인 1972년에 자주, 평화, 민족적 대단결의 통일 원칙을 천명한 7·4 남북 공동 성명이 발표되었다.
② 김대중 정부 시기인 2000년에 최초로 남북 정상 회담을 개최하고 남북 교류 확대와 개성 공업 지구 조성 등이 합의되었다. 개성 공업 지구가 실제로 착공된 것은 노무현 정부 시기이다.
③ 노태우 정부 시기인 1991년에 북방 외교 정책의 성과로 남북한이 국제 연합(UN)에 동시 가입하였다. 그 직후 남북 기본 합의서를 체결하여 남북 교류의 법적 근거를 마련하였다.
④ 전두환 정부 시기인 1985년에 남북 이산가족 고향 방문단의 교환이 최초로 실현되었다.

정답 ⑤

대표 기출 2

다음 연설이 있었던 정부의 통일 노력으로 옳은 것은? 71회 [2점]

> 노벨 위원회가 긍정적으로 평가해 준 최근의 남북 관계에 대해 몇 말씀 드리겠습니다. 저는 지난 6월에 북한의 김정일 국방위원장과 역사적인 남북 정상 회담을 가졌습니다. …… 우리의 일관되고 성의 있는 자세와 노르웨이를 비롯한 전 세계 모든 나라의 햇볕 정책에 대한 지지는 북한의 태도를 바꾸게 만들었습니다.

① 남북 기본 합의서를 교환하였다.
② 7·4 남북 공동 성명을 발표하였다.
③ 6·15 남북 공동 선언을 채택하였다.
④ 한반도 비핵화 공동 선언에 합의하였다.
⑤ 남북 이산가족 고향 방문단의 교환을 최초로 실현하였다.

자료분석
자료의 '남북 정상 회담', '햇볕 정책' 등을 통해 김대중 정부와 관련된 내용임을 알 수 있다. 김대중 정부 시기에는 북한의 개방과 개혁을 유도하는 이른바 햇볕 정책을 추진하여 민간 교류를 확대하였다.

정답분석
③ 2000년에 김대중 대통령과 김정일 국방위원장이 평양에서 최초로 남북 정상 회담을 가진 후 6·15 남북 공동 선언을 발표하였다. 여기에서 남측의 연합제 안과 북측의 낮은 단계의 연방제 안에 공통성이 있음을 인정하고 그 방향에서 통일을 추진하기로 합의하였다.

선택지분석
①④ 노태우 정부, ② 박정희 정부, ⑤ 전두환 정부 시기의 일이다.

정답 ③

확인 문제

1 다음 뉴스가 보도된 정부 시기의 통일 노력으로 옳은 것은? 61회 [2점]

 정주영의 소 떼 방북을 계기로 남북한의 교류와 협력이 본격화되면서 금강산 관광 사업이 시작되었습니다. 이 사업은 남북 교류 활성화에 크게 기여할 것으로 보입니다.

① 남북 조절 위원회를 구성하였다.
② 남북한이 유엔에 동시 가입하였다.
③ 6·15 남북 공동 선언을 채택하였다.
④ 한반도 비핵화 공동 선언을 발표하였다.
⑤ 남북 이산가족의 교환 방문을 최초로 실현하였다.

2 (가) 정부의 통일 노력으로 옳은 것은? 57회 [2점]

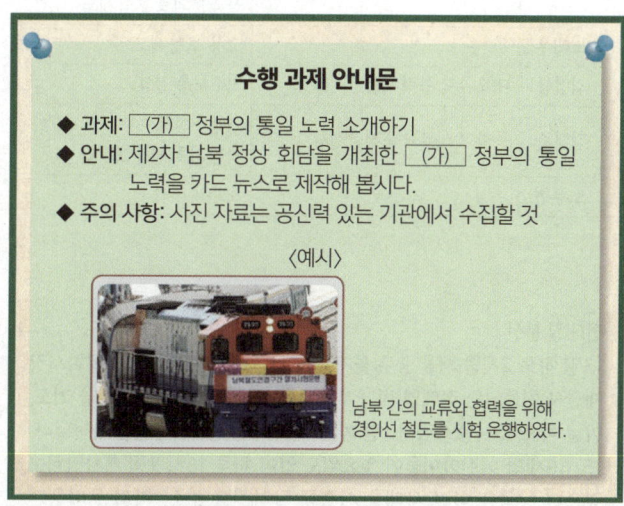

① 남북 기본 합의서를 채택하였다.
② 남북한이 유엔에 동시 가입하였다.
③ 10·4 남북 공동 선언을 발표하였다.
④ 남북 조절 위원회를 운영하기로 합의하였다.
⑤ 남북 이산가족 고향 방문단의 교환 방문을 최초로 성사하였다.

정답
1 ③ 김대중 정부는 분단 후 최초로 남북 정상 회담을 이루었으며, 회담 결과 6·15 남북 공동 선언을 발표하였다. 여기에서 남북 교류와 경제 협력 활성화, 남측의 연합제 안과 북측의 낮은 단계의 연방제 안이 갖는 공통점을 살리는 방향으로 통일 문제가 논의되었다.
2 ③ 노무현 정부 때 제2차 남북 정상 회담을 개최하고 10·4 남북 공동 선언을 발표하였다.

Theme 125 현대 사회의 발전

PART 8 현대 사회의 발전

출제 의도와 대책

대한민국은 1950년대 세계 최빈국에서 2000년대에 선진국이 되기까지 짧은 시간에 급격한 경제 성장과 사회 변화를 겪었다. 경제 성장 이면의 사회 문제, 군사 독재로 인한 사회적 억압, 인구 문제, 여성 문제 등의 시기별 변천 과정을 정리해 둔다. 또한 현재 시행되는 각종 사회 보장 제도의 도입 과정을 알아 둔다.

필기노트 마인드맵

	교육·문화	사회 문제·사회 제도
미군정		
이승만	초등 의무교육 규정	
박정희	국민 교육 헌장 공포 중학교 무시험 추첨제 고등학교 평준화 장발 단속, 미니스커트 단속	전태일 분신 YH 무역 사건
전두환	대학 본고사 폐지 대학 졸업 정원제 실시	남녀 고용 평등법 국민연금제도 최저 임금법 제정 전국민 의료 보험 제도
노태우		고용 보험 제도
김영삼	대학 수학 능력 시험	민주노총 결성
김대중	중학교 의무교육 전면 실시	여성부 설치 국민 기초 생활 보장법
노무현		호주제 폐지

전태일 분신
13일 하오 2시쯤 서울 중구 을지로 6가 평화시장 앞길에서 평화시장 재단사 친목회원 전태일 씨가 휘발유를 몸에 끼얹고 분신자살을 기도, 이날 하오 10시쯤 숨졌다. 전 씨는 "기업주는 근로기준법을 지켜달라. 15, 16세의 어린아이들이 일요일도 없이 하루 16시간씩 혹사당하고 있으니 당국은 이런 사태를 시정해 달라."고 호소, 미리 준비했던 휘발유로 『근로기준법 해설』이란 책을 태우려다 제지를 받고 자기 몸에 불을 지른 것이다.

선택지 빅데이터

① ■■■ 시기에 6-3-3 학제가 도입되었다. → 미 군정
② ■■■ 정부 때 최저 임금법이 제정되었다. → 전두환
③ ■■■ 정부 때 국민 기초 생활 보장법이 실시되었다. → 김대중
④ ■■■ 정부 때 국민 교육 헌장이 공포되었다. → 박정희
⑤ ■■■ 정부 때 호주제가 폐지되었다. → 노무현
⑥ ■■■ 정부 때 중학교 입시 제도를 폐지하고 무시험 추첨제를 실시하였다. → 박정희
⑦ ■■■ 정부 때 과외 전면 금지와 대학 졸업 정원제를 시행하였다. → 전두환

대표 기출 1

(가) 정부 시기에 볼 수 있는 모습으로 가장 적절한 것은?

73회 [2점]

이것은 통일 주체 국민 회의에서 대통령을 선출하도록 헌법을 개정한 (가) 정부의 홍보물입니다. "우리 모두 불굴의 투지와 굳은 단결로써 조국의 안정과 번영, 그리고 평화 통일을 위해 전진합시다."라는 문구 등으로 헌법을 미화하였습니다.

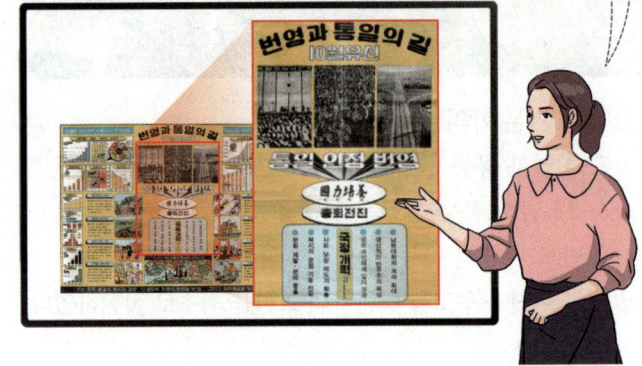

① 거리에서 장발과 미니스커트를 단속하는 경찰
② 교복 자율화 조치로 사복을 입고 등교하는 학생
③ 금융 실명제에 따라 신분증 제시를 요구하는 은행원
④ 칠레와의 자유 무역 협정(FTA) 비준을 보도하는 기자
⑤ 전국 민주 노동조합 총연맹 창립 대회에 참가하는 노동자

자료분석
1972년 박정희 정부는 7·4 남북 공동 성명을 발표한 뒤, 통일을 위해서는 장기간의 정치 안정이 필요하다는 구실로 10월 유신을 선포하고 유신 헌법으로 개헌(7차 개헌)하였다. 유신 헌법에서는 통일 주체 국민 회의에서 대통령을 선출하도록 규정하였다.

정답분석
① 유신 체제는 대통령이 국민의 기본권까지 제한할 수 있는 초법적 권위주의 체제로, 사회 문란을 막는다는 명목으로 장발과 미니스커트를 단속하는 등 문화적 억압 정책을 펼쳤다.

선택지분석
② 5·18 민주화 운동을 유혈 진압하고 정권을 장악한 전두환 정부는 정통성이 부족하였기 때문에 교복 자율화, 해외여행 자유화, 야간 통행금지 해제 등 유화 정책을 펼쳤다.
③ 김영삼 정부는 지하 경제를 양성화하고 비자금 조성 및 탈세 등을 막기 위해 금융 실명제를 실시하였다.
④ 노무현 정부 때 칠레와의 자유 무역 협정(FTA)이 체결·비준되었다.
⑤ 김영삼 정부 시기인 1995년에 전국 민주 노동조합 총연맹이 창립되었다.

정답 ①

대표 기출 2

다음 기사가 보도된 정부 시기의 사실로 옳은 것은? 71회 [3점]

□□ 신문

제△△호 ○○○○년 ○○월 ○○일

제24회 서울 올림픽 개회식이 열리다

제24회 서울 올림픽 개회식이 어제 잠실 올림픽 주경기장에서 성공적으로 열렸다. 개회식 마지막 행사에서는 주제곡 '손에 손잡고'가 울려 퍼지는 가운데 서울 올림픽 마스코트인 호돌이를 비롯하여 이전 올림픽의 마스코트들이 함께 춤추는 장면이 연출되어 동서 화합의 의미를 더했다.

12년 만에 동서 양 진영이 함께 모인 이번 대회에서는 160개국의 선수 8,000여 명이 참가하여 과거 어느 대회보다 수준 높은 경기가 펼쳐질 것으로 예상된다.

① 국민 교육 헌장이 발표되었다.
② 3당 합당으로 민주 자유당이 창당되었다.
③ 군 내부의 사조직인 하나회가 해체되었다.
④ 사회 정화를 명분으로 삼청 교육대가 설치되었다.
⑤ 외환 위기 극복을 위한 금 모으기 운동이 전개되었다.

자료분석
제24회 서울 올림픽은 노태우 정부 시기에 개최되었다.

정답분석
② 노태우 정부 시기에 치러진 제13대 국회의원 선거에서 여당인 민주 정의당이 과반을 확보하지 못해 여소야대 정국이 연출되었다. 국회에서 다수를 차지한 강력한 야당 때문에 궁지에 몰린 노태우 대통령은 제3당으로 밀려난 통일 민주당의 김영삼과 지역 기반인 충청권에서 부진한 성적을 보인 신민주 공화당의 김종필을 끌어들여 민주 자유당이라는 거대 여당을 만들어냈다.

선택지분석
① 박정희 정부 시기에 국민 교육 헌장이 발표되었다.
③ 김영삼 정부는 신군부의 뿌리가 되었던 군 내부의 사조직인 하나회를 없애 군대가 정치적 중립을 지킬 수 있도록 하였다.
④ 전두환의 신군부 세력은 사회악 일소라는 명분으로 삼청 교육대를 설치하여 많은 사람들을 희생시켰다.
⑤ 김대중 정부 시기에 국민들은 외환 위기를 극복하기 위해 금 모으기 운동을 전개하였다.

정답 ②

확인 문제

1 다음 기사가 보도된 정부 시기의 사실로 옳은 것은? 70회 [2점]

□□ 신문

제△△호 ○○○○년 ○○월 ○○일

제17회 FIFA 한·일 월드컵 개막식이 열리다

제17회 FIFA 한·일 월드컵 개막식이 어제 저녁 서울 월드컵 경기장에서 성공적으로 열렸다. 오후 7시 25분부터 취타대 등을 앞세운 32개 참가국 입장이 끝난 뒤 진행된 개막 행사는 환영·소통·어울림·나눔으로 구성되었다. 이후 세계 평화와 인류 화합의 새 시대가 열리고 한·일 양국 간 우호 친선의 21세기가 열리기를 기원하는 대통령의 개막 선언으로 화려하게 마무리되었다.

① 중앙정보부가 창설되었다.
② 국가 인권 위원회가 출범하였다.
③ 세계 무역 기구(WTO)에 가입하였다.
④ G20 정상 회의를 서울에서 개최하였다.
⑤ 37년 만에 야간 통행 금지가 해제되었다.

2 밑줄 그은 '정부' 시기에 있었던 사실로 옳은 것은? 70회 [3점]

여성 가족부와 여성 단체들은 환영의 뜻을 밝히고 있지만, 유림의 반대도 있어 갈등이 심화될 것 같습니다.

① 평창 동계 올림픽이 개최되었다.
② 전국 민주 노동조합 총연맹이 창립되었다.
③ 헝가리와 상주 대표부 설치 협정을 체결하였다.
④ 진실·화해를 위한 과거사 정리 기본법이 제정되었다.
⑤ 중학교 입시 제도가 폐지되고 무시험 추첨제가 실시되었다.

정답
1 ② 김대중 정부 시기인 2001년에 국가 인권 위원회가 출범하였다.
2 ④ 노무현 정부 시기인 2005년에 우리나라 역사 전반의 반민주적·반인권적 사건 등에 대한 왜곡되거나 은폐된 진실을 밝히기 위해 진실·화해를 위한 과거사 정리 기본법을 제정하였으며, 이 법에 따라 진실·화해를 위한 과거사 정리 위원회를 설립하였다.

전한길 한국사능력검정 기출문제집

PART 9
특집

테마	최근 4년 출제	키워드
126 간도와 독도	최근 58, 45 총 2회	러·일 전쟁, 대한 제국 칙령, 태정관 문서
127 지역사 - 북부 지역	최근 69, 68, 57, 53, 43 총 5회	정전 회담, 대성 학교, 제너럴 셔먼호, 조선 물산 장려회
128 지역사 - 중부 지역	최근 73, 72, 71, 69, 68 총 14회	충주 고구려비, 흥덕사, 직지심체요절, 정림사지 5층 석탑, 능산리 고분군, 관북리 유적, 부소산성, 아우내 장터
129 지역사 - 남부 지역	최근 72, 71, 70, 65, 64 총 14회	초량 왜관, 부산 동삼동 유적, 광주 학생 항일 운동, 임술 농민 봉기, 후백제 경기전, 전주 화약, 국채 보상 운동, 미륵사지 석탑, 금제 사리 봉영기

▲ 강화 광성보

▲ 경복궁 근정전

▲ 덕수궁 석조전

테마	최근 4년 출제	키워드
130 지역사 – 도서 지역	최근 59, 56, 51, 47, 45 총 5회	거문도 점령, 4·3 사건, 항파두리 항몽 유적, 청해진, 포로 수용소, 삼별초, 고인돌, 참성단, 광성보, 외규장각, 강화도 조약
131 세시 풍속	최근 60, 58, 56, 45 총 4회	칠석, 오작교, 삼짇날, 답청절, 단오, 수릿날, 유두
132 조선의 궁궐	최근 70, 66, 64, 60 총 6회	경복궁, 을미사변, 덕수궁, 아관 파천, 미·소 공동 위원회, 창덕궁, 돈화문, 규장각

Theme 126 간도와 독도

PART 9 특집

출제 의도와 대책

간도는 대한 제국 말기 일본이 안봉선 철도 부설권 획득을 위해 청에 영유권을 넘겨 주어 우리 영토에서 상실되었다. 독도는 역사적·법적·실질적으로 완벽하게 한국의 영토임에도 불구하고 일본이 러·일 전쟁 중 불법적으로 강탈하여 아직까지도 분쟁 지역화하려는 지역이다. 두 지역의 역사에 대해 정리해 두자.

필기노트 마인드맵

간도	백두산정계비(숙종): 동 토문강 / 서 압록강 경계
	대한 제국 — 서북 경략사 어윤중 파견
	변계경무서 설치, (북변)간도관리사 이범윤 임명
	간도 협약(1909): 일본이 청에 영유권 넘김
독도	신라 지증왕 대 이사부를 보내 우산국 정벌
	신증동국여지승람 팔도총도에 독도 표기
	숙종 때 안용복이 일본에 건너가 조선 땅임을 확인받음
	1900: 대한 제국 칙령 제41호로 울도군이 석도(독도) 관할
	1905: 러·일 전쟁 중 시마네현 고시로 불법적 영토 편입
	1946: 연합국 최고사령부 각서 제677호 → "일본 관할 대상에서 독도 제외"
	1952: 이승만 대통령 "인접 해양에 관한 주권 선언" 발표
독도 관련 일본 기록
	은주시청합기: 일본 영토가 은주(오키섬)까지, 독도 제외
	삼국접양지도: 울릉도와 독도를 조선 영토로 표기
	태정관지령: 일본 최고 관서가 독도가 조선 영토라고 판정

대한 제국 칙령 제41호
- 울릉도를 울도로 개칭하여 강원도에 부속하고 도감을 군수로 개정하며 군등(郡等)은 5등으로 할 것.
- 군청은 태하동에 두고, 울릉전도(全島)와 죽도·석도를 관할할 것.

선택지 빅데이터

[독도]
① ■■■이 이사부를 보내 복속한 지역과 부속 도서를 살펴본다. → 지증왕
② ■■■에서 지리지 부분을 조사한다. → 세종실록
③ 숙종 때 ■■■이 일본으로 건너간 배경을 살펴본다. → 안용복
④ ■■■ 칙령 제41호에서 관할 영토로 명시하였다. → 대한 제국
⑤ 일본이 ■·■ 중에 불법 편입하였다. → 러·일 전쟁

[간도]
① 숙종 때 경계를 정하여 ■■■■■를 세웠다. → 백두산정계비
② 고종이 이범윤을 ■■ 관리사로 임명하였다. → 간도
③ 일본이 안봉선 철도 부설권을 얻는 대가로 ■에 귀속시켰다. → 청
④ ■■■이 북로 군정서로 개편된 과정을 조사한다. → 중광단
⑤ '서시' 등을 지은 ■■■ 생가를 살펴본다. → 윤동주

대표 기출 1

(가) 시기에 볼 수 있는 모습으로 적절한 것은?   55회 [3점]

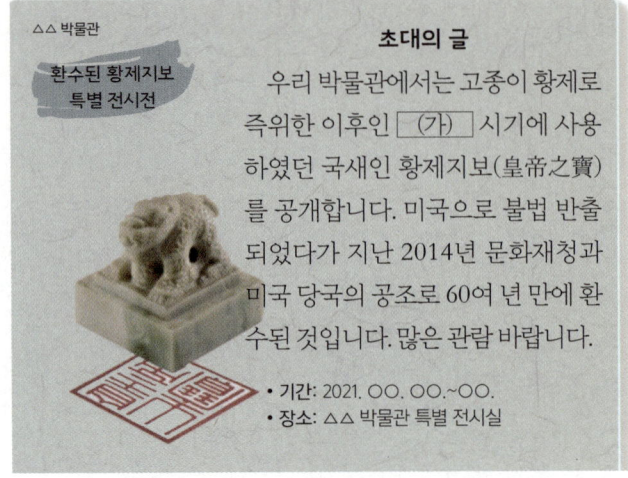

① 간도 관리사로 임명되는 관료
② 영화 '아리랑'을 관람하는 청년
③ 육영 공원에서 영어를 배우는 학생
④ 제너럴 셔먼호를 불태우는 평양 관민
⑤ 조사 시찰단으로 일본에 파견되는 통역관

자료분석
고종이 황제로 즉위한, (가) 이후 시기는 대한 제국 시기이다. 고종은 아관파천에서 환궁하여 1897년 대한 제국을 선포하였다. 이후 황제국에 걸맞는 체제를 정비하고 광무개혁을 추진하였으며, 청과 대등한 위치에서 한·청 통상 조약을 맺는 등 자주국의 면모를 보이려 노력하였다.

정답분석
① 숙종 때 백두산정계비를 세워 동쪽은 토문강, 서쪽은 압록강으로 영토를 확정하였다. 그러나 19세기 말에 토문강의 해석을 둘러싸고 청과 갈등이 생겼으며, 대한 제국은 간도 관리사를 임명하는 등 간도를 영토로 인식하였다.

선택지분석
② 영화 '아리랑'은 1920년대에 나운규가 제작한 영화로, 최초로 한국인이 제작, 감독하여 만든 영화이다.
③ 육영공원은 1886년에 설치된 최초의 관립 학교이다. 헐버트 등 미국인 교사를 초빙하여 넓은 관리와 양반 자제 중 총명한 자를 뽑아 교육하였다. 갑오·을미개혁 시기에 중학교, 소학교 등의 관제가 마련되었다.
④ 제너럴셔먼호는 흥선 대원군 집권기에 대동강을 거슬러와 행패를 부리던 미국 상선을 평양 관민이 침몰시킨 사건이다.
⑤ 조사 시찰단은 개항 직후인 1881년 일본의 문물을 시찰하기 위해 파견한 사절단이다.

정답 ①

대표 기출 2

(가) 섬에 대한 설명으로 옳지 않은 것은? 58회 [1점]

> 1946년 1월에 작성된 연합국 최고 사령부 문서에는 제주도, 울릉도, (가) 이/가 우리 영토로 표시되어 있습니다. (가) 은/는 우리나라 동쪽 끝에 있는 섬입니다.

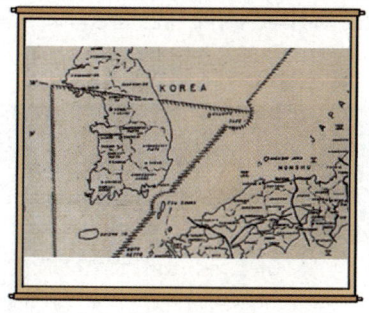

① 안용복이 일본에 건너가 우리 영토임을 주장하였다.
② 영국군이 러시아를 견제하기 위해 불법 점령하였다.
③ 러·일 전쟁 때 일본이 불법으로 자국 영토로 편입하였다.
④ 대한 제국이 칙령을 통해 울릉 군수가 관할하도록 하였다.
⑤ 1877년 태정관 문서에 일본과는 무관한 지역임이 명시되었다.

자료분석
자료의 지도는 연합국 최고 사령부 지령(SCAPIN) 제677호의 부속 지도로, 독도가 한국 영토로 표시되어 있다. 우리나라의 동쪽 끝에 있는 (가)가 독도임을 알 수 있다.

정답분석
② 갑신정변 이후 청의 내정간섭이 극심해지자, 고종은 미국에 공사관을 독자적으로 설립하고 러시아와 접근하는 등 자주적 외교 활동을 전개하였다. 이에 영국은 러시아의 세력 확대를 막는다는 명분으로 거문도를 점령하였다.

선택지분석
① 조선 숙종 때 안용복이 독도에서 어로 활동을 하는 일본 어부를 근절하기 위해 일본 막부를 두 차례 찾아가 독도가 조선 영토임을 확인받고 돌아왔다.
③ 일본은 러·일 전쟁 과정에서 독도의 전략적 가치를 확인하고, 1905년에 시마네현 고시를 통해 독도가 무주지(주인 없는 땅)라는 명분으로 일본 영토에 불법적으로 편입시켰다.
④ 대한 제국은 1900년에 이미 칙령 제41호를 통해 울릉도를 군으로 승격하고 독도를 관할하도록 하였다.
⑤ 태정관은 일본 최고 관서로서, 메이지 유신 이후 체제 정비 과정에서 독도에 대한 하부 기관의 문의가 올라오자, 독도는 조선 영토이며 일본과 관계없는 지역이라는 회답을 내렸다.

정답 ②

확인 문제

1 (가)에 해당하는 섬에 대한 설명으로 옳은 것은? 45회 [1점]

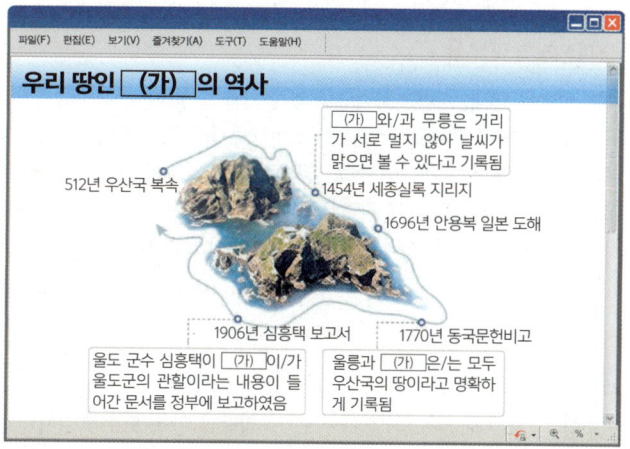

① 몽골에 항전할 때 임시 수도였다.
② 정약전이 『자산어보』를 저술한 섬이다.
③ 하멜 일행이 표류하다가 도착한 곳이다.
④ 양헌수 부대가 프랑스군을 격퇴한 장소이다.
⑤ 대한 제국 칙령 제41호에서 관할 영토로 명시한 곳이다.

2 (가) 지역의 독립운동에 대한 탐구 활동으로 가장 적절한 것은? 44회 [2점]

> 참정 김규홍이 아뢰기를 "(가) 은/는 우리나라와 청의 경계 지대인데 지금까지 수백 년 동안 비어 있었습니다. 수십 년 전부터 북쪽 변경의 백성들로서 그 지역에 이주하여 경작하며 살고 있는 사람이 이제는 수만 호에 십 여만 명이나 됩니다. 그런데 청인들의 괴로힘을 심하게 받고 있습니다. 그래서 지난해 신의 부서에서 시찰관 이범윤을 파견하여 황제의 교화를 선포하고 호구를 조사하게 하였습니다. …… 그들의 생명과 재산을 보호하게 하여 그들의 생명과 재산을 보호하고자 하는 조정의 뜻을 보여 주는 것이 어떻겠습니까?" 하니, 윤허하였다.

① 숭무 학교의 설립 목적을 파악한다.
② 대조선 국민군단의 활동 내용을 분석한다.
③ 동제사를 통한 한중 교류 상황을 살펴본다.
④ 중광단이 북로 군정서로 개편된 과정을 조사한다.
⑤ 유학생들이 2·8독립 선언서를 발표한 장소를 확인한다.

정답
1 ⑤ 독도는 대한 제국 칙령 제41호에서 관할 영토로 명시되었다.
2 ④ 중광단은 대종교도들이 중심이 된 무장 투쟁 단체이다. 나철이 단군 숭배를 종지로 창건한 대종교는 국권 피탈 이후 간도로 근거지를 옮겨 무장 투쟁을 계속하였다.

Theme 127 지역사 - 북부 지역

PART 9 특집

출제 의도와 대책

북부 지방은 현재는 북한 지역으로 쉽게 가볼 수 없어서, 역사적 주요 도시를 중심으로 출제되고 있다. 대표적으로 고구려의 도읍이었던 평양과 고려의 도읍인 개성이 주로 출제되고 있다. 또한 중국과 접하여 역사적 사건이 많았던 서북 지역 및 강화도 조약으로 개항되어 근대 시기에 중요한 경제적·사회적 변화를 겪었던 원산도 간혹 출제된다.

필기노트 마인드맵

평양
- 고구려: 수도(**장수왕 천도**) → 멸망 후 안동 도호부 설치
- 고려: 서경, **묘청의 서경 천도 운동**, 원이 동녕부 설치
- 조선: 임진왜란 때 조·명 연합군이 탈환, **제너럴 셔먼호 사건**
- 근대 이후 **대성학교 설립, 물산 장려 운동**
  남북 제정당 사회단체 지도자 연석회의

개성
- 궁예가 후고구려 건국
- **고려의 수도** → 거란 침입 후 나성 축조
- 조선 후기 송상의 근거지
- 개성 판문점에서 6·25 전쟁 **휴전 협정 체결**

의주
- 미송리식 토기
- 고려 시대 **강동 6주** 설치(←서희의 외교 담판)
- 조선 후기 만상 근거지(대청 무역)

원산
- 쌍성 총관부 관할이었다가 공민왕 때 수복
- 강화도 조약으로 개항, **원산학사 설립**
- 경원선 철도 개통, **원산 노동자 총파업**

선택지 빅데이터

① 남진 정책을 펴던 장수왕 때에 고구려의 도읍이 되었다. → 평양
② 서희의 활약으로 고려의 영토가 되었다. → 의주(강동 6주)
③ 만적을 비롯한 노비들이 신분 해방을 도모하였다. → 개성
④ 정몽주가 이방원 세력에 의해 피살되었다. → 개성
⑤ 임진왜란 때 조·명 연합군에 의해 왜군으로부터 탈환되었다. → 평양
⑥ 정묘호란에서 정봉수의 활약상을 살펴본다. → 의주
⑦ 조선 후기에 청나라와 대외 무역을 전개한 만상의 근거지였다. → 의주
⑧ 조선 후기 송상이 근거지로 삼아 전국적으로 활동하였다. → 개성
⑨ 미국 상선 제너럴셔먼호가 관민들에 의해 불태워졌다. → 평양
⑩ 우리나라 최초의 근대 교육 기관이 설립되었다. → 원산
⑪ 안창호가 민족 교육을 위해 대성 학교를 설립하였다. → 평양
⑫ 조만식의 주도로 물산 장려 운동이 처음 시작되었다. → 평양
⑬ 외국 기업의 착취에 저항한 노동자 총파업이 일어났다. → 원산
⑭ 노동자 강주룡이 을밀대 지붕에서 고공 농성을 벌였다. → 평양
⑮ 남북 경제 협력 사업으로 설치된 공단의 위치를 파악한다. → 개성

대표 기출 1

다음 특별전에서 볼 수 있는 도시의 역사에 대한 설명으로 적절하지 <u>않은</u> 것은?

68회 [2점]

① 고려 태조 왕건이 도읍으로 삼았다.
② 원의 영향을 받은 경천사지 십층 석탑이 축조되었다.
③ 조선 후기 송상이 근거지로 삼아 전국적으로 활동하였다.
④ 일제 강점기 강주룡이 을밀대 지붕 위에서 고공 농성을 하였다.
⑤ 북위 38도선 분할 이후 남한에 속했다가 정전 협정으로 북한 지역이 되었다.

자료분석
송악은 신라 때부터 개성을 부르던 이름이며, 고려 건국 후 왕건은 송악을 중심으로 개성군 등 5개 지역을 묶어 개주라고 하였다. 또한 개경으로 삼아 서경, 동경과 함께 3경 체제를 이루도록 하였다.

정답분석
④ 일제 강점기 강주룡은 평양의 평원고무공장 직공으로, 1931년 가혹한 노동 조건을 개선하고자 동맹 파업을 전개하는 과정에서 평양 을밀대 지붕에서 고공 농성을 벌여 여론을 이끌고자 하였다.

선택지분석
① 궁예는 후고구려를 건국하며 송악을 도읍으로 삼았다가, 후에 철원으로 천도하였다. 점차 궁예의 폭정이 심해지자, 왕건이 신하들의 추대를 받아 궁예를 내몰고 고려를 건국하였다. 이후 왕건은 철원에서 개경으로 천도하였다.
② 경천사지 십층 석탑은 원 간섭기인 충목왕 때 원의 라마교의 영향을 받아 지어진 대리석 석탑으로, 조선 시대의 원각사지 십층 석탑에 영향을 주었다. 고려의 수도인 개경에 조성되었으며, 현재의 행정 구역으로는 개풍군에 해당한다.
③ 조선 후기 송상은 개성을 근거로 성장한 사상으로, 인삼·홍삼의 제조와 판매를 독점하였다. 또한 동래의 내상과 의주의 만상을 연결하여 국제 무역을 담당하기도 하였다.
⑤ 북위 38도선 이남 지역 중 정전 협정으로 설치된 군사분계선 이북에 위치해 있어 북한이 관할하게 된 지역으로는 서해 5도를 제외한 황해도 옹진군·연백군과 경기도 개성시 등이 있다.

정답 ④

대표 기출 2

다음 검색창에 들어갈 지역에서 있었던 사실로 옳은 것은?

69회 [3점]

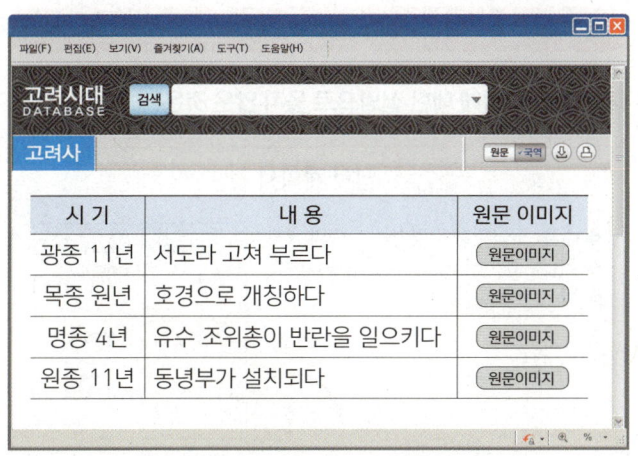

① 정몽주가 이방원 세력에게 피살되었다.
② 묘청이 반란을 일으키고 국호를 대위라 하였다.
③ 몽골의 침략으로 황룡사 구층 목탑이 소실되었다.
④ 흥덕사에서 금속 활자로 『직지심체요절』이 간행되었다.
⑤ 정서가 유배 중에 '정과정'이라는 고려가요를 지었다.

자료분석
광종 때 개경을 황도, 서경을 서도라고 부르게 하였다. 목종 때는 서경이 개경과 동등하다는 의미로 호경이라고 고쳐 불렀다. 무신정변 이후 서경 유수 조위총이 반무신난을 일으켰다. 원종 때 서경 지역의 관리들이 몽골에 투항하자 몽골은 자비령 이북 지역을 원의 소유로 하고 서경에 동녕부를 설치하여 관할하게 하였다. 따라서 검색창에 들어갈 지역은 서경(평양)이다.

정답분석
② 고려 인종 때 이자겸의 난을 진압한 인종은 실추된 왕권을 회복하기 위해 혁신 정치를 선포하였다. 이에 묘청 등 서경파 세력은 풍수지리설을 근거로 서경 천도와 금국 정벌을 주장하여 서경에 대화궁을 짓기에 이르렀다. 그러나 김부식 등 문벌 귀족의 반대로 서경 천도가 무산되자 묘청은 서경에서 국호를 대위, 연호를 천개로 하여 난을 일으켰다.

선택지분석
① 정몽주는 고려 말 신진 사대부 중 사회적 폐단은 혁파하되 고려 왕조는 유지해야 한다는 온건파 신진 사대부의 대표적인 인물로, 역성혁명을 주장한 급진파 신진 사대부와 대립하였다. 이에 이방원은 개경의 선죽교에서 정몽주를 격살하였다.
③ 황룡사 구층 목탑은 선덕여왕 때 경주의 황룡사에 건립한 목탑으로, 몽골의 침입 때 소실되었다.
④ 『직지심체요절』은 현재까지 남아 있는 최초의 금속활자본으로, 고려 우왕 때 청주 흥덕사에서 간행되었다.
⑤ 정서는 고려 인종 때의 문신으로, 의종의 왕위 계승 과정에서 파직되어 부산 동래현으로 귀향되었으며, 자신의 억울함을 호소하고 중앙 정계에 불러줄 것을 노래로 표현한 '정과정'을 지었다. 정서는 본관이 동래현으로, 중앙 귀족의 신분을 박탈하고 고향으로 돌려보내는 귀향형은 고려의 특징적인 형벌이다.

정답 ②

확인 문제

1 (가) 지역에 대한 설명으로 옳은 것은?

57회 [3점]

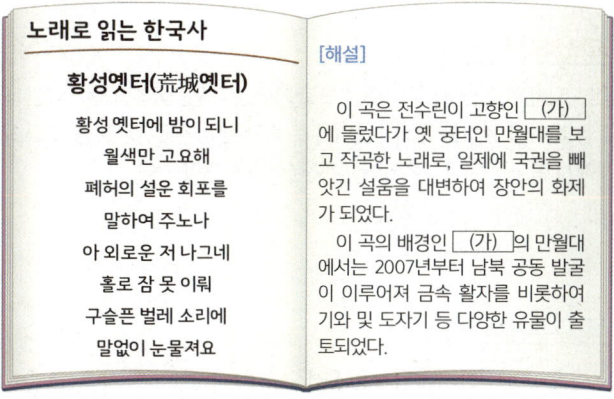

① 조선 형평사 창립총회가 개최된 곳이다.
② 동학 농민군과 정부 사이에 화약이 체결된 곳이다.
③ 서희가 소손녕과의 외교 담판을 통해 확보한 곳이다.
④ 장수왕 때 국내성에서 천도하여 도읍으로 삼은 곳이다.
⑤ 유엔군과 공산군 사이의 첫 번째 정전 회담이 열린 곳이다.

2 (가)~(마) 지역에 있었던 역사적 사실로 옳지 않은 것은?

53회 [2점]

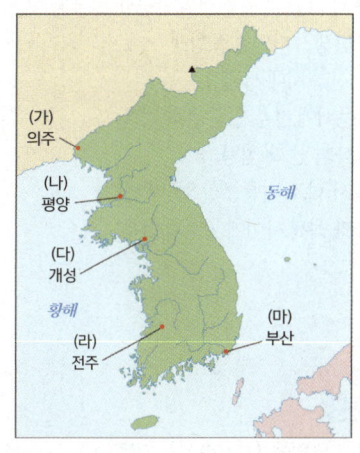

① (가) - 만상이 근거지로 삼아 청과의 무역을 전개하였다.
② (나) - 나석주가 조선 식산 은행에 폭탄을 투척하였다.
③ (다) - 만적을 비롯한 노비들이 신분 해방을 도모하였다.
④ (라) - 동학 농민군이 정부와 화해하는 약조를 맺었다.
⑤ (마) - 임진왜란 중 부사 송상현과 첨사 정발이 순절하였다.

정답
1 ⑤ 6·25 전쟁이 현재의 휴전선 부근에서 고착 상태를 보이자, 소련의 제의로 개성에서 휴전 협상이 진행되었다. 정전 협정 이후에는 공동 경비구역으로 지정되었다.
2 ② 나석주는 서울의 조선 식산 은행에 폭탄을 투척하였다.

Theme 128 지역사 – 중부 지역

PART 9 특집

출제 의도와 대책

중부 지방은 조선 시대 이후 수도로 기능한 한양, 백제의 수도였던 공주와 부여에 위치한 문화유산이 주로 출제된다. 충주, 청주 등 주요 도시에서 벌어진 역사적 사건도 따로 정리해 두어야 한다.

필기노트 마인드맵

- 서울
  - 신석기 시대 암사동 유적
  - 백제의 도읍(한성), 풍납토성·몽촌토성
  - 조선의 수도: 궁궐, 종묘, 사직, 4대문
- 공주
  - 구석기 시대 석장리 유적
  - 백제의 도읍(웅진), 송산리 고분군
  - 신라 하대 웅천주 도독 김헌창의 난
  - 고려 시대 공주 명학소, 망이·망소이의 난
  - 개항 이후 동학 농민군 우금치 전투
- 부여
  - 청동기 시대 송국리 집터 유적
  - 백제의 도읍(사비), 금동대향로 출토, 능산리 고분군
  - 백제 역사 유적 지구 포함
- 충주
  - 충주 고구려비 건립
  - 우륵의 탄금대 → 신립의 탄금대 전투
  - 대몽항쟁기 다인철소 항쟁
- 청주
  - 통일 신라 시대 서원경
  - 민정문서에 청주 인근 촌락 기록
  - 이인좌의 난 때 점령
- 논산
  - 관촉사 석조 미륵보살 입상 건립
  - 신라와 백제 사이에 황산벌 전투

선택지 빅데이터

① 백제의 돌무지 무덤을 찾아본다. → 서울 석촌동
② 중국 남조의 영향을 받은 무령왕릉이 있다. → 공주
③ 백제 성왕이 새롭게 수도로 정한 지역을 조사한다. → 부여
④ 백제와 신라 사이에 황산벌 전투가 벌어졌다. → 논산
⑤ 김헌창이 반란을 일으킨 근거지를 검색한다. → 공주
⑥ 직지심체요절이 금속활자로 간행되었다. → 청주
⑦ 신립이 배수의 진을 치고 왜군에 항전하였다. → 충주 탄금대
⑧ 조선 인조가 피신하여 청군에 항전하였다. → 남한산성
⑨ 명 신종의 제사를 지내는 만동묘가 건립되었다. → 충북 괴산
⑩ 장용영 외영이 설치된 곳을 알아본다. → 수원
⑪ 오페르트가 남연군 묘 도굴을 시도하였다. → 예산
⑫ 강우규가 사이토 총독에게 폭탄을 투척하였다. → 서울(서울역)

대표 기출 1

(가)~(다) 지역에 대한 설명으로 옳지 않은 것은? 72회 [3점]

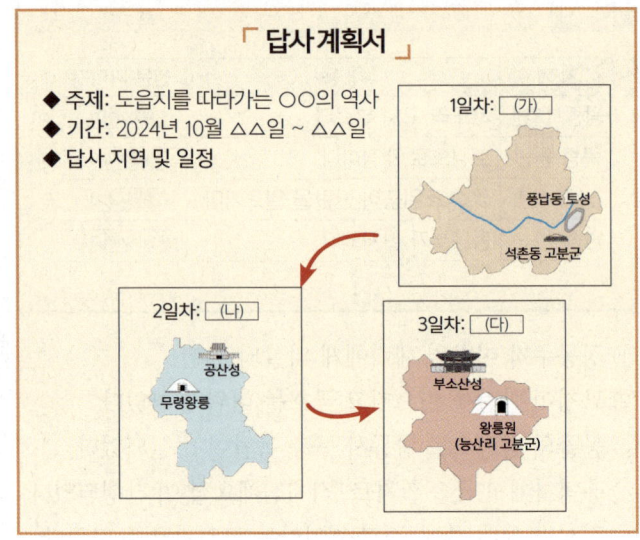

① (가) – 고구려에서 남하한 온조가 도읍으로 삼았다.
② (나) – 문주왕 때 천도한 곳이다.
③ (나) – 중국 남조의 영향을 받은 벽돌 무덤이 있다.
④ (다) – 왕궁리 오층 석탑이 있다.
⑤ (다) – 백제 금동 대향로가 출토되었다.

자료분석
(가)는 서울, (나)는 공주, (다)는 부여이다.

정답분석
④ 왕궁리 오층 석탑은 전북 익산에 있다.

선택지분석
① 온조는 고구려 주몽의 아들로, 주몽이 북부여에서 낳은 아들이 찾아와 태자가 되자 남쪽으로 이주해 서울에 정착한 후 한강 유역의 토착 세력과 함께 백제를 건국하였다.
② 고구려 장수왕의 공격으로 백제의 한성이 함락되고 개로왕이 사망하자, 개로왕에 이어 즉위한 문주왕은 웅진(공주)으로 도읍을 옮겼다.
③ 공주에 위치한 무령왕릉은 중국 남조 양나라의 영향을 받아 벽돌 무덤으로 축조되었다.
⑤ 백제 금동 대향로는 부여 능산리 절터에서 출토되었다.

정답 ④

대표 기출 2

다음 안내에 따라 학생이 발표한 내용으로 가장 적절한 것은?

71회 [3점]

> 학생 여러분, 이번 시간에는 우리 고장의 유적과 기념물을 조사해서 발표하는 활동을 하겠습니다. 우리 고장은 금강 중류에 위치한 유서 깊은 도시입니다. 남한에서 최초로 발굴된 구석기 유적이 있어 선사 시대부터 우리 고장에 사람이 살았던 것을 알 수 있습니다. 또한 삼국이 상호 경쟁하던 시기에는 백제의 수도로서 백제 중흥을 위한 노력이 전개되었던 곳으로 백제 고분을 통해 당시의 문화를 엿볼 수 있습니다. 고려 시대에는 최승로의 건의에 따라 설치된 12목 중의 하나였고, 이후 조선 시대에도 감영이 있어 지역의 중심지 역할을 하였습니다. 그리고 근대에는 동학 농민군이 관군과 일본군에 맞서 치열한 전투를 전개하는 등 외세를 물리치기 위한 민족 운동이 펼쳐지기도 하였습니다. 그럼, 모둠별로 우리 고장의 다양한 유적과 기념물에 대해 조사한 후 알게 된 내용을 발표해 봅시다.

① 갑 - 수양개 유적을 조사하여 우리 고장에 살던 구석기인들이 다양한 기법으로 석기를 제작했음을 알 수 있었습니다.
② 을 - 송산리 고분군의 벽돌무덤을 조사하여 무령왕이 중국 남조, 왜 등과 활발하게 교류했음을 알 수 있었습니다.
③ 병 - 만인의총을 조사하여 정유재란 당시 우리 고장의 백성들이 조명 연합군과 함께 결사 항전했음을 알 수 있었습니다.
④ 정 - 만석보 유지비를 조사하여 우리 고장 농민들이 군수 조병갑의 수탈에 저항하여 봉기했음을 알 수 있었습니다.
⑤ 무 - 아우내 3·1 운동 독립 사적지를 조사하여 유관순이 우리 고장에서 만세 시위를 주도했음을 알 수 있었습니다.

자료분석
남한에서 최초로 발굴된 구석기 유적이 있고, 백제의 두 번째 수도였던 도시는 충청남도 공주이다.

정답분석
② 공주는 백제의 두 번째 수도로, 송산리 고분군(공주 무령왕릉과 왕릉원)에는 중국 남조 양식인 벽돌무덤으로 조성된 무령왕릉이 있다. 무령왕릉의 관은 일본산 금송으로 제작되었는데, 이를 통해 당시 백제가 중국 남조 및 일본과 활발하게 교류하였음을 알 수 있다.

선택지분석
① 수양개 유적은 충북 단양에 위치해 있다.
③ 만인의총은 정유재란 때 남원성을 지키기 위해 왜적과 항전하다가 전사한 군·관·민을 합장한 무덤으로, 전북 남원에 위치해 있다.
④ 만석보 유지비는 전북 정읍에 위치해 있다.
⑤ 아우내 3·1 운동 독립 사적지는 충남 천안에 위치해 있다.

정답 ②

확인 문제

1 (가) 지역에서 있었던 사실로 옳은 것은?

69회 [2점]

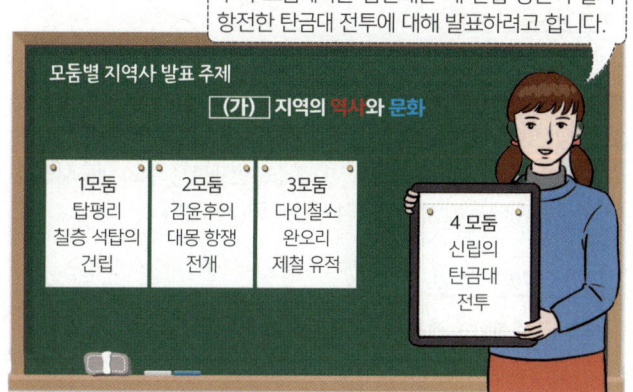

① 제1차 미·소 공동 위원회가 개최되었다.
② 명 신종을 기리는 만동묘가 건립되었다.
③ 강주룡이 을밀대 지붕에서 고공 농성을 벌였다.
④ 고구려비가 남한 지역에서 유일하게 발견되었다.
⑤ 박재혁이 경찰서에서 폭탄을 터뜨리는 의거를 일으켰다.

2 (가)에 들어갈 내용으로 가장 적절한 것은?

66회 [2점]

> 저는 지금 ○○시에 있는 경포대에 와 있습니다. 관동팔경 중 하나인 경포대 안에는 숙종이 직접 지은 시를 비롯하여 많은 명사의 글이 걸려 있습니다. 이 지역에서 가 볼 만한 곳을 대화창에 올려 주세요.

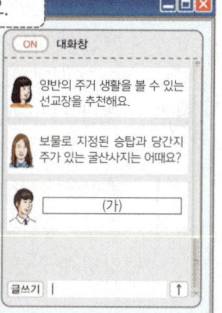

① 율곡 이이가 태어난 오죽헌을 추천해요.
② 무령왕릉이 있는 송산리 고분군을 추천해요.
③ 어재연 부대가 항전했던 광성보에 가 보세요.
④ 팔만대장경판이 보관된 해인사를 방문해 보세요.
⑤ 삼별초가 활동한 항파두리 항몽 유적에 가 보세요.

정답
1 ④ 충주 고구려비는 남한 지역에서 발견된 유일한 고구려 비석으로, 5세기 당시 고구려가 한강 유역을 장악했음을 보여 준다.
2 ① 율곡 이이는 강릉 오죽헌에서 태어났다. '오죽'은 뒤뜰에 검은 대나무가 자란 것에서 따와 이름하였으며, 율곡 이이의 어머니인 신사임당의 친정이다. 즉, 율곡 이이의 아버지는 처가에서 살면서 자식을 양육하였는데, 조선 중기까지도 처가살이를 하는 경우가 적지 않았다.

Theme 129 지역사 – 남부 지역

PART 9 특집

출제 의도와 대책

부산은 조선 시대 대일 교류의 거점이자 근대 이후에도 대일 관계에서 중요한 역할을 담당하였다. 전주는 견훤이 후백제의 도읍으로 삼은 곳으로, 임진왜란 때 유일하게 실록을 지켜낸 곳이며, 동학 농민군이 전주 화약을 맺은 곳이기도 하다. 이 외에도 현재까지 주요 대도시인 진주, 나주 등지에서 있었던 역사적 사건을 정리해 둔다.

필기노트 마인드맵

- **전주**
  - 견훤이 후백제 건국
  - 조선 시대 전주 사고 설치 → 유일하게 보존
  - 동학 농민군의 전주 화약
- **나주**
  - 거란 2차 침입 때 현종의 나주 피난
  - 광주 학생 항일 운동의 발단이 된 한·일 학생 충돌
- **익산**
  - 백제 무왕의 천도 시도, 미륵사지, 왕궁리 유적
  - 고구려 안승을 보덕왕으로 안치
- **안동**
  - 고려: 왕건의 고창(안동) 전투 승리, 홍건적 2차 침입 때 공민왕 피난, 봉정사 극락전
  - 조선: 도산 서원, 병산 서원, 하회마을
- **대구**
  - 신라 신문왕 대 달구벌 천도 시도
  - 대한 제국 시기 국채 보상 운동 시작(서상돈, 김광제)
  - 대한 광복회 결성(박상진 주도)
- **경주**
  - 불국사·석굴암, 경주 역사 유적 지구
  - 조선 후기 최제우가 동학 창시
- **부산**
  - 조선 시대 왜관 설치(부산포 → 두모포 → 초량)
  - 백산 상회(임시 정부 자금 조달)
  - 6·25 전쟁 때 임시 피난 수도
- **진주**
  - 조선: 임진왜란 진주 대첩, 조선 후기 임술 농민 봉기 시작
  - 일제 강점기: 백정들이 조선 형평사 설립
- **강진**
  - 백련결사 제창(만덕사), 고려청자 도요지(강진, 부안)
- **창녕**
  - 교동·송현동 고분군(비화가야), 창녕비(진흥왕 순수비)
  - 창녕 우포늪

선택지 빅데이터

① 대가야의 위용을 보여주는 지산동 고분군을 찾을 수 있다. → 고령
② 안승을 왕으로 하는 보덕국이 세워졌다. → 익산(금마저)
③ 최충헌의 식읍과 농장이 있던 지역을 조사한다. → 진주
④ 일본과의 무역을 위한 왜관이 설치되었다. → 부산
⑤ 임진왜란 때 김시민이 관군과 의병을 지휘해 성을 지켰다. → 진주
⑥ 정약용이 유배 중에 경세유표를 저술하였다. → 강진
⑦ 유계춘이 백낙신의 수탈에 맞서 봉기한 지역을 조사한다. → 진주
⑧ 김광제 등의 발의로 국채 보상 운동이 일어났다. → 대구
⑨ 박상진의 주도로 대한 광복회가 결성되었다. → 대구
⑩ 고액 소작료에 반발한 암태도 소작 쟁의가 일어났다. → 전남 신안
⑪ 조선 형평사 중앙 총본부가 있었다. → 진주

대표 기출 1

(가) 지역을 지도에서 옳게 찾은 것은? 72회 [1점]

① ㉠ ② ㉡ ③ ㉢ ④ ㉣ ⑤ ㉤

정답분석

③ 대한민국 최대 자연배후습지인 우포늪, 유네스코 세계 유산에 등재된 7개의 가야 고분군 중 하나인 교동과 송현동 고분군, 신라 진흥왕이 창녕 지역을 신라의 영역으로 편입한 후 세운 창녕 신라 진흥왕 척경비, 통일 신라 시대의 석탑인 술정리 동(東) 삼층 석탑은 모두 경남 창녕에 있는 문화재이다.

정답 ③

대표 기출 2

(가) 지역에서 있었던 사실로 옳은 것은? 71회 [3점]

> **유네스코 세계 유산을 품은 도시**
> **(가) 에 여러분을 초대합니다.**
>
> (가) 은/는 유네스코 세계 유산, 무형 문화유산, 세계 기록 유산 등을 보유한 유서 깊은 고장입니다. 홍건적의 침입 당시 공민왕과 노국 공주가 피란했던 역사가 있는 곳이기도 합니다. 이 곳에 오셔서 다양한 전통문화를 느껴 보시기 바랍니다.
>
> **추천 방문 장소**
> ※ 하회마을에서 하회별신굿탈놀이 관람하기
> ※ 봉정사에서 우리나라에서 가장 오래된 목조 건물인 극락전 둘러보기
> ※ 도산 서원에서 퇴계 이황의 학문과 일생 생각해 보기

① 왕건이 고창 전투에서 견훤에게 승리하였다.
② 묘청이 반란을 일으키고 국호를 대위라 하였다.
③ 흥덕사에서 금속 활자본인 『직지심체요절』이 간행되었다.
④ 정중부를 비롯한 무신들이 보현원에서 정변을 일으켰다.
⑤ 이성계를 중심으로 한 고려군이 황산에서 왜구를 격퇴하였다.

자료분석
(가)는 경북 안동이다. 안동 하회마을은 한국의 대표적인 양반 씨족 마을로 인정받아 경주 양동마을과 함께 유네스코 세계 문화유산에 등재되었다. 또한 고려 시대부터 안동 하회마을에서 전해 내려온 하회별신굿탈놀이는 마을의 평화와 농사의 풍년을 기원하기 위하여 마을 굿으로 일환으로 행해지던 것으로 비는 굿과 탈놀이를 함께 하는 것으로, 전국 18개 종목과 함께 한국의 탈춤으로 유네스코 세계 무형 유산에 등재되었다.

정답분석
① 후삼국 시기 당시에 공산 전투(대구)에서 왕건의 고려군은 견훤의 후백제군에 패하였다. 이 전투에서 승리한 후백제는 한동안 후삼국의 판도를 주도하였으나, 곧 고창 전투(안동)에서 왕건의 고려군이 승리하면서 고려의 우세로 바뀌었다.

선택지분석
② 평양(서경)에 대한 설명이다. 고려 인종 때 묘청은 서경에서 국호를 대위, 연호를 천개로 하고 난을 일으켰다(묘청의 난).
③ 청주에 대한 설명이다. 고려 우왕 때 청주 흥덕사에서 금속 활자로 『직지심체요절』을 간행하였다. 『직지심체요절』은 현존하는 금속 활자본 중 가장 오래된 책으로 인정받고 있다.
④ 보현원은 경기도 장단 인근으로, 고려 의종이 자주 연회를 열던 곳이다. 당시 문신들에 비해 차별을 받던 정중부·이의방 등 무신들은 의종이 보현원으로 행차할 때 난을 일으켜 문신들을 학살하고 정권을 장악하였다(무신 정변).
⑤ 고려 우왕 때 왜구가 500여 척의 대선단을 이끌고 진포를 침략하자, 최무선·나세 등이 화약 무기를 이용해 정박 중인 왜구의 배를 모두 불태웠다(진포 해전). 살아남은 왜구들이 내륙으로 이동하자, 이성계가 지리산 인근의 남원 황산에서 왜구를 섬멸하였다(황산 대첩).

정답 ①

확인 문제

1 (가) 지역에 대한 탐구 활동으로 가장 적절한 것은? 64회 [2점]

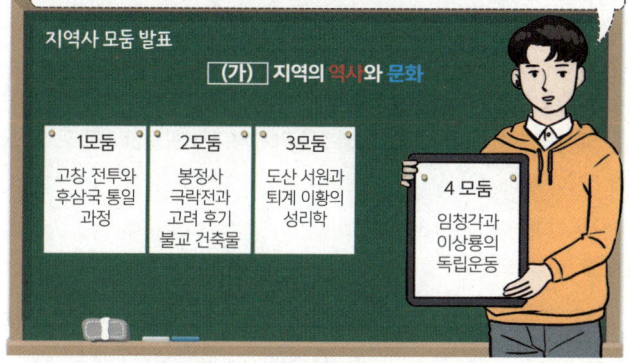

> 우리 모둠에서는 대한민국 임시 정부 국무령을 역임한 석주 이상룡의 생가인 임청각과 그의 독립운동에 대해서 발표하려고 합니다.
>
> **지역사 모둠 발표**
> **(가) 지역의 역사와 문화**
> 1모둠: 고창 전투와 후삼국 통일 과정
> 2모둠: 봉정사 극락전과 고려 후기 불교 건축물
> 3모둠: 도산 서원과 퇴계 이황의 성리학
> 4모둠: 임청각과 이상룡의 독립운동

① 김헌창이 반란을 일으킨 근거지를 파악한다.
② 강주룡이 고공 시위를 전개한 장소를 알아본다.
③ 공민왕이 홍건적의 침입 때 피란한 지역을 알아본다.
④ 신립이 배수의 진을 치고 전투를 벌인 위치를 검색한다.
⑤ 김사미가 가혹한 수탈에 저항하여 봉기한 곳을 조사한다.

2 다음 지역에 대한 탐구 활동으로 적절한 것은? 65회 [1점]

> **지도로 보는 우리 지역의 역사**
>
>
>
> 1872년에 제작된 우리 지역 지도의 일부입니다. 조선 시대 전라도 일대를 총괄하는 전라 감영, 조선 왕실의 발상지라는 의미로 한(漢) 고조의 고사에서 이름을 딴 객사 풍패지관, 태조 이성계의 어진을 봉안하고 제사하는 경기전, 후백제의 왕성으로 알려진 동고산성 안에 있는 성황사 등이 표시되어 있습니다.

① 유형원이 『반계수록』을 저술한 장소를 답사한다.
② 견훤이 아들 신검에 의해 유폐된 장소를 알아본다.
③ 동학 농민군이 정부와 화약을 맺은 장소를 조사한다.
④ 기묘사화로 유배된 조광조가 사사된 장소를 검색한다.
⑤ 임병찬이 의병을 일으킨 무성 서원이 있는 장소를 찾아본다.

정답
1 ③ 원·명 교체기에 한족 반란군인 홍건적이 두 차례 침입하였는데, 2차 침입 때 개경이 함락되고 공민왕이 안동(복주)으로 피란하기도 하였다.
2 ③ 1894년 동학 농민군이 전주성을 점령하자 조선 정부는 농민군의 폐정 개혁 요구를 받아들이는 전주 화약을 체결하였다.

Theme 130 지역사 - 도서 지역

PART 9 특집

출제 의도와 대책

섬 지역은 교통이 어려워 평상시에는 역사적 사건의 중심에 서기 힘들지만, 해상 교역의 거점이 되거나 외침에 항전하는 요새가 되기도 하였다. 대표적으로 장보고가 청해진을 설치한 완도, 몽골의 침략과 정묘호란 때 왕이 피난한 강화도, 삼별초가 마지막까지 항전한 제주도 등을 들 수 있다.

필기노트 마인드맵

- 강화도
  - 청동기 시대 고인돌 유적(유네스코 문화유산)
  - 고려 대몽 항쟁기 강화 천도
  - 조선 정조 외규장각 설치 → 병인양요 때 약탈
  - 강화학파 성립 ← 정제두 양명학 연구
  - 병인양요(프랑스), 신미양요(미국)
  - 운요호 사건 → 강화도 조약
- 제주도
  - 고려 삼별초의 대몽 항쟁 → 탐라총관부 설치
  - 조선 시대 여성 거상 김만덕 → 빈민 구제
  - 조선 효종 때 하멜 표류 → 『하멜표류기』
  - 광복 직후 제주 4·3 사건
- 기타
  - 거제도: 6·25 전쟁 때 포로수용소
  - 거문도: 갑신정변 후 영국이 러시아의 남하를 반대하며 점령
  - 흑산도: 신유박해로 정약전 유배 → 『자산어보』 저술
  - 완도: 통일 신라 장보고가 청해진 설치

선택지 빅데이터

① 고산리 유적에서 출토된 유물을 알아본다. → 제주도
② 장보고가 청해진을 설치하고 해상 무역을 장악하였다. → 완도
③ 대몽 항쟁을 펼친 삼별초의 근거지를 파악한다. → 진도, 제주도
④ 탐라총관부가 설치된 목적을 살펴본다. → 제주도
⑤ 하멜 일행이 표류하다가 도착한 곳이다. → 제주도
⑥ 병자호란 때 김상용이 순절하였다. → 강화도
⑦ 김만덕의 빈민 구제 활동에 대한 기록을 조사한다. → 제주도
⑧ 정약전이 자산어보를 저술한 지역을 찾아본다. → 흑산도
⑨ 프랑스군이 외규장각을 약탈하였다. → 강화도
⑩ 영국군이 러시아 견제를 빌미로 불법 점령하였다. → 거문도
⑪ 4·3 사건으로 많은 주민이 희생된 지역을 파악한다. → 제주도

대표 기출 1

다음 답사가 이루어진 지역을 지도에서 옳게 찾은 것은?

47회 [1점]

〈답사 안내〉
역사의 현장을 찾아서

우리 문화원에서는 현장 답사를 통해 우리 지역의 역사를 알아보는 시간을 마련하였습니다.
◆ 일자: 2020년 ○○월 ○○일
◆ 답사 장소

답사지	소개
영국군 묘지	러시아 견제를 구실로 무단 점령한 영국군의 묘지. 한 무덤의 비문에는 "1886년 3월 알바트로스호의 수병 2명이 폭발 사고로 죽다."라고 기록되어 있음.
임병찬 순지비	고종의 밀지를 받아 독립 의군부를 조직한 독립운동가 임병찬이 유배되어 순국한 것을 기리기 위해 세운 비.

① (가) ② (나) ③ (다)
④ (라) ⑤ (마)

정답분석

③ 한말 러시아 견제를 구실로 영국이 무단으로 점령한 곳은 거문도이다. 한편 독립 의군부를 이끌었던 임병찬은 체포된 후 거문도에 유배되었다가 순국하여, 거문도에 그의 순지비가 세워졌다.

선택지분석

① 강화도는 한강과 임진강이 황해로 흘러드는 곳에 위치한 큰 섬으로, 청동기 시대 고인돌 유적이 분포하여 세계 문화유산에 등재되었다. 또한 몽골의 침입 때 고려의 임시 수도가 되었으며, 조선 시대에도 정묘호란 때 인조가 피난하였으며, 한말에는 프랑스와 미국의 침입을 받는 등 역사적으로 다양한 사건이 전개되었다.
② 진도는 삼별초가 개경 환도에 반대하여 처음 정착한 곳으로, 삼별초는 진도에 용장성을 쌓고 항전하였다.
④ 거제도는 6·25 전쟁 때 포로수용소가 설치되었던 곳이다.
⑤ 울릉도는 신라 지증왕 때 이사부가 정복한 이래 우리의 영토였으며, 대한 제국 시기에 울릉군으로 승격되어 독도를 관할하게 되었다.

정답 ③

대표 기출 2

(가) 지역에 대한 탐구 활동으로 가장 적절한 것은? 59회 [1점]

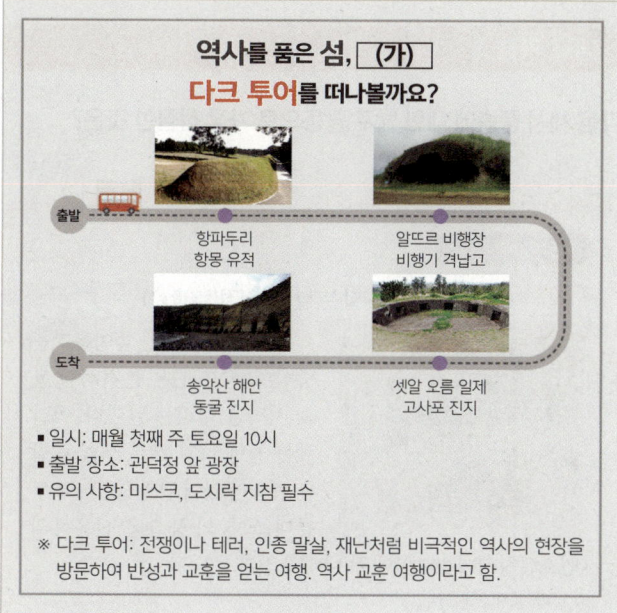

① 정약전이 『자산어보』를 저술한 곳을 알아본다.
② 프랑스군이 외규장각 도서를 약탈한 장소를 살펴본다.
③ 지주 문재철에 맞서 소작 쟁의가 일어난 곳을 찾아본다.
④ 4·3 사건으로 많은 주민이 희생된 주요 장소를 조사한다.
⑤ 러시아가 저탄소 설치를 위해 조차를 요구한 곳을 검색한다.

자료분석
항파두리 항몽 유적은 삼별초가 제주도로 근거지를 옮겨 쌓은 것이다. 알뜨르 비행장과 격납고는 일제 강점기에 만들어진 것으로 많은 제주 주민들이 강제로 동원되었다.

정답분석
④ 제주 4·3 사건(1948)은 남한만의 단독 선거에 반대하며 무장 봉기한 제주도의 공산주의자와 일부 주민들이 군, 경찰, 서북 청년단 등 극우 단체로 구성된 토벌대와 충돌하여 많은 양민이 희생당한 사건으로, 이로 인해 5·10 총선거 당시 제주도에서는 3개 선거구 중 2곳에서 총선거가 진행되지 못하였다.

선택지분석
① 정약전은 신유박해에 연루되어 흑산도로 유배된 후 그곳의 해양수산자원을 정리하여 『자산어보』를 펴냈다.
② 외규장각을 설치해 왕실 도서를 보관해두었다가 프랑스군에 의해 의궤 등을 약탈당한 지역은 강화도이다.
③ 지주 문재철의 가혹한 소작료 수탈에 맞서 일어난 소작쟁의는 전남 신안 암태도에서 일어났다. 일제 강점기의 대표적 소작 쟁의이다.
⑤ 러시아는 저탄소 설치를 위해 부산 절영도 조차를 요구하였다.

정답 ④

확인 문제

1 (가)~(마)에 대한 설명으로 옳은 것은? 45회 [2점]

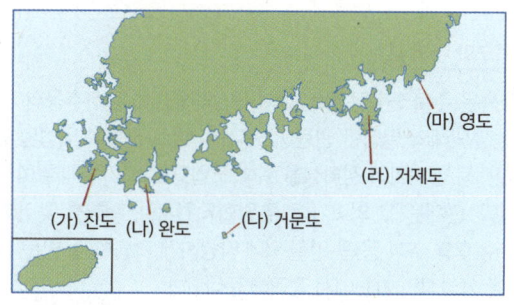

① (가) – 영국이 러시아의 남하를 구실로 불법 점령하였다.
② (나) – 통일 신라 때 장보고가 청해진을 설치하였다.
③ (다) – 6·25 전쟁 때 포로수용소가 설치되었다.
④ (라) – 러시아가 저탄소 설치를 명분으로 조차를 요구하였다.
⑤ (마) – 삼별초가 용장성을 쌓고 몽골에 대항하였다.

2 다음 지역에 대한 탐구 활동으로 가장 적절한 것은? 56회 [2점]

① 대몽 항쟁기에 조성된 왕릉을 조사한다.
② 김만덕의 빈민 구제 활동에 대해 알아본다.
③ 정약전이 자산어보를 저술한 곳을 검색한다.
④ 지증왕이 이사부를 보내 복속한 지역과 부속 도서를 찾아본다.
⑤ 러시아의 남하를 견제하기 위하여 영국군이 점령한 장소를 살펴본다.

정답
1 ② 신라 하대 흥덕왕 때 장보고가 완도에 청해진을 설치하였다.
2 ① 고인돌, 참성단, 광성보는 강화도의 문화유산이다. 강화도에는 대몽 항쟁기에 조성된 석릉(희종), 홍릉(고종) 등 고려 왕릉이 조성되어 있다.

Theme 131 세시 풍속

PART 9 특집

출제 의도와 대책

세시 풍속은 주로 1년 단위로 반복되는 의례인데, 춘하추동의 계절 변화 및 농경의례와 밀접한 관련이 있다. 대체로 전통적 역법인 음력을 따르지만, 농사 시기의 정확성을 위해 도입한 24절기는 태양력을 반영한 것이다. 현재는 그 의미가 조금 약화되었지만, 새해를 맞이하는 설날과 추수 후의 추석 등 큰 명절 외에 다양하게 기념할 수 있는 전통 세시풍속을 상식적인 차원에서 정리해 둔다.

필기노트 마인드맵

- 1월: 설날(1일): 차례, 세배, 성묘, 떡국
  정월 대보름(15일): 부럼, 오곡밥, 귀밝이술, 달집 태우기, 쥐불놀이
- 2월: 한식: 찬 음식 먹는 날, 산소 정비
- 3월: 삼짇날(3월 3일), 화전놀이, 국수, 활쏘기
- 5월: 단오(5일): 씨름, 그네뛰기, 창포물에 머리 감기
- 6월: 유두절(15일): 흐르는 물에 머리 감기
- 7월: 칠석(7일): 견우직녀 설화 → 여자들이 바느질 솜씨가 늘기를 기원
- 8월: 추석(15일): 설과 함께 최고 명절, 성묘, 차례, 송편
- 9월: 중양절(9일): 국화전, 국화주, 단풍놀이
- 11월: 동지: 밤이 가장 길고 낮이 가장 짧은 날, 동지 팥죽
- 12월: 섣달그믐(31일): 1년의 마지막 날, 묵은세배, 연말 대청소

선택지 빅데이터

① 어른에게 세배하고 떡국을 먹었다. → 1월 설날
② 건강을 기원하며 부럼을 깨물고 오곡밥을 지어 먹었다. → 정월 대보름
③ 귀밝이술이라 하여 데우지 않은 술을 나누어 마셨다. → 정월 대보름
④ 들판에 쥐불을 놓으며 풍년을 기원하였다. → 정월 대보름
⑤ 진달래꽃으로 화전을 부쳐 먹었다. → 3월 삼짇날
⑥ 찬 음식을 먹으며, 조상의 묘를 찾아 돌보았다. → 한식(4월경)
⑦ 창포를 삶은 물로 머리를 감았다. → 5월 단오
⑧ 남자는 씨름 경기를 벌이고 여자는 그네뛰기를 하였다. → 5월 단오
⑨ 임금이 신하들에게 부채를 나누어 주었다. → 5월 단오
⑩ 동쪽으로 흐르는 물에 머리를 감아 나쁜 기운을 날려 보냈다. → 6월 유두절
⑪ 별을 보며 바느질 솜씨를 좋게 해달라고 빌었다. → 7월 칠석
⑫ 햇곡식으로 음식을 만들어 조상에 차례를 지냈다. → 8월 추석
⑬ 일 년 중 가장 밤이 긴 날로, 새알심을 넣어 팥죽을 만들어 먹었다. → 12월 동지

대표 기출 1

다음 세시 풍속에 대한 탐구 활동으로 가장 적절한 것은?

58회 [2점]

> **이달의 세시 풍속**
>
> **푸른 새잎을 밟는 날, 답청절(踏靑節)**
>
>
>
> 강남 갔던 제비가 돌아온다는 중삼일(重三日)은 본격적인 봄의 시작을 알리는 날이다. 이날에는 들에 나가 푸른 새잎을 밟는 풍습이 있어 답청절이라고 부른다. 답청의 풍습은 신윤복의 〈연소답청(年少踏靑)〉에 잘 나타나 있다.
>
> ◈ 날짜: 음력 3월 3일
> ◈ 음식: 화전, 쑥떡
> ◈ 풍속: 노랑나비 날리기, 활쏘기

① 칠석날의 전설을 검색한다.
② 한식날의 의미를 파악한다.
③ 삼짇날의 유래를 알아본다.
④ 동짓날에 먹는 음식을 조사한다.
⑤ 단오날에 즐기는 민속놀이를 찾아본다.

정답분석

③ 삼짇날은 음력 3월 3일로 강남에 갔던 제비가 돌아온다고 전해지며, 이날 들판에 나가 꽃놀이를 하고 새 풀을 밟으며 봄을 즐기기 때문에 답청절이라고도 한다.

선택지분석

① 칠석(七夕)은 음력으로 칠월 초이렛날의 밤으로, 이때에 은하의 서쪽에 있는 직녀와 동쪽에 있는 견우가 오작교에서 일 년에 한 번 만난다는 전설이 있다.
② 한식날은 동지에서 105일째 되는 날로서 4월 5일이나 6일쯤이 되며, 민간에서는 조상의 산소를 찾아 제사를 지내고 사초(莎草)하는 등 묘를 돌아본다.
④ 동짓날은 24절기의 22번째 절기로 1년 중에서 밤이 가장 길고 낮이 가장 짧은 날이다. 동지에는 동지팥죽을 먹는다.
⑤ 단옷날은 음력 5월 5일로, 단오떡을 해 먹고 여자는 창포물에 머리를 감고 그네를 뛰며 남자는 씨름을 한다.

정답 ③

대표 기출 2

(가)에 들어갈 세시 풍속으로 옳은 것은? 56회 [1점]

① 한식　② 백중　③ 추석
④ 단오　⑤ 정월 대보름

정답분석
④ 단옷날은 음력 5월 5일로, 단오떡을 해 먹고 여자는 창포물에 머리를 감고 그네를 뛰며 남자는 씨름을 한다.

선택지분석
① 한식날은 동지에서 105일째 되는 날로서 4월 5일이나 6일쯤이 되며, 민간에서는 조상의 산소를 찾아 제사를 지내고 사초(莎草)하는 등 묘를 돌아본다.
② 백중은 음력 7월 보름날로, 승려들이 재(齋)를 설(設)하여 부처를 공양하는 날이다. 불교가 융성했던 신라·고려 시대에는 일반인까지 참석하여 우란분회(법회)를 열었으나 조선 시대 이후로 사찰에서만 행하여진다.
③ 추석은 음력 8월 보름날로, 신라의 가배(嘉俳)에서 유래하였다고 하며, 햅쌀로 송편을 빚고 햇과일 등의 음식을 장만하여 차례를 지낸다.
⑤ 정월 대보름은 한 해의 첫 보름이자 보름달이 뜨는 날로 음력 1월 15일이다. 부럼깨기, 더위팔기, 쥐불놀이, 줄다리기 등의 놀이를 한다.

정답 ④

확인 문제

1 (가)에 들어갈 세시 풍속으로 옳은 것은? 45회 [2점]

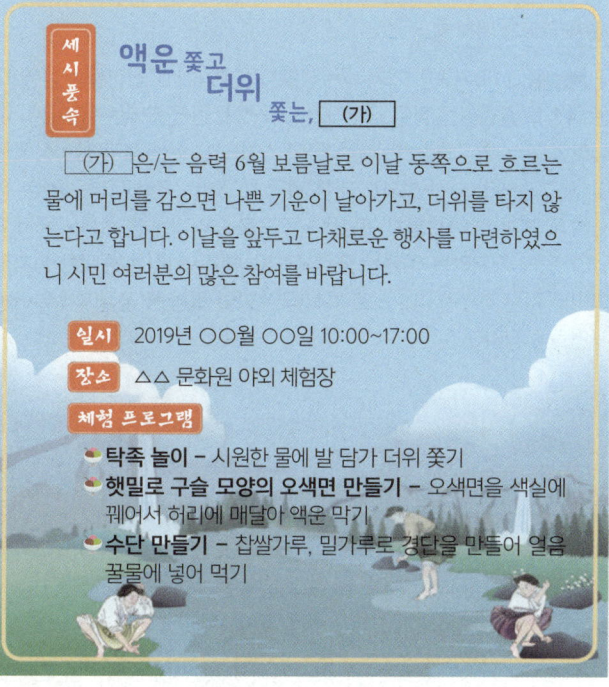

① 동지　② 한식　③ 칠석
④ 유두　⑤ 삼짇날

2 밑줄 그은 '이날'에 해당하는 세시풍속으로 옳은 것은? 60회 [1점]

이곳은 남원 광한루원의 오작교입니다. 조선 시대 남원 부사 장의국이 헤어져 있던 견우와 직녀가 오작교에서 만난다는 전설을 형상화하여 만들었습니다. 음력 7월 7일인 이날에는 여인들이 별을 보며 바느질 솜씨가 좋아지기를 비는 풍속이 있었습니다.

① 단오　② 칠석　③ 백중
④ 동지　⑤ 한식

정답
1 ④ 유두(流頭)는 음력 6월 보름날로, 나쁜 일을 떨어 버리기 위하여 동쪽으로 흐르는 물에 머리를 감는 풍속이 있었다. 수단(水團)·수교위 같은 음식물을 만들어 먹으며, 농사가 잘되라고 용신제를 지내기도 하였다.
2 ② 칠석(七夕)은 음력으로 칠월 초이렛날의 밤으로, 이때에 은하의 서쪽에 있는 직녀와 동쪽에 있는 견우가 오작교에서 일 년에 한 번 만난다는 전설이 있다.

Theme 132 조선의 궁궐

PART 9 특집

출제 의도와 대책

궁궐은 왕과 그 가족이 거처하는 생활공간인 동시에, 신하들과 함께 모든 국정을 결정하는 정무 공간이기도 하였다. 건국 초에는 경복궁이 중심이었으나, 임진왜란으로 경복궁이 소실되어 조선 후기에는 창덕궁이 정궁의 역할을 하였으며, 대한 제국 시기에는 덕수궁(경운궁)이 정궁이 되었다. 조선의 통치 이념을 단적으로 드러내는 전각 등이 출제되었다. 왕의 거처라는 특성상 궁궐에서 발생하는 사건은 중대한 정치적 의미를 지닌 경우가 많으므로 특히 국권 피탈 과정 중 궁궐에서 일어난 사건들을 정리해 둔다.

필기노트 마인드맵

- **경복궁**
  - 태조 때 지은 최초의 법궁, 근정전(근면한 정치)
  - 임진왜란 때 소실 → 고종 때 흥선 대원군 중건
  - 건청궁: 최초 전등 설치, 을미사변 발생
  - 일제 강점기 조선 총독부 건립, 조선 물산 공진회 개최
- **창덕궁**
  - 태종 때 건립, 동궐이라 불림(경복궁 동쪽)
  - 경복궁 소실 후 법궁 역할, 인정전(인자한 정치)
  - 정조 때 후원에 규장각 주합루 설치
  - 유네스코 세계 문화 유산 등재
- **창경궁**
  - 성종 때 건립, 창덕궁과 함께 동궐로 불림
  - 일제 강점기 동물원으로 격하
- **덕수궁(경운궁)**
  - 임진왜란 후 선조가 거처
  - 아관 파천 이후 고종 환궁(외국 공사관과 근접)
  - 중명전: 을사늑약 체결
  - 석조전: 미·소 공동 위원회 개최

선택지 빅데이터

① 태조 때 한양으로 천도하면서 창건되었다. → 경복궁
② 정도전이 궁궐과 주요 전각의 명칭을 정하였다. → 경복궁
③ 태종이 한양으로 재천도하면서 건립하였다. → 창덕궁
④ 명성 황후가 일본 낭인들에 의해 시해된 장소이다. → 경복궁 건청궁
⑤ 일제의 강압 속에 을사늑약이 체결된 현장이다. → 덕수궁 중명전
⑥ 일제에 의해 궁궐 안에 조선 총독부 건물이 세워졌다. → 경복궁
⑦ 조선 물산 공진회 개최 장소로도 이용되었다. → 경복궁
⑧ 일제에 의해 창경원으로 격하되기도 하였다. → 창경궁
⑨ 고종이 아관 파천 이후 환궁한 곳이다. → 덕수궁
⑩ 궁궐 안에 남아 있는 가장 오래된 서양식 건물인 정관헌이 있다. → 덕수궁
⑪ 두 차례의 미·소 공동 위원회가 개최되었다. → 덕수궁 석조전

대표 기출 1

(가) 궁궐에 대한 설명으로 옳은 것은? 70회 [3점]

돈덕전으로의 초대

돈덕전이 재건되어 전시관으로 개관합니다. 많은 관람 부탁드립니다.

- 주소: 서울특별시 중구 세종대로 99
- 개관일: 2023년 ○○월 ○○일

● 소개

돈덕전은 (가) 안에 지어진 유럽풍 외관의 건물로, 고종 즉위 40주년 기념행사를 열기 위해 건립되었다. 1층에는 폐하를 알현하는 폐현실, 2층에는 침실이 자리하여 각국 외교 사절의 폐현 및 연회장, 국빈급 외국인의 숙소로 사용되었다.
러시아 공사관에서 (가) 으로 거처를 옮긴 뒤부터 고종은 중명전을 비롯한 서구식 건축물을 지어 근대 국가로서의 면모를 보여주고자 하였다. 돈덕전 역시 이러한 의도가 투영된 건축물이다.

① 제1차 미·소 공동 위원회가 개최되었다.
② 도성 내 서쪽에 있어 서궐이라고 불렸다.
③ 일제에 의해 창경원으로 격하되기도 하였다.
④ 정도전이 궁궐과 주요 전각의 명칭을 정하였다.
⑤ 태종이 도읍을 한양으로 다시 옮기며 건립하였다.

자료분석

(가)는 덕수궁이다. 아관 파천 이후 덕수궁(경운궁)으로 환궁한 고종은 대한 제국 선포 이후 본격적으로 덕수궁 확장 사업을 진행하였다.

정답분석

① 덕수궁 석조전에서 제1차 미·소 공동 위원회가 개최되었다.

선택지분석

② 조선 시대에 경복궁을 기준으로 서쪽에 있는 경희궁을 서궐이라고 불렀다.
③ 창경궁에 대한 설명이다. 강점 이후 일제는 창경궁을 동물원(창경원)으로 사용하는 등 조선의 전통을 보여주는 유적을 다수 훼손하였다.
④ 경복궁에 대한 설명이다. 조선 건국 후 정도전은 한양 건설과 새 궁궐 축조의 책임을 맡았는데, 이 과정에서 정도전은 새 궁궐인 경복궁의 이름과 강녕전(왕의 생활 공간), 근정전(정전), 사정전(일상적 업무 공간) 등 주요 전각의 이름을 지었다.
⑤ 창덕궁에 대한 설명이다. 태조에 이어 즉위한 정종은 개경으로 천도하였으나, 정종에 이어 즉위한 태종은 한양으로 다시 수도를 옮긴 후 이궁(離宮)으로 창덕궁을 건립하였다.

정답 ①

대표 기출 2

(가) 궁궐에 대한 설명으로 옳은 것은? 66회 [3점]

> **(가) 복원 기공식 대통령 연설문**
>
> 임진왜란 때 (가) 은/는 불길 속에 휩싸여 흥선 대원군이 그 당시의 국력을 기울여 중건할 때까지 270년의 오랜 세월 동안 폐허로 남아 있었습니다. 일제는 1910년 우리나라를 병탄한 뒤 우리 역사의 맥을 끊기 위해 350여 채에 이르던 전각 대부분을 헐어내고 옮겼습니다. 국권의 상징이던 근정전을 가로막아 총독부 건물을 세웠습니다. 이제 우리가 궁을 복원하려는 것은 남에 의해 훼손된 민족사에 대한 긍지를 회복하기 위한 것입니다.

① 일제에 의해 동물원 등이 설치되었다.
② 제1차 미·소 공동 위원회가 개최되었다.
③ 도성 내 서쪽에 있어 서궐이라고 불렸다.
④ 조선 물산 공진회 개최 장소로 이용되었다.
⑤ 태종이 도읍을 한양으로 다시 옮기며 건립하였다.

자료분석
임진왜란 때 불탔으며 흥선 대원군이 중건한 (가)는 경복궁이다. 일제는 국권 강탈 이후 조선적 전통을 파괴하기 위해 경복궁을 허물고 그 앞에 총독부를 세웠다.

정답분석
④ 조선 물산 공진회는 1915년 일제가 경복궁에서 개최한 물산 박람회이다. 일제는 병합 이후 조선의 산업 상황이 더욱 발전하였음을 선전하기 위해 물산 공진회를 개최하였다. 이 과정에서 경복궁의 건물들이 훼손되기도 하였다.

선택지분석
① 일제는 강점 이후 조선적 전통을 보여주는 유적을 다수 훼손하였는데, 창경궁을 동물원(창경원)으로 사용하고, 경성 중학교를 설치하면서 경희궁을 훼손하는 등의 사례가 있다.
② 제1차 미·소 공동 위원회는 덕수궁 석조전에서 개최되었다.
③ 조선 시대에 경복궁을 기준으로 서쪽에 있는 경희궁을 서궐, 동쪽에 있는 경복궁과 창경궁을 동궐이라고 불렀다.
⑤ 태조 때 조선의 정궁인 경복궁이 건립되었고, 제1차 왕자의 난 이후 정종 때 개경으로 천도하였다가, 태종 때 한양으로 다시 천도하면서 창덕궁을 건립하였다.

정답 ④

확인 문제

1 (가) 궁궐에 대한 설명으로 옳은 것은? 64회 [3점]

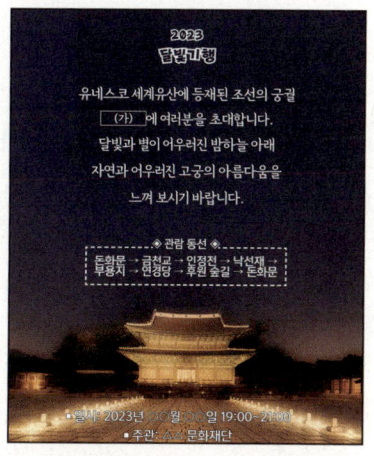

① 일제에 의해 동물원 등이 설치되었다.
② 도성 내 서쪽에 있어 서궐이라고 불렸다.
③ 인목 대비가 광해군에 의해 유폐된 장소이다.
④ 정도전이 궁궐과 주요 전각의 명칭을 정하였다.
⑤ 태종이 도읍을 한양으로 다시 옮기며 건립하였다.

2 (가) 궁궐에 대한 설명으로 옳은 것은? 53회 [3점]

① 도성 내 서쪽에 있어 서궐로 불리었다.
② 제1차 미·소 공동 위원회가 개최되었다.
③ 왕실 도서관인 규장각이 설치된 곳이다.
④ 조선 물산 공진회 개최 장소로 이용되었다.
⑤ 인목 대비가 광해군에 의해 유폐된 장소이다.

정답
1 ⑤ 정종 때 개경으로 천도하였으나, 정종에 이어 즉위한 태종은 한양으로 다시 수도를 옮긴 후 이궁(離宮)으로 창덕궁을 건립하였다.
2 ③ (가)는 창덕궁이며, 창덕궁 후원에 규장각이 설치되었다.